Kerstin Führer · Jenny Menzel

Reisen mit Baby und Kind

Reisehandbuch für Familien

Praxistipps · Checklisten · Vollmachten · Packlisten
Internet-Adressen · Tipps für Schwangere

Ein Familien-Ratgeber von KidsAway.de

Dieses Buch wurde auf FSC®- zertifiziertem Papier gedruckt. Das Papier stammt aus verantwortungsvoll bewirtschafteten Wäldern und alle beteiligten weiterverarbeitenden Betriebe erfüllen die Anforderungen des FSC® für die Produktionskette.

Das für dieses Buch verwendete FSC®-zertifizierte Papier Maxisilk liefert die UPM Sales GmbH, Dörpen, Deutschland. Um das bei der Herstellung dieses Buches entstandene CO_2 zu kompensieren, geht vom Erlös jedes verkauften Exemplars eine Spende an ein Wasserkraftprojekt in der Provinz Hubei, China.

1. Auflage 2015
© 2015, KidsAway Verlag, Kassel
Umschlaggestaltung, Layout, Herstellung: Dani Hornung, Hamburg, www.feb-factory.de
Satz: Isolde Kommer und Tilly Mersin, Großerlach, www.mersinkommer.de
Lektorat: Frauke Manninga, www.foerdelektorat.de
Druck: Boxan, Kassel
In Deutschland gedruckt

ISBN 978-3-9817031-2-2
Besuchen Sie uns im Internet: www.kidsaway.de

Inhalt

Ein paar Worte zuvor	13
So nutzen Sie dieses Buch am besten	14

REISEPLANUNG
Vom ersten Gedanken bis zur Buchung — 17

Tipp: So gehen Sie mit Einwänden und Kritik um	20
Der beste Zeitpunkt für Reisen mit Kindern	**21**
Mit Säuglingen und Babys	21
Mit Kleinkindern	22
Mit Kindergarten- und Vorschulkindern	23
Mit Grundschulkindern	23
Tipp: Spartipps für Reisen mit Schulkindern	24
Mit Teenagern	25
Das richtige Reiseziel für Familien	**26**
Ein familiengeeignetes Reiseziel finden	26
Familiengeeignete Reiseziele	29
Pauschalurlaub, Rundreise oder Campingplatz?	33
Stadt, Land oder Strand?	34
Reisegefährten: Wer kommt mit?	**36**
Allein reisen mit Kind	36
Reisen als Großfamilie oder Patchwork-Familie	37
Reisen mit drei Generationen	40
Reisen mit anderen Familien	42
Tipp: Reisen mit Au-pair oder eigenem Babysitter	43
Andere Kinder mit in den Urlaub nehmen	44
Reisen mit besonderen Kindern	45
Langzeitreisen mit Kindern	**48**
Checkliste: Planung einer Langzeitreise	48
Reisedauer, bester Zeitpunkt und geeignete Ziele für Langzeitreisen	49
Info: Sabbatical	50
Reisen in der Elternzeit	54
Schulfreistellung – so geht's	56

Praktische Tipps für die Auszeit-Organisation	59
Reisebudget kalkulieren und ansparen	**61**
Kostenpunkt: Reiseziel und Reisezeit	63
Kostenpunkt: Verkehrsmittel	65
Kostenpunkt: Unterkunft	66
Die Familienreise buchen	**68**
Spartipps für die Reisebuchung	68
Individuell oder pauschal?	69
Wo buchen: Reisebüro, Internet oder direkt?	72
Tipp: Nachhaltig reisen mit Kindern – so geht's	73

REISEVORBEREITUNG
Was vor einer Reise mit Kindern zu tun ist — 77

Vorfreude und Reiseeinstimmung	**78**
Gesundheitsvorkehrungen	**80**
Reise-Impfungen für Kinder	81
Überblick: Die wichtigsten Reise-Schutzimpfungen für Kinder	82
Reise-Apotheke für Familien	84
Sicherheit	**86**
Reiseversicherungen für Familien	86
Info: Was sind Reisewarnungen und höhere Gewalt?	89
Info: Spezialfall Auslandsreise-Krankenversicherung für Langzeitreisen	91
Die Notfall-Kontaktliste	93
Reisedokumente	**94**
Reisepässe für Kinder	94
Info: Reisedokumente für Kinder in Österreich und der Schweiz	96
Tipp: Passbilder für den Kinderreisepass selbst machen – so geht's	98
Wozu Sie eine Reisevollmacht brauchen	98
Sprachen lernen für die Reise	**101**
Familien-Reisewörterbuch	103
Rund ums Packen	**108**
Packtipps für Familien	108

Rucksack oder Koffer?	110
Tipp: Wie viel Spielzeug mitnehmen?	111
Reiseausrüstung für Familien	**112**
Die richtige Kinderkleidung	113
Tipp: So sieht praktische Urlaubskleidung aus	113
Kinderausrüstung im Schnee	115
Sonnenschutz auf Reisen	118
Insektenschutz	122
Überblick: Wirksame, kindergeeignete Insektenschutzmittel	123
Kindertransport: Sitzen, Schieben, Tragen	125
Checkliste: Reisekinderwagen	126
Vergleich: Wanderkraxe – Babytrage	130
Info: Autokindersitze und Installation im Auto	132
Schlafen	136
Überblick: Die besten Babyphone-Apps	139
Spielzeug und Spiele für die Reise	140
Tipp: Wenn das Kuscheltier verloren geht	141
Multimedia für Reisefamilien	142
Überblick: Nützliche Smartphone-Apps für die Reise	144
Info: Gute Urlaubsfotos machen	147
Reisevorbereitung kompakt: Was ist wann zu erledigen?	**148**

URLAUBSIDEEN
Was wollen Sie mit Ihren Kindern erleben?   153

Strand und Meer	**155**
Tipp: Ins „Reizklima" der Nordsee mit Babys?	155
Was brauchen Familien am Strand?	156
Sicherheit am und im Wasser	159
Tropische Länder	**163**
Tropische Reiseziele für Familien	163
Risiken im Tropenurlaub	164
Tipp: Verhaltensregeln im Tropenurlaub mit Kindern	165
Reiseschreck Malaria	166
Urlaub im Schnee	**168**
Checkliste: Was familienfreundliche Skigebiete bieten	169

Winterurlaub mit Baby	170
Skifahren lernen – bei Mama und Papa oder in der Skischule?	171
Checkliste: Daran erkennen Sie eine gute Kinder-Skischule	173
Sicherheit auf der Piste	174
Kreuzfahrten	**176**
Kreuzfahrt-Buchungstipps für Familien	177
Info: Sicherheit auf hoher See	178
Kinderfreundliche Routen	179
Kreuzfahrt-Ausrüstung für Familien	181
Alles über Babybetreuung und Kinderprogramm	182
Checkliste: Kinderbetreuung	183
Tipp: Babyphones auf Kreuzfahrtschiffen	184
All-inclusive-Reisen	**185**
Info: Ferienparks und Feriendörfer	186
Vergleich: Familienfreundliche Cluburlaub-Anbieter	187
Städtetrips	**188**
Empfehlungen für Ihren ersten Städtetrip	189
Ausrüstung für den Stadtbummel mit Kind	190
Tipp: Spartipps für Städtetrips	190
Wohnmobilreisen	**192**
Tipp: Wohnmobilreisen in Übersee	193
Ein familiengeeignetes Wohnmobil finden	194
Empfehlungen für Wohnmobilreisen mit Kindern	196
Info: Alternative Wohnanhänger	197
Urlaub auf dem Bauernhof	**200**
Wanderurlaube	**202**
Info: Gefahr Höhenkrankheit?	204
Wanderrouten für Familien	204
Das brauchen Sie zum Wandern mit Kindern	206
Tipp: Schlafen auf der Berghütte	207
Fahrradreisen	**210**
Ausrüstung für Familien-Radtouren	211
Tipps zur Routen- und Tourenplanung	212

REISEVERKEHRSMITTEL
Wie Sie mit Kindern am besten ans Ziel kommen 217

Familiengeeignete Verkehrsmittel: Welches ist das beste?	**218**
Flugzeug	**221**
Den Flug buchen	222
Info: Vielfliegerprogramme	223
Tipp: Spartipps zur Flugbuchung	223
Info: Einen Sitzplatz für Babys buchen?	226
Checkliste: Sitzplatzverteilung	227
Empfehlungen für das Fluggepäck	229
Tipp: Sondergepäck für Familien	232
Vom Check-in bis zum Boarding	236
Info: Flug verpasst – was tun?	239
An Bord mit Babys und Kindern	242
Sicherheit mit Kindern beim Fliegen	245
Überblick: Autokindersitze mit Zertifikat „for use in aircraft"	249
Info: Kindersitzregelungen einiger Airlines	251
Vergleich: Kinderrückhaltesysteme im Flugzeug	252
Gesundheit beim Fliegen	253
Info: Kinder beim Fliegen ruhigstellen?	254
Allein mit Kind fliegen	256
Auto	**258**
Vorbereitung auf die Fahrt	258
Gepäck im Auto sicher verstauen	265
Kindersicherheit im Auto	266
Tipp: Autokindersitze richtig verwenden	267
Auf großer Fahrt	268
Tipp: Verpflegung auf Autoreisen	271
Mit dem Mietwagen unterwegs	274
Taxifahren mit kleinen Kindern	276
Autofahren mit Kindern in anderen Ländern	278
Überblick: Kindersitzregelungen in ausgewählten Ländern	279

Bahn und Zug	**282**
Planung und Buchung	283
Tipp: Bahn-Spartipps für Familien	285
Stressfrei Zug fahren mit Kindern und Gepäck	286
Info: Gepäckservice	287
Im Zug unterwegs mit Kindern	288
Zugfahren allein mit Kind	288
Info: Rollendes Spielzimmer – das Kleinkindabteil	291
Weitere Reiseverkehrsmittel für Familien	**292**

UNTERKÜNFTE
Ein familienfreundliches Dach über dem Kopf — 297

Reise-Unterkünfte: Welche eignen sich für Ihre Familie?	**298**
Ferienwohnungen und Ferienhäuser	**300**
Tipp: Spartipps für die Ferienwohnung	301
Ein familiengeeignetes Ferienhaus finden	302
Checkliste: Urlaubsunterkunft „kindersicher"	303
Hotels und Pensionen	**305**
Ein familienfreundliches Hotel finden	305
Tipp: Spartipps für Hotels	306
Empfehlungen zur Zimmerwahl für Familien	307
Kinderbetreuung im Hotel	311
Info: Babys im Urlaub fremdbetreuen lassen?	312
Spezialfall Familienhotels	314
Tipp: Hotelbabysitter	315
Campingplätze	**317**
Einen kinderfreundlichen Campingplatz finden	320
Tipp: Glamping, Alternative für Campinganfänger und Angsthasen	321
Ausrüstung fürs Camping mit Kindern	323
Hostels und Jugendherbergen	**327**
Spartipp: Ferienstätten	329
Weitere Übernachtungsmöglichkeiten für Familien	**331**
„Mitwohnen 2.0": Airbnb.de, Wimdu.de und 9flats.com	331
Housesitting für Familien	333

Couchsurfing mit Kindern	334
Haustausch zwischen Familien	337
WWOOFing mit Kindern	338
Checkliste: familiengeeignete WWOOF-Farmen	*340*

UNTERWEGS
Alles, was Sie auf Reisen mit Kindern wissen müssen — 343

Ankommen und zurechtkommen	**344**
Familienjetlag bewältigen	345
Wie Sie mit Kindern Erholung finden	345
Info: Kulturschock und Reisedepression	*346*
Reisen mit Baby genießen	347
Ein-, Durch- und Ausschlafen im Familienurlaub	348
Andere Länder, andere Sitten	350
Urlaubsfreundschaften schließen	352
Tipp: Übersetzungshilfe für den „Erstkontakt"	*352*
Familienkrach auf Reisen vermeiden	353
An sich selbst denken: Romantik unterwegs	355
Umgang mit Heimweh	356
Kontakt halten mit der Heimat	358
Reiseerinnerungen festhalten	359
Sicherheit am Urlaubsziel	**360**
Wohlbehalten und unversehrt reisen	360
Wenn das Kind verloren geht	362
Essen und trinken	**364**
Stillen auf Reisen	367
Tipp: Perfekte Orte, um Ihr Baby auf Reisen zwischendurch zu stillen	*369*
Unterwegs mit Fläschchen	370
Breikost im Urlaub	371
Spartipps: Mit Kindern gesund und günstig essen	373
Reisen mit Lebensmittelallergien und Unverträglichkeiten	376
Das große und das kleine Geschäft	**380**
Mit Windelkind auf Reisen	380
Unterwegs mit Töpfchentrainern	382

Häufige Reise-Krankheiten und Wehwehchen	**384**
Tipp: Vorbeugen – Hygiene auf Reisen	*385*
Durchfall	385
Erkältung	386
Hitzschlag	387
Insektenstiche	389
Ohrenschmerzen	390
Reisekrankheit	391
Sonnenbrand	392
Kleinere Verletzungen	392
Verstopfung	394
Zeckenbisse	395
Im Urlaub mit Kind zum Arzt	396
Wieder zu Hause	**398**
Tipp: Was tun mit Urlaubsfreundschaften?	*398*

SCHWANGER REISEN
Reisen in „besonderen Umständen" — 401

Der optimale Reisezeitpunkt	**403**
Reiseziele für Schwangere	**406**
Tipp: Skiurlaub in der Schwangerschaft?	*407*
Reisevorbereitung	**408**
Flugreisen	**409**
Überblick: Beförderungsfristen für Schwangere bei ausgewählten Airlines	*409*
Info: Wie gefährlich ist die Strahlungsbelastung für das Ungeborene?	*410*
Checkliste: Flugreisen in der Schwangerschaft	*411*
Autoreisen	**412**
Checkliste: Autoreisen in der Schwangerschaft	*413*
Kreuzfahrten	**414**
Überblick: Regelungen der Kreuzfahrt-Reedereien für Schwangere	*415*

PACKLISTEN
Alles, was Sie auf Reisen mit Kindern brauchen 417

Allgemeine Packliste für den Familienurlaub	418
Ferienhausurlaub/Selbstversorger	424
Urlaub auf dem Bauernhof	424
Strandurlaub	425
Hotelurlaub	425
Autoreise	426
Winterurlaub	428
Handgepäck auf Flugreisen	429
Wohnmobilreise	430
Fahrradreise	431
Kreuzfahrt	431
Städtetrip	432
Wanderurlaub	432
Campingurlaub	433
Babybrei kochen auf Reisen	434
Töpfchentraining unterwegs	434
Wickeltasche	434
Stillen und Flasche geben auf Reisen	435
Reisen in der Schwangerschaft	435

Verzeichnis der Spielideen für die Reise 436

Verzeichnis der Checklisten 437

Register 438

Über die Autorinnen 475

Über KidsAway.de 475

Ein paar Worte zuvor

Liebe Eltern, liebe Großeltern,

dass Reisen eine tolle Sache ist, davon müssen wir Sie nicht überzeugen. Dass es auch mit Babys und Kindern geht und viel Spaß macht, möchten wir Ihnen mit diesem Buch vermitteln.

Wir wissen, wovon wir sprechen: Zusammen haben wir fünf Kinder zwischen einem Jahr und zehn Jahren. Sie waren mit uns auf Safari in Südafrika, beim Camping in Norwegen und im Dschungel von Kambodscha. Sie sind mit uns auf dem Kreuzfahrtschiff über den Pazifik, im Wohnmobil durch Neuseeland und auch im Auto quer durch Deutschland gefahren.

Bei der Vorbereitung auf unsere Reisen mussten wir immer wieder feststellen, wie schwer hilfreiche Informationen für reisende Eltern zu finden sind. Und weil es so wie uns auch vielen anderen Eltern geht, haben wir vor vier Jahren die Familien-Reisewebsite KidsAway.de gegründet. Heute tauschen sich mehr als 10.000 Eltern über ihre Reiseerfahrungen mit Kindern im KidsAway.de-Reiseforum aus oder holen sich Rat bei anderen reiselustigen Familien.

Wir haben viel recherchiert, gelernt und nachgefragt sowie viele Gespräche mit anderen Familien geführt. Von den Erfahrungen, die wir dabei gesammelt haben, verraten wir Ihnen die wichtigste gleich jetzt: Solange Sie die Bedürfnisse Ihrer Kinder berücksichtigen und sich gut auf die Reise vorbereiten, können Sie ihnen fast alles zutrauen.

Zugegeben: Es läuft nicht immer alles nach Plan. Reisen mit Kindern ist oft anstrengend. Auch unter Palmen wird gemäkelt, gestritten und ums Einschlafen gekämpft. Aber das gehört zum Leben mit Kindern nun mal dazu. (Und wir haben auch ein paar Tipps, wie Sie auf Reisen damit besser umgehen.)

Fast jedes Land der Welt eignet sich zum Reisen mit Kindern. Deshalb lesen Sie in diesem Buch nicht, wo Sie auf Mallorca oder Rügen kinderfreundliche Strände finden. Stattdessen sagen wir Ihnen, woran Sie überall auf der Welt einen kinderfreundlichen Strand erkennen, wie Sie für Ihre Familie eine günstige Unterkunft finden, welche Familien-Versicherungen Sie vor der Reise abschließen sollten und ob Sie wirklich für Ihr Baby einen eigenen Sitzplatz im Flugzeug brauchen.

Entdecken Sie gemeinsam mit Ihren Kindern die Schönheit und Vielfalt unseres Planeten – im Tempo Ihrer Kinder und aus deren Blickwinkel. Damit Sie sich jetzt schon auf Ihre nächste Reise einstimmen können, hilft Ihnen dieses Buch.

Viel Spaß beim Lesen und Reisen planen!

Kerstin Führer und Jenny Menzel, im März 2015

So nutzen Sie dieses Buch am besten

Dieses Buch ist ein Handbuch für all Ihre Fragen zum Reisen mit Kindern in jedem Alter, vom Baby bis zum Teenager (übrigens auch zum Reisen in der Schwangerschaft). Es soll Ihnen bei der Reisevorbereitung als Ergänzung zum klassischen Reiseführer dienen (den Sie trotzdem brauchen, um sich über Ihr Reiseziel zu informieren).

Sie können es von vorn bis hinten durchschmökern, danach wissen Sie wirklich alles über das Reisen mit Kindern. Das empfehlen wir besonders, wenn Sie noch nie eine (längere) Reise mit Ihrem Kind unternommen haben.

Sie können das Buch aber auch als Nachschlagewerk nutzen und im Inhaltsverzeichnis oder im Sachregister gezielt einzelne Themen heraussuchen, die Sie besonders interessieren oder die zu Ihren aktuellen Reiseplänen passen.

Weil wir wissen, dass Familien immer aufs Budget schauen, haben wir mehr als 500 Spartipps für Sie gesammelt – im Fließtext, an den Seitenrändern und in extra

Legende

Um Ihnen das Lesen zu erleichtern, verwenden wir im Buch eine Reihe von Symbolen:

 Spartipp   Weblink

 Praxistipp   Weiterführende Informationen auf www.kidsaway.de

 Zitat   Zum Herunterladen von www.kidsaway.de

 Information   Checkliste

 Achtung   Packliste

 Buchtipp   Spielideen und Spielzeug

 Information für Österreich   Information für die Schweiz

Einschubboxen. Den Packlisten haben wir aufgrund der Wichtigkeit und um Überschneidungen zu vermeiden, ein eigenes Kapitel gewidmet. Am Ende des Buches finden Sie Listen für jede Art des Familienurlaubs kompakt und übersichtlich geordnet.

Auf www.kidsaway.de können Sie alle Packlisten als Druckvorlagen herunterladen.

Einen ganzen Abschnitt widmen wir der Ausrüstung für Reisen mit Kindern, damit Sie Ihr Geld nicht umsonst ausgeben. Neben der praktischen Vorbereitung wollen wir Sie jedoch auch inspirieren: etwa mit unseren zehn Reiseideen für Familien und mit der Vorstellung ungewöhnlicher Unterkunftsarten. Weil der Spaß im Urlaub am wichtigsten ist, gibt es daneben eine Menge Ideen für Spiele und Spielzeuge, die Sie am Strand, im Wohnmobil oder beim Warten im Restaurant nutzen können.

Weiterführende Weblinks, wichtige Adressen und Telefonnummern finden Sie in jedem Kapitel (übrigens auch für Familien aus Österreich und der Schweiz). An vielen Stellen weisen wir Sie auf weiterführende Beiträge auf KidsAway.de hin, wo Sie sich bei Bedarf noch tiefer gehende Informationen holen können. Statt ellenlanger Internetadressen geben Sie dort einfach den passenden Suchbegriff zum Auffinden des Beitrags ein.

Und da wir nicht alles selbst wissen können, lassen wir auch andere Eltern zu Wort kommen. Die Leserinnen und Leser der KidsAway.de-Community haben uns ihre Reiseerfahrungen, wertvolle Tipps und viele wunderschöne Urlaubsfotos ihrer Familien zur Verfügung gestellt. Dafür ein großes Dankeschön!

Übrigens: Die Werbeanzeigen, die Sie hin und wieder finden, helfen uns, die hohen Kosten der Produktion und Veröffentlichung dieses Buches aufzufangen und sind von uns mit Sorgfalt ausgewählt worden. Für die Ausrüstungsgegenstände, Services und Dienstleistungen, die wir Ihnen im Text vorstellen, erhalten wir keine Vergütung. Die meisten haben wir selbst probiert und für empfehlenswert befunden. Wenn Sie ein weiteres tolles Produkt zum Reisen mit Kindern kennen, lassen Sie es uns gern wissen – für die zweite Auflage!

Reiseplanung

Vom ersten Gedanken bis zur Buchung

Der beste Zeitpunkt für Reisen mit Kindern	21
Das richtige Reiseziel für Familien	26
Reisegefährten: Wer kommt mit?	36
Langzeitreisen mit Kindern	48
Reisebudget kalkulieren und ansparen	61
Die Familienreise buchen	68

Reiseplanung: Vom ersten Gedanken bis zur Buchung

Die erste Reise mit Ihrem Kind – da fragen Sie sich vielleicht: „Sollen wir das wirklich machen? Nicht lieber zu Hause bleiben, wo alles vertraut ist?" Kein Wunder, dass Sie ein wenig unsicher sind – immerhin kommt auf Eltern eine Flut von Entscheidungen zu, wenn es an die Urlaubsplanung mit Kindern geht.

Natürlich sind Sie nicht verpflichtet, mit Ihren Kindern zu verreisen. Daheim können Kinder ebenfalls wunderbare Erfahrungen machen und Schwimmen lernen sie auch im Freibad um die Ecke. Aber wenn Sie eigentlich schon gern verreisen würden und nur noch einen kleinen Anstoß brauchen, dann nur zu: Brechen Sie auf und **zeigen Sie Ihren Kindern die Welt** – egal, wie klein sie noch sein mögen.

Für Kinder kann es gar nichts Besseres geben, als gemeinsam mit ihren Eltern zu reisen: Statt warten zu müssen, bis Papa oder Mama von der Arbeit kommen, genießen sie die Zeit, in der die beiden rund um die Uhr für sie da sind. Die Umstellung auf neue, ungewohnte Eindrücke ist dann gar kein Problem – und selbst wenn, ist auch das für Kinder eine lehrreiche Erfahrung.

Reisen mit Kindern ist einfach

Mit einem Baby oder Kleinkind zu verreisen, soll einfach sein? Ja, das ist es – fragen Sie mal Eltern von größeren Kindern. Die allermeisten kleinen **Kinder sind anspruchslose und dankbare Mitreisende**: Sie kosten weniger, wiegen weniger, brauchen weniger, essen weniger, schlafen mehr und werden überall auf der Welt (außer vielleicht in Deutschland …) freudig begrüßt und umsorgt.

Reisen mit Kindern muss auch nicht besonders teuer sein. Es gibt zahlreiche Möglichkeiten, für wenig Geld viel zu erleben. Und die Elternzeit im ersten Lebensjahr lässt sich gut für eine längere familiäre Auszeit nutzen (→ S. 54).

Sicherlich wird nicht alles klappen und vielleicht gibt es Streit oder unschöne Erlebnisse. Aber auch (oder vielleicht gerade) diese Vorkommnisse schweißen Familien zusammen und geben später die besten Anekdoten ab.

Es wird nie wieder eine bessere Zeit zum gemeinsamen Verreisen geben!

Reisen mit Kindern bringt Erholung

Zunächst erscheint das wenig wahrscheinlich. Aber allein schon die **Abwechslung vom Alltagstrott** zu Hause ist enorm wichtig. Sonne, frische Luft und gemeinsames Lachen bringen Körper und Seele wieder ins Lot. Und mit gebräuntem Teint sieht man selbst nach durchwachten Nächten besser aus.

Ohne den Zeitdruck und die Hektik des Alltags können Sie sich ganz anders auf Ihr Kind einlassen. Ihm beim Entdecken einer Schnecke am Wegrand oder beim Mittagsschlaf in der Strandmuschel zuschauen, bei Regenwetter gemeinsam kuscheln oder spielen, nach Herzenslust herumalbern und im Hier und Jetzt **zur Ruhe kommen**: Das geht (fast) nur im Urlaub.

Reisen macht Kinder klug

Egal, wohin die Reise führt und wie lange sie dauert: Kinder lernen dabei nicht nur andere Länder und Sitten kennen, sondern schlicht die Schönheit und Vielfalt der Welt. **Kinder lernen durch eigenes Erleben und Entdecken**; Fernsehen und Bücher sind nur ein blasser Ersatz. Unbekannte Orte, ungewohntes Essen, neue Spielgefährten und neue, fremde Eindrücke regen das Gehirn zum Wachstum an, **auch wenn Kleinkinder später keine bewussten Erinnerungen an ihre Reisen mit den Eltern haben**. Tatsächlich haben Hirnforscher und Lernpsychologen herausgefunden, dass Kinder, die oft reisen, schneller und leichter lernen.

Anna-Maria: „Als Neo zwei war, fuhren wir mit ihm nach Südafrika. Zwei Jahre später wunderte er sich im Zoo auf Lanzarote, dort würde es aussehen ‚wie in Afrika‘. In der Tat mutet der Eingangsbereich des Zoos afrikanisch an – also müssen doch Farben, Formen und solche unbewussten Eindrücke bei ihm hängen geblieben sein."

Reisen macht die ganze Familie glücklich

Reisen sind sozusagen der Fensterkitt einer Familie. Sie schaffen gemeinsame Erlebnisse und Erinnerungen, sie bedeuten gemeinsame Zeit, in der Eltern und Kinder viel über sich lernen. Vor allem erwerbstätige **Eltern genießen die Exklusivzeit** mit ihrem Nachwuchs, den sie sonst nur wenige Stunden am Tag sehen.

Je vielseitiger die Eindrücke und je schöner die gemeinsamen Erlebnisse, desto mehr Glückshormone werden ausgeschüttet. Davon profitieren die Partnerschaft und auch die Beziehung zwischen Kind und Eltern.

Sie zweifeln noch, ob Sie mit Ihrem Baby oder Kind schon eine Reise wagen können oder ob das anvisierte Urlaubsziel die richtige Wahl für Ihre Familie ist? Es gibt mehrere Möglichkeiten, wie Sie innere **Gewissheit und Sicherheit** erlangen:

- Schreiben Sie detailliert auf, was für und gegen Ihre Reisepläne spricht. Überlegen Sie dann, wie Sie die Gegenargumente aus dem Weg räumen können.
- Tauschen Sie sich mit anderen Eltern aus, die ebenfalls eine Reise mit Kind planen

◀ Sind Sie erst einmal losgefahren, werden Sie schnell bemerken, dass Reisen mit Babys und Kindern gar nicht so anstrengend und gefährlich ist, wie Sie dachten – wetten?

oder schon Erfahrung damit haben; zum Beispiel im KidsAway.de-Reiseforum, im Bekanntenkreis oder auf Reisemessen.
- Gehen Sie Ihre Finanzen durch und stellen Sie ein grobes Reisebudget auf: Können Sie sich Ihre Reisepläne leisten? Wenn nicht, fangen Sie jetzt an zu sparen (→ S. 61).
- Machen Sie sich klar, was Sie (und Ihr Partner) vom Leben wollen – was andere darüber denken, sollte Ihnen egal sein.
- Stellen Sie sich die Zukunft vor: Werden Sie es in 20 Jahren bereuen, die geplante Reise nicht gemacht zu haben? Oder haben Sie das gesparte Geld und die Zeit für etwas anderes nutzen können, von dem Sie träumen?

Reisen macht nicht nur die Eltern glücklich

So gehen Sie mit Einwänden und Kritik um

Eltern kennen das: Andere Menschen wissen immer viel besser Bescheid, was man mit Babys und Kindern tun kann und was man um Gottes Willen nicht tun darf. Besonders wenn es um das Reisen geht, trifft man oft auf Menschen, die einem mit Bedenken und Zweifeln jedes Vorhaben schlechtreden wollen oder einfach nur neidisch sind.

Am besten kann man mit solchen Einwänden umgehen, wenn man sich seiner Sache sicher ist. Dafür sind **gute Vorbereitung und Planung** die beste Voraussetzung. Wer Rücksprache mit dem Kinder- oder Tropenarzt, mit dem Kindergarten, der Grundschule oder reiseerfahrenen Eltern gehalten hat, der kann guten Gewissens auf Bedenken und Nachfragen antworten: „Danke für deine Besorgnis, aber darüber haben wir uns gründlich informiert."

Auf Generalvorwürfe wie „Ihr seid doch egoistisch" kann man antworten: „Was ist daran egoistisch, seinen Kindern die Welt zu zeigen und ihre Entwicklung zu fördern?" Wer Ihnen erzählen will, dass reisende Kinder extrem gefährdet seien, der soll das doch mal mit Zahlen belegen. (Dass Sie mit Kindern keine politischen Krisenherde oder Gebiete mit hohem Krankheitsrisiko bereisen, sollte selbstverständlich sein.)

Statistisch gesehen passieren die meisten Unfälle nicht auf Reisen, sondern im eigenen Zuhause. Auch Krankheiten wird sich ein Kind eher in der Spielgruppe oder im Kindergarten einfangen als im Urlaub mit seinen Eltern. Mit gesundem Menschenverstand und ein paar einfachen Verhaltensregeln zum Gesundheitsschutz, offenen Augen und Respekt gegenüber der Kultur des Urlaubslandes sind Sie fast überall auf der Welt sicher unterwegs, zumal Sie mit Kindern immer einen gewissen Bonus genießen: Die Familie wird in jedem Land hochgeschätzt und viele Gesellschaften sind enorm kinderlieb.

▶ Es gibt eigentlich keinen Zeitpunkt, zu dem Reisen mit Kindern nicht empfehlenswert wäre. Aber jedes Alter hat seine Vor- und Nachteile, die Sie berücksichtigen sollten.

Der beste Zeitpunkt für Reisen mit Kindern

Mit Säuglingen und Babys

Mit einem Neugeborenen verspüren die wenigsten Familien Lust auf Reisen. Aber nach ein paar Wochen oder Monaten, wenn sich der Alltag mit Baby eingespielt hat, kann eine Reise durchaus schon angetreten werden. Die Bedingung: Mutter und Baby sind gesund und die Eltern fühlen sich wohl mit ihrem Vorhaben. Die meisten Säuglinge sind zufrieden, solange sie nur bei Mama und Papa sind und regelmäßig ihre Milch bekommen. Wo das passiert, ist ihnen egal.

Babys können ganz hervorragend auf Reisen mitgenommen werden: Stadtbummel und Museumsbesuche verschlafen sie (→ S. 188), im Hotel brauchen sie kein eigenes Bett und im Restaurant keinen eigenen Teller.

Bei der Wahl des Reiseziels sollten Sie allerdings berücksichtigen, dass Babys sich mit extremer Hitze und Sonnenschein schwer tun. Reisen in medizinisch wenig erschlossene Länder verschieben Sie besser ebenfalls auf später. Viele Infektionskrankheiten sind für Babys gefährlicher und Medikamente oder Impfstoffe sind oft erst für ältere Kinder zugelassen.

Mehr Informationen zu Gesundheitsthemen finden Sie in den Kapiteln „Gesundheitsvorkehrungen" ab → S. 80 und „Häufige Reise-Krankheiten und Wehwehchen" ab → S. 384.

Natürlich herrscht auf Reisen mit Baby nicht immer eitel Sonnenschein. Durchwachte Nächte im Hotel, Rambazamba im Flugzeug oder Dauerschreien beim Autofahren, das sind die hauptsächlichen Probleme, mit denen frischgebackene Eltern mitunter zu kämpfen haben und die einen Urlaub mit Baby so richtig vermiesen können. In diesem Buch finden Sie zahlreiche Tipps, die Ihnen und Ihrem Baby vielleicht helfen. Es ist aber auch keine Schande, wenn Sie **Reisen mit**

Das erste Mal mit den Füßen im Meer

Zum Weiterlesen bei KidsAway.de

„Urlaub trotz Kind? Tipps für kleine Reise-Verweigerer (und ihre Eltern)"

Suchbegriff: „Urlaub trotz Kind"

Testen Sie vor der ersten „richtigen" Reise mit Ihrem Baby das Prozedere auf einem Kurztrip in Ihrer näheren Umgebung: Was müssen Sie noch optimieren? Prüfen Sie unbedingt, ob Ihre Kraft für das Tragen Ihres Babys im Urlaub reicht, wie das Stillen und Wickeln unterwegs klappt und ob Ihr Baby längere Autofahrten akzeptiert.

"schwierigen" Kindern erst einmal auf später vertagen. Schließlich soll der Urlaub nicht noch anstrengender sein als der Alltag. Je älter sie werden, desto besser verkraften Kinder die Umstellung und die Anstrengungen einer Reise. Sie lernen, neue Eindrücke zu verarbeiten, sind offener gegenüber dem Unbekannten und können ihre eigenen Grenzen besser wahrnehmen. Geben Sie also nicht auf, sondern versuchen Sie es immer wieder, am besten mit Kurztrips in die nähere Umgebung und vertrauten, immer gleichen Urlaubszielen. „Übung macht den Meister" – das Sprichwort gilt auch für das Reisen.

Mit Kleinkindern

Ab dem Alter, in dem Kinder aktiv ihre Welt entdecken und den eigenen Willen lautstark kundtun, wird das Reisen mit ihnen anstrengender, aber gleichzeitig auch spannender. Während die Kleinen im Reisebudget weiterhin fast unsichtbar sind (sie essen keine nennenswerten Portionen, zahlen keinen Eintritt und oft keine Fahrtickets, brauchen immer noch kein eigenes Bett im Hotel), müssen Sie zunehmend auf ihre Wünsche und Bedürfnisse eingehen. Shopping und entspannte Restaurantbesuche sind nur noch möglich, solange das Kind im Buggy schläft. Die Vor- und Nachmittage sind nun für kindgerechte Unternehmungen reserviert.

Das kann durchaus anstrengend sein, denn Kleinkinder laufen noch nicht selbst (es sei denn, sie sollen gerade brav im Buggy sitzen – dann wollen sie natürlich unbedingt laufen), tragen ihr Gepäck nicht und benötigen aber selbst eine Menge davon (→ S. 108). Viele sind heikle Esser mit absonderlichen Geschmäckern, was in Ländern mit ungewohnter Küche eine Herausforderung für Eltern sein kann (→ S. 364). Auch der Toilettenbesuch kann mit Töpfchentrainern oder Kindern, die gerade sauber geworden sind, ein Problem werden (→ S. 380).

Schauen und schlafen – geborgen die Berge erkunden

Jan: *„Je kleiner die Kinder, desto einfacher. Bis etwa zwei Jahre sind die Kinder mit den Eltern zufrieden, dann fordern sie langsam andere Spielgefährten ein."*

Im Gegenzug eröffnet die bloße Anwesenheit von kleinen Kindern ganz **neue Aspekte am Reisen**. Nicht nur, weil alle Welt die Kleinen so niedlich findet, sondern auch, weil Sie das Urlaubsziel (gezwungenermaßen) nun mit Kinderaugen sehen.

Nutzen Sie beim Reisen mit kleinen Kindern die Vor- und Nebensaison außerhalb der Schulferien. Die Preise für Flüge und Unterkünfte sind dann teilweise sehr viel niedriger und es ist auch am Urlaubsort nicht so voll.

Kinder lieben Urlaub am Wasser

Mit Kindergarten- und Vorschulkindern

Eine neue Ära des Reisens bricht an, sobald die Kinder selbstständiger werden – sie laufen selbst, essen selbst, tragen ihr Handgepäck selbst und beschäftigen sich (hin und wieder) selbst, wenigstens im Idealfall. Viele Kinderclubs heißen kleine Gäste ab drei Jahren in den Betreuungsprogrammen willkommen. Das bedeutet mehr Paarzeit für die Eltern und auch mehr geeignete Reiseziele: Tropisches Klima oder hohe Berge sind im Kindergartenalter kein Problem mehr. Allenfalls auf Länder mit schlechter medizinischer Versorgung sollten Sie noch verzichten.

Gleichzeitig müssen Eltern in jeder Beziehung mehr leisten: Fremde Sitten und Gebräuche wollen erklärt sein, Sehenswürdigkeiten müssen kindgerecht aufbereitet werden, wenn sie nicht durch Nölen und Nerven sabotiert werden sollen. Lange Autofahrten oder Flüge werden zur Herausforderung, weil die Kinder beschäftigt sein wollen. Der Mittagsschlaf wird immer kürzer oder fällt ganz weg. Gibt es nicht regelmäßig Nachschub an Eis, setzt Protest ein, und Sommerurlaube ohne Gelegenheit zum Baden werden undenkbar.

Kinder zahlen in vielen Verkehrsmitteln, auf Campingplätzen und in Freizeiteinrichtungen erst ab fünf oder sechs Jahren den Kinderpreis, darunter kosten sie nichts. Nur im Flugzeug kostet ein eigener Sitzplatz fast so viel wie ein Erwachsenenticket.

Die steigenden Ausgaben werden ausgeglichen durch Kinderrabatte und -portionen und durch die Faszination, die in Kinderaugen leuchtet, wenn sie durch eine Ritterburg streifen, erste Schwimmversuche im Meer machen oder mit Mama und Papa abends am Lagerfeuer sitzen dürfen.

Mit Grundschulkindern

Mit der Einschulung wird für deutsche Familien alles komplizierter. Von nun an bindet Sie die Schulpflicht an festgelegte Ferienzeiten (→ S. 56). Das ist nicht nur unbequem, weil Hochsaison und Ferienzeiten zusammenfallen. Ganz abgesehen von Anreisestaus und lange im Voraus ausgebuchten Quartieren wird das Reisen mit Kindern jetzt auch teuer.

Ab sechs, spätestens jedoch ab zwölf Jahren berechnen Reiseveranstalter und Fluggesellschaften für Kinder **keine reduzierten Preise mehr**, im besten Fall fällt noch ein geringer Jugendrabatt an. Dazu kommt der wachsende Appetit von Heranwachsenden, die ihren Eltern oft im wahrsten Sinne des Wortes „die Haare vom Kopf fressen".

Zeit zu zweit fällt für die Eltern dafür nun wesentlich mehr ab. Hat ein Schulkind auf dem Campingplatz oder im Kinderclub einmal Freunde gefunden oder gar den besten Kumpel in den Urlaub mitnehmen dürfen (→ S. 44), sind die „Alten" oft komplett abgemeldet.

Gleichzeitig wird das Reisen immer einfacher, denn die „Großen" sind zunehmend interessiert und verständig, nehmen Anteil an den Eindrücken vom Urlaubsland, sind echte Gesprächspartner, packen und tragen ihr Gepäck selbst und können beim Wandern und bei anderen Sportarten mithalten.

Bietet Ihre Unterkunft eine Kinderbetreuung an, schauen Sie auf die obere Altersgrenze. Nichts ist langweiliger als ein Kinderclub, in dem nur Jüngere sind; oder einer, in den man gar nicht mehr hineindarf.

Für Smartphones gibt es Apps, die Ferientermine und Feiertage in ganz Deutschland und auch die Feriendichte an jedem einzelnen Tag anzeigen (→ S. 144).

Spartipps für Reisen mit Schulkindern

- lieber einen längeren Jahresurlaub buchen als mehrere Kurztrips
- frühzeitig Ferientermine zu Hause und am Reiseziel recherchieren und Urlaub beantragen
- Pauschalreisen und Flugtickets weit im Voraus buchen, nicht auf Last-Minute-Schnäppchen hoffen
- Sonderangebote für Familien mit Schulkindern suchen (Stichworte wie „Schulferien-Spezial" oder „Kinder reisen kostenlos")
- Flüge spätestens drei bis vier Monate im Voraus buchen
- statt Flugzeug lieber Auto oder Bahn nutzen, wenn möglich
- Angebote mehrerer Veranstalter vergleichen
- Ferienhäuser zum festen Wochenpreis sind günstiger als Hotels oder Campingplätze
- Hostels sind günstiger als Hotels
- Reisetermine nicht direkt auf Ferienbeginn und -ende legen, Samstage meiden
- Abflughäfen und Unterkünfte in Bundesländern oder Nachbarländern suchen, wo keine Ferien sind
- beliebte Reiseziele in den Sommerferien meiden
- späte Oster- oder Pfingstferientermine für Sommerurlaub nutzen *oder*:
- Reisen über Ostern oder den Jahreswechsel sehr zeitig buchen oder vermeiden (dafür lieber mehr Sommerurlaub nehmen und die langen Ferien nutzen)

Mit Teenagern

Gerade waren sie noch süß und klein, plötzlich sitzen langbeinige Fast-Erwachsene auf der Auto-Rückbank (ohne Kindersitz!) und haben zu allem ihre eigene Meinung oder überhaupt keine Lust auf gar nichts. Reisen mit Teenagern sind eine ganz eigene Herausforderung für Familien. Aber das ist der Alltag mit ihnen ja auch oft.

Der Vorteil: Mit steigendem Alter verlangen Teenager immer weniger Bespaßung, im Gegenteil. Viele wollen am liebsten in Ruhe gelassen werden und ihr eigenes Ding machen. Bieten Sie im Urlaub viel Abwechslung und einige ausgewählte Höhepunkte für Ihren Teenager an und legen Sie **Bestimmer-Tage** für jedes Familienmitglied fest, um endlose Diskussionen und Nörgelei zu vermeiden.

Hat sich Ihr Kind in jüngeren Jahren noch schwer getan mit Veränderungen und neuen Umgebungen, kommt nun oft eine Zeit, in der Sie **exotischere Ziele** oder anstrengendere Reisen anpeilen können. Der immer gleiche Campingplatz ist nicht mehr cool genug. Auch sonst wird mehr Action eingefordert. Begegnen Sie den Interessen und Meinungen Ihres Kindes offen und neugierig, probieren Sie mal eine Mountainbike-Tour aus oder klettern Sie mit auf die Wasserbanane. Lassen Sie sich aber nicht zum wandelnden Flaschengeist machen, der jeden Wunsch erfüllt aus Dankbarkeit, dass sich der coole Teenie überhaupt noch mit seinen alten Eltern zeigen will.

Sie haben die einmalige Gelegenheit, Ihren Kindern die Welt zu zeigen und sie zu aufgeklärten Weltbürgern zu machen. Aber das Zeitfenster schließt sich schnell. Ehe Sie sich versehen, wird Ihr Kind ohne Sie mit seinen Freunden verreisen. Machen Sie also das Beste aus Ihren Reisen mit Kindern!

Coole Jungs – am liebsten ohne Eltern

Teenager mögen es gerne auch exotisch

Gehen Sie Reibereien im Urlaub aus dem Weg, indem Sie Ihren Teenagern genug Raum geben. Ein eigenes Zimmer mit eigenem Bad ist ideal. Auch Zeit für sich sollten Sie älteren Kindern im Urlaub durchaus zugestehen.

Das richtige Reiseziel für Familien

Das perfekte Familien-Urlaubsziel, gibt es das überhaupt? Hier hat jede Familie und jeder Mensch seine individuellen Vorlieben, und jedes Kind hat andere Bedürfnisse. Trotzdem gibt es einige Kriterien, an denen sich familiengeeignete Reiseziele ausmachen lassen – und die andere Ziele ausscheiden lassen.

Ein familiengeeignetes Reiseziel finden

Wichtig bei der Wahl des Reiseziels ist zunächst, dass Sie als Eltern sich damit wohlfühlen. Eine Reise, bei der Sie sich Ihrem Kind zuliebe verbiegen oder zu sehr einschränken, wird der ganzen Familie keine große Freude bereiten. Wer ohne Kind mit dem Rucksack die Welt bereist hat, wird sich wahrscheinlich mit Nachwuchs nicht im All-inclusive-Resort wohlfühlen, und wer am liebsten im Zelt übernachtet, muss sich nicht für das Wohlergehen des Babys in einem Kinderhotel einmieten.

Matti: „Unserem Baby ist es ziemlich egal, wohin uns unser erster gemeinsamer Familienurlaub führt. Hauptsache, wir sind dabei. Wo wir entspannt und glücklich sind, ist es Emily auch!"

Babys und kleine Kinder sind sehr flexibel. Beinahe jedes Reiseziel ist möglich, sofern es eine akzeptable **medizinische Versorgung** bietet. Wichtig sind nicht nur gute Krankenhäuser, möglichst mit Deutsch oder Englisch sprechendem Personal, sondern auch eine entsprechende **Infrastruktur**. Ein Fünf-Sterne-Hospital in der Hauptstadt nützt nichts, wenn Sie es von Ihrem Resort aus nur mit Mühe und nach stundenlanger Fahrt über Holperpisten erreichen.

Je kleiner Ihr Kind ist, desto wichtiger ist der **Hygienestandard** im Urlaubsland. Durchfallerkrankungen durch unsauber zubereitetes Essen oder schmutzige Toiletten, die zu vielen Tropenreisen einfach dazugehören, können für Säuglinge und Klein-

kinder lebensbedrohlich sein. Einige Länder in Afrika, Südamerika oder Südostasien sollten Sie erst anvisieren, wenn Ihr Kind eine Grundimmunisierung erlangt hat. Mit zwei Jahren ist der **Impfschutz** gegen die wichtigsten Krankheiten aufgebaut. Gebiete mit einem erhöhten **Malaria-Risiko** meiden Sie mit kleinen Kindern am besten generell. Prophylaxe-Medikamente gegen diese Krankheit werden erst ab etwa fünf Jahren empfohlen. Machen Sie sich aber keine Illusionen: Gegen viele gefährliche Krankheiten gibt es weder Schutzimpfungen noch Prophylaxen, und einige von ihnen können Sie sich auch in Italien oder in Deutschland holen.

Neugierige Kleinkinder nehmen nicht nur schnell schmutzige Gegenstände in die Hand oder den Mund, sie können auch durch **giftige Pflanzen und Tiere** Schaden nehmen. Auch Insektenschutzmittel, die DEET enthalten, werden schnell von der Haut abgeleckt und können so die Gesundheit schädigen.

Sind Sie nicht sicher, wie das Gesundheitssystem an Ihrem Reiseziel aussieht, schauen Sie am besten auf die jährlich aktualisierte „HealthMap", der Organisation International SOS (siehe Weblinks auf → S. 33). Alle Länder der Erde werden dort nach Bewertungskriterien wie dem Zugang zum lokalen Gesundheitswesen, der Verfügbarkeit hochwertiger Medikamente oder der Qualität der Rettungsdienste eingestuft.

Die **Anreise** ist ein weiteres wichtiges Kriterium bei der Wahl des Reiseziels. Mit kleineren Kindern sollte sie möglichst einfach und kurz sein. Dabei kann ein Direktflug nach Teneriffa besser, weil stressfreier sein als eine achtstündige Autofahrt an die Ostsee oder eine Zugfahrt quer durch Deutschland mit drei Umstiegen. Wichtig ist, dass Sie im Notfall (wenn das Baby krank wird oder mit der Umstellung nicht zurechtkommt) ohne große Probleme rasch wieder nach Hause kommen.

Bei den ersten Reisen mit Babys sollten sich die **klimatischen Bedingungen** am Urlaubsziel nicht extrem von denen zu Hause unterscheiden. Die hohen Temperaturen und die Luftfeuchtigkeit können dem Organismus viel Kraft abverlangen. Überlegen Sie gut, ob Sie sich und Ihrem Kind die Hitze zumuten wollen, die eine Reise im Hochsommer nach Griechenland oder Südostasien bedeutet, ganz zu schweigen von der starken **UV-Strahlung**. In Ländern in Äquatornähe, aber auch in Australien und Neuseeland müssen Sie verstärkt auf den Sonnenschutz für Babys und Kleinkinder achten. Strandaufenthalte, wie man sie aus kinderlosen Zeiten kannte, sind dann schlichtweg nicht möglich (→ S. 155).

Guter Sonnenschutz auf Reisen ist für Kinder Pflicht

Ebenso gefährlich können der **Straßenverkehr** und generell die Verhältnisse in vielen Ländern für kleine Kinder sein. Vorsichtsmaßnahmen wie Absperrungen an Gefahrenstellen oder die staatliche Überwachung des Trinkwassers sind außerhalb Mitteleuropas nicht selbstverständlich, und Kindersicherheitsvorkehrungen erst recht nicht.

Je „exotischer" Ihr Reiseland, je mehr die täglichen Gebräuche von den gewohnten Alltagsregeln abweichen, desto anstren-

◀ Ob auf dem Bauernhof um die Ecke oder am anderen Ende der Welt: Kinder fühlen sich überall wohl, wenn ihre Bedürfnisse berücksichtigt werden.

gender werden für Sie alle die ganz normalen Besorgungen und die Kommunikation. Ganz zu schweigen von Notfällen, in denen Sie auf sich gestellt sind. **Psychische Herausforderungen** wie diese sollten Sie sich und Ihrem Kind nur zumuten, wenn Sie sicher sind, dass Sie sie meistern. Reiseerfahrung und gute Kontakte vor Ort sind hier zu empfehlen.

Dichter Verkehr ist in Südostasien normal

Mit **Zeitverschiebungen** kommen Babys bis zum Alter von sechs Monaten dagegen gut zurecht. Sie haben bis dahin, wie Eltern aus leidvoller Erfahrung bestätigen können, noch keinen festen Tag-Nacht-Rhythmus entwickelt und schlafen sowieso dann, wenn sie gerade müde sind (→ S. 348).

Natürlich sollten Reiseziele, die politisch instabil oder von **Naturkatastrophen** bedroht oder betroffen sind, von Familien mit Kindern gemieden werden, das gebietet schon der gesunde Menschenverstand. Klarheit über die aktuelle **Sicherheitslage** in einem Land und empfohlene Vorsichtsmaßnahmen gibt das Auswärtige Amt auf seiner Website.

Über **Kleinkriminalität** brauchen Sie sich dagegen weniger Sorgen zu machen, meist sind hier kulturelle Stereotype der Hintergrund der Bedenken. Das Risiko, Opfer eines Taschendiebstahls zu werden, ist in deutschen Großstädten ähnlich hoch wie in spanischen oder amerikanischen. Normale Vorsichtsmaßnahmen, die Sie auch im Alltag anwenden, genügen hier vollkommen.

Viel Geld können Sie sparen, wenn Sie „antizyklisch" reisen, also in der Nebensaison oder an Wochentagen.

Ob ein Urlaubsziel kinderfreundlich ist, hängt neben diesen „handfesten" Kriterien vor allem von der dortigen **Kultur** ab. Hier kann man generell sagen: Fast jedes Land der Welt ist kinderfreundlich, weil die Menschen Familie als eigenen Wert überall hochschätzen und Eltern mit Kindern freundlich begegnen. Ist zudem noch genug Platz zum Spielen und Toben und genug Zeit, um das ausgiebig zu tun, dann steht dem kinderfreundlichen Urlaub nichts im Weg.

Frauke: „Es ist toll, sich mit dem Kind einmal in einem ganz anderen Kulturkreis zu bewegen und zu sehen, wie Kinder und Eltern dort leben und wahrgenommen werden. Das ist auch eine gute Erfahrung für das Leben mit Kindern zu Hause, die ungeheuer entspannt!"

Babys schlafen, wann immer es ihnen beliebt

Familiengeeignete Reiseziele

Die Angaben in den nachfolgenden Tabellen sind bewusst knapp gehalten. Sie sollen Ihnen Anregungen und erste Hinweise für künftige Reiseziele mit Ihren Kindern geben, nicht mehr. Haben Sie sich entschieden, sollten Sie auf jeden Fall einen Reiseführer für das jeweilige Land oder die Region lesen oder sich im Internet näher informieren.

Die Tabellen listen neben dem Reiseziel die **Zeitverschiebung** zu Deutschland, die ungefähre **Flugzeit** und die **Anreisezeit per Auto** (jeweils ab Frankfurt/Main) auf. Nach der Empfehlung der besten Reisezeit werden gesundheitliche und andere Risiken aufgezählt, die in Betracht gezogen werden sollten.

Familiengeeignete Reiseziele in Europa

* Reine Flugzeiten ohne Zwischenaufenthalte, ausgehend vom Startpunkt Frankfurt/Main
** Durchschnittswerte, ausgehend vom Startpunkt Frankfurt/Main bis in die jeweilige Landeshauptstadt
Zeitverschiebung, Anreise mit dem Flugzeug oder Auto: alle Angaben in Stunden

Reiseziel	🕘	✈*	🚗**	Beste Reisezeit mit Kindern	Risiken und Krankheiten
Deutschland	–	<1	5 (Berlin) bis 8 (Rügen)	immer	Zecken übertragen Borreliose und in einzelnen Regionen Frühsommer-Meningo-enzephalitis (FSME)
Dänemark (außer Grönland)	–	<1	9	Sommer	Kleinkriminalität in Kopenhagen, Stadtteil Christiania
Frankreich	–	<1 bis 2	6	Mai bis Oktober	Hepatitis A (Mittelmeerküste und Korsika), Bandenkriminalität im Straßenverkehr, Kleinkriminalität in touristischen Zentren, politische Anschläge (Korsika), Waldbrände
Griechenland	+1	3	> 20 (eventuell plus Fähre)	April bis Juni, September/Oktober	Hepatitis A, schlechte oder keine medizinische Versorgung auf kleineren Inseln
Großbritannien (außer karibische Inseln)	–1	1,5	8 (Tunnel)	Sommer	Meningokokken C, terroristische Anschläge (Nordirland)
Italien	–	1 bis 2	13	Frühling, Herbst	Kleinkriminalität
Kreuzfahrt (Mittelmeer)	–	0 bis 4 (zum Starthafen)	9 bis 13	Frühling, Herbst	Seekrankheit
Kroatien	–	1,5	9	Frühling, Herbst	Zecken übertragen FSME und Borreliose, Minen in einigen Landesteilen, Waldbrände

Quelle: Auswärtiges Amt

Reiseziel	🕘	✈*	🚗**	Beste Reisezeit mit Kindern	Risiken und Krankheiten
Niederlande (außer karibische Inseln)	-	1	4,5	Frühling bis Herbst	keine
Norwegen	-	1,5 bis 3	11 (plus 3 bis 20 Fähre)	Dezember bis Februar (Wintersport), Juni bis August	FSME in einzelnen Regionen
Österreich	-	1	6 bis 8	Sommer, Winter	FSME in einzelnen Regionen
Schweiz	-	<1	3 bis 6	Sommer, Winter	FSME in einzelnen Regionen
Spanien (Festland)	-	1,5 bis 2	>12	April bis Juni, September bis November	Kleinkriminalität, Waldbrände
Spanien (Balearen)	-	2	13 (plus 8 Fähre)	Mai/Juni, September/Oktober	Kleinkriminalität
Spanien (Kanarische Inseln)	-	4	-	Oktober bis April	Kleinkriminalität
Türkei	-	2,5 bis 3	23	Frühling, Herbst	Hepatitis A, terroristische Anschläge und Kriegshandlungen in Grenzgebieten, politische Unruhen in Großstädten
Zypern	+2	3,5	-	April/Mai, Oktober/November	Kleinkriminalität

Quelle: Auswärtiges Amt

Familiengeeignete Reiseziele in Kleinasien und Afrika

Reiseziel	🕘	✈*	Beste Reisezeit mit Kindern	Risiken und Krankheiten
Ägypten	+1	4	September bis November, März bis Mai	Hepatitis A, Typhus, Tollwut, Krankheitsübertragung durch Moskitos, politische Unruhen, Terrorismus
Marokko	-1	3	Mai bis Oktober	Hepatitis A, Tollwut, Typhus, Straßenverkehr, Terrorismus (Süden/Osten)
Vereinigte Arabische Emirate (Dubai/Abu Dhabi)	+3	6	November bis März	Hepatitis A, Typhus
Israel	+1	4	April bis Juni, Oktober/November	Leishmaniose, Angriffe und Terroranschläge

Quelle: Auswärtiges Amt

Das richtige Reiseziel für Familien 31

Reiseziel	🕐	✈ *	Beste Reisezeit mit Kindern	Risiken und Krankheiten
Jordanien	+1	4	März bis Mai, Oktober/November, ganzjährig (Totes Meer)	Durchfall, politische Unruhen, Kriegshandlungen im Grenzgebiet zu Syrien/Irak
Oman	+2 bis +3	6,5	Dezember bis März	Hepatitis A, Piratenangriffe auf See
Südafrika	0 bis +1	11,5	September bis Mai	Kleinkriminalität (Großstädte), Malaria (nur im Nordwesten, November bis Mai), Hepatitis A, Cholera

Quelle: Auswärtiges Amt

Familiengeeignete Reiseziele in Nord- und Südamerika, Karibik

Reiseziel	🕐	✈ *	Beste Reisezeit mit Kindern	Risiken und Krankheiten
Argentinien	-4	15	Oktober bis April	Dengue-Fieber, Gelbfieber (Norden/Nordosten), Tollwut, Kleinkriminalität, Straßenverkehr
Brasilien	-3 bis -6	15 bis 19	Juli bis Dezember (Norden), Mai bis September (Amazonas und Pantanal, Südküste)	Kriminalität, Straßenverkehr, Anschläge, Gelbfieber in einigen Regionen, Hepatitis A, Dengue-Fieber, Malaria (außer Ostküste und Stadtzentren)
Chile	-5	17 bis 20, keine Direktflüge	Dezember bis März (Norden und Landesmitte), Oktober bis Februar (Süden), Juni bis August (Wintersport in den Anden)	Höhenkrankheit, Dengue-Fieber (Osterinsel), Kriminalität, Demonstrationen und Unruhen, Straßenverkehr, Erdbeben, Vulkanausbrüche und Extremwetterlagen
Costa Rica	-7	11,5	Dezember bis April	Malaria (im Norden), Dengue-Fieber, Tollwut, Durchfall, Erdbeben, Kleinkriminalität
Kanada	-4,5 bis -9	10	September/Oktober (Indian Summer), Mai/Juni, Juni bis September (Norden), November bis März (Wintersport)	Westnil-Fieber (ab Mai), Hepatitis B, Meningitis
Karibik	-4	9 bis 10	Dezember bis April	Durchfallerkrankungen, Dengue-Fieber, Stürme und Starkregen (Hurrikans Juni bis November), Kriminalität
USA (Florida)	-9	9,5	März bis Mai (Norden), Dezember bis Februar (Süden)	Westnil-Fieber, Hurrikans (Juni bis November), Kriminalität im Ballungszentrum Miami

Quelle: Auswärtiges Amt

Reiseziel	🕐	✈ *	Beste Reisezeit mit Kindern	Risiken und Krankheiten
USA (Hawaii)	−11	14, keine Direktflüge	April bis Juni, September/Oktober	Tsunamis
USA (Neuengland)	−7 bis −8	7	September/Oktober („Indian Summer")	keine

Quelle: Auswärtiges Amt

Familiengeeignete Reiseziele in Asien und Ozeanien

Reiseziel	🕐	✈ *	Beste Reisezeit mit Kindern	Risiken und Krankheiten
Nepal	+3,45 bis +4,45	8,5, keine Direktflüge	September/Oktober, März bis Mai	Dengue-Fieber, Hepatitis A, Tollwut, Höhenkrankheit, in Kathmandu politische Unruhen
Thailand	+6	11	November bis Mai	Hepatitis A, Malaria (außer Bangkok und Inseln), Tollwut, Terrorismus (Süden), in Bangkok politische Unruhen, Tsunamis
Kambodscha	+6	11,5, keine Direktflüge	Dezember bis März, Mai bis Oktober (Angkor Wat)	Malaria, Dengue-Fieber, Chikungunya, Durchfall, Hepatitis A, Vogelgrippe, Tuberkulose, Tollwut, Kleinkriminalität, Straßenverkehr, Minen in abgelegenen Gegenden
Bali (Indonesien)	+6	14,5, keine Direktflüge	April bis Oktober	Hepatitis A, Tollwut, Dengue-Fieber, Kleinkriminalität, Tsunamis, Terrorismus
Malediven	+4	9,5	November bis April	Dengue-Fieber, Chikungunya, politische Unruhen, Tsunamis
Mauritius	+3	11	Oktober/November, Mai bis August	Dengue-Fieber, Chikungunya, gefährliche Strömungen im Meer, Hurrikans (November bis Mai), Straßenverkehr
Australien	+7 bis +10	16 bis 20, keine Direktflüge	April bis September (Northern Territory), September bis November (Süden und Südwesten), Oktober bis März (Queensland), Mai/Juni und Oktober/November (Tasmanien)	gefährliche Tiere (Haie, Krokodile, giftige Insekten, Spinnen und Meerestiere), hohe UV-Belastung, örtlich Überschwemmungen und Waldbrände
Neuseeland	+11 bis +12	22, keine Direktflüge	Oktober bis März	hohe UV-Belastung, Erdbeben und Extremwetterlagen

Quelle: Auswärtiges Amt

Pauschalurlaub, Rundreise oder Campingplatz?

Keine Frage: Eine Urlaubsreise zu einem Ort, an dem man dann die meiste Zeit verbringt, ist eine sehr verbreitete und normalerweise auch die günstigste Variante. Mit kleinen Kindern ist eine solche **Standortreise** in der Regel die stressfreiere Alternative: Sie haben nur die Hin- und Rückreise, auf der Sie Ihre Kinder umsorgen und bespaßen müssen. Besonders mit weniger reisetauglichen Babys und Kleinkindern ein sehr wichtiger Punkt.

Vor Ort können Sie bei Ankunft die Koffer und Taschen auspacken, alles an einen festen Platz räumen und es sich so gemütlich und heimelig wie möglich machen. Das ist sowohl praktisch für die Eltern als auch gut für Kinder, die sich auf diese Weise schnell an ihr neues „Heim auf Zeit" gewöhnen können. Und nach einigen Tagen kennen Sie sich rund um Ihre Unterkunft schon fast so gut aus wie zu Hause, wissen, wo man günstig einkaufen kann, wo es den besten Spielplatz gibt und wann es am Strand am schönsten ist.

Kinder schließen schnell Freundschaften, die oft über den gesamten Zeitraum des Urlaubs gepflegt werden, was für Sie zusätzliche Entspannung (und vielleicht ebenfalls neue Freunde) bedeutet. Und schließlich ist es herrlich, für die nächsten Tage oder Wochen mal gar nichts planen oder bedenken zu müssen. Sie bleiben einfach vor Ort und machen sich eine schöne Zeit.

Klassische Ferienhotels, Pensionen und Ferienwohnungen wie auch Pauschalreisen (→ S. 69) bieten sich für eine Standortreise mit Kindern bevorzugt an und sind auf diese Art des Reisens auch eingestellt. Die Buchungsmasken vieler Anbieter sehen die klassische Belegung von Samstag bis Samstag vor. Oft werden Wochenpreise angegeben und die Buchung für nur einen oder zwei Tage ist teurer oder unerwünscht, gerade in der Hauptsaison. Im Gegenteil, je länger man eine Unterkunft bucht, desto günstiger wird sie, pro Tag gerechnet. Oft sind **zusätzliche Rabatte** drin, wenn Sie freundlich nachfragen und darauf hinweisen, dass Sie länger als gewöhnlich bleiben möchten.

Aber auch eine **Rundreise** mit Baby oder Kleinkind ist mit etwas Planungsaufwand und ordentlicher Vorbereitung gut machbar. Der Vorteil: Sie sehen mehr von einem Land

Zuhause auf Zeit: Ich pack schon mal aus!

Weblinks

Auswärtiges Amt der Bundesrepublik Deutschland mit umfassenden Reise-Informationen zu allen Ländern der Welt: www.auswaertiges-amt.de

„Health Map": interaktive Landkarte mit weltweiten Gesundheitsrisiken: www.healthmap.org (englisch)

oder einer Region, was besonders bei Reisen in ferne Länder oft der Sinn des Ganzen ist. Im Gegenzug müssen an die Unterkünfte jeweils geringere Ansprüche gestellt werden, weil sie ja immer nur für eine oder wenige Nächte genutzt werden. Da sieht man über Unzulänglichkeiten oder Mängel eher hinweg, weil es im nächsten Quartier ja schon wieder ganz anders aussehen kann.

Insgesamt ist es meistens **anstrengender**, sich jeden Tag auf eine neue Unterkunft einstellen, alles Gepäck zusammen- und wieder auspacken und zwischendurch noch die anstrengende Tagesstrecke bewältigen zu müssen. Außerdem schlägt eine Rundreise häufig **teurer** zu Buche, denn die Vermieter von Unterkünften lassen sich die kurze Buchung natürlich bezahlen: Hier gilt die Globetrotter-Regel „Je mehr Kilometer, desto teurer die Reise" (→ S. 61).

Auf Rundreisen empfehlen sich daher andere Unterkünfte als Ferienwohnungen, Pensionen und Strandhotels: Für günstige und kurzfristig verfügbare Quartiere für wenige Tage sind **Hostels, City-Hotels und Campingplätze** die richtige Wahl. In der Hauptsaison kann es allerdings in beliebten Ferienregionen oder in Großstädten schwer werden, hier noch freie Plätze zu bekommen, weshalb viel Recherche und gegebenenfalls Vorbuchungen oder Reservierungen der anvisierten Unterkünfte nötig werden. Das bedeutet für Sie einen höheren Planungsaufwand, verbunden mit all dem dabei anfallenden Stress.

Eine beliebte Alternative ist das eigene rollende Heim. Im **Wohnmobil** haben Sie Ihr vertrautes Dach über dem Kopf und können notfalls auf Parkplätzen oder am Straßenrand eine Nacht verbringen (→ S. 192). Das genaue Gegenteil davon ist schließlich eine **Kreuzfahrt**. Hier genießen Familien Luxus und Verwöhnprogramm, während sie fast jeden Tag in einer anderen Stadt (oder auf einer anderen Insel) an Land gehen (→ S. 176).

Lange Fernreise oder Kurztrip – was ist erholsamer?

Je länger, desto besser? Das stimmt nicht unbedingt. Das Arbeitsrecht gesteht Angestellten zwar mindestens zwölf Urlaubstage am Stück zu, weil der Entspannungseffekt erst nach zwei bis drei Wochen eintrete. Psychologen bestätigen außerdem, dass eine große Entfernung von der Heimat beim Abschalten hilft. Zeitverschiebung und Klimaumstellung bei Fernreisen machen den Erholungseffekt aber schnell wieder zunichte. Eine lange Fernreise ist für Körper und Seele also unter Umständen weniger erholsam als mehrere kürzere Unterbrechungen des Alltags pro Jahr. Um Stress abzubauen und die gemeinsame Familienzeit zu genießen, sind Bewegung, frische Luft und Sonnenlicht viel wichtiger als eine bestimmte Mindestreisedauer.

Stadt, Land oder Strand?

Reisen mit Kindern müssen nicht automatisch auf den Bauernhof führen oder an den sanft abfallenden Badestrand eines Baggersees. Natürlich hat es Vorteile, wenn Sie Umgebungen für Ihren Urlaub auswählen, die Sie und Ihr Kind nicht überfordern: Mitteleuropäische Wald-und-Wiesen-Reiseziele oder die Strände von Nord- und Ostsee punkten mit vertrautem Klima, gemäßigten Temperaturen, kurzer Anreise und einer hervorragenden Infrastruktur.

Urlaubsziele am Meer sind bei Familien mit Kindern enorm beliebt. Kein Wunder: Sand und Wasser sind die perfekten Spielmaterialien für Babys und Kinder, das Spielen und Toben im Wasser fördert die Entwicklung, und das Rauschen des Meeres ist Balsam für alltagsgestresste Eltern.

Ein Mindestalter für den Strandurlaub mit Babys gibt es nicht. Solange Sie alle sich wohlfühlen und auf grundlegende Dinge wie Sonnenschutz achten, steht Ihrem Vorhaben nichts im Weg (→ S. 118). Ein wenig mehr Vorbereitung und Planung verlangen Fernreisen an tropische Strände (→ S. 163).

Aber auch abseits vom Meer finden Familien mit Kindern vielfältige Gelegenheiten zum gemeinsamen Entspannen und Entdecken. **Wanderurlaube** im Gebirge sind mit Babys und Kleinkindern kein Problem, solange keine Trekkingtouren durchs Hochgebirge gemacht werden. Längere Aufenthalte über 2.500 Meter sollten mit Kindern unter zwei Jahren vermieden werden. Entscheidend ist hier eher, wie fit Sie selbst sind. Denn Sie müssen Ihr Kleines über Stock und Stein tragen können. Mit Laufanfängern, die gerade ihren Bewegungsradius vergrößern, sind lange Tragetouren wiederum keine gute Idee (→ S. 202).

Städtetrips erscheinen dagegen nicht unbedingt als naheliegend für Familienreisen. Aber auch mit Kindern können Sie Architektur, Kunst und den „City Vibe" von Großstädten entdecken. Für den Anfang empfehlen sich Ziele in Europa, aber auch Metropolen wie New York oder Bangkok haben überraschend viel für Kinder zu bieten. Noch besser, wenn Sie mit Baby unterwegs sind. Schläft das Kleine im Kinderwagen oder Tragetuch, fühlen Sie sich beim Museumsbummel oder im Café fast wie in kinderlosen Zeiten. Städtetrips eignen sich hervorragend als Kurztrip zwischendurch, für Ausflüge in der Schmuddelwetter-Saison oder als Abschluss einer längeren Reise durch fremde Länder.

Sie sind nicht so gut zu Fuß oder haben lauffaule Kinder? Ganz unauffällig sportliche Betätigung finden Sie auf einer **Fahrradtour**. Auf ebenen Strecken bewältigen Sie so relativ bequem viele Kilometer, sind dabei hautnah an der Natur und müssen Ihren Reiseproviant und die tausend Kleinigkeiten nicht selbst tragen. Sehr komfortabel sind

Kinder lieben Ferien auf dem Bauernhof

Sie mit einem Fahrradanhänger unterwegs, in dem zwei Kinder bis zum Vorschulalter Platz finden und keine Chance zum Jammern („Ich kann nicht meeehr!") haben.

Eine andere sportliche Art, um flink voranzukommen und dabei wunderschöne Natur direkt vor der Nase zu haben, sind Reisen auf dem Wasser. Flüsse und Seengebiete wie die Mecklenburger Seenplatte, der Spreewald oder die mächtige Donau bieten Gelegenheiten für **Bootstouren**. Kanus, Kajaks und die Ausrüstung für Kurzausflüge oder Mehrtagestouren können Sie zum Testen erst einmal preiswert leihen. Wenn Sie sich unsicher fühlen, buchen Sie einfach eine geführte Paddeltour. Besonders in Skandinavien können Sie tage- und wochenlang über Seen und Flüsse paddeln, abends auf einsamen Inseln anlegen und Ihr Zelt aufschlagen, während der selbst geangelte Fisch auf dem Feuer brutzelt – ein wahres Paradies für Kinder!

An **Wintersport** haben Kinder frühestens mit zwei Jahren Interesse. Warm eingepackt und vor Wind und Wetter geschützt, ist das kein Problem. Wollen Sie mit Ihrem Baby in den Skiurlaub fahren, sollten Sie sich allerdings bereits vorher Gedanken über dessen Betreuung machen, während Sie auf der Piste sind (→ S. 170).

Reisegefährten: Wer kommt mit?

Die meisten Familien verreisen so, wie sie auch zu Hause leben: mit **Mama, Papa und Kind(ern)**. Der Urlaub ist für sie eine Möglichkeit, Zeit miteinander zu verbringen, sich in einer anderen Situation kennenzulernen und zu verstehen. Aber es bedeutet natürlich auch, dass man sich schnell mal gegenseitig nervt, gerade weil man sich schon so gut kennt.

Zeit zu zweit bleibt Ihnen dabei in aller Regel kaum, im Gegenteil: Wenn die gewohnten Betreuungsinstitutionen wie Kindergarten oder Oma fehlen, wird das **24-Stunden-Beieinander-Sein** oft anstrengend. Kinder, die keine Geschwister haben und am Urlaubsort keinen Kontakt zu anderen Kindern finden (oder zu klein dafür sind), langweilen sich häufig ohne Spielgefährten, was bedeutet, dass Sie als **„Dauerbeschäftiger"** gefordert sind. Und: Alle Alltagspflichten bleiben an demjenigen hängen, der sie sowieso immer erledigen muss.

Da ist es doch naheliegend, den Urlaub in einer anderen Konstellation zu verbringen: etwa gemeinsam mit einer befreundeten Familie oder mit den Großeltern. Das gilt natürlich auch für **Alleinerziehende** und Familien mit vielen Kindern, die auf diese Weise einen oder mehrere erwachsene Mitreisende und willkommene Unterstützung in der Kinderbetreuung gewinnen.

Allein reisen mit Kind

Reisen Sie allein mit einem Kind oder mehreren Kindern, müssen Sie ohne die Unterstützung eines zweiten Erwachsenen auskommen. Und zwar nicht nur beim Tragen von Gepäck und Kindern, sondern auch beim Ertragen von Nörgelei, Wutanfällen und stundenlangen Fahrten,

Allein mit Kind die Welt entdecken

beim Navigieren durch unbekannte Städte und beim Diskutieren mit Hotelangestellten, beim Suchen einer Apotheke im Ausland, aber auch beim Planschen im Pool und beim Genießen von Kinderlachen und Sonnenuntergängen.

Ganz egal, ob Sie alleinerziehend sind oder nur für ein paar Urlaubstage auf Ihren Partner verzichten, diese Strategien helfen Ihnen bestimmt:

- **Planen**: den Reiseablauf im Detail vorbereiten, damit nichts schiefgeht und Sie zuversichtlich gestimmt sind
- **Packen**: Gepäck so reduzieren, dass es mit einer Hand getragen werden kann; Rollkoffer oder Rucksack (→ S. 110) plus Hüfttasche für wichtige Dokumente
- **Verpflegen**: immer eine Notration dabei haben, nicht nur für das Kind
- **Hilfe**: andere Reisende und Personal offen ansprechen und um Hilfe bitten; eigene Kinder altersentsprechend einbeziehen, sowohl was Gepäck angeht als auch bei der Organisation der Reise
- **Kontrolle**: mit kleinen oder betreuungsintensiven Kindern möglichst nicht Auto fahren; lässt es sich nicht vermeiden, das jüngste Kind auf den Beifahrersitz setzen
- **Spielgefährten**: im Urlaub die Nähe von Familien mit Kindern suchen (auf dem Campingplatz, am Strand, am Hotelpool, im Restaurant an der Spielecke …) und Kontakt knüpfen
- **Reisegruppe**: aus der Not eine Tugend machen und eine Gruppenreise für Single-Familien buchen
- **Auszeiten**: nicht nur für Erledigungen, sondern für Erholung Zeit für sich einfordern; Kind mit Medien oder Spielgefährten (→ S. 44) beschäftigen, in Kinderbetreuung (→ S. 311) abgeben, eventuell Babysitter (→ S. 43) nehmen

Ist Ihnen schon der Gedanke an eine Reise allein mit Ihrem Kind (oder Ihren Kindern) zu anstrengend, dann holen Sie sich Unterstützung. Fragen Sie eine Freundin, eine befreundete Familie oder Ihre Eltern, ob sie an einem gemeinsamen Urlaub Interesse hätten. Kontakte zu anderen Reisenden bekommen Sie auch unterwegs in Hostels und Jugendherbergen (→ S. 327), im Zug (→ S. 282) und auf Kreuzfahrtschiffen (→ S. 176), beim Couchsurfing (→ S. 334) und beim WWOOFing (→ S. 338).

Tipps, wenn Sie allein mit Kind oder Kindern fliegen, finden Sie auf → S. 256.

Reisen als Großfamilie oder Patchwork-Familie

Wer in Deutschland nicht der Norm „Zwei Eltern, zwei Kinder" entspricht, der hat meist beim Reisen ein Problem. Davon können nicht nur Single-Eltern, sondern vor allem Familien mit mehr als zwei Kindern ein Lied singen. Auch für Patchwork-Familien stellt die Reisebuchung oft eine Herausforderung

◀ Es muss nicht immer nur mit Papa, Mama und Kind in den Urlaub gehen. Fragen Sie doch mal die Oma, den Patenonkel oder Ihren Babysitter.

dar. Das ist ganz schön ungerecht, denn gerade Eltern, die sich im Alltag um viele Kinder kümmern, brauchen dringend Erholungspausen und die Möglichkeit, mal abzuschalten.

Der Stress beginnt schon beim Heraussuchen der geeigneten Unterkunft und eines

Mit vielen Kids unterwegs

Transportmittels, das alle Familienmitglieder aufnimmt, und das zu einem bezahlbaren Preis. Fliegen kommt für viele Mehrkind-Familien wegen der Kosten nicht in Frage, auch das Handling der Gepäckmengen und der Kinder im Flugzeug stellt eine organisatorische Herausforderung dar.

Eine vergleichsweise kostengünstige Alternative für Familien ist die **Bahn**, weil hier Kinder bis 15 Jahre nichts bezahlen (→ S. 282). Den niedrigeren Preis wiegt der Stress der Anreise aber oft locker auf: Mehrere (kleine) Kinder und das Gepäck für einen Familienurlaub pünktlich zum Bahnhof und in den richtigen Zugwaggon zu bugsieren, den Nachwuchs über mehrere Stunden zu beschäftigen, eventuell einen oder mehrere Umstiege zu bewältigen und dann mit heilem Nervenkostüm am Urlaubsziel anzukommen, verlangt viel Training. Wenn die Unterkunft nicht allzu weit vom Bahnhof entfernt ist, können Sie den Gepäckservice der Bahn nutzen. Mobilitätshelfer unterstützen Sie auf Anfrage beim Ein- und Umsteigen (→ S. 287).

Maja: „Bei sehr weiten Fahrten mit Stau-Risiko machen wir das oft so, dass ich mit den Kindern im Zug fahre und mein Mann allein mit dem Auto und dem vielen Gepäck. Das ist für alle entspannter und gar nicht so teuer, weil die Kinder alle kostenlos mitfahren."

Ist Ihr Urlaubsziel nur per **Flugzeug** zu erreichen, können Sie eventuell Billigflieger nutzen. Erkundigen Sie sich sicherheitshalber bei der Airline, ob es dort Regelungen über mit mehreren Kindern fliegende Erwachsene gibt. Dass jeder Erwachsene nur ein Baby auf dem Schoß transportieren kann, ist klar. Aber auch um die anderen Kinder müssen Sie sich im Notfall kümmern können. Diese Lösung kommt also eher für flugerfahrene Familien mit älteren Kindern und Flugstrecken ohne Umstieg in Frage.

Solche kreativen Lösungen sind mit den Angebotsstrukturen von **Pauschalreisen** nicht zu vereinbaren. Familien mit mehr als zwei oder drei Kindern finden hier nur selten passende, bezahlbare Angebote. Die für Pauschalreisende angebotenen Hotelzimmer bieten kaum Platz für Sie alle, Suiten oder benachbarte Zimmer mit Zwischentüren sind in den günstigen Flug-Hotel-Paketen nicht vorgesehen. Glückwunsch allen Großfamilien, die ein Reisebüro oder einen Reiseagenten gefunden haben, der besondere Angebote für ihre speziellen Bedürfnisse hat.

Immer mehr Pauschalreise- und Cluburlaub-Anbieter (→ S. 185) entdecken die Zielgruppe der Patchwork-Familien für sich. Schauen Sie also immer wieder nach Angeboten, es tut sich was!

Abgesehen von speziellen Baby- und Kinderhotels (→ S. 314) sind Hotelaufenthalte mit mehreren kleinen Kindern sowieso meist keine entspannende Erfahrung. In einem geräumigen Ferienhaus, einem City-Apartment mit eigener Küche oder auf dem Campingplatz (→ S. 317) können Sie Ihren eigenen **Familienrhythmus** leben und müssen weniger Rücksicht auf andere Gäste nehmen. Außerdem haben Sie hier mehr Platz und zahlen, pro Kopf gerechnet, weniger als im Hotel. Das gilt besonders für kleinere Kinder. Unter Fünfjährige zahlen beim Camping oft gar nichts, und wenn Sie Ihre eigenen Kindermatratzen oder Babyreisebetten ins Ferienhaus mitbringen, brauchen Sie auch keinen Palast zu mieten.

Kerstin: „Oft sind es die Kleinigkeiten, die uns zu schaffen machen. Letztes Jahr waren wir zum Beispiel in einem Kinderhotel. Der Urlaub war wirklich klasse, aber die Essenssituation war alles andere als entspannend: Am Buffet war Selbstbedienung, es gab aber keine Tabletts. Also mussten wir pro Mahlzeit zehnmal hin- und herlaufen, um drei Kinder und zwei Erwachsene mit Tellern, Schüsseln und Gläsern zu versorgen."

Noch bequemer ist die **Privatwohnung** einer anderen Familie. In einer gemieteten Wohnung (→ S. 331) oder beim Housesitting (→ S. 333) haben Sie Ihre Ruhe und eine komplett ausgestattete Unterkunft. Sehr beliebt bei größeren Familien ist auch Haustausch (→ S. 337). Wenn Sie keinen konkreten Urlaubswunsch haben, warten Sie einfach auf Tauschangebote und entdecken dann unbekannte Regionen oder Länder.

Ferienparks sind eine günstige Alternative zum Clubhotel. Hier wohnen Sie in einem eigenen Haus und genießen dennoch einige Annehmlichkeiten eines Hotelurlaubs.

Sie haben aber keine Lust, im Urlaub wie zu Hause für die Meute zu kochen und zu putzen? Dann ist vielleicht eine **Ferienstätte** der Bundesarbeitsgemeinschaft Familienerholung (→ S. 329) eine Option. Hier gibt es günstige Unterkünfte auch für Großfamilien und in vielen Häusern genießen Sie Vollpension, Kinderbetreuung und andere Annehmlichkeiten.

Eine individuell gebuchte Unterkunft muss natürlich auf eigene Faust erreicht werden. Die meisten Mehrkind-Familien benutzen dafür ihr **eigenes Auto**. Das ist praktisch und kostengünstig, weil es (bis auf den Treibstoff) keinen Extraposten im Reisebudget darstellt. Ferienwohnungen und Campingplätze erreichen Sie so flexibel und bequem. Eventuell können Sie auch einen **Wohnanhänger** mieten und an Ihr Auto hängen (→ S. 197).

Mit mehreren Zwischenstationen auf Campingplätzen kommen Sie auch mit dem Auto in weiter entfernte Urlaubsländer wie Spanien oder Griechenland. Die Voraussetzung ist natürlich genügend Zeit.

„Großfamilien auf Zeit", die nur für die Dauer einer Urlaubsreise ein Auto mit vielen Sitzplätzen benötigen, können **Mietwagen** (→ S. 274) oder Carsharing-Angebote nutzen. In beliebten Urlaubsgebieten lohnt sich ein Preisvergleich der bekannten Marken mit günstigeren kleinen Anbietern. Busse oder Vans sind natürlich nicht die billigsten Fahrzeugklassen, und bei voller Belegung der Sitzplätze ist oft erschreckend wenig Platz für Gepäck. Wenn Sie zwei oder mehr fahrtüchtige Erwachsene sind, kann es günstiger sein, zwei kleinere Autos zu mieten.

Summa summarum ist für Großfamilien jede Art der Anreise ein großer Aufwand. Anstatt sich bei mehreren Kurzurlauben und Wochenendtrips aufzureiben, ist daher ein einziger, dafür **längerer Jahresurlaub** besser für die Urlaubskasse. So verteilen sich die Kosten der Anfahrt auf mehr Reisetage und Sie können nach einigen Tagen der Umstellung so richtig in den Urlaubsmodus kommen.

Auch das **Packen** (→ S. 108) stellt einen Stressfaktor dar, über den viele Eltern schon Wochen vorher stöhnen. Je mehr kleine Kinder mit in den Urlaub kommen, desto wichtiger wird eine gut strukturierte Packliste.

Im Kapitel „Packlisten" ab → S. 417 finden Sie eine ausführliche Packliste für jeden Familien- und Urlaubstyp.

Ein Tipp: Nehmen Sie sich **Unterstützung** mit! Wenn die Großeltern, der Patenonkel oder ein Au-pair mit in den Urlaub kommen, finden auch gestresste Eltern ein bisschen Erholung und Zeit für sich. Ferien mit anderen Familien, die sich um ihren eigenen Nachwuchs kümmern müssen, sind dagegen weniger zu empfehlen – wenigstens nicht, wenn Sie sich im Urlaub entspannen wollen.

Sie stehen gerade vor Ihrer ersten Reise mit mehreren Kindern und fühlen sich überwältigt angesichts all der Dinge, die bedacht werden müssen? Klar ist es mit vielen Kindern anstrengender und komplizierter. Aber vielleicht hilft es Ihnen, wenn Sie die Perspektive wechseln: Ein schickes City-Hotel oder einen Wellness-Verwöhnurlaub genießen Sie in ein paar Jahren wieder, wenn Ihre Kinder größer oder ganz aus dem Haus sind. Das geht schneller, als Sie denken. In der Zwischenzeit genießen Sie Ihren Urlaub mit den Kindern eben so, wie es für Sie alle am bequemsten ist. Es gibt Familien mit fünf oder mehr Kindern, die mit dem Rucksack um die Welt reisen. Man muss es nur wollen!

Reisen mit drei Generationen

Großeltern als Urlaubsbegleitung bieten sich gleich aus mehreren Gründen an: Oma und Opa können Zeit mit dem Enkel verbringen, müssen aber nicht die komplette Verantwortung und die mitunter anstrengende Betreuung übernehmen. Das ist besonders angenehm für Großeltern, die wenig Erfahrung im täglichen Umgang mit dem Enkel haben, weil sie weit weg wohnen oder schon älter sind.

Die Eltern freuen sich über **Paarzeit** (→ S. 355), während sie ihr Kind in liebevollen Händen wissen. Im Ernstfall können sie trotzdem eingreifen, wenn die Situation aus dem Ruder läuft. Idealerweise übernehmen Oma und Opa genau an den Stellen, wo Mama und Papa Erholung brauchen: Sie stehen in aller Herrgottsfrühe bereitwillig mit dem Enkel auf und gehen schon mal Brötchen holen, sie lesen abends geduldig Gutenachtgeschichten vor und kosten am Strand mit Begeisterung die hundertste Sandtorte. Ältere Geschwister bekommen ersehnte Exklusivzeit mit den Eltern oder Großeltern, wenn sich die anderen um das Baby kümmern.

Inga: „Wir mögen den traditionellen Osterurlaub mit allen Großeltern sehr gern. Meine Eltern sehen ihre Enkel nicht so oft und genießen die gemeinsame Zeit. Zum Glück verstehen sie sich mit den Schwiegereltern gut, die betüddeln lieber das Baby, während meine Eltern eher die sportlichen sind, die Radtouren mit den Großen machen. Und wir genießen es, morgens mal ausschlafen zu können und nachmittags einen Strandspaziergang zu zweit zu machen. Dafür sehe ich über gut gemeinte Erziehungstipps gekonnt hinweg. Die Großeltern sehen ja, dass ihre Enkel ganz gut geraten sind."

Im gemeinsamen Urlaub finden sowohl Großeltern als auch Eltern **ausreichend Ruhe**, wenn sie mit den Kindern oder Enkeln abwechselnd und mal alle gemeinsam etwas unternehmen. Familien, die weit voneinander entfernt wohnen, können sich so in schöner Umgebung einmal länger sehen und

Mit Opa am Strand

ich sehe was...

...was du nicht siehst

Wer die Welt verstehen will, muss sie sich anschauen. Von allen Seiten und mit eigenen Augen. Vor allem Kinder genießen das – und entwickeln so unverwechselbare Standpunkte. Die Gruppenreisen von Djoser Junior für Familien haben genau das im Visier. Sie führen rund um den Globus und geben dem Abenteuer eine Chance. Ohne Gruppenzwang. Dafür mit viel Freiheit für den individuellen Blick auf die Wunder unseres Planeten.

Katalog gratis: djoserjunior.de oder 0221– 920 158 0

Mit Kindern auf Entdeckungsreise

vermeiden viele kleinliche Konflikte, wenn sie sich dabei nicht im Hoheitsgebiet von Schwiegermutter oder Schwiegertochter aufhalten.

Mehrgenerationen-Familien brauchen vor allem einen eigenen **Rückzugsbereich für Eltern und Großeltern und verbindliche Regeln** für den Urlaubsalltag. Eiserne Regeln in der Erziehung und Erwartungen aneinander müssen Sie klar kommunizieren, sonst gibt es schnell Krach. Umgekehrt sollten Sie tolerieren, dass die Großeltern nicht alles genauso machen wie Sie, und ihnen den Freiraum geben, den geliebten Enkel ein wenig zu verwöhnen. Das Urlaubsziel sollte beiden Parteien gefallen, denn Oma und Opa wollen auch Urlaub machen und sind nicht nur als Kinderbetreuer mitgekommen.

Achten Sie bei gemeinsam gebuchten Pauschalreisen im Reisebüro darauf, dass die **Namen aller Mitreisenden zusammen auf einer Buchungsbestätigung** oder Rechnung stehen. Anderenfalls kann es passieren, dass Sie bei Überbuchung getrennt fliegen oder in einem anderen Hotel untergebracht werden.

Beate: „Den 80. Geburtstag meiner Schwiegermutter wollten wir zusammen als ‚Großfamilie' auf einem Kreuzfahrtschiff feiern. Das Reisebüro hat zunächst pro Kabine je eine Reisebestätigung erstellt, mit verschiedenen Buchungsnummern. Ich musste sehr hartnäckig darum bitten, dass das geändert wird. Wenn sonst die Oma krank geworden wäre, hätten mein Mann, mein Sohn und ich nämlich nicht von der Reise zurücktreten können. Das geht nur, wenn alle Reiseteilnehmer auf einer Buchung aufgeführt sind. Gut zu wissen, auch wenn es zum Glück nicht nötig war."

Der Nachteil am gemeinsamen Urlaub mit den eigenen Eltern (oder den Schwiegereltern): Es sind die eigenen Eltern (oder Schwiegereltern). Wenn schon vorher klar ist, dass ein gemeinsamer Urlaub nicht funktionieren kann oder sehr anstrengend wird, gibt es „Mischformen", die Sie vielleicht alternativ in Erwägung ziehen wollen:

- **Halbe-halbe:** Nach der ersten Urlaubswoche von Großeltern und Enkel kommen die Eltern nach, oder umgekehrt. Das ist besonders für Eltern praktisch, die nicht viel (gemeinsamen) Urlaub nehmen können. Anstatt ein Zustellbett ins Hotelzimmer zu quetschen, sollten Sie dafür ein angrenzendes Hotelzimmer reservieren oder nach Ihrer Ankunft gemeinsam mit den Großeltern in ein neues, größeres Quartier wechseln.
- **Wild gemischt:** Denkbar sind viele Aufteilungen. Vielleicht wollen Sie nur die Oma mit in den Urlaub nehmen, während Opa in der Zeit mit den Eltern des anderen Enkelkindes verreist? Oder Papa fährt mit den Kindern und seinen Eltern ans Meer, während Mama mit ihrer besten Freundin eine Woche Wellnessurlaub macht?
- Wollen die **Großeltern allein mit ihrem Enkel verreisen**, müssen sie dafür eine funktionierende Beziehung aufgebaut haben. Zumindest sollten sie sich im Alltag regelmäßig sehen, und zwar ohne die Eltern als Vermittler. Hat Ihr Kind noch nie allein bei Oma und Opa übernachtet, sollten Sie das zuerst testen, bevor es an eine gemeinsame Reise geht.

Zum Weiterlesen bei KidsAway.de:

„Unterwegs mit Oma und Opa – ein Kinderspiel?!"

 Suchbegriff: „Oma und Opa"

◀ Entdeckungen machen Kinder selbst im kleinsten Tümpel, da muss die Reise gar nicht weit in die Ferne führen.

Reisen mit anderen Familien

Gemeinsam mit einer anderen Familie zu verreisen, hat vielfältige Vorteile: Die Kinder haben gleichaltrige Spielkameraden (die sie vielleicht schon vorher kannten), die Erwachsenen haben nette Gesellschaft und ein zufriedenes Kind, können sich mit der befreundeten Familie sowohl die Reisekosten als auch die Alltagspflichten teilen und sich durch wechselseitige Kinderbetreuung gegenseitig freie Paarzeit verschaffen.

Das Zusammensein von morgens bis abends in der besonderen Situation des Urlaubs kann ungeahnte Konflikte hervorbringen. Damit das Zusammenleben funktioniert, ist **Kompromissbereitschaft** nötig. Eine wichtige Voraussetzung sind gemeinsame Interessen. Darüber hinaus braucht es Ehrlichkeit – zu sich selbst und den anderen – sowie Toleranz und Flexibilität.

Damit es nicht zu Streitigkeiten kommt, was besonders beim Thema Erziehung sehr brisant werden kann, sprechen Sie am besten schon vor der Reise die **Urlaubsregeln** ab: Wer bezahlt kleinere Einkäufe wie Eis oder Kaugummis für die Kinder? Welche Regeln sollen im Alltag gelten (Stichwort Fernsehen, Süßigkeiten, Zubettgehzeiten)? Dürfen Sie den Kindern der anderen Familie Anweisungen geben oder Verbote erteilen?

Für Kinder ist das eine wichtige Erfahrung: Sie sehen, dass das Leben in anderen Familien anders funktioniert. Nicht besser, nicht schlechter, einfach anders.

Der **Urlaubsablauf** sollte in Grundzügen abgesprochen werden. Was wollen Sie gemeinsam unternehmen, wann wollen Sie gemeinsam essen, was wollen Sie abends machen, wenn die Kinder schlafen? Denken Sie dabei auch an die **Kinderbetreuung**.

Am besten ist es natürlich, wenn die Kinder miteinander befreundet sind oder sich wenigstens schon einige Male gesehen haben. Dann können Sie ungefähr abschätzen, ob die Konstellation funktionieren und es weder Rivalitäten noch Dauerzankereien geben wird. Gleichaltrige Kinder spielen meist gut zusammen, ältere Mädchen kümmern sich gern um die „Kleineren". Wichtig ist es, die **Bedürfnisse aller Kinder** zu beachten: Kleinkinder brauchen ihren Mittagsschlaf und wollen möglichst immer dasselbe vertraute Programm, während Vorschulkinder eher Anregung und Beschäftigung brauchen, weil sie sich sonst langweilen. Ist die Altersverteilung der mitreisenden Kinder zu verschieden, kann das sehr anstrengend werden.

Um Konflikte zu vermeiden, die beim täglichen Zusammenleben unweigerlich entstehen, achten Sie unbedingt darauf, dass jeder Familie ein **persönlicher** Rückzugsbereich zur Verfügung steht. Dazu gehört auch ein eigenes Badezimmer. Kleinkinder brauchen einen Raum, in dem sie ungestört ihren Mittagsschlaf machen können. Und wenn ein Baby mitreist, das nachts oft wach ist, freuen sich die anderen, wenn sie das nicht live mitbekommen. Genauso wichtig ist ein **eigenes Auto** pro Familie: Damit kann man mal allein etwas unternehmen und im Notfall (zum Beispiel, wenn ein Kind krank wird) auch allein abreisen.

Ein weiteres Thema, das unbedingt im Vorhinein geklärt werden muss, ist **Geld**. Wie viel wollen Sie im Urlaub ausgeben?

Mit Freunden ist vieles lustiger

Reisegefährten: Wer kommt mit?

Wollen Sie jeden Abend essen gehen oder lieber selbst kochen? Wollen Sie gemeinsam einkaufen und alles durch Zwei teilen oder soll jede Familie selbst für ihr Essen sorgen? Sind die Vorstellungen und Budgets hier zu unterschiedlich, denken Sie über einen gemeinsamen Urlaub lieber noch einmal nach.

Ein All-inclusive-Hotelurlaub spart Ihnen das Nachdenken über diese Punkte, dafür hat dann jeder gleich viel bezahlt.

Gemeinsamer Urlaub bedeutet nicht, dass Sie alles gemeinsam machen müssen. Versuchen Sie gar nicht erst, **perfekte Harmonie** herzustellen. Kleine Unstimmigkeiten sind normal, sollten aber gleich angesprochen und geklärt werden, damit sie sich nicht zu echten Konflikten steigern.

Auch im Urlaub den besten Freund dabei

Ganz ausschließen können Sie Streit und Zank nie, egal wie lange Sie sich schon kennen. Aber genauso gut können Sie auf so einer Reise **Freunde fürs Leben finden**. Wer es nicht versucht, findet es nicht heraus!

Reisen mit Au-pair oder eigenem Babysitter

Eine eigene professionelle Kinderbetreuung, die mit den Kindern und der Familie bereits vertraut ist, hat viele Vorteile. Für Mitteleuropa ist die Idee eher ungewöhnlich, in anderen Teilen der Welt ist es gang und gäbe, das **Kindermädchen** (die „Nanny") mit in den Urlaub zu nehmen. Wenn Sie zu Ihrem Babysitter daheim ein gutes Verhältnis haben und es sich prinzipiell vorstellen können, können Sie das Thema durchaus gemeinsam überdenken.

Ein zusätzliches Zimmer schlägt in großen Ferienhäusern oder Hotelsuiten gar nicht so viel teurer zu Buche. Etwas mehr Abstand gewährt zum Beispiel ein eigener Bungalow in einem Ferienpark. Vielleicht ist ein Arrangement denkbar, bei dem der Babysitter statt seines normalen Gehalts die Reisekosten bezahlt bekommt und dafür eine Freundin oder den Partner mitnimmt. Ein paar Stunden täglich steht er Ihnen dann für die Kinderbetreuung zur Verfügung, den Rest der Zeit genießt er als Urlaub.

Auch ein **Au-pair** können Sie mit in den Familienurlaub nehmen, wenn es einverstanden ist. Hier müssen Sie eventuell, je nach dem Herkunftsland Ihres Au-pairs, rechtzeitig notwendige Visa für Ihr Urlaubsziel beantragen. Die Kosten dafür sollten Sie fairerweise übernehmen.

Mit einem Au-pair-Visum darf nur innerhalb des Schengen-Raums gereist werden. Soll es über die Grenzen Europas hinaus in den Urlaub gehen, erkundigen Sie sich bei der Botschaft Ihres Au-pairs, ob ein zusätzliches Visum nötig ist und erteilt werden kann.

Kendra: „Als Babysitter nehmen wir gern die große Tochter meiner Schwester mit in den Urlaub. Sie liebt es, ihre kleinen Cousinen zu bemuttern und ihre Eltern freuen sich über die tolle Ferienbetreuung. Das ist allemal günstiger als eine professionelle Kinderbetreuung, und unsere schüchternen Mädels vertrauen wir meiner Nichte guten Gewissens an."

Andere Kinder mit in den Urlaub nehmen

Einzelkinder oder solche mit sehr verschieden alten Geschwistern freuen sich, wenn sie einen eigenen Spielkameraden dabei haben. Besteht voraussichtlich keine Möglichkeit, im Urlaub einen zu finden, können Sie vielleicht einen von zu Hause mitnehmen. Dabei schlagen Sie mehrere Fliegen mit einer Klappe: Die anderen Eltern freuen sich über Freizeit und nehmen vielleicht im Tausch später Ihr Kind mit in den Urlaub. So bekommen beide Kinder tolle lange Ferien. Für Sie bedeutet ein Freund mehr Ruhe und Zeit für sich, weil Ihr Kind nun beschäftigt ist. Allerdings sollten Sie sich bewusst sein, dass Sie so auch auf exklusive Familienzeit verzichten.

Unser Familienmitglied auf Zeit

Ab welchem Alter Kinder in der Lage sind, allein mit einer fremden Familie zu verreisen, lässt sich nicht pauschal sagen, es hängt vom Charakter und von der individuellen Reife ab und natürlich davon, wie gut Sie alle sich schon im Vorhinein kennen.

Sicherheitshalber sollten Sie Kinder bis zum Grundschulalter nur mitnehmen, wenn Ihr Urlaubsort wenige Autostunden entfernt ist und Sie nicht mehr als eine Woche unterwegs sind. Im Notfall muss es ohne viel Stress möglich sein, den Reisegefährten nach Hause zu bringen oder abholen zu lassen. Sie wollen ja bestimmt nicht Ihren gesamten Urlaub abbrechen, wenn es nicht klappt.

Ein **Test in Form einer Übernachtung** des fremden Kindes bei Ihnen zu Hause ist vor einer gemeinsamen Reise Pflicht. Dabei können Sie ausprobieren, wie sich so ein Familienzuwachs auf (Urlaubs-)Zeit anfühlt, ob der Gast mit Ihrem Familienalltag kompatibel ist, sich an Ihre Regeln hält und sich mit Ihnen wohlfühlt. Je besser Sie Ihren kleinen Reisebegleiter kennenlernen, umso leichter fällt Ihnen (und dem Kind) die Entscheidung.

Reden Sie mit den anderen Eltern unbedingt über die Kosten der Reise und vereinbaren Sie im Detail, wer was in welcher Höhe übernimmt. So vermeiden Sie Streit und Enttäuschungen auf beiden Seiten.

Als Bevollmächtigte haben Sie im Urlaub die **Aufsichts- und Kontrollpflicht** über alle mitreisenden Kinder. Das bedeutet genau: Sie müssen Ihren Gast altersgerecht vor Gefahren warnen und sicherstellen, dass er sich an Ihre Regeln hält. Kinder unter vier Jahren müssen Sie ständig im Auge behalten, ältere Kinder dürfen auch eine Weile unbeaufsichtigt spielen, wenn Sie – siehe oben – sicher sein können, dass das ohne Pannen klappt. Eine **Reisevollmacht inklusive Personensorge** (→ S. 98) sollten Sie immer mitführen, selbst wenn Sie nicht ins Ausland reisen.

Eine **Auslandsreise-Krankenversicherung** (→ S. 88) für das Gastkind sollte natürlich auch abgeschlossen werden. Klären Sie mit den Eltern, ob eine zusätzliche Versicherung notwendig ist. Einige Versicherungsanbieter decken auch mitreisende, nicht verwandte Kinder ab, das sollten Sie sich aber unbedingt schriftlich bestätigen lassen.

Checkliste: Freunde mitnehmen

Darüber sollten Sie vor Ihrer Reise mit den Eltern des mitreisenden Kindes sprechen:

- ☐ In welcher Höhe beteiligt sich das Gastkind an den Reisekosten? (Treibstoffkosten, Flugtickets, Anteil an den Kosten der Unterkunft)
- ☐ Wer kommt in welcher Höhe für Verpflegung und Sonderausgaben auf?
- ☐ Was ist in puncto Ernährung, Erziehungsregeln, Allergien und Ähnlichem zu beachten?
- ☐ Wie soll der Kontakt des Kindes mit seinen Eltern erfolgen?
- ☐ Was tun Sie bei unstillbarem Heimweh?
- ☐ Was tun Sie bei Erkrankungen oder Unfällen?

Eine Reiserücktrittsversicherung kann mitreisende Freunde mitversichern, Sie müssen diese aber gesondert anführen. Vor allem bei Reisen mit kleineren Kindern ist eine Reiseabbruchversicherung empfehlenswert, die nicht in Anspruch genommene Leistungen bei einem vorzeitigen Abbruch des Urlaubs ersetzt.

Haben Sie all das berücksichtigt, kann ein gemeinsamer Urlaub mit dem besten Freund ein tolles Erlebnis für alle Beteiligten werden. Sie genießen zusätzliche Zeit für sich und die Kinder lernen die wertvolle Lektion, dass jede Familie ihre eigenen Regeln und Abläufe hat. Im Zusammensein mit gleichaltrigen Freunden zeigen sich Kinder oft von einer ihren Eltern völlig unbekannten Seite. Sie werden erstaunt sein, wie reif und kompetent Ihr Kind schon sein kann. Manche Eltern nehmen einen solchen Urlaubsgast auch als Test dafür, wie sich ein weiteres eigenes Kind anfühlen würde.

Reisen mit besonderen Kindern

Auch mit behinderten oder chronisch kranken Kindern lässt es sich wunderbar reisen, das zeigt zum Beispiel die Familie Inion, die von National Geographic als „Travelers of the Year 2014" ausgezeichnet wurde. Sie reist mit neun Kindern, von denen mehrere körperlich und geistig beeinträchtigt sind, seit 2007 durch Amerika – wow!

Es kann eine Herausforderung sein, für die Bedürfnisse beeinträchtigter Kinder geeignete Reiseziele, Fortbewegungsmittel und Unternehmungen zu finden. Andere Klima- und Zeitzonen, schlechte medizinische Versorgung oder fremde, eventuell unverträgliche Nahrungsmittel (→ S. 376) stellen für betroffene Familien große Hürden dar; ganz abgesehen davon, dass die wenigsten Unterkünfte und Verkehrsmittel barrierefrei sind. Wichtiger als die perfekte Unterkunft mit Rundum-Ausstattung ist, dass

Sie sich als Familie willkommen fühlen und Ihr Kind sich wohlfühlt.

Der erste Schritt, wenn Sie eine Reise planen, ist der **Austausch mit anderen Familien**, die in einer ähnlichen Situation sind. Internetforen sind ideal, um alle möglichen Fragen zu stellen, Tipps und Adressen zu suchen und sich über Ängste und Zweifel auszutauschen. Im Rehakids-Forum (siehe Weblinks auf der gegenüberliegenden Seite) tauschen sich 15.000 Mitglieder über das Leben mit behinderten Kindern und Babys aus.

In **Mitteleuropa** gibt es viele Angebote für körperlich und geistig behinderte oder chronisch kranke kleine Gäste. Adressen von Veranstaltern und Unterkünften vermitteln die Kranken- und Pflegekassen, aber auch Vereine, das Evangelische Jugendwerk oder das Bundesministerium für Familie. Beim Bundesverband Selbsthilfe Körperbehinderter e. V. (BSK) können Sie eine **Reise-Assistenz** beantragen.

Viele **Airlines** haben für die Beförderung behinderter Passagiere eigene Richtlinien, was die Sitzplätze, die Beförderung von Sperrgepäck oder auch spezielle Menüs angeht. Kontaktieren Sie vor der Buchung (nicht erst vor dem Abflug!) den Kundenservice und schildern Sie genau Ihren Bedarf. Wenn Sie technische Geräte mit an Bord nehmen müssen, dauert die Bewilligung oft Monate. Die großen Airlines haben dafür eigene Service-Abteilungen und sind daher für Reisen mit beeinträchtigten Kindern eher geeignet als Billigflieger. Spezialisierte Reiseveranstalter nehmen Ihnen all diese Organisation gern ab.

Vereinbarungen mit der Airline, dem Reiseveranstalter oder Ihrer Unterkunft sollten Sie sich immer schriftlich bestätigen lassen und mitführen, falls Sie an einen nicht informierten Mitarbeiter geraten.

„**Exotische**" **Länder** sind für Familien mit behinderten und chronisch kranken Kindern nicht per se ungeeignete Reiseziele. Warmes, trockenes Klima und Meeresluft sind ausgezeichnet bei chronischen Atemwegserkrankungen. Von Bewegung am Strand und im Meer profitieren Kinder mit Körperbehinderungen oft enorm. Zwar stoßen Sie mit Sicherheit auf Herausforderungen in puncto Gesundheitsversorgung und Barrierefreiheit, dafür sind Hilfe und Unterstützung oft einfacher zu bekommen. Einen eigenen Chauffeur, eine Unterkunft mit persönlichem Koch oder schlicht Menschen, die ein Kind im Rollstuhl bereitwillig enge Treppen hinauf und hinunter tragen, finden Sie in Asien, Mittel- und Südamerika oder Afrika eher und günstiger als in Deutschland.

TUI bietet einen Katalog behindertengerechter Vertragshotels im In- und Ausland, der unter der Telefonnummer (0511) 56 70 kostenlos angefordert werden kann.

Manchmal muss man seine Einstellung, was Machbares betrifft, ändern. Das zeigen Familien, die den Rollstuhl ihrer Kinder in Handarbeit reisetauglich umbauen oder sie in unwegsamem Gelände in eine Babytrage packen. Manchmal muss man auch andere **soziale Regeln** akzeptieren, was das Thema Behinderung angeht. Stellen Sie sich auf

Wo ein Wille ist ...

überraschende Erlebnisse ein. Kinder mit sichtbarer Behinderung treffen häufig auf sehr liebevolle Reaktionen, mitunter werden sie aber offen angestarrt und lautstark bemitleidet.

Bei Reisezielen außerhalb der EU ist eine **Auslandsreise-Krankenversicherung** (→ S. 88) Pflicht! Eventuell brauchen Sie dafür eine ärztliche Bestätigung über die Reisefähigkeit Ihres Kindes. Anbieter, die chronisch Kranke und Behinderte versichern, kann Ihnen der BSK nennen.

Gerade mit Kindern, die viel Hilfe brauchen, sollten Sie verreisen, solange Sie noch körperlich in der Lage sind, sie zu tragen, zu heben oder zu stützen. Und wer weiß, wie sich eine chronische Krankheit in Zukunft entwickeln wird? Nutzen Sie den Moment und zeigen Sie Ihren Kindern die Welt.

... ist auch ein Weg

„Auf Auslandsreisen übernimmt die Pflegekasse die Kosten für die Pflege Ihres Kindes meist für bis zu sechs Wochen pro Jahr. In einigen Ländern können Sie auch statt des Pflegegeldes Sachleistungen nach dem Recht des Reiselandes beziehen. Fragen Sie unbedingt vorher bei Ihrer Krankenkasse nach."

Lassen Sie sich keinen Egoismus vorwerfen. Von Reisen profitieren auch und gerade Kinder mit besonderen Bedürfnissen. Wenn es Urlaub machen kann wie andere Kinder in seinem Alter, fühlt sich Ihr Kind als vollwertiges Mitglied der Gesellschaft. Und wenn Sie ihm zeigen, dass es trotz seiner Behinderung oder Krankheit viele tolle Dinge machen und erleben kann, dann lernt es, sich durchzusetzen und optimistisch in die Zukunft zu blicken.

Zum Weiterlesen bei KidsAway.de:

„Reisen mit besonderen Kindern"

 Suchbegriff: „Behinderung"

Weblinks

Forum für Eltern behinderter Kinder: www.rehakids.de

Reiseveranstalter, Unterkünfte und Reisen für Menschen mit Handicap in Deutschland, Europa und Afrika: www.behindertenreisen.de

Unterstützung bei der Reise-Organisation: www.bsk-reisen.org

Adressen von Reiseveranstaltern, Reisezielen und Vereinen für Freizeit- und Urlaubsmöglichkeiten für Familien mit behinderten Kindern: www.felsenstein.org/pdf/Behindertenfreizeitliste.pdf

Barrierefreies Reisen mit der Deutschen Bahn: www.bahn.de/p/view/service/barrierefrei/barrierefreies_reisen_handicap.shtml

Langzeitreisen mit Kindern

Der Jahresurlaub von zwei Wochen genügt immer mehr Familien nicht. Sie wollen die Zeit mit ihren Kindern intensiver nutzen und am besten mehrere Monate gemeinsam verbringen. Warum dabei nicht gleich um die Welt reisen oder einige Zeit in einem anderen Land leben? Spannende Erlebnisse sind da garantiert, und die Familie wächst auf jeden Fall enger zusammen. Viele Eltern träumen jahrelang von einer „richtig großen Reise" und diejenigen, die den Schritt gewagt haben, sind begeistert.

Am Anfang stehen einige zentrale Fragen: Wie lang soll die Auszeit sein und wohin soll

Checkliste: Planung einer Langzeitreise

- ☐ Welche Möglichkeiten haben Sie, eine Auszeit zu realisieren?
- ☐ Welchen finanziellen und zeitlichen Spielraum haben Sie dabei?
- ☐ Was stellen Sie sich unter der Auszeit vor, welche Erwartungen haben Sie?
- ☐ Welche Erwartungen hat Ihr Partner oder Ihre Partnerin?
- ☐ Welche Vorstellung haben Sie beide vom Reisen, welche Ansprüche stellen Sie an Lebensstandard und Komfort?
- ☐ Wenn die Kinder schon mitreden können: Was meinen sie zu dem Plan?
- ☐ Was sagen Ihre Verwandten zu der Idee?
- ☐ Kollidiert der Ausstieg auf Zeit mit anderen Verpflichtungen wie der Pflege von Angehörigen, einem Ehrenamt, Haustieren? Wie lässt sich das lösen?
- ☐ Stehen beim Kind U-Untersuchungen oder Impfungen während der Abwesenheit an? Können diese nachgeholt oder vorgezogen werden?
- ☐ Kann der Krippen- oder Kindergartenplatz abgemeldet werden oder ruhen?
- ☐ Bei Vorschülern: Kann die Schulanmeldung vorgezogen werden, von unterwegs erfolgen oder soll die Einschulung verschoben werden?
- ☐ Bei Schulkindern: Ist eine Beurlaubung von der Schule möglich? Wie soll der verpasste Lernstoff nachgeholt werden?
- ☐ Wie könnte der Wiedereinstieg nach der Auszeit aussehen? Ist hier ein finanzielles Überbrückungspolster notwendig?

▶ Mal so richtig lange verreisen, das verlangt zwar viel Planung und ein dickes finanzielles Polster, aber die Belohnung ist eine Zeit, die Sie nie vergessen werden.

es gehen? Geeignete Reiseziele für Familien mit Kindern gibt es viele. Besonders bei Rundreisen muss allerdings viel bedacht werden: von Gabelflügen oder Round-the-World-Tickets über gesundheitliche Fragen bis zu Visa, die teilweise Monate vorher beantragt werden müssen. Wem der Aufwand für die private Planung zu hoch ist, der kann sich heutzutage von auf Familienreisen spezialisierten Agenturen beraten lassen.

Reisedauer, bester Zeitpunkt und geeignete Ziele für Langzeitreisen

Eine Weltreise über mehrere Wochen, Monate oder Jahre ist nicht nur Zuckerschlecken. Es braucht enorm viel **Organisation**, bevor es losgehen kann. Die Option, zeitweise aus dem gewohnten Alltag auszusteigen, darf keine Flucht vor ungelösten Problemen sein. Schwelende Beziehungsprobleme, Familienstreitigkeiten oder Probleme im Job dürfen nicht auf eine Langzeitreise mitgenommen werden, sonst sind Spannungen oder gar ein Reiseabbruch vorprogrammiert. Aber auch der ganz normale Stress des Reise-Alltags kann überraschend belastend sein, für jedes einzelne Familienmitglied und auch für Ihre Beziehung.

Familien-Auszeit: Neuseeland mit Baby

Entscheidend sind Ihre **finanziellen Rahmenbedingungen**: Wie viel können Sie ansparen (→ S. 61) und genügt das als Reisebudget und für die Zeit der Rückkehr? Wie können Sie sich während der Reise kranken- und rentenversichern? Andere unvorhersehbare Zwischenfälle sollten ebenfalls, soweit möglich, bedacht werden: Was tun Sie, wenn Sie während Ihrer Auszeit betriebsbedingt gekündigt werden? Was, wenn ein Familienmitglied auf der Reise krank wird und Sie die Reise abbrechen müssen?

Nun steht ein Gespräch mit Ihrem Arbeitgeber auf dem Programm: Ist in Ihrer Firma ein **Sabbatical** möglich? Können Sie eventuell **unbezahlten Urlaub** nehmen, zwei Jahresurlaube aneinander hängen oder per Internet von unterwegs an unaufschiebbaren Projekten mitarbeiten? Einen guten Eindruck macht es, wenn Sie sich schon im Vorfeld Gedanken gemacht haben, wer Ihre fehlende Arbeitskraft während Ihrer Abwesenheit ersetzt oder vertritt. Mit Kündigung sollten Sie nur dann drohen, wenn Sie es ernst meinen.

Wüstenkind

 Je länger die geplante Reise dauern soll, desto mehr Geld kostet sie voraussichtlich und desto mehr Vorlaufzeit müssen Sie zum Ansparen einkalkulieren.

Auch für die Kinder muss vermutlich einiges organisiert werden. Je nach der Länge Ihrer Auszeit und der Nachfragesituation an Ihrem Wohnort sollten Sie so früh wie möglich den Kindergarten über Ihre Pläne unterrichten. Wahrscheinlich müssen Sie die Gebühren für den **Betreuungsplatz** weiter bezahlen, um ihn behalten zu können. Vielleicht können Sie aber auf die minimale Stundenzahl reduzieren, um Kosten zu sparen. Vereinbaren Sie nach Möglichkeit auch bereits den Termin und die Konditionen für Ihre Rückkehr: Soll und kann Ihr Kind in seine gewohnte Gruppe zurückkehren, ist dann eine erneute Eingewöhnungsphase einzuplanen? Bei sehr kleinen Kindern und Reisen über mehrere Monate ist das sehr wahrscheinlich.

Soll Ihr Kind nach Ihrer Rückkehr regulär eingeschult werden, achten Sie unbedingt auf

Sabbatical

Sabbaticals eignen sich hervorragend für längere Reisen. Beim **Zeitwertkonto-Modell** baut der Arbeitnehmer systematisch Überstunden auf und „feiert" diese dann an einem Stück ab. Im **Vor- und Nacharbeits-Modell** arbeitet man eine Zeitlang im normalen Umfang, aber zu einem reduzierten Gehalt und nimmt danach einen längeren Urlaub, in dem das Einkommen unverändert weiter bezogen wird.

Nicht nur in Großunternehmen sind Auszeiten im Kommen: Im öffentlichen Dienst hat die Freistellung keine Auswirkungen auf die Gehaltseinstufung nach Lebensalter. Sonderzahlungen und Beihilfen fließen auch während des Sabbatjahrs weiter. Beamte können in Deutschland zwei bis sechs Jahre lang für zwei Drittel bis sechs Siebtel ihres Gehalts arbeiten und sich danach für ein Jahr völlig freistellen lassen. In dieser Zeit beziehen sie weiterhin zwei Drittel bis sechs Siebtel ihrer Dienstbezüge.

Die vereinbarten Modalitäten der Auszeit sollten Sie schriftlich festhalten. Wichtig ist auch die Regelung von Krankheitszeiten vor und während eines Sabbaticals.

die Fristen für die **Schulanmeldung** und sprechen Sie mit dem Schulamt ab, ob Sie Ihr Kind per Brief von unterwegs anmelden können. Die Schuluntersuchung muss in diesem Fall entweder vorverlegt oder nach hinten verschoben werden. Haben Sie bereits Schulkinder, wird es komplizierter. Wie Sie eine Beurlaubung von der Schule beantragen, lesen Sie ab → S. 56.

Weitere Dinge, die bedacht werden müssen, sind regelmäßige **Termine** (vor allem die U-Untersuchungen), Therapien, Sportvereine, Musikschulen und Ähnliches. Kontaktieren Sie alle Beteiligten so früh wie möglich, damit Sie Termine verschieben und Kündigungsfristen einhalten können. Mitgliedschaften in Vereinen lassen sich mitunter für einen Turnus oder ein Jahr „ruhend" setzen, so dass keine Beiträge gezahlt werden müssen.

Ein Besuch beim **Kinderarzt** und einer beim **Zahnarzt** sind vor jeder längeren Reise zu empfehlen. Lassen Sie sich von ersterem gründlich beraten und mit Medikamenten für Ihre Reise-Apotheke ausstatten. Benötigt Ihr Kind regelmäßig Medikamente, recherchieren Sie unbedingt die Einfuhrbestimmungen in den Ländern auf Ihrer Route und die Erhältlichkeit der Marken vor Ort und lassen Sie sich einen ausreichenden Vorrat verschreiben. Der Zahnarzt soll den Zahnstatus prüfen und bleibende Zähne eventuell versiegeln. Mit Karies und Zahnstein im Gepäck muss Ihr Kind nicht auf eine lange Reise aufbrechen.

Schließlich ist ein ordentlicher **Abschied** für Kinder sehr wichtig, wenn Sie Ihrem gewohnten Alltag und den Freunden und Verwandten für längere Zeit Adieu sagen. Planen Sie genug Zeit für Abschiedsbesuche ein. Jüngere Kinder sind mit großen Abschiedspartys, auf denen sie zig Personen Lebewohl sagen sollen, heillos überfordert. Besser sind mehrere kleine Feiern oder Spieltreffen, auf denen nicht mehr als fünf bis acht Kinder anwesend sind.

Kleine Geschenke erhalten die Freundschaft, müssen aber transportabel sein. Bitte erinnern Sie die Eltern der kleinen Freunde daran, dass es Ihr Kind doppelt traurig macht, wenn es das neue Playmobil-Set oder das Schiebe-Auto gleich wieder wegpacken muss, weil es nicht mehr in den Rucksack passt.

Ganz klar: Je länger die Auszeit, desto besser. Es muss aber nicht immer gleich ein ganzes Jahr sein, schöne gemeinsame Reisen können auch nur zwei Monate dauern. Je mehr Ziele auf der Reiseroute liegen, desto mehr Organisation bedeutet das und damit potenziell mehr Stress. Die Aufnahmefähigkeit von Kindern ist begrenzt. Packen Sie in jede Woche Ihrer Reise ein neues Land, überfordern Sie sich und Ihre Kinder und behalten kaum tiefe Erinnerungen zurück.

Je länger Sie unterwegs sind, desto schwerer wird es Ihnen voraussichtlich fallen, sich nach der Rückkehr wieder in den Alltag zu integrieren. Kinder müssen sich wieder im Kindergarten eingewöhnen und neue Freundschaften schließen, was nicht allen leicht fällt. Machen Sie die Dauer Ihrer Reise nicht an der Gültigkeit von Flugtickets fest, sondern entscheiden Sie, mit welcher Zeitspanne sich alle Familienmitglieder wohlfühlen.

Mit Babys und Kindergartenkindern haben Sie, was Dauer und Zeitpunkt Ihrer

Ein Kletteräffchen auf Goa

Langzeitreise angeht, noch relativ freie Hand. Knifflig wird es, wenn **Schulkinder** mit auf die Reise gehen sollen. Die Einschulung steht hier für deutsche Familien als fast unüberwindbare Grenze im Raum, denn die deutsche Schulpflicht verbietet längere Abwesenheiten vom Unterricht und erlaubt keine Beschulung durch die Eltern.

Es ist allerdings nicht unmöglich, eine **Beurlaubung** (→ S. 56) zu erreichen. Mit Beharrlichkeit und etwas Glück können Sie die Schulleitung überzeugen. Für die Schulentwicklung entscheidende Zeitfenster wie der Beginn der 1. Klasse und das erste Halbjahr der 4. Klasse (wo sich in den meisten Bundesländern und Schulen der Übertritt an die weiterführende Schule entscheidet) sind nicht ideal, genauso wenig wie Zeiträume vor wichtigen Prüfungen, Wettbewerben oder Aufführungen, an denen Ihr Kind gern teilnehmen möchte oder für die es viel gearbeitet hat.

Gute Argumente haben Sie, wenn Sie den Startpunkt der Reise nicht mitten ins Schuljahr legen. Passen Sie sowohl die Trennung von den Freunden als auch die Rückkehr nach Hause am besten an den Rhythmus der Schule an.

Der Riesensandkasten auf Gran Canaria

Sobald Sie sich in Ihrer Heimat aufhalten, ist Ihr Kind verpflichtet, die Schule zu besuchen (es sei denn, Sie leben in Österreich oder der Schweiz und haben zu Schuljahresbeginn angezeigt, dass Sie Ihr Kind zu Hause unterrichten werden). Ein Wiedereinstieg mitten im Schuljahr ist nach mehrmonatiger Abwesenheit für die meisten Kinder schwierig. Insofern bieten sich entweder die Zeiten **zwischen zwei Ferienzyklen** an (dann reisen Sie etwa am Beginn der Sommerferien ab und kommen am Ende der Herbst- oder Weihnachtsferien zurück) oder Sie setzen ein **komplettes Schuljahr** aus. Das hat den Vorteil, dass Sie in Absprache mit den Lehrern entscheiden können, ob Ihr Kind das verpasste Schuljahr wiederholt oder ob es während der Reise genug vom Unterrichtsstoff mitbekommen hat, um in die nächste Klasse versetzt zu werden.

Je älter die Kinder werden, desto schwieriger kann es sein, für längere Zeit als Familie zu verreisen. Zum einen wird das Pensum an Lernstoff, das die Schule vorgibt, immer größer und kann in der Oberstufe des Gymnasiums kaum noch im Heimunterricht vermittelt werden, schon gar nicht auf einer spannenden Reise. Zum anderen sind Kinder

Ein rollendes Zuhause für die Reisezeit

mit zunehmendem Alter immer stärker in ihre Freundesnetzwerke eingebunden und ziehen den Umgang mit Gleichaltrigen irgendwann den Eltern vor. Das ist ein ganz normaler Entwicklungsschritt.

Muss sich ein **Teenager** für mehrere Monate von seiner „Clique" oder gar einer ersten Liebe trennen, sind Tränen und Protest zu erwarten. Besprechen Sie Ihre Pläne daher unbedingt weit im Voraus mit Ihren älteren Kindern und respektieren Sie es, wenn diese andere Vorstellungen haben als Sie selbst. Auf der anderen Seite sind die Erfahrungen, die junge Menschen auf einer Langzeitreise machen können, natürlich enorm wertvoll.

Zum Weiterlesen bei KidsAway.de:

„Schule unter Palmen – Auszeit oder Stress?"

Suchbegriff: „Homeschooling"

Auch für die **Eltern** gibt es geeignete und weniger geeignete Zeitpunkte, um eine Langzeitreise zu unternehmen. Ideal eignet sich natürlich die Elternzeit, die Sie gleichzeitig mit Ihrem Partner nehmen können (→ S. 54). Auch Umbruchsituationen wie einen sowieso anstehenden Jobwechsel, eine Versetzung oder einen Umzug können Sie nutzen, um eine Auszeit dazwischenzuschieben. Die Diagnose „Burn-out" ist keine optimale Basis, um ein anstrengendes Projekt wie eine Weltreise mit Kindern anzutreten. Denken Sie bei Ihrer Planung auch an andere Familienangehörige. Ältere Verwandte, die Ihre Hilfe oder Pflege benötigen, können ein Grund sein, Langzeit-Reisepläne zu begraben oder aber sie zu beschleunigen.

Jenny: „Wartet mit eurer Auszeit nicht, bis euch der Alltag komplett über den Kopf gewachsen ist! Wer unabkömmlich in mehreren Großprojekten engagiert ist, gerade eine Existenz gegründet hat oder kurz vor dem Burn-out steht, für den ist eine Auszeit nicht das Richtige."

Ein gefährlicher Vulkan – in Italien

Was die **Reiseziele** angeht, wählen die meisten Familien Südostasien. Thailand ist der Klassiker, aber auch Malaysia und Indien sind beliebte Ziele. Ebenfalls ganz oben auf der Liste stehen teurere Reiseziele wie die USA und Kanada, Australien und Neuseeland (→ S. 26). Wie Sie die Kosten Ihrer Weltreise bereits mit der Auswahl der richtigen Zielländer senken können, lesen Sie genauer ab → S. 63.

Die Kosten einer Langzeitreise hängen stark von der Reiseroute ab. Südostasien ist ein viel günstigeres Reiseziel als die Vereinigten Staaten oder Europa. Viel Geld spart man, wenn man Flüge vermeidet und stattdessen Bus und Bahn benutzt.

Zum Weiterlesen bei KidsAway.de:

„Weltreise mit Kind – wie soll man das bezahlen? 72 Tipps zum Sparen"

Suchbegriff: „Tipps zum Sparen"

Buchtipp: „In 50 Wochen um die Welt: Eine Familie unterwegs zu sich selbst", von Lars und Svenja Lilienthal, 2014, Kösel Verlag

Buchtipp: „Vier um die Welt: Vom Abenteuer, mit Kindern rund um den Globus zu reisen", von Alexandra Frank, 2015, Verlag Goldmann

Reisen in der Elternzeit

Immer mehr Väter nehmen Elternzeit, im Durchschnitt für etwa drei Monate. Und immer mehr nutzen diese Gelegenheit für eine längere Auszeit mit ihrer Familie. Reisen in der Elternzeit ist in.

Im ersten Lebensjahr des Kindes können in Deutschland beide Eltern gleichzeitig oder abwechselnd ihre Berufstätigkeit aussetzen. Der deutsche Staat ersetzt ihnen dabei etwa zwei Drittel ihres Einkommens – mindestens 300 Euro, höchstens 1.800 Euro – und übernimmt Kranken- und Sozialversicherung. Insgesamt können die Eltern 14 Monate **Elterngeld** beziehen, wie sie diese Monate unter sich aufteilen, bleibt ihnen überlassen. Ab Juli 2015 bietet das Elterngeld Plus für teilzeit arbeitende Paare noch mehr Entscheidungsspielraum. Weitere zwei Jahre **Elternzeit ohne Gehaltsausgleich** sind als unbezahlte berufliche Freistellung möglich. Auch diese können beliebig aufgeteilt und **bis zum achten Lebensjahr des Kindes** aufgespart werden.

Elternzeit genießen mit Säugling ...

Nehmen die Eltern ihre Elternzeitmonate gleichzeitig, können sie in dieser Zeit gemeinsam mit ihrem Kind verreisen und sind währenddessen abgesichert. Zusammen mit dem angesparten Jahresurlaub ergeben sich bis zu acht Monate Zeit für eine Reise. Das ist völlig legal, solange ein Wohnsitz während der Reise in Deutschland bleibt und sich die Eltern nur zu „Urlaubs- und Erholungszwecken" im Ausland aufhalten.

... oder Krabbelkind

> Nehmen Sie die Elterngeldmonate gleichzeitig, stehen Ihnen nur sieben Monate insgesamt zur Verfügung, bevor es wieder zur Arbeit geht. Suchen Sie also rechtzeitig nach einem Betreuungsplatz – oder beantragen Sie stattdessen das Elterngeld Plus, um Ihren Anspruch nicht doppelt zu verbrauchen.

Die Elternzeit bietet sich vielbeschäftigten Vätern zum Reisen an: Wann sonst hat man die Gelegenheit, mehr als 14 Urlaubstage am Stück zu nehmen? Beim Reisen hat die ganze Familie Zeit und Ruhe, um zusammenzuwachsen, und beide Elternteile können die Entwicklung ihres Kindes miterleben.

Mütter sollten den **Antrag auf Elterngeld** spätestens sieben Wochen vor Ablauf der Mutterschutzfrist oder vor Beginn des gewünschten Bezugszeitraums stellen. Manche Arbeitgeber sind leider auch heute noch wenig erfreut, wenn männliche Mitarbeiter Elternzeit nehmen wollen. Ist das bei Ihnen der Fall (oder vermuten Sie es), stellen Sie Ihren Antrag auf Elterngeld vorsichtshalber nicht eher als acht Wochen vor Beginn des Elterngeldbezugs. Ab dann setzt nämlich rückwirkend der Kündigungsschutz ein.

▸ Statt Ponys auf dem Bauernhof können Sie mit Ihrem Baby auch mal ein Kamel reiten – tolle gemeinsame Erlebnisse warten in der Elternzeit.

LIEBST DU DEIN KIND, DANN SCHICKE ES AUF REISEN

Indisches Sprichwort

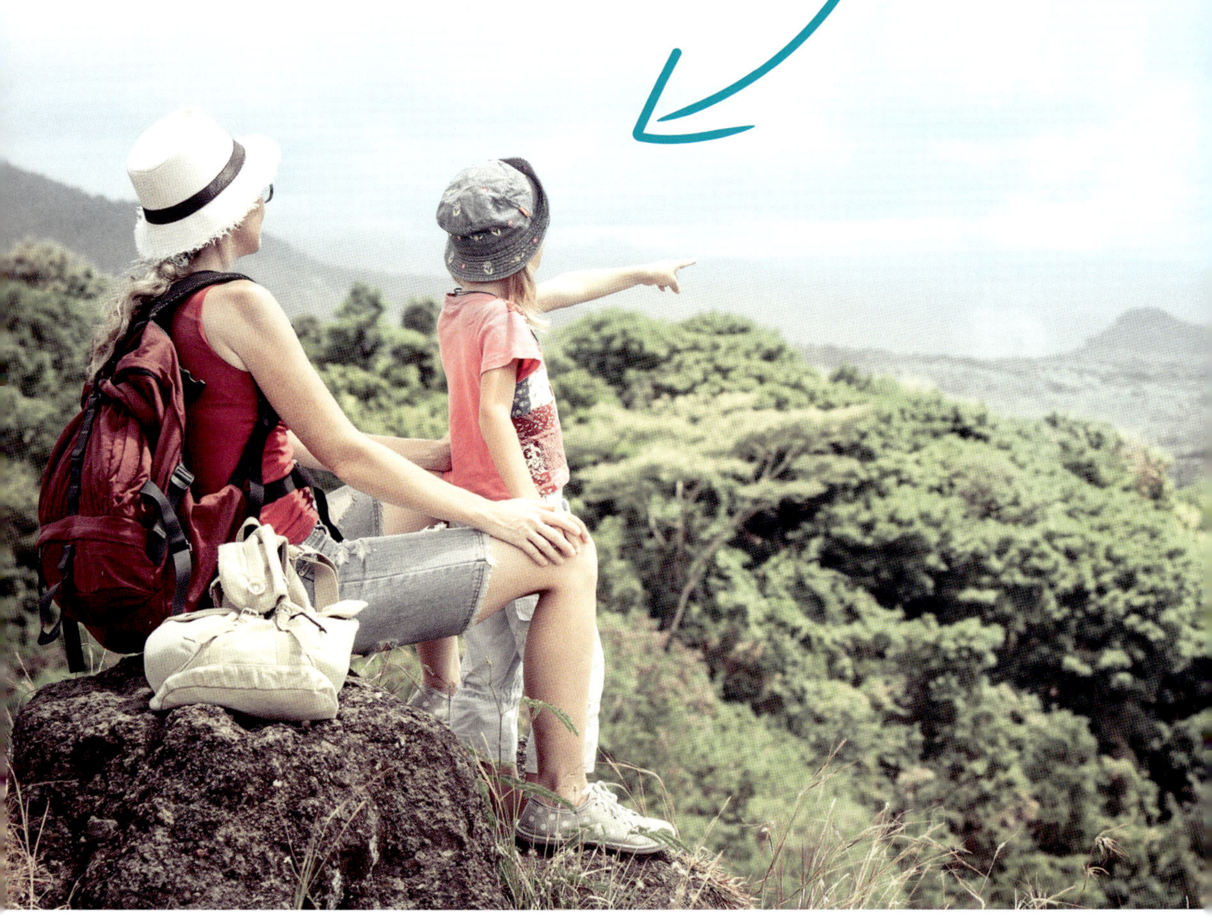

REISS AUS! family Eure Spezialisten für Weltreisen, Multistopp-Reisen und Fernreisen mit Kindern und Babies: Umfangreiche Beratung, Buchung einfacher und komplizierter Flugrouten, Reiseversicherungen und Camper, Tipps zur gesamten Reiseorganisation, uvm.

Schaut doch mal vorbei:
www.weltreisemitkind.de
Schreibt uns: info@reiss-aus.com
Oder ruft uns an: 0431-30140347

Ansonsten freuen sich Arbeitgeber natürlich über eine möglichst frühzeitige Information, damit Einarbeitungen und Vertretungen in Ruhe geregelt werden können.

Außerdem wichtig: Binnen zwei Monaten ab Erhalt der ersten Elterngeldzahlung müssen gesetzlich versicherte Eltern der **Rentenversicherung** mitteilen, wem von beiden die Erziehungszeit für das Kind gutgeschrieben werden soll. Ohne ausdrückliche Entscheidung werden die Rentenpunkte der Mutter gutgeschrieben.

Mit der Planung Ihrer gemeinsamen Elternzeitreise sollten Sie so früh wie möglich nach Bekanntwerden der Schwangerschaft beginnen. Dann kann in Ruhe die Reiseroute geplant werden und Sie können neue Pässe oder einen Internationalen Führerschein beantragen. Ein Kinderreisepass (→ S. 94) lässt sich zwar erst beantragen, wenn das Kind geboren ist. Die Ausstellung dauert dann aber in der Regel höchstens ein paar Tage. Dasselbe gilt für Flugtickets. Diese werden nur für „echte" Personen ausgestellt, die ein Geburtsdatum haben (→ S. 224).

Die Welt ist ein großer Sandkasten

Schweizer Mütter erhalten ab dem Tag der Geburt für 14 Wochen eine Mutterschaftsentschädigung in Höhe von 80 Prozent ihres bisherigen durchschnittlichen Einkommens, maximal 7.350 CHF. Für Kinder bis zum 16. Lebensjahr erhalten Eltern eine Familienzulage von monatlich mindestens 200 CHF, je nach Wohnort.

In Österreich sind Mütter nach dem Ende des Mutterschutzes für mindestens zwei Monate und höchstens bis zum zweiten Geburtstag des Kindes in Karenz. Sie erhalten bis maximal zum 30. Lebensmonat des Kindes Kinderbetreuungsgeld. Das ist entweder eine einkommensunabhängige pauschalierte Leistung, die für zwölf Monate oder 30 Monate bezogen werden kann (sie variiert dann zwischen 436 und 1.000 Euro pro Monat), oder ein einkommensabhängiges Kindergeld zwischen 1.000 und 2.000 Euro. Der Vater kann ebenfalls in Karenz gehen und den Bezugszeitraum des Kinderbetreuungsgeldes um zwei bis sechs Monate verlängern. Er kann jedoch nicht gleichzeitig mit der Mutter das Kinderbetreuungsgeld erhalten.

Weblinks

Informationen und Beratung rund ums deutsche Elterngeld plus Antragsservice: www.elterngeld.net

Info-Portal des deutschen Bundesministeriums für Familie; zu Fragen rund um das Kindergeld siehe Stichwortverzeichnis > Kindergeld: www.familien-wegweiser.de

Informationen des österreichischen Bundesministeriums für Familien und Jugend für Eltern, PDF-Broschüre „Familien-Kompass": www.bmfj.gv.at/ministerin/Aktuelles/Themen/Familien-Kompass.html

Berechnung der Kinderzulage für Schweizer Eltern: www.soprop.ch/de/kizu.html

Schulfreistellung – so geht's

In Deutschland sowie in einigen wenigen Schweizer Kantonen sind alle hier gemeldeten Kinder ab einem bestimmten Alter zum Besuch einer staatlich anerkannten Schule verpflichtet. In Österreich, großen Teilen der Schweiz und in fast allen anderen Ländern Europas besteht im Gegensatz dazu eine **Unterrichts- oder Bildungspflicht**, deren Ausgestaltung den Eltern überlassen bleibt. In der Regel muss am Beginn des Schuljahres von den Eltern angezeigt werden, wenn sie ihr Kind oder ihre Kinder zu Hause unterrichten wollen.

Für Familien, die mit Kindern im Schulalter Reisen außerhalb der Schulferien-Termine unternehmen wollen, wird es schwierig: Je nach Bundesland (oder Kanton) gelten andere Zuständigkeiten, Regelungen und Absprachen, wie mit Anträgen auf **Freistellung vom Unterricht** umgegangen wird.

Generell gilt: Es ist zwar prinzipiell möglich, ein Kind für einen begrenzten Zeitraum von der Schulpflicht freizustellen, aber nur „**aus wichtigem Grund**" oder in „begründeten Ausnahmefällen". Der Katalog sieht hier religiöse Veranstaltungen, Feier- und Gedenktage, Heilkuren mit ärztlichem Attest oder auch internationale Schüleraustausche, Sprachkurse im Ausland oder die Teilnahme an sportlichen Wettbewerben vor. Als wichtige persönliche Gründe zählen etwa Hochzeiten oder Beerdigungen in der Familie sowie Umzüge oder schwere Erkrankungen von Familienmitgliedern.

Reisen werden von keiner Schulbesuchsverordnung als „wichtiger Grund" akzeptiert, egal wie sinnvoll sie für die kindliche Entwicklung sein mögen. Über die Auslegung der Verordnung entscheidet allerdings jede Schule selbst, hier besteht ausdrücklich ein **Entscheidungsspielraum** der Schulleitung und der Lehrer.

Kürzere Beurlaubungen für wenige Tage oder Wochen werden in der Regel vom Klassenlehrer oder der Klassenlehrerin genehmigt. Hier genügt ein **formloser schriftlicher Antrag**, den Sie rechtzeitig – also vor der Buchung Ihrer Reise – und nach einem persönlichen Gespräch einreichen sollten.

Geht es um eine längere Beurlaubung, wenden Sie sich direkt an die Schulleitung. Empfehlenswert ist natürlich, sich hierfür die Unterstützung der Klassenlehrerin oder des Klassenlehrers zu holen. Ihrer oder seiner Einschätzung, ob die Abwesenheit vom Unterricht Ihrem Kind zuzutrauen und zuzumuten ist, wird die Schulleitung vermutlich folgen. Ein guter Draht zur Lehrkraft ist der erste Schritt. Außerdem sollten Sie Ihr Anliegen überzeugend vortragen und die Bereitschaft zeigen, bei der Vermittlung des Lernstoffs während Ihrer Reise mit der Schule zusammenzuarbeiten.

Wie das Kind den **verpassten Lernstoff nachholen** soll, wird von der Schulleitung in Absprache mit Lehrern und Eltern festgelegt. Hier gibt es keinen Regelkanon. Je nach der Länge der Beurlaubung, der Klassenstufe und dem Lernstand des Kindes können vom Lehrer individuell Unterrichtsmaterialien und Lernpläne für den Unterricht durch die Eltern zusammengestellt werden. Oder es wird überhaupt nichts vereinbart und die

Taufe in Mexiko – unvergesslich

Checkliste: Antrag auf Beurlaubung

Mit diesen Argumenten können Sie eine Beurlaubung vom Unterricht begründen::

- ☐ In der Schulferienzeit stehen dem Familienurlaub wichtige Gründe entgegen (zum Beispiel Geburt eines Geschwisterchens, wichtige berufliche oder familiäre Ereignisse oder Pflege von Verwandten)
- ☐ große Familienfeier bei Verwandten im Ausland
- ☐ Umzug der Familie ins Ausland ist geplant, vor der endgültigen Erholung soll der Arbeits- und Wohnungsmarkt dort in Augenschein genommen werden
- ☐ berufliche Versetzung oder Rechercherreise eines Elternteils ins Ausland ist nötig, Trennung der Familie über so lange Zeit nicht praktikabel

Wiederholung des verpassten Schuljahres anvisiert. Auch eine zeitlich befristete „Umschulung" (bis zu einem Jahr) ist denkbar, wenn Sie sich auf Ihrer Reise für längere Zeit an einem Ort aufhalten.

Haben Sie das Okay von der Schule erhalten, lassen Sie sich unbedingt eine schriftliche Bestätigung, versehen mit dem Stempel der Schule, ausstellen. Diese können Sie am Flughafen vorweisen, wo man Sie unter Umständen wegen Ihres mitreisenden Schulkindes befragen wird.

Viele Eltern erhalten trotz großer Bemühungen eine **Ablehnung des Antrags** auf Beurlaubung. Was nun? Eine Freistellung kann nicht erzwungen werden. Wer sein Kind eigenmächtig vom Unterricht fernhält, muss mit Verwarnungen, Bußgeldern oder gar Freiheitsentzug rechnen, wie Fälle von deutschen Freilerner-Familien zeigen.

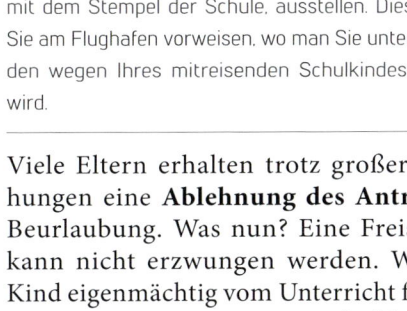

Eine Schulfreistellung kann nicht nachträglich durch Einreichen einer Krankschreibung „erzwungen" werden, wie das Oberlandesgericht Düsseldorf entschied (AZ. 5 Ss (OWi) 380/95).

Schule auf Reisen

Es gibt aber immer noch Möglichkeiten, wie Sie mit Ihrem Schulkind verreisen können:

- Wechsel an eine andere Schule, an der eine Beurlaubung möglich ist
- Umzug oder Ummeldung in ein anderes Bundesland, wo eine Beurlaubung möglich ist
- Abmelden des Kindes vom Wohnort in Deutschland

Auch wenn Sie sich von Ihrem Wohnort abgemeldet haben, bleibt Ihr **Anspruch auf Kindergeld** bestehen, solange Sie oder Ihr Kind mindestens sechs Monate pro Jahr in Deutschland gemeldet bleiben. Für kürzere Reisezeiträume ist das also eine – letzte – Möglichkeit, der Schulpflicht zu entgehen.

Eine Schulfreistellung für eine längere Reise bietet sich besonders dann an, wenn ohnehin ein Übergang in der Schulkarriere ansteht, etwa der Übertritt von der Grundschule in die weiterführende Schule oder ein Umzug mit Schulwechsel. Wenn Sie sich und Ihr Kind abmelden und erst ein Jahr später an einer anderen Schule wieder anfangen, sollte es kaum Probleme geben. Erkundigen Sie sich trotzdem immer vorher beim Einwohnermeldeamt und der Schulleitung.

Eine Lehrerin: „Zunächst habe ich den Eltern davon abgeraten, die Weltreise anzutreten, denn eine regelmäßige professionelle Unterstützung für eine Lese-Rechtschreib-Schwäche gibt es ja unterwegs nicht. Aber auch zu Hause in Deutschland ist es für die Familie nicht einfach, eine logopädische Behandlung zu erhalten: Die meisten Kinder bekommen „nur" Nachhilfe von den Eltern und Ergotherapie. Andererseits bin ich mir sicher, dass die Eins-zu-eins-Betreuung während der Reise sehr hilfreich ist. Hier können die Kinder besser aufpassen und lernen schneller als in der Schule."

Clara: „Eigentlich sollte es ein Bildungsrecht geben und keinen Schulzwang. Zwang und Lernen haben sich noch nie vertragen, das wird einem jeder Gehirnwissenschaftler bestätigen. Also, solange es in Deutschland so ist, wie es ist: Kind abmelden, Kindergeld trotzdem beziehen, in den Urlaub fahren und sich daran erfreuen, wie viel und wie leicht das Kind durch das Erfahren neuer Eindrücke lernt."

In jedem Land der Welt sind Kinder unterrichtspflichtig. Erkundigen Sie sich bei längeren Auslandsaufenthalten vorsichtshalber bei der Botschaft nach den vor Ort geltenden Regelungen. Besucht Ihr Kind eine Schule, zahlen Sie als ausländische Staatsbürger unter Umständen viel Schulgeld.

Illegal ist es, das Kind mit einem Vorwand zu entschuldigen oder eine (nicht gerechtfertigte) Krankschreibung zu beschaffen. Abgesehen davon, dass diese Vergehen mit Verwarnungen, Bußgeldern und Eintragungen ins Zeugnis des Kindes geahndet werden können, vermitteln sie Kindern eine schlechte Botschaft und zwingen sie zum Lügen gegenüber ihren Mitschülern und Lehrern. Und wenn Sie richtig Pech haben, verlangen die Beamten am Flughafen eine Bestätigung der Schulfreistellung von Ihnen, wenn Sie außerhalb der Ferien mit Urlaubsgepäck einchecken wollen.

Eine Verwarnung für einzelne unentschuldigte Fehltage kann um die 35 Euro kosten. Jedes Bundesland hat hier andere Regeln, entschieden wird immer nach Einzelfall. Schwerwiegendere Vorfälle wurden in Bayern bereits mit 500 Euro, in Sachsen mit bis zu 1.250 Euro geahndet.

Durch eigene Erfahrungen fürs Leben lernen

Praktische Tipps für die Auszeit-Organisation

Fangen Sie spätestens ein Jahr vor der geplanten Abreise an zu organisieren. Flugtickets buchen Sie spätestens sechs Monate vorher, Visa und neue Reisepässe brauchen mitunter mehrere Wochen und wenn Impfungen nötig sind, sollten diese sechs bis acht Wochen Zeit haben, um zu wirken (→ S. 81).

Wollen Sie länger als für einige Monate verreisen, sollten Sie nicht nur versuchen, laufende Kosten zu Hause soweit wie möglich zu reduzieren, indem Sie alles Unnötige abmelden und kündigen (→ S. 60). Über so lange Abwesenheiten wollen auch einige Ämter und Behörden informiert werden.

Im Sozialversicherungsrecht verändert sich die Rechtslage mitunter sehr schnell. Unsere Tipps dienen daher nur als Hinweise und sollen keinesfalls die Beratung durch einen Rechtsanwalt oder die Auskunft von Behörden ersetzen.

Andere Länder, andere Tiere ...

 Melden Sie Ihren Wohnsitz in Deutschland ab, verlieren Sie damit unter Umständen Ihren Anspruch auf Kindergeld!

Zum Weiterlesen bei KidsAway.de:

„Zwischenvermietung während einer Reise organisieren"

Suchbegriff: „Zwischenmiete"

Sarah: „Wer sich mit Vorbereitungszeit durch den Organisationsdschungel einer Langzeitreise kämpfen kann, spart auch Geld, da monatlich etwas zurückgelegt werden kann und man Reisevarianten miteinander vergleichen und günstige Optionen wählen kann."

Wer gründlich plant, bleibt ganz entspannt

Weblinks

Info-Portal von Aussteigern für Aussteigewillige: www.ratgeber-aussteigen.de

Weltreise-Informationen von A bis Z: www.weltreise-info.de

Weltreise-Informationen für Schweizer: www.weltreiseinfo.ch

Austausch und Informationen im Weltreiseforum: www.traveltalk.weltreiseforum.com

Viele spannende Reiseberichte von Familien: www.kidsaway.de/reiseberichte

Checkliste: Auszeit-Organisation

- [ ] Einwohnermeldeamt: Auslandsreisen von mehr als einem Jahr anzeigen, möglichst Anschrift eines Ansprechpartners hinterlassen; eventuell abmelden, etwa wenn keine Schulfreistellung genehmigt wird
- [ ] Versicherungen und Banken über Abwesenheit informieren und Ausweich-Postadresse angeben
- [ ] Post-Weiterleitung einrichten (Kosten in Deutschland: 14,80 Euro für bis zu sechs Monate, 24,80 Euro bis zu einem Jahr; ab 11,90 Euro für bis zu drei Monate in Österreich; ab 10 CHF für 14 Tage in der Schweiz)
- [ ] Auto abmelden (wenn ein sicherer Stellplatz vorhanden ist) oder zuverlässigen Freunden überlassen, die während Ihrer Abwesenheit die laufenden Kosten übernehmen
- [ ] Telefonanschluss kündigen (Kündigungsfrist beachten!)
- [ ] Kabelfernsehen kündigen und GEZ-Zahlungen aussetzen
- [ ] Auslandsreise-Krankenversicherung für Langzeitreisen abschließen, eigene Krankenversicherung informieren, eventuell kündigen oder Anwartschaft beantragen
- [ ] Rentenversicherung: freiwillige Einzahlungen bei Abwesenheit prüfen, um Beitragslücke zu vermeiden (freiwilliger Mindestbeitrag beträgt in Deutschland 85,05 Euro monatlich)
- [ ] vor längeren Auszeiten als Deutsche/r rechtzeitig vor der Abreise arbeitslos melden und Arbeitslosengeld beantragen, damit die Anwartschaftszeit erfüllt bleibt (mindestens 300 Tage innerhalb der letzten zwei Jahre erwerbstätig); der Anspruch auf Arbeitslosengeld ruht, während Sie dem Arbeitsmarkt nicht zur Verfügung stehen, bleibt aber vier Jahre erhalten (§ 161 SGB III)
- [ ] eventuell Wohnung zwischenvermieten oder kündigen, um laufende Kosten zu reduzieren

▶ Das Budget für eine große Reise muss fleißig angespart werden. Das fällt nicht immer leicht, aber die Aussicht auf den Urlaub spornt zum Durchhalten an.

Reisebudget kalkulieren und ansparen

Entscheidend für Ihre Reise mit Kind ist die Frage, wie viel Geld Sie dafür ausgeben können und wollen. Um herauszufinden, was möglich ist, sind zwei Seiten zu beachten: Ihr verfügbares Budget und die Kosten für die gewünschte Reise.

Die erste Regel lautet: Sie sollten für eine Reise **nur so viel ausgeben, wie Sie haben**. Einen guten Eindruck davon, wie viel Ihnen zur Verfügung steht, bekommen Sie durch eine detaillierte Auflistung Ihrer regelmäßigen Einnahmen und Ausgaben. Je weniger Geld Ihnen zur Verfügung steht, desto genauer sollten Sie alle Reisekosten vorher kalkulieren, und sich im Urlaub dann möglichst an das vereinbarte Budget halten.

Feste Kostenpunkte sind:

- An- und Abreise (Flug- oder Zugtickets, Reisedokumente und Visa, Kosten für Mietwagen oder Wohnmobil, Benzin, Maut)
- Unterkunft
- Verpflegung (wenn nicht Vollpension gebucht wird; großzügig kalkulieren)
- Transport vor Ort (Bustickets, Taxi, Mietwagen oder Benzin für das eigene Auto)
- Kosten für Eintritte, kleine Käufe und anderes

Wie viel ein Familienurlaub kostet, hängt ganz von der Art der Reise, dem gewählten Verkehrsmittel und dem Reiseziel ab. Die individuellen Ansprüche sind hier so verschieden, dass sich keine pauschalen Aussagen treffen lassen. Wo die eine Familie im All-inclusive-Resort in der Karibik entspannen will, ist die andere zufrieden damit, ihr Gepäck im Rucksack zu tragen und im Zelt zu schlafen. Für alle gilt: Je eher Sie sich entscheiden, wohin die Reise gehen soll, desto günstiger können Sie buchen und desto mehr können Sie ansparen.

Christian: „Wenn wir wissen, worauf wir uns in einigen Monaten freuen können, fällt der Verzicht auf andere Ausgaben viel leichter."

Um Ihre Traumreise bezahlen zu können, haben Sie zwei Möglichkeiten: Entweder Sie nehmen das Geld, was Sie haben, und suchen ein Reiseziel, das in diesen Rahmen passt.

Oder Sie bringen das fehlende Geld für Ihr Traumreiseziel zusätzlich auf.

Ist Ihr Wunsch größer als Ihr Budget, können Sie wiederum drei Strategien verfolgen: Sie können gezielt **neue Einkünfte erzeugen**, beispielsweise indem Sie mehr arbeiten, einen Nebenjob annehmen, Überflüssiges aus Ihrem Haushalt zu Geld machen oder Ihre Wohnung während Ihrer Abwesenheit zwischenvermieten. Auf der anderen Seite können Sie **laufende Ausgaben senken**, indem Sie auf Extras verzichten, Versicherungen kündigen oder die Mitgliedschaft in Vereinen während der Reise aussetzen.

Schließlich können Sie die **Ausgaben für die Reise verringern**, etwa indem Sie eine günstigere Unterkunft wählen, zu einem anderen Zeitpunkt reisen oder einen anderen Veranstalter wählen. Viele Familien verwirklichen gigantische Reiseprojekte für erstaunlich wenig Geld, indem sie kreativ vorgehen. Teure Weltreisen werden mit Fahrrad und Zelt, per Couchsurfing oder durch bezahltes Arbeiten zwischendurch schneller erschwinglich, als man denken mag (→ S. 338). Idealerweise wenden Sie einige Ideen aus jeder der drei Strategien an.

Sie wollen **gezielt Geld für Ihren Urlaub zurücklegen**? Das ist gar nicht so einfach: Im Familienalltag werden viele kleine Geldbeträge ausgegeben, die sich am Ende des Monats zu einem erklecklichen Betrag summieren. Viele dieser Extra-Ausgaben könnten Sie für Ihre Reise sparen. Damit Sie das Ziel im Blick behalten, bieten sich Strategien wie Wocheneinkäufe mit Einkaufsliste, feste Speisepläne oder das Überprüfen von Telefon- und Versicherungstarifen an.

Das Budget für eine Weltreise lässt sich natürlich nicht binnen wenigen Monaten ansparen. Je größer der Reisewunsch, desto mehr **Verzicht** ist nötig. Zahlen Sie das Geld, das am Monatsende übrig bleibt, auf ein eigenes Konto oder Sparbuch ein und legen Sie zusätzlich Sondereinnahmen wie Steuererstattungen, Geburtstagsgeschenke oder das dreizehnte Gehalt direkt auf das **Urlaubskonto**.

Ob Sie Ihr Kind in das Sparen für die Reise einbeziehen, hängt vom Alter und dem subjektiven Verständnis ab. Ein Zweijähriger versteht wahrscheinlich nicht, warum er seine Duplo-Steine auf den Flohmarkt bringen soll. Aber ein Fünfjähriger, der genauso wie seine Eltern auf die Reise nach Australien brennt, steuert vielleicht gern etwas bei, indem er dem Opa aus dem Nachbarhaus gegen eine kleine Entlohnung die Einkäufe nach oben trägt. Teenager verstehen es sicher, warum zum Weihnachtsfest vor der großen Reise nur Kleinigkeiten unterm Baum liegen.

Sparen und Verzicht im Alltag, wenn es eigentlich nicht nötig ist, fordert **nachhaltige Verhaltensänderungen**, die nicht über Nacht erreicht werden. Geben Sie bei Rückschlägen nicht auf. Ein Urlaubssparschwein auf dem Esstisch oder ein großes Poster mit Ihrem Reiseziel hilft allen Familienmitgliedern, fokussiert zu bleiben und nicht „schwach" zu werden.

Einer der wichtigsten Tipps, damit Sie das vorgesehene **Reisebudget nicht sprengen**: Sprechen Sie darüber vor dem Urlaub mit Ihrem Partner und – altersangemessen – mit Ihren Kindern. Um Frust zu vermeiden, sollte klar sein, wie viele Eisbecher täglich drin sind und wie oft Sie schick essen gehen können. Auch mit wenig Geld können Sie

Kostenloses Vergnügen am Strand

Ihrem Kind einen schönen Urlaub bieten. Statt teure Freizeitparks oder Sehenswürdigkeiten zu besuchen und dann über die Preise zu stöhnen, schauen Sie sich lieber abseits der Touristen-Hotspots um und entdecken Sie Ihr Urlaubsziel im Tempo Ihres Kindes. Auf Spielplätzen und in Parks vergnügen sich Kinder immer gern und die Natur bietet zahllose budgetfreundliche Freizeitaktivitäten für jedes Alter.

Gute Vorbereitung ist das A und O für günstige Reisen: **Frühbucherrabatte** und Gutscheine für direktes Reservieren über die Website bieten viele Reiseveranstalter und Vermieter an. Auf der Website der Tourismus-Organisation Ihres Reiseziels finden Sie nicht nur viele Freizeittipps, sondern oft auch **Bonuskarten** für Touristen oder Rabatte auf Eintrittskarten, wenn Sie diese im Voraus buchen. Die Packliste sollte für den Plan B bei Regenwetter ausgestattet sein, mit genug Spiel-, Lese- und Bastelmaterial und regenfester Kleidung. Dann müssen Sie keine quengelnden Kinder mit Besuchen in teuren Thermen oder Indoor-Spielplätzen ruhigstellen.

Mit vielen Mitgliedskarten erhalten Sie weltweit Vergünstigungen auf Mietwagen oder Eintrittspreise (etwa ADAC, DJH, Studentenausweise und Campingplatz-Mitgliedskarten). Also immer parat halten und nachfragen!

Kostenpunkt: Reiseziel und Reisezeit

Der entscheidende Faktor für die Gesamtkosten einer Reise ist das Zielland. Zu den teuersten **Reisezielen** gehören laut Worldtrip.de Japan, Norwegen, Singapur und einige Südsee-Inseln, aber auch die USA, Kanada und die Karibik. Hier müssen Sie pro Person mit über 70 Euro Ausgaben am Tag rechnen. Mit Tagesbudgets zwischen 10 und 30 Euro pro Erwachsenem sehr günstig sind hingegen die Länder Südostasiens, Indien und Südafrika, Argentinien und Peru sowie Südosteuropa. Dazwischen werden mittel- und nordeuropäische sowie nordafrikanische Länder, Australien und Neuseeland oder auch Brasilien und Mexiko eingeordnet. Auch innerhalb der Länder sind die Unterschiede groß. Der Osten Deutschlands ist zum Beispiel generell günstiger, und in den Tourismuszentren in Spanien oder der Türkei ist das Leben um ein Vielfaches teurer als im Landesinneren.

Es mag paradox klingen, aber: Je länger Sie reisen, desto niedriger wird der Anteil des Tagesbudgets an den Gesamtreisekosten. Denn die Kosten für die Anreise, die ja häufig

Teures Pflaster Martinique ...

... oder günstig reisen in Vietnam

den Großteil des Reisebudgets ausmachen, verteilen sich dann auf mehr Tage. Auch Unterkünfte sind oft günstiger, wenn mehr Übernachtungen am Stück gebucht werden. Und schließlich bewegt man sich bei längeren Aufenthalten nicht mehr täglich von Ort zu Ort oder legt kürzere Strecken zurück, auch das schont das Budget. Wenn Sie längere Zeit nicht zu Hause sind, können Sie laufende Kosten einfacher senken: Dann lohnt es sich, Abonnements und Mitgliedschaften auszusetzen, die Wohnung zwischenzuvermieten oder das Auto stillzulegen.

Neben dem Preisniveau und der Dauer einer Reise beeinflusst die **Entfernung** den Preis: Länder auf der anderen Seite des Erdballs lassen sich nur per Flugzeug erreichen, was für Familien mit mehreren Kindern schnell unerschwinglich wird (warum es zwar billig, aber gefährlich ist, Kinder unter zwei Jahren auf dem Schoß mitfliegen zu lassen, lesen Sie ab → S. 247). Für klassische Flugreiseziele in Europa wie Mallorca oder Griechenland zahlen Sie immer noch mindestens ein Drittel mehr, als wenn Sie mit dem eigenen Auto oder dem Zug im näheren Umkreis Deutschlands Ferien machen.

Nicht nur die Länge der Reise und das Ziel können kostenentscheidend sein, auch der **Zeitpunkt** ist wichtig: Eltern mit Babys und Kleinkindern genießen einen großen Sparvorteil gegenüber Familien mit Schulkind. Außerhalb der Hochsaison (und damit der Schulferienzeit) sind Flüge und Unterkünfte oft wesentlich preiswerter.

Jenna: „Babys zahlen keinen Eintritt, brauchen keinen eigenen Sitzplatz und kein Bett im Hotel, sie essen (fast) nichts und öffnen die Herzen aller Menschen, was für großartige Reiseerlebnisse sorgt. Wir sind so froh, dass wir mit dem Reisen nicht gewartet haben, bis unsere Kinder ‚groß genug' waren!"

Nutzen Sie die **Nebensaison** und verbringen dafür den Sommer auf Balkonien, sparen Sie ebenfalls viel: Frühling und Herbst sind auf Mallorca und in der Türkei immer noch warm genug für Badeurlaub. Dafür sind die überfüllten Badeorte jetzt leer, Flug und Unterkunft sind viel günstiger und Kleinkinder können ohne Angst vor Sonnenbrand und Hitzschlag am Strand spielen.

Henning: „Der beste Abflugzeitpunkt für längere Reisen ist zwischen Mitte April und Mitte Juni, der schlechteste ist in den Ferien und um weltweite Feiertage herum wie Weihnachten."

Klassische Sommerreiseziele wie Mallorca, Griechenland oder die Kanarischen Inseln sind im Mai/Juni oder im September/Oktober sowieso viel schöner. Die Temperaturen sind angenehm und die Strände nicht so voll. Oder Sie lassen die „Klassiker" links liegen und schauen sich an weniger im Trend liegenden Urlaubszielen um. Statt Mallorca erkunden Sie die kroatische Insel Rab, statt in Ischgl sausen Sie im polnischen Zakopane die Pisten hinunter oder Sie machen eine Kreuzfahrt durch das Schwarze Meer anstatt durchs Mittelmeer.

Mallorca ist auch im Herbst eine Reise wert

Auch in der Hochsaison kann man noch ein wenig einsparen: wenn Sie zum Beispiel beim Fliegen den Samstag als Anreisetag vermeiden oder City-Hotels für Geschäftsreisende für Ihren Wochenend-Trip buchen.

Kostenpunkt: Verkehrsmittel

Fliegen mit Kindern ist meist recht teuer. Aber auch hier können Sie viel sparen. Je länger die Flugstrecke, desto früher sollten Sie die Tickets buchen. Wenn Sie flexibel sind, können Sie auch noch wenige Wochen vor Abflug richtige Schnäppchen machen. Über ihre Newsletter verbreiten die Fluggesellschaften oft kurzfristig günstige Ticketangebote. Die meisten haben außerdem Programme zum Sammeln von Bonusmeilen (→ S. 223). Bei langen Flugstrecken sammeln Familien schnell genug Bonusmeilen für einen Kurzstreckenflug oder eine Hotelübernachtung an.

Günstiger als mit dem Flieger reist es sich in der Regel mit dem eigenen **Auto**. Das gilt besonders für Familien mit kleinen Kindern und mit mehr als zwei Kindern. Verpflegung und Babyausstattung, die im Ausland oft teurer ist, können so komplett in Deutschland gekauft und (notfalls in einer Dachbox) mitgenommen werden. Treibstoff ist dagegen fast überall auf der Welt günstiger. Wer das Auto geschickt bepackt, nicht samstags an der Autobahnraststätte volltankt, mit Tempomat fährt und die Reisezeit so wählt, dass Staus möglichst vermieden werden, kann hier noch mehr sparen.

Kleine Kinder fahren kostenlos Bahn

Brauchen Sie vor Ort ein Auto und können das eigene nicht nutzen (oder haben keins), kann es sich auszahlen, wenn Sie ein **Auto kaufen**, anstatt eines zu mieten. Das gilt besonders für Wohnmobile, deren Tagesmietsätze oft genauso hoch sind wie die Kosten für eine Ferienwohnung.

Wenn Sie wissen, dass Sie es in den nächsten Jahren häufig nutzen werden, dann kaufen Sie ein gebrauchtes **Wohnmobil** (und bieten es eventuell gegen einen Kostenausgleich Freunden an, wenn Sie es selbst nicht brauchen). Auch für einzelne Urlaube in Übersee, zum Beispiel in Australien oder Neuseeland, kann es bei längeren Aufenthalten günstiger sein, ein Auto oder Wohnmobil zu kaufen und vor der Abreise wieder zu verkaufen.

Noch günstiger kann eine Anreise per **Bahn** (→ S. 282) werden, vorausgesetzt, das Reiseziel liegt in der Nähe eines Bahnhofs

Zum Weiterlesen bei KidsAway.de:

„Kraftstoff sparen bei der Fahrt in den Urlaub – die 12 besten Tipps"

 Suchbegriff: „Kraftstoff sparen"

Sarah-Leonie: „Je teurer das Reiseland, desto mehr lohnt sich ein Wohnmobil."

Weblink

Lebenshaltungskosten in vielen Urlaubsländern, jährlich aktualisiert: www.numbeo.com (englisch)

und es findet sich eine möglichst direkte Verbindung. Hier profitieren Familien mit mehreren Kindern am meisten: Unter 15 Jahren fahren Kinder mit ihren Eltern nämlich kostenlos mit. Auch ansonsten ist der Zug ein ideales Reiseverkehrsmittel für Familien mit Kindern.

Weiter entfernte Reiseziele lassen sich unter Umständen mit dem **Nachtzug** erreichen. Hier sparen Sie die Übernachtungskosten für eine Unterkunft und erreichen Ihr Ziel ausgeruht und frisch. (Das gilt auch für Langstreckenflüge, nur ist man hier mangels Liegemöglichkeit und dank Zeitverschiebung nach der Ankunft in der Regel alles andere als ausgeruht und frisch.)

Kostenpunkt: Unterkunft

Nach den Kosten für die Anreise schlägt meist die Unterkunft heftig zu Buche. Familien mit kleinen Kindern haben hier den Vorteil, dass **Babys und Kleinkinder gratis wohnen** oder häufig noch nicht den vollen Preis bezahlen müssen. Nutzen Sie diesen Vorteil, solange Sie ihn haben, und genießen Sie Urlaub im **Hotel** (→ S. 305)! Sobald Sie mit mehr als zwei oder älteren Kindern reisen, wird das umständlich und teuer. Dann sind Ferienwohnungen oder Ferienhäuser geeigneter. Noch günstiger und ideal für jede Familienkonstellation sind Urlaube im Zelt (hier zahlen Kinder unter fünf Jahren meist nichts).

Ihre **Ansprüche** sind entscheidend für die Kosten einer Reise: Hotels und Ferienwohnungen direkt am Strand oder im Stadtzentrum lassen sich ihre gute Lage meist gut bezahlen. Wenn Sie auf Meerblick verzichten oder eine längere Anfahrt in die Stadt in Kauf nehmen, können Sie viel sparen. Überlegen Sie genau, ob Sie wirklich die teure Vollpension buchen müssen oder ob Sie das Mittagessen nicht sowieso lieber unterwegs im Supermarkt kaufen wollen; ob es das Hotel mit der Riesen-Poolanlage sein muss oder ob für Ihr Baby nicht das Meer und ein Planschbecken genügen; ob Sie die Kinderbetreuung und das Spieleland überhaupt nutzen können oder ob Ihr Kind dafür nicht noch zu jung ist (Mindestalter im Kleingedruckten nachlesen!).

Familien- und Babyhotels bieten verlockenden Rundum-Service für Eltern an, lassen sich den aber auch großzügig bezahlen. Hier sollten Sie nur buchen, wenn Sie den zusätzlichen Service auch nutzen wollen.

Bei der **Buchung über Internetportale** sollten Sie immer die Gesamtpreise genau vergleichen. In manchen Hotels zahlen Kinder bis zu einem bestimmten Alter nichts, andere verlangen Kinderfestpreise. Wer mit mehreren Kindern reist und Zustellbetten oder ein zweites Zimmer braucht oder andere „Sonderwünsche" hat, geht am besten auf Nummer sicher und lässt sich direkt vom Hotel ein Preisangebot zuschicken.

Angelique: „Wir wollten mit unseren beiden Kindern nach Antalya. Im Internet und im Reisebüro hieß es immer: ‚Sie brauchen zwei Zimmer.' Aber wir wollten keine Zwangstrennung, Jamila schläft sogar noch bei uns im Bett! Also habe ich unserem Wunschhotel eine E-Mail geschrieben und das Problem erklärt. Antwort: ‚Kein Problem, wir buchen Ihnen ein Familienzimmer.' Ein zweites Zimmer brauchten wir also doch nicht."

Unser kleines Häuschen

Wenn Sie nicht pauschal buchen, können Sie vom Konkurrenzdruck in der Hotelbranche profitieren. Außerhalb der Hochsaison sind Hotels und Pensionen fast nie ausgebucht, besonders in Gebieten mit vielen Hotels ist dann der Preiskampf eröffnet.

Nachfragen schadet nicht: Erkundigen Sie sich an der Rezeption nach einem Preisnachlass mit dem Argument, dass Sie mehr als fünf Tage bleiben wollen (oder dass die Zimmer im Hotel nebenan günstiger sind). Dafür sollten Sie natürlich noch kein Zimmer vorgebucht haben. Erfahrene Reisende buchen nur für die erste Übernachtung nach der Ankunft ein günstiges Hotel und schauen sich dann vor Ort um oder verhandeln nach.

Gesammelte Bonusmeilen für Flüge können Sie oft gegen Übernachtungen in Hotels einer bestimmten Kette eintauschen.

Ferienwohnungen oder Ferienhäuser werden pro Kopf günstiger, je mehr Personen darin wohnen, denn hier wird meist nicht pro Person bezahlt. Damit bieten sie sich für Patchwork-Familien, Reisen mit den Großeltern oder Großfamilien an. Eine Kochecke ermöglicht außerdem die wesentlich preiswertere Selbstversorgung (→ S. 373).

Viele Campingplätze bieten auf ihrem Gelände günstige Bungalows und Ferienwohnungen in verschiedenen Größen an. Unter Umständen müssen Sie dann die sanitären Anlagen der Camping-Gäste mit nutzen, aber Sie sparen im Vergleich zu einer „normalen" Ferienwohnung viel ein.

Bei der Wahl einer Ferienwohnung sollten Sie genau das **Kleingedruckte** lesen: Bettwäsche und Handtücher werden mitunter separat berechnet, dann können Sie sparen, wenn Sie diese selbst mitbringen. Auch die teure Endreinigung können Sie manchmal selbst übernehmen, und wenn Strom- und Wasserverbrauch extra berechnet werden, wissen Sie schon, dass Sie auf tägliche Vollbäder verzichten sollten.

Andere günstige, wenn auch weniger bekannte Optionen für Familien sind **Jugendherbergen und Hostels** (→ S. 327). Viele bieten ihren Gästen separate Familienzimmer an und sind gar keine „Partyhöllen" für jugendliche Backpacker. In der Gemeinschaftsküche können Sie sich preiswert selbst versorgen und über das Schwarze Brett weitere Schnäppchen machen, vom ausgelesenen Reiseführer über nicht mehr gebrauchte Ausrüstung bis zur überzähligen Eintrittskarte.

Vor allem in Städten gibt es als preiswerte Alternative zum Hotel **privat vermietete Wohnungen** und Häuser, zu finden über klassische Annoncen, zunehmend aber auch über Internetplattformen wie Airbnb.de. Familien können hier eine große, perfekt ausgestattete und genau zu ihren Bedürfnissen passende Unterkunft zu einem günstigen Preis bekommen (→ S. 331).

Obwohl **Camping** heutzutage nicht mehr so billig ist und der Trend zum „Glamping" mit Luxus-Ausstattung geht, ist Urlaub im Zelt oder im Wohnwagen immer noch eine preiswerte Reisemöglichkeit für Familien. Entscheidend sind die Wahl des Platzes und der Reisezeit. In der Nebensaison oder in abgelegeneren Gegenden, ohne Kinderanimation und beheizten Pool sind Stellplätze günstig. So ist auch ein längerer Urlaub drin, ohne das Budget zu sprengen (→ S. 317).

Mit genug Abenteuerlust können Sie in einigen Ländern sogar völlig **kostenlos campen**, etwa in Skandinavien, Schottland und der Schweiz, wo das „Jedermannsrecht" gilt, oder in den baltischen Staaten, wo das Übernachten in Wohnmobilen und Zelten auf öffentlichem Land toleriert wird. In Neuseeland hat diese Tradition den schönen Namen „freedom camping" bekommen, auch wenn es dort inzwischen nur noch an ausgewiesenen Stellen gestattet ist.

Für weitere preiswerte Unterkunftsmöglichkeiten blättern Sie zum Kapitel „Weitere Übernachtungsmöglichkeiten für Familien" ab → S. 331.

Die Familienreise buchen

Spartipps für die Reisebuchung

Der frühe Vogel fängt den Wurm, heißt es. Bei der Reisebuchung für Ihre Familie gilt das ganz besonders. **Familienfreundliche Unterkünfte** sind heißbegehrt und werden oft unter der Hand weitergegeben. Besonders die Termine während der Schulferien sind meist mehrere Monate, wenn nicht gar schon **ein Jahr vorher ausgebucht**. Etwa elf Monate im Voraus veröffentlichen die Airlines ihre Flugpläne, etwa sieben bis acht Monate vorher bringen die großen Reiseveranstalter ihre Reiseangebote heraus. Auch bei privat vermieteten Ferienwohnungen schadet es nicht, schon früh nach verfügbaren Zeiten anzufragen.

Laut einer Untersuchung des Reiseportals Skyscanner.de vom Januar 2014 bucht man Flüge auf die Kanarischen Inseln am günstigsten drei Wochen im Voraus, Ziele in der Türkei, Griechenland und Spanien sind fünf Wochen vor der Abreise am preiswertesten. Für Ziele in Europa sowie die Metropolen Bangkok und New York ermittelte die Reisesuchmaschine momondo.de, dass die günstigsten Tickets etwa zwei Monate vorher verkauft werden. Anders ist es laut Skyscanner.de bei **Fernreisen**: Flüge in die USA sind etwa sechs Monate im Voraus am günstigsten. Bei Thailand- oder Südafrika-Flügen sollten Sie spätestens 4,5 Monate vor dem Abflugtermin buchen. Die Preisschwankungen liegen bei über 400 Euro – pro Ticket!

Um schnell auf Preissenkungen oder Werbeaktionen reagieren zu können, abonnieren Sie frühzeitig die Newsletter der für Sie interessanten Anbieter. Apps wie die von Skyscanner.de benachrichtigen Sie, wenn sich der Preis der Flüge zum gesuchten Reiseziel verändert.

Nach einer Auswertung aller Reisebuchungen auf der Website billigflieger.de gehen freitags am frühen Morgen und am späten Abend die günstigsten Flüge. Heimflüge aus dem Ausland sind sonntags am billigsten. Auch der Zeitraum der Reise kann den Preis beeinflussen: Ein Abstand von zwei bis fünf Tagen zwischen Hin- und Rückflug ergibt bei innereuropäischen Flügen die niedrigsten Preise.

Auf kurzfristige Schnäppchenangebote sollten Sie nicht hoffen. **Last Minute** ist heutzutage keine Option mehr, schon gar nicht für Familien. Viele Reiseveranstalter, Anbieter von Hotels oder Mietwagen locken lieber mit Rabatten für Frühbucher. Wenn Sie Ihren **Sommerurlaub** bereits im Herbst vorher buchen, gehen Sie auf Nummer sicher. Die **Frühbucher-Rabatte** bis zu 40 Prozent gelten in der Regel bis März, aber die heiß begehrten und oft knappen Familienzimmer werden von Stammgästen oft schon direkt nach der Sommersaison für das nächste Jahr gebucht.

Eine **Tropenreise in der Winterzeit** buchen Sie ab August/September, wenn die neuen Kataloge veröffentlicht werden, ebenfalls zum günstigen Frühbucherpreis. Haben Sie diesen Zeitraum verpasst, können Sie etwa zwei Monate vorher ebenfalls noch

Bahntickets gibt es auch noch für Kurzentschlossene

▶ Wenn Sie ein paar Spartipps beherzigen und rechtzeitig Ausschau halten, können Sie Ihre Familienreise zum überschaubaren Preis buchen.

gute Angebote finden, vor allem bei den Flugtickets.

Die Kataloge für die **Wintersportsaison** erscheinen bereits im Mai. Dann sollten Familien zuschlagen, wenn sie ein attraktives Angebot finden. Billiger wird es nämlich nicht. Dasselbe gilt für **Kreuzfahrten**, die bei Familien immer beliebter werden.

Nationale Feiertage, aber auch Großveranstaltungen wie die WM oder Messen lassen die Preise für Flüge und Hotels in die Höhe schnellen. Recherchieren Sie, ob Ihr Reisewunsch mit einem solchen Ereignis zusammenfällt, und disponieren Sie eventuell um.

Alternativen für spontane Reisen gibt es erfreulicherweise: Zugtickets bekommen Sie mit Glück noch bis einen Tag vor der Abfahrt zum Sparpreis, und per Auto (ob Ihr eigenes oder mit einem Mietwagen) erreichen Sie viele familienfreundliche Reiseziele jederzeit.

Sind weder Hotelzimmer noch Ferienwohnungen zu bekommen, findet sich über Internetplattformen wie Airbnb.de oder 9flats.com bestimmt noch eine Privatwohnung oder ein Bungalow auf einem Campingplatz.

Individuell oder pauschal?

Die klassische Pauschalreise besteht aus An- und Abreise (meist per Flugzeug) und der Übernachtung in einem Hotel oder auf einem Kreuzfahrtschiff. Dazu kommen oft weitere Leistungen wie Verpflegung, der Transport vom Flughafen zum Hotel und eine deutschsprachige Reiseleitung vor Ort. Diese sind entweder im Pauschalpaket enthalten oder Sie müssen sie einzeln dazubuchen.

Weil alle Paketbestandteile von einem Reiseveranstalter zusammengestellt werden, der sie unter seinem Namen zu einem einheitlichen Gesamtpreis verkauft, gewinnen Sie ein hohes Maß an **Rechtssicherheit**, falls etwas schiefgeht: Ausgefallene oder verspätete Flüge, schmutzige Hotelzimmer oder Ähnliches – mit Ihrer Forderung nach Entschädigung oder Schadenersatz wenden Sie sich einfach an Ihren Reiseveranstalter, der für alle Teile des Reisepakets zuständig ist.

Im Reisebüro warten Tonnen von Katalogen

tabel. Wenn man nachts um drei abfliegt oder im Hotel ankommt, versteht man, warum die Reise so günstig war …

Was Pauschalreisen besonders für Familien attraktiv macht: Die Buchung läuft **bequem** und übersichtlich ohne stundenlange Suche nach zusammenpassenden Flug- und Hoteldaten. Die Organisation des Transfers zum Hotel oder der Verpflegung wird abgegeben, und mit den Kinderrabatten und All-inclusive-Festpreisen sind Pauschalreisen oft verlockend günstig.

> Beatrice: „Ich und mein Mann arbeiten viel, da wollen wir uns im Urlaub vor allem entspannen. Und das fängt für uns schon mit dem Buchen an. Wenn ich die Flüge für uns vier und ein schönes Hotel selbst im Internet zusammensuchen müsste, bräuchte ich ja schon Urlaub vor dem Urlaub! Nein danke. Es gibt doch so viele tolle und günstige Angebote, wir waren bisher immer sehr zufrieden."

Diese Form des Reisens eignet sich **für „Standardfamilien"**: zwei Erwachsene und ein bis zwei Kinder. Passen Sie nicht in diese Norm, wird schon die Buchung ein Problem. Die Suchmasken der Reiseveranstalter sehen keine Alleinerziehenden mit zwei Kindern, Patchwork-Familien mit vier Kindern oder gar Eltern mit Großeltern und Kindern vor.

> ❗ Prüfen Sie vor der Buchung, ob der Reiseanbieter im Ausland sitzt. Bei Rechtsstreitigkeiten kommt dann kein deutsches Recht zur Anwendung.

Als vorgepackte Pakete sind Pauschalreisen **wenig flexibel**. Die Größe des Hotelzimmers oder die An- und Abreisedaten sind fest vorgegeben und können nicht Ihren Bedürfnissen angepasst werden (oder nur gegen Aufpreis). Viele Veranstalter halten die genauen Flugzeiten in ihren Angeboten als „noch nicht bekannt" offen und geben sie erst kurz vor dem Abflug bekannt. Für Familien mit Kindern nicht eben komfor-

2 Erwachsene, 2 Kinder – Pauschalurlaub-kompatibel!

MIT KINDERN DIE WELT BEREISEN...

...und mit **erlebe-fernreisen4kids** auf große Entdeckungstour gehen. Mit uns können Sie das märchenhafte Marrakesch, das abenteuerliche Thailand und das tierreiche Costa Rica entdecken. In Malaysia bauen Sie Sandburgen an weißen Stränden, in Südafrika gehen Sie auf Spurensuche der „Big 5" und in den USA besuchen Sie abenteuerliche Nationalparks und beliebte Vergnügungsparks.

Neben einigen Aktivitäten während der einzelnen Stationen sind auch immer wieder genügend Ruhephasen eingeplant, sodass die Reise für Groß und Klein genau richtig ist. Kommen Sie mit uns auf Reisen und lernen Sie Land und Leute auf individuelle Art und Weise kennen.

Hat Sie nun das Reisefieber gepackt? Dann schauen Sie doch mal auf unsere Webseiten und lassen sich inspirieren. Rufen Sie an unter +49 (0)2837/6638188 oder schicken Sie uns eine E-Mail an info@erlebe-fernreisen4kids.de.

WWW.ERLEBE-FERNREISEN4KIDS.DE

- ERLEBE-COSTARICA4KIDS.DE
- ERLEBE-THAILAND4KIDS.DE
- ERLEBE-USA4KIDS.DE
- ERLEBE-MALAYSIA4KIDS.DE
- ERLEBE-MAROKKO4KIDS.DE
- ERLEBE-SUEDAFRIKA4KIDS.DE

VON REISENDEN – FÜR REISENDE!

Vergleich Pauschalreise – Reisen auf eigene Faust

Pauschal gebucht	Selbst zusammengestellt und gebucht
Buchung aller Reisebausteine bequem und schnell in einem Paket	Recherche und Buchung für jeden Reisebaustein separat nötig
Kinder unter 2 Jahren reisen kostenlos oder zahlen sehr wenig, wenn sie gemeinsam mit den Eltern im Hotelzimmer schlafen und im Flugzeug keinen eigenen Sitzplatz haben	bei Einzelbuchung von Flug und Hotel genauso
Kinder über 2 Jahre erhalten meist einen Kinderrabatt, wenn zwei Vollzahler (zwei Erwachsene) im selben Zimmer schlafen	bei Einzelbuchung von Hotelzimmern genauso
Kinder-Basispreis gilt oft auch für über 12-Jährige – Flugtickets werden so günstiger	Kinder ab 12 Jahren zahlen vollen Flugticket-Preis
Singles mit Kind oder große Familien finden keine passenden Zimmerangebote	gezielte Buchung von passenden Unterkünften möglich
Kinder unter 2 Jahren mit eigenem Sitzplatz im Flugzeug zahlen vollen Kinderpreis für alle Reisebausteine	getrennte Buchung erlaubt getrennte Berechnung; Babys im Hotel bleiben kostenlos
meist nur Check-in am Schalter möglich	oft Online-Check-in oder Vorabend-Check-in möglich
bei Hin- und Rückflug mit verschiedenen Airlines gelten eventuell verschiedene Freigepäckgrenzen und Kindersitzregelungen	transparente Regelungen bei Selbstbuchung der Tickets, Bonusmeilen können gesammelt und eingelöst werden
bei Reisebuchung ist nur eine Anzahlung von bis zu 20 % zu leisten (höhere Anzahlungen und pauschale Stornogebühren sind seit 2014 nur noch in begründeten Ausnahmefällen zulässig – BGH-Urteil AZ. X ZR 85/12)	Flugtickets, Hotel und Mietwagen müssen meist bei Buchung komplett bezahlt werden
bei Stornierung der Reise gibt es nur einen Ansprechpartner für alle Reisebausteine	alle Reisebausteine müssen separat storniert werden
mehr Durchführungssicherheit für alle Teile der Reise – zum Beispiel warten Kreuzfahrtschiffe auf verspätete Flüge, bei Hotelschließung sorgt Veranstalter für Ersatz	Reisebausteine sind unabhängig voneinander, Risiko bei Problemen trägt der Reisende (bei Flugausfall muss zum Beispiel das Hotel auf eigene Kosten umgebucht oder storniert werden)
für Buchungen bei deutschen Reiseveranstaltern gilt deutsches Reisevertragsrecht	bei Buchung von Privatpersonen (zum Beispiel bei privaten Ferienwohnungen) gilt Privatrecht, gegen Anbieter mit Sitz im Ausland sind Rechtsansprüche mitunter schwierig durchzusetzen

Quelle: eigene Recherchen. Stand: 11/2014

◀ Im dichten Dschungel versunkene Tempel entdecken, das geht dann doch nicht in Mitteleuropa. Südostasien eignet sich als Individualreiseziel für Familien hervorragend.

Für Pauschalreise-Flüge wird außerdem häufig **kein Online-Check-in** angeboten, Sie müssen also frühzeitig am Flughafen erscheinen und sich dort in die Warteschlange vor dem Schalter der Pauschalfluglinie einreihen. Gerade mit kleinen Kindern kein Vergnügen. Buchen Sie einen eigenen Sitzplatz für Ihr Baby, haben Sie ebenfalls Pech: Für das Baby wird dann der höhere Kinderpreis nicht nur für den Flug mit Sitzplatz, sondern für die gesamte Pauschalreise berechnet. Rabatte fallen somit weg.

> Patricia: „Eine Pauschalreise klingt ja echt verlockend für mich. Sich mal um nichts kümmern müssen, herrlich. Leider habe ich bisher noch keinen Anbieter gefunden, der etwas für uns und unsere vier Kinder hatte; oder jedenfalls nichts, was wir bezahlen können. Bis die Lütten älter sind, werden wir daher auf Hotel und Palmen verzichten und in unser Ferienhaus an der Nordsee fahren. Da ist genug Platz für alle."

Es gibt eine Reihe von Reiseveranstaltern, die ihr Angebot speziell auf die besonderen Ansprüche von Familien zuschneiden. Hier finden Sie vielleicht tatsächlich die perfekte Unterkunft für Ihre Patchwork-Familie und können die Angebote wie einen Baukasten nach Ihren Wünschen zusammensetzen.

Auch für Reisen in exotische Länder, die Sie sich allein nicht zutrauen würden, lohnt sich die Buchung bei einem spezialisierten Reiseveranstalter, der Ihnen die gesamte Organisation abnimmt und ein fertiges Reisepaket schnürt.

Wo buchen: Reisebüro, Internet oder direkt?

Reisen im Internet buchen, das klingt bequem und einfach. Wenn Sie genau wissen, was Sie suchen, und der Suchmaske der Buchungsmaschinen entsprechen – also zwei Erwachsene mit maximal zwei Kindern –, dann kann es das tatsächlich sein. Scheren Sie allerdings aus, weil Sie ein Extrazimmer für Ihre Kinder wollen, die Oma als zusätzliche Betreuungsperson dabei haben, von Mittwoch bis Montag oder mehr als zwei Wochen verreisen oder auch nur wissen wollen, welches Hotel den besten Service für Familien mit Baby offeriert, wird es oft kompliziert.

Viele Veranstalter bieten auf den gängigen **Buchungsportalen** nur eine kleine Auswahl ihrer Zimmer an. Wie genau diese aufgeteilt und ausgestattet sind und ob das Hotel bei einem anderen Veranstalter noch andere

Weblinks

Alltours: www.alltours.de

Club Family (SD Inspiring Travel): www.clubfamily.de

Corfelios: www.corfelios.de

Djoser Junior, spezialisiert auf Fernreisen: www.djoserjunior.de

For Family Reisen: www.familien-reisen.com

KinderReiseWelt: www.kinderreisewelt.de

ReNatour, spezialisiert auf Naturreisen: www.renatour.de

Vamos Eltern-Kind-Reisen, hochwertige Angebote: www.vamos-reisen.de

www.vtours.de/urlaub-mit-kindern

10 Jahre vtours – Urlaub, der passt.

Kinderbetreuung ab 2 Jahren

Unser Kinderclub im Urlaubshotel  vfamilyclub — Glückliche Kinder – entspannte Eltern!

Annabelle Beach Resort / Kreta

Palia Sa Coma Playa / Mallorca

Sporthotel Kogler / Österreich

vtours GmbH • Weißenburger Str. 30 • 63739 Aschaffenburg • 06021/86211785 • service@vtours.de

radissimo — bewegt reisen!

Genussradeln für Familien

Bauernhoftour an der Donau, Ritterburgentour am Neckar, Holland mit Rad und Schiff, Zirkuswagen im Burgund, Strohtour am Bodensee, Südschwarzwald, Ostseeküste, Loire, Gardasee, Sardinien...
...individueller Radurlaub mit Gepäcktransport!

Radissimo Radreisen | Tel. 0721/3548180 | www.radissimo.de

Nachhaltig reisen mit Kindern – so geht's

Cluburlaube und Pauschalreisen, riesige Skigebiete, schicke Hotels und Pool-Anlagen – das alles hat seinen Preis, und damit ist nicht der gemeint, den Sie als Tourist bezahlen.

Während die Urlauber in den Anlagen viel Spaß haben und die Veranstalter viel Geld damit verdienen, haben die Länder und Regionen, in denen die Clubs liegen, häufig nichts davon. Im Gegenteil: Die Hotelburgen und Ferienkomplexe verbrauchen viele Ressourcen, verschmutzen oft die Umwelt und schädigen oder zerstören die Wirtschaft und den Arbeitsmarkt vor Ort. Dazu kommen die enormen Umweltkosten für die Anreise der Urlauber: Damit Sie sich auf den Malediven oder in Südostasien an den Pool legen können, verbrauchen Flugzeuge tausende Tonnen von Kohlendioxid und tragen so zur Erderwärmung und zum Steigen des Meeresspiegels bei – wovon genau die Urlaubsparadiese zerstört werden, die Sie besuchen.

Was können Sie tun, um die schädlichen Auswirkungen Ihrer Reisen möglichst gering zu halten? Hier sind ein paar Anregungen:

- umweltfreundliche, nachhaltige Reiseveranstalter und Unterkünfte buchen (auf Zertifikate und Umweltgütesiegel achten)
- familiengeführte, private Betriebe bevorzugen
- Massentourismus-Ziele, aber auch unberührte Gegenden meiden
- keine Flüge unter 700 Kilometer und keine Flugreisen von weniger als ein bis zwei Wochen
- Kohlendioxidverbrauch der Anreise durch Klimaschutzprojekte kompensieren
- möglichst mit öffentlichen Verkehrsmitteln, per Fahrrad, Kanu oder zu Fuß reisen
- im Urlaub nachhaltige, ressourcenschonende Aktivitäten bevorzugen (Baden im Meer statt im Aquapark, Reiten statt Kartfahren, Stadtspaziergang statt Vergnügungspark)
- einheimische Restaurants und Geschäfte besuchen
- Ausflüge und Ähnliches bei lokalen, familienbetriebenen Veranstaltern buchen
- Kindern die Kultur des Urlaubslands und seine Einwohner nahe bringen, über Globalisierung, landestypische Sitten und Toleranz sprechen
- Angebote zur Umweltbildung besuchen (Barfußpfade, Umweltschutzprojekte, Naturreservate und Ähnliches)
- für soziale und Umweltprojekte vor Ort spenden oder mithelfen

Weblinks

Nachhaltige Tourismus-Angebote und Kriterien für ökologisch vertretbaren Urlaub: www.forumandersreisen.de

Reisekompass für die Verträglichkeit der eigenen geplanten Reise: www.reisekompass-online.de

CO_2-Ausstoß von Flügen kompensieren: www.atmosfair.de

Ausflüge und Führungen bei lokalen Veranstaltern vor Ort buchen: www.getyourguide.de

Zimmergrößen anbietet, erfahren Sie nicht. Oft ist auch nicht erkennbar, wie hoch die angepriesene Kinderermäßigung ausfällt und ob sie bei einer Pauschalreise für das gesamte Reisepaket gilt oder nur für das Hotel. Hat man alle Daten eingegeben, ist der Gesamtpreis manchmal plötzlich höher oder die Reise ist zum gewünschten Termin gar nicht mehr buchbar. Und startet man die Suche erneut, darf man alle Reisedaten noch einmal in die Buchungsmaske eintragen.

Viele **Flugbuchungsmaschinen** wollen genau einen Abflug- und genau einen Zielort sowie ein konkretes Hin- und Rückflugdatum wissen, allenfalls mit zwei Tagen Toleranz. Dass Sie vielleicht 50 Kilometer weiter zu einem anderen Flughafen fahren könnten und auch eine Woche später noch Zeit hätten, können Sie hier nicht eingeben. Schon gar nicht, dass Sie statt Kreta gern auch Rhodos oder Zypern kennenlernen würden. Das alles macht die Suche nach Reiseangeboten im Internet zu einer langwierigen und nervenaufreibenden Angelegenheit. Spätestens wenn es um die Planung einer längeren Reise mit mehreren Zwischenstopps, Stopover-Aufenthalten und Gabelflügen geht, ist es empfehlenswert, die Dienste eines erfahrenen Spezialisten in Anspruch zu nehmen.

Die Alternative: direkt suchen auf den **Websites der Unterkunftsanbieter**. Viele (vor allem deutsche) Webpräsenzen sind leider häufig schlecht gepflegt und unübersichtlich, besonders von kleineren Hotels und Pensionen. Ein konkretes Hotel oder eine Ferienwohnung können Sie natürlich direkt per E-Mail oder telefonisch anfragen. Das hat den Vorteil, dass Sie sich gezielt über die Ausstattung, weitere Angebote für Familien oder die Umgebung erkundigen können. Mit etwas Geschick holen Sie auch beim Preis noch etwas heraus, da eine Direktbuchung für den Vermieter immer attraktiver ist, als wenn er noch Prozente an einen Vermittler abtreten muss.

> Über die meisten Online-Buchungsportale können Sie keinen Flugzeug-Sitzplatz für ein Kind unter zwei Jahren buchen. Auch Reisen mit einem Erwachsenen und zwei Kleinkindern oder zwei Erwachsenen mit vier Kindern sind selten online zu buchen.

Diese afrikanischen Hütten kann man nur direkt buchen!

Weblinks

Flugpreisportal mit flexiblen Suchmöglichkeiten und Preisalarm, keine direkte Buchung: www.skyscanner.de

Reisebuchungsportal mit direkter Buchungsmöglichkeit, Sitzplätze für Babys buchbar: www.expedia.de

Flug- und Pauschalreisebuchung nach individuellen Suchkriterien: www.hlx.de

▶ Auf Reisen mit Kindern entdecken Sie viele Orte neu – aus Kinderaugen und im entschleunigten Tempo.

Die Familienreise buchen

Der große Vorteil an einer Buchung über ein **Reisebüro** ist die persönliche Beratung. Finden Sie eines, dessen Mitarbeiter Erfahrung mit Ihrem gewünschten Reiseziel und/oder mit den Bedürfnissen von Familien mit kleinen Kindern haben, sind Sie hier auf jeden Fall im Vorteil. Zwar verwenden die meisten Reisebüros dieselben Buchungsmaschinen wie die Internetportale. Normalerweise bekommen Sie dort also dieselben Reiseangebote. Aber: Bei Problemen und Beschwerden haben Sie einen direkten Ansprechpartner, der sich um alles kümmert.

Keine Angst vor verpassten Schnäppchen. Pauschalreisen dürfen per Gesetz über das Internet nicht günstiger angeboten werden als im Reisebüro.

Ein interessantes neues Konzept bieten **mobile Reiseberater**: Sie beraten Interessenten an einem Wunschtermin persönlich am Telefon, per Skype oder direkt zu Hause im Wohnzimmer, auch abends und am Wochenende. Das ist ideal für Familien mit kleinen Kindern oder solche, die keine Möglichkeit haben, ein Reisebüro zur Geschäftszeit zu erreichen.

Wolfgang: „Wir machen das immer so: Wir informieren uns ausführlich im Internet über die Angebote und auch die Preise und schicken dann unsere Auswahl mit Internetlinks per E-Mail an unser Reisebüro. Das kostet zwar viel Zeit im Vorfeld, dafür sind wir aber perfekt informiert und fühlen uns sicher."

Eine große Anzahl an Spezialreiseveranstaltern mit besonderen Familienangeboten finden Sie in den Partnerbeiträgen auf KidsAway.de unter der Rubrik „Marktplatz".

Reisevorbereitung

Was vor einer Reise mit Kindern zu tun ist

Vorfreude und Reiseeinstimmung	78
Gesundheitsvorkehrungen	80
Sicherheit	86
Reisedokumente	94
Sprachen lernen für die Reise	101
Rund ums Packen	108
Reiseausrüstung für Familien	112
Reisevorbereitung kompakt: Was ist wann zu erledigen?	148

Reisevorbereitung: Was vor einer Reise mit Kindern zu tun ist

Vorfreude und Reiseeinstimmung

Vor einer Reise sind viele kleine Kinder aufgeregt, manche weigern sich sogar rundweg, mitzukommen. Kinder sind konservativ. Zu Hause ist alles schön, warum sollte man das ändern? Da ist natürlich auch Angst vor dem Unbekannten. Kleine Kinder freuen sich auf Dinge, die sie kennen: ein Eis, ihre Oma oder die Ferienwohnung vom letzten Jahr. Abenteuer? Nein, danke.

Helfen Sie Ihrem Kind, sich auf die anstehende Reise vorzubereiten. Gemeinsam mit Ihnen kann es sich schon Wochen vorher auf das fremde Land und die Dinge freuen, die Sie zusammen unternehmen und entdecken werden. Der Schlüssel zum Erfolg ist Vertrautheit – damit Ihr kleiner Konservativer weiß, worauf er (oder sie) sich freuen kann.

Den **Reiseablauf erklären** Sie Ihrem Kind am besten mit viel Vorlauf. Auch wenn es „nur" mit dem Auto oder dem Zug losgehen wird, möchte Ihr Kind die Fahrt gedanklich durchspielen: Wie lange wird es dauern, was wird es spielen können, wo werden Sie Pausen machen? Überlegen Sie gemeinsam, welche Spielsachen es brauchen könnte, suchen Sie in der Kinderbibliothek ein paar Hörspiele heraus und fahren Sie auf der Straßenkarte die Fahrtroute nach.

Fliegen Sie in den Urlaub, dann sprechen Sie mit Ihrem Kind über den genauen Ablauf eines Fluges, besuchen Sie einen Flughafen in Ihrer Region und schauen Sie dort auf der Besucherterrasse den Starts und Landungen zu. Es gibt tolle Bilderbücher zum Thema Flughafen und Fliegen, mit denen sich Kinder auf das Kommende einstellen können. Rollenspiele mit Puppen und kurze Geschichten machen das Thema interessant

für kleinere Kinder. Größere interessieren sich bestimmt für die technischen Hintergründe des Fliegens und dafür, wie so ein Flughafen funktioniert.

Babys und Kleinkindern, denen Sie noch nicht viel erklären können, hilft es, wenn Sie selbst entspannt und fröhlich an die Flugreise herangehen. Leiden Sie unter Flugangst, kümmern Sie sich unbedingt rechtzeitig darum, diese loszuwerden. Ihr Kind hat sehr feine Antennen und spürt, wenn es Ihnen im Flugzeug nicht gut geht (→ S. 255).

Mit dem **Reiseziel** geht die Sache weiter: Erzählen Sie Ihrem Kind, was es dort erwartet, zeigen Sie ihm Bilder von der Unterkunft oder vom Strand im Internet oder im Katalog und planen Sie gemeinsam, was Sie dort unternehmen wollen. Auch wenn die Wünsche Ihres Kindes nicht Ihren Vorstellungen (oder Ihrem Budget) entsprechen: Notieren Sie alles und zeigen Sie damit, dass Sie Ihr Kind als Reisepartner ernst nehmen.

Geht die Reise ins **Ausland**, sollten Sie auch das thematisieren: Wo liegt das Land auf dem Globus, welche Sprache wird dort gesprochen, wie sieht es da aus? Bildbände, die Sie in der Bibliothek leihen können, helfen Ihrem Kind, eine Vorstellung zu entwickeln. Mit Schulkindern können Sie ein wenig Landeskunde betreiben: Drucken Sie die Flagge des Landes als Malvorlage aus, suchen Sie die Hauptstadt und Ihren Urlaubsort auf einer Landkarte oder lernen Sie ein paar Wörter in der Landessprache (→ S. 101). Vielleicht kennen Sie einen Film, der in Ihrem Urlaubsland spielt?

Vor allem kleineren Kindern hilft es, wenn sie das **Essen am Urlaubsziel** (→ S. 364) bereits kennen. Anstatt im Urlaub Schonkost zu servieren oder Fastfood zu essen, können Sie ein paar Wochen vor der Reise anfangen, Gerichte aus Ihrem Urlaubsland zu kochen oder entsprechende Restaurants zu besuchen. In Großstädten findet sich von Afghanisch bis Vietnamesisch jede Landesküche.

Für die erste große Reise mit Ihrem Baby oder den ersten Campingurlaub mit der

Wohin soll meine erste Reise gehen?

Familie können Sie mit einigen Kurztrips „**trainieren**". Das sind gute Gelegenheiten, um die Ausrüstung zu checken, aber auch um das Zusammenspiel mit Ihrem Partner in der Ausnahmesituation der Reise zu testen und Schwachstellen in der Organisation zu identifizieren: Wie klappt das Wickeln an der Autobahnraststätte, kann das Baby im Zelt einschlafen und wie beschäftigen Sie Ihr Kleinkind mehr als eine Stunde?

Ihr Kind lernt den **Ablauf einer Reise** vom Packen bis zum Ankommen kennen und weiß bald, dass es sein vertrautes Heim nur für einen begrenzten Zeitraum verlässt und am Urlaubsort spannende Entdeckungen warten (dafür müssen Sie natürlich sorgen).

Zum Weiterlesen bei KidsAway.de:

„9 Kinderbücher, die Kinder neugierig auf ferne Länder machen und die Reiselust wecken"

 Suchbegriff: „Kinderbücher Reiselust"

Zum Weiterlesen bei KidsAway.de:

„20 Bücher für die Reisevorbereitung – für kleine und große Kinder"

 Suchbegriff: "Bücher Reisevorbereitung"

◀ Viele Eltern zieht es auch nach der Familiengründung in die Ferne. Ein schlechtes Gewissen brauchen Sie nicht – mit Kindern können Sie (fast) genauso reisen wie vorher auch.

Gesundheitsvorkehrungen

Vor Reisen mit kleineren Kindern sind Eltern meist besorgt: „Was, wenn das Kind unterwegs krank wird?" Babys und Kleinkinder sind tatsächlich öfters unpässlich, verletzen sich oder bekommen plötzlich Fieber, das am nächsten Tag wieder verschwunden ist. Sie können damit auf Reisen genauso gut umgehen wie zu Hause, wenn Sie **gut vorbereitet** sind – mit einer gut ausgestatteten Reise-Apotheke (→ S. 84) und ein paar Tipps für den Notfall (→ S. 384).

Auf der Website des Auswärtigen Amtes (in Österreich: des Bundesministeriums Europa, Integration, Äußeres; in der Schweiz: des Eidgenössischen Departements für auswärtige Angelegenheiten) sind aktuelle **medizinische Empfehlungen** für alle Länder der Welt aufgelistet. Geht die Reise in ein tropisches Land, machen Sie einen Termin bei einem **Reisemediziner** oder in einem Institut für Reisemedizin in Ihrer Nähe, vor allem wegen einer eventuell nötigen Malaria-Prophylaxe (→ S. 166).

Adressen und Rufnummern Ihrer Auslandsreise-Krankenversicherung (→ S. 88) und Ihres Kinderarztes in der Heimat sollten Sie griffbereit dabei haben. Damit Sie im Notfall schnell Hilfe bekommen, recherchieren Sie vor der Abreise **Kinderkrankenhäuser oder Kinderärzte am Urlaubsort** und notieren Sie sich den Anfahrtsweg von Ihrer Unterkunft. Die Botschaft oder ein Konsulat Ihres Landes unterstützen Sie bei der Beschaffung eines Dolmetschers oder bei der Verlegung von einem staatlichen Krankenhaus in eine Privatklinik. Die Telefonnummern sollten Sie parat haben.

Als Alleinerziehende, allein reisende Elternteile oder Großeltern, die mit ihren Enkeln unterwegs sind, benötigen Sie eine **Reisevollmacht inklusive Personensorge** für das Kind, um es etwa ins Krankenhaus begleiten und Entscheidungen über die Behandlung treffen zu dürfen (→ S. 98).

Lassen Sie sich in der Apotheke oder beim Hausarzt einen Blutgruppenpass ausstellen. Damit sparen Ärzte und Rettungskräfte Zeit bei der Suche nach der richtigen Blutkonserve, und das nicht nur im Urlaub.

Wenn Sie ein Baby erwarten, lesen Sie bitte auch das Kapitel „Schwanger reisen" ab → S. 401.

Checkliste: Gesundheitsvorbereitungen

- [ ] Auslandsreise-Krankenversicherung, Reiserücktritts- und Reiseabbruchversicherung abschließen
- [ ] Gesundheitshinweise des Auswärtigen Amtes recherchieren
- [ ] Impfpässe für alle Familienmitglieder bereitlegen und auf Aktualität prüfen
- [ ] empfohlene Impfungen für das Reiseland recherchieren und durchführen lassen
- [ ] bei Tropenreisen Gesundheits- und Impfberatung in einem Reisemedizinischen Zentrum vereinbaren
- [ ] Reise-Apotheke zusammenstellen
- [ ] ärztliche Atteste für verschreibungspflichtige Medikamente besorgen
- [ ] anstehende U-Untersuchungen der Kinder durchführen lassen
- [ ] anstehende Vorsorge-Untersuchungen durchführen lassen (Frauenarzt, Zahnarzt)
- [ ] Blutgruppenpass ausstellen lassen
- [ ] Notfall-Kontaktliste zusammenstellen
- [ ] Telefonnummern und Adressen von (Kinder-)Ärzten und Privatkliniken am Urlaubsort recherchieren
- [ ] Vollmacht zur Personensorge für nicht leibliche Kinder ausstellen

Reise-Impfungen für Kinder

Impfungen schützen vor schweren Krankheiten und retten (bei aller Diskussion über mögliche Nebenwirkungen) Leben. Ein **kompletter Impfstatus** nach Empfehlungen der Ständigen Impfkommission des Berliner Robert-Koch-Instituts (StIKo) ist auf Reisen ins Ausland sinnvoll. Einige Krankheiten, die in Mitteleuropa fast ausgerottet wurden, sind in anderen Ländern noch sehr verbreitet und werden von dort durch Reisende wieder nach Deutschland „eingeführt".

Spätestens, wenn Flugtickets und Unterkunft gebucht sind, sollten alle Familienmitglieder ihre **Impfpässe prüfen**. Auch Erwachsene brauchen zum Beispiel alle zehn Jahre eine Auffrischung ihrer Tetanus-Impfung. Planen Sie **sechs bis acht Wochen Vorlauf** für Impfungen ein. Dann hat der Körper

◀ Gründlich vorbereitet, können Sie Ihre Reise mit Baby oder Kind beruhigt antreten. Am wichtigsten ist dabei eine gut ausgestattete Reise-Apotheke.

Die wichtigsten Reise-Schutzimpfungen für Kinder

Krankheit	Reiseland	Impfempfehlung	Zeitrahmen für Impfung	Kosten pro Dosis
FSME (Frühsommer-Meningo-enzephalitis)	gemäßigte Klimazonen in Europa (auch Deutschland) und Asien	• bei Aufenthalten in der Natur, etwa Wanderurlaube • ab 3 Jahre, nach Abwägung auch schon ab 1 Jahr	Grundimmunisierung mindestens 1 Jahr, Impfstoff wirkt bereits 1 bis 4 Monate nach der Erstimpfung	ab 35 Euro, von allen Kassen außer DAK übernommen (A) 15 bis 34 Euro (CH) Kostenübernahme im Rahmen der Grundsicherung, abzüglich Selbstbehalt und Franchise
Hepatitis A	jedes tropische und subtropische Land, Mittelmeerraum und Osteuropa	• alle Urlauber, auch in Luxusresorts und Hotels • ab 1 Jahr, passive Impfung bereits bei Säuglingen möglich (Wirkung: 3 Monate)	2 Impfungen im Abstand von 6 bis 18 Monaten, Schutz ab 2 Wochen nach Erstimpfung	ab 35 Euro, von allen Kassen übernommen (A) ca. 40 Euro (CH) ca. 60 CHF
Tollwut	Entwicklungsländer	• Rucksackreisende mit Kontakt zu Tieren, Kinder • ab 2 Jahre (keine Beschränkung bei Verdacht auf Infektion)	3 Mal innerhalb eines Monats, 1 Booster nach 1 bis 2 Jahren, danach alle 5 Jahre	ab 50 Euro, von vielen Kassen übernommen (A) 75 Euro (CH) ca. 80 CHF
Cholera	dicht besiedelte Gebiete in Nord- und Zentralafrika, Südamerika, Südostasien	• für Abenteuerreisen und Langzeitaufenthalte, Kinder nach Abwägung • Impfung wirkt möglicherweise auch gegen Reisedurchfall • ab 6 Jahre	2 Impfungen im Abstand von 1 bis 6 Wochen, Kinder von 2 bis 6 Jahren erhalten 3 Impfdosen; Wirkung für etwa 6 Monate	ab 23 Euro (für 2 Dosen), von allen Kassen übernommen (A) ca. 70 Euro (CH) ca. 90 CHF
Typhus	weltweit, vor allem warme Länder	• Rucksackreisende • ab 2 Jahre	Schluckimpfung (Lebendimpfstoff): 3 Impfdosen alle 2 Tage; Spritze (Totimpfstoff, in CH nicht zugelassen): 1 Dosis	ab 20 Euro, von allen Kassen übernommen (A) 25 Euro (CH) ca. 40 CHF für Lebendimpfstoff
Influenza	alle	• in der Grippesaison und bei langen Reisen mit vielen Menschen (z. B. auf Kreuzfahrtschiffen oder in Reisegruppen) • ab 6 Monate (nasaler Impfstoff: 2 Jahre)	2 Impfdosen über 4 Wochen	ca. 13 Euro, von fast allen Kassen übernommen (A) 22 Euro (CH) ca. 20 CHF Kostenübernahme für Schwangere und Wöchnerinnen

Quelle: eigene Recherchen, Stand: 11/2014

seine Immunantwort aufgebaut und Impfnebenwirkungen wie Fieber oder Unwohlsein treten nicht erst im Urlaub auf. Aber auch kurzfristig gesetzte Impfungen sind besser als gar keine. Die Immunisierung kann nach der Reise abgeschlossen werden, der nächste Urlaub kommt bestimmt.

> Doris: „Zwei Wochen vor dem Urlaub bekam Fritz die Dreifachimpfung. Vorher hat er immer alle Impfungen super vertragen, diesmal nicht: 41 Grad Fieber, Schüttelfrost, volles Programm. Zum Glück hatten wir noch ein paar Tage Zeit bis zur Abreise, sonst wäre der Urlaub ins Wasser gefallen."

Einige Krankheiten treten besonders in beliebten Urlaubsländern auf, weshalb **zusätzliche Reiseschutzimpfungen** für Kinder und Erwachsene von Reisemedizinern empfohlen werden. Die Gefahr einer Infektion ist allerdings niedrig, wenn Sie nur wenige Tage oder Wochen im Land sind, in einem (klimatisierten) Hotel wohnen, hygienisch zubereitete Speisen essen und Urwald mit wilden Tieren oder Armenviertel meiden.

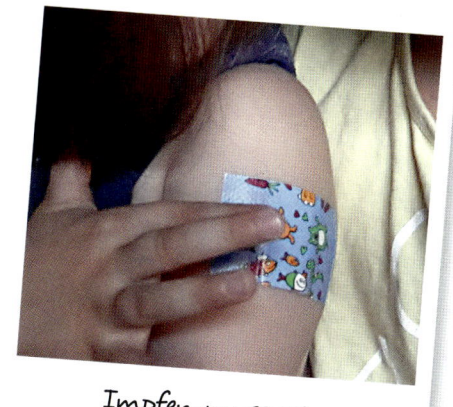

Die aktuellen Impfpässe jedes Familienmitglieds gehören in die Reise-Apotheke oder ins Handgepäck.

Anders als die von der StIKo empfohlenen Impfungen werden Reise-Impfungen nicht von allen Krankenversicherungen übernommen. Am besten fragen Sie frühzeitig bei Ihrer Krankenkasse nach, um eventuell zu einem anderen Versicherer wechseln zu können.

Weblinks

Robert-Koch-Institut mit Impfempfehlungen, Gesundheitsbulletins und vielem mehr: www.rki.de

Auswärtiges Amt mit Reise-Informationen aller Art: www.auswaertiges-amt.de

Bernhard-Nocht-Institut für Tropenmedizin mit Reise-Informationen: www.bni-hamburg.de

Liste reisemedizinischer Institutionen in Deutschland: www.dtg.org/institut.html

Informationen zur Kostenübernahme von Reise-Impfungen der deutschen Krankenversicherer: www.crm.de/krankenkassen/kk_tabelle_kassen.htm

Reisemedizinische Impfempfehlungen für Kinder: www.fit-for-travel.de/risikogruppen/kinder.thtml

Ist der Impfstatus für die Reise komplett?

Erkrankungen und Verletzungen behandeln und versorgen können. Die weitere Behandlung dürfen Sie einem Arzt überlassen.

Die sperrigen Umverpackungen können Sie zu Hause lassen. Die Beipackzettel mit den Dosierungsanweisungen müssen aber mitgenommen werden.

Vor der ersten Reise lassen Sie sich am besten von Ihrem Kinderarzt beraten. Er kennt Ihr Kind und seinen Gesundheitszustand und kann **individuelle Empfehlungen** für die Reise aussprechen. Für einen Wanderurlaub benötigen Sie andere Präparate als für eine Tropenreise. Bekommen chronisch kranke Kinder **Dauermedikamente**, sollten Sie recherchieren, unter welchem Namen diese im Urlaubsland erhältlich sind.

Vor der Reise sollten Sie die **Reise-Apotheke prüfen**: Sind die Packungen voll, stimmt das Mindesthaltbarkeitsdatum noch, passen die Medikamente für das neue Reiseziel, fehlt etwas? Medikamente für Kinder sind auf das Körpergewicht abgestimmt. Ist die Dosierung noch korrekt? Besser als Zäpfchen, die bei hohen Temperaturen aufweichen, sind Tabletten oder Säfte. Die meisten Medikamente dürfen nicht auf über 40° Celsius erhitzt werden, einige brauchen sogar dauerhafte Kühlung, sonst verlieren sie ihre Wirksamkeit. Geht die Reise in die Tropen, sollten die Medikamente auch vor Feuchtigkeit geschützt werden.

> Alexander: „Für eine Reise nach Vietnam empfahl man uns im Reisemedizinischen Zentrum eine ganze Menge Zusatzimpfungen: Hepatitis A, Tollwut, Typhus. Die hat meine Krankenkasse leider nicht bezahlen wollen – was für unsere Reisepläne gleich zu Anfang das Aus bedeutet hätte, bei zwei Kindern und einem Erwachsenen, die jeweils für mehrere hundert Euro Impfstoffe brauchten. Tja, da musste ich leider kündigen und in die Krankenkasse meiner Frau wechseln. Nicht eben kundenfreundlich, finde ich."

Ob an Ihrem Reiseziel **zusätzliche Impfungen** gefordert oder empfohlen werden, erfahren Sie auf der Website des Auswärtigen Amtes. Ein Reisemediziner kann auch einschätzen, ob die Art Ihres Urlaubs eine Impfung notwendig macht oder nicht: Wollen Sie zwei Wochen Strandurlaub im Resort machen, werden Sie sich höchstwahrscheinlich weder in Kenia noch in Kambodscha mit gefährlichen Krankheiten anstecken.

Reise-Apotheke für Familien

Eines der wichtigsten Gepäckstücke für Familien mit kleinen Kindern ist die Reise-Apotheke. Sie muss allerdings nicht das größte Gepäckstück werden. Es genügt, wenn Sie damit die drängendsten und häufigsten

Haben wir alles eingepackt?

Gesundheitsvorkehrungen

Packliste: Reise-Apotheke

- ☐ Salzwasser-Nasenspray für Babys, abschwellendes Nasenspray für Kinder
- ☐ Elektrolytlösung
- ☐ Antihistaminikum (Dosierung für Kinder beachten)
- ☐ Fieberzäpfchen oder –saft für Kinder, mit 2 verschiedenen Wirkstoffen
- ☐ Breitband-Antibiotikum, vom Kinderarzt verschrieben

Die komplette Packliste finden Sie auf → S. 422.

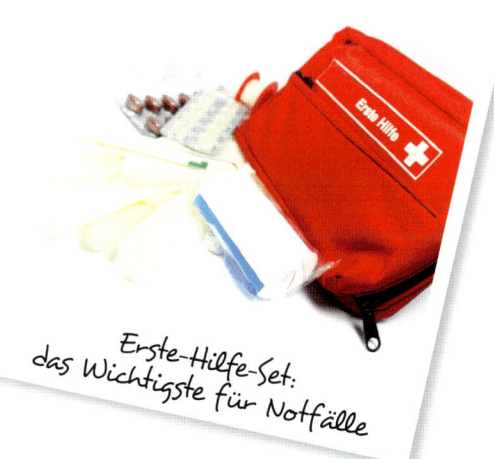

Erste-Hilfe-Set: das Wichtigste für Notfälle

Praktisch ist ein kleines Erste-Hilfe-Set, am besten mit einer Erste-Hilfe-Anleitung. Diese gibt es auch als App für das Smartphone (→ S. 144).

Zum Weiterlesen bei KidsAway.de:

„Medikamente in den Urlaub mitnehmen: Was ihr wissen müsst"

 Suchbegriff: „Medikamente"

In Ländern mit niedrigem medizinischem Standard dürfen Sie sich nicht auf vorherrschende Hygiene verlassen, auch nicht in Arztpraxen und Krankenhäusern. Medikamente, die Sie vor Ort kaufen, sind eventuell Raubkopien, die schlechter oder gar nicht wirken. Packen Sie einige **sterile Kanülen** und **Mittel zur Wasserentkeimung** ein. Wenn Sie in den Urlaub fliegen, gehört die **Reise-Apotheke ins Handgepäck**, falls die Airline oder die Einreisebestimmungen des Reiseziels das nicht verbieten (die Vereinigten Arabischen Emirate, zu denen auch Dubai gehört, sind hier besonders streng).

Verschreibungspflichtige Medikamente in Pulver-, Tabletten- oder Aerosolform (wie etwa Asthma-Sprays) können mit einem ärztlichen Attest (möglichst in der Landessprache) in die meisten Urlaubsländer eingeführt werden. Auch medizinisch notwendige Flüssigkeiten (wie Augentropfen und Kontaktlinsenmittel) dürfen bis zu einer Packungsgröße von 120 Millilitern an Bord. Diabetiker können bei Flügen innerhalb der EU bis zu 148 Milliliter Insulin dabeihaben (Stand: 10/2014), ansonsten gelten die Bestimmungen der jeweiligen Airlines.

Sicherheit

Reiseversicherungen für Familien

Passieren kann auf Reisen viel (wenn auch nicht mehr als zu Hause): Ein Familienmitglied erkrankt oder hat einen Unfall, die Großeltern daheim werden krank, die Kamera wird aus dem Mietwagen gestohlen oder das Flughafenpersonal streikt und man sitzt tagelang mit Sommersachen in Reykjavik fest. Gegen viele Eventualitäten können Sie sich versichern. **Während einige Versicherungen dringend zu empfehlen** sind, gelten andere bei Verbraucherschützern als vollkommen überflüssig.

Durch europäische Richtlinien im Reiserecht, etwa die Pauschalreiserichtlinie oder die Fluggastverordnung, gibt es viele Gemeinsamkeiten in den Rechtsordnungen der einzelnen Länder – aber auch nach wie vor Unterschiede, vor allem in den verwendeten Begrifflichkeiten. Für Österreicher gelten in Bezug auf Reisen die Paragrafen 31b ff des Konsumentenschutzgesetzes sowie die Allgemeinen Reisebedingungen von 1992 in der Fassung von 2001 für die Rechtsbeziehung zwischen Kunde und Reisebüro. In der Schweiz ist das Reiserecht im Pauschalreisegesetz geregelt.

Bevor Sie neue Versicherungen für eine Reise abschließen, schauen Sie, ob noch alte Versicherungsverträge laufen. Prüfen Sie die Konditionen. Vielleicht sind bei Ihren Kreditkarten Versicherungen inklusive, von denen Sie gar nichts wussten?

Reiserücktritts- und Reiseabbruchversicherung

Eine der wichtigsten Reiseversicherungen für Familien mit Kindern ist die Reiserücktrittsversicherung, am besten in Kombination mit einer Reiseabbruchversicherung. Sie wird Ihnen bei der Buchung einer Reise im Reisebüro meist mit angeboten. Buchen Sie online, können Sie eine solche Versicherung mit einem Klick einfach hinzufügen. Die Stiftung Warentest rät allerdings von spontanen Versicherungsabschlüssen ab und empfiehlt, individuell nach einem geeigneten Tarif zu suchen.

Hals- und Beinbruch auf Reisen!

Weblinks

Häufige Fragen zum europäischen Reiserecht:
www.recht-finanzen.de/faq/reiserecht-262

Website der Deutschen Gesellschaft für Reiserecht mit Urteilsdatenbank:
www.dgfr.de

Informationen des ÖAMTC zum Reiserecht:
www.oeamtc.at/portal/reisen+2500+++10193

Private Website von Peter Krackowizer zum Reiserecht:
www.reisemosaik.at/Reiserecht

Keine Angst, auch nach Abschluss Ihrer Buchung ist noch ein **separater Versicherungsabschluss** möglich (wenn die Reise weniger als 30 Tage vor ihrem Beginn gebucht wird, muss die Versicherung allerdings spätestens am übernächsten Tag abgeschlossen werden).

Bei Gold- und Premiumkreditkarten sind oft Reiseversicherungen inklusive. Lesen Sie aber genau die Bedingungen. Laut Stiftung Warentest bieten nur wenige dieser Tarife einen guten Versicherungsschutz.

Eine Reiserücktrittsversicherung gibt besonders **bei lange im Voraus gebuchten und teuren Reisen** Sicherheit. Sie übernimmt, grob zusammengefasst, die Kosten für die Stornierung einer Reise (ob eines Pauschalreisepakets oder nur von Flugtickets oder dem Hotelzimmer). Mit Pech muss eine nicht angetretene Reise ansonsten komplett bezahlt werden. Eine Reiseabbruchversicherung übernimmt zum Beispiel die Kosten für den Heimflug, wenn Sie oder ein enger Familienangehöriger zu Hause überraschend erkranken oder einen Unfall haben, und die Stornierungskosten für den nicht angetretenen Rückflug. Sie springt auch ein, wenn Sie hingegen länger im Urlaubsland bleiben müssen, weil Sie oder die Kinder krank werden und Ähnliches.

Gute Tarife decken den Restwert von abgebrochenen Pauschalreisen ab und erlauben es, eine unterbrochene Reise fortzusetzen. Gerade auf langen Reisen gibt es Ihnen viel Sicherheit, wenn Sie im familiären Notfall ohne horrende Zusatzkosten schnell nach Hause kommen.

Das **Kleingedruckte** sollten Sie bei diesen Versicherungen genau lesen: Ausbrüche chronischer Krankheiten wie etwa Allergien werden oft nicht anerkannt. Und die Angst davor, sich im Urlaubsland mit einer Krankheit wie Schweinegrippe anzustecken, gilt bei keiner Versicherung als Rücktrittsgrund.

Gründe, aus denen eine Reise nicht angetreten werden kann, erst später angetreten oder abgebrochen werden muss, sind vielfältig. Deshalb zahlen gute Tarife nicht nur bei unerwarteten Erkrankungen und Unfällen aller Mitreisenden, sondern auch bei überraschend eingetretener Schwangerschaft (→ S. 401), die einen Flug oder eine Kreuzfahrt verhindert, erkrankten Angehörigen, die zu Hause gepflegt werden müssen, Todesfällen, unerwartetem Jobverlust oder schweren Schäden am Eigentum, wenn also das Haus abgebrannt ist und man dann keine Nerven (und Mittel) mehr für den Strandurlaub hat. Ist die Schwangerschaft oder eine Erkrankung jedoch bei der Reisebuchung bereits bekannt, wird ein Reiserücktritt oder -abbruch nur noch bei unvorhergesehenen Komplikationen übernommen. (Der Partner einer Schwangeren ist in all diesen Fällen übrigens ebenfalls abgesichert.)

Rechnen Sie nach, ob sich eine Reiserücktrittsversicherung für Sie lohnt. Bei sehr günstigen Flugtickets liegt der Erstattungswert niedrig. Die Rückzahlung der Steuern und Gebühren steht Ihnen auch ohne Versicherung zu.

Vollschutz-Tarife aus Reiserücktritts- und Reiseabbruchversicherung sind etwas teurer, aber sinnvoll. Der Versicherungsbeitrag richtet sich nach dem Wert der versicherten Reise und der Anzahl der versicherten Personen. Wer mit vielen Kindern reist, zahlt mehr. Von Tarifen mit Selbstbehalt, die günstiger sind, raten die Stiftung Warentest und Versicherungsexperten ab.

Für einen Urlaub im Wert von 1.500 Euro zahlen Sie ab 40 Euro: Ein Vergleich der Stiftung Warentest vom Februar 2014 bewertet die „TravelSecure/Würzburger Topschutz" ohne Selbstbeteiligung mit der Bestnote 1,4. Auf dem zweiten Platz liegt mit 1,5 der „Elvia Reiserücktritt-Vollschutz" für Familien von AGA.

Für einen Reiserücktritt oder -abbruch bei Reisen über 45 oder 56 Tagen zahlen viele Versicherungen nicht mehr. Lesen Sie genau die Versicherungsbedingungen, wenn Sie eine längere Auszeit nehmen wollen.

Haben Sie eine Jahrespolice, gilt für jede einzelne Reise eine festgelegte Obergrenze. Sehr teure Reisen sind so eventuell nicht komplett abgedeckt. Sie können aber über den Restbetrag (wenn er hoch ist) eine zusätzliche Versicherung abschließen.

Unternehmen Sie mit Ihrer Familie voraussichtlich mehrere Reisen im Jahr, lohnt sich eine **Jahres-Familienpolice**. Hier sind alle Familienmitglieder versichert, auch wenn sie allein verreisen. Neu hinzugekommene Kinder müssen Sie zu einer Jahrespolice hinzufügen, damit sie ebenfalls Versicherungsschutz genießen.

Familien-Jahrestarife kosten bei einer Obergrenze von 1.500 Euro ab 59 Euro pro Person.

Behalten Sie die Kündigungsfrist Ihrer Jahresversicherung im Blick. Wenn Sie nicht fristgerecht kündigen, verlängern sich nahezu alle Jahres-Versicherungsverträge automatisch um ein weiteres Jahr.

Auslandsreise-Krankenversicherung

Auch wenn die Reise nicht abgebrochen werden muss: Eine Erkrankung oder ein Unfall im Urlaub ist unangenehm und kann sehr teuer werden, wenn Sie die Behandlungskosten im Ausland selbst tragen müssen. Die **gesetzliche Krankenversicherung** in Deutschland (GKV) erstattet die Behandlungskosten in 40 Ländern, mit denen Deutschland ein Sozialversicherungsabkommen hat. Dazu gehören alle EU-Staaten, Liechtenstein, Norwegen und die Schweiz. Mit Bosnien-Herzegowina, Kroatien, Mazedonien, Serbien und Montenegro, Tunesien und der Türkei gilt ein eingeschränktes Versicherungsabkommen, das Notfälle absichert.

Bezahlen Sie Ihre Reise mit einer Kreditkarte, können Sie vielleicht die hier eingeschlossene Auslandsreise-Krankenversicherung nutzen. Auch die Mitgliedschaft in Automobilclubs umfasst mitunter eine solche Versicherung. Prüfen Sie immer, ob der angebotene Schutz für Sie und Ihre Familie ausreicht.

Allzu sicher sollten Sie sich mit Ihrer Versichertenkarte im Urlaub trotzdem nicht fühlen: Jede deutsche GKV übernimmt Behandlungskosten nur in dem Umfang, den sie auch in Deutschland übernehmen würde. Ärzte im Ausland berechnen aber oft mehr für ihre Leistungen, weshalb Sie nur einen Teil Ihrer Auslagen erstattet bekommen werden. Die Kosten für Rettungen, Bergungen und den Rücktransport nach Hause werden im Ausland gar nicht übernommen.

Ⓐ

Krankenversicherte genießen in allen EU-Staaten, der Schweiz und einigen anderen Ländern, mit denen zwischenstaatliche Abkommen bestehen, Krankenversicherungsschutz. Etwas komplizierter ist es bei Reisen in die Türkei, nach Bosnien-Herzegowina und Mazedonien: Hier benötigen Sie einen Urlaubskrankenschein, den Sie vor Ort bei der ausländischen Krankenversicherung gegen einen ortsüblichen Krankenschein eintauschen müssen – und zwar vor der Behandlung. Ohne Abkommen muss die Behandlung zunächst komplett selbst übernommen werden, eine „tarifmäßige" Erstattung kann nach der Rückkehr bei der STGKK beantragt werden (Quelle: Österreichische Sozialversicherung).

Weblink

Aktuelle Tests und Vergleiche von Reiseversicherungstarifen bei der Stiftung Warentest:
www.test.de/thema/reiseversicherung

Was sind Reisewarnungen und höhere Gewalt?

Stornierungen wegen Naturkatastrophen oder politischer Unruhen werden von Reiserücktrittsversicherungen nicht abgedeckt. Solche Ereignisse „höherer Gewalt" sind Seuchen und Epidemien, Kriege und Terroranschläge, Erdrutsche, Vulkanausbrüche, Flutwellen, Stürme, Hitzewellen, aber auch eine Algenpest im Meer. Allgemein schlechtes Wetter, ansteckende Krankheiten oder Demonstrationen am Reiseziel fallen dagegen unter die Kategorie „allgemeines Lebensrisiko".

Höhere Gewalt definiert Paragraph 651j BGB als ein von außen kommendes, plötzliches und unabwendbares Ereignis, das weder aus der Privatsphäre des Urlaubers (zum Beispiel Krankheit) noch aus der Betriebssphäre des Reiseveranstalters (etwa streikendes Hotelpersonal) entsteht und eine Reise erheblich gefährdet, erschwert oder beeinträchtigt. Wichtig: Zum Zeitpunkt der Reisebuchung war dieses Ereignis noch nicht erkennbar.

Besteht keine dringende Gefahr für Ihr Leben oder für gebuchte Reiseleistungen (etwa wegen Überschwemmungen unzugängliche Hotels), müssen Sie die Stornierungskosten selbst tragen. Dies war etwa im Juni 2013 in der Türkei der Fall: Die Proteste in Istanbul und Ankara waren zwar besorgniserregend, gefährdeten jedoch keine Reisenden in türkischen Feriengebieten und fielen unter „allgemeines Lebens- und Reiserisiko".

Rettung für Reisende ist hier die Reisewarnung (nicht zu verwechseln mit einem bloßen Sicherheitshinweis) des Auswärtigen Amtes: Wird sie ausgesprochen, können Sie Reisen, die Sie über deutsche Veranstalter gebucht haben, kostenfrei stornieren, umbuchen oder abbrechen. Auch Flugtickets werden dann in aller Regel von der Fluggesellschaft erstattet oder kostenfrei umgebucht.

Das Auswärtige Amt erreichen Sie zu Fragen der Reisesicherheit telefonisch unter (01888) 17 44 444. Österreichische Staatsbürger erreichen ihr Außenministerium unter (1) 90 11 54 411, Schweizer wählen die (800) 24 73 65 oder per Skype: helpline-EDA.

Der Veranstalter einer Pauschalreise muss Sie vor der Buchung und vor dem Reiseantritt umfassend über aktuelle Gefahren informieren, da Sie in diesem Fall ein Sonderkündigungsrecht haben. Haben Sie schon gebucht, bekommen Sie unter Umständen Schadenersatz für verlorene Urlaubszeit in Höhe von 50 Prozent des Reisepreises.

Weblinks

Empfehlungen und Einschätzungen der Situation vor Ort in jedem Land der Welt: www.auswaertiges-amt.de

Reise-Informationen des Bundesministeriums für Europa, Integration und Äußeres von Österreich (Bürgerservice): www.bmeia.gv.at

Departement für auswärtige Angelegenheiten (EDA) der Schweiz: www.eda.admin.ch

Müssen Sie sich als Schweizer im EU-Ausland wegen einer Krankheit, eines Unfalls oder schwangerschaftsbedingter Komplikationen notfallmäßig behandeln lassen, werden Ihnen die Kosten dafür bis zum Doppelten des Betrags, den die Behandlung in der Schweiz gekostet hätte, erstattet (Quelle: Schweizer Bundesamt für Gesundheit). Nähere Informationen gibt die Gemeinsame Einrichtung KVG in Solothurn.

Eine Auslandsreise-Krankenversicherung ist für Reisen mit Kindern außerhalb Deutschlands dringend zu empfehlen, **auch für privat Krankenversicherte**. Die wenigsten privaten Krankenversicherungen übernehmen nämlich den Selbstbehalt und den Rücktransport aus dem Ausland.

Bei der Suche nach dem besten Tarif sollten Sie auf das Kleingedruckte achten: Nicht nur der „notwendige", sondern der **„sinnvolle und vertretbare" Rücktransport** nach Hause müssen versichert sein, denn wirklich medizinisch notwendig ist ein Rücktransport nur in Ländern mit einem sehr schlechten Gesundheitswesen.

Sind Sie **schwanger**, sollte der ausgewählte Tarif ausdrücklich auch Behandlungskosten für unvorhergesehene Komplikationen, Früh- oder Fehlgeburten übernehmen (→ S. 408).

Eine **Familien-Jahrespolice** kostet ab 18 Euro (für alle Familienmitglieder) – sehr wenig, wenn man bedenkt, dass für die Behandlung nach einem Autounfall oder bei einem Herzinfarkt schnell fünfstellige Summen anfallen. Die Versicherung deckt allerdings keine Reisen ab, die länger als sechs bis acht Wochen dauern. Hier brauchen Sie eine spezielle Versicherungspolice für **Langzeitreisende** (siehe Erläuterungen auf der gegenüberliegenden Seite).

 Die Hanse Merkur bietet auch für Österreicher eine Familien-Jahrespolice. Einzelne Reisen dürfen hier maximal 31 Tage dauern, der Tarif kostet für alle Familienmitglieder zusammen 39 Euro.

Zum Weiterlesen bei KidsAway.de:

„Auslandsreise-Krankenversicherung für die Weltreise mit Kind"

 Suchbegriff: „Auslandsreise-Krankenversicherung"

Andere Reiseversicherungen

Die **Kfz-Haftpflicht** ist für alle Autohalter in der EU verpflichtend. Sie kommt für Schadensansprüche Dritter bei einem selbst verschuldeten Unfall auf. Schäden an Ihrem eigenen Fahrzeug deckt entweder die Kfz-Haftpflicht des schuldigen Unfallgegners ab oder Ihre eigene **Vollkaskoversicherung** (wenn Sie selbst schuld waren). Letztere übernimmt auch Schäden durch Diebstahl, Zusammenstöße mit Tieren und Ähnliches und ist auf Reisen mit dem eigenen Auto zu empfehlen.

 Bei Mietwagen und Mietwohnmobilen sind Tarife mit eingeschlossener Vollkaskoversicherung oft sehr teuer. Unter Umständen kann es dann besser sein, einen günstigeren Tarif mit Selbstbehalt zu wählen und die Zahlung dieser Selbstbeteiligung mit einer CDW-Versicherung („collision damage waiver") abzudecken.

Im Notfall zahlt die Versicherung den Rücktransport

Spezialfall: Auslandsreise-Krankenversicherung für Langzeitreisen

Für Auslandsreisen von mehr als 42 Tagen (manche Tarife versichern bis zu 60 Tagen) gibt es kaum Familientarife und die herkömmlichen Versicherungspolicen sind deutlich teurer. Da die Berechnung meist taggenau erfolgt, steigen die Kosten mit jedem Reisetag. Sind die USA oder Kanada Teil der Reiseroute, wird es sogar noch teurer: In vielen Tarifen verdreifachen sich die Beiträge, und zwar für die gesamte Reisezeit und nicht nur für die in Nordamerika verbrachten Tage.

Solche Langzeit-Auslandsreise-Krankenversicherungen kosten ab etwa 1 Euro pro Tag und Person. Sind USA- oder Kanada-Aufenthalte dabei, beginnen die Tarife bei 3 Euro pro Tag und Person (manche Versicherer sind bei Transit- oder Kurzaufenthalten in diesen Ländern kulant). Auch hier ist der Verzicht auf eine Selbstbeteiligung empfehlenswert, diese gilt nämlich pro Krankheitsfall. Und auf einer Langzeitreise mit Kindern können einige Arztbesuche zusammenkommen.

> Klaudia: „Wir haben sowieso eine Familien-Jahrespolice für die Auslandskrankenversicherung. Für unsere Weltreise mussten wir die aufstocken und sind erstmal erschrocken wegen der Kosten. Wir haben die USA dann gleich als erstes bereist und sind weniger als 45 Tage geblieben, da kostete es viel weniger – den ersten Reiseteil hat nämlich unsere schon bestehende Jahrespolice abgedeckt."

Viel Geld können Sie sparen, wenn Sie sich an ein Reisebüro wenden, das auf Langzeitreisen oder Weltreisen spezialisiert ist. Diese Anbieter können Ihnen in Absprache mit Versicherern oft sehr günstige Tarife anbieten, die Sie als Privatperson nicht angeboten bekommen – auch nicht auf Nachfrage!

Eine Langzeit-Auslandsreise-Krankenversicherung für Familien, die monatsweise bezahlt wird, bekommen Sie dann schon ab 75 Euro, mit Aufenthalten in Nordamerika für 93 Euro.

Die meisten Versicherungen für Langzeitreisen verlangen, dass das Ende der Reise vorher festgelegt wird, Verlängerungen des Tarifs sind schwierig. Am besten versichern Sie daher den maximalen Reisezeitraum und nutzen die Erstattungsoption, falls Sie früher zurückkehren. Von unterwegs zu verlängern, wird nicht empfohlen: Der Aufwand der Antragstellung und das Risiko, den Termin zu vergessen oder von der Versicherung abgelehnt zu werden, sind zu hoch.

Einige Langzeit-Versicherungen berechnen für die ersten 42 bzw. 60 Tage den günstigeren Preis einer Familienjahrespolice für eine Auslandsreise-Krankenversicherung. Auch wenn die Tagesprämien danach höher sind, kann das einen günstigeren Gesamtpreis ergeben.

Spezielle Auslandsreise-Krankenversicherungen für langzeitreisende Österreicher und Schweizer sind selten und teuer. Zum Glück gelten einige deutsche Versicherungen auch für Nicht-Deutsche und bieten deutlich bessere Konditionen. Unter bestimmten Bedingungen (keine Aufenthalte von mehr als 90 Tagen an einem Ort, regelmäßiger Umsatz) bieten Kreditkarten oder Automobilclubs Auslandsreise-Krankenversicherungen zu guten Bedingungen an.

Der ÖAMTC hat für Mitglieder eine weltweite Reisekrankenversicherung, die man bei Reisen über 92 Tage für 2 Euro pro Tag verlängern kann. Der Verband der österreichischen Naturfreunde bietet eine sehr günstige Auslandsreise-Krankenversicherung exklusiv für Mitglieder und deren Familienangehörige.

Wenn es im Urlaub kracht, ist guter Rat oft teuer

sind. Ihre private Familienhaftpflichtversicherung deckt unter Umständen keine langen Auslandsaufenthalte, „Mietsachschäden", Schäden an gemieteten Ferienwohnungen oder „an mobilem Inventar" ab. Ein Anruf bringt hier meist mehr Klarheit als das Studium der 20-seitigen AGB. Leistet Ihre private Versicherung in solchen Fällen tatsächlich nicht oder sind die Deckungssummen zu niedrig, kann sich eine Reisehaftpflichtversicherung lohnen, die für Familien ab etwa 5 Euro pro Reise kostet.

Für Schäden, die Ihre unter siebenjährigen Kinder verursachen, können Sie nicht verantwortlich gemacht werden, solange Sie Ihre Aufsichtspflicht nicht verletzt haben.

Ein Schutzbrief beim ADAC, der Leistungen wie Pannenhilfe, Abschleppdienst sowie Übernachtungen und Rücktransport nach Unfällen übernimmt, gibt auf Auslandsreisen zusätzliche Sicherheit für etwa 30 bis 50 Euro pro Jahr.

Für Spanien, Italien oder die USA, wo es keine oder nur sehr niedrige Deckungssummen für Unfallschäden gibt, lohnt sich eine „Mallorca-Police", die etwa 20 Euro für einen Urlaubsmonat kostet.

Eine **Reisehaftpflichtversicherung** brauchen Sie eigentlich nur, wenn Sie Urlaub mit Kindern in einem Ferienhaus oder im Hotel machen oder wenn Sie sehr lange unterwegs

Die **Reisegepäckversicherung,** die Schäden am Reisegepäck oder Diebstahl absichern soll, bietet für relativ viel Geld wenig Gegenwert: Sie ersetzt nur den Zeitwert gestohlener Sachen und insgesamt maximal 4.000 Euro, abzüglich einer Selbstbeteiligung von bis zu 500 Euro. Tragen Sie das Gepäck nicht rund um die Uhr direkt am Körper (am besten fixiert mit Panzertape), handeln Sie sowieso fahrlässig und verwirken damit den Versicherungsschutz. Sinnvoll ist so eine Versicherung allenfalls für Fahrräder, Skier oder die teure Kameraausrüstung. Genau diese sind im Kleingedruckten aber häufig von der Haftung ausgeschlossen.

Weblinks

Rundum-Organisation von Weltreisen sowie Spezialversicherungen für deutsche, österreichische und Schweizer Familien: www.weltreisemitkind.de

Praktische Tipps von Weltreisenden für Weltreisende:
www.umdieweltreise.ch

Rat und Informationen, auch von reisenden Österreichern und Schweizern:
www.weltreiseforum.de

Für Verluste beim Fliegen haftet die Fluggesellschaft. Ansonsten sind Gepäckstücke durch die **Hausratversicherung** abgedeckt, die den Neuwert gestohlener Dinge erstattet und in der Regel Ferienwohnungen und Hotelzimmer in den „Wohnraum" einbezieht.

Bei Pauschalreisen ist häufig direkt die Option für ein „Rundum-Sorglos-Versicherungspaket" aus Kranken-, Reiserücktritts-, Haftpflicht- und Unfallversicherung enthalten. Setzen Sie hier kein Kreuz! Die Beiträge sind meist hoch, die Versicherungssummen jedoch sehr niedrig und viele der Leistungen werden bereits von Ihren ganzjährigen Versicherungen abgedeckt.

Eine **Reiseunfallversicherung** benötigen Sie nur als Extremsportler: Bergungskosten und medizinische Behandlungen übernimmt Ihre Auslandsreise-Krankenversicherung. Für alle anderen Leistungen schließen Sie besser eine **private Unfallversicherung** ab, die auch Unfälle in der Heimat und höhere Schadenssummen abdeckt. Für Kinder empfiehlt die Stiftung Warentest statt der Unfall- eine **Kinderinvaliditätsversicherung**. Für deutlich höhere Beiträge bietet diese einen wesentlich umfassenderen Schutz.

Die Notfall-Kontaktliste

Im Notfall müssen Sie auf Reisen alle wichtigen Informationen auf einen Blick zur Hand haben. Im Krankenhaus, wenn Sie nicht ansprechbar oder nicht erreichbar sind, haben Notfallmediziner oder Rettungskräfte auf diese Weise schnellen Zugriff auf die wichtigsten medizinischen Angaben über Sie und Ihre Kinder und können die von Ihnen festgelegten Kontaktpersonen informieren.

Besonders für chronisch kranke Kinder, Allergiker oder Schwangere ist eine **Liste oder eine Chipkarte mit Notfall-Informationen** in der Handtasche sinnvoll. In einer wasserfesten Plastikhülle übersteht sie auch längere Reisen.

Diese Informationen gehören auf die Notfall-Kontaktliste

Vorderseite

- im Urlaubsland gültige Notfallnummern für Feuerwehr, Krankenwagen und Polizei, eventuell Giftnotruf
- Adresse und Telefonnummer eines Kinderkrankenhauses oder Kinderarztes am Urlaubsort
- Adresse der Urlaubsunterkunft

Beilegen

- Personensorge-Vollmachten (→ 98)
- bei chronischen Krankheiten: Kopien von Allergietests, Behandlungsberichten, Attesten
- Impf- und Allergikerpässe
- bei Schwangerschaft: Mutterpass

Rückseite

- vollständige Namen aller mitreisenden Familienmitglieder
- Blutgruppen
- Impfstatus für die wichtigsten Krankheiten (vor allem Tetanus)
- Medikamenten- oder andere Allergien (Wirkstoffe notieren!)
- Krankenversicherungsname, Nummer der Police und Kontaktnummer
- Kontaktinformationen des Kinderarztes zu Hause
- Kontaktinformationen einer Vertrauensperson zu Hause

Reisedokumente

Reisepässe für Kinder

Auch Babys und kleine Kinder dürfen nicht ohne ein eigenes Reisedokument ihr Heimatland verlassen. Im „Schengener Raum" (das sind alle EU-Staaten sowie Norwegen, Island, die Schweiz und Liechtenstein, bis auf Großbritannien, Irland und Zypern) fällt das kaum auf, weil die meisten Grenzen ohne Kontrolle passiert werden. Sobald Sie aber im Ausland mit Ihrem Kind ins Krankenhaus müssen oder in eine Verkehrskontrolle geraten, können Sie ohne Ausweisdokument für Ihr Kind erhebliche Schwierigkeiten bekommen. Und auch bei Inlandsflügen lässt die Airline Ihr Kind ohne Reisedokument nicht mitfliegen.

> Die Geburtsurkunde genügt nicht als Reisedokument, auch nicht für Neugeborene!

Für die Wahl des passenden Reisedokuments für Ihr Kind sind Ihr familiäres Reiseverhalten, das aktuelle Reiseziel und das Alter Ihres Kindes entscheidend. Für Babys und kleine Kinder eignet sich der **Kinderreisepass** am besten. Er ersetzt den bis 2006 ausgestellten Kinderausweis sowie die Eintragung im Reisepass der Eltern, die seit 2012 nicht mehr gilt und erlaubt als einziges Reisedokument eine Aktualisierung der Daten.

Für Reisen in die USA ist der **elektronische Reisepass (ePass)** die bessere Wahl. Dann müssen Sie kein Visum beantragen. Das ist aufwendig, teuer und nicht sicher: Nur etwa 80 Prozent aller Visum-Anträge pro Jahr werden von den USA genehmigt. Der ePass ist weltweit gültig, jedoch teurer als der Kinderreisepass und nicht aktualisierbar. Für Kinder unter sechs Jahren enthält er keine Fingerabdrücke. Seine Ausstellung dauert bis zu drei Wochen, im Gegensatz zum Kinderreisepass, der meist direkt mitgenommen werden kann.

Schließlich gibt es den **Personalausweis**. Dieser ist für kleine Kinder nur bedingt geeignet. Er ist teurer als der Kinderreisepass, nicht aktualisierbar und wird nur von den Ländern des Schengen-Raums und der Türkei als Reisedokument akzeptiert. Auf Wunsch kann er aber bereits für unter 16-jährige Kinder ausgestellt werden.

Der erste eigene Reisepass

Ⓐ Österreich stellt keinen eigenen Kinderreisepass aus. Je nach Reiseziel benötigen kleine Österreicher einen Reisepass mit Biometrie-Chip oder einen Personalausweis. Reisedokumente können nicht verlängert, sondern müssen neu beantragt werden. Bis einen Tag vor dem dritten Geburtstag wird der Reisepass kostenlos ausgestellt!

Sie beantragen den Reisepass für Ihr Kind unabhängig von Ihrem Wohnort bei jeder Passbehörde, alternativ auch bei manchen Gemeinden, die die Anträge an die zuständigen Passbehörden weiterleiten. Mitbringen müssen Sie neben der Geburtsurkunde, dem Nachweis über die Obsorge, einem Staatsbürgerschaftsnachweis des Kindes und einem Farb-Passbild (Maße 35 x 45 Millimeter) Ihren eigenen Lichtbildausweis.

Da die Passbehörde den Reisepass nicht selbst ausstellt, bekommen Sie den Pass für Ihr Kind innerhalb von fünf Werktagen per RSb-Brief zugeschickt. Ein Expresspass wird bereits nach zwei bis drei Werktagen zugestellt, kostet aber 45 Euro (für Kinder bis zwölf Jahre) oder 100 Euro (für ältere Kinder). Ein Botendienst liefert ganz eilige Reisepässe schon am nächsten Tag aus – für 165 Euro oder 220 Euro.

 Schweizer Kinder *müssen* bis zum Alter von 18 Jahren einen eigenen Ausweis mit Foto benutzen: die Identitätskarte oder den E-Pass 10. Ab dem zwölften Geburtstag werden im Pass die Fingerabdrücke erfasst. Sie beantragen ihn bei der Passstelle Ihres Kantons; hier gelten jeweils unterschiedliche Antragsabläufe. Nach Bewilligung des Antrags wird der Pass binnen zehn Werktagen per Post verschickt. Er gilt fünf Jahre und wird nicht verlängert.

Haben Sie es eilig, kann „in dringenden, begründeten Fällen" ein Provisorischer Pass beantragt werden; er kostet 100 CHF oder 150 CHF, wenn er direkt am Flughafen ausgestellt wird, und gilt nur für die Dauer der jeweiligen Reise.

Reisedokumente für Kinder in Deutschland

	Kinderreisepass	ePass	Personalausweis
Gültigkeitsdauer	6 Jahre, für Kinder bis maximal 12 Jahre	6 Jahre	6 Jahre
Gültigkeitsbereich	weltweit außer USA	weltweit	Schengen-Raum
Verlängerung und Aktualisierung	möglich bis 12 Jahre, 6 Euro	nicht möglich	nicht möglich
Antragsdauer	meist sofortige Ausstellung	bis zu 3 Wochen	bis zu 3 Wochen
Kosten	13 Euro	37,50 Euro	22,80 Euro

Quelle: eigene Recherchen. Stand: 07/2014

◀ Ein Kinderreisepass ist für fast jede Reise zu empfehlen. Ein ePass ist dagegen nur für Reisen in die USA (und eventuell die Vereinigten Arabischen Emirate) vorgeschrieben.

Reisedokumente für Kinder in Österreich und der Schweiz

	Österreichischer Reisepass mit Biometrie-Chip	Reisepass für Kinder in der Schweiz (E-Pass 10)
Gültigkeitsdauer	für Kinder bis 2 Jahre: 2 Jahre, von 2 bis 12 Jahren: 5 Jahre, ab 12 Jahren: 10 Jahre	für Kinder bis 18 Jahre: 5 Jahre
Gültigkeitsbereich	weltweit	weltweit
Verlängerung und Aktualisierung	nicht möglich	nicht möglich
Antragsdauer	wird nach ca. 5 Tagen zugestellt	maximal 10 Arbeitstage
Kosten	bis 2 Jahre gebührenfrei, ab 2 Jahren: 30 Euro, ab 12 Jahren: 75,90 Euro	60 CHF (plus 5 CHF Porto)

Quelle: eigene Recherchen, Stand: 07/2014

Informieren Sie sich am besten auf der Website des Auswärtigen Amtes, bei der Botschaft Ihres Urlaubslands oder bei Ihrem Reiseveranstalter, welche Ausweisdokumente für die Einreise an Ihrem Urlaubsziel notwendig sind. Die meisten Länder fordern außerdem, dass das **Gültigkeitsdatum** der Einreisedokumente mindestens sechs Monate über das Einreisedatum hinausreicht. Aktuell sollten auch die Angaben zur Person sein. Werfen Sie also vor der Reise einen kritischen Blick auf die **Passbilder Ihrer Kinder und die Größenangaben**. Bei sehr kleinen Kindern kann sich auch die Augenfarbe noch verändern.

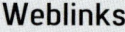
Bei KidsAway.de können Sie im Mitgliederbereich kostenlos eine ausführliche Broschüre zum Thema Kinderreisepass herunterladen.

Wollen Sie für Ihr Baby oder Kind einen **Kinderreisepass beantragen**, müssen beide Elternteile mit dem Kind persönlich auf dem Ortsamt, im Bürgerbüro oder dem Einwoh-

Bitte NICHT lächeln!

Weblinks

 Informationen zum Reisepass, Passbildkriterien und Fotomuster des österreichischen Außenministeriums: www.HELP.gv.at

 Informationen zum Reisepass für Schweizer: www.schweizerpass.admin.ch

Was Sie über Visa wissen müssen

Als Visum bezeichnet man die Erlaubnis eines anderen Landes zur Einreise, Durchreise oder zum Aufenthalt. Diese Bestätigung wird in den Pass gestempelt oder geklebt. In Sachen Visa-Freiheit steht Deutschland international auf Platz 2 (mit 172 Ländern, in die man als Tourist ohne Visum einreisen kann), Schweizer Bürger und Österreicher können immerhin 168 Länder ohne Visum bereisen. Ob für Ihr Urlaubsziel ein Visum nötig ist, erfahren Sie als Deutsche auf der Website des Auswärtigen Amtes.

Österreicher erkundigen sich bei ihrem Außenministerium, als Schweizer schauen Sie auf der Website des EDA nach den Länder- und Reise-Informationen.

Für die Erteilung eines Visums ist das Alter unerheblich. Auch Babys und Kleinkinder benötigen Visa und sie zahlen dieselben Gebühren dafür wie erwachsene Reisende. Für Familien kommt dabei schnell einiges an Kosten zusammen, zumal in vielen Ländern nicht nur das Visum an sich, sondern auch die Bearbeitung bezahlt werden muss.

Faustregel: Genügt für die Einreise der Personalausweis (also im EU-Raum), können Sie davon ausgehen, dass auch kein Visum nötig ist.

Bei der Beantragung eines Visums muss der Reisepass noch mindestens sechs Monate gültig sein, bezogen auf das Ausreisedatum. Brauchen Sie vor der Reise noch einen neuen Pass, beantragen Sie Visa erst mit dem neuen Dokument. Passbilder sollten sicherheitshalber biometrisch sein. Manchmal muss der Pass per Post an die zuständige Botschaft geschickt werden. Das kann mehrere Wochen dauern, planen Sie also genug Zeit dafür ein.

Eine Sonderform ist das „visa on arrival": Es muss nicht vor der Einreise beantragt werden, sondern wird direkt an der Grenze ausgestellt. Tatsächlich handelt es sich hier eher um eine Einreisegebühr. Ohne den Stempel oder den eingehefteten Zettel im Pass würden Sie aber nicht einreisen dürfen, und wenn das Gültigkeitsdatum des Visums bei der Ausreise überschritten ist oder Sie den Beleg verloren haben, gibt es Probleme.

Weblink

Ausführliche Erklärung der Einreisebestimmungen für die USA und der dafür nötigen Formulare und Gebühren: www.usatipps.de/tipps/einreise

nermeldeamt erscheinen und die Geburtsurkunde sowie ein aktuelles biometrisches Passbild mitbringen. Elternteile mit alleinigem Sorgerecht müssen dieses nachweisen, ansonsten ist eine Vollmacht des nicht anwesenden Elternteils notwendig.

Nach Entrichtung der Bearbeitungsgebühr können Sie den Kinderreisepass normalerweise **sofort mitnehmen**. Vor den Schulferien kann die Erstellung auch länger dauern. Abholen dürfen den Pass nur Personen, die bei der Beantragung angegeben wurden. Diese müssen eine formlose schriftliche Vollmacht mitbringen und sich ausweisen können.

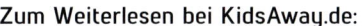

Zum Weiterlesen bei KidsAway.de:

„17 Fragen und Antworten zum Kinderreisepass"

 Suchbegriff: „Ratgeber Kinderreisepass"

Passbilder für den Kinderreisepass selbst machen – so geht's

Seit 2010 müssen Lichtbilder in Reisedokumenten biometrisch sein. Zu den Anforderungen gehören eine festgelegte Position des Kopfs im Bildrahmen, die frontale Aufnahme, ein neutraler bis ernster Gesichtsausdruck (Schweizer dürfen auch freundlich schauen), ein neutraler (hellgrauer) Bildhintergrund und eine gute Ausleuchtung ohne Schatten.

Für Kinder unter fünf Jahren gelten gelockerte Regeln: Sie müssen lediglich direkt in die Kamera schauen, scharf abgebildet und gut ausgeleuchtet sein und die Abmessungen des Fotos müssen 35 x 45 Millimeter betragen. Für Kinder zwischen sechs und neun Jahren stellt das Bundesministerium des Inneren auf seiner Website eine Passbildschablone sowie eine Fotomustertafel zum Download bereit.

Statt einen Fotografen aufzusuchen, können Sie Kinder unter fünf Jahren vor einer weißen oder hellen Wand bei Tageslicht selbst fotografieren. Babys, die noch nicht allein sitzen, legen Sie in einem gut ausgeleuchteten Zimmer auf ein glattes weißes oder helles Tuch. Fotografieren Sie sie direkt von oben (Vorsicht vor Schattenwurf). Ein Assistent sollte hinter Ihnen dafür sorgen, dass das Baby in die Kamera schaut (und dabei nicht lacht).

Mit einer Bildbearbeitungssoftware schneiden Sie das Foto anschließend passend zurecht und drucken es auf Fotopapier aus (das geht in vielen Drogeriemärkten sofort).

Weblinks

Passbildschablone des deutschen Bundesministeriums des Inneren:
www.bmi.bund.de/cae/servlet/contentblob/122876/publicationFile/15716/

Fotomustertafel für biometrische Passbilder des deutschen Bundesministeriums des Inneren: www.bmi.bund.de/cae/servlet/contentblob/142738/publicationFile/13143/

Onlineservice für selbstgemachte biometrische Passbilder: www.persofoto.de

Wozu Sie eine Reisevollmacht brauchen

Neben Kinderreisepass und Krankenversicherungskarte benötigen Sie auf jeder Reise mit Kindern, für die Sie nicht das alleinige Sorgerecht haben, eine Reisevollmacht – egal ob im Inland oder im Ausland. Das gilt auch, wenn Sie überhaupt kein Sorgerecht für ein Kind haben, etwa einen mitreisenden Freund Ihres Kindes. Das Dokument dient sozusagen als Nachweis, dass Sie Ihr Kind oder dessen Reisegefährten nicht entführt haben, und muss besonders bei Grenzübertritten vorgelegt werden können.

Auch wenn Sie einen **anderen Nachnamen** haben als Ihr Kind, ist eine Reisevollmacht Ihres Partners sinnvoll. Packen Sie am besten noch die Geburtsurkunde des Kindes und Ihre Heiratsurkunde ein, besonders auf Flugreisen.

Reisen Kinder unter 16 Jahren ohne ihre Sorgeberechtigten ins Ausland, benötigen sie immer eine Reisevollmacht, sonst kann ihnen die Ein- oder Ausreise verweigert werden.

Mit einer schriftlichen Reisevollmacht inklusive der Personensorge übergeben die Sorgeberechtigten (manchmal ist das auch nur eine Person) ihre gesetzlich vorgegebene **Verantwortung für das Kind** an eine andere Person, die nun dafür verantwortlich ist, dass dem Kind kein Schaden geschieht und alles zu seinem Wohl Nötige getan wird. Für die Dauer einer Urlaubsreise ist das formlos, aber schriftlich möglich. Nicht nur Verwandte, auch Patentanten oder Eltern von Kindergartenfreunden können die Personensorge übertragen bekommen.

In Notfällen dürfen nur die Personensorgeberechtigten wichtige **Entscheidungen zum Wohl des Kindes** treffen, etwa wenn es

Haben Sie das alleinige Sorgerecht für Ihr Kind, benötigen Sie auf gemeinsamen Reisen auch dafür einen Nachweis. Diese „Negativbescheinigung" stellt Ihnen das Jugendamt aus.

nach einem Verkehrsunfall ins Krankenhaus kommt und dort schnelle Entscheidungen über die Behandlung gefällt werden müssen. Die Ärzte versuchen zuerst, die Sorgeberechtigten zu erreichen. Danach ist aber die Person mit der Reisevollmacht inklusive Personensorge entscheidungsbefugt. Sicherheitshalber sollte die Reisevollmacht einen entsprechenden Absatz enthalten, der die **notärztliche Behandlung** betrifft.

Checkliste: formlose Reisevollmacht

☐ Name des Kindes

☐ Geburtsdatum und Geburtsort

☐ Wohnadresse (Straße und Hausnummer, Postleitzahl und Wohnort)

☐ Passangaben (Passnummer, Ausstellungsort und Ausstellungsdatum)

☐ Vorname, Nachname und Anschrift des Erwachsenen, der die Personensorge übertragen bekommt

☐ Gültigkeitszeitraum der Reisevollmacht, Reiseroute und Urlaubsziel

☐ Kontaktdaten der Sorgeberechtigten

☐ Vor- und Nachnamen, Personalausweis- oder Reisepassnummern der Sorgeberechtigten

☐ Unterschriften aller Sorgeberechtigten

Damit die Unterschriften auf Echtheit überprüft werden können, müssen der Reisevollmacht Kopien der Personalausweise oder Reisepässe der Sorgeberechtigten beiliegen. Bei Reisen ins Ausland sollte die Reisevollmacht auch auf Englisch oder besser noch **in der Landessprache** vorliegen.

Eine rechtssichere Vollmacht kann formlos sein, muss aber notariell beglaubigt werden. Wer auf Nummer sicher gehen will, sollte besonders bei Flugreisen ins Ausland diese Ausgabe nicht scheuen.

Anja: „Mir und unseren beiden Töchtern wurde fast die Ausreise von Deutschland nach Irland verweigert. Ich habe meinen Mädchennamen behalten und die Mädchen tragen den Nachnamen ihres Vaters. Leider trafen wir auf einen sehr unfreundlichen Zollbeamten, der von mir verlangte, meine Beziehung zu den Kindern zu beweisen. Wie denn, an der Zollabfertigung? Seine nächste Frage war dann, wo denn der Vater sei? Dann musste ich ihm unter Tränen erklären, dass dieser im Oktober letzten Jahres verstorben ist. Resultat: eine heulende Mutter, zwei heulende Kinder und ein tobender Opa. Nach längerer Diskussion durften wir dann ausreisen. Auf meine Frage, wie ich dieses Problem nun für die Zukunft lösen könne, erhielt ich zur Antwort, das wäre mein Problem. Den Bruder meines Mannes würde wahrscheinlich niemand fragen, ob er mit den Kindern reisen darf, er hat ja den gleichen Nachnamen."

In den USA, Kanada, Brasilien und Südafrika werden die Familienbeziehungen ein- und ausreisender Kinder besonders streng überprüft. Einige Länder stellen Formulare zur Verfügung, die notariell beglaubigt und bei der Ein- und Ausreise vorgelegt werden müssen. Um Überraschungen zu vermeiden, sollten Sie sich rechtzeitig bei der Botschaft Ihres Reiseziels nach den genauen Anforderungen erkundigen. Die Länderinformationen des Auswärtigen Amtes geben ebenfalls Hinweise. Schließen Sie sicherheitshalber auch eine Übersetzung in die Sprache Ihres Urlaubsorts ein. Nicht jedes Land akzeptiert die englische Sprache auf Dokumenten.

Kerstin: „Als ich allein mit meinen Kindern in die USA geflogen bin, wurde ich nicht nach einer Vollmacht gefragt. Und mein Mann, der einen anderen Nachnamen hat als unser Sohn, wurde auch in Brasilien nicht gefragt, als die beiden allein dort waren. Hatten wir da nur Glück oder ist das alles gar nicht so streng?"

Im Mitgliederbereich auf KidsAway.de können Sie Vorlagen für eine Reisevollmacht mit Personensorge auf Deutsch und Englisch kostenlos herunterladen und ausdrucken.

Packliste: Reise-Unterlagen

- ☐ Kinderreisepässe
- ☐ Visa
- ☐ Internationale Führerscheine
- ☐ Beleg und Kontaktdaten der Auslandsreise-Krankenversicherung
- ☐ Reisevollmacht

Die komplette Packliste finden Sie auf → S. 418.

▶ Kinder schließen im Urlaub schnell neue Freundschaften. Dabei ist es gar nicht so wichtig, dass man dieselbe Sprache spricht. Hauptsache, das Spielen klappt.

Sprachen lernen für die Reise

Wenn Sie oft in ein Land reisen oder eine längere Reise mit Ihrem Kind planen, kann es sinnvoll sein, sich vor der Reise gemeinsam mit der Landessprache zu beschäftigen. Das hilft beim Zurechtkommen im Alltag und erleichtert Ihren Kindern die Kontaktaufnahme mit Gleichaltrigen.

Christiane: „Wenn unsere Urlaubsplanung feststeht, suche ich direkt eine CD in der Sprache unseres Reiseziels. Die läuft dann in den Wochen vor der Reise hoch und runter und wir singen alle lauthals mit. Wir haben schon oft verwunderte und amüsierte Blicke vor Ort geerntet, wenn unsere Fünfjährige ein estnisches Kinderlied oder einen italienischen Disco-Hit trällerte."

Kinder verstehen sich auch ohne Worte, sagt man gern. Aber wenn man „Ich heiße …" und „Gib mir die Schaufel" in der Landessprache sagen kann, erleichtert das gemeinsames Spielen durchaus. Schon Zweijährige können einzelne Wörter und Redewendungen in einer Fremdsprache erlernen und sind stolz, wenn der Kellner im Restaurant ihr „Thank you very much!" versteht.

Traut sich Ihr Kind nicht, fremde Kinder anzusprechen, drängen Sie es nicht. Helfen Sie ihm lieber bei der Kontaktaufnahme. Ein Wörterbuch der wichtigsten Begriffe und Wendungen finden Sie auf den nächsten Seiten.

Kinder erlernen neue Sprachen spielerisch und **durch Nachahmung**. Vokabeln pauken vor der Reise macht daher wenig Sinn. Wenn Sie Ihrem Kind vor der Reise ein Gefühl für die Landessprache geben wollen, lesen Sie ihm einfache Geschichten vor, die es auf Deutsch kennt, oder schauen Sie bekannte Filme mit der fremdsprachigen Tonspur an.

Dabei spricht Ihr Kind zwar nicht selbst, es erfasst aber Sinnzusammenhänge, wird mit dem **Klang der Sprache** vertraut und kann das Gehörte später abrufen. Mit den Kleinsten benennen Sie Alltagsgegenstände und Spielzeug in der Fremdsprache, zählen, sagen Abzählreime auf oder singen Kinderlieder.

Jetzt müsste man Afrikaans können

Während der Reise ist immer wieder Gelegenheit, einzelne Wörter anzuwenden und zu wiederholen. Fehler sollten nicht berichtigt, sondern lieber in der Wiederholung verbessert werden. Also statt „Nein, das war falsch" lieber den Satz noch einmal korrekt wiederholen.

Sprechen Sie viel **mit Einheimischen**, um die Sprachmelodie und den Klang der Fremdsprache zu hören. Bleiben Sie als Familie unter sich, wird Ihr Kind nur die paar Brocken erlernen, die Sie im Alltag immer wieder benutzen. Echte Fortschritte erzielen Sie in einer **Gastfamilie**, wo Ihr Kind rund um die Uhr in der Fremdsprache kommunizieren muss. Um eine Sprache fließend zu sprechen, muss man regelrecht darin „baden".

Beherrschen Sie die Landessprache, wenden Sie im Alltag die „**Sandwich-Methode**" an: Sagen Sie häufige Sätze wie „Guten Morgen" oder „Wasch dir die Hände" zuerst auf Deutsch, dann in der Fremdsprache und wieder auf Deutsch. Später lassen Sie die deutsche Umrahmung weg. Mit Rollenspielen können Sie Situationen wie Einkaufen oder den Arztbesuch in der Fremdsprache üben. In der bekannten Situation weiß Ihr Kind automatisch, was Sie meinen.

Auch wenn Sie nur ein paar Brocken in der Landessprache beherrschen: Wenden Sie sie an. So lernt Ihr Kind, dass nicht jeder Mensch automatisch Deutsch spricht.

Zum Weiterlesen bei KidsAway.de:

„Die besten Bücher, Spiele, CDs für Kinder im Vorschulalter zum spielerischen Englisch lernen"

 Suchbegriff: „Englisch lernen"

Familien-Reisewörterbuch

Auch ein gutes Reisewörterbuch lässt Familien oft im Stich, wenn es um familien- und kinderspezifische Vokabeln geht. Hier sind die wichtigsten.

Englisch ist zwar eine Weltsprache, aber es wird doch je nach Land unterschiedlich verwendet. Wir weisen deshalb daraufhin, wenn ein Wort speziell für den Sprachgebrauch in den USA (USA), in Großbritannien (GB), in Australien (AUS) oder in Kanada (CAN) ist.

Unterwegs mit Kindern

Deutsch	Englisch	Französisch	Spanisch
Autokindersitz	child safety seat, car seat, child restraint system (offiziell)	le siège auto enfant, le siège pour enfant	el asiento para niños, el asiento infantil para coche
anschnallen	to buckle up	attacher	abrocharse el cinturón (de seguridad)
Babykörbchen	baby bassinet, sky cot	le berceau	la cuna para bebé
Babyschale (Autokindersitz Gruppe 0)	baby seat, infant car seat, infant carrier	la coque pour bébé	el asiento, la portabebé
Buggy	buggy, stroller (USA)	la poussette-canne	el cochecito, el carrito, la silla de paseo
Desinfektionsmittel	germicide, disinfectant	le désinfectant	el desinfectante, líquido limpiador
Gepäckwagen	baggage cart, luggage cart	le fourgon	el carrito portaequipajes
Handgepäck	carry-on baggage, carry-on luggage	bagages à mains	el equipaje de mano
Kinderrabatt	child discount	le rabais pour enfants	descuento para niños
Kinderreisepass	children's passport	le passeport (le pièce d'identité de l'enfant = Kinderausweis)	el pasaporte para el niño
Kinderwagen	pram (GB), stroller (USA)	le landau, la poussette	el cochecito
Schlaufengurt	loop belt	la dragonne	el cinturón contrabilla
Sitzerhöhung	booster seat	le rehausseur	el alzador
Sportwagen	pushchair	le buggy	la silla de passeo
Tragetuch	sling	l'écharpe porte-bébé	el fular portabebés
bevorzugtes Einsteigen für Familien	family preboarding	l'embarquement prioritaire pour familles	el embarque prioritario para familias
Ich benötige Hilfe!	I need assistance!	J'ai besoin d'aide!	¡Necesito ayuda, por favor!
Ich suche mein Kind, helfen Sie mir bitte!	I am looking for my child, please help me!	Je cherche mon enfant, aidez-moi, s'il vous plaît!	Estoy buscando a mi hijo/-a. Ayúdeme, por favor!
Können Sie mir tragen helfen?	Could you please help me carry this?	Pourriez-vous m'aider à porter cela, s'il vous plaît?	¿Puede Usted ayudarme a llevar esto, por favor?

◀ Ein Geschenk macht jedem Kind auf der Welt Freude und das Teilen mit anderen Kindern auch.

Babybedarf auf Reisen

Deutsch	Englisch	Französisch	Spanisch
Babyflasche	baby bottle	le biberon	el biberón
Babynahrung (Brei)	baby food	les aliments pour bébés	el alimento, la comida para bebés (la papilla)
Feuchttücher	baby wipes	les lingettes	las toallitas húmedas
Kindermenü	child menu	le repas d'enfant	el menú infantil
Lätzchen	bib	la bavette	el babero
Milchpulver	instant formula, liquid formula	le lait en poudre	la leche en polvo
Milchpumpe	breast pump	la tire-lait	el extractor de leche materna
Muttermilch	breast milk	le lait maternel	la leche materna
Papiertücher	paper towels, tissues	les kleenex, les mouchoirs	los pañuelos de papel, los clínex
Plastiktüten	plastic bags	les sacs en plastique	las bolsas de plástico
Sauger	teat (GB), nipple (USA)	le tétine	la tetilla, la tetera
scharf (Essen)	hot, spicy	fort/e, pimenté/e	picante
Schnuller	dummy (GB), pacifier (USA), soother (GB), (CAN)	le sucette	el chupete
Schwimmwindeln (wegwerfbar)	(disposable) swimpants	les maillots de bain (jetables)	los pañales de baño (desechables)
Stilleinlagen	nursing pads	les coussinets d'allaitement	las almohadillas de lactancia
stillen	to nurse, to breastfeed	allaiter	dar el pecho
Stillraum	breastfeeding room, nursing room	la salle d'allaitement	la sala de lactancia
ungewürzt	unseasoned, mild	non épicé/e	no sazonado/-a
Wickelraum, Familienraum	baby change room, family room, parents' room	la salle à langer/changer	la sala con cambiador para bebés, el cuarto para cambiar los pañales a un niño
Wickelunterlage	change mat, changing pad	le matelas à langer	el cambiador
Windeln (Einweg)	nappies	les couches (jetables)	los pañales (desechables)
Wundsalbe für Babys	ointment for diaper rash	le protecteur cutané	la crema antirojeces para bebés
zerdrückt, zerkleinert	mashed, pureed	écrasé/e	aplastado/-a, triturado/-a
Können Sie diese Babynahrung aufwärmen?	Could you please warm up/heat up this baby food?	Pourriez-vous réchauffer ces aliments pour bébés, s'il vous plaît?	¿Puede calentar la comida del bebé, por favor?
Wo kann ich mein Baby wickeln?	Where can I change my baby?	Où est-ce que je peux langer/changer mon bébé?	¿Donde puedo cambiar los pañales al bebé?
Wo kann ich mein Baby stillen?	Where can I breastfeed my baby?	Où est-ce que je peux allaiter mon bébé?	¿Donde puedo dar el pecho a mi bebé?

Spiel und Spaß auf Reisen mit Kindern

Deutsch	Englisch	Französisch	Spanisch
Bilderbuch	picture book	le livre d'images, album pour enfants	el libro de dibujos
Buntstifte und Papier	crayons and paper	les crayons de couleur et le papier	los lápices de colores y papel
Kinderbereich	children's area	le zone d'enfants	la zona infantil, la zona de juegos
Kinderbetreuung	child care	la garde d'enfants	la guardería
Kuscheltier	cuddly toy (GB), stuffed animal (USA)	la peluche	el peluche
Malbuch	coloring book	l'album de coloriage	el libro para colorear
Nichtschwimmer	non-swimmer	le non-nageur, la non-nageuse	no nadador/-a
Puppe	doll	la poupée	la muñeca
Sandspielzeug	sand-box toys, beach toys	les jouets pour la plage	los juguetes de arena
schwimmen	to swim	nager	nadar
Schwimmflügel	water wings, water armbands (GB), swimmies (USA)	le flotteur	el flotador para el brazo
Spielplatz	playground	l'aire de jeux, le terrain de jeux	el parque infantil
Spielzeug (eines)	toy	le jouet	el juguete
Spielzimmer	play room	la salle de jeux	el cuarto de juegos, la ludoteca
Planschbecken	paddling pool, wading pool (USA)	le bassin pour enfants, le pataugeoire	la piscina para niños
Das gehört meinem Kind, meinen Kindern.	This is my child's, my children's.	C'est à mon enfant, mes enfants.	Esto es de mi hijo/-a, mis hijos/-as.
Kann ich mir das ausleihen?	May I borrow that?	Je peux emprunter ça?	¿Tomo prestada esto?
Willst du mit mir spielen?	Do you want to play with me?	Veux-tu jouer avec moi?	¿Quieres jugar conmigo?
Wir haben unser Kuscheltier verloren!	We have lost our cuddly toy (GB)/ stuffed animal (USA)!	Nous avons perdu notre peluche!	¡Hemos perdido nuestro peluche!

Gesundheit auf Reisen mit Kindern

Deutsch	Englisch	Französisch	Spanisch
allergisch gegen ...	allergic to ...	allergique à ...	alérgico/-a a ...
Ausschlag	rash	l'érythème	el exantema
Blasenpflaster (das)	blister pad, band aid for blisters	le pansement (pour) ampoules	el vejigatorio
Durchfall	diarrhea	la diarrhée	la diarrea
Erkältung	(common) cold	le refroidissement, la crève	el resfriado, el constipado
Heftpflaster	patch, adhesive tape, band aid (USA)	le taffetas anglais, le sparadrap	el esparadrapo, la tirita
(hohes) Fieber	(high) temperature	(beaucoup de) fièvre	(mucha) fiebre
Hustenbonbon	cough sweet (GB), cough drop (USA), cough lolly (AUS)	la pastille pour la toux	la pastilla contra la tos
Hustensaft	cough syrup	le sirop contre la toux	el jarabe contra la tos
Impfpass	vaccination pass	carnet de vaccination	el carnet de vacunación
Insektenschutz-mittel	insect repellent	l'insectifuge, l'antimoustique	el repelente
Kranken-versicherung	health insurance	l'assurance maladie	el seguro de enfermedad
Lichtschutzfaktor (LSF)	sun protection factor (SPF)	le facteur de protection solaire (FPS)	el factor de protección solar (FPS)
Mückenstich	mosquito bite	la bouffiole	la picadura de mosquito
Mutterpass	pregnancy record, maternity log	le carnet de maternité, le livret de grossesse	el carnet de embarazo
Nasentropfen	nose drops	les gouttes nasales	las gotas nasales
Notfall	emergency	(le cas d') urgence	(el caso de) emergencia
Reisekrankheit	travel/motion sickness	le mal des transports	el mareo (por el viaje)
Sonnenbrand	sunburn	le coup de soleil	la quemadura (de sol)
Sonnencreme	sunscreen, suntan lotion	la crème solaire	la crema solar
Verstopfung	constipation	la constipation	la constipacion
zahnen	to teethe	percer ses dents	echar los dientes
Darf ich dieses Medikament nehmen?	Am I allowed to take this medicine?	Ce médicament est-il indiqué pour moi?	¿Puedo tomar este medicamento?
Mein Kind ist krank/verletzt.	My child is sick/hurt.	Mon enfant est malade/blessé.	Mi hijo/-a está enfermo/-a, se ha lesionado/-a.
Wo finde ich einen Frauenarzt/ein Kinderkranken-haus?	Where can I find a gynaecologist/a children's hospital?	Où puis-je trouver un gynécologue/un hôpital d'enfants?	¿Dónde puedo encontrar un ginecólogo/una clínica pediátrica?

Rund um die Familienunterkunft auf Reisen

Deutsch	Englisch	Französisch	Spanisch
Babybadewanne	baby bath, baby bathtub	la baignoire	la bañera para bébé
Babybett	baby cot, baby crib	le berceau	la cuna
Badewasser-thermometer	bath thermometer	le thermomètre de bain	termómetro de baño
familienfreundlich	family-friendly	favorable aux familles	(diseñado) para familias
Familienzimmer	family room	la chambre familiale	la habitación familiar
heißes Wasser	hot water	l'eau chaude	el agua caliente
Kinderhochstuhl	highchair	la chaise haute	la trona
kindersicher	childproof	adapté/e aux enfants	con seguridad para niños, seguro a prueba de niños
Mückennetz	mosquito net	la moustiquaire	el mosquitero
Nachtlicht	night light	la lumière de nuit, la veilleuse	la lámpara nocturna
Steckdosen-sicherung	outlet plug	la cache prise	el tapón de seguridad para enchufes
Treppenschutz-gitter	stairway gate	la barrière de sécurité, la protection de porte	la rejilla de seguridad para niños
Wickelkommode	baby changing table, dressing table	la table à langer	el cambiador
Zustellbett	extra bed	le lit d'appoint	la cama auxiliar

Sonstige hilfreiche Wörter und Sätze für Familien auf Reisen

Deutsch	Englisch	Französisch	Spanisch
Kleinkind	toddler, small child	enfant en bas âge	el niño pequeño
Schulkind	school child	l'écolier, l'écolière	el/la escolar
Das ist mein Kind. Das sind meine Kinder.	This is my child. These are my children.	C'est mon enfant. Ce sont mes enfants.	Esto es mi hijo/-a. Estos son mis hijos/-as.
Ich bin schwanger.	I am pregnant.	Je suis enceinte.	Estoy embarazada.
Ich reise allein mit meinem Kind/ meinen Kindern.	I am travelling alone with my child/my children.	Je voyage seul(e) avec mon enfant/mes enfants.	Viajo solo/-a con mi(s) hijo(s)/hija(s).
Mein Kind ist ... groß.	My child is ... tall.	Mon enfant mesure ...	Mi hijo/-a mide ... centímetros, metros de altura.
Mein Kind ist ... Jahre alt.	My child is ... years old.	Mon enfant a .... ans.	Mi hijo (Junge)/mi hija (Mädchen) tiene ... años.

Rund ums Packen

Das Packen ist der größte Stressfaktor vor der Reise. Je kleiner die Kinder, desto mehr Gepäck scheinen sie zu benötigen. Kinderwagen, Babyreisebett und Windelvorrat füllen den Kofferraum schon bis zum Anschlag, und dann fehlen ja noch die Koffer und Taschen mit Wechselkleidung für jede Temperatur, Spielzeug und einem Vorrat an vertrauter Babynahrung!

Packtipps für Familien

So cool es auch klingt, am Abend vor der Abreise schnell ein paar Sachen in den Koffer zu werfen – mit Kindern wird „Blitzpacken" ein Ding der Unmöglichkeit. Am besten beginnen Sie mit dem Packen direkt nach der Buchung, indem Sie eine **Packliste** (→ S. 417) anlegen. Ordnen Sie dabei alles in sinnvolle Kategorien ein, um die Übersicht zu bewahren (Reise-Unterlagen, Kleidung, Technik, Baby …). Notieren Sie ebenso, was Sie kaufen, reparieren, aktualisieren oder überprüfen müssen.

Eine **Einkaufsliste** für Selbstversorger-Reisen sollten Sie schon vor der Abreise zusammenstellen, auch wenn Sie sie erst vor Ort benutzen werden. Je nachdem, wo die Reise hinführt, sind meist ein paar spezielle Dinge nötig. Fügen Sie dafür eine entsprechende Erweiterung ein (Ferienhaus, Strandbedarf, Campingausrüstung …).

Erstellen und speichern Sie Packlisten und To-do-Listen immer am PC. Dann können sie sauber ausgedruckt und nach jeder Reise überarbeitet und aktualisiert werden, was sehr viel Zeit spart.

Im nächsten Schritt stellt sich die Frage: Wie viel Gepäck können Sie überhaupt mitnehmen? Hier ist nicht nur zu bedenken, wie viele Koffer und Taschen Sie im Haus haben. Hartschalenkoffer sind für Wohnmobilurlaube ungeeignet und für Rucksackreisen brauchen Sie keine Reisetasche, sondern … einen Rucksack.

Die Größe Ihres Kofferraums hat Grenzen. Sehen Sie sich die Gepäckbestimmungen der Airline Ihres Fluges genau an, bevor Sie packen – sowohl für eingechecktes als auch für Handgepäck (→ S. 229). Prüfen Sie Ihre Koffer und Taschen, ob sie noch in Ordnung sind (Rollen und Tragegriffe gehen schnell kaputt).

Je strenger die Gepäckbegrenzung ist, desto wichtiger ist ein **Probedurchgang** vor dem richtigen Packen. Sie wollen bestimmt nicht am Check-in-Schalter Ihr Urlaubsgepäck aussortieren oder einen heftigen Übergepäckzuschlag bezahlen – oder fluchend im Morgengrauen vor dem Auto stehen und zum zehnten Mal versuchen, den Reisebuggy zwischen Zelt und Strandmuschel zu klemmen.

Vorbildlich vorbereitet – und jetzt halbieren!

Jeanne: „Wir sammeln schon zwei Wochen vor Reisebeginn die größten Gepäckstücke, wichtige Reisedokumente und Kleidung, die wir vorher nicht mehr anziehen, an einem kindersicheren Ort in der Wohnung. Spätestens drei Tage vor dem Urlaub werden alle Kleidungsstücke auf der Packliste gewaschen und eingepackt."

Gepäck minimieren

Jeder kennt das: Der Stapel mit dem Gepäck ist viel größer als der Koffer, und das alles passt unmöglich in den Kofferraum. Nicht nur Kindern fällt es schwer, auf geliebte und „unbedingt notwendige" Dinge zu verzichten. Aber Hand aufs Herz: Wie oft haben Sie etwas im Urlaub vermisst, das nicht mehr in den Koffer gepasst hatte? Und wie oft haben Sie nach der Rückkehr unbenutzte Kleidung wieder ausgepackt?

Das Motto „Weniger ist mehr" sollten Sie beim Packen wie ein Mantra aufsagen. Wenn Sie sich trauen, folgen Sie der Backpacker-Regel: alles, was mitgenommen werden soll, in Stapeln sortieren – und diese dann rigoros halbieren.

Anika: „Für Simon mache ich seine aktuellen Lieblingsspiele als Reiseversion nach. Das spart zwar nur einige Gramm, aber umso mehr Volumen."

Den Großteil des Gepäcks von Familien macht in der Regel **Kleidung** aus. Wenn Sie nicht für jeden Urlaubstag ein Outfit einpacken, sondern unterwegs hin und wieder waschen, sparen Sie eine Menge Gepäck ein. Eine schnelle **Handwäsche** ist auch im Hotelzimmer möglich. In vielen Hotels, auf Campingplätzen und in Ferienwohnungen können Sie Waschmaschinen und Trockner nutzen. Sehr bequem sind **Wäscheservices**, die Sie häufig in Hotels und auf Kreuzfahrtschiffen finden. Noch

Packlisten-Vorlagen

Jede Reise und jede Familie ist verschieden. Entsprechend braucht jede Familie eine andere Packliste. Damit Sie die für sich passende Liste zusammenstellen können, haben wir dem Thema ein ganzes Kapitel gewidmet: Im Abschnitt „Packlisten" am Ende dieses Buches ab → S. 417 finden Sie **detaillierte Packlisten**, auf denen alles Erdenkliche vermerkt ist, was Sie brauchen könnten – für Auto-, Flug- und Wohnmobilreisen, Kreuzfahrten und Fahrradtouren, für Wanderungen, Strand- und Skiurlaube und vieles mehr.

◀ Packen für den Familienurlaub ist eine Kunst, die viele Eltern erst nach und nach erlernen. Verzweifeln Sie also nicht, wenn die Koffer viel zu schnell voll sind.

günstiger waschen Sie Ihre Wäsche in externen Waschsalons. Empfindliche und Funktionstextilien können dabei allerdings leiden, und an die Haut Ihres Babys wollen Sie vielleicht keine unbekannten Chemikalien lassen.

> Jenny: „In Vietnam habe ich unsere T-Shirts und die Unterwäsche jeden Abend im Hotelwaschbecken mit der Hand gewaschen. Der Ventilator hatte am nächsten Morgen alles getrocknet. So brauchten wir für vier Wochen zu viert nur einen Rucksack."

Tipps, um Gepäck zu reduzieren

- große oder schwere Gepäckstücke per Post vorschicken (auf Rundreisen: postlagernd zustellen lassen)
- auf langen Reisen: nicht mehr benötigtes Gepäck zwischendurch nach Hause schicken oder verschenken
- schwere oder sperrige Ausrüstung am Urlaubsort leihen oder im Hotel reservieren (Wintersportgeräte, Babyreisebetten, Autokindersitze, Hochstühle)
- Verbrauchsartikel vor Ort kaufen (vor allem Windeln und Babynahrung)
- Wäsche unterwegs waschen (notfalls Handwäsche im Waschbecken)
- Kleidung im Zwiebelsystem und in kombinierbaren Farben zusammenstellen
- Shampoo, Rasierschaum und Duschbad in Kleinpackungen oder Probiergrößen mitnehmen (erhältlich in Drogerien), eine Packung 3-in-1-Duschbad für alle Familienmitglieder verwenden
- Packsäcke verwenden, aus denen man die Luft herauspressen kann (reduziert das Volumen)
- ein Ebook-Reader ersetzt zehn Bücher

Rucksack oder Koffer?

Die Frage, ob Sie für Ihre Reise mit Kind lieber einen **Koffer** oder einen Rucksack packen sollen, lässt sich wie so oft beantworten mit: „Es kommt darauf an."

Das hervorstechendste Merkmal eines Koffers: Man kann ihn nicht tragen, jedenfalls nicht bequem über längere Strecken. Dafür lässt er sich, ausgestattet mit Rollen, auf glatten Böden wunderbar ziehen oder schieben. Dazu bietet er viel **Stauraum**, ist **übersichtlich** zu bestücken und gibt die hineingepackten Kleidungsstücke unzerknittert wieder her. Müde Kinder können darauf sitzen und ausruhen oder sich sogar ziehen lassen. Und zwischendurch dient der liegende Koffer als niedriger Tisch.

Ideal sind Koffer für Urlaube, in denen Sie viel (ordentliche) Kleidung benötigen und diese gleich nach der Ankunft in einen Schrank hängen können. Sie eignen sich sowohl für Flugreisen als auch für Autofahrten. Weiche Koffer und Reisetaschen lassen sich besser in den Kofferraum quetschen, wogegen Hartschalenkoffer Ihre Siebensachen besser vor der häufig rücksichtslosen Behandlung durch die Mitarbeiter am Flughafen schützen.

Schwierig wird es mit einem Koffer, sobald Sie die Komfortzone verlassen: Für Märsche über Kopfsteinpflastergassen, Busreisen mit Ankunft in asiatischen Großstädten ohne Bürgersteige, in sechsstöckigen Hostels ohne Fahrstuhl oder gar Mehrtageswanderungen sind **Rucksäcke** einfach die bessere Wahl. Tragen Sie Ihr Gepäck auf dem Rücken, sind Sie **flexibel**, haben viel **Bewegungsfreiheit** und nicht zuletzt beide Hände für Ihre Kinder frei.

Je nach Modell stehen Ihnen verschiedenste Taschen und Fächer zur Verfügung, aber so richtig übersichtlich geht es in einem Rucksack selten zu. Brauchen Sie auf Ihrer Reise ordentliche, knitterfreie Kleidung, ist Frust vorprogrammiert. Ebenfalls frustrierend sind zu schwere Rucksäcke. Ziehen Sie

Rund ums Packen

Rollkoffer sind superpraktisch

Koffer-Rucksäcke sind eine interessante Alternative: Diese „Hybriden" sind je nach Geschmack weiche Koffer mit Rucksack-Tragegurten oder festere Rucksäcke mit einem seitlichen Reißverschluss, die sich wie eine Reisetasche ein- und auspacken lassen. Werden sie nicht gebraucht, können Sie die Tragegurte in einem Fach verstauen. Bei manchen Koffer-Rucksäcken ist ein kleineres Daypack integriert, das Sie für den Tagesausflug abzippen können. Diese Flexibilität wird allerdings mit weniger Komfort erkauft. Wirklich angenehm tragen sich vollgepackte Koffer-Rucksäcke nicht.

diese Art des Gepäcktransports also nur in Erwägung, wenn Sie fit genug sind, 15 bis 20 Kilogramm mindestens zehn Minuten lang auf dem Rücken zu tragen. Gute Rucksäcke tragen sich, korrekt angepasst, sehr **komfortabel**. Außerdem bringen sie **weniger Eigengewicht** mit als ein Koffer. Ein gutes Argument auf Flugreisen, wenn es um jedes Gramm an Freigepäck geht.

Obwohl sie auf Flugreisen und bei Backpacking-Reisen manchmal ordentlich leiden, sind Rucksäcke insgesamt langlebiger. Viele Hersteller geben eine **lebenslange Garantie** auf ihre Produkte und berichten von sehr niedrigen Reklamationsraten. Dagegen sind die zwei bis fünf Jahre Garantie, die es auf Koffer gibt, mager. Und die praktischen Rollen, Reißverschlüsse und Kofferschlösser sind genau die Schwachstellen, die meist schon auf der Rückreise kaputtgehen.

Für Kinder gilt: Ab dem Vorschulalter können sie je nach Fitness **zehn bis zwanzig Prozent ihres Körpergewichts** auf dem Rücken tragen. Ist das Kindergepäck schwerer oder das Kind jünger, geben Sie ihm lieber einen kleinen Rollkoffer.

Rucksäcke beim Einchecken als Fluggepäck immer ordentlich verpacken, um Beschädigungen beim Transport zu vermeiden!

Wie viel Spielzeug mitnehmen?

Die längsten Diskussionen und die heißesten Tränen gibt es vor dem Familienurlaub meist dann, wenn es an die Auswahl des Spielzeugs geht (→ S. 140) und Sie Ihren Kindern erklären müssen, dass der Platz im Koffer begrenzt ist. Die wenigsten vermissen im Urlaub tatsächlich ihre Spielsachen, denn es gibt ja genug spannende neue Eindrücke und oft auch Spielzeug vor Ort.

Eine bewährte Methode, um die Spielzeugflut einzugrenzen: Jedes Kind darf seinen eigenen kleinen Rucksack oder einen Kinderkoffer voller Spielsachen mitnehmen.

Vorgaben für Kinder, die schon selbst packen können, sollten sein:

- höchstens 5 (leichte, kleinformatige) Bücher
- 1 Vorlesebuch
- 1 Puppe oder 1 Plüschtier
- 1 Malblock mit maximal 10 Stiften
- 3 bis 5 weitere kleine Spielsachen

Sandspielzeug, Bälle oder kleine Autos können Sie vor Ort kaufen oder ausleihen.

Reiseausrüstung für Familien

Für die besonderen Bedürfnisse von Babys und Kleinkindern verwenden Sie zu Hause bestimmt das eine oder andere praktische Helferlein, das dann auch auf Reisen mitkommen soll. Ohne Autokindersitz, Buggy oder Reisebettchen kommt man schwerlich aus. Sie müssen aber nicht den kompletten Hausstand mitschleppen oder eigens für den Urlaub teure Ausrüstung anschaffen. Vieles, was auf den ersten Blick unentbehrlich erscheint, bleibt spätestens beim zweiten Urlaub zu Hause.

Natürlich braucht man beim Camping mehr als im Ferienhaus oder im All-inclusive-Hotel, in den Winterferien anderes als im Strandurlaub. Und so manches ist einfach **Geschmackssache**. Die einen finden ein eigenes Bett für ihr Baby wichtig, die anderen lassen es gern in der „Besucherritze" kuscheln. Die einen wollen den Kinderwagen im Urlaub nicht missen, die anderen tragen ihr Baby über Stock und Stein.

Das Prädikat „familientauglich" ist also kein trennscharfes, und hier lässt sich unmöglich alles auflisten, was Familien auf Reisen praktisch finden könnten. Sie selbst entscheiden, was für Sie und Ihre Familie auf Reisen wichtig ist, und das finden Sie wahrscheinlich erst nach einigen Versuchen heraus.

Neben den allerwichtigsten Ausstattungsgegenständen, denen die folgenden Seiten gewidmet sind, finden Sie weitere praktische Tipps in diesem Buch verstreut:

- Reise-Apotheke (→ S. 84)
- Strandausrüstung (→ S. 156)
- Notfall-Armbänder (→ S. 160)
- Rettungswesten (→ S. 162)
- Wanderausrüstung (→ S. 206)
- Tragetaschen und Schutzhüllen für Kindersitze und Buggys (→ S. 233)
- Wickeltaschen (→ S. 244, → S. 380)
- Sonnenschutz fürs Auto (→ S. 262)
- Autogepäckträger und Dachboxen (→ S. 266)
- Stillausstattung (→ S. 368)
- Töpfchen und Toiletten für unterwegs (→ S. 382)
- Gurtadapter für Schwangere (→ S. 411)

Die richtige Kinderkleidung

Nur selten brauchen Sie im Urlaub spezielle Funktionskleidung. Die meisten Kleidungsstücke Ihres Kindes genügen wahrscheinlich den üblichen Anforderungen und können nach Geschmack und voraussichtlichem Wetter wie zu Hause getragen werden.

Teure Funktionskleidung benötigen Kinder allenfalls zum Wintersport, bei sehr starker Sonneneinstrahlung oder auf anspruchsvollen Wandertouren.

Praktisch, wenn auch meist nicht unbedingt nötig, ist **Regenkleidung**. Regenhosen, gummierte Regenjacken oder Südwester-Regenhüte brauchen Sie nur, wenn Sie einen Regentag nicht im Quartier aussitzen können und wenn Ihr Kind gern im Regen spielt oder in Pfützen fällt. Für einen Sommerurlaub in Süd- oder Mitteleuropa mit Kindern ab dem Vorschulalter genügen eine dünne Regenjacke oder ein Cape zum Überziehen und ein Paar feste Halbschuhe.

Neoprenanzüge tragen Kinder im Wasser. In den Anzügen wird man zwar trotzdem nass, sie schützen aber vor Auskühlung durch Wasser und Wind. UV-Schutz ist ebenfalls gewährleistet. Solche Anzüge sind meist kurzärmelig und -beinig. Sie sehen äußerst professionell aus, lohnen sich aber tatsächlich auch für kleine Nicht-Surfer oder -Taucher. Durch ihre größere Körperoberfläche im Verhältnis zur Masse kühlen Kinder viel schneller aus als Erwachsene (alle Eltern kennen die blaugefrorenen Lippen nach dem Baden). Für Badespaß an kühleren Strandtagen genügt zwei Millimeter dickes Neopren. Solche Anzüge müssen unbedingt anprobiert werden und sollen wie angegossen sitzen!

Outdoor-Ausrüster bieten eigens entwickelte **Schutzkleidung gegen Moskitos** an. Sie besteht aus besonders dicht gewebtem Stoff, durch den Mückenstachel nicht hindurchkommen. Gesicht und Hals können Erwachsene mit speziellen **Netzhüten** schützen. In Kindergrößen gibt es diese leider kaum. Wenn Sie nicht in den Tropen unterwegs sind, wo Moskitos Krankheitsüberträger sind, genügen „normale", dicht gewebte Kleidungsstücke in dunklen Farben, die locker sitzen und mit Insektenschutzmittel besprüht wurden. Babys schützen Sie am besten vor Insektenstichen, indem Sie den Kinderwagen, Buggy oder das Reisebett komplett mit einem **Moskitonetz** (→ S. 124) abdecken.

Empfindliche, noch weiche Kinderfüße brauchen gerade auf Reisen, wo man viel auf den Beinen ist, **gute Schuhe**. Die sind teuer und die Kleinen wachsen ja so schnell heraus. Da sind viele Eltern versucht, „auf Zuwachs"

So sieht praktische Urlaubskleidung aus

- **kombinierbar:** das heißt, farblich und vom Material her zusammenpassend. Statt vieler gleicher Kleidungsstücke besser farblich abgestimmte Shirts und Hosen in verschiedenen Längen oder weite Kleidchen, die auch über Hosen oder Leggings passen
- **funktional:** bequem, strapazierfähig und an die besonderen Anforderungen des Urlaubs angepasst (leicht waschbare und schnell trocknende Sachen für den Campingurlaub, wind- und wasserdichte Kleidung für den Ausflug ans Meer)
- **schmutzresistent und leicht zu reinigen:** robuste Kleidungsstücke wie an den Knien verstärkte Hosen und Schuhe mit Zehenkappen aus Gummi; gemusterte Stoffe, die kleinere Flecken verstecken; dunkle oder kräftige Farben, die nicht getrennt gewaschen werden müssen

---

◀ Auf Reisen mit Kindern brauchen Sie nicht unbedingt Spezialausrüstung, aber manche Produkte sind doch empfehlenswerter als andere. Gute Schuhe gehören auf jeden Fall dazu!

zu kaufen. Das ist okay, solange die Füße in den Schuhen nicht rutschen (vor allem nicht nach vorn) und Sie den Spielraum mit Einlegesohlen oder dicken Socken begrenzen können.

Anstatt für jeden Anlass Spezialschuhe zu kaufen (und einzupacken), suchen Sie lieber den optimalen **Universalschuh** für Ihr Kind. Er sollte gut passen und den Fuß stützen. Goretex-Futter lässt die Füße auch bei Sommerhitze atmen und hält sie trocken, wenn es mal regnet oder das Kind in eine Pfütze tappt. Im Gegensatz zu Lederschuhen, die sich dem Fuß des Trägers nach einer Weile anpassen, müssen Goretex-Schuhe allerdings wirklich exakt passen. Nehmen Sie sich beim Anprobieren Zeit und lassen Sie Ihr Kind die Schuhe ausführlich probetragen. Mit Schnürsenkeln können Sie die Passform genauer justieren als mit Klettverschlüssen.

Gut geschützt vor Nässe, Wind und Sonne

Wanderschuhe kann man für Kleinkinder durchaus gebraucht kaufen, weil sie oft nur kurze Zeit getragen werden. Achten Sie beim Kauf darauf, dass die Sohlen nicht gebrochen oder einseitig abgelaufen sind.

Ein Halbschuh genügt für Stadtspaziergänge und kurze Wanderungen bei fast jedem Wetter. Auf steinigen, unebenen oder

Bequeme Wandersandalen sind ideale Urlaubsbegleiter

Packliste: Kleidung für die Reise

- ☐ 2 Babymützchen oder Sonnenhüte mit Nacken- und Ohrenschutz
- ☐ warme Jacke oder Overall
- ☐ Regen-/Matschhosen
- ☐ UV-Schutzanzug oder -Shirt
- ☐ Gummistiefel (im Herbst und Winter gefüttert)

Die komplette Packliste finden Sie auf → S. 420.

matschigen Wegen, steilen Auf- und Abstiegen oder Wanderungen von mehr als einer Stunde sind auch im Sommer **feste Wanderschuhe** empfehlenswert. Sie stützen die Gelenke, schützen vor Kratzern und anderen Verletzungen und halten sie warm. Eine griffige Profilsohle gibt beim Laufen und Rennen Halt. Ein hoher Schaft ist für Kinderschuhe unnötig. Er schützt allenfalls vor Kälte und eindringender Nässe.

Nahtfreie, atmungsaktive **Socken** mit gepolstertem Ballen- und Fersenbereich unterstützen die Füße beim Wandern optimal. Sie sollten aus Wolle oder Synthetik bestehen. Baumwolle saugt die Feuchtigkeit vom Fuß zwar auf, hält sie aber fest, was die Haut aufweicht und zu Blasen führt.

Um zarte Kinderfüße vor heißem Sand, scharfkantigem Dünengras und Scherben im Sand, Muschelsplittern oder Seeigeln im flachen Wasser zu schützen, eignen sich **wasserfeste Strand- oder Aqua-Schuhe** mit weichen Sohlen.

Wasserfeste Schuhe brauchen Sie höchstens bei Wanderungen durch Schnee. Schützen Sie die Schuhe Ihrer Familie mit Imprägnierspray, bevor Sie bei Schlechtwetter rausgehen.

Wenn Sie mehrere komplette Outfits für jede mögliche Wetterlage in den Koffer packen, ist dieser schnell voll und Sie sammeln im Urlaub einen großen Berg leicht verschmutzter Wäsche. Sinnvoller ist es, die Kleidung für die Reise so zusammenzustellen, dass jedes Teil mehrmals genutzt werden kann. Bekleckerte Shirts kommen in einem zweiten Durchgang als untere Schicht ans Kind.

Katrin: *„Ich ärgere mich jedes Mal beim Auspacken der Reisetasche, wie viele ungetragene Shirts, Röcke und Kleider ich wieder in den Schrank lege – oder trotzdem waschen muss, weil sie verknittert sind oder muffeln. Beim nächsten Urlaub packe ich weniger ein!"*

Celia: *„Natürlich kann man Kleidung auch im Urlaub kaufen – sagten wir uns, als wir spontan im Winter nach Lanzarote geflogen sind. Auf der Insel haben wir dann aber tagelang nach einem passenden Sonnenhut für Jonte gesucht, der die Ohren vor dem Wind schützt. Es gab überall nur Winterklamotten zu kaufen!"*

Kinderausrüstung im Schnee

Dass man sich im Winterurlaub (→ S. 168) warm anzieht, ist klar. Wichtiger als teure Outdoor-Kleidung ist die Zusammenstellung der richtigen Materialien: Mehrere (dünne) Schichten übereinander speichern mehr Wärme als eine dicke. **Lange Unterwäsche** aus Materialien wie Fleece, Wolle oder Funktionsfasern leitet Körperfeuchtigkeit nach außen, so dass Kinder sich nicht nassschwitzen. Besser als Strumpfhosen sind lange Unterhosen und Leggings. Sind die Füße nass oder kalt, können unterwegs schnell trockene, warme Socken angezogen werden, ohne das Kind komplett aus- und umziehen zu müssen.

Als zweite Schicht kommt ein dünner Pullover oder eine Jacke aus Wolle oder Fleece ans Kind. Diese **atmungsaktive Schicht** hält den Körper warm und kann bei großer Kälte durch eine zweite Lage ergänzt werden. Drumherum gehört eine atmungsaktive, wind- und wasserdichte Schicht, die Nässe und Wind draußen hält.

Babys und kleine Kinder kühlen viel schneller aus als Erwachsene. Eltern müssen daher immer wieder mit einem Griff in den Nacken der Kleinen die **Körpertemperatur kontrollieren**. Sobald die Kinder beim Einkehren in eine Hütte oder bei besonders schweißtreibenden Spielen im Sonnenschein zu schwitzen anfangen, ziehen Sie eine oder mehrere Schichten aus. Die wasserfeste äußere Hülle kann angelassen werden, was besonders an warmen Tagen im Gebirge sehr praktisch ist.

Ob Sie einen **Schneeanzug** oder eine zweiteilige Kombination anschaffen, hängt vom

Kuschelig warm ist mein Schneeanzug

Wenn Kinder eine Skischule oder einen Skikindergarten besuchen, sollten Sie ihre Sachen immer beschriften – nicht nur Handschuhe und Mütze, sondern auch die Skier, den Helm und die Sonnenbrille!

Tragekinder gehören im Winter grundsätzlich immer direkt an den Körper des Tragenden, also unter die dicke Winterjacke oder (falls diese dann nicht mehr geschlossen werden kann) eine speziell geschnittene **Tragejacke** oder ein warmes **Tragecover**. Optimal vor Wind und Kälte geschützt, benötigen die Kleinen dann nur normale „Unterkleidung" und einen dünnen Overall. Unten heraushängende Füßchen müssen Sie unbedingt mit Socken und Schuhen warm halten. **Dicke Stulpen** aus Wolle oder Fleece, die über die Unterschenkel reichen, sind als Cover ideal.

Niemals dürfen Kinder über längere Zeit außen am Körper der Eltern getragen werden, auch nicht in „warmen" Skisachen. Der Kälte ausgesetzt und in relativer Bewegungslosigkeit, kühlen sie schnell aus und können sogar unbemerkt erfrieren!

Alter des Kindes und vom Geschmack ab. Einteilige Schneeanzüge sitzen bei Babys und Kleinkindern besser. Es kann nichts verrutschen und am Bauch kann keine Kälte und kein Schnee eindringen. An- und Ausziehen klappt mit einem Overall ebenfalls besser. **Kombinationen aus Jacke und Hose** sind wiederum praktischer für Kinder, die schon die Toilette benutzen. Beim Aufenthalt in Skihütten ist die Jacke fix ausgezogen, während die Hose zum Herumlaufen anbleiben kann. Verschmutzte oder klitschnass gewordene Teile können separat gewaschen oder getrocknet werden, während ein Ersatzanorak oder eine **Ersatzhose** zum Einsatz kommen.

Auch im Auto ist es einfacher, wenn nur die dicke Winterjacke ausgezogen werden muss. Und das muss sein, da sonst die Gurte des Autokindersitzes nicht fest genug sitzen (→ S. 264). Ist das Skigebiet ein Stück entfernt und muss täglich angefahren werden, ist ein Zweiteiler die bessere Wahl.

Schneesachen für Kinder findet man in sehr guter Qualität gebraucht. Im November gibt es in vielen Städten Flohmärkte mit Kinderskisachen und Kinderskibörsen. Achten Sie auf intakte Imprägnierung oder frischen Sie diese selbst auf.

Im Winter wärmt ein Tragecover Baby und Mama

▶ Eine komplette Kinder-Urlaubsgarderobe muss gar nicht groß sein, wenn man die Teile geschickt zusammenstellt.

Wir ziehen dich an, wenn's dich raus zieht!

Wir sind die, die Schnee zur Schneeballschlacht, Regen zum Planschbecken, den Herbst zur Bastelecke und den Sommer zum Spielplatz machen. Jeden Tag. Rund um die Uhr.

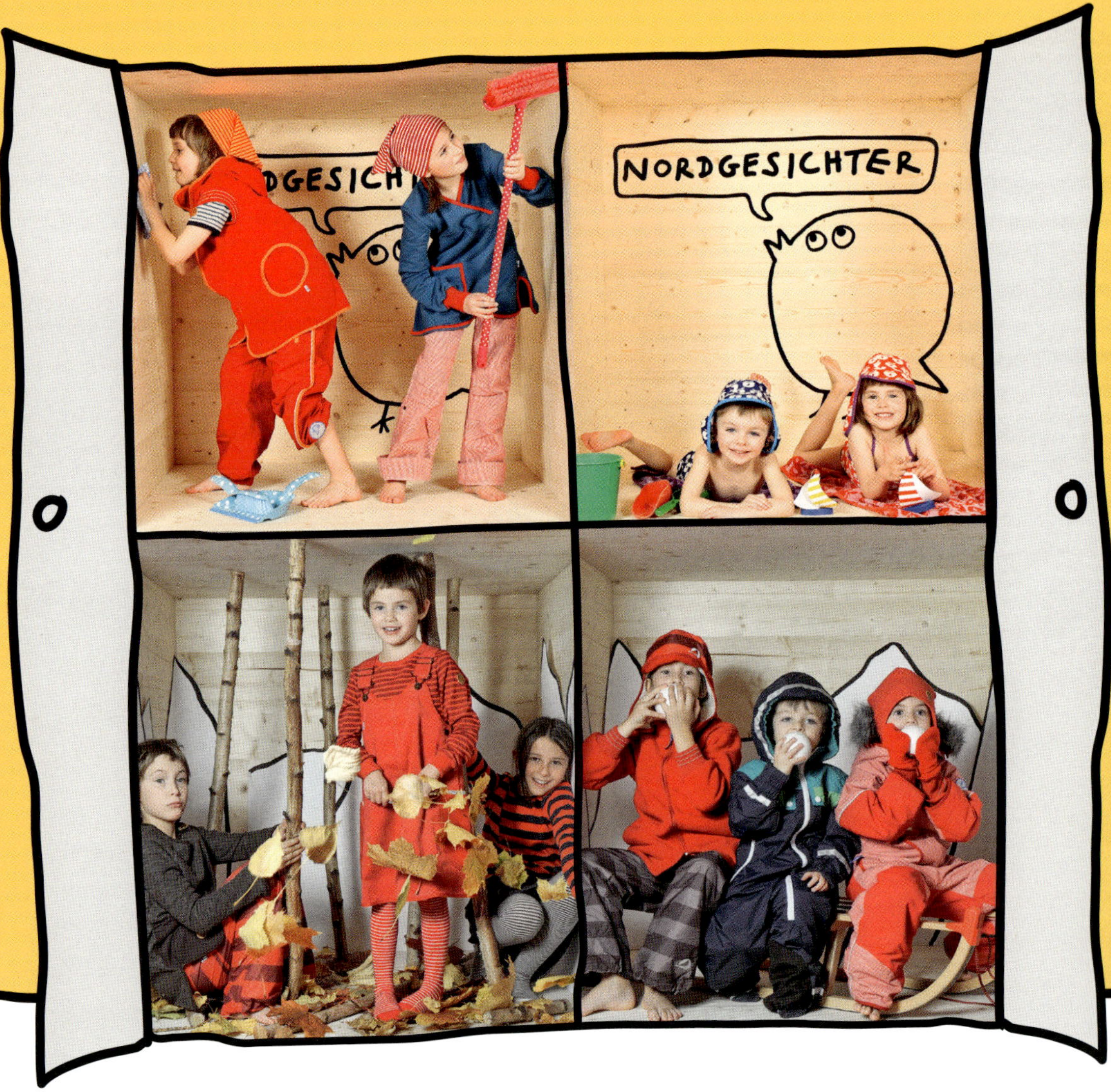

www.nordgesichter.com

Neben der „richtigen" Kleidung sind es die **Accessoires**, die im Winterurlaub oft den Unterschied zwischen Spaß und Frust machen. Handschuhe, Mütze und Schal sind grundsätzlich immer Pflicht, da Hände, Füße und Kopf bei Kindern besonders schnell auskühlen.

Eine **kombinierte Schalmütze**, die den gesamten Kopf-Hals-Bereich und auch die Ohren bedeckt, ist noch besser.

Bewegen sich Kinder bereits im Schnee, sei es auf Skiern oder Schlitten, muss auch der untere Gesichtsbereich vor Wind und Kälte geschützt werden, am besten mit einem **Schlauch aus Fleece** oder einer **Sturmmaske**. Erfrierungen an den Wangen sind beim Skifahren gar nicht so selten.

> Vorsicht bei geschnürten Mützen und langen, herabhängenden Schals: Kinder könnten damit an Vorsprüngen, aber auch am Skilift hängenbleiben, was zu schlimmen Unfällen führen kann.

Damit die **Handschuhe** kleiner Kinder nicht ständig verschwinden, befestigen Sie sie idealerweise an einem Band und führen Sie sie innen durch die Jackenärmel. Dazu lässt sich ein langer Schnürsenkel selbst annähen. Ein zweites Paar Handschuhe gehört immer in den Tagesrucksack.

Fingerhandschuhe sind ab etwa fünf Jahren empfehlenswert. Fäustlinge schränken zwar das Greifen ein, wärmen die kleinen Hände aber effektiver. Besser als Wolle oder Fleece sind wasserdichte Materialien für das Spielen im Schnee.

Lange **Stulpen**, die über die Handgelenke reichen, hindern Schnee am Eindringen in den Ärmel.

Gut gefütterte und wasserabweisende **Winterschuhe** halten die Füße im Schnee warm und trocken. Idealerweise haben sie einen hohen, festen Schaft, rutschfeste Sohlen und separate Innenschuhe, die man zum Trocknen herausnehmen kann. Auch Kinder, die noch nicht selbst laufen, freuen sich über warme Füße.

Kinderschlitten

Unter sechs Jahren sollten Kinder nach Empfehlung des ADAC noch nicht allein rodeln (→ S. 174). Sie sind dann zu leicht, um einen Schlitten auf einer festen Schneedecke bremsen zu können. Fahren Sie so lange mit, bis Ihr Kind seinen Schlitten sicher allein lenken und zum Stehen bringen kann.

Die **Schlittenform** muss zum Alter des darauf fahrenden Kindes passen. Die Kleinsten fahren mit den Eltern auf einem stabilen Holzschlitten, am besten mit geschwungenen Hörnern zum Festhalten. Jüngere Kinder können schon Bob- oder Lenkschlitten steuern, die leichter sind und besser in den Kurven liegen.

Wannenrodel und Porutscher bieten viel Geschwindigkeit und Spaß, aber keinen Komfort und sind schwer zu lenken.

Ein klassischer Holzschlitten ist teurer, aber lange haltbar. Kleine Kinder können mit den Eltern darauf rodeln und sich ziehen lassen, mit einem Lehnenaufsatz, einem warmen Fußsack und einer isolierenden Unterlage passt er für Babys. Babyschlitten mit eingearbeiteter Schalenform und Gurt sind nicht unbedingt nötig.

Kaufen Sie zusätzlich einen günstigen Einmann-Lenkschlitten aus Kunststoff, den größere Kinder beim Familienausflug an den Holzschlitten anhängen und mit zu Freunden oder in den Kindergarten nehmen können.

Checkliste: Kinderschlitten

Kriterien für gute Schlitten sind:

- ☐ GS-Zeichen für geprüfte Sicherheit und TÜV-Siegel
- ☐ bei Kunststoffschlitten Angabe zur Temperaturbeständigkeit
- ☐ Lenkriemen und durchgehende Metallkufen aus rostfreiem Stahl
- ☐ Bremshebel
- ☐ Schlitten über sechs Kilogramm mit Bremsvorrichtung aus Metall

Zum Weiterlesen bei KidsAway.de:

„Kaufhilfe Schlitten: Wie sieht ein guter Kinderschlitten aus?"

 Suchbegriff: „Schlitten"

Mit Baby bitte nicht auf die Rodelbahn!

Sonnenschutz auf Reisen

Die Haut von Babys und Kindern ist unglaublich zart und weich – und enorm empfindlich gegenüber **UV-Strahlung**. In den ersten Lebensjahren kann sie sich fast gar nicht dagegen schützen. Jeder Sonnenbrand in diesem Alter ist eine Katastrophe mit Langzeitwirkung: nämlich dem Risiko, später an Hautkrebs zu erkranken. Sonnenschutz ist also im Urlaub mit kleinen Kindern eine der wichtigsten Aufgaben für uns Eltern.

> Professor Sander, Chefarzt der Hamburger Asklepios-Klinik: „Bräune ist immer eine Abwehrreaktion der Haut auf intensive ultraviolette Strahlung. Gesunde Bräune gibt es deshalb eigentlich überhaupt nicht."

Die Sonne scheint auch im Schatten, und UV-Strahlung dringt auch durch einen bewölkten Himmel. Schönwetterwolken, Sand und Wasseroberflächen (→ S. 155), aber auch Schnee (→ S. 168) erhöhen die UV-Strahlung sogar noch. Die Regel „Between eleven and three – stay under a tree" („Zwischen elf und drei Uhr unter einem Baum bleiben") greift daher auf Reisen mit Kindern zu kurz.

Vor allem in warmen Ländern sollten Sie mit kleinen Kindern während der Mittagszeit, besser noch zwischen 10 und 16 Uhr, möglichst überhaupt nicht draußen sein. Davor und danach heißt es: schützende Kleidung tragen und unbedeckte Hautareale mit Sonnenschutzmitteln eincremen. Allenfalls sehr viele Bäume, nämlich dichter Wald, bieten zuverlässigen Sonnenschutz.

Sonnencreme für Kinder

Um abzuschätzen, wie lange man in der Sonne bleiben darf, wird die Eigenschutzzeit des Hauttyps mit dem Lichtschutzfaktor

Gut geschützt vor der Sonne

So tragen Sie Sonnencreme korrekt auf

Der angegebene Lichtschutzfaktor wird nur mit ausreichend Creme erreicht. Nehmen Sie weniger, verringert er sich entsprechend. Für Kinder brauchen Sie:

- 1 Teelöffel Creme fürs Gesicht
- 3 bis 5 weitere Teelöffel für den Körper

Am wichtigsten sind die „**Sonnenterrassen**":

- Nasenrücken
- Oberseite der Ohrmuscheln
- Schultern
- Knie
- Fußrücken
- Lippen (diese benötigen Extraschutz)

Cremen Sie regelmäßig nach, auch wenn die errechnete Schutzzeit noch nicht abgelaufen ist. „Wasserfeste" Sonnencreme bietet nach zweimaligem Baden von 20 Minuten Dauer nur noch die Hälfte des UV-Schutzes.

(LSF) der Creme multipliziert. Kleine Kinder werden grundsätzlich als Typ 1 eingeordnet, auch wenn sie einen dunkleren Teint haben. Ordentlich eingecremt mit Lichtschutzfaktor 25 bis 30, können sie zwischen 75 und 105 Minuten in der Sonne spielen. Ohne Creme liegt die Eigenschutzzeit bei etwa drei Minuten. Hautärzte raten, nur zwei Drittel dieser Zeit anzusetzen.

Dies gilt allerdings nur bei einem UV-Index von 8! Bereits in Deutschland werden in den Sommermonaten über Mittag UV-Indexwerte von 5 bis 8 erreicht. In Sommerurlaubszielen liegen sie oft über 10. Ab einem Index von 3 empfehlen Hautärzte die Verwendung von Sonnencreme, ab 8 soll man den Aufenthalt im Freien vermeiden.

Babys unter einem Jahr sollen direkter Sonnenstrahlung möglichst gar nicht ausgesetzt werden.

Cremes mit LSF 30, die von der Stiftung Warentest mit „Gut" bewertet wurden, kosten nicht mehr als 2,99 Euro. Spezielle Kinderprodukte sind nicht nötig, achten Sie lieber darauf, dass keine Duft- und Konservierungsstoffe enthalten sind.

Mineralischer Sonnenschutz, von Hautärzten für Kinder empfohlen, enthält Mikropigmente, die die Sonnenstrahlen reflektieren. Die unerwünschte Nebenwirkung ist ein weißer Film auf der Haut, der sich schlecht verreiben lässt. Cremes, die besser einziehen, verwenden Nanopartikel. Hier sind viele Eltern über noch unbekannte Langzeitwirkungen besorgt. Rein mineralische Sonnencremes schützen ab LSF 30 nicht mehr zuverlässig gegen UVA-Strahlung. Da dies seit 2009 aber durch eine EU-Verordnung vorgeschrieben ist, haben Sonnenschutzmittel mit höheren LSF heute immer auch einen chemischen oder synthetischen Bestandteil.

Auf **Sonnencreme bei Babys** sollten Sie möglichst verzichten. Viele Produkte enthalten Duftstoffe und Allergene, deren langfristige Wirkung nicht erforscht ist. Rein mineralische Cremes bieten einen zu geringen UV-Schutz. Übrigens: Auch von der Haut der Mutter kann beim Stillen Sonnencreme in den Organismus des Babys gelangen. Wischen Sie daher vor dem Stillen am Strand vorsichtshalber die Brust kurz mit einem feuchten Tuch ab.

Auch **Sonnenschutz im Winter** ist wichtig, vor allem im Hochgebirge: Hier ist die UV-Strahlung stärker und der Schnee reflektiert die Strahlen zusätzlich. **Sunblocker** muss deshalb auch bei bewölktem Himmel immer auf alle Hautflächen aufgetragen werden, die nicht bedeckt sind. Meist trifft das ja nur auf Wangen und Nase zu. Regelmäßiges Nachcremen geht sehr bequem mit den kleinen Pflegestiften oder Tübchen, die in eine Hosentasche passen. Ist es sehr kalt, tragen Sie unter der Sonnencreme noch eine schützende Schicht aus fetthaltiger, wasserfreier Wind- und Wettercreme auf.

UV-Schutzkleidung und Sonnenbrillen

UV-Schutz kann und sollte auch die Kleidung bieten: Wählen Sie am Strand und generell im Sommer weite, locker sitzende Kleidung aus dicht gewebtem Stoff. Spezielle **UV-Schutzkleidung** aus schnell trocknendem Gewebe mit eingearbeitetem Lichtschutzfaktor ist für Kinder am Strand und am Pool uneingeschränkt zu empfehlen. Die Vorteile sind vielfältig und der Schaden, der langfristig durch einen Sonnenbrand (→ S. 392) droht, wiegt die Anschaffungskosten teurer Markenkleidung auf. Günstige UV-Schutzkleidung für Babys und Kleinkinder finden Sie in Drogeriemärkten.

UV-Schutzkleidung wird oft am Ende der Sommersaison verbilligt angeboten. Greifen Sie dann auf Vorrat zu. Die Shirts, Hosen und Overalls können ruhig eine bis zwei Nummern größer gekauft werden, sie müssen nicht knalleng sitzen.

Kinder und Erwachsene sollten immer einen **Sonnenhut** tragen. Statt cooler Basecaps oder Bandanas wählen Sie besser luftige Hüte mit breiten, schattenspendenden Krempen oder Babymützchen, die Nacken und Ohren mit herabhängenden Stoffteilen bedecken. Für Traglinge, aber auch für Aufenthalte auf dem Wasser oder am windigen Strand sollten Kindersonnenhüte mit einer Schnur zu befestigen sein. Die empfindliche Haut an den Fußsohlen schützen **Strandschuhe** (die bedecken außerdem den Spann), Babys sollten dünne Söckchen tragen.

Preiswerten UV-Schutz für Kinder am Strand gibt auch ein dicht gewebtes T-Shirt von Papa oder Mama.

Eine gute **Kindersonnenbrille** bietet 100-prozentigen UV-Schutz bis 400 nm bei Filterkategorie 3. Das CE-Zeichen garantiert ein Minimum an UV-Schutz. Weigert sich Ihr Kind, eine Sonnenbrille zu tragen, setzen Sie ihm wenigstens einen Hut mit breiter

Gut geschützt kann man es stundenlang aushalten

Weblink

Täglicher UV-Index an vielen Orten der Welt: www.uvawareness.com (englisch)

Auch Babys und Kinder müssen Sonnenbrillen tragen

Elke: „An einem sonnigen Maitag saßen wir den ganzen Nachmittag draußen im Schatten unter einer alten Eiche. Ich dachte, wir wären alle gut geschützt. Umso erschrockener war ich, als ich am Abend feststellte, dass meine wenige Tage alte Tochter einen leichten Sonnenbrand bekommen hatte!"

Krempe auf, der das Gesichtchen beschattet, und schieben Sie Ihr Kind im Wagen nicht so, dass es in die Sonne blinzeln muss. Gerötete, juckende oder tränende Augen sollten Sie als Zeichen für eine UV-bedingte **Bindehautentzündung** ernst nehmen.

Gegenüber der starken UV-Strahlung in den Bergen sind die Augen von Babys und Kleinkindern sogar noch empfindlicher. Der Schnee reflektiert die Sonneneinstrahlung zusätzlich. Trägt ein Kind über längere Zeit keine Sonnenbrille, kann es in einer fast komplett verschneiten Umgebung schneeblind werden.

Viele Eltern bringen daher eine Strandmuschel, ein Sonnensegel oder einen Sonnenschirm mit zum Baden. Dieser mobile Sonnenschutz soll Schatten, Wind- und UV-Schutz bieten und dient als Rückzugsbereich, etwa für den Mittagsschlaf. Kleinere UV-Schutztücher oder Sonnensegel sorgen im Buggy oder Kinderwagen für Schatten. Haben Sie Ihr Kind im Tragetuch auf dem Rücken oder vor dem Bauch, sollten Sie einen **Schirm** mit UV-Schutzbeschichtung über sich spannen, um zuverlässig Schatten zu haben. Der „Swing Handsfree" kann am Hüft- und Brustgurt der Trage befestigt werden und lässt beide Hände frei.

Vorsicht bei Billigmodellen! Vage Angaben des Herstellers zum UV-Schutz genügen nicht. Es müssen ein UV-Standard-Siegel sowie das GS-Zeichen für geprüfte Sicherheit auf der Packung sein.

Halbkugelförmige **Strandmuscheln** oder **Strandzelte** haben den Vorteil, dass sie nicht nur von oben, sondern rundherum vor Sonne und Wind schützen. Sie sind windbeständiger als **Sonnensegel** oder Schirme und schützen auch vor neugierigen Blicken und fliegendem Sand. Babys können Sie hier dezent stillen und wickeln.

Ein **Sonnenschirm** kann dagegen kaum punkten: Durch seinen Mittelfuß findet man als Familie kaum genug Platz, im Sand oder gar auf Rasen lässt er sich schwierig aufstellen und bei Wind fliegt er schnell davon (und wird so zur Gefahrenquelle für die Strandnachbarn).

Zum Weiterlesen bei KidsAway.de:

„Sonnenbrillen für Babys und Kinder – bei Urlaubsreisen unverzichtbar"

Suchbegriff: „Kindersonnenbrille"

Schattenspender: Strandmuscheln, Sonnenschirme & Co.

Am Badesee oder am Strand gibt es nur selten natürliche Schattenplätze, die sicher vor der Sonne schützen. An bewachten Stränden von Nord- und Ostsee werden häufig **Strandkörbe** vermietet, in anderen Urlaubsländern sind es vorrangig Sonnenschirme mit dazugehörigen Liegen. Oft sind diese jedoch recht teuer oder schlicht vergriffen.

Ein Sonnenschirm erzielt nur einen UV-Schutzwert von 5, eine gute Strandmuschel bietet zehnmal mehr.

Es gibt klassische Zelte mit separatem Gestänge und **Pop-up-Strandmuscheln** (neuerdings auch im Quick-up-System zum Auffalten). Erstere haben ein kleineres Packmaß, letztere sind dafür blitzschnell aufgebaut. Jede Strandmuschel sollte einen UV-Schutzwert von mindestens 50+ haben, lichtbeständig und stabil vernäht sein und sich sowohl mit Sandheringen als auch mit Sandtaschen und Abspannleinen am Boden fixieren lassen. Je dunkler der Stoff, desto besser ist der UV-Schutz. Sichtfenster sollten nicht aus Plastik, sondern aus Mesh-Gewebe bestehen, um eine gute Durchlüftung zu gewährleisten, aber mit blick- und winddichten Klappen abdeckbar sein. Alternativ kann ein umlaufendes Netz in die Seitenwände eingepasst sein. Ein integriertes Moskitonetz schützt schlafende Babys vor Insekten.

Carsten: „Für die erste große Reise mit unseren Kindern hatten wir eine Strandmuschel gekauft. Sehr erstaunt bis wütend waren wir, als uns auf Hawaii ein freundlicher, wenn auch sichtlich geknickter Ranger bat, die Strandmuschel wieder abzubauen. Das ‚Zelten' am Strand ist dort tatsächlich gesetzlich untersagt. Und laut Gesetzesdefinition ist auch eine Strandmuschel, die an drei Seiten geschlossen ist, ein Zelt. Unser Strandbesuch hat sich dadurch extrem verkürzt (und wirklich konnten wir an dem gut besuchten Strand nirgends eine Strandmuschel entdecken)."

Damit Sie nicht im heißen Sand sitzen müssen, haben gute Strandmuscheln einen robusten Boden, der sich idealerweise auch noch ein Stück vor die Strandmuschel erstreckt. Für Familien mit mehr als zwei Kindern sollte eine Strandmuschel mindestens drei Quadratmeter Liegefläche haben und an der höchsten Stelle einen Meter hoch sein (noch höher, und sie verliert an Windfestigkeit). Alternativ können Sie zwei kleinere Strandmuscheln aufbauen oder ergänzend ein Sonnensegel verwenden.

Achten Sie beim Kauf einer Strandmuschel, die Sie täglich zum Strand tragen müssen, auf Packmaß und Gewicht. Die praktischen, selbstaufbauenden Modelle sind zusammengeklappt oft unhandliche Scheiben.

Auch im Schatten einer Strandmuschel oder eines Strandkorbs (→ S. 156) müssen Sie Kinder mit Sonnencreme, Sonnenbrille und Kleidung schützen.

Insektenschutz

Kindergeeignete Insektenschutzmittel

Ausführliche Tests der Stiftung Warentest belegen es: Wollen Sie wirklich effektiven Schutz vor Moskitos, Zecken und Sandflöhen, kommen Sie nicht an chemischen Wirkstoffen vorbei. Hausmittel wie Nelken oder Lavendel, der Verzehr von Knoblauch oder Alkohol helfen (fast) gar nicht. Auch die schützende Wirkung von ätherischen Ölen wie Citronella, Zedernöl oder Zitroneneukalyptus ist gering. UV-Lampen oder hochfrequent piepende Geräte wirken gegen Mücken ebenso wenig.

Auf Mückenstecker, Duftkerzen oder Räucherspiralen im Zimmer sollten Sie mit Kleinkindern verzichten.

Zumindest bei einer Tropenreise, wo Moskitos gefährliche Krankheiten übertragen können, ist Mückenschutz mit Chemie unbedingt zu empfehlen. Der Inhaltsstoff Diethyltoluamid (**DEET**) ist sehr wirksam, allerdings soll er nicht von Kindern unter zwei bis drei Jahren und Schwangeren verwendet werden.

Die Alternative zu DEET ist **Icaridin** (Handelsname Bayrepel), das in fast allen Autan-Produkten enthalten ist. Icaridin soll besser verträglich sein, hilft aber weniger gut gegen Anopheles- und Aedes-Mücken (das sind die gefürchteten Überträger von Malaria und Dengue-Fieber).

DEET und Icaridin dürfen nicht in den Organismus gelangen, also auch nicht von der Haut abgeleckt werden. Kann das nicht zuverlässig vermieden werden, sollten Sie (weniger wirksame, aber besser verträgliche) Alternativen wählen.

Für Kinder ab vier Jahren sollten die Repellents etwa 10 bis 15 Prozent DEET enthalten, Erwachsene können 30 bis 50 Prozent vertragen.

Wenn Sie sich gleichzeitig vor UV-Strahlung und Insekten schützen müssen, tragen Sie die Sonnencreme zuerst auf und etwa eine Viertelstunde später das Insektenschutzmittel. Der Geruch der Sonnencreme könnte sonst die Duftstoffe des Repellents überlagern, während gleichzeitig die UV-Schutzwirkung gemindert wird.

Homöopathisch wirkt das Mittel Staphisagria in der Potenz D3 vorbeugend gegen Insektenstiche.

Gegen Moskitos hilft nur Totschlagen!

Wirksame, kindergeeignete Insektenschutzmittel

Produkt	Wirkstoff	Eignung laut Hersteller
Anti Brumm Forte	30 % DEET	ab 3 Jahren, wenn sparsam aufgetragen Testurteil Stiftung Warentest „gut" (2,2)
Anti Brumm Sensitive	Icaridin	ab 2 Jahren, wenn sparsam aufgetragen
Autan Family Care Spray	15 % DEET + 10 % Icaridin	ab 2 Jahren
Autan Junior Gel	10 % Icaridin	ab 2 Jahren Testurteil Stiftung Warentest „ausreichend" (3,7)
Autan Protection Plus (früher: Autan Active)	16 bis 20 % Icaridin (je nach Darreichungsform)	ab 2 Jahren Testurteil Stiftung Warentest „gut" (2,0)
Autan Tropical Dry Spray	25 % DEET	ab 2 Jahren, empfehlenswert ab 4 Jahren
Care Plus Anti-Insect Spray	40 % DEET	ab 6 Jahren
Care Plus Anti-Insect Gel	30 % DEET	ab 3 Jahren
Nobite Spray	50 % DEET	ab 5 Jahren und Schwangere ab 1. Trimester Testurteil Stiftung Warentest „gut" (2,2)
Nobite Hautcreme	34 % LipoDEET	ab 5 Jahren und Schwangere ab 1. Trimester verzögerte Abgabe des Wirkstoffs, dadurch längerer Schutz
Nobite Sensitive	30 % Icaridin	ab 2 Jahren und für Schwangere
OFF! familycare smooth&dry	15 % DEET	ab 2 Jahren
OFF! familycare clean feel	5 % Icaridin	ab 2 Jahren

Quelle: eigene Recherchen. Angaben der Hersteller. Stand: 12/2014

Moskitonetze für Familien

Mücken suchen ihre Opfer anhand des Kohlendioxid-Ausstoßes der Atemluft. Im Schlaf liegen Sie still und die Wolke Ihres Atems steht wie ein Hinweisschild über Ihnen. Dies ist also die gefährlichste Zeit. In warmen Ländern, aber auch in Mitteleuropa während des Sommers, können Sie sich vor nächtlichen Attacken mit **Insektennetzen** schützen. Diese werden permanent als Fliegengitter in Fenster und Türen eingefügt oder sie hängen als Baldachine direkt über dem Bett.

Ist Mückenschutz sehr wichtig, vor allem in Gebieten mit Malaria (→ S. 166) und Dengue-Fieber, sollten Sie Ihr Moskitonetz außerdem mit einem DEET-haltigen Repellent **imprägnieren**. Achten Sie dabei auf das Material des Netzes, DEET zerstört nämlich Kunststoffe. Baumwolle ist allerdings weniger luftdurchlässig, schwerer und fängt in feuchtem Klima schnell an, unangenehm zu riechen.

Die **Maschendichte** darf nicht über 1,2 Millimetern liegen und das Netz darf an keiner Stelle die Schlafenden berühren.

Hungrige Mücken stechen durch die Maschen. Für Familien sind **Kastennetze** (oder „Mehrpunktnetze") ideal. Sie sind groß genug für zwei bis vier Personen nebeneinander und ihre senkrechten Wände schützen vor versehentlichem Aufliegen des Netzes an den Seiten. Sie sind auch einfacher anzubringen als Einpunktnetze, weil gleich vier Punkte an der Zimmerdecke zum Fixieren zur Verfügung stehen.

Mit ein paar dünnen Holzschrauben, Haken mit Gewinde, einer dünnen Schnur und ein wenig Erfindungsreichtum ist das Befestigen kein Problem. Kastennetze sind allerdings schwerer und größer im Packmaß. Packen Sie das Netz für den Transport in Rucksack oder Koffer in einen festen Beutel, um es vor Beschädigungen zu schützen.

Verlassen Sie sich nie auf Moskitonetze, die in Ihrer Unterkunft bereits angebracht sind. Im Laufe der Zeit entstehen immer kleine Löcher, die für prüfende Blicke fast unsichtbar sind. Zuverlässigen Schutz bietet nur Ihr eigenes, neu gekauftes Netz, das Sie regelmäßig auf Intaktheit checken sollten.

Binden Sie alle Netze tagsüber, wenn sie nicht verwendet werden, hoch und – ganz wichtig – knoten Sie sie unten zusammen. So können keine cleveren Moskitos eindringen und auf Sie warten, wenn Sie abends unter Ihren Mückenschutz kriechen. Das Netz sollte nicht locker über den Bettrand hängen, sondern, sobald Sie alle „drin" sind, unter der Matratze festgesteckt werden.

Kaufen Sie Ihr Moskitonetz vor der Reise. In den Ländern, in denen die Netze gebraucht werden, gibt es selten Produkte guter Qualität und vor allem selten Netze in Kastenform.

Gut geschützt unterm Netz im Urlaub

▶ Im tropischen Regenwald ist guter Mückenschutz für Familien (lebens-)wichtig.

Kindertransport: Sitzen, Schieben, Tragen

Kinderwagen oder Buggy?

Viele Eltern wollen ihn im Urlaub mit Baby oder Kleinkind nicht missen: den Kinderwagen. Er ist praktisch und bequem, weil er Platz sowohl für das Kind als auch für ein wenig Gepäck und spontane Einkäufe bietet, die sich ohne viel Kraftaufwand schieben lassen. Er schützt vor Sonne und Regen, bietet dem Kind einen vertrauten Raum für ein Nickerchen zwischendurch (kleinen Babys auch für die ganze Nacht) und gibt in öffentlichen Verkehrsmitteln und fremden Städten Sicherheit. Das Kind ist zuverlässig darin festgeschnallt.

Doro: „In Málaga mussten wir unseren Buggy immer zusammenklappen, wenn wir in einen Bus gestiegen sind – echt nervig. Angeblich aus Sicherheitsgründen, hieß es. Wieso ist es sicherer, sein Kind ohne Gurte auf dem Schoß zu halten und daneben noch den zusammengeklappten Buggy zu balancieren?"

Ein Kinderwagen mit Liegewanne oder Sportwagenaufsatz bedeutet mehr Komfort für das darin beförderte Kind und ist für Babys, die noch nicht selbst sitzen, die einzige Option. Leichte, schnell **faltbare Buggys** bieten auf Reisen aber deutliche Vorteile. Entscheidend ist, wofür Sie den Wagen auf der Reise verwenden wollen.

Läuft Ihr Kind schon selbst und brauchen Sie den Wagen vor allem als **Back-up in Städten**, sind Sie mit einem Buggy gut beraten. Auch auf Reisen mit viel sonstigem Gepäck, das Sie über Strecken selbst tragen müssen, ist ein kleiner, leichter Buggy ideal. Reisebuggys kann man notfalls samt Kind unter den Arm klemmen, wenn es mal wieder keinen Fahrstuhl zur Metro gibt. Reisen Sie allein und brauchen alle Hände, sind Buggys eine Erleichterung, die sich mit einer Hand auf- und zuklappen lassen und einhändig lenkbar sind.

Kleinere Kinder, mit denen Sie im Urlaub viel spazieren oder wandern wollen, sitzen bequemer in einem stabilen **Sportwagen** oder liegen in einem Kinderwagen mit fester Babywanne. Diese bietet Babys mehr Platz und eine bessere Belüftung als die beliebten Softtaschen, die für größere Liegebabys oft zu schmal und zu kurz sind.

Für Flug- und Autoreisen sollte der Kinderwagen stabil und leicht sein und ein möglichst **kleines Faltmaß** haben. Wollen Sie den Kinderwagen mit auf **Wanderungen** nehmen, sind andere Qualitäten gefragt: Eine gute Federung schont die empfindliche Wirbelsäule des Babys, breite Reifen und vier Räder sorgen für Stabilität. Schwenkbare Räder oder Dreirad-Wagen wiederum sorgen in engen Geschäften oder Gassen für eine gute **Manövrierbarkeit**. Ein Kompromiss für Kombinationen aus Wandern und City-Touren sind Kinderwagen, bei denen man schwenkbare Einkaufswagenräder gegen große Outdoor-Räder tauschen kann.

Martin: „Der Kinderwagen ist immer ein Problem. Wir waren mit unserer Tochter – ein knappes Jahr alt – in Spanien. Wir hatten uns zwar entschieden, nur den Buggy mitzunehmen, jedoch war es höchst kompliziert. Beim Boarding wurde er abgegeben und kam erst einen Tag später am Ferienziel an. Man sollte auch darauf achten, dass das gemietete Auto einen Kinderwagen fassen kann."

Kati: „Extra für unsere Weltreise haben wir uns einen Geschwisterwagen besorgt, unser Großer ist nämlich etwas lauffaul. Der Zweier-Buggy ist für ein kleineres und ein größeres Kind ausgelegt und hat uns gute Dienste geleistet. Es gab keinen Streit, wer wo sitzen darf, und die beiden haben sogar oft gemeinsam darin Mittagsschlaf gemacht."

◀ Was macht einen guten Reisebuggy aus?
  Die Antwort lautet wie so oft: Es kommt darauf an.

Checkliste: Reisekinderwagen

- ☐ kleines Faltmaß
- ☐ maximal 60 Zentimeter Breite
- ☐ Gewicht unter 12 Kilogramm (Aluminium)
- ☐ einzeln abklickbare Räder
- ☐ einhändig auf- und zuklappbar, einhändig lenkbar
- ☐ gepolsterte, gut belüftete Liege-/Sitzfläche, stufenlos komplett flach einstellbar
- ☐ schwenkbarer, höhenverstellbarer Schieber
- ☐ Verdeck breit genug für zuverlässigen Sonnenschutz, farbecht und UV-beständig
- ☐ für Wanderungen: gute Federung, vierrädrig, breite Reifen, zusätzliche feststellbare Handbremse
- ☐ leichte Luftkammerräder aus aufgeschäumtem Kunststoff
- ☐ für Stadttouren: schwenkbare Räder oder Achse, kleiner Wendekreis

In vielen Ländern bekommen Sie in großen Supermärkten, Convenience Stores oder Babyfachgeschäften für wenig Geld schlichte Buggys, die es für die kurze Zeit im Urlaub „tun".

Kerstin: „Wir haben schon zweimal erlebt, dass wir den Buggy im strömenden Regen am Zielort wiederbekommen haben – völlig durchnässt. Der Kinderwagen einer Freundin ist auf dem Flug verloren gegangen. Wenn man dann einen halben Tag auf dem Flughafen beim „Lost and found"-Schalter verbringen muss, macht das keinen Spaß mehr ..."

Die meisten **Airlines** transportieren klappbare Kinderwagen und Buggys kostenlos als Sperrgepäck. Da oft wenig zimperlich mit Gepäckstücken umgegangen wird, sollte der Wagen robust sein oder gut verpackt werden (→ S. 233). Haben Sie Angst um Ihren Kinderwagen, nehmen Sie auf die Flugreise lieber ein günstigeres Modell mit, um das es nicht „schade" ist.

Der Buggy: Gut für eine Pause zwischendurch

Reiseausrüstung für Familien

Mit Buggy oder Kinderwagen sind Sie im Urlaub wahrscheinlich viel draußen unterwegs. Ein **Regenverdeck** gehört daher ins Gepäck, wenn es nicht sowieso direkt am Wagen befestigt ist. Praktisch sind Regenverdecks, die mit einem Reißverschluss befestigt und heruntergerollt werden.

Ein **Fußsack**, der komplett aufgezippt werden kann, hilft Laufanfängern beim Ein- und Aussteigen. In der kalten Jahreszeit sollte er innen kuschelig gefüttert und außen wasserabweisend beschichtet sein. Für Geschwister bis etwa vier Jahre kann ein „**Kiddyboard**", das in die Vorderachse des Kinderwagens eingehängt wird, Erleichterung bringen und neidisches Geschrei vermeiden. Im Sommer ist ein **Insektennetz** wertvoll, wenn das Baby sein Mittagsschläfchen im Wagen halten soll.

Eine weitere Möglichkeit zum Schieben von bis zu zwei Kindern und viel Gepäck ist der **Fahrradanhänger** (→ S. 134).

Der Bollerwagen für Gepäck- und Kindertransport

Zum Weiterlesen bei KidsAway.de:

„Unterwegs auf vier Rädern: Wie sieht der perfekte Reisekinderwagen aus?"

 Suchbegriff: „Reisekinderwagen"

Bollerwagen für die Reise

Mit größeren Kindern, die zum Tragen zu schwer sind oder sich nur zum Spaß ein Stück ziehen lassen wollen, kann ein **Bollerwagen** das Gefährt der Wahl sein. Diese kleinen vierrädrigen Handkarren mit Deichsel sieht man vor allem als Leihwagen in Zoos und in Badeorten an Nord- und Ostsee. Dort bestehen sie meist aus robustem, aber schwerem Massivholz und Stahl. Es gibt aber auch sehr leichte, klappbare Gefährte, die problemlos mit auf Reisen (sogar auf Flugreisen) kommen können.

Sie transportieren eine ganze Menge Gepäck über kürzere Strecken und eben auch lauffaule Kinder, die sich je nach verfügbarem Platz sogar für ein Nickerchen hineinkuscheln können. Sogar ein Verdeck lässt sich aufbauen und sorgt für Schutz vor Regen und Sonne. Für Großfamilien ist das sehr interessant, weil man ja immer nur ein Kind pro Person tragen kann – und wohin dann mit dem Gepäck? Für anspruchsvolle Wanderungen mit größeren Steigungen in unwegsamem Gelände sind Bollerwagen ungeeignet, genauso wenig wie für den dauerhaften Transport von Babys. Zum Ziehen braucht man mindestens eine Hand, bei entsprechender Beladung sogar beide. Im Gegensatz zu einem Rucksack kann hier allerdings ein Partner mit anpacken.

 Wollen Sie einen Bollerwagen für den Urlaub (und für den Alltag) kaufen, achten Sie neben Gewicht und Packmaß auf Luftreifen mit Kugellager. Für Touren im Gelände sollte eine Bremse eingebaut sein, damit der Wagen am Berg nicht wegrollt. Eine Einzelradaufhängung der Vorderräder erleichtert das Lenken und erhöht die Standfestigkeit.

Tragetücher, Babytragen und Wanderkraxen

Immer mehr Eltern lassen den Kinderwagen stehen und tragen ihr Baby oder Kleinkind vor dem Bauch oder auf dem Rücken. **Babytragen** und **Tragetücher** haben ihr „Öko"-Image abgelegt und sind für viele Familien unentbehrliche Alltagsbegleiter. In unbekannten Umgebungen fühlen sich kleine Kinder nahe bei Mama oder Papa sicher, haben von oben einen guten Überblick und sind vor neugierig-zudringlichen Händen wohlmeinender Menschen geschützt. Wird es ihnen zu viel an Eindrücken, können sie das selbst entscheiden und sich „zurückziehen".

Beim Strandspaziergang: Babytrage schlägt Buggy

Bei **Hitze** fungiert der Körper des Tragenden als Thermostat und unterstützt das Kind beim Ausgleich seiner Körpertemperatur. Nassgeschwitzte Shirts unterm Tragetuch haben einen Sinn: Sie kühlen das Baby (und die tragende Person) durch Verdunstung. Und bei Kälte wärmen Sie sich gegenseitig und müssen Ihr Baby nicht in dicke Schneeanzüge einpacken. Mit einem zusätzlichen **Tragecover** oder einer **Tragejacke** sowie dicken Wollsocken an den Füßen bleiben Tragebabys auch bei Minusgraden warm.

Für Sie ist es auf Reisen oft **bequemer**, wenn Sie Ihr Baby auf dem Rücken, auf der Hüfte oder (wenn es weniger als etwa 8 Kilogramm wiegt) vor dem Bauch tragen: Treppen, steile Wanderwege und enge Holpergassen sind keine Hindernisse und Sie haben die Hände frei zum Fotografieren oder Festhalten. Weil die Babytrage wesentlich weniger Platz als der kleinste Kinderwagen braucht, ist sie der ideale Reisebegleiter für junge Familien.

Tragemami: „Immer wieder sehe ich Eltern, die im Kaufhaus den Lift suchen, während wir auf die Rolltreppe gehen; unzufriedene Kinder, die auf dem Arm getragen werden, während man einen leeren Wagen schiebt; wie sich Eltern in Menschenansammlungen mit einem Wagen durchquetschen müssen (nicht auszudenken, was für ein Gefühl das aus der Perspektive des Kindes ist). Auch beim Wandern und Fliegen sowie in Afrika, wo die Straßen nicht kinderwagentauglich sind, war ich immer gut beraten, mein Kind zu tragen, statt zu schieben."

Trageexpertin Dorothea Burkhard: „Kinder, die viel getragen werden, sind es gewöhnt, an einem Rücken zu schlafen, egal wo die Eltern gerade sind. Ein unschätzbarer Vorteil auf Reisen – das Kind betrachtet Mama oder Papa samt Trage als Schlafzimmer. Die Eltern brauchen nicht auf die Mittagsschlafzeiten des Kindes Rücksicht zu nehmen – das Baby oder Kleinkind schläft einfach am Rücken oder vor dem Bauch."

Viele angebotene Modelle bieten eher zweifelhaften Tragekomfort. In guten Babytragen und korrekt gebundenen Tragetüchern nehmen Babys automatisch eine Haltung ein, die ihre Entwicklung optimal unterstützt: In der **Anhock-Spreiz-Haltung** sind die Beine angehockt und etwa rechtwinklig gespreizt wie bei einem Frosch. Die Knie sind auf Höhe des Bauchnabels, der Po ist der tiefste Punkt. Das Gewicht des Kindes ist dann sehr nah am Schwerpunkt des Tragenden und ruht vor allem auf dessen Hüfte. Das ermöglicht eine aufrechte Haltung und nimmt das Gewicht von den Schultern. So kann man mit etwas Training auch Kleinkinder stundenlang tragen.

Entscheidend für die **richtige Passform** einer Trage ist die Breite des Stegs zwischen den Beinen des Kindes. Er muss breit genug sein, um das Kind automatisch in die Anhock-Spreiz-Haltung zu bringen, darf aber auch nicht zu breit sein, wenn Ihr Baby noch klein ist. Der Rücken des Kindes soll leicht gebogen sein und von der Trage fest umschlossen werden. Auch ältere Kinder schlafen beim Getragenwerden gern ein und „sacken" dann weg. Das Rückenteil muss daher hoch genug sein, um den Kopf zu stützen oder eine Vorrichtung zum Einrollen aufweisen.

Jedes Kind (und jeder Elternteil) ist verschieden gebaut. Probieren Sie so lange, bis Sie eine Trage gefunden haben, die optimal zu Ihnen und Ihrem Kind passt. Der Test: Die tragende Person muss sich bücken können, ohne das Kind dabei festhalten zu müssen.

Wenn Sie die Trage lange verwenden wollen, sollte sie sich sowohl für das Tragen vor dem Bauch als auch auf dem Rücken eignen.

Kaufen Sie ein Tuch mit etwa 4,70 Meter Länge, wenn Sie sehr groß sind oder Bindeweisen für kleine Babys verwenden wollen.

Sibylle: „Als wir in einem Naturpark auf einem Kletterpfad waren, hat sich ein Junge nicht mehr weiter getraut. Dem verzweifelten Papa habe ich dann unsere Trage angeboten und er war sehr erleichtert, als er damit, einfach und bequem, den Kleinen (immerhin 8 Jahre) rübertragen konnte. Im Alltag tragen wir ausschließlich und natürlich nehmen die Tücher/Slings/Tragehilfen nicht annähernd so viel Platz weg wie ein Kinderwagen."

Gute Babytragen und Tragetücher sind extrem haltbar und können bedenkenlos gebraucht gekauft werden. Immer mehr Trageberatungen verleihen Tücher, Babytragen und Zubehör. In Onlineshops für Babytragen können Sie auch Leihpakete zum Testen bestellen.

Ein **Tragetuch** ist gerade für sehr kleine Babys die bessere Wahl, weil es sich optimal anpassen lässt. Unter den vielen Bindemöglichkeiten können Sie je nach Alter und Situation variieren. Das **Anlegen** eines Tragetuchs sieht auf den ersten Blick kompliziert aus, ist aber schnell gelernt. Noch einfacher sind die meisten Babytragen konzipiert. Detaillierte Anleitungen, oft auch als Videos, liegen den meisten Tragen bei und sind auch auf YouTube zu finden.

Spezielle **Wanderkraxen** oder -tragen erfreuen sich bei Eltern großer Beliebtheit: Sie sind unkompliziert in der Handhabung, bieten ein Regen- und Sonnendach und eine Möglichkeit zum Verstauen von Gepäck. Kinder können darin erst transportiert werden, wenn sie sicher selbst sitzen, also ab etwa acht Monaten. Laufen sie schon selbst und brauchen nur hin und wieder einen „Pick-up", ist die Wandertrage zwischendurch eine sperrige Last. Ein Tragetuch nimmt dagegen kaum Platz weg, wenn es nicht gebraucht wird. Die Nutzungszeit einer Wandertrage ist also vergleichsweise kurz.

Viel wichtiger aus der Sicht von Orthopäden: Wandertragen gewährleisten **keine ergonomisch einwandfreie Sitzhaltung**. Die Beine hängen fast gerade herunter und der Rücken wird nicht richtig gestützt. In einer

Beliebt, aber ergonomisch nicht empfehlenswert: die Kraxe

Vergleich: Wanderkraxe vs. Babytrage

	Wanderkraxe	Babytrage
Einsatzgebiet	• ab Sitzalter bis Laufanfänger-Alter • nur auf Wandertouren einsetzbar	• je nach Tragesystem von Geburt bis zum Vorschulalter • überall einsetzbar • Tragetuch: Quernutzung als Picknickdecke, Hängematte, Sonnendach, Handtuch, Sichtschutz beim Stillen und mehr
Handhabung	• einfach aufzusetzen wie ein Rucksack • Trage kann komplett mit darin sitzendem Kind abgestellt werden • Gepäckfach ist oft integriert • hohes Eigengewicht, Tragender mit Wandertrage wird sehr sperrig (Vorsicht an engen Stellen und in Verkehrsmitteln!)	• etwas Übung zum Auf- und Absetzen ist nötig, sehr verschiedene Tragesysteme für jedes Bedürfnis sind auf dem Markt • leicht, sehr kleines Packmaß • Gepäck muss gesondert getragen werden • Tragetuch: beim An- und Ablegen sollte der Boden nicht schmutzig sein
Ergonomie	• keine Anhock-Spreiz-Haltung gewährleistet • schlafendes Kind sackt in sich zusammen, Rücken und Kopf sind nicht gestützt • Stöße werden direkt auf Wirbelsäule des Kindes übertragen (abgemildert, wenn eine schwebende Sitzfläche integriert ist) • Schwerpunktverteilung ungünstig für den Tragenden, führt zu schnellerer Ermüdung	• Anhock-Spreiz-Haltung gewährleistet • Rücken und Kopf sind immer optimal gestützt • Gewicht wird optimal verteilt
Sicherheit	• Regen- und Sonnendach • Gefahr von Unterkühlung und Erfrieren sowie Überhitzung und Dehydrieren • ungünstiger Schwerpunkt beim Tragen erhöht Sturzrisiko	• Regen- und Sonnenschutz muss durch den Tragenden übernommen werden (zum Beispiel mit einem Schirm, → S. 121) • keine Unterkühlungs- oder Überhitzungsgefahr
Preis	ab etwa 100 Euro	ab etwa 50 Euro

Quelle: eigene Recherchen. Stand: 07/2014

Weblinks

Onlineshop für Tragehilfen mit riesiger Auswahl und vielen Tipps:
www.tragemaus.de

Vorstellung zahlreicher Bindeweisen für das Tragetuch und Binde-Anleitungen:
www.didymos.de/DIDYMagazin/Tragehilfen/Trageweisen

Rechner für die richtige Tragetuchlänge:
www.tragetuch.org/Die-richtige-Tuchlaenge

Trageberatung, auch persönlich: www.trageschule-dresden.de

Wandertrage sitzt das Kind außerdem immer ein Stück entfernt vom Tragenden und vergleichsweise hoch. Für den Tragenden führt dies zu einer wackeligen **Verlagerung des Körperschwerpunkts**, egal wie gut die Trage eingestellt ist. Für Wanderungen auf unebenem Gelände ist das keine gute Voraussetzung.

Eine weitere und riskante Folge ist, dass nicht nur Beine und Füße des Kindes schnell **auskühlen**, sondern das ganze Kind. Es sitzt bewegungslos in der Trage und ist, egal wie dick eingemummelt, bei kühlen Temperaturen oder Wind von Unterkühlung oder Erfrieren bedroht. Ohne direkten Körperkontakt, wie ihn ein Tragetuch oder eine Babytrage bietet, bekommen Sie kaum eine Rückmeldung, wie es Ihrem Kind geht. Ein unterkühltes Kind schreit und weint genauso wenig wie ein durch Hitze und Dehydrierung erschöpftes. (Und ob gerade eine Ladung in die Windel gegangen ist, merken Sie auch nicht sofort.)

Wollen Sie trotzdem eine Wandertrage kaufen, achten Sie auf einen gut gepolsterten, individuell verstellbaren **Rahmen mit Fußstützen**, der das Kind auch im Schlaf rundum stützt, so dass es nicht wegsackt. Ein **Wetterschutz** ist vorteilhaft, noch wichtiger ist ein **gutes Gurtsystem** für das Kind. Praktisch zum Reinigen ist ein abnehmbarer Sitz. Der große Vorteil einer Wandertrage ist, dass sie bei einer Pause mit Kind abgestellt werden kann. Sie sollte dabei aber wirklich stabil stehen.

Martina: *„Meine Kinder haben es alle drei geliebt, herumgetragen zu werden – egal ob im Tuch oder in der Kraxe."*

Hinsichtlich des Tragens sollten Sie an eine Wanderkraxe dieselben Anforderungen wie an einen guten Trekkingrucksack stellen. Am wichtigsten ist eine einstellbare Rückenlänge, vor allem, wenn die tragenden Personen unterschiedlich groß sind. Auch auf eine **gute Belüftung** des Rückenteils und auf einen fest sitzenden, gut gepolsterten **Hüftgurt** sollten Sie achten.

Zum Weiterlesen bei KidsAway.de:

„Serie: Babys tragen"

 Suchbegriff: „Babys tragen"

Autokindersitze und Zubehör

Kinder bis mindestens zwölf Jahre oder 1,50 Meter Körpergröße dürfen in Europa nur in einem für ihr Alter und Gewicht passenden Kindersitz im Auto mitfahren. Dreipunktgurte und Airbags sind für Erwachsene konzipiert. Autokindersitze sollen deren Schutzwirkung gezielt ergänzen. Auch im Reisebus oder im Flugzeug ist es sinnvoll, den für Erwachsene entwickelten Passagierschutz dem Alter und Gewicht des Kindes entsprechend zu ergänzen. Mangels eigener Schutzvorrichtungen bietet sich hier ebenfalls der Autokindersitz als Kompromisslösung an (→ S. 248).

Autokindersitze gibt es in allen Preisklassen. Ob sie gut sind, das heißt sicher, einfach und pannenfrei einzubauen, komfortabel und frei von Schadstoffen, testet die unabhängige **Stiftung Warentest** gemeinsam mit dem ADAC regelmäßig. Orientieren Sie sich beim Kauf eines Kindersitzes am ADAC-Prädikat und der Testnote der Stiftung Warentest, sind Sie auf der sicheren Seite.

Kaufen Sie nur dann einen gebrauchten Autositz, wenn Ihnen der Vorbesitzer absolut glaubhaft versichern kann, dass der Sitz unfallfrei und unbeschädigt ist, also am besten von Verwandten oder guten Freunden.

Das **Zertifikat ECE-R44** teilt Autokindersitze in Klassen ein, die sich nach dem Gewicht des transportierten Kindes richten. Das zusätzlich angegebene Alter ist nur eine Orientierungshilfe. Daneben gilt seit Juli 2013 eine **neue EU-Richtlinie**: Babyschalen müssen nun den rückwärts gerichteten Transport bis zum Alter von 15 Monaten

Reisevorbereitung

ermöglichen (statt wie bisher bis neun Monate) und Seitenaufprallschutz bieten. Alle „alten" Kindersitze sind aber weiterhin legal zu verwenden und dürfen auch weiterhin verkauft werden.

Gute Kindersitze sind teuer. Schauen Sie nach Auslaufmodellen und kaufen Sie Modelle, die mehrere Gewichtsklassen kombinieren. Wenn Sie nur selten Auto fahren, leihen Sie sich einen Kindersitz von Freunden.

Es muss nicht der Testsieger sein. Auch Sitze mit dem Prädikat „gut" können für Ihre speziellen Anforderungen optimal sein. Ein Kindersitz, den Sie in verschiedenen Autos verwenden wollen, sollte leicht und schnell einzubauen sein. Ein Sitz, den Sie später an ein kleines Geschwister weitergeben wollen, muss nicht so lange passen wie ein Sitz, den ein Kind bis zu seinem zwölften Lebensjahr verwenden soll.

Werden Sie mit Ihrem Kind im Alter bis zu etwa vier Jahren fliegen, achten Sie gleich bei der Anschaffung des regulären Sitzes darauf, dass dieser „for use in aircraft" zugelassen ist (→ S. 248).

Nicht jeder Kindersitz passt jedem Kind. Auch die Kleinen haben schon einen individuellen Körperbau. Manche sind für ihr Alter sehr groß und müssen frühzeitig aus der Babyschale ausziehen, andere sind klein und schmal und schlackern in einem Sitz, der mehrere Klassen kombiniert, unsicher herum. Jeden Kindersitz sollten Sie **vor dem Kauf ausprobieren**. Schließlich lässt sich nicht jeder Kindersitz in jedes Auto einbauen. Gerade für Babyschalen ist mitunter der Dreipunktgurt des Autos zu kurz.

Eine sichere und bequeme (aber leider teure) Alternative sind **Isofix-Sitze**. Sie werden ohne Dreipunktgurt mit einem Klick

Autokindersitze und Installation im Auto

ECE-44-Klasse	Zulassung	Installation
Klasse 0 mit Fünfpunktgurt	von Geburt bis 10 kg oder 9 Monate	nur rückwärts gerichtet oder quer zur Fahrtrichtung
Klasse 0+ mit Fünfpunktgurt	von Geburt bis 13 kg oder 18 Monate	nur rückwärts gerichtet
Klasse 0+/I mit Fünfpunkt- und Dreipunktgurt	von Geburt bis 18 kg oder etwa 3,5 Jahre	rückwärts, ab 9 kg auch in Fahrtrichtung
Klasse I mit Fünfpunktgurt	9 bis 18 kg oder 9 Monate bis 3,5 Jahre	in Fahrtrichtung oder rückwärts gerichtet
Klasse II mit Dreipunktgurt	15 bis 25 kg, ab 4 Jahre	meist in Fahrtrichtung, auch rückwärts gerichtet
Kombination Klasse II/III mit Dreipunktgurt	15 bis 36 kg, 4 bis 12 Jahre	in Fahrtrichtung
Klasse III Sitzerhöhung mit Dreipunktgurt	von 22 bis 36 kg, bis 12 Jahre	in Fahrtrichtung
Kombination Klasse I/II/III mit Fünfpunkt- und Dreipunktgurt	von 9 bis 36 kg oder 9 Monate bis 12 Jahre	meist in Fahrtrichtung, bis 18 kg auch rückwärts gerichtet (nur Klippan Triofix)

Quelle: eigene Recherchen, Stand: 07/2014

auf ihrer Basis befestigt, die wiederum an fest in der Karosserie verschweißten Isofix-Ösen angebracht wird. Allerdings passen auch diese Sitze nicht in jedes Fahrzeugmodell. Vor allem Autos mit Staufächern im Fußbereich haben diesbezüglich Probleme.

Einige Autos haben integrierte Kindersitze, die bei Bedarf schnell herausgeklappt werden können. Sie sind allerdings nie so sicher und bequem wie „richtige" Kindersitze.

Kindersitze, die sich auch mit **Beckengurten** befestigen lassen, passen auf Rückbänke, deren mittlerer Sitz nur einen solchen Zweipunktgurt bietet. Diese Sitze passen für Kinder bis 25 Kilogramm und können in der Regel auch im Flugzeug verwendet werden.

Auf YouTube zeigen viele Autokindersitz-Hersteller eigene Installationsanleitungen.

Aufblasbare Sitzerhöhungen sind preiswerte Alternativen, wenn ein Autokindersitz auf der Reise nur selten gebraucht wird, kein Platz im Reisegepäck für ihn ist und Kindersitze am Reiseziel weder zur Miete noch zum Kauf angeboten werden. Der „BoostApak" ist eine Kombination aus Rucksack und aufblasbarer Sitzerhöhung. Der „BubbleBum" wird, wenn er nicht gebraucht wird, in einer handlichen Transporttasche aufbewahrt. Beide passen für Kinder ab etwa vier Jahren, die mit einem normalen Dreipunktgurt angeschnallt werden. Sie sind mit dem ECE-Siegel R44.04 als Kindersitze der Gruppe II/III zertifiziert. Dass die Sicherheit und der Sitzkomfort nicht mit denen eines ordentlichen Kindersitzes mithalten können, sollte Ihnen aber klar sein. Der „Luftikid", ein speziell für das Flugzeug entwickelter aufblasbarer Kindersitz, der auch im Auto genutzt werden kann, wird aktuell nicht mehr hergestellt.

Sitzen Ihre Kinder in einer Babyschale oder einem Reboarder (→ S. 266) auf dem Rücksitz, ist ein **Autorückspiegel** sehr praktisch. So können Sie sehen, ob es Ihrem Kind gut geht, wo der Schnuller hingefallen ist oder wer der Bessere beim Wettbewerb im Grimassenschneiden ist. Der Hersteller Diono bietet sogar beleuchtete Spiegel an, mit denen man die Kinder auf Nachtfahrten sehen kann.

Ebenfalls sehr praktisch bei Sommerhitze sind **luftdurchlässige Auflagen** für den Kindersitz, die kleine Insassen vor übermäßigem Schwitzen und Überhitzung schützen. Den „AeroMoov Air Layer" gibt es in verschiedenen Farben und passenden Größen für Autokindersitze der Gruppen 0+, I und II/III sowie für Buggys.

Viele Eltern klagen darüber, dass sich ihre Kinder immer wieder aus dem Fünfpunktgurt des Autokindersitzes herauswinden. Hier hilft ein **Anti-Autositz-Fluchtsystem**, das zum Beispiel vom Hersteller 5 point plus oder von Besafe in Großbritannien vertrieben wird.

Gurtschoner werden über den Dreipunktgurt geschoben und senken den Druck, der auf dem Schulter- und Brust-Bauch-Bereich des Kindes ruht, wenn dieses eingeschlafen ist. Damit sind sie eine praktische Ergänzung

So schläft es sich besser

zum „Sandini SleepFix" **Schlafkissen**. Dieses besteht aus zwei Teilen, die vor dem Hals zu einer weichen Kopfstütze zusammengeklettet werden und mit einem leichten Gegengewicht oder einem Gurt am Sitz (je nach Alter) Kopf und Oberkörper des schlafenden Kindes halten und so das Wegkippen verhindern. Das Schlafkissen können Sie auch im Flugzeug verwenden. Es passt bereits größeren Babys. Kleinkinder wehren sich unter Umständen dagegen, das Kissen im Wachzustand umgelegt zu bekommen.

Sie haben gar kein eigenes Auto? Auch dann kommen Sie vielleicht nicht umhin, einen Kindersitz zu kaufen. Wenn Sie auf Reisen oder im Alltag ein Taxi (→ S. 276) benötigen, finden Sie mit viel Glück eines mit einem Kindersitz der Gruppe I oder einer Sitzerhöhung für ältere Kinder. Babys müssen Sie immer in einer eigenen Babyschale sichern. Dasselbe gilt für geführte Ausflüge und Touren in Minibussen (→ S. 294) oder Autos (→ S. 258) sowie für Mietwagen (→ S. 274).

Wollen Sie Ihr Kind hauptsächlich im **Flugzeug** sicher transportieren, brauchen Sie vielleicht tatsächlich keinen Autokindersitz. Dann genügt als leichte und platzsparende Alternative für Kinder bis zu einem Meter Größe und zwischen 10 und 20 Kilogramm Gewicht der CARES-Gurt (→ S. 250).

Fahrradanhänger und Fahrradkindersitze

Fahrradanhänger sieht man immer häufiger durch die Gegend fahren. Kein Wunder: Sie sind sicherer und bequemer als Fahrradkindersitze und nehmen eine Menge Gepäck auf, das sich per Fahrrad relativ leicht bewegen lässt (wenn der Weg nicht allzu steil ist). Zwar sind diese Gefährte häufig sehr teuer, verlangen aufgrund ihrer Abmessungen beim Fahren etwas Übung und Umsicht und passen nicht in jeden Hausflur und Kofferraum, aber für Radreisen mit kleinen Kindern (→ S. 210) gibt es eigentlich keine Alternative.

Auf Radtour mit Anhänger – gemütlich und sicher

Auch im Wohnmobil nur mit Kindersitz

Im Fahrradanhänger sitzen bis zu zwei Kinder ergonomisch und sicher. Für Babys nutzen Sie die Babyschale aus dem Auto oder eine spezielle Hängematte (die „Weberschale"). Gesunde Kinder dürfen bis zum Alter von sieben Jahren in einem Hänger mitfahren. Auch die „Großen" können so, wenn sie einmal sehr müde oder krank sind oder bei starkem Regen im Notfall noch transportiert werden.

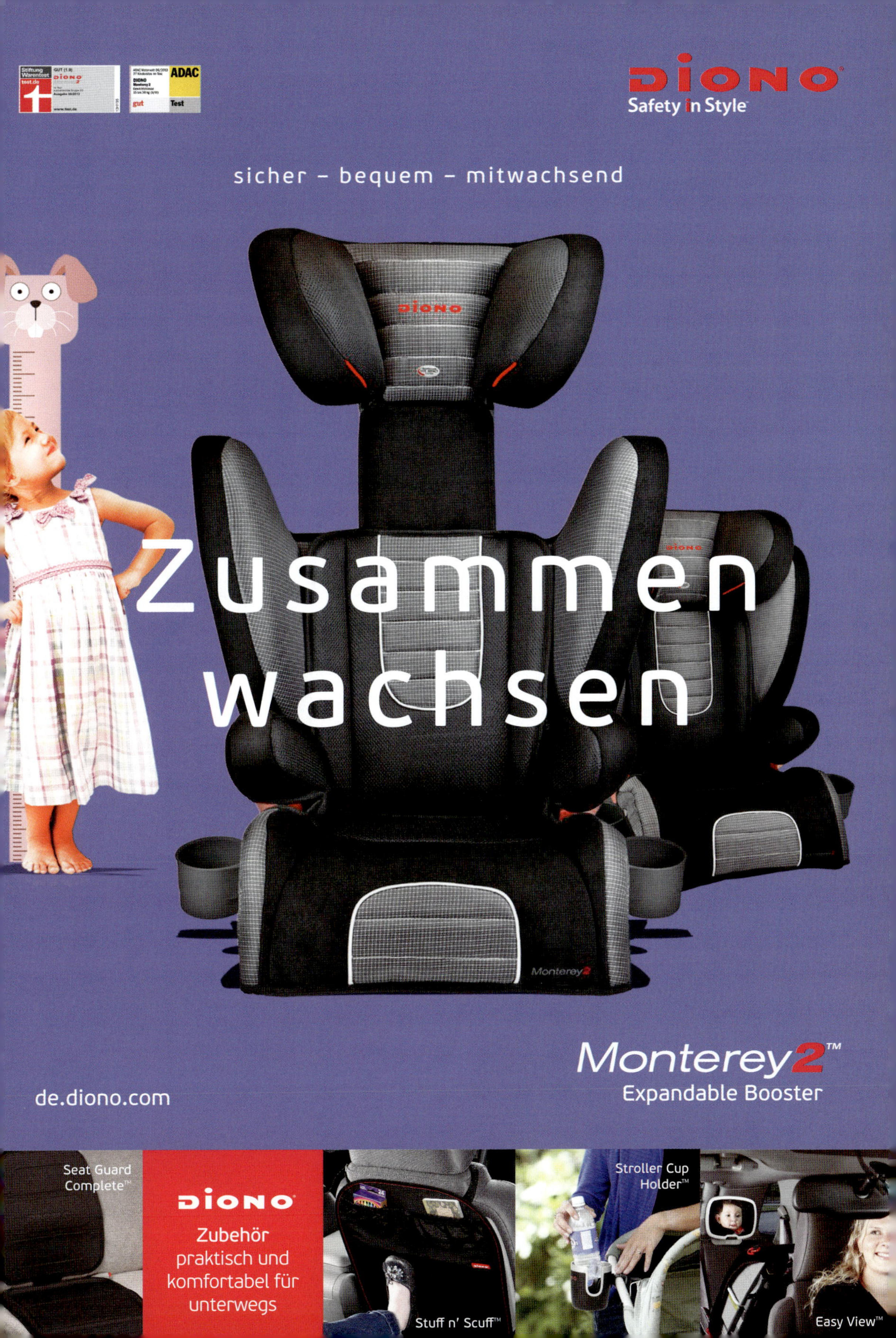

 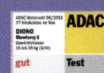 

sicher – bequem – mitwachsend

Zusammen wachsen

Monterey 2™
Expandable Booster

de.diono.com

Für längere Fahrten im Anhänger sollten Kinder sicher und selbstständig sitzen, auch wenn Sie einen gut gefederten Fahrradanhänger mit Weberschale oder Babyschale benutzen. Ansonsten wird die Wirbelsäule zu sehr belastet.

In einem **Fahrradkindersitz** können Babys erst mitfahren, wenn sie stabil sitzen. Auch dann ist die Haltung nicht ideal für längere Fahrten. Einige Sitze lassen sich in eine Schlafposition kippen, aber bequem ist die nicht. Schon gar nicht, wenn der Fahrer relativ groß ist oder gar einen Rucksack trägt. Vor Regen und Fahrtwind ist das Kind kaum geschützt. Und: Man kann eben nur ein Kind darin transportieren.

Bitte nehmen Sie Ihr Baby oder Kleinkind niemals in einem Tragetuch oder einer Babytrage auf dem Fahrrad mit, weder auf dem Rücken noch vor dem Bauch! Der kleinste Sturz genügt, um Ihrem Kind schwerste Verletzungen zuzufügen. Auch ohne Unfall sind die vielen kleinen Erschütterungen Gift für die Wirbelsäule des Babys. Da die Gebrauchsanleitungen der meisten Tragetücher und Tragen den Fahrradtransport explizit ausschließen, wird Ihnen die Versicherung im Fall eines Unfalls eine Mitschuld an den Unfallfolgen zur Last legen. Auf den Kosten für die Krankenhausbehandlung und eventuell lebenslange Pflege bleiben Sie somit sitzen.

Auf längeren Fahrten langweilen sich Kinder schnell. Im Anhänger können sie in Ruhe spielen, selbst etwas essen oder trinken und natürlich schlafen. Die Kapazitäten des Fahrradanhängers für den **Gepäcktransport** machen ihn perfekt als Begleiter für Radtouren. Moderne Anhänger lassen sich mit wenigen Handgriffen zum Buggy umrüsten und für den Transport im Kofferraum flach zusammenklappen.

Zum Weiterlesen bei KidsAway:

„Angedockt mit Kind – Stangen, Anhänger und Tandems"

 Suchbegriff: „Tandem"

Wenke: „*Das Insektengitter schützt bei Sommertouren leider gar nicht vor Sonne. Ich habe deshalb zwei Gummibänder an die Seiten des Hängers gespannt und darüber ein schönes Tuch mit zwei Hohlsäumen gezogen. Das können wir jetzt wie ein Schieberollo hoch und runter ziehen, je nach Sonnenstand.*"

Der **UV-Schutz** der meisten Verdecke ist leider sehr gering. Sie können aber Sonnensegel oder Sonnenschutz-Verdecke für viele Modelle nachkaufen.

Tragbare Reise-Hochstühle

Babys und Kleinkinder sind oft noch nicht sitzfest oder nicht groß genug, um auf normalen Stühlen am Tisch mitessen zu können. Für ein, zwei Mahlzeiten kann man die Kleinsten auf dem Schoß halten oder in der Babyschale füttern, aber nicht einen Urlaub lang. Prinzessin-auf-der-Erbse-Konstruktionen für Kindergartenkinder, die auf mehreren gestapelten Kissen sitzen müssen oder beim Essen auf dem Stuhl knien, um den Teller zu erreichen, sorgen für Unruhe am Tisch und sind recht unfallträchtig.

Zu Hause nutzen die meisten Familien Hochstühle. Um diese sperrigen Geräte nicht

Fix zusammengesteckt – und schon sitze ich mit am Tisch!

◀ Im richtigen Kindersitz ist der Nachwuchs immer sicher und komfortabel unterwegs, auch auf längeren Fahrten. Darauf ein Prosit!

mit in den Urlaub nehmen zu müssen, können Sie etwa beim Mieten eines Ferienhauses darauf achten, dass ein solcher Hochstuhl vor Ort ist. Immer mehr familienfreundliche Vermieter und Restaurantbesitzer bieten Hochstühle für ihre kleinen Gäste ganz selbstverständlich an.

> Normale Stühle sind nicht dafür konstruiert, kippelnde Kinder zu halten, die sich mit den Füßen vom Tisch wegstemmen. Lassen Sie Ihr Kind daher in einem Reisestuhl, der auf einem normalen Stuhl befestigt ist, nicht unbeaufsichtigt.

Sind Sie auf sich gestellt, finden Sie im Handel leichte, faltbare oder anders platzsparend konstruierte Reisehochstühle in verschiedenen Konstruktionen. Je nachdem, wie und wohin Sie reisen, empfiehlt sich ein anderes Modell:

- Klassische **feste Reisehochstühle** lassen sich in ihre Einzelteile zerlegen oder zusammenklappen, wenn sie nicht benötigt werden. Ein leichtes und preiswertes Modell wird von einem schwedischen Möbelhaus verkauft. Sie stehen so stabil, wie Sie es von zu Hause gewöhnt sind und lassen sich leicht reinigen – praktisch im Ferienhaus oder beim Camping.
- Speziell für Wohnmobile eignen sich **Babysitze ohne Füße**, die Sie an eine Tischplatte anklemmen. Bei schweren, zappeligen Kindern oder leicht kippenden Tischen kann das allerdings gefährlich werden.
- Aufblasbare **Sitzerhöhungen**, die auf einem normalen Stuhl befestigt werden, passen gut ins Gepäck, nehmen aber immer noch recht viel Platz weg. Einige Modelle dienen gleichzeitig als Aufbewahrungstasche für Windeln & Co.
- **Flexible Sitzhilfen** wie der „Totseat Mobiseat" bestehen nur aus einem Tuch, das um eine Stuhllehne geschlungen wird, und sind damit unschlagbar platz-

sparend. Die Kinder sitzen darin aber sehr locker, wackelig und trotzdem nur auf der Höhe der Sitzfläche, können also nicht auf den Teller schauen.

Schlafen

Babyreisebetten

Wo und wie Sie Ihr Baby oder Kleinkind im Urlaub schlafen legen, wird davon beeinflusst, wie und wo es zu Hause schläft. Babys, die mit den Eltern im **Familienbett** schlafen, können das auch auf Reisen tun. Bei der Buchung der Unterkunft sollte dann darauf geachtet werden, dass die Betten möglichst breit sind (→ S. 309).

Ist Ihr Baby sein eigenes Bettchen gewöhnt oder ist in Ihrem Hotelbett einfach nicht genug Platz, haben Sie mehrere Optionen. Das klassische **Babyreisebett** mit Metallgestänge und zusätzlich mitzunehmender Matratze ist schwer und groß, sowohl im Packmaß als auch aufgebaut. Für Reisen mit dem Flugzeug oder Zug ist es damit denkbar ungeeignet, auch im Kofferraum nimmt es viel Platz weg. Hotelzimmer sind oft ohnehin schon eng. Ob ein Babyreisebett neben das

Vertraut, aber sperrig: das klassische Reisebettchen

Elternbett passt, finden Sie unter Umständen erst vor Ort heraus.

Der Vorteil: Das feste Reisebett ist ein „richtiges" Bett, was vielen Kindern die nötige Vertrautheit in einer fremden Umgebung gibt. Tagsüber dient es als Laufstall für Krabbelkinder. Das Herausheben älterer Kinder ist nicht eben rückenschonend, aber bessere Modelle haben aufzippbare Seitenöffnungen.

Achten Sie schon bei der Buchung Ihrer Unterkunft darauf, dass der Vermieter Ihnen ein Babybett zur Verfügung stellt. Dann müssen Sie kein Babyreisebett mitbringen.

Manche Hotels berechnen hohe Gebühren für das Verleihen von Babybettchen. Klären Sie unbedingt bei der Buchung, ob dieser Service kostenfrei ist.

Ideal für sehr kleine Babys sind **Hängematten**, die die natürliche Rundung des Rückens unterstützen. Auf Reisen sind aber nur wenige Modelle praktikabel. Das Packmaß von Modellen mit Gestell ist recht groß (die „Amazonas"-Hängematte bringt es auf 88 Zentimeter Länge, aufgestellt misst sie knapp 1,60 Meter) und Hängematten zum Einhängen in den Türrahmen haben genau dieses Problem: Erstens benötigen Sie einen Türrahmen an passender Stelle im Zimmer und zweitens hängt Ihr Baby dann im Türrahmen und somit im Weg und in der Zugluft. Babys über neun Monate passen nicht mehr in die Hängematte oder drohen herauszufallen, wenn sie aussteigen wollen.

In einem **Pop-up-Babyzelt** liegen die Kinder auf einer aufblasbaren Matratze auf Bodenhöhe. Gefährliches Herausklettern oder -fallen ist ausgeschlossen. Sie sind komplett von einem Mesh-Gewebe umschlossen, was ideal in Urlaubsregionen mit vielen Mücken ist. Für das Reisegepäck sind Pop-up-Zelte eine Sensation. Sie wiegen nicht mehr als vier Kilogramm und dürfen zusammengefaltet sogar als Handgepäck mit ins Flugzeug. Ein Schlafzelt mit UV-Schutz können Sie auch am Strand oder auf der Terrasse zum Mittagsschlaf oder als Spielzelt aufstellen.

Natürlich können Kinder ab Geburt auch einfach auf einer Matratze schlafen – sei es eine klassische Isomatte beim Camping, eine Schaumstoffmatratze oder eine Luftmatratze in der Ferienwohnung.

Speziell für Kinder bis zu drei Jahre bietet der Hersteller Worlds Apart **Luftmatratzen** mit integrierter Decke, Kissen und Kopfteil-Umrandung an.

Babyphones, Apps und Walkie-Talkies

Es ist der Ausstattungsgegenstand schlechthin für Eltern von Babys und kleinen Kindern: das Babyphone, mit dem der Babyschlaf auch aus dem Wohnzimmer, von der Terrasse oder aus dem Restaurant überwacht wird.

Babyphones sind besonders im Urlaub praktisch: Da die Unterkunft hier meist weniger geräumig als zu Hause ist, bliebe verantwortungsbewussten Eltern ansonsten nur, ihre Abende auf dem Balkon oder schlimmer, direkt im Dunkeln neben dem schlafenden Kind flüsternd auf dem Bett zu verbringen. Abendliche Restaurantbesuche oder romantische Spaziergänge zu zweit wären unmöglich. Mit Babyphone vergrößern Sie Ihren Bewegungsradius und haben trotzdem immer ein Ohr am Kind.

In einem Test der Stiftung Warentest von 2011 schnitten jedoch nur zwei Geräte gut ab. Kritisiert wurden vor allem die Bedienfreundlichkeit und die Störfreiheit. Gerade im Hotelurlaub sind gewiss auch andere Eltern in der Nähe, die eigene Babyphones verwenden. Wenn deren Frequenzen die des eigenen Geräts überlagern, gibt es Fehlalarme. Sicherheit und große Reichweite verspricht der **DECT-Standard**. In puncto Strahlung sind diese Geräte allerdings weniger empfehlenswert als Babyphones mit **FM-Übertragungstechnik**.

Die **Reichweite** der Funkwellenübertragung leidet unter Beton- und Stahlwänden. Vor der Anreise können Sie in der Regel kaum prüfen, ob Ihr Hotel aus massivem Stein oder dünnem Gipskarton gebaut wurde. Testen Sie daher Ihr Babyphone, bevor Sie einen Tisch im Restaurant bestellen.

Zwischen den Stahlwänden von **Kreuzfahrtschiffen** (→ S. 184) funktionieren handelsübliche Babyphones gar nicht. Hier sind **Walkie-Talkies** mit automatischer Sendefunktion praktischer. Sie haben eine hohe Reichweite (je nach Bebauungsdichte bis zu neun Kilometer) und manche Modelle eine stufenlos einstellbare „Vox"-Funktion. Auch hier müssen Sie auf zugelassene Frequenzen achten.

Im Ausland gibt es mitunter andere Standards und Frequenzen. Es ist zum Beispiel verboten, deutsche Walkie-Talkies in den USA zu benutzen. Auf Nummer sicher gehen Sie, wenn Sie erst im Reiseland welche kaufen.

Walkie-Talkies können Sie auch noch sinnvoll nutzen, wenn die Kinder größer sind: Im Ausland bieten sie eine Möglichkeit, ohne Roaming-Gebühren miteinander zu kommunizieren, wenn Sie getrennt sind, etwa auf Kreuzfahrtschiffen, im lauten Wohnmobil, auf Wanderungen oder beim Stadtbummel. Ältere Kinder können Sie, ausgestattet mit einem Walkie-Talkie, unbesorgt im Urlaub einmal allein losziehen lassen.

Eine weitere tolle Alternative sind **Babyphone-Apps**. Mit zwei Smartphones (oder einem Smartphone und einem beliebigen Festnetztelefon) und Mobilfunknetzabdeckung können Sie sich theoretisch unbegrenzt weit von Ihrem Baby entfernen. Plus: Sie sparen zwei Gepäckstücke ein und „outen" sich im Restaurant nicht mit einem blinkenden Plastikding als besorgte Eltern.

Wesentlich **strahlungsärmer** als das Babyphone ist das Smartphone, denn es arbeitet im Standby-Modus und überträgt nur Funkwellen, wenn ein Geräusch erkannt wird. Wird das Sender-Smartphone im Kinderzimmer nicht ans Stromnetz angeschlossen, eliminieren Sie damit eine weitere Strahlungsquelle. Schließlich sparen Sie 99 Prozent der **Kosten** für ein Babyphone ein. Das Smartphone besitzen Sie bereits und für die App, die nur auf dem Sender-Smartphone installiert werden muss, fallen nur wenige Euro an.

Alle Apps funktionieren nach demselben Prinzip: Geben Sie bei dem Smartphone mit der Babyphone-App (das als Sender fungieren soll) die Telefonnummer des Empfängergeräts ein. Das kann ein anderes Smartphone oder ein beliebiges anderes Telefon sein. Vergessen Sie im Ausland nicht die internationale Vorwahl! Aktivieren Sie nun die Babyphone-App, testen Sie die Geräuschempfindlichkeit des Mikrofons und legen Sie das Smartphone neben Ihr schlafendes Kind. Setzen Sie das Gerät aber nicht in den Ruhezustand.

Einige Babyphon-Apps müssen Sie am Sendergerät wieder neu aktivieren, wenn ein Alarm-Anruf erfolgt ist.

Kinder lieben Walkie-Talkies

Reiseausrüstung für Familien

Etwas mehr Freiraum im Urlaub dank Babyphone-App

Bei Babyphone-Apps nicht am falschen Ende sparen und kostenlose Versionen verwenden. Die Nutzerbewertungen sind hier sehr durchwachsen.

Sobald es ein Geräusch empfängt, startet das Smartphone einen Anruf bei der eingespeicherten Nummer. Sie nehmen den Anruf an und horchen ins Kinderzimmer hinein. Ertönt kein weiteres Geräusch, legen Sie wieder auf. Bei anderen Apps können Sie sogar zur Überbrückung der Zeit, die Sie für den Spurt zum Kind brauchen, eine vorher aufgenommene Sequenz mit Musik oder mit Ihrer Stimme einspielen lassen – vielleicht hilft's ja …

Auf Auslandsreisen und Kreuzfahrtschiffen müssen Sie mit der Smartphone-App auf **Roaming-Kosten** achten. Erkennt das Sendergerät ein Geräusch und ruft Sie an, nehmen Sie den Anruf nicht an, sondern gehen Sie schnell persönlich nachschauen. Auch die Mailbox des Empfängergeräts muss deaktiviert sein. Laden Sie immer vor Verwendung des Sendergeräts als Babyphone den **Akku** auf. Die App verbraucht viel Energie. Dass Sie eine gute **Mobilfunknetzabdeckung** und einen **Stromanschluss** brauchen, um Ihr Smartphone wieder aufzuladen, versteht sich von selbst.

Die besten Babyphone-Apps

App Store	Name	Anbieter	Kosten
Android	Babyphon (Baby Monitor)	TappyTaps	3,69 Euro
Android	WiFi Baby Monitor (für Verbindungen über heimisches WLAN)	Papenmeier Software UG	3,50 Euro
Android, Apple, Windows 8	BabyPhone Mobile (über WLAN und mobiles Internet)	Testversion und bezahlte Lizenzen über Papenmeier Software UG	je nach Lizenzdauer 0,99 bis 15 Euro
iPhone	Babyphon*	TappyTaps	2,69 Euro
iPhone, iPad, iPod Touch	Babyphone 3G (für WiFi, 3G, Edge u. a.)	TappyTaps	3,59 Euro
Nokia	Baby Monitor	Melon JSC	9,99 Euro
Windows Phone	Baby Phone Remote Ear	13Bugs	Testversion kostenlos

Quelle: eigene Recherchen, Stand: 09/2014

*Mit iOS 6/iOS 5/iOS 4 kann nur ein Alarm-Telefonanruf erfolgen, danach muss die App neu aktiviert werden. Der App-Entwickler bedauert sehr, an dieser Einstellung des iPhone-Betriebssystems nichts ändern zu können.

Spielzeug und Spiele für die Reise

Egal, wie sehr Sie am Gepäck sparen müssen: Ganz ohne Spielzeug soll Ihr Kind nicht verreisen. Zumindest als Beschäftigung während der Fahrt oder im Flugzeug kann es Ihnen ein paar ruhige Minuten verschaffen. Kleine Kinder fühlen sich in der Fremde wohler, wenn sie ein paar vertraute Dinge um sich haben. Damit nicht das gesamte Kinderzimmer eingepackt wird, helfen Sie Ihrem Kind beim Auswählen.

Was Ihr Kind mitnehmen möchte, hängt natürlich davon ab, welche Interessen es hat. Alles zusammen sollte in eine kleine Spielzeugtasche oder einen Kinderrucksack passen, den das Kind selbst tragen kann (→ S. 111). Unterziehen Sie jedes Teil einer **Eignungsprüfung**:

- Wird es von Ihrem Kind oft und gern zum Spielen gebraucht?
- Kann es auf Ihrer Reise sinnvoll genutzt werden?
- Ist es klein und leicht genug, dass das Kind es selbst tragen kann?
- Passt es in den Koffer oder die Reisetasche?
- Besteht es aus einem Stück und ist unzerbrechlich?
- Hat es spitze Kanten, kann auslaufen, schmieren oder auf andere Weise Schäden verursachen?
- Ist es ersetzbar, falls es kaputt oder verloren geht?
- Wenn Sie mehrere Kinder haben: Wird es Streit mit den Geschwistern um dieses Spielzeug geben? Kann man damit gemeinsam spielen?

Denken Sie bei elektronischem Spielzeug an Wechselbatterien, Auflagekabel und eventuell einen Adapter dafür.

Babys brauchen eigentlich gar kein Spielzeug. Plastikgreiflinge, Kuscheltiere und dudelnde Lernspielzeuge sind zumindest auf Reisen überflüssiger Ballast. Ihr Baby entdeckt und begreift seine Umwelt und ist vollkommen zufrieden, wenn es einen Schlüsselbund betasten oder eine Kiste ausräumen darf. Stellen Sie ihm für die Reise interessante Materialien wie Knisterpapier, leere Schachteln oder Dosen mit klapperndem Inhalt zur Verfügung und lassen Sie es in Ruhe entdecken.

Gute, reisetaugliche Spielsachen sind **robust** und **bedeutungsoffen**, das heißt, ihr Aussehen legt sie nicht auf eine Funktion fest, Kinder können mit ihnen verschiedene Dinge anstellen. Grundzubehör für fast jedes Kind ist ein „Liebesobjekt", also ein **Plüschtier** oder eine **Puppe** (manchmal auch eine geliebte Mullwindel oder eine Actionfigur). Dieses dient oft als Spielpartner, der verschiedene Rollen einnimmt. Für den Rest genügen ein paar handliche **Figuren** nach dem Interesse Ihres Kindes. Das können Schleich-Tiere, Autos oder Plastik-Cowboys sein.

Rabea: „Wenn wir verreisen, hole ich für meine Kinder die Krimskrams-Kiste raus. Die kommt nur im Urlaub zum Einsatz und enthält ein Sammelsurium aus verschiedenen Figuren, die sich im Lauf der Zeit angesammelt haben. Meine Kinder entdecken die Männlein und Tiere jedes Mal von vorn und spielen begeistert mit dem Kisteninhalt. Wenn auf einer Reise eine neue Figur hinzukommt, darf sie einziehen – solange der Deckel der Kiste sich schließen lässt."

Daneben sollte immer die Möglichkeit für **kreative Betätigung** bestehen. Ob Sie Malblock und Stifte, Notizbuch und Kugelschreiber oder eine abwischbare Zaubertafel einpacken, ist Geschmacks- und Platzsache. In dieselbe Kategorie gehören Bastelmaterialien wie eine Schere und Leim (nicht während der Fahrt verwenden!), biegsame Pfeifenreiniger, Stickerbücher, Freundschaftsband-Flechtbänder und anderes. Hauptsache, es ist leicht, ungefährlich und sorgt für endlos lange Beschäftigung.

Bedeutungsoffene **Gesellschaftsspiele**, die ohne sperrige Pappkiste auskommen, sind mehrere Würfel mit Becher, ein Notizblock mit Stift, eine Schnur und Spielkarten, am besten ein Rommee-Blatt mit 106 Karten. Das weltweit bekannte Kartenspiel UNO können auch schon Kleinkinder spielen. Klassische Brettspiele wie Schach oder Dame gibt es als reisetaugliche Ausgaben mit magnetischen Figuren.

Je weniger Spielzeug Sie in den Urlaub mitnehmen, desto besser. Kinder entwickeln oft erstaunliche Fantasie, wenn ihnen wenig vorgegeben wird. Aus Kieseln, Stöcken und anderen **„Fundsachen"** entwickeln sich spannende Ideen und Projekte, gern auch mit Ihrer Hilfe.

Der Teddy muss mit

Wenn das Kuscheltier verloren geht

Ein sehr geliebtes Kuscheltier ist im Urlaub in großer Gefahr. Viele neue Situationen und wechselnde Umgebungen sorgen dafür, dass es auf Nimmerwiedersehen verschwinden kann. Ist Ihr Kind sehr stark an seine Puppe oder sein Plüschtier gebunden, besorgen Sie schon zu Hause einen Doppelgänger oder überreden Sie Ihr Kind, nur das zweitliebste Kuscheltier mit in den Urlaub zu nehmen. Muss es doch das geliebte Plüschtier sein, machen Sie vor der Reise ein Fahndungsfoto – sicher ist sicher!

Unterwegs sollte das lieb gewonnene Ding nicht ständig vom Kind mit herumgetragen werden. Reduzieren Sie die Situationen, in denen es verloren gehen könnte. Ist das Kuscheltier dabei, versuchen Sie es zu sichern: im Kinderwagen mit anschnallen oder es mit einem Band und einer Klemme am Buggy, Rucksack oder der Babytrage fixieren.

Stecken Sie das Kuscheltier am besten in eine Tasche, wo es herausschaut und lassen Sie es Ihr Kind nie lose in der Hand tragen, vor allem nicht an unübersichtlichen Orten wie Flughäfen oder Märkten.

Ist es passiert und der Herzenspartner verschwunden, handeln Sie schnell: Verfolgen Sie Ihren Weg zurück, fragen Sie Ihre Nachbarn am Strand oder kontaktieren Sie per Telefon das Restaurant, Ihre Unterkunft, die Autovermietung oder das Fundbüro des Flughafens.

Oft taucht das Plüschtier oder die Puppe leider nie mehr auf. In dem Fall können Sie den Hersteller kontaktieren. Manche bieten einen SOS-Notfallservice an und liefern auch nicht mehr im Handel erhältliche Spielsachen für einen Zeitraum nach. Vielleicht finden Sie einen gebrauchten Doppelgänger bei eBay?

Weblink

Kostenlose Suchanzeigen für verlorene Kuscheltiere: www.kuscheltier-suche.de

Fundstücke aus der Natur sind das schönste Spielzeug

Nehmen Sie statt Spielzeug „Werkzeug" für Ihre Kinder mit in den Urlaub und geben Sie ihnen so die Möglichkeit, selbst etwas zu schaffen. Bindfaden, eine Schere, ein Handbohrer und ein Taschenmesser genügen als Erstausstattung für kleine Entdecker.

Ronny: „Unser schönster Urlaub war der, bei dem wir die Kiste mit den Spielsachen der Kinder vergessen hatten. Notgedrungen mussten sie sich mit dem beschäftigen, was da war – und das war bei genauerem Hinsehen echt viel, was sich zum Spielen eignete. Meine Mädels waren so begeisterte Bastlerinnen und Erfinder, das habe ich noch nie vorher gesehen. Wir packen jetzt auch zu Hause immer mal das Spielzeug weg und schauen, woraus sich im Haus etwas machen lässt."

Ein Verzeichnis aller Spiele, die in diesem Buch vorgestellt werden, finden Sie auf → S. 436.

Damit Spielsachen auf Reisen gar nicht erst verschwinden oder kaputtgehen können, spielen Sie mit Ihren Kindern bewusst solche Spiele, die **kein Zubehör** erfordern oder regen Sie sie an, selbst welche zu spielen. Ideen für Fingerspiele, Klatschspiele oder Ratespiele finden Sie an vielen Stellen in diesem Buch. Erzählen Sie sich gegenseitig Geschichten und Rätsel, spielen Sie Verstecken, Himmel-und-Hölle oder Charade, ganz egal was – Hauptsache, Sie genießen die gemeinsame Zeit mit Ihrer Familie.

Multimedia für Reisefamilien

Laptops, Tablets und Ebook-Reader

Ein **Tablet** ist für reisende Familien ein Segen: Es beschäftigt den Nachwuchs im Flugzeug, im Zug oder im Auto stundenlang mit Filmen, Hörbüchern, Musik und Spielen aller Art. Zudem bietet es einen mobilen **Internetzugang** für die Recherche von Informationen über das Reiseziel und den Kontakt nach Hause. Oft ist eine **Kamera** für Fotos und Videos samt Bearbeitungssoftware dabei, so dass Sie Ihre Aufnahmen gleich bearbeiten und archivieren können. Mit einem Adapter befestigen Sie Tablets an den Rückseiten der Kopfstützen der Auto-Vordersitze und verwenden sie als Fernseher. Eine Andock-**Tastatur** verwandelt Tablets schließlich in vollwertige Netbooks, an denen das Reisetagebuch getippt werden kann.

Das iPad von Apple als bekanntestes Tablet bietet eine ungeschlagene Akkulaufzeit sowie eine hochauflösende Kamera, ein einfach zu bedienendes Betriebssystem und einen reich ausgestatteten **App-Store** mit vielen guten Spielen und Ebooks für Kinder. Sein Manko ist der hohe Preis.

Alternativ bieten sich **Android-Tablets** ab etwa 200 Euro an. Die 7-Zoll-Geräte sind für kleine Hände besser zu fassen als das große iPad. Außerdem erlaubt das Android-System das Hochladen und Abspielen eigener Filme und Hörbücher. Bei der Auswahl eines passenden Geräts für die Reise sollten Sie auf eine lange **Akkulaufzeit** und eine Ihren Ansprüchen genügende **Speicherkapazität** achten. Ein Bedientest im Geschäft zeigt, ob das Betriebssystem und das Display von Ihrem Kind gut zu bedienen sind.

Kleiner und günstiger ist der **iPod touch**, quasi ein iPhone ohne Telefonfunktion. Ansonsten bekommen Sie alles, was ein iPad kann: Spiele, Filme und Musik, eine HD-Videokamera und Internetzugang. Der iPod ersetzt beliebte Spielkonsolen wie Nintendo DS, auch weil die Spiele-Apps im iTunes-Store wesentlich günstiger sind.

Wenn Sie nur Filme anschauen wollen, ist ein **portabler DVD-Player** besser. Für das Auto gibt es Geräte mit Adapter für den Zigarettenanzünder und zwei Bildschirmen, die an den Kopfstützen befestigt werden können. Im Hotel lässt sich ein portabler DVD-Player an den Fernseher anschließen.

Sieht nach einem entspannten Flug aus!

Wesentlich mehr Akkulaufzeit bietet ein **Ebook-Reader**, der perfekt für Reise-Leseratten ist. Auf den meisten Geräten kann man aber eben nur lesen (oder hören – wenn ein Lautsprecher und eine Kopfhörerbuchse eingebaut sind). Mit einem WLAN-Anschluss können im Urlaub neue Ebooks nachgekauft werden, wenn der Lesestoff ausgegangen ist. Dann lassen sich auch einfache Spiele herunterladen.

Ein eigener Ebook-Reader für Kleinkinder ist wenig sinnvoll, weil sie Bücher auch haptisch erleben. Bisher gibt es nur wenige Bilderbücher im Ebook-Format. Ein Reader für die ganze Familie genügt.

Der Kindle ist zwar der bekannteste Ebook-Reader, aber nicht unbedingt der beste. Er zeigt nur Bücher im Kindle-Format von Amazon an. Viele Kinderbücher sowie Bücher aus Online-Bibliotheken sind im nicht kompatiblen ePub-Format. Dafür passende Ebook-Reader sind teilweise viel günstiger als ein Kindle.

Wollen Sie Kopfhörer für Ihr Kind kaufen, wählen Sie nach Möglichkeit spezielle **Kinderkopfhörer**. Diese Bügelkopfhörer passen besser auf kleine Köpfe und schützen das Gehör durch eine Lautstärkenbegrenzung auf maximal 85 dB. Mit einem **Adapter** für die seltsame Doppelsteckbuchse in der Armlehne wird der Kopfhörer auch flugzeugtauglich.

Für Geschwister mit denselben Interessen, was Filme oder Hörbücher angeht, eignen sich **gesplittete Kopfhörerkabel**, die in dieselbe Buchse gesteckt werden können. Die nötige Power, um die normale Lautstärke dann auf zwei Ausgänge zu verteilen, haben aber nur leistungsstarke Geräte, das sollten Sie also unbedingt vor der Abreise prüfen.

Soll die ganze Familie zuhören können, stecken Sie einen **Lautsprecher** in die Kopfhörerausgänge von MP3-Player oder Tablet. Viele günstige Modelle funktionieren hervorragend über Bluetooth. Auf Reisen macht sich ein wasser- und staubdichter, mit Batterien zu betreibender Speaker am besten.

Smartphones und Apps

Fast jeder hat heutzutage ein Handy, und viele dieser Geräte sind **Smartphones**. Die Kreuzungen aus Telefon, Kamera und Computer mit Internetzugang sind gerade im Urlaub enorm **praktische Multitalente**: Neben einer unendlichen Zahl mehr oder weniger sinnvoller Spiele-Apps gibt es lokale Wetterberichte, Wörterbuch- und Worterkennungs-Apps, Währungsumrechner, interaktive Stadtpläne und vieles mehr. Smartphones lassen sich als Taschenlampe, Musikbox, Routenplaner, Taschenrechner oder GPS-Gerät verwenden und auch als Fotoapparat für schnelle Schnappschüsse. Das spart eine Menge Gepäck.

Explizit kinder- oder reisetaugliche Smartphones werden zwar nicht angeboten, aber „Outdoor-Handys" erfüllen die Anforderungen von Eltern recht gut: Sie sind robust verarbeitet, wasser- und staubdicht (und

Nützliche Smartphone-Apps für die Reise

App-Name	Betriebssystem	Beschreibung	Preis
ASB	iPhone/iPad, Android	Erste-Hilfe- und Notfall-App	kostenlos
Bing Übersetzer	Windows Phone	Übersetzungshilfe in 40 Sprachen	kostenlos
Convert Units/ ConvertMe	iPhone/iPad, Android	Währungs- und Maßeinheitenumrechner	kostenlos
Currency Converter	Windows Phone	Währungsumrechner, Kurse werden stündlich aktualisiert	kostenlos
Feiertage und Schulferien	iPhone, Android, Windows Phone	Feiertage und Schulferien in über 30 Ländern, Feriendichte-Anzeige und vieles mehr	Basisversion kostenlos, werbefreie Pro-Version 1,99 Euro
KofferPacken/ Pack the Bag	Android, iPhone/iPad	Packlisten-App	kostenlos
Language Learn and Speak	Android	Übersetzungshilfe in vielen Sprachen	kostenlos
myLanguage	iPhone/iPad	Übersetzungshilfe in 59 Sprachen	Basisversion kostenlos, Pro-Version 5,99 USD
PackingList	Windows Phone	Packlisten-App	2,99 USD
Total Baby	iPhone/iPad	Alltagsorganisation im Urlaub und Tagebuch	3,99 Euro
Wi-Fi Finder/ Free Wi-Fi Finder	iPhone/iPad, Android	zeigt kostenlose Wi-Fi-Spots in der Nähe an	kostenlos
White Noise Baby/ White Noise	iPhone/iPad, Windows Phone	Einschlafhilfe für Babys	0,89 Euro/ kostenlos

Quelle: eigene Recherchen, Stand: 10/2014

damit sandkasten- und sabberfest) und haben kratzfeste Displays. Ein GPS-Empfänger und der HSPA-Standard für alle Funknetze sind auf Reisen ebenfalls wichtig, genauso wie eine lange Akkulaufzeit, denn unterwegs hat man nicht immer eine Steckdose zum Aufladen.

> Damit im Ausland eine andere, günstigere SIM-Karte eingelegt werden kann, darf das Smartphone nicht „SIM-locked" sein.

Roaming-Kosten innerhalb der EU sind seit 2012 gesetzlich begrenzt: Anrufe aus dem EU-Ausland in andere Länder der EU dürfen maximal 35 Cent pro Minute kosten, das Annehmen eines Anrufs im EU-Ausland höchstens 10 Cent, das Verschicken einer SMS maximal 11 Cent. Eine Textnachricht zu bekommen, muss kostenlos möglich sein. Für den Internetzugang dürfen bis zu 83 Cent pro Megabyte berechnet werden.

Kindergeeignete Spiele-Apps

App-Name	Betriebssystem	Altersgruppe	Beschreibung	Preis
Boppi Cars	Windows Phone	ab 1 Jahr	Bilderbuch-App mit Modellautos, werbefrei	0,89 Euro
Dr. Panda's Airport	Windows Phone	ab 3 Jahre	frustfreies Spiel mit intuitiver Bedienung	1,99 Euro
Kidomatic	iPhone/iPad	ab 4 Jahre	lustige Foto-App	kostenlos
Kids Paint HD free	iPad	ab 3 Jahre	Zeichen-App	kostenlos
Kuckuck, da bin ich!	Android	ab 2 Jahre	interaktives Bilderbuch	kostenlos
Lego 4+	iPhone/iPad, Android	ab 4 Jahre	frustfreies Spiel ohne In-App-Käufe	kostenlos
Lola auf Entdeckungsreise	iPhone/iPad, Android, Windows Phone	ab 3 Jahre	„Ich sehe was, was du nicht siehst" in 3 Schwierigkeitsstufen	0,89 Euro/ 1,99 Euro/ 3,99 Euro
My little suitcase	iPhone/iPad	ab 2 Jahre	spielerische Urlaubsplanung	kostenlos
Petterssons Erfindungen	iPhone/iPad, Android, Windows Phone	ab 4 Jahre	kniffliges Puzzle- und Knobelspiel mit Pettersson und Findus	1,79 Euro/ 1,79 Euro/ 2,99 Euro
Sandmännchen	iPhone/iPad, Android	ab 3 Jahre	„Sandmännchen" schauen und spielen	kostenlos
Sind wir schon da?	iPhone/iPad	ab 5 Jahre	lustige Quizfragen	Testversion kostenlos, Vollversion 1,79 Euro
Smart Tot Rattle	iPhone/iPad	Babys	Babybeschäftigung	kostenlos
Toddler Apps Fireworks/ Bubble Pops	Windows Phone	ab etwa 9 Monate	sichere Kleinkindbeschäftigung am gesperrten Display	kostenlos
Toddler Lock	Android	ab etwa 9 Monate	sichere Kleinkindbeschäftigung am gesperrten Display	kostenlos
Wunderwimmelbuch Tatütata	iPhone/iPad, Android, Windows Phone	ab 3 Jahre	Wimmelbuch-App	kostenlos

Quelle: eigene Recherchen, Stand: 10/2014

Weblink

Große Auswahl an Baby- und Kinderapps mit ausführlichen Rezensionen und Download-Links: www.bestekinderapps.de

Im Ausland genutzte Apps sollten ohne Internetzugang funktionieren oder die Möglichkeit bieten, die nötigen Daten schon zu Hause über WLAN herunterzuladen. Günstiger wird der Internetzugang im Ausland mit einer dort gekauften Prepaid-Karte.

Lassen Sie Ihr Kind nicht allein unbekannte Spiele-Apps ausprobieren. Testen Sie jedes neue Spiel auf Altersangemessenheit und korrektes Funktionieren. Stehen Sie Ihrem Kind anfangs beim Spielen für Fragen zur Verfügung und brechen Sie das Spiel ab, wenn es auffallend unruhig, wütend oder verängstigt wirkt.

Zum Weiterlesen bei KidsAway.de:

„Die schönsten Kinder-Apps für die Reise"

 Suchbegriff: „Apps"

Fotografieren mit der eigenen Kamera macht Spaß

Familiengeeignete Kameras

Reisen ohne Fotoapparat? Niemals. Teure und empfindliche **Spiegelreflexkameras** sind mit Baby am Strand fehl am Platz, das Fünfjährige darf sie auch nicht in die Hand bekommen. **Kinder-Digitalkameras** sind zwar günstig, enttäuschen aber in Produkttests. Besser ist eine robuste Outdoor-Digitalkamera, die Eltern und (ältere) Kinder benutzen können.

An **Outdoor-Digitalkameras** werden hohe Anforderungen gestellt: Alle Öffnungen sollten spritzwasser- und staubdicht sein, damit die Kamera mit an den Strand kann. Ein paar Motivprogramme und ein Automatikmodus sollten zur Verfügung stehen, auch eine Video-Aufnahme in Full HD. Die Kür ist eine Unterwasserfunktion. Praktisch sind eine USB-Schnittstelle und eine zusätzlich einschiebbare Speicherkarte. Für mehr Alltagstauglichkeit sollte die Kamera mit handelsüblichen Batterien betrieben werden und nicht mit einem Spezialakku, der ein eigenes Ladegerät braucht.

Die **Bildauflösung** muss für akzeptable Fotos bei mindestens drei Millionen Pixeln liegen (besser mehr, wenn die Fotos vergrößert werden sollen) und 24 bit Farbtiefe aufweisen. Neben einem optischen Zoom zwischen 80 und 200 Millimetern (den Smartphone-Kameras nicht haben) sind Vorblitz und Anti-Rote-Augen-Fokus sowie ein LCD-Display wünschenswert.

In einer wasserdichten Schutzhülle kann die Kamera oder das Smartphone unbesorgt mit an den Strand und sogar in den Pool genommen werden.

Saskia: „Wir haben eine tolle Spiegelreflexkamera mit mehreren Objektiven, Stativ und externem Blitz. Aber wenn ich allein mit den Kids einen Städtetrip mache, kann ich die einfach nicht mitschleppen. Dann muss die Kamera von meinem Smartphone genügen. Darum habe ich darauf geachtet, ein Smartphone mit guter Kamera zu kaufen."

▶ Kameras mit Display haben viele Vorteile – fotografierte Kinder freuen sich, wenn sie ihr „Porträt" gleich anschauen können.

Gute Urlaubsfotos machen

Sparen Sie sich Aufnahmen bekannter Sehenswürdigkeiten, davon gibt es schon unzählige tolle Postkarten und Kalender. Wichtig für Ihre Erinnerungen sind Ihre eigenen Eindrücke: Ihre Kinder im Pool, das Frühstück im Zelt oder der Ausflug, bei dem Ihr Kind in einen Bach gefallen ist.

Stellen Sie Kinder nicht wie kleine Soldaten ins Bild. Geben Sie ihnen etwas zu tun, dann fällt das „Posieren" leichter. Am schönsten sind Bilder, auf denen Kinder gar nicht wissen, dass sie fotografiert werden. Dabei können sie ruhig auch mal von hinten oder von der Seite zu sehen sein. Damit die Perspektive nicht verzerrt wird, machen Sie Fotos von Kindern immer aus deren Höhe – also runter auf die Knie!

Gute Fotos sind selten Schnappschüsse. Überlegen Sie vor dem Abdrücken, was Sie in Szene setzen wollen und rücken Sie Ihr Motiv in den Mittelpunkt des Bildes oder auf eine Zwei-Drittel-Linie (viele Kameras stellen diese Hilfslinien im Sucher zur Verfügung). Ideal ist es, wenn Sie einen optischen Rahmen (Bäume am Bildrand oder Ähnliches) um das Motiv ziehen können. „Näher ran" lautet eine weitere goldene Regel des Fotografierens. Zoomen Sie nur, wenn es nicht anders geht.

Damit die Sonne nicht in die Kameralinse scheint, wählen Sie den Morgen oder den frühen Abend für schöne Urlaubsfotos. Dann ist das Licht weicher und die langen Schatten strukturieren das Bild. Auch bei Regenwetter können Sie tolle Bilder machen. Suchen Sie nach Farbtupfern im Vordergrund (wie etwa den Regencapes der Kinder) oder nach dramatischen Wolken im Hintergrund.

Nachtfotos sollten Sie, wenn möglich, gleich nach Sonnenuntergang machen. Dann genügt das Licht noch, um ohne Blitz zu fotografieren. Und das sollten Sie tunlichst vermeiden, wenn Sie kein Profi-Fotograf sind.

Zum Weiterlesen bei KidsAway.de:

„13 Tipps für bessere Urlaubsfotos mit Kindern"

 Suchbegriff: „bessere Urlaubsfotos"

Reisevorbereitung kompakt: Was ist wann zu erledigen?

Damit Sie nichts vergessen oder zu lange vor sich herschieben, sollten Sie diese Checkliste ausdrucken und gut sichtbar an den Familienplaner hängen oder die Termine in Ihren Kalender übertragen.

Auf KidsAway.de können Sie diese Liste kostenlos im Mitgliederbereich herunterladen.

Teilen Sie Ihre Zeit so ein, dass Sie pro Tag nicht mehr als einen Punkt erledigen müssen - so kommt keine Hektik auf (na ja, wenigstens theoretisch).

8 bis 5 Monate vor der Abreise

- ☐ Urlaub einreichen
- ☐ Reiseziel festlegen (→ S. 26)
- ☐ Reisebudget kalkulieren (→ S. 61)
- ☐ entscheiden, mit wem Sie verreisen wollen (→ S. 36)
- ☐ Schulfreistellung beantragen (→ S. 56)
- ☐ Flugtickets für Fernreisen buchen (→ S. 222)
- ☐ Kindermenüs (→ S. 242) und Sitzplätze im Flugzeug reservieren (→ S. 227)
- ☐ Kindersitzregelung der Airline prüfen, geeigneten Sitz besorgen (→ S. 248)
- ☐ Reiserücktrittsversicherung abschließen (→ S. 86)

6 bis 3 Monate vor der Abreise

- ☐ Wohnmobil, Bahntickets und/oder Unterkunft buchen
- ☐ Fremdsprache auffrischen (→ S. 101)
- ☐ Zwischenmieter für Wohnung suchen
- ☐ bei Langzeitreisen: Abschiedspartys und -besuche beginnen

3 Monate bis 3 Wochen vor der Abreise

- ☐ Impfungen auffrischen (→ S. 81)
- ☐ Zahnstatus prüfen

- ☐ Visa beantragen (auch für Transitländer prüfen) (→ S. 97)
- ☐ eigene Reisepässe verlängern oder neu beantragen
- ☐ Kinderreisepässe aktualisieren oder neu beantragen (→ S. 94)
- ☐ Kreditkarte beantragen
- ☐ U-Untersuchungen vorziehen oder verschieben
- ☐ Mama zum Frauenarzt (Pillenrezept?)
- ☐ den Kindergarten über bevorstehenden Urlaub informieren

1 Monat vor der Abreise

- ☐ Internationalen Führerschein beantragen
- ☐ Kinderarzt
- ☐ Auslandsreise-Krankenversicherung abschließen (→ S. 88)
- ☐ Mietwagen buchen (→ S. 274)
- ☐ Couchsurfing-Gastgeber suchen (→ S. 334)
- ☐ Abos kündigen/umleiten
- ☐ Verfügungsrahmen für Kreditkarte erhöhen, Bank benachrichtigen
- ☐ Betreuung für Haustiere und Ansprechperson für Notfälle finden
- ☐ Reiseroute planen
- ☐ bei Autoreisen: Auto zur Inspektion bringen

2 Wochen vor der Abreise

- ☐ Reisevollmacht aufsetzen und beglaubigen lassen (→ S. 98)
- ☐ bei längeren Reisen: Antrag auf Post-Umleitung
- ☐ Gepäckbestimmungen der Airline prüfen (→ S. 229)
- ☐ Packliste erstellen (→ S. 108)
- ☐ fehlende Kleidung und Ausrüstung kaufen (→ S. 112)
- ☐ Taschen und Rucksäcke beschaffen (→ S. 110)
- ☐ beglaubigte Übersetzung des Internationalen Führerscheins erwerben

1 Woche vor der Abreise
- [ ] offene Rechnungen begleichen, Daueraufträge einrichten
- [ ] Roaming-Regelungen des Mobilfunktarifs prüfen
- [ ] Routenplan für Anfahrt aufstellen, Rastplätze und Zwischenübernachtungen checken
- [ ] spätestens jetzt Sitzplätze im Flugzeug reservieren (→ S. 227)
- [ ] Reise-Apotheke zusammenstellen (→ S. 84)

Einige Tage vor der Abreise
- [ ] Pässe, Kreditkarten und andere Dokumente fotokopieren oder einscannen und per E-Mail an sich selbst schicken
- [ ] Auto startklar machen
- [ ] Anreise zum Flughafen oder Bahnhof klären
- [ ] Dauerparkplatz für das Auto am Flughafen buchen oder anderen Stellplatz besorgen
- [ ] Adresslisten aktualisieren
- [ ] Wohnung bereit für Zwischenmieter machen
- [ ] Schwangere: Flugtauglichkeitsbescheinigung (→ S. 409), Attest über Reisetauglichkeit für Kreuzfahrten ausstellen lassen (→ S. 414)
- [ ] probepacken; Gepäckstücke wiegen und messen

Spätestens 2 Tage vor der Abreise
- [ ] alle Kleidungsstücke von der Packliste waschen und einpacken
- [ ] Akkus und Batterien aufladen
- [ ] Express-Reisepass beantragen
- [ ] Selbstversorger: Lebensmittelvorräte, Windeln und Ähnliches für die Reise einkaufen
- [ ] Schulkinder: Hausaufgaben notieren

- ☐ Kindermenü für Flug reservieren
- ☐ Online-Check-in (→ S. 238)
- ☐ Handgepäck für Flug packen (→ S. 234)
- ☐ Koffer oder Taschen packen (→ S. 108)
- ☐ Gepäck für Transport zum Zielbahnhof vom Kurierdienst abholen lassen (→ S. 287)

24 Stunden vor der Abreise

- ☐ fertig packen
- ☐ E-Mail-Abwesenheitsnotiz einrichten
- ☐ Anrufbeantworter einschalten (aber nicht draufsprechen, dass und wie lange man verreist!)
- ☐ Müll wegbringen
- ☐ Heizung abdrehen
- ☐ Kühlschrank leeren
- ☐ Briefkasten- und Zweitschlüssel an Vertrauensperson übergeben, Haustiere in Pflege geben
- ☐ Verkehrsmeldungen und Wetterbericht studieren, Routenplan anpassen
- ☐ Snacks für die Autofahrt vorbereiten (→ S. 271)
- ☐ Auto-Check (Ölstand, Reifendruck, Kühlwasserstand, Auftanken)
- ☐ Dachgepäckträger und Fahrradträger aufbauen
- ☐ Auto beladen (→ S. 265)
- ☐ Vorabend-Check-in am Flughafen (→ S. 237)
- ☐ Medikamente gegen Reisekrankheit oder Flugangst einnehmen (→ S. 254, → S. 391)

... und los geht's!

Urlaubsideen

Was wollen Sie mit Ihren Kindern erleben?

Strand und Meer	155
Tropische Länder	163
Urlaub im Schnee	168
Kreuzfahrten	176
All-inclusive-Reisen	185
Städtetrips	188
Wohnmobilreisen	192
Urlaub auf dem Bauernhof	200
Wanderurlaube	202
Fahrradreisen	210

Urlaubsideen: Was wollen Sie mit Ihren Kindern erleben?

Strand oder Berge, das ist nicht die einzige Entscheidung, vor der Familien mit Kindern stehen, wenn es um die Urlaubsplanung geht. Natürlich macht es Spaß, im Meer zu baden oder Gipfel zu erklimmen. Dieses Kapitel stellt Ihnen noch acht weitere Ideen für einen schönen Urlaub vor. Alle sind für Reisen mit Babys und Kindern geeignet, versprochen!

Anstatt Ihnen familienfreundliche Reiseziele vorzustellen (schauen Sie hierfür auf → S. 29), zeigen wir auf den folgenden Seiten verschiedene Möglichkeiten, wie Familien ihren Urlaub verbringen können. Jeder hat andere Interessen und Bedürfnisse, andere Vorlieben und Ansprüche an einen Urlaub.

Ob Sie sich lieber im Club oder auf dem Kreuzfahrtschiff verwöhnen lassen oder mit Ihren Kindern im Wohnmobil oder per Fahrrad die Welt entdecken, ob Sie auf dem Bauernhof Schafe füttern oder Städte erkunden, ob Sie Tropenhitze oder Winterkälte bevorzugen – die Hauptsache ist, dass Sie gemeinsam Spaß haben und schöne Erinnerungen sammeln.

Strand und Meer

Das Meer ist vor allem deshalb als Urlaubsziel bei Familien beliebt, weil Strände wunderschön und gleichzeitig **kinderfreundlich** sind. Der weiche und endlos formbare Sand eignet sich wunderbar zum Spielen und Bauen, verbirgt Muschelschätze für kleine Entdecker, ist weich zu zarten Babyfüßen und dämpft Stürze. Und dass kleine Kinder Wasser lieben und am liebsten endlos in der Brandung herumspringen, Gezeitenpools erforschen oder im seichten Wasser spielen, weiß jeder.

Nicht jeder Strand eignet sich für Ferien mit kleinen Kindern. Bei den ersten Reisen als Familie sollten Sie darauf achten, dass nicht nur das Urlaubsquartier, sondern auch die von dort zu erreichenden Strände und Bademöglichkeiten den Bedürfnissen kleiner Kinder gerecht werden.

Strände, an denen Kinder gefahrlos baden und planschen können, sind feinsandig und nicht verschmutzt. Halten Sie Ausschau nach Glassplittern und Zigarettenkippen, Ölspuren und Teerklümpchen, die oft im Sand vergraben sind. Ein im Brandungsbereich **flach abfallender Grund** ist ideal, damit Kinder gefahrlos ein paar Schritte ins Wasser gehen können und keine großen Wellen entstehen. Prüfen Sie die Stärke des Wellensogs und das Vorhandensein von Strömungen im Uferbereich zuerst selbst, bevor Sie Ihre Kinder ins Wasser lassen.

Sandbänke sind beliebt, gaukeln aber Sicherheit vor: Schwimmanfänger überschätzen sich oft, wenn sie die Strecke zur Sandbank allein bewältigen wollen. Bei Ebbe ist der Weg zur Sandbank oft flach genug zum Gehen, läuft die Flut ein, kann sich das aber schnell ändern. Kleine Kinder sollten wirklich nur am Wasserrand baden und nicht in tieferes Wasser mitgenommen werden. Strände mit Felsen, Molen oder Wellenbrechern sind ebenfalls No-Gos.

Ideale Plätze für den Strandaufenthalt mit kleinen Kindern sind **windgeschützt,** schattig und möglichst weit von der Wasserlinie entfernt. Bäume und Palmen sehen toll aus, besseren **UV-Schutz** bieten aber Sonnenschirme und Strandmuscheln (→ S. 121).

Legen Sie sich nie unter Kokospalmen. Jedes Jahr gibt es tödliche Verletzungen durch herabfallende Kokosnüsse!

Die Laufstrecke zum Wasser sollten Sie so wählen, dass Kinder nicht unbemerkt hingelangen können. Wichtig, wenn Sie eine kleine Wasserratte haben, ist die Wassertemperatur. Bei unter 17° Celsius sollten weder Kinder noch Erwachsene ohne **Neoprenanzug** (→ S. 113) baden. Das kalte Wasser entzieht dem Körper sehr schnell Energie, was zu gefährlichen Fehleinschätzungen der eigenen Kräfte führen kann.

Gibt es am Urlaubsort keinen kindergeeigneten Strand, bleiben Sie mit kleinen Kindern lieber am Pool oder nehmen eine längere Anfahrt zu einem bewachten Strand in Kauf.

Ins „Reizklima" der Nordsee mit Babys?

Oft hört man Bedenken von Eltern, die Schädigungen ihres Babys durch das Reizklima am Meer befürchten. Dafür besteht keinerlei Anlass. Am Meer ist die Luft reich an Salzen, Jod, Magnesium und Spurenelementen, besonders bei starkem Wind und Wellengang. Schadstoffe, Pollen und andere Allergieauslöser finden sich dagegen kaum – eine Wohltat für die Lunge. Daneben wirkt die Meeresluft mit den enthaltenen Aerosolen sehr wohltuend gegen den Juckreiz bei Hautkrankheiten.

Babys können hier also nur profitieren, sofern Sie auf UV-Schutz achten und die Ohren Ihres Kindes (nicht nur in der kalten Jahreszeit) vor starkem Wind schützen.

◀ Sand und Wasser sind der natürliche Lebensraum von Kindern. Nichts macht ihnen mehr Freude, als zu baden und zu planschen – zufriedene Kinder haben Sie am Meer garantiert.

So romantisch wilde und abgelegene Strände sind, zum Baden mit kleinen Kindern sollten Sie nicht die Einsamkeit suchen. Im Notfall freuen Sie sich, wenn Sie andere um Hilfe bitten oder nach Hilfe schicken können. Ist niemand anders da, sollte wenigstens das Handy Empfang haben. Die **Nummer des örtlichen Rettungsdienstes** gehört am ersten Urlaubstag ins Telefonbuch eingespeichert.

Nützlich ist eine **Gezeitentabelle**, besonders am offenen Atlantik und an der Nordsee. Der Abstand zwischen Ebbe und Flut beträgt zwar immer sechs Stunden, die Zeiten des Einsetzens sind aber täglich anders. An Stränden mit starken Gezeitenunterschieden sollten Sie nur bei einsetzender Flut ins Wasser gehen. Die Sogwirkung der einsetzenden Ebbe kann enorm sein. Steilere, felsige Strandabschnitte sollten hingegen bei einsetzender Flut gemieden werden, dann werden Wellengang und Brandung nämlich viel stärker.

Eimer und Schaufel, mehr braucht es nicht

Was brauchen Familien am Strand?

Das A und O für Familien mit Kindern am Strand ist **Sonnenschutz**. Babys und Kleinkinder sollten immer im Schatten bleiben. Zwischen 10 und 16 Uhr gehören Babys und kleine Kinder überhaupt nicht an den Strand, die UV-Strahlung ist dann einfach zu stark. Ansonsten gilt: regelmäßig und immer wieder mit Sonnenmilch eincremen (→ S. 118).

Wenn Sie keine Strandmuschel dabei haben, mieten Sie einen Sonnenschirm oder einen **Strandkorb**. In letzteren passen leider nicht mehr als zwei Erwachsene und ein Kleinkind. Zusätzliche Strandmuscheln oder Sonnenschirme dürfen an einigen Stränden jedoch im Strandkorb-Bereich nicht aufgebaut werden. Genau wie die Strandmuschel schützt der Strandkorb vor Sonnenstrahlen, Wind und fremden Blicken. Zusätzlich bietet er etwas mehr Komfort, weil man gepolstert, leicht erhöht und mit Lehne sitzt. Das ist besonders beim Essen komfortabel. Hierfür lassen sich auch noch zwei aus den Armlehnen herausklappbare Tischchen nutzen. Da er fest installiert am Strand stehen bleibt und mit einem Gitter abgesperrt werden kann, lassen sich große, sperrige Strandutensilien während des gesamten Strandurlaubs im dauerhaft gemieteten Strandkorb verstauen. Für Kleinkram bietet er unter der Sitzbank zwei große Schübe (in denen Sie natürlich keine Wertsachen aufbewahren sollten – allzu einbruchssicher sind Strandkörbe nicht). Auch bei kühlem Wetter ist ein Strandkorb gemütlich und überraschend warm, weil er komplett winddicht ist. Sogar ein kurzer Regenschauer ist darin wunderbar zu überstehen.

Oda: *„Obercoole Jugendliche, die sich möglichst kaum mit ihren Eltern sehen lassen wollen, legen sich gern HINTER den Strandkorb und sind dort völlig autonom ... bis es Mittagessen gibt!"*

An tropischen Stränden sind **Strandliegen** optimal: Sie schützen vor dem sehr heißen Sand und außerdem vor Sandflöhen, die den Aufenthalt ansonsten schnell zur Qual machen.

Spielideen für den Strand

- **Kugelbahn:** Einen möglichst hohen Sandberg anhäufen, gut befeuchten und festklopfen, dann vorsichtig eine Spirale um den Berg herum eindrücken; auf der Kugelbahn einen Tischtennisball herablaufen lassen.
- **Burgen bauen:** Funktioniert je nach Laune allein, mit den Eltern oder in Teams.
- Sandbilder: Bilder mit Fingern oder Stöckchen malen, Mandalas oder Bilder aus Muscheln und Strandgut legen, Reliefs aus feuchtem Sand formen, …
- **Muschelketten und –mobiles basteln:** Gesammelte Muscheln kann man mit Schnur, Ahle und Stöcken wunderbar zu Kunstwerken und Schmuck verarbeiten.
- **Beine verbuddeln:** Ideal für faule Eltern, denn man kann lesen oder schlafen, während man eingebuddelt wird.
- Muschel-Darts: Mit Muscheln oder Steinchen auf eine Zielscheibe im Sand werfen.
- **Wasser holen:** Zwei Spieler oder Teams laufen zum Meer, schöpfen dort Wasser und bringen es an die Strandmuschel – mit einer Schaufel, einem Sieb oder in den Händen. Gewinner ist, wer seinen Eimer zuerst gefüllt hat.
- **Gipfelglück und Baggerloch:** Zwei Mannschaften schippen um die Wette: Wer kann den höchsten Sandberg anhäufen, das tiefste Loch buddeln, einen Graben zum Wasser ziehen?
- **Schneckenrennen:** Zwei „Schnecken" versuchen, auf dem Bauch so schnell wie möglich zum Ziel zu kriechen; Hände und Füße dürfen nicht benutzt werden.
- **Pinguinrennen:** Die Spieler zweier Teams müssen sich um die Wette möglichst viele Kleidungsstücke anziehen, zum Zielpunkt laufen (oder watscheln) und dort alles an den nächsten Spieler übergeben.
- **Seepferdchen-Reiter:** Zwei oder mehr Erwachsene tragen je ein Kind auf den Schultern; diese „Reiter" versuchen, sich gegenseitig ins Wasser zu schubsen und selbst auf ihrem „Seepferd" zu bleiben. (Nur im hüfttiefen Wasser spielen und nur, wenn alle Beteiligten bereits das „Seepferdchen"-Abzeichen haben!)
- **Fähre:** Zwei Spieler oder Teams schwimmen oder waten um die Wette und balancieren dabei einen Wasserball oder (einfacher) eine Muschel auf dem Kopf.
- **Luftmatratzenrallye:** Zwei auf Luftmatratzen sitzende Kinder werden um die Wette von der Start- zur Ziellinie geschoben. (Nur parallel zum Strand schieben!)
- **Spuren im Sand:** Eine große Fläche im Sand festklopfen und verschiedene Gegenstände hineindrücken, während die anderen die Augen schließen. Wer erkennt die meisten Abdrücke?
- **Schatz im Sandmeer:** Verschiedene „Schätze" im Sand vergraben, danach mit Händen oder Sandsieben um die Wette suchen.
- **Strand-Memory:** Der Spielleiter breitet verschiedene Gegenstände auf der Strandmatte aus, die kurz angeschaut werden dürfen. Danach wird ein Handtuch über die Gegenstände gebreitet und ein Gegenstand verdeckt weggenommen. Was fehlt?
- **Muschelhügel:** Eine Muschel wird auf die Spitze einer Sandburg gelegt; jeder Mitspieler trägt abwechselnd eine Handvoll Sand ab, bis die Muschel von der Spitze der Burg kullert.
- **Sandbilder malen:** Ein Bild auf eine glattgestrichene Sandfläche zeichnen und die anderen raten lassen.

Kleine Babys können im **Kinderwagen** liegen, falls dieser komplett beschattet werden kann und gut belüftet ist. Das empfiehlt sich natürlich nur mit Modellen, die sich über Sand schieben oder ziehen lassen (→ S. 125). Ansonsten können Sie Ihr Lager direkt an der Strandpromenade oder einem befestigten Weg am Strand aufschlagen.

Eine angenehme Unterlage bei großer Hitze ist ein Schaffell, auf dem eine Baumwollwindel liegt.

Babys fühlen sich bei großer Hitze nackt am wohlsten. Am Strand sollten sie jedoch luftige Kleidung tragen, die Arme und Beinchen bedeckt. Ein dickes Windelpaket ist wahrscheinlich ohnehin nicht allzu angenehm, bei großer Hitze (und ein paar zwischen Windel und Haut geratenen Sandkörnchen …) wird das nur schlimmer. Lassen Sie Ihr Baby also wenigstens hin und wieder „**unten ohne**" strampeln, falls keine Landessitten dagegen sprechen (→ S. 350). Die Pfützchen im Handtuch trocknen schnell wieder, eventuell können Sie auch eine wasserfeste Wickelunterlage verwenden.

Beim Baden schützen Sie Kinder am besten mit **UV-Schutzkleidung** (→ S. 120) und einer Kopfbedeckung vor der Sonne. Je kleiner das Kind, desto kürzer sollten die Badezeiten gehalten werden. Das dient nicht nur dem Sonnenschutz, kleine Kinder kühlen auch im Wasser sehr schnell aus.

Kinder lernen vor allem durch Beobachtung und Nachahmung. Braten Sie selbst in der Mittagssonne oder dümpeln stundenlang ohne Sonnenhut auf der Luftmatratze im Wasser, werden Sie Ihren Kindern kaum vermitteln können, wie wichtig Sonnenschutz ist.

Bei großer Hitze braucht der Körper viel **Trinkwasser**; mehr noch am Strand, denn das Salzwasser im Meer entzieht dem Körper über die Haut viel Flüssigkeit. Kinder sollten beim Baden möglichst kein Salzwasser schlucken und reichlich Frischwasser trinken. Ideal ist (stilles) Mineralwasser, um den Mineralienverlust durch das Schwitzen auszugleichen.

Wo die Natur so etwas nicht bietet, können Sie **aufblasbare Planschbecken** mit Meerwasser füllen und im Schatten der Strandmuschel aufstellen.

Packliste: Strandurlaub

- ☐ Strandmuschel
- ☐ Strandschuhe
- ☐ UV-Schutzkleidung
- ☐ Schwimmflügel oder Rettungsweste
- ☐ aufblasbares Planschbecken

Die komplette Packliste finden Sie auf → *S. 425.*

Mecklenburg-Vorpommern
Meer Urlaub

Baden, toben, entdecken im Familienreiseland Nr. 1

Mecklenburg Vorpommern
MV tut gut.

auf-nach-mv.de/familie

Aufblasbares Spielzeug, das auf dem Wasser schwimmt, wird oft fälschlich als Schwimmhilfe genutzt, obwohl es dafür weder entwickelt wurde noch geeignet ist. Auf dem offenen Meer werden Luftmatratzen und Schwimmreifen überraschend schnell vom Wind oder von Strömungen hinausgetrieben. Nicht einmal gute Schwimmer holen sie dann noch ein.

Eine echte Schwimmlernhilfe trägt die Kennzeichnung EN13181 und muss auf das Gewicht des Kindes abgestimmt sein. Das Kürzel EN71 verweist auf reine Schwimmhilfen, die zum Schwimmenlernen ungeeignet sind.

Schwimmärmel, **Schwimmflügel** und **Schwimmgürtel** sorgen zwar für Auftrieb, aber sie unterstützen nur aktive Nutzer, die ihren Körper bewusst bewegen können. Weder Babys noch Kleinkindern oder älteren ohnmächtigen Kindern können solche Schwimmhilfen im Ernstfall helfen. Lassen Sie Ihre Kinder also auch mit Schwimmhilfen nie allein in Wassernähe spielen.

> ### Strandbeflaggung in Europa
>
> Mit der Farbe der Flagge zeigt die Strandaufsicht an, ob das Meer sicher zum Schwimmen ist.
>
> - Rot-gelb: bewachtes Badegebiet (zwei Flaggen grenzen den überwachten Bereich ein)
> - Grün: Baden erlaubt, aktuell bewachte Badezeit
> - Gelb: Achtung! Auf Lautsprecherdurchsagen der Badeaufsicht achten
> - Rot: striktes Badeverbot
> - Blau: einsetzende Flut; vorgelagerte Sandbänke räumen und zurück an die Küste schwimmen
> - Schwarz-weiß: Zone für Wassersportgeräte, Baden verboten
>
> In außereuropäischen Ländern können die Farben andere Bedeutungen haben!

Schwimmsitze gehören zu den gefährlichsten Wasserspielzeugen. Die aufblasbaren Boote oder Autos zum Hineinsetzen mit Beinlöchern sind für Kleinkinder, die nicht ständig festgehalten werden, hochgefährlich.

Zum Weiterlesen bei KidsAway.de:

„Kaufberatung Schwimmflügel & Co."

 Suchbegriff: „Schwimmflügel"

Schwimmärmel sollten zwei getrennte Luftkammern, Rückschlagventile und abgerundete Schweißnähte aufweisen. Die Stiftung Warentest bescheinigt den meisten im Handel erhältlichen Modellen gute Sicherheitsnoten, bedenklich ist aber die Schadstoffbelastung vieler Produkte. Achten Sie außerdem auf die richtige Gewichtsklasse, damit Ihr Kind ausreichend Auftrieb erhält (sie ist direkt auf der Schwimmhilfe aufgedruckt).

Sicherheit am und im Wasser

Die eiserne Regel für alle Eltern, die sich mit ihren Kindern am Wasser aufhalten, lautet: **Jedes Kind muss immer beaufsichtigt werden**, egal wie gut es schwimmen kann. Das gilt für Schwimmbäder und Pools, aber besonders für das Meer. Hier kommen zu den Gefahren des Wassers noch plötzlich wechselnde Strömungen, Wind und Gezeiten hinzu. Diese erschweren das Schwimmen und verlangen ungleich mehr Kraft und Körperbeherrschung.

Allein ins Meer dürfen daher nur ältere Kinder. Das gilt auch für den flachen Uferbereich, besonders bei Wellengang. Die Brandung kann so stark sein, dass sie Badende einfach umwirft. Unter Wasser verliert man schnell die Orientierung. Kinder sollten daher beim Spielen nie mit dem Rücken zur Brandung stehen. Auch Erwachsene sollten nur bis zum Bauch ins Meer gehen und immer parallel zum Strand schwimmen.

Am Strand machen Familien mit kleinen Kindern oft sehr gern Urlaub. Kein Wunder, Sand und Wasser sind für Kids nun mal die perfekte Umgebung.

Das „Seepferdchen-Abzeichen" ist nur ein erster Schritt. Ein sicherer Schwimmer ist man laut DLRG erst mit dem Jugendschwimmabzeichen in Bronze.

Rettungsschwimmer, die einen abgegrenzten Strandabschnitt bewachen, warnen auch vor gefährlichen Strömungen, heraufziehenden Stürmen oder giftigen Quallen im Wasser. Leider gibt es in vielen Urlaubsländern wie Spanien, Portugal oder der Türkei an öffentlichen Stränden keine Strandaufsicht. Dort müssen Sie vor *jedem* Strandbesuch selbst prüfen, ob irgendwelche Gefahren vorliegen.

Zum Weiterlesen bei KidsAway.de:
„Sicherheit für Kinder im Pool und drumherum"

◆ Suchbegriff: „Pool"

Ein häufiger Schreck im Strandurlaub mit Kindern: **wenn die Kleinen plötzlich verschwunden sind**, weil sie sich verlaufen haben. Vorbeugen ist besser als Suchen. Merken Sie sich immer die Stelle, an der Sie den Strand betreten haben. Das nächstgelegene Schild mit der Buchstaben- oder Zahlenkombination sollten Sie Ihren Kindern zeigen und als Treffpunkt für Notfälle vereinbaren. Per Telefon alarmierte Rettungskräfte finden mit dieser Information schneller den Einsatzort.

Der „Euronotruf" ist in allen europäischen Ländern gleich: 112. In Deutschland erreichen Sie vom Handy mit der Nummer 124 124 (ohne Vorwahl) die Zentrale der Seenotleitung in Bremen.

Marschieren Kinder doch mal aufs Geradewohl los, sind sie an auffällig bunter Kleidung auch in Menschenmengen gut zu erkennen und können im Notfall anderen Helfern einfach beschrieben werden. Eine clevere Idee sind **Armbänder oder Halsketten mit Anhängern**, auf denen der Name und die Handynummer der Eltern stehen.

Arne: „Wenn wir an den Strand gehen, schreiben wir den Kindern vorher immer mit einem wasserfesten Stift unsere Telefonnummern auf den Arm. Sicher ist sicher!"

In der Hochsaison sind viele Strände übersät mit Menschen und Strandmuscheln. Kleinen Kindern helfen **sichtbare Begrenzungen** wie ein Graben, ein Sandwall oder eine Reihe von Steinen im Sand um die Strandmuschel herum bei der Orientierung. Sie können das

Familienlager auch an einem markanten Zaun oder neben dem Turm der Strandwacht aufschlagen. Verbotene Bereiche, in die Kinder nur gemeinsam mit den Eltern gehen dürfen, sind das Wasser, Bootsanleger, der Bereich unter der Seebrücke oder Wellenbrecher.

Ein am Strand **verloren gegangenes Kind** sollten Sie immer zuerst im Wasser suchen. Hier ist die Gefahr, wenn es zu spät gefunden wird, am größten. Wenn mehrere Personen bei der Suche helfen, kann eine(r) spiralförmig um das Strandlager herumgehen, während der oder die andere am vereinbarten Treffpunkt oder an anderen markanten Stellen schaut und wartet.

Mehr Informationen dazu finden Sie im Kapitel „Sicherheit am Urlaubsziel" ab → S. 360.

Kinder laufen in der Regel nicht in die Richtung, in der ihnen die Sonne ins Gesicht scheint.

Ist ein Kind tatsächlich in Gefahr zu **ertrinken**, müssen Sie bedacht und informiert handeln. Meist ist es wenig hilfreich, sofort ins Wasser zu springen. Immer wieder sterben Eltern beim Versuch, ihre Kinder aus dem Meer zu retten. Rufen Sie laut um Hilfe und bitten Sie andere Strandbesucher, die Strandwacht zu alarmieren und mit dem Handy Hilfe zu organisieren.

Um Kinder aus einer Strömung herauszuholen, bildet man am besten mit so vielen anderen Menschen wie möglich eine Kette und hält sich an den Händen fest. Ins Wasser gehen Sie bitte nur gemeinsam mit anderen Rettern und nur, wenn Sie fit genug sind. Selbstüberschätzung ist hier nicht angebracht! Wenn Sie schwimmen müssen (nur wenn das Kind nicht mehr als 100 Meter weit draußen im Meer ist), dann gehen Sie an einer Stelle ins Wasser, wo die Strömung nicht gegen Sie arbeitet. Hilfreich ist ein Auftriebsmittel wie ein Schwimmreifen oder eine Poolnudel.

Bewusstlose Kinder brauchen sofort Wiederbelebungsmaßnahmen mit Mund-zu-Mund-Beatmung und Herzdruckmassage. Auch wenn der Erste-Hilfe-Kurs schon lange her ist: Warten Sie nicht auf den Rettungsschwimmer!

Genauso wichtig ist es, die Körpertemperatur aufrechtzuerhalten. Das Kind sollte also in eine Decke oder ein Handtuch gewickelt werden. Kinder auf den Kopf zu stellen oder zu schütteln, um das Wasser aus den Lungen zu pressen, funktioniert nicht und verschwendet wertvolle Zeit für die Wiederbelebung.

Spielideen für Babys am Strand

- Steine und Muscheln sammeln, zu Mustern legen oder zu Türmen stapeln, in einen mit Wasser gefüllten Eimer werfen
- ein Loch graben und mit Wasser füllen
- Gegenstände oder Hände und Füße in nassen Sand hineindrücken
- Sandkuchen backen
- Sandburg bauen
- Kleckerburg bauen (sehr nassen Sand durch die Finger tropfen lassen)
- „Sandengel" machen (funktioniert wie Schnee-Engel)
- Möwen oder Fische füttern (altbackenes Brot mitnehmen!)

◀ Immer der Nase nach, und schon bin ich weg. Haben Sie am Strand immer ein Auge auf Ihr Kind, egal wie alt es ist.

Alle Mann an Bord!

Haien nie ganz ausgeschlossen werden. Für größtmögliche Sicherheit sorgen Sie, wenn Sie nur tagsüber und bei Sonnenschein baden (Haie jagen bevorzugt in der Dämmerung), nur in klarem Wasser schwimmen (Haie greifen aus dem Verborgenen an), die Nähe von Fischerbooten und Anglern meiden (wo es Futter für Haie gibt) und weder strampeln noch planschen. An bewachten Stränden wird die Strandaufsicht den Strand und den Badebereich sperren, sobald Haie gesichtet werden.

Bemerken Sie ein Stechen oder Brennen, heißt es raus aus dem Wasser und einer anderen Person am Strand Bescheid geben. Einige Meeresbewohner sind so giftig, dass es schnell zu Lähmungserscheinungen und Kreislaufversagen kommen kann. Mit kleinen Kindern stellen Sie unklare Verletzungen oder solche, die nicht schnell verheilen, immer einem Arzt vor.

 Auch wenn alles gut zu sein scheint: Wenn Ihr Kind Wasser eingeatmet hat, stellen Sie es binnen 48 Stunden einem Arzt vor, um ein Lungenödem auszuschließen.

 Zum Weiterlesen bei KidsAway.de:

„Kinder vor dem Ertrinken schützen – die wichtigsten Fakten, Regeln und Tipps"

 Suchbegriff: „Ertrinken"

Schon Kleinkinder sollten wissen, dass **Tiere**, die sie am Strand und im Wasser finden, weder berührt noch in den Mund gesteckt werden dürfen. Das gilt besonders für Muscheln und Schneckenhäuser im Tropenurlaub. Aber auch an Nord- und Ostsee, im Atlantik und im Mittelmeer können Stürme Feuerquallen und hochgiftige Portugiesische Galeeren anschwemmen. Das Petermännchen, ein Fisch mit einem Giftstachel, verbirgt sich im Wattsand, und im flachen Wasser zwischen Felsen bohren sich die Stachel von Seeigeln schmerzhaft in ungeschützte Fußsohlen.

Wesentlich seltener sind **Hai-Angriffe**. In tropischen Gewässern, aber auch in den USA und Neuseeland kann die Anwesenheit von

An Bord von Booten und Schiffen gelten besondere Sicherheitsregeln. Auch hier müssen Kinder rund um die Uhr beaufsichtigt werden und an Deck immer eine ohnmachtssichere **Rettungsweste** tragen. Sie sorgt mit viel Auftrieb und einem breiten Kragen dafür, dass das Gesicht immer über der Wasseroberfläche bleibt. Weil Schwimmwesten genau auf das Körpergewicht abgestimmt sein müssen, sollten sie vor jedem Urlaub geprüft werden. Kinder können innerhalb eines Jahres viel an Gewicht zulegen (Erwachsene natürlich auch …).

Besser als eine Festkörper-Rettungsweste, in der sich Kinder kaum bewegen können, ist eine automatische Rettungsweste, die sich bei Kontakt mit Wasser selbst aufbläst. Die gibt es für Kinder ab 20 Kilogramm Körpergewicht.

Rettungswesten für Kinder sind normalerweise nur kurz in Gebrauch und verschleißen kaum. Man kann sie daher gebraucht kaufen oder leihen. Einzige Bedingung: Die Weste sollte vor nicht allzu langer Zeit als Rettungsmittel geprüft worden sein.

▶ Tropische Hitze und hohe Luftfeuchtigkeit lassen Palmen und bunte Blumen wachsen, aber auch den Schweiß fließen. Gut, wenn man am Pool chillen kann!

Tropische Länder

Tropische Strände, Palmen und ewiger Sommer, das klingt für viele Eltern verlockend. Kinderärzte raten jedoch zur Vorsicht. Ohne Vorbereitung und spontan sollten Sie mit Babys und Kleinkindern keine Fernreisen in tropische Klimazonen unternehmen. Schon die lange Anreise sowie die Klima- und Zeitverschiebung verlangen kleinen Kindern viel ab. Diese Anstrengung sollte man ihnen nicht für Kurztrips unter 14 Tagen zumuten, da sie dann kaum Gelegenheit zum „Ankommen" haben.

> Frauke: „Die Hitze, vor allem in dem tropischen, feuchten Klima, machte uns in Bali anfangs etwas zu schaffen. Momme dagegen war überglücklich, endlich die vielen Schichten Winterklamotten nicht mehr dauernd an- und ausziehen zu müssen!"

Tropische Reiseziele für Familien

Bei „Tropen" denken viele zuerst an exotische Länder und einsame Inseln ohne medizinische Versorgung und mit gefährlichem Dschungel. In den Regionen zwischen dem nördlichen und dem südlichen Wendekreis liegen aber auch Teile der USA und Australiens. Hier bekommen Sie Tropenklima ganz ohne die damit verbundenen Risiken und die kulturellen Unterschiede.

Einsteiger-Ziele für Tropenreisen mit Kindern sind **Florida**, **Hawaii** oder die **Nordküste Australiens**. Die **Kanarischen Inseln** gehören geografisch ebenfalls bereits zu den Tropen. Diese Regionen bieten gut ausgebaute Infrastruktur und ein verlässliches Gesundheitssystem, was für Familien mit kleinen Kindern Sicherheit nicht nur im Notfall bietet. Auch die Gesellschaften selbst sind westlich orientiert.

Sehr luxuriös und in der Regel mit wenig Kontakt zu den Einheimischen erleben Sie die Tropen in Resorts auf den **Malediven**, den **Seychellen** oder **Mauritius**. Während die hygienische Situation in den All-inclusive-Resorts sehr gut ist, bedeutet allein die Abgelegenheit dieser Inseln für Sie einen langen und beschwerlichen Rückweg, falls Ihr Baby doch einmal krank werden sollte.

In Bangkok zu Besuch bei Buddha

> Lukas: „Bis auf die Tatsache, dass die Leute manchmal zu energisch das Kind anfassen wollen, gab es eigentlich keine Probleme. Wir können Reisen nach Südostasien mit einem kleinen Kind sehr empfehlen. Nur einmal hat Lilly hohes Fieber bekommen und wir haben uns große Sorgen gemacht – das war allerdings in Singapur und da ist die medizinische Versorgung sehr gut. Das Fieber ging auch sehr schnell wieder weg und wir wissen bis heute nicht, was sie da hatte."

Einen Tick exotischer bekommen Sie es in **Thailand** oder **Singapur**, in **Costa Rica** oder in der **Karibik**. Hier sind die kulturellen Unterschiede zu Europa teilweise sehr deutlich, Sie erleben andere Sitten und Gebräuche, fremdartige Geschmäcker und andere Religionen (→ S. 350). Per Flugzeug, Zug oder Reisebus gelangen Sie bequem an idyllische Strände und auf paradiesische Inseln. Die Einwohner sind ungeheuer kinderfreundlich und sprechen (großteils) Englisch. Die Speisekarte bietet etwas für jeden Geschmack, auch heikle Esser werden satt (→ S. 364). Die Geschichte dieser Länder ist eng mit der europäischen verbunden und mitunter gibt es da dunkle Kapitel. Die verschiedenen Kulturen und Glaubensgemeinschaften leben aber größtenteils friedlich nebeneinander.

Auch viele **islamische Länder** sind (abgesehen natürlich von den aktuellen Krisenregionen) entgegen der herrschenden Meinung hervorragende tropische Reiseziele für Familien mit Kindern. Hier treffen Sie auf ungeheure Kinderfreundlichkeit, großen Respekt vor Ihrer Leistung als Mutter und Vater und viele familienfreundliche Angebote.

Die strengen Verhaltensregeln, die der Islam als Staatsreligion vorschreibt, äußern sich für Besucher vor allem als umfassende Sicherheit. In den Vereinigten Arabischen Emiraten gibt es in jedem Einkaufszentrum Spielbereiche für Kinder, oft mit kostenloser Betreuung. Die vielen Parks bieten Kinderspielplätze, Gondelteiche und Fahrgeschäfte.

Risiken im Tropenurlaub

Risiken und Gefahren, die Sie an tropischen Reisezielen bedenken sollten, reichen vom ungewohnten Essen und der starken Sonnenstrahlung bis zu giftigen Tieren und Infektionskrankheiten. Kinder sind hier oft viel stärker gefährdet als Erwachsene. Ihre Haut ist sonnenempfindlicher und ihr Organismus kann mit Belastungen und Krankheiten weniger gut umgehen.

Vor vielen **Infektionskrankheiten** können Sie Ihr Kind durch Impfungen (→ S. 81) schützen. Der gute Gesundheits- und Ernährungszustand in Europa lebender Kinder schützt sie ebenfalls ein Stück weit vor Keimen und Krankheiten. Für alles weitere gibt es die gängigen Vorsichtsmaßnahmen: nichts anfassen, nur im Schatten aufhalten, kein ungewaschenes Obst essen. Leider sind kleinen Kindern solche Regeln noch kaum verständlich zu machen. Hier sind Sie ständig zur Beaufsichtigung und Ermahnung Ihres Nachwuchses angehalten.

Heike: „Zu den anstrengendsten Dingen bei Tropenreisen gehört für mich die Sorge um die Kinder. Man muss immer daran denken, sie einzucremen, genug Wasser mitzunehmen, den Sonnenhut aufzusetzen, sie vor Mücken zu schützen, ihnen das Obst zu schälen, sie an der Hand zu halten … Da ist man als Eltern rund um die Uhr hinterher. Zum Glück entwickeln sich schnell Routinen und unsere Kids sind wirklich einsichtig und protestieren auch beim fünften Mal Eincremen nicht."

Ein praktischer Ausrüstungsgegenstand für Tropenreisen mit Kleinkindern ist ein **Sonnenschirm mit UV-Schutz** (→ S. 121). Er eignet sich als mobiler Schattenspender für die **Babytrage** (→ S. 128). Ein Kind zu tragen, kann enorm schweißtreibend sein, ist aber sinnvoller als ein Buggy. In vielen Städten kommt man damit nicht weit. Die Bürgersteige sind vollgestellt mit Garküchen und Shops, der Straßenverkehr ist mörderisch (→ S. 362) und abgesenkte Bordsteine gibt es nicht. In einer Babytrage können kleine Kinder ihre Körpertemperatur besser regulieren – in der tropischen Hitze ein großer Vorteil.

Insektenschutzmittel (→ S. 122) sollten in tropischen Ländern rund um die Uhr aufgetragen werden.

Das wichtigste Gepäckstück auf Tropenreisen ist die **Reise-Apotheke** (→ S. 84). Sie sollte die Erstbehandlung der gängigsten Unpässlichkeiten (Sonnenstich, Reisedurchfall und kleinere Verletzungen) und Krankheiten sicherstellen. Für alles andere suchen Sie mit kleinen Kindern ein **Krankenhaus** (→ S. 396). Achten Sie beim Auswählen von Reisezielen und Unterkünften auf die gute Erreichbarkeit von (Deutsch oder Englisch sprechenden) Ärzten und (Privat-)Kliniken. In Großstädten und in Regionen mit viel Tourismus ist das meist kein Problem.

Die wichtigsten Verhaltensregeln im Tropenurlaub mit Kindern

- UV-Schutz: zwischen 11 und 16 Uhr konsequent im Schatten bleiben, am besten in Gebäuden
- Aktivitäten auf morgens und spätnachmittags legen, Mittagsschlaf machen
- draußen nur mit Sonnenhut und langer, heller (UV-Schutz-)Kleidung bewegen
- immer mit hohem Lichtschutzfaktor eincremen und regelmäßig nachcremen
- viel Wasser trinken: Kinder benötigen mehr Flüssigkeit und schwitzen weniger als Erwachsene
- über den Tag verteilt mehrere kleine Mahlzeiten essen
- immer Schuhe tragen, auch im Meer (Verletzungsgefahr)
- Kontakt mit Wild- und Haustieren meiden, nach Berührung Hände waschen
- immer Insektenschutzmittel auftragen, über der Sonnencreme
- kleinere Verletzungen und Entzündungen sofort und konsequent desinfizieren und versorgen, Wunden bei der Heilung gut beobachten
- kein Leitungswasser trinken; auch keine Eiswürfel, kein ungeschältes Obst, keine Salate und kein rohes Fleisch
- oft Hände waschen und vor dem Essen Besteck und Geschirr desinfizieren
- Babymilchpulver am besten von zu Hause mitbringen und nur mit abgekochtem Wasser zubereiten

Urlaubsideen

> Tomas Jelinek, Centrum für Reisemedizin Düsseldorf: „Generell können Kinder auch in exotische Destinationen reisen, sobald sie die Impfungen gegen die gefährlichsten Erkrankungen erhalten haben."

Die wichtigste Voraussetzung für eine Tropenreise ist ein möglichst kompletter **Impfschutz** – auch für die Eltern. Am besten erkundigen Sie sich schon vor der Buchung über Gesundheitsrisiken an Ihrem tropischen Reiseziel, wenn Sie mit einem Baby oder Kleinkind verreisen wollen. Vereinbaren Sie spätestens drei Monate vor dem Urlaub einen Termin beim Tropenmediziner.

Reiseschreck Malaria

Nicht gegen alle Krankheiten gibt es Impfungen. Eines der bekanntesten (und auch höchsten) Risiken ist die Infektion mit Malaria über einen **Moskito-Stich**. Wie hoch dieses Risiko im Einzelfall ist und ob Sie es eingehen wollen, müssen Sie vor einer Tropenreise selbst abwägen: Die schwerste Form, die Malaria tropica, kann tödlich enden, wenn sie nicht rechtzeitig behandelt wird. Auch ohne das schlimme Ende ist eine Malaria-Erkrankung kein Zuckerschlecken und sollte gerade bei Kindern nicht leichtsinnig in Kauf genommen werden.

Das **Vorkommen** von Malaria-Erregern ist aber sehr unterschiedlich verteilt: In Großstädten, auf Inseln und in höher gelegenen Regionen gibt es meist keine oder nur wenige Moskitos. Eine Tropenreise können Sie also auch völlig ohne Sorge vor einer Malaria-Erkrankung machen.

Reisen Sie in Gebiete mit geringem Malaria-Risiko oder wollen Sie auf Nummer sicher gehen, lassen Sie sich vom Reisemediziner eine **Standby-Medikation** gegen Malaria für den Notfall verschreiben. Diese wird eingenommen, wenn Sie im Urlaub

oder in den Wochen danach Fieber mit Malaria-Charakteristik bekommen und in den nächsten 24 Stunden keinen Arzt aufsuchen können, der einen Bluttest machen kann.

Zum Weiterlesen bei KidsAway.de:

„Tropenreisen mit Kindern und Malaria – was ihr beachten müsst"

 Suchbegriff: „Malaria"

Tropenärzte raten bei Schwangeren und Kindern unter fünf Jahren von Reisen in Malaria-Gebiete ab. Für diese Personengruppen gibt es kaum zugelassene Medikamente zur Behandlung der Malaria.

Und wenn tatsächlich bei Ihnen oder Ihrem Kind eine Malaria-Infektion diagnostiziert wird? In der Regel wird dann je nach Allgemeinzustand ein EKG gemacht und das passende Malaria-Medikament verschrieben. Die meisten Patienten müssen während der zwei bis drei Tage dauernden Behandlung nicht im Krankenhaus bleiben.

Keine Tropenreise mit Kindern ohne Auslandsreise-Krankenversicherung (→ S. 88)!

Da Moskitos noch andere Krankheiten übertragen können (und ihre Stiche sehr unangenehm jucken und sich durch Aufkratzen entzünden können), ist guter **Mückenschutz** das A und O auf Tropenreisen: Langärmlige, weite und helle Kleidung sollte tagsüber und abends getragen werden. Abends empfehlen sich zusätzlich besonders dicht gewebte Socken aus Moskito-resistentem Stoff. Klimaanlagen können zwar zu Erkältungen führen, schützen aber zuverlässig vor Moskitos im Zimmer. Die Alternative ist ein absolut dichtes Moskitonetz über dem Bett (→ S. 124).

Fieber auf Tropenreisen

Bekommt Ihr Kind auf einer Tropenreise **Fieber**, sollten Sie dieses, wenn überhaupt, möglichst sanft senken. Die Hitze und die hohe Luftfeuchtigkeit belasten den Körper ohnehin schon stark. Versuchen Sie es vorher mit den gängigen Hausmitteln, also kühlen (nicht kalten!) Wickeln, einem Lappen auf der Stirn und kühlen Getränken. Babys dürfen möglichst dünn bekleidet oder ganz nackt sein. Zudecken ist in der tropischen Hitze nicht nötig.

Keine Panik: Wenn Sie Ihr Kind konsequent vor Mückenstichen geschützt haben, ist das Fieber sehr wahrscheinlich kein Anzeichen für Malaria oder Dengue-Fieber. Die Inkubationszeit bei diesen Krankheiten beträgt 14 Tage. Wenn Sie noch nicht so lange im Land sind, können Sie ebenfalls beruhigt sein.

Waren Sie in den vergangenen sechs Monaten in den Tropen im Urlaub und Ihr Kind bekommt zu Hause Fieber, vergessen Sie nicht, dies Ihrem Kinderarzt mitzuteilen. Mitunter brechen Malaria-Infektionen erst sehr spät aus. Werden sie nicht rechtzeitig erkannt, kann dies gefährlich für den kleinen Patienten werden.

Gehen Sie sofort zum Arzt oder in ein Kinderkrankenhaus, wenn das Fieber Ihres Kindes über 38,5° Celsius steigt oder länger als zwei Tage anhält. Auch eher ist es natürlich erlaubt, wenn Sie ein ungutes Gefühl haben oder Ihr krankes Kind sich irgendwie ungewöhnlich verhält.

◀ Trinkpause in Angkor Wat. Bei um die 35° Celsius und fast 100 Prozent Luftfeuchtigkeit im kambodschanischen Dschungel ist genug Flüssigkeitszufuhr lebenswichtig.

Urlaub im Schnee

Kinder und Schnee, das verträgt sich gut – wie man jedes Jahr sehen kann, sobald der erste Schnee gefallen ist. Viele Familien zieht es auch im Winter in den Urlaub. Die einen wollen der Kälte und der Dunkelheit entfliehen, die anderen genießen die kalte Jahreszeit und können gar nicht genug vom Schnee bekommen. In den Gebirgen Europas bieten sich zahllose Gelegenheiten, mit Kindern den Winter zu genießen. Sie können zünftig Ski oder Snowboard fahren, auf Langläufern oder Schneeschuhen Touren gehen, eine Schlittenhunde-Safari machen oder einfach nur gemütlich im Schnee herumspazieren und die Stille der ruhenden Natur in sich aufnehmen.

Schweden und Norwegen sind als Wintersportgebiete für Deutsche noch unbekannt. Hier können Sie fernab vom Après-Ski-Trubel Urlaub machen.

Um während der Wintersaison eine bezahlbare Unterkunft im Gebirge zu finden, müssen Sie **frühzeitig buchen**. Erst recht, wenn Sie in ein Skigebiet fahren wollen. Der Wetterbericht macht leider erst etwa zwei Wochen vor der Abreise verlässliche Angaben, und dann ist es zu spät zum Umbuchen. Mit Schulkindern geben die Ferientermine Ihre Reisezeiten sowieso vor. Achten Sie daher bei der Wahl Ihres Urlaubsortes darauf, dass die Skipisten nicht allzu weit unter 1.800 Metern liegen.

Die **schneesicherste Jahreszeit** ist der Januar. Nur wenige Familien nehmen dann Urlaub, weil Weihnachten gerade vorbei ist und die Winterferien in den meisten Bundesländern erst im Februar beginnen. Sie haben also die Pisten für sich allein und finden günstigere Unterkünfte. Allerdings kann es sehr kalt werden und die Tage sind kurz. Gegen 17 Uhr ist es schon dunkel.

Auch im März und April können Sie noch ohne Weiteres Ski fahren, bei freundlicheren Temperaturen und mit mehr Tageslicht. Fast jedes Skigebiet pflegt seine Pisten so gut, dass immerhin noch Kunstschnee liegt. Skigebiete auf Gletschern oder an schattigen Nordhängen sind allerdings so spät in der Skisaison besser zu befahren.

"Schneelöcher" wie der Große Arber in Süddeutschland, der Bregenzer Wald in Österreich oder auch Sälen in Schweden sind trotz ihrer tieferen Lage meist zuverlässig weiß verschneit und gleichzeitig günstiger als Gletscher-Skigebiete.

Die großen Skiarenen der österreichischen, Schweizer und französischen Alpen bieten beeindruckende Pisten in Gletscherlage. Für Familien sind sie aber oft zu teuer. Preisvergleiche lohnen sich, wie ein Test des ADAC im Jahr 2012 zeigte: Das Preisniveau beliebter Wintersportorte ist extrem unterschiedlich, auch im selben Land. Vor allem kleinere Skigebiete in Bayern punkten mit günstigen Preisen und einer kurzen Anreise. Schneesicher sind viele auch ohne Gletscher. Auf den Pisten und in den Hütten und Skischulen drängen sich weniger Skifahrer.

Zum Weiterlesen bei KidsAway.de:

"Familienfreundlicher Skiurlaub – was die Alpen und andere Regionen für Familien bieten"

Suchbegriff: "Skigebiete"

Wesentlich **preiswertere Skiferien** machen Sie in Tschechien, Polen oder Bulgarien. Viele Wintersportgebiete dort sind in den letzten Jahren umfassend ausgebaut und modernisiert worden. Ferienwohnungen sind günstiger als Pensionen, Selbstversorgung und das Aufteilen der Kosten mit einer befreundeten Familie sparen noch mehr.

Checkliste: Was familienfreundliche Skigebiete bieten

- ☐ Kinderskipässe, vergünstigte Familienskipässe oder Familienpauschalen
- ☐ kinderfreundliche Skikindergärten und Skischulen, die nicht nur in der Hauptsaison geöffnet sind
- ☐ Übungslifte in Talnähe oder im Skigebiet direkt an der Zubringerbahn
- ☐ Zauberteppiche für die Kleinen
- ☐ eigenes Kindergelände mit Wellenbahn/Abenteuerparcours, Kinderland oder Spielplatz
- ☐ Kinder- und Babybetreuung
- ☐ Kindergerichte, Kindertoiletten und Wickelgelegenheiten in den Hütten an der Piste und in den Restaurants im Ort

◀ Schnee und Berge, das ist auch für einen Urlaub mit den Kleinsten eine tolle Kombination. Ältere Kids wollen natürlich gern etwas mehr Action.

Wer kann, sollte in der **Nebensaison Ski fahren**. In den letzten Jahren sind viele Skigebiete allerdings zu einheitlichen Preisen übergegangen, was wiederum Eltern mit Schulkindern freut.

In vielen Skigebieten fahren Kinder bis sechs Jahre, manchmal sogar bis zehn Jahre, in Begleitung eines Elternteils kostenlos. Mit Familienkarten bekommen Sie bis zu 30 Prozent Rabatt auf das Gesamtpaket oder bei drei Kindern fährt das Jüngste gratis. Patchwork-Familien sind von diesen Angeboten leider oft ausgeschlossen.

Warm eingepackt bei -5° Celsius im Winterurlaub

Winterurlaub mit Baby

Warm eingepackt, fühlen sich auch Babys wohl, wenn ihre Eltern mit ihnen durch tiefen Schnee stapfen. Auch mit Baby müssen Sie also nicht auf einen Winterurlaub verzichten, solange Sie auf die Bedürfnisse des jüngsten Familienmitglieds achten.

Im Winterurlaub kann man schließlich mehr tun als Skifahren. **Winterwanderungen** durch den Schnee mit wintertauglich gemachtem Kinderwagen, auf dem Schlitten oder eingepackt im Tragetuch machen auch Spaß. In vielen Wintersportorten findet man präparierte Winterwanderwege, in denen man weder Rodlern noch Skilangläufern in die Quere kommt.

Wollen Sie nicht komplett auf das Skifahren verzichten, klären Sie im Vorhinein ab, wer von Ihnen Ski fahren möchte. Soll ein Elternteil den Großteil der Zeit allein mit dem Baby verbringen, können Sie schon zu Hause recherchieren, welche alternativen **Unternehmungen im Urlaubsort** angeboten werden. Niemand muss den ganzen Tag mit dem Baby im Hotelzimmer hocken. Eine Unterkunft **nahe der Piste oder der Talstation** des Skigebiets-Zubringers macht es einfach, sich in der Betreuung abzuwechseln. Der jeweilige Betreuer kann mit dem Baby direkt zur Piste kommen, um Papa oder Mama in Skifahrerkluft zu begrüßen.

Alexandra: „Als unser Sohn sieben Monate alt war, fuhren wir mit kinderlosen Freunden in den Skiurlaub. Während mein Mann mit seinen Freunden die Pisten unsicher machte, genoss ich die Winterlandschaft mit Kinderwagen und Baby auf den gut präparierten Winterwanderwegen. Zum Mittagessen trafen wir uns auf einer Skihütte, die auch zu Fuß erreichbar war."

Was Sie keinesfalls erwägen sollten: das **Baby mit auf die Piste** zu nehmen. Auch nicht, wenn nur einer von Ihnen auf Skiern steht und der andere sich auf der Skihütte sonnen will, während das Baby schläft. Offene Liftsessel oder dichtes Gedränge in Kabinenbahnen, der schnelle Druckabfall beim Höhenanstieg und das laute Gewusel auf einer Skihütte (womöglich bei Aprés-Ski-Discomusik) sind für kleine Kinder sehr belastend.

Eine kindgerechte Ausstattung wie Wickelgelegenheiten, Hochstühle oder Gelegenheiten zum Stillen findet sich nur in sehr wenigen Hütten.

Lässt sich ein Ausflug auf den Berg mit Baby nicht umgehen, sollte dieser nur mit einem satten und zufriedenen Kind stattfinden und auf eine bis zwei Stunden beschränkt sein.

Skifahren lernen – bei Mama und Papa oder in der Skischule?

Die meisten Kinder beginnen mit dem Skifahren im Alter von vier bis sechs Jahren, aber Dreijährige mit Freude an der Bewegung können ebenfalls schon lernen, auf zwei Brettern zu stehen.

Auch Fahranfänger brauchen zum Skifahren eine gute **Ausrüstung**. Skier und Schuhe sollten genau passen und fachmännisch eingestellt worden sein: Die Skier dürfen höchstens bis zur Brust reichen, bei fortgeschrittenen Fahrern bis zur Schulter. Die Bindung muss auf die Größe und das Gewicht des Fahrers eingestellt sein. Bei sehr nassem Schnee kann es sich lohnen, die Sohlen der Ski zu wachsen. In den meisten Skigebieten können Sie für alle Altersgruppen **Skier und Skischuhe leihen**, einen Helm gibt es immer dazu. Mitbringen sollten Sie eine Mütze, die unter den Helm passt, Handschuhe (→ S. 115) und eine Sonnenbrille (→ S. 120).

Reservieren Sie die Ski-Ausrüstung online schon zu Hause. Die bestellten Ski holen Sie dann im Skiverleih Ihres Urlaubsorts ab.

Kleinere Kinder haben noch nicht genug Kraft und Kondition, um mehr als eine bis zwei Stunden Skifahren zu üben. Auch wenn es gut klappt, verlieren sie schnell die Lust. Um die Kleinen nicht zu überfordern und

Kinderbetreuung im Skiurlaub

Bis zum Alter von etwa drei Jahren sind Kinder noch zu klein für die Skipiste. Wollen Sie Ski fahren, müssen Sie Ihr Kind in dieser Zeit irgendwie betreuen lassen. Viele Wintersportorte bieten dafür vielfältige Möglichkeiten, von privaten Babysittern und Hotelpersonal (→ S. 43) über Hotels mit Kinderclub (→ S. 311) bis zum Skikindergarten.

Als Babysitter bieten sich **mitreisende Familienangehörige** oder Freunde an, die mit dem Baby vertraut sind: in erster Linie die Großeltern (→ S. 40). Meist wollen sie nicht (mehr) Ski fahren und freuen sich auf die Zeit mit dem Enkelchen. Das freut sich bestimmt, von Oma und Opa im Kinderwagen ausgefahren zu werden, auf den Spielplatz zu gehen oder im Hotelzimmer zu kuscheln. Hotelbabysitter sind eine recht teure Alternative (→ S. 315).

Sind Sie „auf sich selbst gestellt", teilen Sie die Kinderbetreuung wahrscheinlich als Paar unter sich auf. Damit Sie nicht immer allein fahren müssen, empfiehlt sich das Reisen mit einer befreundeten Familie (→ S. 42). Dann können einmal die Mamas alle mitfahrenden Kinder betreuen, dann wieder die Papas, oder erst ein Paar und dann das andere.

Ana-Luiza: „Wir haben uns mit Freunden ein Ferienhaus in einem Skigebiet geteilt. Für unsere Kinder, beide 18 Monate alt und beide mit Krippenerfahrung, hatten wir schon vorher über die nette Vermieterin einen Babysitter vor Ort gesucht. Die Frau stellte sich am ersten Urlaubstag bei uns vor und hat dann jeden Vormittag die Kleinen betreut, während wir Erwachsenen entspannt zusammen Ski gefahren sind."

Ältere Kinder, die sich ohne viel Kennenlernzeit in eine Gruppe mit unbekannten Kindern integrieren, sind in einem **Skikindergarten** direkt an der Liftstation gut aufgehoben. Dann können sie noch ein wenig Spielzeit im Schnee oder ein paar Probeschwünge auf den ersten Skiern dranhängen, wenn sie von Ihnen abgeholt werden.

ihnen die Lust am Skifahren zu nehmen, heißt es also, kurze „Lektionen" anzubieten und mit viel Freude und spielerischen Elementen an das Üben heranzugehen.

„Unterrichten" Sie in einem Bereich, wo wenige Skifahrer unterwegs sind. Das Hochlaufen am Hang ist für Kinder sehr kräftezehrend. Nutzen Sie daher Lifts oder üben Sie an kleinen Hügeln oder flachen Stücken. Getränke und kleine Snacks dienen als Energienachschub und Belohnung. Auch trockene Handschuhe zum Wechseln verhindern Tränen. Um Frust zu vermeiden, sollten sich Mama und Papa (oder Oma und Opa) als Lehrer abwechseln. Dann kann sich ein Elternteil auf das Üben konzentrieren, während der andere „richtig" Ski fährt.

 Buchtipp: „Die Freude am Gleiten" von Birgit und Michael Oberhuber, moonfrog Verlag 2012

In der Gruppe lernt es sich am besten

... und nächstes Jahr lerne ich Skifliegen!

Eine **Skischule** kostet weniger Mühe und bringt schnelle Erfolge. Von einer Autoritätsperson lernt Ihr Kind das Skifahren wahrscheinlich schneller und effektiver, auf jeden Fall aber frustfreier als von Ihnen. Das ist wichtig, weil eine gute Erfahrung mehr Lust auf den nächsten Skiurlaub macht.

Ein Lehrer kann auch das zum Skifahren notwendige Selbstvertrauen eher wecken, als das den doch eher besorgten Eltern möglich ist, ganz zu schweigen vom didaktischen „Know-how". Schließlich lernen Kinder oft viel besser, wenn sie durch Gleichaltrige angespornt werden. Die Eltern können derweil selbst Ski fahren.

Der Nachteil sind die Kosten, gerade bei mehreren Kindern. Und manchmal gibt es gar kein passendes Angebot am Urlaubsort, alle Kurse sind voll oder das Kind verweigert sich. Kleinere Kinder sind überfordert, wenn sie ohne Eingewöhnung allein mit fremden Menschen eine neue Bewegungsart erlernen sollen.

Die meisten Skischulen bieten Kurse für Kinder ab vier Jahren an, seltener ab drei Jahren. Ein „Skikindergarten" ist dagegen ein reines Betreuungsangebot, wo mit den Kindern vorrangig gespielt wird.

In einem Skikurs erlernt Ihr Kind in vier oder fünf Tagen zuerst das Laufen mit Skiern und das Bremsen, es übt Rutschen, Gleiten und Schuss fahren auf leichten Abhängen und schließlich Techniken wie Kurven fahren und das Aufsteigen auf den Lift. Kurse

Checkliste: Daran erkennen Sie eine gute Kinder-Skischule

- ☐ Die Skischule ist von der Unterkunft und der Talstation des Skigebiets gut erreichbar.
- ☐ Pro Skikurs kommen maximal zehn Kinder auf zwei Lehrer.
- ☐ Die Kurse sind nicht nur nach Altersgruppen, sondern auch nach Können eingeteilt.
- ☐ Die Skischule hat ein eigenes Skidepot oder arbeitet mit einem Skiverleih zusammen.
- ☐ Anfänger üben auf einem deutlich abgetrennten Kursgelände.
- ☐ Die Skischule bietet Schnupperstunden, Kostennachlass bei frühzeitigem Abbruch oder bei schlechtem Wetter an.
- ☐ Die Skischule gibt genau an, wie der Skikurs abläuft und wie die Mittagspause gestaltet wird.
- ☐ Die Skilehrer sind einheitlich gekleidet.
- ☐ Die Skilehrer sprechen die Muttersprache Ihres Kindes.
- ☐ Die Skilehrer sind für die Arbeit mit Kindergartenkindern qualifiziert.
- ☐ Die Skilehrer gehen auf die Bedürfnisse der Kleineren ein (Toilettenbegleitung, Trinkpausen, Trösten und Ermutigen).

für Anfänger dauern meist nur zwei bis drei Stunden am Vormittag. Mitunter gibt es eine Mittagsbetreuung inklusive Essen in einer Skihütte. Am Ende des Urlaubs sind kleine Anfänger fit genug, um eine blaue Piste zu bewältigen und können allein mit dem Schlepplift fahren.

Anstatt direkt einen Wochenkurs zu buchen, vereinbaren Sie eine Schnupperstunde und schauen Sie, ob Ihr Kind sich in der Skischule wohlfühlt. Achten Sie besonders darauf, ob Ihr Kind friert, ob es die Anweisungen des Skilehrers versteht und ihnen Folge leistet und ob es mit den anderen Kindern im Kurs auskommt.

Fahren Sie in der Hauptsaison, kontaktieren Sie schon bei der Buchung die Skischule vor Ort, um für Ihr Kind einen Platz zu reservieren.

Sicherheit auf der Piste

Um so sicher wie möglich zu fahren, sollten Eltern und Kinder sowohl auf der Piste als auch beim Rodeln einen **Helm tragen**. Eine Helmpflicht für Kinder bis 15 Jahre besteht bisher in Italien, Kroatien, Slowenien und in Niederösterreich. Sie wird aber in den anderen Alpenländern diskutiert und viele Skischulen verlangen ebenfalls einen Helm bei ihren Schülern.

Rundum reflektierend beim Iglu-Bau

Lange Schals, Hosenträger oder Schnüre dürfen nicht herunterbaumeln, damit sie sich nirgends verfangen können. Auch angehängte Skipässe sollten immer unter der Jacke verstaut werden. Ein Rückenprotektor gibt zusätzliche Sicherheit, falls es zu Stürzen oder Zusammenstößen auf der Piste kommt.

Egal wie alt, alle Wintersportler müssen sich auf der Skipiste, am Lift und auf Rodelbahnen an die **Regeln des Internationalen Skiverbandes FIS** halten. Eltern müssen ihren Kindern die Regeln nahe bringen und sie so lange streng beaufsichtigen, bis die Regeln blind beherrscht werden. Ab etwa neun Jahren gehen Gerichte davon aus, dass Kinder die Regeln verinnerlicht haben und im Rahmen ihrer Fähigkeiten verantwortungsvoll umsetzen sollten.

Auch am **Skilift** kann es schnell brenzlig werden, besonders mit ungeübten Fahrern. Nicht jeder Lift ist für kleine Kinder geeignet. Viele ältere Lifts sind schlicht nicht kindersicher. Üben Sie daher das Liftfahren mit kleinen Kindern, bevor es an den Ernstfall geht.

Beim Ein- und Aussteigen mit Kindern darf es nicht hektisch zugehen. Lieber lässt man eine Gondel oder einen Schleppbügel

Die FIS-Regeln des Internationalen Skiverbands

- Rücksicht auf andere Skifahrer und Snowboarder nehmen
- Geschwindigkeit und Fahrweise an Witterung, Gelände und Verkehrsdichte anpassen, immer auf Sicht fahren
- die Fahrspur so wählen, dass die vor einem selbst Fahrenden nicht gefährdet werden
- immer mit genügend Abstand überholen
- vor dem Einfahren, Anfahren und hangaufwärts Fahren vergewissern, dass dies ohne Gefahr für sich und andere möglich ist
- nicht ohne Not an engen oder unübersichtlichen Stellen anhalten, nach Stürzen die Piste so schnell wie möglich frei machen
- Auf- und Absteigen nur am Rand der Piste
- Zeichen beachten
- Bei Unfällen auf der Piste ist jeder Skifahrer und Snowboarder **verpflichtet zu helfen**. Es herrscht außerdem **Ausweispflicht:** Alle Unfallbeteiligten und Zeugen müssen ihre Personalien angeben.

Diese Verhaltensregeln sind weltweit gültig und werden im Alpenraum als Gewohnheitsrecht gehandhabt. Es wird also davon ausgegangen, dass sie jedem Skifahrer bekannt sind – auch (älteren) Kindern.

leer wegfahren. Verlangsamt der Liftwart den Lift nicht von selbst, wenn Kinder an den Einstieg kommen, bitten Sie ihn ruhig darum.

Einmal eingestiegen, heißt es für alle Kinder: die Stöcke in der Mitte festhalten und weder schaukeln noch auf dem Sitz umdrehen oder Quatsch machen. Auf Sesselliften sollte immer ein Erwachsener neben einem Kind sitzen, um es festhalten zu können. Kinder, die kleiner als 1,25 Meter sind, dürfen nur in Begleitung Erwachsener Lift fahren. Sie können noch nicht selbst auf den Sessel aufsteigen und laufen während der Fahrt Gefahr, unter dem Haltebügel hindurchzurutschen, weil sie ihre Füße noch nicht auf den Fußrasten abstellen können.

Am Bügellift fahren kleinere Kinder idealerweise zwischen den Beinen des erwachsenen Begleiters, damit dieser den Bügel nicht in den Kniekehlen balancieren muss. Haben die Kinder schon Fahrpraxis, fahren sie am besten mit Gleichaltrigen, die ungefähr gleich groß sind.

Beim **Rodeln mit Kindern** gelten ebenfalls die FIS-Regeln. Ziehen oder tragen Sie den Schlitten beim Hochlaufen immer auf der inneren Seite der Rodelbahn. Kinder sollten nie auf dem Bauch und mit dem Kopf voran rodeln und natürlich niemals auf Wegen, die eine Straße, eine Skipiste oder einen Wasserlauf kreuzen oder an Hauswänden oder Mauern enden. Skipisten sind für Rodler streng verboten.

Babys haben auf einer Rodelbahn nichts verloren!

Tipps zum Schlittenkauf finden Sie auf → S. 117.

Bahn frei! Aber bitte vorsichtig

Packliste: Winterurlaub mit Kindern

- ☐ 2 Schneeanzüge oder 2 Sets aus Jacke und Hose pro Kind
- ☐ Ski-Ausrüstung, Skihelm
- ☐ 2 Paar Handschuhe pro Kind (am besten mit Schnur verbunden)
- ☐ Salbe gegen kleinere Erfrierungen im Gesicht
- ☐ für den Kinderwagen: isolierende Unterlage, Schaffell, Daunen- oder Wolldecke

Die komplette Packliste finden Sie auf → S. 428.

Kreuzfahrten

Kreuzfahrten werden immer beliebter, auch bei Familien mit kleinen Kindern. Statt sich individuell die einzelnen Stationen für eine Rundreise zusammenzusuchen, kann man mit einer Kreuzfahrt auf einfache Weise in kurzer Zeit **viel sehen und erleben**, während man jeden Abend komfortabel im selben Bett schläft. Für Familien ist das ähnlich praktisch wie Wohnmobilreisen (→ S. 192): Die eigene Kabine vermittelt Kindern ein sicheres Gefühl, schnell kennen sie sich auf dem ganzen Schiff aus wie zu Hause.

Viele Kreuzfahrt-Anbieter bieten geräumige Familienkabinen, professionelle Kinderbetreuung und Familienrabatte an. Spiel- und Unterhaltungsangebote tun ihr Übriges, um Kindern eine tolle Zeit zu verschaffen. Darüber freuen sich die Eltern, die – anders als im Wohnmobil – keinen Finger krumm machen müssen und sich so richtig schön verwöhnen lassen können. Gemeinsame Familienerlebnisse warten, auf Wunsch vom Veranstalter organisiert, auch auf den Landausflügen.

Kinder unter zwei Jahren fahren meist kostenlos mit, wenn sie in derselben Kabine schlafen wie ihre Eltern.

Die **Hauptmahlzeiten** (Frühstück, Mittagessen, Kaffeetrinken und Abendessen) sind im Reisepreis enthalten. Die Preisgestaltung der **Getränke** variiert je nach Anbieter. Für den kleinen Hunger zwischendurch gibt es meist durchgehend geöffnete Snackbars, Eisdielen und oft auch noch ein Mitternachtsbuffet.

Angebrochene Gläschen können Sie in der Minibar auf Ihrer Kabine kühlen.

Gut für Familien mit kleinen Kindern sind frei wählbare Dinner-Optionen ohne feste **Tischzeiten**. À-la-carte-Abendessen werden oft in zwei Durchgängen serviert. Mit älteren Kindern eignet sich der erste Durchgang gegen 18 Uhr oder 18:30 Uhr am besten (oder die Kinder essen mit dem Kinderclub). Ein Baby können Sie in Ruhe füttern und ins Bettchen bringen und danach zu zweit das späte Essen gegen 21 Uhr genießen.

Natürlich können Sie auch aus dem Wasserhahn in Ihrer Kabine trinken. Es ist sauberes und frisches Trinkwasser. Je nach Reiseroute kann es jedoch intensiv gechlort sein. Machen Sie einen Geschmackstest, bevor Sie damit Babybrei zubereiten.

Kreuzfahrt-Buchungstipps für Familien

Wenn Sie Ihre Familienkreuzfahrt buchen, lassen Sie sich nicht von verlockenden Kinderrabatten oder Kinderfestpreisen blenden. Ein Vergleich der Website Kids-on-cruise.de zeigt: Tendenziell sind höhere Normalpreise besser für Familien. Ein „Kinderpreis" bedeutet nicht automatisch einen günstigen Gesamtpreis.

Kinderrabatte gelten oft nicht mehr, wenn Sie allein mit Ihrem Kind eine Kabine belegen (oder wenn zwei Kinder eine eigene Kabine haben).

Auch bei den **Landausflügen** können die Preisangaben zunächst täuschen. Nicht immer gibt es Kinderermäßigungen. Einige Anbieter gestatten Kindern wiederum bis zu einer bestimmten Altersgrenze die kostenlose Teilnahme. Bei mehreren Kindern kann es günstiger sein, wenn Sie Ihre Landausflüge selbst organisieren. Hier macht es sich schlecht, wenn das Kreuzfahrtschiff nicht im Passagierhafen der besuchten Städte, sondern weit entfernt vom Stadtzentrum am Frachthafen anlegt. Von dort gelangen Sie oft nur im Taxi oder per Shuttle auf einem (kostenpflichtigen) Landausflug in die Stadt.

Weitere zusätzliche Kosten, die Sie bei der Buchung vielleicht nicht im Blick haben, sind oft **Tischgetränke, Trinkgeldpauschalen und Servicegelder**. Hier hat jeder Anbieter eine andere Preispolitik und Sie können je nachdem viel sparen oder viel zusätzlich ausgeben.

Besonders mit jüngeren Kindern sind noch weitere Fragen wichtig, die am besten schon vor der Buchung geklärt werden. Natürlich ist die **Route** von Interesse: Welche Häfen werden angefahren, wie viel Zeit ist dort vorgesehen, was können Sie dort mit Ihren Kindern unternehmen? Wenn sich der **Starthafen** von Ihrem Zuhause aus nicht mit dem eigenen Auto erreichen lässt, müssen Sie die Kosten für den Hinflug noch einkalkulieren – und den zusätzlichen Aufwand, den dies mit sich bringt. Komplettpakete aus Flug und Kreuzfahrt sind vielleicht etwas teurer, aber dafür gewinnen Sie wertvolle **Rechtssicherheit**, falls Ihr Flug Verspätung hat und Sie die Abfahrt Ihres Schiffes verpassen.

Das alles klingt furchtbar kompliziert für Sie? Am bequemsten buchen Sie Ihre Kreuzfahrt bei einem spezialisierten Reisebüro. Liegt keines in Ihrer Nähe, können Sie auf einem Kreuzfahrt-Portal Angebote vergleichen.

Mit drei Generationen auf Kanaren-Kreuzfahrt

Haben Sie Ihren Flug separat gebucht, ist das Schiff nicht verpflichtet, auf Sie zu warten, wenn Sie zu spät kommen.

Im Reisepreis enthalten sind die Nutzung der meisten Bordeinrichtungen (inklusive Fitnessraum und die öffentlichen Bereiche auf dem Schiff), Hafengebühren und Steuern, Vollpension, Animation und Unterhaltungsangebote sowie eine Kinderbetreuung ab drei Jahre.

Zum Weiterlesen bei KidsAway.de:

„Familienfreundliche Kreuzfahrt-Anbieter"

 Suchbegriff: „Kreuzfahrt-Anbieter"

Wenn Sie mit Ihrer Familie eine Kreuzfahrt machen wollen, ist einiges an Vorwissen nötig. Aber auf einem familienfreundlichen Schiff wird es garantiert ein Vergnügen für Sie alle!

Christine: *„Es gibt kaum eine andere Reiseart, bei der man die Interessen der gesamten Familie so prima unter einen Hut bekommen kann und trotzdem immer zusammen ist."*

In den Restaurants gibt es **Kindergerichte und Kindermenüs**, oft auch ein eigenes **Kinderbuffet**. Kinderhochstühle bietet fast jedes Restaurant an, mehr Service für Babys und Kleinkinder ist allerdings nicht selbstverständlich. Die meisten Restaurants

Sicherheit auf hoher See

Damit im Notfall jeder weiß, was zu tun ist, gibt es regelmäßig Brand- und Notfallübungen, an denen alle Passagiere teilnehmen müssen. Die Seenotrettungsübung (englisch „mustering") findet noch vor dem Ablegen des Schiffes statt.

 Lukas: *„Weil die Seenotrettungsübung ja immer vor dem Ablegen durchgeführt wird, mussten wir unsere Kinder bis spät in die Nacht wachhalten. Ausnahmen werden nicht geduldet, egal wie klein das Baby ist."*

Probieren Sie die Rettungswesten in Ihrer Kabine auf jeden Fall an, um zu wissen, ob sie Ihrem Kind passen. (Für Babys und Kleinkinder gibt es spezielle Schwimmwesten. Fragen Sie beim Steward nach, wenn keine passende in Ihrer Kabine bereit liegt.) Sie sollten immer griffbereit sein. Den Weg zur Sammel- bzw. Musterstation müssen auch Ihre Kinder kennen. Für den Fall einer Evakuierung können Sie einen Extrastapel mit warmer Kleidung und Taschenlampen im Schrank bereitlegen.

Nutzen Sie die an Bord ausgegebenen Armbänder für Kinder, auf denen der Name, die Kabinennummer und die zugehörige Rettungsstation vermerkt sind. Manche lassen sich sogar per Funk orten.

Zum Weiterlesen bei KidsAway.de:

„Sind Kreuzfahrten sicher? Was ihr als Familie wissen müsst"

Suchbegriff: „Kreuzfahrten sicher"

Weblinks

Alles über Kreuzfahrten mit Kindern, mit Forum zum Fragenstellen: www.kids-on-cruise.de

1000 Kreuzfahrten: www.1000Kreuzfahrten.de

Kreuzfahrtberater: www.Kreuzfahrtberater.de

Vergleich von Kreuzfahrt-Portalen: www.getestet.de/kreuzfahrt-portale-vergleich

Informationen und Karten zu europäischen Häfen: www.kids-on-cruise.de/hafeninfos-pkw-anr.html

Kostenfreie Audioguides für viele europäische Städte: www.adac.de/reise_freizeit/tourset_reisefuehrer/tourset_audio/default.aspx

Individuelle Buchung von Landausflügen: www.rent-a-guide.de

wärmen gern Gläschen auf, einige pürieren sogar ihre eigenen Menüs oder servieren ungewürztes Gemüse. Babynahrung oder Breipulver müssen Sie aber fast immer selbst mitbringen.

Kreuzfahrten eignen sich hervorragend für **gemeinsame Urlaube** mit befreundeten Familien, den Großeltern oder weiteren Verwandten (→ S. 36). Jede Partei hat ihre eigene Kabine, auf dem riesigen Schiff mit den vielen Angeboten kann man sich zwischendurch auch mal aus dem Weg gehen, um keinen „Budenkoller" zu entwickeln. Streit um Alltagspflichten gibt es nicht und Sonnendeck oder Wellness-Angebote sind doppelt so nett, wenn man sie nicht allein genießen muss. Oma und Opa passen außerdem bestimmt gern mal auf den Nachwuchs auf – ideal, wenn die Kleinen für die Kinderbetreuung an Bord (→ S. 182) noch zu klein sind (oder keine Lust darauf haben).

Landausflüge sind die Sahnehäubchen einer Kreuzfahrt. Für Familien mit kleinen Kindern sind sie jedoch oft sehr teuer. Kinder zahlen nämlich häufig den vollen Preis, auch wenn sie kaum Kosten verursachen, etwa bei Eintrittsgeldern in Sehenswürdigkeiten. Mit mehrstündigen, organisierten Touren tun Sie weder Babys und Kindern einen Gefallen noch Ihren Mitreisenden. Wenn Sie Ihre Landausflüge **selbst organisieren**, können Sie in Ihrem eigenen Tempo das erkunden, was Sie als Familie interessiert: schöne Strände, Parks oder Kinderspielplätze.

Kerstin: „Gemeinsam mit 2 Omas, einer Großtante, 2 Kleinkindern und meinem Ehemann wollten wir einen schönen Tag in Istanbul verbringen. Ein geführter Ausflug in dieser Konstellation war nicht drin (die Omas und Tante sind über 80). Wir buchten über das Internet einen privaten Guide samt Minibus und Fahrer und besichtigten Istanbul in unserem eigenen Tempo. Der Fahrer kannte auch die schönsten Spielplätze. Das alles kostete viel weniger, als wenn wir für alle den Tagesausflug auf dem Schiff gebucht hätten."

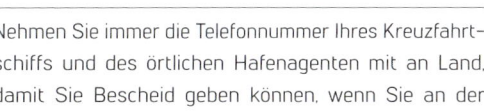

Wollen Sie mit einem Taxi oder einem Mietwagen fahren, bringen Sie besser Ihren eigenen Kindersitz mit (→ S. 278).

Nehmen Sie immer die Telefonnummer Ihres Kreuzfahrtschiffs und des örtlichen Hafenagenten mit an Land, damit Sie Bescheid geben können, wenn Sie an der rechtzeitigen Rückkehr zum Schiff gehindert werden.

Kinderfreundliche Routen

Für **Kreuzfahrten mit kleinen Kindern** sollten Sie eine nicht zu lange Reise buchen. Das Risiko, seekrank zu werden (und es zu bleiben!), ist auf Hochseestrecken außerdem wesentlich größer (→ S. 391). Ältere Kinder lieben dagegen Seetage, weil sie dann das Kinderprogramm an Bord ausgiebig nutzen können. Für die Eltern bedeutet das: Freizeit und Zeit, zur Ruhe zu kommen.

In den Häfen Europas finden Sie alles, was Sie brauchen, in guter Qualität. Sicherheit und Hygiene sind gewährleistet und im Notfall finden Sie eine gute medizinische Versorgung. Die **Anreise zum Starthafen** sollte nicht allzu lang und vor allem nicht kompliziert sein. Werden Sie oder Ihr Kind krank, ist eine einfache, rasche Rückreise Gold wert.

Für „Anfänger" eignen sich die Nordlandroute (im Sommer) und Touren im Mittelmeer. Eine längere Anreise ist für die Kanaren-Routen notwendig (im Herbst und Winter). Für Karibik-Kreuzfahrten ist ein Langstreckenflug unvermeidbar.

Das **Alter des Kindes** ist für manche Routen ein Ausschlusskriterium: Babys dürfen erst ab sechs Monaten an Bord und nur auf Reisen ohne aufeinanderfolgende Seetage. (Auf der „Europa 2" von Hapag Lloyd dürfen Babys auf Fahrten innerhalb Europas erst ab acht Monaten mitfahren, alle anderen Routen sind erst für Zweijährige offen.)

Auf Kreuzfahrten in den Tropen und auf Atlantik- und Pazifik-Überquerungen dürfen Sie Kinder erst ab einem Jahr mitnehmen.

Empfehlenswerte Kreuzfahrt-Gebiete für Familien

Route	Anreise	Sicherheit und Gesundheit	Mindestalter und empfohlene Reisezeit
Ostsee (ab Kiel, Warnemünde, Rostock)	• individuell, mit Auto	• hoher Hygienestandard an Land • sehr gute medizinische Versorgung • schnelle Rückreise möglich	• ab 6 Monate • Frühsommer bis Herbst • ideal für Kurztrips
Nordsee: Skandinavien, Britische Inseln (ab Kiel, Hamburg, Kopenhagen)	• individuell, mit Auto • bis zu 2 Stunden Flug	• hoher Hygienestandard an Land • sehr gute medizinische Versorgung • Rückreise täglich möglich	• ab 6 Monate • Frühsommer bis Herbst
Westliches Mittelmeer (ab Barcelona, Palma de Mallorca, Rom)	• ganztägig mit Auto • bis zu 2 Stunden Flug (Der Fährhafen Rom ist 2 Autostunden von Rom entfernt!)	• hoher Hygienestandard an Land • sehr gute Gesundheitsversorgung • Rückreise mehrmals täglich möglich • Grund-Impfschutz empfohlen plus Hepatitis A	• ab 6 Monate • ganzjährig • ideal für Einsteiger
Kanaren (ab Rom, Genua, Las Palmas)	• ganztägig mit Auto • bis zu 4,5 Stunden Flug	• mittlerer Hygienestandard an Land • gute Gesundheitsversorgung (deutsche Ärzte), meist nur 1 Seetag • Rückreise täglich möglich • Grund-Impfschutz empfohlen plus Hepatitis A	• ab 6 Monate • Herbst bis Frühjahr (Sommer sehr heiß)
Östliches Mittelmeer (ab Rom, Antalya, Rhodos)	• ganztägig mit Auto und Fähre • bis zu 4 Stunden Flug	• mittlerer Hygienestandard an Land • gute medizinische Versorgung • Rückreise täglich möglich • Grund-Impfschutz empfohlen plus Hepatitis A	• ab 6 Monate • ganzjährig (Sommer kann heiß werden)
Vereinigte Arabische Emirate (ab Dubai, Abu Dhabi)	• bis zu 6 Stunden Flug	• mittlerer Hygienestandard an Land • gute Gesundheitsversorgung • Rückreise zeitnah möglich • Grund-Impfschutz empfohlen plus Hepatitis A	• ab 6 Monate • Winter bis Frühjahr (Sommer sehr heiß)
Karibik (ab Miami, San Juan, Barbados)	• bis zu 7,5 Stunden Flug	• niedriger Hygienestandard an Land in der Karibik • keine Gesundheitsversorgung nach westlichem Standard • Kleinkriminalität • teilweise viele Seetage • vorzeitige Rückreise umständlich • Komplett-Impfschutz empfohlen • Gefahr von Dengue-Fieber	• ab frühestens 1 Jahr • Winter (tropisch warm bis heiß) • Juni bis November (Hurrikan-Saison, sehr heiß, mitunter viel Regen)

Quelle: eigene Recherchen, Stand: 09/2014

DER FAMILIENURLAUB UND KREUZFAHRTEN-SPEZIALIST

Wir erfüllen Ihre Urlaubswünsche!

Das Dankeschön für Ihre Buchung: DER Gutschein im Wert von **€ 50,–**

DER Deutsches Reisebüro
Die NR. 1 in Nordhessen!

Obere Karlsstraße 15, 34117 Kassel, Telefon 05 61 – 7 29 70

Ausführliche Beratung und individuelle Angebote von Ihren DER Reiseexperten. Besuchen Sie uns in unserem Reisebüro oder kontaktieren Sie uns per E-Mail: kassel1@der.com
Aktuelle Infos unter www.der.com/kassel1

WÜNSCHE WERDEN REISE

DER

Die Schiffsärzte sind nämlich für so kleine Patienten nur eingeschränkt ausgerüstet. Notfälle müssen binnen weniger Stunden in ein Krankenhaus auf dem Festland transportiert werden können.

> Auch auf Kreuzfahrten innerhalb der EU benötigen Sie in der Regel einen Reisepass, und für Ihr Kind einen Kinderreisepass.

> Für Kreuzfahrten in der Karibik und in den USA brauchen auch Kinder einen ePass. Für die Vereinigten Arabischen Emirate wird ebenfalls ein ePass empfohlen.

Und was ist mit einer **Flusskreuzfahrt**? Dort ist immer „Land in Sicht" und seekrank wird man hier wohl auch nicht. Die Fahrt auf Donau oder Rhein führt an vielen schönen Städten vorbei und von den Flusshäfen sind auch kurze Ausflüge in die besuchten Städte möglich. Der Preis ist für einen ersten Test dieser Reiseform ebenfalls günstig.

Trotzdem empfehlen Kreuzfahrt-Profis solche Routen nicht für Familien mit Kindern. Die Angebote sind in der Mehrzahl nicht für Familien konzipiert, so dass es bestenfalls langweilig für die Kinder und anstrengend für die Eltern würde. Eine Ausnahme ist A-Rosa, die bei einzelnen Flusskreuzfahrten Familienangebote mit Kinderbetreuung an Bord haben.

Kreuzfahrt-Ausrüstung für Familien

So familienfreundlich die Anbieter sind – **Babyausstattung** wie Babynahrung in Gläschen, Pulverbrei und anderes müssen Sie bei den allermeisten selbst mitbringen. Auch genug Windeln und Feuchttücher gehören ins Gepäck. Damit Sie nicht überraschend windelfrei dastehen, überschlagen und verdoppeln Sie Ihren normalen täglichen Windelbedarf. Im größten Notfall bekommen Sie eine Windel im Kinderclub oder bei anderen mitreisenden Eltern. Auch in den Häfen können Sie Windeln nachkaufen. Elektrische Wasserkocher oder Fläschchenwärmer dürfen Sie in der Kabine nicht benutzen, die können also zu Hause bleiben. Auf amerikanischen und italienischen Schiffen sind an formalen Abenden („formal nights") Jeans und Sandalen nicht gern gesehen. Herren tragen im Restaurant bitte

---

Packliste: Kreuzfahrt mit Kindern

- ☐ Telefonnummern des Kreuzfahrtschiffs und der Hafenagenten auf der Strecke
- ☐ 1 bis 2 schickere Outfits
- ☐ Flipflops oder Badeschuhe für Poolbesuche und die Kabine
- ☐ Mittel gegen Seekrankheit
- ☐ Fernglas

Die komplette Packliste finden Sie auf → S. 431.

◂ Auf familienfreundlichen Kreuzfahrtschiffen lässt man sich einiges einfallen, um den kleinen Passagieren eine spannende und lustige Reise zu bieten.

immer **lange Hosen**. Ansonsten ist lockere, sportliche Kleidung aber in Ordnung. Im Poolbereich brauchen Sie Flipflops oder Badeschuhe und natürlich Badesachen. Für Landgänge packen Sie leichte **Regenjacken** und feste Schuhe ein. Guter **Sonnenschutz** (→ S. 118) ist auf hoher See besonders wichtig.

Einen **Buggy** oder **Kinderwagen** (→ S. 125) können Sie an Bord und auf Landausflügen gut gebrauchen. Wohin damit aber in der Kabine? Je nach Breite passen Kinderwagen nicht durch Schiffsgänge und Kabinentüren. Vor der Kabine und im Treppenaufgang dürfen sie aus Sicherheitsgründen nicht stehen. Einige Kreuzfahrt-Anbieter verleihen leichte, faltbare Buggys.

Das Kinderprogramm für Groß und Klein

Babys dürfen die Pools an Bord nicht mit Schwimmwindeln betreten, auch nicht die Kinderpools. Oft stehen aber kleine Babybadewannen bereit.

Nicht alle Häfen und Städte sind kinderwagentauglich. Eine Babytrage ist da eine gute Idee.

Der **Wäscheservice** an Bord ist oft teuer, AIDA berechnet zum Beispiel 18 Euro für acht Kleidungsstücke. Auf vielen Schiffen stehen **Waschmaschinen, Wäschetrockner und Bügeleisen** zur Verfügung. Eine Tube Reisewaschmittel, um Bodys oder Lätzchen schnell im Handwaschbecken auszuwaschen, ist auf jeden Fall nützlich.

Alles über Babybetreuung und Kinderprogramm

Auf den meisten Kreuzfahrtschiffen werden **Kinderclubs** für Kinder ab drei Jahren angeboten. Ausnahmen „nach unten" werden allenfalls gemacht, wenn Ihr Kind schon früher keine Windeln mehr braucht.

Für ältere Kinder sind die Angebote meist in **mehrere Altersklassen** aufgeteilt, damit sich niemand langweilt oder überfordert ist. Oft sind hier jeweils drei Jahrgänge zusammengefasst (also etwa Kinder von sieben bis neun und von zehn bis zwölf Jahren), manchmal aber auch mehr (etwa von vier bis zehn Jahren).

Im Kinderclub wird nicht nur frei gespielt, gebastelt und gesungen. Es gibt regelmäßig Themenprogramme, Workshops und Kurse, Kinderrallyes an Bord, Kinderdisco und Pyjamapartys. Spielkonsolen und Kinderkino sind sehr beliebt, sollten sich aber nach Möglichkeit in einem eigenen Raum befinden.

Auch über Dreijährigen wird mitunter die Teilnahme am Kinderprogramm verwehrt, wenn sie noch nicht trocken sind. Einige Anbieter rufen die Eltern über einen Pager, wenn gewickelt werden muss.

Außerhalb der Ferienzeiten schrumpft das Kinderprogramm bei vielen Anbietern dramatisch zusammen. Das betrifft sowohl die Angebote und die verschiedenen Clubs als auch die Betreuungszeiten.

Ab etwa sieben Jahren haben Kinder bei einigen Anbietern die Möglichkeit, **ohne ihre Eltern betreute Landgänge** zu unternehmen. Umgekehrt können Sie Ihre Kinder auch an Bord betreuen lassen, während Sie selbst in Ruhe einen Ausflug an Land machen. Für Teenies bis 15 oder 17 Jahre gibt es eigene Angebote. Auch hier ist wieder interessant, wie viele Jahrgänge dort gemeinsam betreut werden. Eine Siebzehnjährige hat sicher wenig Interesse daran, gemeinsam mit elfjährigen Jungs zu spielen.

Wenn Sie nicht mit einem deutschen Anbieter wie AIDA, TUI Cruises oder Hapag Lloyd fahren, müssen Sie damit rechnen, dass die **Kinderbetreuung auf Englisch** erfolgt. Auch die **Erziehungsvorstellungen** können von den gewohnten abweichen. Auf Schiffen amerikanischer Reedereien werden auch die Kleinsten schon vor den Fernseher gesetzt oder dürfen Videospiele spielen. Wenn Ihnen das nicht recht ist, müssen Sie es bei der Anmeldung Ihres Kindes im Kinderclub als „Besonderheit" mit angeben.

Sofern die Betreuer genügend Zeit haben, werden sie alles tun, um Ihren Wünschen zu entsprechen. Während der Schulferienzeiten, wenn hunderte Kinder an Bord sind, ist das aber eher unwahrscheinlich.

So lässt es sich aushalten an Bord

Birgit: „Auf unserer Karibikkreuzfahrt buchten wir für einen Abend einen Babysitter. Es kamen aber zwei: Aus Sicherheitsgründen sei das auf dem amerikanischen Schiff (Celebrity) so üblich und nicht anders möglich. Es waren zwei Crew-Mitglieder, die auch nicht miteinander befreundet waren. Das bedeutete zwar, dass wir 2 x die Babysitter-Gebühr zahlen mussten, aber wir fühlten uns tatsächlich besser, unsere beiden Kinder mit diesen beiden uns ja fremden Damen allein zu lassen."

Daneben gibt es auf immer mehr Schiffen **Kleinkindspielzimmer**. Einen Babysitter-Service bieten vor allem amerikanische Kreuzfahrtschiffe. Hier können Sie Ihr Kind abends oder tagsüber, wenn es zu jung für die Kinderbetreuung ist, kostenpflichtig beaufsichtigen lassen. Diese **Babysitter** sind entweder ausgebildete Nannies, die Kinder in der Kabine der Eltern beaufsichtigen, oder Betreuer aus dem Kinderclub, die hier mittags oder abends Babysitting-Gruppen anbieten. Der Service ist sehr begehrt:

Checkliste: Kinderbetreuung

- ☐ Sind die Kinderbetreuer ausgebildete Fachkräfte oder „normales" Crewpersonal?
- ☐ Sprechen die Betreuer deutsch?
- ☐ Was wird im Kinderclub gemacht?
- ☐ Wie viele Kinder werden dort gleichzeitig betreut?
- ☐ Wie wird es gehandhabt, wenn ein Kind zur Toilette muss oder ein „Malheur" passiert ist?

Babyphones auf Kreuzfahrtschiffen

Einen Babysitter brauchen Sie nicht, Sie haben ja ein Babyphone dabei? Leider funktionieren diese Geräte wegen der dicken Stahlwände der Kreuzfahrtschiffe oft nur in wenigen Außenkabinen, wenn überhaupt.

Auf manchen Schiffen können Sie Babyphones leihen, die den DECT-Standard verwenden. Viele amerikanische Anbieter erlauben Babyphones aus Versicherungsgründen offiziell gar nicht an Bord.

Einige Babyphones (auch Walkie-Talkies) arbeiten mit dem **PMR-Funkstandard**. Sie haben eine wesentlich größere Reichweite, allerdings sind auch die Mikrofone unempfindlicher. Testen Sie daher vorher gründlich, wie gut die Übertragung funktioniert.

Statt des klassischen Babyphones können Sie eine Babyphone-App (→ S. 137) auf Ihrem Smartphone verwenden. Dafür müssen Sie natürlich Empfang haben.

Manuela: *„Auf längst nicht allen Kreuzfahrtschiffen kann man Babyphones leihen. Wir haben uns einfach Funkgeräte mit Babyphone-Funktion gekauft, die fast überall an Bord funktioniert haben."*

Wenn überhaupt, funktionieren Babyphones besser in Außenkabinen und auf den oberen Decks. Achten Sie also bei der Auswahl Ihrer Kabine auf deren Lage im Schiff und die Entfernung zu den Restaurants oder zum Theater, wenn Sie ein Babyphone benutzen wollen.

Schalten Sie unbedingt Ihre Mailbox aus und nehmen Sie den Alarm-Anruf des Sender-Telefons nicht an, wenn Sie eine Babyphone-App nutzen. Die Verbindungskosten auf hoher See sind horrend.

Melden Sie Ihren Wunsch nach einem Babysitter mindestens 24 Stunden vorher an, besonders wenn Sie einen speziellen Terminwunsch haben.

Statt einen teuren Babysitter zu beauftragen, können Sie auch andere Eltern ansprechen (oder einen Aushang im Kinderclub machen) und abwechselnd gegenseitig auf Ihre Kinder aufpassen.

Nicht umsonst, aber wesentlich günstiger werden Ihre Kinder abends im Kinderclub betreut.

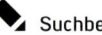

Zum Weiterlesen bei KidsAway.de:

„Kreuzfahrt mit Babys und Kleinkindern – ist das empfehlenswert?"

Suchbegriff: **„Kreuzfahrt mit Babys"**

Ausgeliehen an Bord: ein DECT-Babyphone

Dieses Kapitel haben wir mit Unterstützung von Christine Starmann erstellt. Christine betreibt seit 2009 das erfolgreiche Familien-Kreuzfahrt-Portal Kids-on-Cruise.de und ist in Bezug auf Kreuzfahrten mit Kindern eine ausgewiesene Expertin.

All-inclusive-Reisen

Sie wollen sich im Urlaub rundherum verwöhnen lassen, den Tag am Pool verbringen und sich keine Gedanken um die Kosten machen müssen? Genau dafür wurde vor über 50 Jahren auf Mallorca das Konzept des Cluburlaubs entwickelt: Hier kümmert sich der Reiseveranstalter nicht nur um Ihre Anreise und die Unterbringung, sondern auch um den ganzen Rest. Animateure und Coaches bieten den Clubgästen auf Wunsch **Unterhaltung, Sportangebote, Spielspaß** und mehr von früh bis spät.

Kinder sind meist begeistert davon, ihre Ferien in einem Club zu verbringen. Sie finden viele **gleichaltrige Spielgefährten** und ein **breites Freizeitangebot**. Mama und Papa genießen es, sich ohne Kinderbespaßung zu erholen oder zu zweit etwas zu unternehmen. Umso mehr freuen sie sich dann auf die Urlaubszeit, die sie gemeinsam mit ihrem Kind verbringen. Cluburlaub ist daher für **Mehrkind-Familien** (→ S. 37), aber auch für **Einzelkinder**, die sonst im Urlaub mit ihren Eltern schwer Anschluss finden, eine tolle Sache.

> Doris: „In unserem All-inclusive-Urlaub in einem 5-Sterne-Hotel haben wir so gut wie gar kein Geld vor Ort ausgegeben. Der Kinderclub war spitze, der Strand auch, die Zimmer und das Essen okay. Aber willkommen als Gast haben wir uns in der großen Anlage nicht gefühlt. Die Gäste wurden eher verwaltet und nicht nett behandelt, und den schönen Strand konnte man vor lauter Menschenmassen (und Strandliegen) leider auch nicht wirklich genießen."

In der Regel richtet sich das Betreuungsangebot der Clubs an **Kinder über drei Jahre** (oft auch erst über vier Jahre) und ist im Gesamtpreis inbegriffen. Manche Clubs bieten in der Hochsaison sogar eine professionelle **Betreuung für Babys und jüngere Kleinkinder** an. Diese muss aber meist extra bezahlt werden.

Das in vielen Clubs gepflegte All-inclusive-Konzept erleichtert darüber hinaus die **Budgetplanung**: Sie zahlen einen Komplettpreis und sonst nichts, egal wie viel Eis die Kinder am Pool verdrücken oder wie lange sie im Kinderclub sind. Was auf den ersten Blick oft teuer erscheint, schont auf diese Weise nicht nur die Urlaubskasse, sondern auch die Nerven. Neben dem weltbekannten Club Med, dem Inbegriff für Luxusurlaub unter Palmen, sind auch durchaus **günstige Anbieter** am Markt, die sich speziell auf Familien mit kleinen Kindern ausgerichtet haben.

Und natürlich gibt es nicht nur Clubanlagen an Land, sondern auch **Clubschiffe** – die AIDA-Flotte ist das bekannteste Beispiel (→ S. 176).

Ein Armband für alle ist meist Pflicht im Cluburlaub

Endlich mal Zeit füreinander haben

Ferienparks und Feriendörfer

Ein günstiger Ableger des Cluburlaubs sind Ferienparks oder Feriendörfer. Hier wohnen Sie in einzeln stehenden **Bungalows oder Apartments**, die um ein touristisches Zentrum angeordnet sind (meist ein Erlebnisbad sowie eine Einkaufsmeile mit Restaurants und Freizeiteinrichtungen wie eine Minigolfanlage). Wer nicht im Ferienpark wohnt, hat üblicherweise auch keinen Zutritt zu den Freizeiteinrichtungen. Einige Parks haben aber offene Konzepte und kooperieren mit Freizeitveranstaltern aus der Umgebung.

Ferienparks gibt es **in allen Preisklassen**, von einfach ausgestatteten Hüttendörfern bis zu luxuriösen Apartment-Komplexen. Die bekanntesten Anbieter sind die Center Parcs, die Landal GreenParks und der französische Reiseveranstalter Pierre et Vacances. Hier können Sie vor allem Urlaub in Mitteleuropa und Großbritannien machen, auch Skiurlaube werden angeboten. Die **kurze Anreise** ist besonders für Familien mit kleinen Kindern, für Kurztrips oder einen ersten Reisetest ideal.

All-inclusive-Angebote gibt es in den Ferienparks nicht. Für fast jedes Freizeitangebot müssen Sie hier **extra bezahlen**. Bettwäsche, Handtücher und Babybettchen können Sie auf Wunsch selbst mitbringen.

Die meisten Ferienparks bieten ein (kostenpflichtiges) Kinder- und Freizeitprogramm an, so dass Sie Entspannung zu zweit finden. Und in den überdachten subtropischen Erlebnisbädern sind Sie in verregneten Sommern **wetterunabhängig**.

Viele Ferienparks liegen „auf der grünen Wiese" und sind schlecht mit der Bahn zu erreichen. Sie brauchen also ein Auto.

Reisen Sie in der Nebensaison, sind Sie mit einer einfachen Unterkunft zufrieden und schlagen Sie bei Aktionsangeboten zu, können Sie als Familie in einem Ferienpark für sehr wenig Geld viel Urlaub machen.

Weblinks

Center Parcs: www.centerparcs.de

Landal Green Parks: www.landal.de

Pierre et Vacances: www.pierreetvacances.com/de-de

Angebotsportal der größten Ferienpark-Anbieter: www.familien-parks.de

Weblink

Informations- und Buchungsportal mit den neun größten Cluburlaub-Anbietern und Forum zum Austausch: www.cluburlaub.de

▶ Rundum glücklich im All-inclusive-Urlaub. Da weiß man gar nicht, was man zuerst machen soll ...

Familienfreundliche Cluburlaub-Anbieter

Anbieter	Wo?	Kinderbetreuung	Kosten
1-2-Fly-Fun-Clubs	17 Anlagen Deutschland, Mittelmeerraum	ab 3 Jahren, für 2 Altersgruppen, deutschsprachig	€€ bis €€€€
Aldiana	10 Anlagen Mittelmeerraum, Gran Canaria, Österreich	kostenfrei ab 2 Jahren, in 5 Altersgruppen, Extra-Angebot für Babys ab 0 Monaten, deutschsprachig	€€€
Club Alltoura	20 Anlagen Mittelmeerraum und Kanaren	ab 3 Jahren, für 3 Altersgruppen, deutschsprachig	€€€
Club Calimera	10 Anlagen Mittelmeerraum, Bulgarien	ab 3 Jahren, für 4 Altersgruppen, deutschsprachig	€€
Club Med	über 100 Anlagen weltweit	ab 4 Monaten, teilweise deutsch	€€€€
Magic Life	12 Anlagen Mittelmeerraum, Fuerteventura	teilweise ab 12 Monaten, für 4 Altersgruppen, deutschsprachig	€€
Robinson Club	über 20 Anlagen Deutschland, Österreich, Schweiz, Portugal, Mittelmeerraum, Malediven	ab 0 Jahren, für 5 Altersgruppen, fast alle deutsch	€€€ bis €€€€
TUI Best Family	über 30 Anlagen Mittel- und Südeuropa, Türkei, Nordafrika, Balearen, Dominikanische Republik, Mexiko	ab 3 Jahren, für 3 Altersgruppen, deutschsprachig, Angebote für Alleinerziehende, Groß- und Patchwork-Familien	€€€

Quelle: eigene Recherchen, Stand: 10/2014

Städtetrips

Bei Ihrem ersten Städtetrip mit Kind heißt es „**klein anfangen**". Ideal ist eine Stadt, von der Sie binnen weniger Stunden wieder nach Hause kommen. Mega-Metropolen wie Paris, New York oder Bangkok können Kinder (und Eltern) mit ihren vielen Eindrücken überwältigen. Meist kommt noch der Stress einer langen Anreise dazu. Solche Ziele legen Sie besser **an das Ende eines längeren Urlaubs**. Sind alle Familienmitglieder erholt und akklimatisiert und haben sich auf das Land eingestellt, ist eine Millionenstadt wie Los Angeles oder Hongkong der perfekte Abschluss einer Reise.

Ein Städtetrip als Urlaubsprogramm mit Kindern scheint zunächst wenig verlockend. Straßenverkehr und Menschengewirr überfordern die Kleinen, von Kulturprogramm und Shopping haben sie nichts. Andererseits sind Großstadtkinder das laute Treiben in der Stadt von Geburt an gewöhnt und alle Kinder freuen sich im Urlaub am meisten über Spielplätze und Eis (beides reichlich in Städten vorhanden).

Mit **Baby** sind Städtetrips besonders zu empfehlen, denn die Kleinen stellen fast gar keine Ansprüche ans Tagesprogramm. Mit schlafendem Baby im Kinderwagen oder in der Babytrage wandelt es sich fast wie in kinderlosen Tagen durch Museen und Kaufhäuser. Wer ein Hotel in der Innenstadt gebucht hat, der kann sich abends mit dem Babyphone ins angrenzende Restaurant setzen.

Viele Städte haben sich auf die Klientel „Eltern mit Kind" eingestellt und machen tolle Angebote: Von Parkanlagen mit Spielplätzen und Planschbecken über spannende Mitmach-Museen bis hin zu speziellen Kinder-Stadtführungen finden Familien garantiert in jeder Stadt etwas, das sie interessiert. Entspannte Cafébesuche und Shopping lassen sich auch mit Kindern in einen Städtetrip integrieren. Einfach ein Café mit Spielecke oder im Park auswählen oder den Partner mit Kind auf den Spielplatz schicken. Kinder shoppen übrigens auch gern – im Spielzeugladen.

Maria-Bettina: „Wir reisen immer wieder mit unseren beiden Töchtern nach London, seit die ältere (inzwischen 12) ein Jahr alt war. Natürlich waren die Reisen zunächst der Wunsch der Eltern, aber von Egoismus würde ich da nicht reden; immerhin möchte man seinen Kindern etwas zeigen, was man mag."

Empfehlungen für Ihren ersten Städtetrip

Städte mit **gemäßigtem Klima**, die am Meer oder an einem Fluss liegen und in denen es einige Parks gibt, eignen sich am besten. Mit Trage- oder Schiebekind sollte es auch nicht allzu bergig sein (→ S. 190). Der Hochsommer ist keine gute Zeit für einen Städtetrip. In den Straßenschluchten staut sich die Hitze, die Stadtbevölkerung ist in den Ferien und es wimmelt von Touristen.

Bei der **Tagesgestaltung** achten Sie auf ein abwechslungsreiches und kindgerechtes Programm: Hetzen Sie nicht von einer Sehenswürdigkeit zur nächsten. Genügend Pausen, ein Mittagsschlaf im Hotel oder im Park und viel Bewegung im Freien (Spielplätze nutzen!) verhindern Stress und übermüdete Kinder.

Spannende Märkte entdecken ...

Nadine: „Shopping fällt mit kleinen Kindern ja flach. Aber entspannt durch die Straßen bummeln, mal ins Museum gehen oder einfach im Central Park Enten füttern oder auf den Spielplatz gehen, ist kein Ding. Macht man zu Hause ja auch."

Die meisten Museums-Kombikarten lohnen sich erst ab fünf Besuchen am selben Tag oder Wochenende, was mit Kindern unmöglich ist.

Der Schlüssel für einen Städtetrip mit Kindern sind öffentliche **Verkehrsmittel**: unbedingt vorher recherchieren, welche es gibt, was Tages- und Familienkarten kosten und wie gut interessante Punkte und das Hotel zu erreichen sind. Kinder lieben es, mit Bus, U-Bahn oder Fähren zu fahren. Die Fahrtzeit kann man gut nutzen, um kurz auszuruhen und einen Happen zu essen, und eine kleine Stadtrundfahrt bekommt man obendrauf. Taxis sind zwar praktisch, weil die Fahrer den Weg kennen, aber auf Dauer teuer. In vielen Städten (deutsche eingeschlossen) haben diese Fahrzeuge außerdem keine Autokindersitze und manchmal nicht einmal Gurte auf der Rückbank (→ S. 276).

... und verwunschene Schlösser

Mit öffentlichen Verkehrsmitteln und einer Familientageskarte sind Sie in vielen Städten günstig, schnell und bequemer als mit dem Auto unterwegs.

◀ Ein Städtetrip mit kleinen Kindern erscheint zunächst nicht eben als naheliegende Urlaubsidee. Aber wenn man genauer drüber nachdenkt, macht das echt Spaß!

Ausrüstung für den Stadtbummel mit Kind

Weil man auf Städtetrips viel läuft, machen sich **bequemes Schuhwerk** und ein leichter, faltbarer Buggy bezahlt. Auch wenn Ihr Kind schon gut selbst läuft, ist der **Buggy** ein gutes Backup für lange Tagesausflüge und abendliche Restaurantbesuche. In einem Buggy sitzt Ihr Kind festgeschnallt und kann Ihnen weder unbemerkt „entwischen" noch vor ein Auto laufen. Der Kinderwagen oder Buggy wird auch gern als Packesel genutzt. Lassen Sie aber keine Wertsachen im Gepäcknetz liegen und packen Sie ihn nicht zu voll, falls Sie ihn in Bus und Bahn schnell zusammenklappen müssen.

Ob Sie für Ihr Baby einen **Kinderwagen** mitnehmen oder es lieber in einer **Babytrage** tragen, hängt von Ihren eigenen Vorlieben und der Fitness, aber auch von der besuchten Stadt ab: Europäische Städte am Meer sind oft Buggy-geeignet, weil relativ flach. Historische Altstädte mit engen Gassen und Städte, die an Berghängen liegen, stellen für Kinderwagen und Buggys dagegen eine Herausforderung dar. In vollen Bussen und im Marktgewimmel sind Kinderwagen

Spartipps für Städtetrips

Ein Städtetrip kann sehr günstig sein. Das beginnt mit der **Anreise**, weil Großstädte meist mit dem Zug gut erreichbar sind und viele Airlines Schnäppchenangebote machen. Billigflieger steuern jedoch oft abgelegene Flughäfen an, von denen es kompliziert und teuer ist, in die Stadt zu gelangen. Lassen Sie das Auto zu Hause: Für **Parkplätze** zahlen Sie in Großstädten ein Vermögen. Mit Bus und Bahn oder dem Taxi (→ S. 276) kommt man in den meisten Großstädten bequemer und günstiger herum.

Auf einem Städtetrip sind Sie den ganzen Tag draußen unterwegs; ein großes Hotelzimmer ist dafür nicht nötig. Allenfalls ein Pool im **Hotel** macht sich im Sommer bezahlt, um die Kinder abends zu „belohnen". Fragen Sie vorher nach, ob das Becken einen Kleinkindbereich hat. Ideal ist ein Hotel mit Restaurant im Haus oder direkt daneben, dann können Sie sich vielleicht abends mit dem Babyphone hinausschleichen und Zeit zu zweit genießen (→ S. 355).

Da Hotels in Großstädten hauptsächlich Geschäftsleute beherbergen, sind die Zimmer an Wochenenden oft günstiger. Noch preiswerter und mitunter sehr familienfreundlich ausgestattet sind privat vermietete Wohnungen über Internetportale wie Airbnb.de oder Wimdu.de (→ S. 331). Hostels und Jugendherbergen haben auch **Familienzimmer** (→ S. 327). Am günstigsten, nämlich kostenlos, ist Couchsurfing (→ S. 334).

Sie brauchen weder Vollpension noch Halbpension im Hotel. Die Preise sind hier grundsätzlich höher als in „normalen" Restaurants und es ist enorm unpraktisch, wenn man den Tagesausflug unterbrechen muss, weil das Mittagessen im Hotel wartet.

Einige Hotels geben Ihnen auf Nachfrage das Mittagessen in Form eines Lunchpakets mit.

Statt Geld in **Restaurants** auszugeben, können Sie sich günstig selbst verpflegen. Ein Picknick kauft man im Supermarkt oder auf dem Wochenmarkt. In Unterkünften mit Kochecke kann man Frühstück und Abendessen selbst zubereiten. Das freut Breiköstler und Mäkelfritzen, die vertrautes Essen bevorzugen (→ S. 364).

besonderes erlebnis für groß und klein

besser rechts

Die Museumslandschaft Hessen Kassel (MHK) hat mit ihren vielfältigen Einrichtungen für die ganze Familie etwas zu bieten: von den atemberaubenden Wasserspielen im Welterbe Bergpark Wilhelmshöhe über die Begegnung mit Originalen in den Gemäldesammlungen und interessante Planetariumsvorführungen in der Orangerie bis hin zu den prächtigen Schlossmuseen, wo die kleinen und großen Besucher hautnah in die Geschichte der Landgrafen von Hessen-Kassel eintauchen können. Ein abwechslungsreiches, spannendes und vor allem unvergessliches Ausflugsziel für Kinder und Erwachsene!

welterbe bergpark wilhelmshöhe • herkules und oktogon • schloss wilhelmshöhe • weißensteinflügel • löwenburg • ballhaus • gewächshaus • neue galerie • torwache • hessisches landesmuseum • staatspark karlsaue • marmorbad • astronomisch-physikalisches kabinett • insel siebenbergen • museum schloss friedrichstein • schloss und schlosspark wilhelmsthal •

www.museum-kassel.de

Städtetrips

Mit der Fähre Sydney vom Wasser entdecken

Emma: „Manche Städte machen mit Buggy viel Spaß, etwa Kapstadt oder Sydney. Andere Städte fanden wir dagegen eher anstrengend: In der Altstadt von Salzburg mussten wir den Buggy unzählige Treppen hinauftragen, in Rom schüttelten wir unser Baby auf Kopfsteinpflaster durch."

Mehr Tipps zum Thema Sicherheit lesen Sie auf → S. 360.

Eine Schultertasche ist zweifellos schick. Wenn Sie stundenlang unterwegs sind, sollten Sie aber Ihrem Rücken zuliebe einen **kleinen Rucksack mit mehreren Fächern** wählen. Auf beiden Schultern getragen, kann Ihnen der Rucksack nicht so leicht entrissen werden. Im dichten Getümmel eines Marktes oder in der U-Bahn tragen Sie Rucksäcke und Taschen immer vor Ihrem Körper und halten sie mit einer Hand fest.

unpraktisch. Die meisten Metro-Anlagen bieten nur wenige oder keine Fahrstühle.

In asiatischen Großstädten schließlich sind Buggys völlig unpraktisch, weil die Gehwege mit Garküchen und Mofas zugestellt sind, die Bordsteine sehr hoch sind und der Straßenverkehr dicht und chaotisch ist.

Zum Weiterlesen bei KidsAway.de:

„Rom, London, Paris, Berlin – die besten Kinderbücher für Städtetrips in europäische Metropolen"

Suchbegriff: „Kinderbücher Städtetrips"

Packliste: Städtetrip mit Kind

- ☐ Visitenkarte des Hotels (falls Sie sich verlaufen)
- ☐ Stadtplan oder interaktiver Stadtplan fürs Smartphone, Liniennetzplan für Bus und Bahn
- ☐ mindestens ein Liter Wasser, regelmäßig auffüllen oder nachkaufen
- ☐ zuckerarme Snacks für zwischendurch
- ☐ Reisetoilette

Die komplette Packliste finden Sie auf → S. 432.

◀ Städte bieten Familien mit Kindern erstaunlich viele spannende Dinge zum Entdecken. Das müssen nicht unbedingt die klassischen Sehenswürdigkeiten sein!

Wohnmobilreisen

Wohnmobilreisen sind bei Familien nicht ohne Grund beliebt. Zu Ferienbeginn wird das rollende Heim vollgepackt und los geht's, immer der Nase nach durch die Welt oder für drei Wochen am Stück auf den Lieblingscampingplatz. Neulinge sollten sich allerdings nichts vormachen: So bequem wie ein Hotel ist es nicht. Eher kann man diese Art des Reisens mit Camping vergleichen. Die lästigen Haushaltspflichten fallen weiterhin an, unter erschwerten Bedingungen. Bei Dauerregen und streitenden Geschwistern kann selbst das luxuriöseste Wohnmobil sehr eng erscheinen.

Mehr als 5.000 Campingplätze in ganz Europa finden Sie in den ADAC-Campingführern, die jedes Jahr neu erscheinen.

Das Wohnmobilreisen hat viele **Vorteile**. Sie können tun, was Sie wollen und wann Sie es wollen. Noch einen Tag länger bleiben oder doch **spontan weiterfahren**, mal schnell für eine Mittagspause anhalten und das Lieblingsessen der Kinder kochen, Pinkelpausen ohne öffentliche Toiletten – kein Problem. Sie sind **unabhängig** von Fahrplänen, Schließzeiten und ausgebuchten Hotels. Für das viele **Gepäck**, das Sie mit Kindern brauchen, haben Sie im Wohnmobil genug Platz. (Das nützt natürlich nicht viel, wenn Sie ein Wohnmobil in einem Urlaubsland mieten, das Sie zuvor per Flugzeug erreichen müssen.) Sie sind **flexibel** und haben Ihr eigenes Zuhause immer dabei, was Heimweh vorbeugt und kleineren Kindern **Sicherheit** in der ungewohnten Situation des Unterwegsseins gibt. Nicht umsonst ist das Wohnmobil das Reiseverkehrsmittel der Wahl für viele Elternzeit-Reisende (→ S. 54).

Patrizia: „Der größte Komfort für uns Eltern ist, dass die Mädels das Auto kennen. Das heißt: Es gibt auf Reisen keinerlei Einschlafschwierigkeiten in fremden Betten, das vertraute Spielzeug ist mit an Bord. Wenn wir ins Wohnmobil einsteigen, geht der Urlaub also praktisch sofort los."

Für **Reisen mit Babys** eignen sich Wohnmobile prima. In den Alkoven, die fast immer mit einem Netz geschützt sind, spielen und schlafen die Kleinen sicher, da ist weder Laufstall noch Reisebett nötig. Aber auch zwischen Mama und Papa ist in den breiten Doppelbetten genug Platz für ein Familienbett. Der enge Innenraum spielt der Beaufsichtigung von erkundungsfreudigen Krabblern und Laufanfängern in die Arme: Es ist nicht schwer, immer mal einzugreifen, weil das Baby sowieso in Griffweite bleibt. Und man kann sich herrlich überall abstützen, wenn man noch nicht fest auf den Beinen steht. Am kleinen Tisch sitzen Babys in einem Reisehochstuhl, der an der Tischplatte festgeklemmt wird (→ S. 136), und während der Fahrt in ihrer Babyschale.

Mitten in der Natur Ferien machen

Wohnmobilreisen in Übersee

Der größte Unterschied, wenn Sie eine Wohnmobilreise in Übersee machen: Sie müssen zunächst einmal in ein Flugzeug steigen. Das bedeutet ganz praktisch, dass Sie Ihr Wunsch-Wohnmobil „blind" mieten, ohne es vorher ansehen zu können. Außerdem können Sie nur so viel Gepäck mitnehmen, wie die Airline erlaubt. In der Regel sind das nicht mehr als 23 Kilogramm pro Person. Aber keine Sorge: Die Ausrüstungsgegenstände, die nicht mehr in den Koffer passen (Campingmöbel, Küchengeräte und Ähnliches), können Sie bei den meisten Vermietern kostenfrei oder gegen eine Pauschale leihen.

Weiterhin stellt sich das Problem, einen geeigneten Autokindersitz zu finden, denn das europäische Prüfsiegel ECE-R44 wird weder in den USA noch in Australien anerkannt (→ S. 278). Nicht immer, aber sehr oft wird ein Internationaler Führerschein oder eine beglaubigte englische Übersetzung des EU-Führerscheins verlangt. Und wenn Sie Ihren Urlaub in Neuseeland oder Australien verbringen, müssen Sie dort auf der linken Straßenseite fahren.

Aber das Hochgefühl, das Sie auf einem amerikanischen Highway oder einer Straße im Outback erleben, wenn Sie in den Sonnenuntergang fahren, macht allen zusätzlichen Aufwand einer solchen Fern-Wohnmobilreise wett. Versprochen!

Weblinks

Portal für Wohnmobilvermietung in Deutschland, Australien, Kanada, USA, Neuseeland und Südafrika, mit Preisvergleich mehrerer Anbieter: www.camperboerse.de

Alles über Wohnmobilreisen mit Kindern in Neuseeland: www.weltwunderer.de

◂ Wohnmobilreisen hat unter Eltern viele Fans. Für Reisen mit Kindern eignen sie sich prima, vor allem wenn Sie mit Selbstversorgung zufrieden sind und auf Komfort verzichten können.

Wer auf Komfort verzichten kann, reist mit dem Wohnmobil sehr günstig: Ein Stellplatz auf dem Campingplatz kostet weniger als ein Hotelzimmer und Selbstversorgung in der Wohnmobil-Küche ist allemal billiger als Restaurantbesuche. Und da der Mietpreis relativ unabhängig von der Zahl der mitreisenden Personen ist, können Wohnmobile für Familien mit mehr als zwei Kindern (→ S. 37) auf jeden Fall günstiger sein als Ferien im Hotel (ganz abgesehen von der Schwierigkeit, ein Hotelzimmer für diese Konstellation zu finden).

Die **Voraussetzungen, um ein Wohnmobil zu fahren**, sind leicht zu erfüllen: In Deutschland genügt für Fahrzeuge bis zu 3,5 Tonnen (die meisten Wohnmobile wiegen weniger) der EU-Führerschein Klasse B oder der „rosa Lappen" in Klasse 3 (letzterer erlaubt sogar das Führen von 7,5 Tonnen schweren Mobilen).

Die österreichischen und Schweizer Vorgaben folgen den europäischen. Mit einem normalen Führerschein oder (in der Schweiz) einem Führerausweis der Kategorie B können jeweils Fahrzeuge bis zu 3,5 Tonnen gelenkt und Anhänger bis zu 750 Kilogramm gezogen werden.

Mit Kindern, die nicht gern Auto fahren, sind **Wohnmobil-Rundreisen** nicht zu empfehlen. Während der langen Fahrten müssen sie im Kindersitz angeschnallt sitzen, manche leiden unter Reisekrankheit oder einfach Langeweile. Und das Wohnmobil nach Lust und Laune in der freien Natur abstellen? Für Familien nicht praktikabel, denn abgesehen davon, dass „wildes Camping" in den meisten Ländern verboten ist, steht man in der Realität dann oft auf grauen Parkplätzen am Straßenrand.

Zum Weiterlesen bei KidsAway.de:

„Unterwegs im rollenden Zuhause – Die ideale Art des Reisens mit Kindern?"

 Suchbegriff: „Wohnmobil-Reisen"

Ein familiengeeignetes Wohnmobil finden

Der Preis sollte nicht das ausschlaggebende Kriterium bei der Auswahl des für Ihre Familie passenden Wohnmobils sein. Wichtig ist vor allem **genug Platz**. Je größer das Fahrzeug, desto mehr Stauraum, Betten und freie Fläche zum Bewegen bietet es. Wenn die Wohnmobile nicht direkt besichtigt werden können, finden sich auf den Websites der Vermieter Beispielbilder und Grundrisspläne der Modelle. Interessant sind auch Kundenbewertungen zu diesem Thema. Oft zeigen sich Mängel an der Konzeption des Innenraums erst im Urlaubspraxis-Test.

Rosi: „Wir fanden unseren schmucken kleinen Campervan total gut, bis wir bemerkten, dass man während der Fahrt keine Möglichkeit hatte, nach hinten zu kommen. Wir mussten jedes Mal anhalten, aussteigen und durch die Schiebetür hinten wieder einsteigen, wenn eines der Kinder etwas brauchte. Und das war oft! Abends war die abgetrennte Fahrerkabine dafür ein richtiges Extrazimmer für uns, das wir zum Arbeiten und Fernsehen am Laptop genutzt haben."

Mit mehr als einem Kind wird es in einem **Kastenwagen** mit Hochdach schnell eng, auch wenn meist eine Sanitärausstattung und eine Kochecke mit Herd und Kühlschrank eingebaut sind. Der Vorteil dieser Modelle: Sie verbrauchen weniger Treibstoff, sind wendiger, alltagstauglicher und für Anfänger einfacher zu fahren. Außerdem kosten sie wesentlich weniger. Die schwerfälligen **Alkoven-Wohnmobile** sind mitunter wahre Spritschlucker und können im Stadtverkehr graue Haare machen. Sie eignen sich aber besser für lange Reisen mit mehreren Kindern, längeren Stehzeiten und Reisen im Herbst und Winter.

Der erste Schritt, und für Familien mit mehr als zwei Kindern oft ein sehr schwieriger, ist die Suche nach einem Wohnmobil, das **genügend Sitzplätze** für alle Familienmitglieder bietet. Ohne Sitzplatz mit Gurt

Ein improvisierter Spielplatz

Überraschend viel Platz

weit hinten im Fonds schnell langweilen, während es bei Geschwistern, die für Streitereien bekannt sind, ebenso wenig ratsam ist, sie dort hinten allein zu lassen.

Stephan: „Um nicht ständig nach hinten brüllen zu müssen, um von unseren Kindern gehört zu werden, haben wir uns am dritten Reisetag billige Walkie-Talkies im australischen Supermarkt gekauft. Das Kommunizieren über Funk hat den Kindern superviel Spaß gemacht und es gab gar keine Beschwerden mehr, dass sie lieber vorn sitzen wollten."

Weitere zentrale Kriterien sind die Zahl und **Anordnung der Betten**. Alkoven-Betten für zwei bis drei Kinder über der Fahrerkabine haben den Vorteil, dass sie nicht extra aufgebaut werden müssen. Das ist ideal für den schnellen Mittagsschlaf zwischendurch und abends können die Erwachsenen ungestört am Tisch sitzen, wenn die Kinder schon schlafen. Für ältere Kinder eignen sich auch Etagenbetten, die quer im hinteren Bereich verbaut sind. Betten, die tagsüber zum Tisch mit Sitzbank umgebaut oder an die Decke gezogen werden, sind zwar platzsparend, müssen aber eben täglich neu auf- und abgebaut werden.

Der Alkoven sollte mit einem Netz gesichert sein, wenn kleine Kinder darin schlafen.

Ein L-förmiger Küchenbereich mit möglichst großer Arbeitsfläche kann gleichzeitig als Wickeltisch genutzt werden (natürlich mit Wickelunterlage).

Bei Reisen im Sommer sollte das Wohnmobil über eine **Klimaanlage** verfügen, die auch bei abgestelltem Motor läuft und den gesamten Wohnraum kühlt. Sind Sie in der kalten Jahreszeit unterwegs, sollten Sie auf gut gedämmte Wände und isolierte Fenster sowie Teppichboden im Innenraum achten. Dazu brauchen Sie eine **Standheizung**, die auch bei abgestelltem Motor funktioniert, und eine Heißwasserversorgung, die unabhängig vom Stromanschluss läuft.

darf niemand im Wohnmobil fahren, auch kein Baby. Die meisten neueren Fahrzeuge haben mindestens vier Sitzplätze mit Dreipunktgurt. Die Kinder sitzen dann in der Regel direkt hinter den Eltern, in den kleineren Kastenwagen mitunter auch ganz hinten.

Für Babys und Kleinkinder ist dies völlig ungeeignet, ganz zu schweigen vom **mangelnden Fahrkomfort**, denn dort hinten ist es viel lauter, die Lenkbewegungen werden wesentlich stärker wahrgenommen (Stichwort „Reisekrankheit", → S. 254) und die Federung ist schlechter, so dass sich jede Unebenheit direkt auf die Wirbelsäule überträgt. Einzelkinder werden sich allein

Empfehlungen für Wohnmobilreisen mit Kindern

Mit dem Wohnmobil können Sie so lange fahren, wie es Ihnen gefällt. Ihren Kindern zuliebe sollten Sie sich allerdings ein wenig einschränken. Länger als 500 Kilometer (wesentlich weniger in Ländern mit Geschwindigkeitsbegrenzungen unter 100 km/h) sollte eine Tagesetappe mit Kindern nicht sein. Die **Fahrtstrecke planen** Sie am besten so, dass Sie alle zwei Stunden eine Pause einlegen können. Faustregel: Wenn die Kinder anfangen, aus Langeweile zu quengeln, ist eine Pause nötig. Jede zweite Rast sollte länger als eine halbe Stunde sein und Gelegenheit für ausreichend Bewegung, Spaß und Spiel bieten.

Reservieren Sie **Stellplätze** für die Nacht zumindest ein paar Tage im Voraus oder recherchieren Sie Alternativen. In der Hauptsaison sind Campingplätze oft ausgebucht und zentral gelegene Stellplätze sind dann auch voll. Für Banalitäten wie Essen einkaufen, kochen und Katzenwäsche benötigen Sie mindestens eine bis zwei Stunden.

Wenn Sie damit erst abends anfangen, weil Sie stundenlang auf der Suche nach einem Stellplatz herumgekurvt sind, ist die Laune der ganzen Familie im Keller. Ein weiterer Grund, den Übernachtungsplatz noch bei Tageslicht zu erreichen: So können Sie die Umgebung besser auf **Kindersicherheit** prüfen (→ S. 320).

Haben Sie einen schönen Stellplatz gefunden, bleiben Sie am besten ein paar Tage vor Ort und erkunden von hier aus die Gegend. Dafür macht es sich bezahlt, wenn Sie Ihre **Fahrräder** (→ S. 211) mitgebracht haben, oder Sie nutzen öffentliche Verkehrsmittel.

Kinder richtig anschnallen!

Während der Fahrt müssen auch im Wohnmobil alle Insassen auf einem eigenen Sitzplatz angeschnallt sein. Kinder unter zwölf Jahren gehören wie im Auto in einen passenden Kindersitz. Auf den Vordersitzen dürfen in der Regel die Eltern fahren, aber natürlich können hier auch Kinder Platz nehmen (etwa bei Single-Eltern). Setzen Sie Ihr Kind in einer Babyschale (also einem rückwärts gerichteten Autokindersitz für Babys bis zu 13 Kilogramm) auf den Beifahrersitz, müssen Sie den Airbag deaktivieren! Manche Kastenwagen-Modelle haben eine durchgehende Sitzbank oder drei Sitze, von denen der mittlere ein „Notsitz" ist. Schnallen Sie hier bitte kein Kind an. Sind Sie zu dritt, lohnt sich aber die Recherche nach einem Wohnmobil, bei dem drei Personen vorn nebeneinander sitzen können. Ihr Kind wird sich ansonsten wahrscheinlich schrecklich langweilen (und einen von Ihnen sowieso nach hinten ordern).

Im Wohnbereich eignet sich der Fensterplatz am Tisch am besten für das Anbringen von Babyschalen. Kindersitze der Gruppe I/II/III und Sitzerhöhungen ohne Lehne können auf den Plätzen daneben befestigt werden. Der Tisch muss dann während der Fahrt abgebaut werden, da er bei einem Unfall sonst zu einem – extrem harten – Fangkörper würde.

In älteren Wohnmobilen gibt es leider neben Fahrer- und Beifahrersitz oft keine oder zu wenige Anschnallplätze. Und selbst wenn, verfügen die meisten Sitzplätze nur über Beckengurte. Diese lassen sich nur mit wenigen in Europa zugelassenen Kindersitz-Modellen nutzen. Im Zweifel muss Ihr Kind dann auf dem Beifahrersitz fahren, während ein Erwachsener auf einem rückwärts oder seitlich gerichteten Beckengurt-Platz sitzt.

▸ Der perfekte Stellplatz für eine Wohnmobilreise mit Kindern bietet natürlich einen (kindersicheren) Pool.

Lysanne: „Jeden Tag der gleiche Ablauf: Morgengehampel, Betten abbauen, Frühstück machen, Waschraum, Spielplatz, Wohnmobil zusammenräumen, losfahren. Und nachmittags dann andersherum: Spielplatz, Abendessen bereiten, essen, Waschraum, Betten aufbauen, Nachtgehampel. Zwischendurch noch die Zeit für den Einkauf dazugerechnet, denn irgendwas fehlt ja immer – und schwupps, hat man den halben Urlaubstag mit solchem Kram verbracht. Meine Kinder können irgendwie die Zeit schneller drehen, glaube ich."

Der große Nachteil am Wohnmobil ist seine Behäbigkeit: In engen und verkehrsreichen Innenstädten ist das Navigieren eine Pest, einen Parkplatz zu finden, kostet Nerven. Und bevor man überhaupt losfahren kann, muss erst alles ordentlich verstaut und befestigt werden. Das kann Stunden dauern.

Halten Sie also im Wohnmobil penible **Ordnung**: Weisen Sie jedem Ding seinen Platz zu und halten Sie die Kinder zum Aufräumen an. Wenn Sie Ihr Wohnmobil fern der Heimat mieten, bringen Sie möglichst keine Hartschalenkoffer mit. Weiche Reisetaschen lassen sich besser in den schmalen Schränken unterbringen. Stellen Sie für den Urlaub Familienregeln auf: Wer baut die Betten ab, wer holt Brötchen und wer macht den Abwasch? **Routinen** sparen Ihnen Zeit und verhindern Streit und schlechte Laune – die gilt es im engen Wohnraum eines Wohnmobils unbedingt zu vermeiden, vor allem bei Regenwetter.

Ein Wohnmobil bietet zwar mehr Komfort als ein Zelt, aber es ist auch keine Ferienwohnung. Regenwetter und graue Tage sind keine Entschuldigung für Stubenhocker. Nutzen Sie den Wohnraum auch an kalten oder regnerischen Tagen nur als Zwischenstation und zum Aufwärmen. Urlaub mit dem Wohnmobil bedeutet Frischluft, egal wie das Wetter draußen ist!

Wenn Sie in abgelegenen Gegenden unterwegs sind, achten Sie darauf, dass Sie immer genug Treibstoff und Trinkwasser an Bord haben und halten Sie Ihre Lebensmittelvorräte aktuell.

Alternative: Wohnanhänger

Die langen weißen Wohnanhänger oder Wohnwagen gehören in den Sommerferien zum vertrauten Straßenbild auf deutschen Autobahnen. Entgegen dem Klischee sitzt nicht in jedem ein Niederländer. Auch deutsche Familien nutzen Caravans gern für ihren Urlaub. Der augenfällige Vorteil: Es sind geräumige, voll ausgestattete Camping-Zimmer, die man am eigenen Auto befestigen und an das gewünschte Reiseziel ziehen kann. Koppelt man den Anhänger ab, kann man das Auto vor Ort flexibel nutzen, anders als bei einem schwerfälligen Wohnmobil. Im eigenen Auto passen natürlich auch die gewohnten Autokindersitze optimal.

Im Vergleich zum Wohnmobil sind die Anhänger robuster und langlebiger, sie enthalten weniger Technik, die kaputtgehen kann, und sie sind komfortabler, weil der gesamte Raum zum Wohnen genutzt wird. Miet- und Kaufpreise liegen wesentlich niedriger als bei einem Wohnmobil. Ein gebrauchtes Modell kann ein echtes Schnäppchen sein. Einzige Bedingung: ein Auto mit Anhängerkupplung.

Das Manövrieren eines langen Anhängers ist kein Kinderspiel. Seit 1999 wird dafür ein erweiterter Führerschein der Klasse BE verlangt (Besitzer des vorher ausgestellten Klasse-3-Führerscheins dürfen sich freuen). Außerhalb von Campingplätzen darf man mit einem Wohnwagen in der Regel nicht übernachten. Der Anhänger empfiehlt sich daher vor allem für Urlaube, in denen Sie für wenig Geld am Ort bleiben wollen – auf dem Campingplatz (→ S. 317).

◀ Das rollende Heim für den Urlaub hat viele Vorteile, ist aber nicht jedermanns Sache – Ordnung muss sein und Frischluft muss man lieben!

Spartipp: Wohnmobil-Stellplätze

Die umgangssprachlich einfach „Stellplatz" genannten Reisemobil-Stellplätze sind ein Zwitter aus Campingplätzen und Parkplätzen. Einige Stellplätze sind ganz normale Parkplätze mit einem Zusatzschild. Nur auf diesen ist auch das Abstellen von Pkw mit Wohnanhängern erlaubt.

Der große Vorteil solcher Stellplätze ist ihre Lage: Im Gegensatz zu großen Campingplätzen findet man sie oft zentral in der Stadtmitte oder in der Nähe von Sehenswürdigkeiten. So kann man den Wohnmobilurlaub zum Städtetrip (→ S. 188) machen, ohne horrende Parkgebühren zu zahlen.

Fast alle Stellplätze sind mit einem Müllbehälter und einer Entsorgungsstation ausgestattet, manchmal gibt es auch Stromanschlüsse (mit Münzeinwurf). Hier kann man Schmutzwasser und den Inhalt der Chemietoilette entsorgen und frisches Trinkwasser auffüllen; wiederum meist gegen eine Gebühr. Solche Entsorgungsstationen finden sich ansonsten meist auf oder vor Campingplätzen. Hier verschwimmt dann manchmal die Grenze zum Campingplatz, wenn es dort besondere, immer frei zugängliche Stellplätze außerhalb des Geländes gibt.

Um auf ausgewiesenen Reisemobil-Stellplätzen übernachten zu dürfen, braucht man ein geschlossenes Abwassersystem und eine Bordtoilette. Der Aufenthalt ist jeweils nur für zwei bis drei Nächte erlaubt und es gibt oft keine sanitären Anlagen, dafür wird für die Übernachtung nur eine kleine Gebühr verlangt.

Das ist fürs Reisebudget (→ S. 61) von Familien sehr erfreulich.

Die hübscheren Stellplätze sind mit Wiesenflächen, Picknickbänken, Grillgelegenheiten und öffentlichen Toiletten ausgestattet, manchmal ist ein kleiner Spielplatz in der Nähe. Mit Kindern ist der Aufenthalt auf einem Stellplatz trotzdem nicht das Wahre: Die Parkplätze befinden sich meist in der Nähe des laufenden Verkehrs. Besonders mit entdeckungsfreudigen Kleinkindern ist konstante Beaufsichtigung nötig, aber auch Grundschulkinder können die Gefahren im laufenden Verkehr noch nicht angemessen einschätzen. Nachts kann der vorbeirauschende Straßenverkehr so laut sein, dass Kinder Probleme mit dem Ein- und Durchschlafen bekommen.

Für eine oder zwei Nächte als Zwischenstopp können Sie diese günstigen Stellplätze natürlich nutzen. Der Hauptteil Ihres Wohnmobil-Urlaubs sollte dann aber entweder auf sicheren Campingplätzen oder in der „echten" freien Natur stattfinden, wo Kinder auch ohne ständige Aufsicht nach Herzenslust herumstromern können.

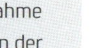

Auf öffentlichen Parkplätzen oder am Straßenrand darf in Deutschland und Österreich (mit Ausnahme von Tirol) „im Notfall" übernachtet werden, wenn der Fahrer nicht mehr fahrtüchtig ist. In der Schweiz ist es je nach Gemeinde generell verboten. In den meisten Ländern Europas ist eine einmalige Übernachtung am Straßenrand oder auf Parkplätzen gestattet.

Weblinks

Wohnmobilstellplätze in ganz Deutschland, alphabetisch gelistet und mit GPS-Daten: www.wohnmobil-atlas.de

Wohnmobilstellplätze, Entsorgungsstationen und Campingplätze in 38 europäischen Ländern: www.campercontact.de

Spielzeug für das Wohnmobil

Natürlich hat jedes Kind seine persönlichen Spielzeug-Favoriten. Anstatt sie alle einzupacken, sollten aber nur drei oder vier Lieblingsstücke mit ins Wohnmobil kommen, vor allem wenn Sie mit dem Flugzeug anreisen.

- Wimmel- oder Sachbücher
- kleine Modellautos
- Schleich-Tiere und andere Figürchen
- Sticker-Alben
- Material für Armbänder und Schmuck
- Papier zum Falten
- Quizfragen-Blöcke, Logik-Trainer
- Hörbücher oder Musik per MP3-Player

Vorschläge für Spiele während der Fahrt mit dem Wohnmobil finden Sie auf → S. 273.

Wenig geeignet sind Spielsachen mit vielen kleinen Teilen wie Playmobil oder Lego, da sie ständig herunterfallen oder in Ritzen rutschen und während der Fahrt nicht aufgehoben werden können. Alles, was krümelt oder klebt, hat auf Wohnmobil-Sitzpolstern nichts verloren. Filzstifte, Knete oder Bastelscheren sollten Sie nur im geparkten Fahrzeug austeilen.

Packliste: Wohnmobilreise mit Kindern

- ☐ Ausgleichskeile zum Parken auf unebenen Flächen
- ☐ Campingmöbel (Tisch und Stühle)
- ☐ Navigationssystem
- ☐ Flipflops oder Schlappen für den Campingplatz-Waschraum und als „Hausschuhe"
- ☐ Reisehochstuhl, am besten an die Tischplatte anzuklemmen

Die komplette Packliste finden Sie auf → S. 430.

Urlaub auf dem Bauernhof

Ferien auf Bauernhöfen liegen im Trend, speziell bei Familien mit kleinen Kindern. Einen echten Hühnerstall sehen, Schweine grunzen hören und frisch gemolkene Milch trinken, das erleben Stadtkinder heute nur noch selten. Bereits Kleinkinder können bei den alltäglichen Verrichtungen des Bauern mit anpacken, sich im Streichelgehege oder bei einer Kutschfahrt mit den Hofponys vergnügen.

Bauernhof-Ferien haben nichts mit Stallmief und alten Bauernhäuschen zu tun. Viele Anbieter geben sich große Mühe, ihre kleinen und großen Gäste rundum zufriedenzustellen, mit Naturspielplätzen, viel Platz zum Toben und Bio-Essen. Auf den größeren Gehöften, die vor allem in Bayern und Mecklenburg-Vorpommern liegen, kommen Sie in den geräumigen Gebäuden und Nebengebäuden ohne Probleme gemeinsam mit anderen Familien unter – mit allen Vorteilen eines Urlaubs mit Freunden (→ S. 42). Den Familienhund können Sie auf einen Bauernhof meist gern mitbringen.

Preislich ist hier alles drin, vom Schnäppchen in der Nebensaison bis zum begehrten, auf Jahre im Voraus ausgebuchten hochpreisigen Angebot. Genauso variantenreich ist das Angebot „drumherum": vom zünftigen Mitmachen bei der Versorgung der Tiere, der Arbeit im Weinberg oder der Heumahd bis zu luxuriösen Wellnessferien mit Heu-Sauna und Massagen finden Sie für jeden Geschmack einen passenden Bauernhof. Mit Kindern ist natürlich die erste Variante interessanter.

Erholung finden Sie als Eltern auf einem Bauernhof bestimmt, denn Ihre Kinder haben hier viel Beschäftigung. Die angebotenen Aktivitäten sind „sinnvoller" und naturnäher als die meisten Kinderclub-Programme in einem Hotel. Oft werden den Kindern richtige Aufgaben übertragen. Durch das Mithelfen gewinnen sie viel Selbstvertrauen und lernen, Verantwortung zu übernehmen. Damit Sie bei der Suche nach dem passenden Angebot eine gewisse Sicherheit haben, können Sie sich an dem **Gütesiegel** „Anerkannter Urlaubs-Bauernhof" orientieren.

Dieses stellt sicher, dass ein Bauernhof auch wirklich „echt" ist und als aktiver landwirtschaftlicher Betrieb geführt wird. Dafür müssen Tiere oder Streicheltiere auf dem Hof leben, die Feriengäste müssen persönlich

betreut werden und bei den landwirtschaftlichen Tätigkeiten mithelfen dürfen. Der Hof kann mit einer Führung besichtigt werden und soll organisierte Veranstaltungen und Aktivitäten mit Bezug auf das Bauernhofleben anbieten. Die angebotenen Lebensmittel müssen selbst oder wenigstens regional erzeugt sein.

Achten Sie bei der Terminwahl Ihres Urlaubs darauf, dass die **Jahreszeit** zu den angebotenen Attraktionen passt. Hat ein Hof Zuchttiere, bieten sich Frühling und Sommer für das Streicheln niedlicher Tierkinder an, Weinbauernhöfe wiederum beginnen mit der Weinlese erst im Herbst.

Richtig mithelfen können Sie auf einem WWOOF-Bauernhof (→ S. 338). Im Austausch für Ihre Arbeit sind dann Kost und Logis frei.

Für **Allergiker** schränkt sich die Angebotsvielfalt deutlich ein. Heu, Pollen und Tierhaare sind auf fast jedem Bauernhof vorhanden. Auf Höfen mit laufendem Betrieb gibt es Ecken und Bereiche, die für Kinder ungeeignet oder sogar **gefährlich** sind. Instruieren Sie Ihre Kinder entsprechend und beaufsichtigen Sie kleine Davonflitzer aufmerksam, wenn Sie auf solchen Bauernhöfen Urlaub machen.

Packliste: Urlaub auf dem Bauernhof

- ☐ Matschhosen
- ☐ Sachen, die schmutzig werden dürfen („Stallklamotten")
- ☐ Insektenschutzmittel
- ☐ wenn Pferde vorhanden: Reithelm und Reitstiefel
- ☐ Sonnenhut

Die komplette Packliste finden Sie auf → S. 424.

Weblinks

Fast 2.000 Ferienhöfe mit aktiver Landwirtschaft, thematisch oder nach Bundesländern sortiert: www.bauernhofurlaub.de

Liste von Bauernhöfen in Österreich: www.urlaubambauernhof.at

Bauernhofurlaubs-Portal für die Schweiz: www.agrotourismus.ch

Bauernhofurlaub in Italien: www.agriturismo.de

Verzeichnis von Bio-Höfen in Europa: www.bio.de/tourismus.php

◀ Urlaub auf dem Bauernhof ist schon lange nicht mehr spießig. Hier entdecken Stadtkinder eine ganz neue, spannende Welt – und auf die Eltern wartet auf Wunsch ein Wellnessprogramm.

Wanderurlaube

Wanderungen durch die Natur gehören zu den schönsten Dingen, die Sie mit Ihren Kindern unternehmen können. Wenn Sie es richtig anstellen, erinnern sich die Kids später gern an die Familientouren und denken nicht mit Horror an stundenlanges langweiliges Geradeaus-Latschen, Picknick mit Leberwurststullen und Blasen an den Füßen.

Viele Eltern warten sehnsüchtig darauf, „dass die Kinder groß genug sind" zum Wandern. Dabei kann man mit Babys und Kleinkindern schon durchaus anspruchsvolle Touren gehen – aber natürlich auch ganz normale Tageswanderungen bewältigen. Eine Spezialausrüstung ist dafür genauso wenig vonnöten wie besondere Familienwanderrouten. Allenfalls brauchen Eltern und Kind genügend **Kondition**. Die stellt sich aber schnell wie von selbst ein.

Kinder sind **praktisch in jedem Alter** „wandergeeignet". Auch Babys dürfen, sofern sie gesund sind, schon mit wenigen Wochen auf Tour. (Allerdings sollte die Mutter ehrlich zu sich selbst sein und mit ihrer Hebamme Rücksprache halten: Eine anstrengende Wanderung kurz nach der Entbindung kann sehr belastend für den Beckenboden und den Kreislauf sein.)

Egal wie bequem die Trage ist und wie gut das Kind darin sitzt – mindestens alle zwei Stunden sollte es sich außerhalb der Trage bewegen, bei einer Wandertrage noch häufiger.

Viel häufiger als mit der Höhe haben Babys und Kleinkinder mit **Höhenunterschieden** zu kämpfen, etwa bei Autofahrten über Gebirgsstraßen oder im Lift. Ein zu rascher Aufstieg erhöht den Druck auf den Ohren, wogegen Babys besonders empfindlich sind. Schnelle Hilfe bringt dann ein Schnuller oder etwas zu trinken.

Wanderungen mit kleinen Kindern sind prinzipiell kein Problem, aber ein wenig **Vorbereitung** benötigen sie doch. Dazu gehört zunächst die Wahl einer Wanderroute, die an das Alter, die Fitness und die individuellen Bedürfnisse des Kindes und die seiner Familie angepasst ist.

Für fast jede Stadt und jede Region in Deutschland, Österreich und der Schweiz gibt es heutzutage spezielle Familienwanderführer mit detailliert beschriebenen Wanderrouten.

 Erlebnis- oder Lehrpfade für Kinder und Familien vermitteln an mehreren Stationen Informationen zu Themen wie Märchen, Wald oder Energie. Diese „geführten" Wege sind meist kinderwagentauglich und nicht allzu lang.

Wanderspiele

Wanderspiele kann man geschickt einsetzen, damit die kleinen Wanderer dabei zügig in der gewünschten Richtung weiterlaufen.

- Wer sieht zuerst den nächsten ... (Pilz, Wasserfall, Wanderer)?
- Ich sehe was, was du nicht siehst oder: Wer sieht zuerst etwas Grünes, Rotes, Blaues?
- Wer bin ich? (die Mitspieler müssen mit Ja-/Nein-Fragen erraten, welche Person der Spielleiter gerade ist)
- Mama und Kind machen eine kurze Pause und zählen bis zehn, Papa geht derweil vor und versteckt sich am Wegrand (in wechselnder Besetzung).
- Einer geht ein Stück vor und lässt „Schätze" wie Kieselsteine, Gummibärchen oder Ähnliches fallen, die vom Kind entdeckt werden müssen.
- „Ich packe meinen Koffer" (→ S. 273)
- Während des Laufens muss jeder abwechselnd mit kleinen Steinen oder Stöckchen ein Ziel auf dem Weg treffen.
- Geschichten erzählen (Märchen, Geschichten über die Wanderstrecke, eigene Wander-Kindheitserlebnisse oder Geschichten, über deren Verlauf das Kind mitentscheiden darf)
- „Engelchen, flieg" (Mama und Papa lassen das Kind alle paar Schritte zwischen ihren Armen „hochfliegen")
- Jeder klemmt sich einen Stock zwischen die Beine und alle laufen um die Wette (am schnellsten oder am weitesten).
- Reiten auf einem Steckenpferd
- Stein-Schere-Papier (→ S. 366)
- ABC-Spiel und Wortketten
- Singen. Ein Sprech-Lied zum Wandern geht so: Mit „Und eins, und zwei ..." wird jeder zweite Schritt bis zehn gezählt, gefolgt vom Reim: „Ein Hut, ein Stock, ein Schirm, ein Mann, und – vor, zurück, zur Seite, ran!" (Diese Bewegungen werden mit dem rechten oder linken Fuß ausgeführt, danach geht der Marsch mit erneutem Zählen weiter).
- interessante Pflanzen am Wegrand oder Insekten bestimmen, Vogelstimmen oder Tierspuren erraten, Berggipfel am Horizont erkennen, Gesteinsarten zuordnen (Bestimmungsbücher, Lupe und Fernglas und vielleicht auch eine Tüte zum Mitnehmen der gefundenen Exemplare einpacken)
- Blumensträuße pflücken
- Kameradienst für ältere Kinder: konkrete Aufgaben, etwa möglichst viele Etappen der Wanderung und/oder alle Teilnehmer mit verschiedenen Grimassen fotografieren
- gefundene Stöcke passend zurechtschnitzen als Wanderstöcke oder Steckenpferde
- mit einem Strick das Kind „aufzäumen" oder als Hund angeleint laufen lassen
- Lauf-Olympiade: Alle hüpfen ein Stück des Weges auf einem Bein, gehen rückwärts, schlagen Räder und so weiter. Verboten ist nur normales Gehen.

◀ Über Stock und Stein oder auch mal über eine schwankende Hängebrücke – die Kleinsten sind dabei das geringste Problem. Aber auch mit den Größeren macht Wandern richtig Spaß!

Obwohl Babys, die sich im Tragetuch oder in einer Babytrage wohlfühlen, ohne Murren stundenlang herumgetragen werden können, sollten Sie sich anfangs nicht überschätzen. Mehr als drei Stunden sind zunächst mehr als genug, um den eigenen Körper an das Gewicht des Babys zu gewöhnen. Planen Sie reichliche Pausen zum Stillen, Wickeln und Bespaßen des kleinen Wandergefährten ein.

Je kleiner ein Kind ist, desto längere Touren kann man mit ihm gehen.

Mit älteren Kindern wird es beim Wandern komplizierter: „Ich will allein laufen!" wechselt sich dann teilweise minütlich ab mit „Ich will getragen werden!". Selbst fitte Kleinkinder ermüden sehr schnell. Kein Wunder: Sie laufen ja nicht wie Erwachsene geradeaus, sondern ständig hin und her, vor und wieder zurück. Dabei kommt schnell das

Früh übt sich

Doppelte an Strecke zusammen. Ein **Tragetuch** für den Notfall nimmt wenig Platz weg, wenn es doch nicht gebraucht wird. Zwischendurch kann es als Picknickdecke genutzt werden. Eine clevere Ergänzung dieser Strategie ist ein Rucksack (→ S. 110), den man notfalls auch vor dem Bauch tragen kann.

Wanderrouten für Familien

Eigentlich geht es beim Wandern ja um das Wandern, aber das kann man kleinen Kindern nur selten vermitteln. Für ihre Motivation braucht es ein Ziel, das in einer absehbaren Zeit erreicht wird. Um den endlosen Nachfragen: „Wann sind wir denn da?" zu entgehen, müssen Sie daher mehrere deutlich (von weitem) erkennbare **Etappenziele** vorweisen.

Gefahr Höhenkrankheit?

Viele Eltern machen sich Sorgen, ob ihrem Kleinkind bei Gebirgstouren die Höhe schaden könnte. Experten beruhigen: Wanderungen in bis zu 2.000 Metern Höhe sind mit gesunden Kindern kein Problem. Alles, was höher liegt, sollte bis zum dritten Geburtstag gemieden werden. Den geringeren Sauerstoffgehalt in der Luft vertragen Babys und Kleinkinder schlechter als Erwachsene. Sorgen Sie für großzügige Flüssigkeitszufuhr.

Wandertouren, die nur kurzzeitig in solche Höhenregionen führen, sind zwar nicht direkt gefährlich. Allerdings sollten Sie Ihr Baby gut beobachten: Benommenheit oder Teilnahmslosigkeit, auffallende Blässe oder anhaltendes Weinen können Anzeichen für die Höhenkrankheit sein. Die einzige Hilfe dagegen ist der möglichst rasche Abstieg ins Tal. Hier lassen die Symptome dann meist rasch nach.

Zum Weiterlesen bei KidsAway.de:

„Wandern mit Kinderwagen – so klappt's"

 Suchbegriff: „Wandern mit Kinderwagen"

In vielen touristisch erschlossenen Regionen der Welt finden Sie für Ihre Wanderungen vorgegebene Wege. Hier haben Sie die Sicherheit, dass der Weg viele interessante Wegpunkte berührt, gut instandgehalten ist und keine gefährlichen Abschnitte aufweist (wenn doch, wird darauf hingewiesen). Außerdem bekommen Sie verlässliche Angaben über die Länge der Strecke und die Gehzeit. Hören Sie auf die Empfehlungen ortskundiger Anwohner und überschätzen Sie sich und Ihr Kind nicht.

Lina: „Die Beschilderung neuseeländischer Wanderwege ist hervorragend und idiotensicher, aber die Zeitangaben sind unvorhersehbar. Manchmal denken wir, die Zeiten wurden von Omis gemessen. Dann wieder beeilen wir uns nach Kräften und überschreiten die angegebene Zeit um eine lockere Stunde. Ist unsere Tagesform so unterschiedlich oder spinnen die Neuseeländer?"

Die Länge der Strecke bestimmt sich aus der **Lauffreudigkeit** des jüngsten selbst laufenden Wanderers. Die Angaben in Wanderführern oder auf Hinweisschildern können Sie bei Kindergartenkindern großzügig verdoppeln. Nach Anwendung dieser Faustformel darf die **Netto-Gehzeit** für eine Strecke nicht mehr als drei Stunden betragen. Rechnen Sie Pausen, Spiele und Entdeckungen am Wegrand sowie ein paar Trotz- und Schwächeanfälle hinzu, kommt dabei locker ein kompletter Tag zusammen.

Jasmin: „Im Zweifel lieber ein paar Kilometer weniger laufen und dafür Zeit haben, den Weg zu erleben."

Wenn Sie Ihre **Route selbst planen**, nehmen Sie dazu eine topografische Karte zur Hand (Kartenmaterial gibt es oft als App für das Smartphone). Legen Sie die Strecke so, dass sie möglichst viele attraktive Wegpunkte passiert und eventuelle **Steigungen relativ kurz** sind. Auch für die Rastpausen sollte es Stellen geben, die abwechslungsreiche Beschäftigung bieten.

Der **Rückweg** ist noch viel wichtiger als der Hinweg: Er sollte wenigstens am Ende leicht bergab führen. Laufen Sie dieselbe Strecke hin und zurück, kann das Langeweile (und Nölen) verstärken, weil man alle Wegpunkte schon kennt. Kleineren Kindern hilft es andererseits, wenn sie den Rückweg anhand der bekannten Punkte selbst abschätzen können: „Jetzt müssen wir nur noch an dem Bach vorbei, dann kommt die Brücke und danach gleich der Parkplatz."

Anspruchsvolle Bergtouren oder mehrtägige Wanderungen, auf denen Sie Verpflegung und Ausrüstung selbst tragen, sollten Sie erst mit Kindern ab etwa zehn Jahren angehen. Erst dann haben sie genügend Kraft, Kondition und Durchhaltevermögen (auch psychisch!).

Da es immer anders kommt, als man denkt, und das besonders mit kleinen Kindern, sollte eine Wanderung mit Kindern **im Notfall** immer abgebrochen oder abgekürzt werden können. Statt Touren durch einsame Gebirge oder tiefe Wälder sind Strecken besser geeignet, wo Busse angehalten werden können oder ein Regionalbahnhof erreichbar ist. Mindestvoraussetzung für eine kindertaugliche Route ist **Mobilfunknetzabdeckung**.

Einer hilft dem anderen

Wie diese für Ihren Mobilfunkanbieter aussieht, erfahren Sie auf dessen Website.

Kleine Kinder sollten immer vor den Erwachsenen laufen, wenn es bergauf geht oder der Weg schwierig ist. Bergab sind die Eltern besser vorn. Dann können sie abbremsen oder notfalls auffangen, weil Kinder erfahrungsgemäß immer zu rennen beginnen.

Erhöhte Vorsicht gilt beim Laufen an Straßen: Generell sollten solche Wegstücke mit Kindern vermieden werden. Geht das nicht, ist die linke Straßenseite (bei Rechtsverkehr) die richtige. So sehen Sie entgegenkommende Autos rechtzeitig und können nicht von hinten überrascht werden.

Auch die **Beschaffenheit des Weges** muss bedacht werden. Sie muss den Fähigkeiten des langsamsten Wanderers angepasst sein, schon allein um das Unfallrisiko klein zu halten. Laufanfänger und Kindergartenkinder haben weder in Steilwänden noch auf glitschigen Flusssteinen etwas zu suchen. Auch Strecken auf Geröll oder an steilen Abhängen entlang sind nicht geeignet. Für besorgte Eltern und wackelige Laufanfänger ist ein **Klettergurt** ideal, den man mit einem stabilen Seil verlängert.

Kinder lieben es, auf Felsen herumzuklettern. Richtige **Klettertouren im Hochgebirge** sollten Sie allerdings nur mit Kindern über zehn Jahre in Angriff nehmen und auch nur, wenn Sie selbst bereits Erfahrung im Tourengehen haben.

Eine Alternative sind **Klettersteige**, die sich in vielen Gebirgen Europas und sogar im Gebirgsvorland reichlich finden. Ihr italienischer Name „Via ferrata" (Eisenweg) besagt es: ein öffentlicher, aber fest vorgegebener Weg, der je nach Steigung und Schwierigkeit mit Leitern, Eisentritten, Griffen und Seilsicherungen abgesteckt ist. Hier können Sie sich mit Ihren Kindern in verschiedenen Schwierigkeitsstufen an das Klettern herantasten. Ab Stufe 3 benötigen Sie Spezialausrüstung und eventuell einen Guide.

Einige Routen sind schon für Kinder ab drei Jahren begehbar.

Zum Weiterlesen bei KidsAway:

„Bergsteigen mit Kindern – Tipps für gelungene Familientouren"

 Suchbegriff: „Bergsteigen"

Das brauchen Sie zum Wandern mit Kindern

Damit die Wanderung weder mit Blasen an den Füßen noch mit einem gezerrten Knöchel endet, sind geeignete **Schuhe** (→ S. 113) das A und O. Sie müssen sowohl zum Alter und den Lauffähigkeiten des kleinen Wanderers passen als auch zur Strecke.

„Normale", vorn geschlossene Sandalen oder Halbschuhe sind für Wanderungen völlig okay, solange die zu bewältigende Strecke leicht ist und die Schuhe gut eingelaufen sind.

Teure **Funktionskleidung** brauchen Sie nicht unbedingt. Allerdings sind die atmungsaktiven, leichten und schnell trocknenden Stoffe durchaus angenehm. Baumwollsachen und Jeans saugen Feuchtigkeit (ob Schweiß oder Regen) schneller auf und halten sie länger fest. Das ist unangenehm und wiegt mehr. Sobald Sie längere oder anspruchsvollere Wanderungen planen, machen sich die Mehrkosten für Extrakleidung bezahlt.

Für alle Kleidungsstücke gilt: Sie sollten aus Sicherheitsgründen möglichst bunt sein und im **Zwiebelsystem** getragen werden. Das heißt: mehrere dünne Teile übereinander, die nach Bedarf an- und ausgezogen werden, um Schwitzen oder Frieren zu vermeiden. **Lange Ärmel und Hosenbeine** sind Allroundtalente, weil sie bei Hitze hochgekrempelt werden können, ansonsten aber vor

Wanderurlaube

Sicher über Stock und Stein

UV-Strahlung, Kratzern und Insektenstichen (und natürlich vor Kälte) schützen.

Um Kopf und Nacken vor der **UV-Strahlung** zu schützen, braucht jeder Wanderer einen Sonnenhut oder ein Tuch, Sonnencreme und Sonnenbrille. Eine Fleecejacke oder ein Extra-Langarmshirt sowie eine dünne **Regenjacke** gehören bei jeder Tageswanderung in den Rucksack. Im Gebirge kann sich das Wetter schnell ändern, auch im Sommer. Schließlich macht sich ein Set **Wechselkleidung** bezahlt. Nicht nur nach Wolkenbrüchen wird man nass, auch bei allzu neugierigen Erkundungen von Bächen und Wasserstellen.

Gehen Sie mit Ihren Kindern auf einen **Klettersteig** oder in **hochalpines Gelände**, brauchen sie festere Schuhe mit einem verstärkten Zehenbereich, um sich beim Klettern abstützen zu können. Wetterfeste Kleidung wird in höheren Lagen enorm wichtig, weil Wetterumschwünge hier sehr plötzlich kommen können.

Ein **kindergeeignetes Klettersteig-Set** und einen **Kletterhelm** können Sie in vielen Urlaubsorten in der Nähe des Einstiegs zum Klettersteig leihen oder in Sportgeschäften kaufen. Achten Sie unbedingt darauf, dass das Set genau zum Gewicht Ihres Kindes passt. Auch spezielle Klettersteig-Sets für Erwachsene sind für Kinder unter 30 Kilogramm gefährlich, warnt der Deutsche Alpenverein. Der Falldämpfer löst bei ihrem

Schlafen auf der Berghütte

Der deutsche Alpenverein (DAV) bietet Familien mit Kindern tolle Gelegenheiten für Ferien in den Bergen. In zehn ausgewählten familienfreundlichen Berghütten in den deutschen, österreichischen und Schweizer Alpen – sowohl in bequemer Tallage als auch ganz oben auf dem Gipfel – bekommen Sie ein Komplettpaket aus Übernachtungen, Verpflegung und einem Familienprogramm.

Die Buchung ist auch für Nichtmitglieder des DAV möglich. Diese zahlen allerdings einen deutlich höheren Preis für Übernachtung und Teilnahme an den Programmen.

Weblinks

Infos und Broschüren für Familienurlaub auf Alpenvereinshütten: www.alpenverein.de/bergsport/familie

Österreichischer Alpenverein: www.alpenverein.at

Hier ist Durchhalten gefragt

Verdiente Ruhepause

griert werden können. Kinder lieben es, beim Laufen an ihrem Trinkschlauch zu saugen.

Mindestens eine Pause mit einer magenfüllenden Mahlzeit sollten Sie auf jeder Wanderung einplanen. Für Kinder sind diese **Picknicks** auch psychologisch wichtig. Sie teilen die Wanderung in überschaubare Etappen ein und bieten Höhepunkte. Der Proviant sollte ohne Besteck essbar sein, schnell und langanhaltende Energie liefern und nicht zu schnell verderben oder zermatschen. Bewährt haben sich belegte Brote oder Brötchen, Käsewürfel, hartgekochte Eier, Würstchen und Obst- oder Gemüseschnitze. Schokoladenriegel, Nüsse oder Salzbrezeln gehören ebenfalls in den Rucksack. Sie liefern bei kurzen Rastpausen **schnelle Energie** und helfen zwischendurch bei der Motivation.

Hinterlassen Sie Ihren Picknickplatz immer sauber: „Take only photos, leave only footprints" lautet das Motto in Neuseeland.

Eine kleine **Notfallapotheke** (→ S. 84) gehört immer ins Gepäck. Gerade kleine Kinder verletzen sich beim Wandern und Herumtollen schnell einmal. Dass ein Pflaster auch psychologisch große Wirkung haben kann, wissen alle Eltern. Auch leichte Schürfwunden sollten versorgt werden, damit sie sich nicht entzünden.

Ob Kinder beim Wandern einen **eigenen Rucksack** brauchen, müssen Sie abwägen: Auch wenn beim Start noch stolz getragen wird, kann schon nach 100 Metern die Last vehement verweigert werden. Dann schleppen Sie das zusätzliche Gepäckstück für den Rest des Tages mit. Sie selbst dürfen sich mit etwa 8 Kilogramm belasten (mehr sollten sich nur trainierte Wanderer aufladen).

Für Kinder werden zehn bis zwanzig Prozent ihres Körpergewichts als Traglast empfohlen. Um zu prüfen, ob sie das schaffen, sollten sie ihren Rucksack vor der Wanderung mindestens eine Viertelstunde

geringen Gewicht nicht rechtzeitig aus. Gehen Sie auf Klettertouren daher immer hinter Ihrem Kind und sichern Sie es zusätzlich mit einem **Seil**.

Ausreichend **Trinken** ist beim Wandern enorm wichtig. Ein bis zwei Liter Wasser oder ungesüßter Tee pro Person gehören daher immer ins Gepäck. Kinder haben einen sehr hohen Flüssigkeitsbedarf. Erinnern Sie sie an das Trinken und legen Sie **regelmäßig kurze Trinkpausen** ein. Dafür sollten die Trinkflaschen leicht zugänglich in Außenfächern der Rucksäcke verstaut sein. Optimal sind **Trinksysteme**, die in die meisten modernen Daypacks inte-

... draußen unterwegs - mit Rad, Kanu, Ski oder einfach mit Wanderschuhen und Rucksack. Wir sorgen mit viel Humor, ausgesuchten Zielen und unserer langjährigen Erfahrung, für erholsamen und spannenden Familienurlaub!

RA-WA-KAS
natur erleben aktiv reisen

IN DEN FERIEN WILL ICH WAS ERLEBEN!

RAWAKAS GmbH
Reisewitzer Str. 16
01159 Dresden

www.rawakas.de
info@rawakas.de

Telefon
0351. 42 45 08 92

Produktempfehlungen ANZEIGE

Babytrage Mycarrier

Eine hochwertige, ergonomisch durchdachte und aus Biobaumwolle gefertigte Babytrage, die noch dazu mit praktischen Details wie einer Seitentasche am Hüftgurt glänzt. MyCarrier kann für Babys ab 3,5 Kilogramm und 53 Zentimeter Körpergröße benutzt werden. In die Rückentrage passen Kleinkinder bis etwa 15 Kilogramm. Eine Aluminiumschiene verstärkt den Hauptgurt, um dem Rücken mehr Halt zu geben. Den Stokke MyCarrier gibt es in sechs verschiedenen Farben und als atmungsaktivere Cool-Variante aus Mesh-Gewebe.

Stokke Mycarrier, 169,00 € · www.stokke.com

Tourenbuch für Kinder

Ein individuelles Tourenbuch für Kinder erlaubt kleinen Bergwanderern, auf Hütten und Gipfeln ihre eigenen Stempel einzutragen und zusammen mit Fotos von der Tour ihre Erfolgserlebnisse zu dokumentieren. So werden Kinder immer wieder neu zum Wandern motiviert und sammeln tolle Erinnerungen an Familienausflüge.

„Meine Berge – Tourenbuch für Kinder" von Ute Watzl, Zwerg am Berg Verlag, München, ISBN 978-3000422362

8,95 € · www.zwerg-am-berg.de

Outdoorer Kinderstrandmuschel

Die kleine Variante zur großen Familienstrandmuschel ist ideal als Ergänzung oder als leichte Alternative, wenn ein Strandausflug mit wenig Gepäck geplant ist. Hoher UV-Standard 801, Moskitonetz am Eingang und unkomplizierter Selbstaufbau via Pop-up machen die Strandmuschel zum perfekten Begleiter im Sommerurlaub. Ab Sommer 2015 wird die Strandmuschel mit einer maßgefertigten selbstaufblasenden Isomatte zum praktischen Reisebett.

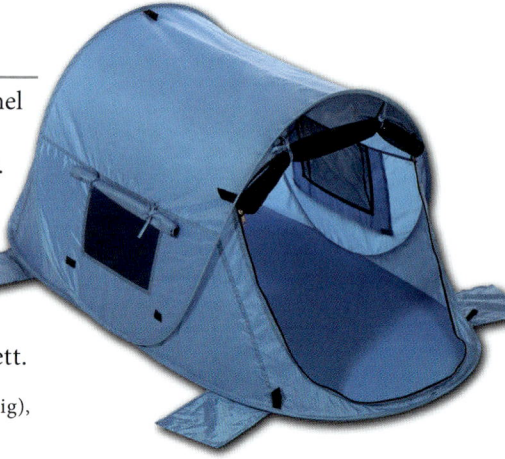

Maße 138 x 68 x 60 cm, Packmaß 45 x 45 x 2 cm (scheibenförmig), Gewicht ca. 820 g

Zack Premium Baby · 39,90 € · www.outdoorer.net

lang probetragen. Auf Tageswanderungen gehört in den Kinderrucksack maximal die eigene Trinkflasche und die eigene Regenjacke, den Rest tragen die Eltern.

Statt ihr Gepäck zu tragen, werden kleine Kinder auf Wanderungen häufig selbst zum Gepäck. Auch gute Läufer können am Ende eines langen Tages so geschafft sein, dass es einfacher ist, sie den Rest des Weges zu tragen. Eltern von Kindern bis etwa fünf Jahre sollten also immer einkalkulieren, dass sie sich eventuell eine zusätzliche Last von bis zu 20 Kilogramm aufladen müssen. Natürlich können Sie sich das Kind Huckepack aufladen oder es auf den Schultern tragen. Entspannter und über längere Strecken geht das mit einem Tragetuch, einer **Kindertrage** oder einer **Wanderkraxe** (→ S. 128).

Wenn Sie bereits im Alltag eine Kindertrage oder ein Tragetuch verwenden, können Sie dies auch für eine Wanderung nutzen. Die Wanderkraxen bringen keine wesentlichen Vorteile, die die zusätzliche Ausgabe rechtfertigen würden.

Der **Abschluss einer Wanderung** ist enorm wichtig. Von ihm hängt es ab, wie sich ein Kind an das Wandern erinnert. Egal wie anstrengend oder nervig es auch war – endet der Ausflug mit einem gemeinsamen schönen Erlebnis wie einem Eis, einem wilden Fangspiel oder einem witzigen Gruppenfoto in nassgeregneten Sachen, kommen alle mit guter Laune nach Hause.

Vergessen Sie nie, die Leistung Ihres Kindes gebührend anzuerkennen: Ein Sieger-Blumenkranz für die erste allein gelaufene Strecke oder ein Eisbecher für das Durchhalten trotz Blase am Fuß motivieren kleine Wanderer für die nächste Wanderung.

Eine Wanderung allein macht natürlich noch keinen Wanderurlaub. Aus Erfahrung ist jedoch zu raten: Gehen Sie im Urlaub mit Ihren Kindern **nicht jeden Tag wandern**. Spätestens nach der zweiten Wanderung sollte ein Tag Pause eingelegt werden, an dem Sie sich einer anderen Aktivität widmen, bei der Sie Ihren Körper einmal anders belasten (oder ihn ausruhen). In den meisten Urlaubsorten steht Ihnen dafür ein reichhaltiges Angebot zur Verfügung.

Packliste: Wanderurlaub mit Kind

- ☐ Wanderkarte
- ☐ Proviant und Müllbeutel
- ☐ Sonnenbrille, Sonnenhut oder Tuch
- ☐ Feuchttücher und Taschentücher (auch als Notfall-Toilettenpapier)
- ☐ Klettergurt

Die komplette Packliste finden Sie auf → S. 432.

Fahrradreisen

Es ist günstig und umweltfreundlich, hält fit und eröffnet ein gänzlich anderes Reiseerlebnis: Mit dem Fahrrad können Sie zwar keine große Distanzen bewältigen, müssen sich beim Gepäck einschränken und beim Chauffieren kleiner Kinder viel Extrakraft aufwenden. Dafür stehen Sie nie im Stau, müssen weder tanken noch einen Parkplatz suchen und erleben die Welt direkter und entschleunigt.

Viele Kinder können schon mit drei oder vier Jahren auf 12-Zoll-Fahrrädern das Gleichgewicht halten. Das genügt aber weder, um sie am Straßenverkehr teilnehmen zu lassen, noch für eine längere Tour. Im Zweifel sollten auch fitte Vorschulkinder besser im Fahrradanhänger (→ S. 134) sitzen, als dass Sie Ihre Reise auf halber Strecke abbrechen müssen. Für längere Touren braucht es genug Kondition und Durchhaltewillen. Kindern wird schnell langweilig, wenn es immer geradeaus geht.

Ab dem Grundschulalter können sie mit dem eigenen Rad auch auf längeren Touren mithalten. Dafür müssen sie absolut zuverlässig und sicher fahren können, das heißt:

- sicher wissen, wo links und rechts ist
- sicher geradeaus fahren und abbiegen (Richtungsanzeige muss in beiden Richtungen per Hand erfolgen)
- auf Kommando abbremsen und anhalten
- Verkehrsregeln kennen und beachten
- Geschwindigkeit anderer Verkehrsteilnehmer einschätzen
- Ausweichmanöver beherrschen
- auch in Schrecksituationen überlegt reagieren

Die deutsche **Straßenverkehrsordnung** (StVO) *verbietet* es Kindern bis acht Jahren, auf der Straße zu fahren, beim Überqueren von Straßen müssen sie absteigen. Als begleitende Erwachsene *müssen* Sie zwar auf der Straße fahren, dürfen aber gleichzeitig nicht die Aufsicht über Ihre Kinder vernachlässigen. Dies ist wiederum oft nur möglich, wenn Sie ebenfalls auf dem Gehweg fahren. Dabei steigt die Gefahr, dass Sie Unfälle mit Fußgängern und beim Überqueren von Straßen verursachen.

In Österreich dürfen Kinder erst ab zwölf Jahren unbegleitet auf der Straße fahren. Jüngere Kinder müssen von einem Erwachsenen beaufsichtigt werden. Fahren sie ein Fahrrad mit einem Außenfelgendurchmesser unter 30 Zentimetern, das höchstens 5 km/h erreicht, gilt dieses nicht als Fahrzeug und darf auch auf Gehwegen benutzt werden.

Fahren Sie nur dann gemeinsam mit Ihrem Kind auf dem Gehweg, wenn der Verkehr auf der Straße so stark ist, dass Sie die Autos behindern (und sich selbst in Gefahr bringen) würden, wenn Sie Ihr Kind von der Straße aus beaufsichtigen. Auf der Straße sollten Sie Kinder immer zwischen sich nehmen. Ein Erwachsener fährt voran, einer hinterher. Sind Sie allein mit Kind unterwegs (→ S. 36), lassen Sie es vor sich herfahren und vereinbaren Sie vorher die Kommandos, auf die es sofort reagieren muss.

Ihr Kind darf erst dann auf der Straße fahren, wenn es absolut verlässlich reagiert und Ihren Kommandos ohne Diskussion oder Verzögerung folgt!

Ausrüstung für Familien-Radtouren

Für eine gelungene Fahrradtour brauchen Sie **zuverlässige Fahrräder**. Stellen Sie vor der Abfahrt sicher, dass Räder und Anhänger in Schuss sind, Luft auf den Reifen und die Werkzeugtasche aktuell bestückt ist. Vor allem die Bremsen sollten Sie regelmäßig kontrollieren (lassen).

Zum Weiterlesen bei KidsAway.de:

„Kauftipps: Das richtige Kinderfahrrad – mit Checkliste"

 Suchbegriff: „Kauftipp Kinderfahrrad"

Weltreise per Fahrrad: Familie Piontek

Beim Radfahren sollten Sie und Ihre Kinder immer einen **Helm** tragen, auch im Fahrradsitz oder -hänger. Damit sind Sie gleichzeitig vor schweren Kopfverletzungen und vor Sonne (wenn der Helm eine Blende hat) und leichtem Regen geschützt. Modische Bedenken zählen nicht. Es gibt Helme für jeden Geschmack, sogar welche, die aussehen wie ganz normale Hüte. Gute Kinderhelme lassen sich an den noch wachsenden Kopfumfang anpassen, sowohl in der Helmschale als auch an den Fixiergurten. Lüftungsöffnungen sind im Sommer enorm wichtig.

Beim Radeln gerät man schneller ins Schwitzen als etwa beim Wandern. Tragen Sie also eher dünne **Kleidung** in mehreren Schichten. Für Schlechtwettereinbrüche gehört eine dünne Regenjacke ins Gepäck. Im Frühling oder Herbst können Sie diese mit einer Regenhose ergänzen, die dann auch vor Kälte schützt. Im Sommer genügt eine kurze Hose, die nach Regengüssen schnell trocknet. Für selbst fahrende Kinder muss immer ein Satz **Wechselkleidung** mit, denn nasse Kleider verderben den Spaß am Fahren.

◀ Es ist eine ganz andere Art, die Welt zu „erfahren", wenn man sie mit dem Fahrrad erkundet. Ob Tagestour oder mehrwöchige Radreise, hier brauchen Sie gute Ausrüstung.

Ist Ihr Kind einmal mit dem Helm richtig gestürzt, sollten Sie einen neuen kaufen. Mikrorisse können die Stabilität nachhaltig verschlechtern, ohne dass Sie es von außen sehen.

In Österreich gilt für Kinder bis zum 12. Lebensjahr Helmpflicht – egal, ob sie selbst Rad fahren oder im Fahrradanhänger sitzen.

Fahrradanfänger können Sie mit Knie- und Ellbogenprotektoren vor Verletzungen bei Stürzen schützen.

Spezielle Fahrradschuhe sind für gelegentliche Touren unnötig. Nur Sandalen mit offen liegenden Zehen oder Flipflops sollten Sie vermeiden. Nützlich können gepolsterte **Fahrradhandschuhe** (ohne Finger) sein. Sie schützen Handflächen und Gelenke vor der ungewohnten Belastung des nach vorn gebeugten Sitzens. Im Sommer geben sie schwitzigen Händen mehr Halt und schützen vor Sonnenbrand. In der kühleren Jahreszeit wärmen sie ein wenig und dienen bei Stürzen als wertvolle Zwischenschicht zwischen Haut und Asphalt (oder gar Splitt).

Kinder im Fahrradhänger bewegen sich wenig und kühlen daher schnell aus. Ziehen Sie sie etwas wärmer an und bedecken Sie ihre Beine mit einer Decke. Bei Babys sollten Sie regelmäßig die **Temperatur** im Nacken prüfen.

Sind Sie mit Baby oder Kleinkind auf dem Fahrrad unterwegs, sollten Sie lebenswichtige Utensilien wie Schnuller oder Schnuffeltücher immer mit einem Clip-Band an der Kleidung des Kindes befestigen.

Zünftige Radfahrer tragen keinen Rucksack, damit gerät man schnell ins Schwitzen und er behindert beim Fahren, weil er den Schwerpunkt und den Windwiderstand erhöht. Verstauen Sie alles in einer **Packtasche**, die man am Gepäckträger einhängt (kleine Packtaschen gibt es auch schon für Kinder), oder im Anhänger.

Mit einem **GPS-Gerät** können Sie Routenvorschläge aus dem Internet herunterladen, die Strecke unterwegs aktuell verfolgen und müssen sich weder über falsch gelesene Karten streiten noch über missverständliche Wegbeschreibungen ärgern. Ein GPS-Ortungssystem ist heute in jedem modernen Smartphone verbaut, so dass nicht einmal ein Extra-Gerät nötig ist. Mit **Karten-Apps** lässt sich jedes Smartphone für die GPS-Navigation nutzen. Nehmen Sie aber sicherheitshalber immer eine Papiervariante mit. Schnell ist der Akku des GPS-Geräts leer, Sie stecken in einem Funkloch oder die elektronische Karte ist fehlerhaft.

Wählen Sie bei Fahrten im Ausland Karten-Apps mit Offline-Karten, dann sparen Sie die teilweise hohen Kosten für das Roaming.

Neben der Technik ist die Versorgung mit **Essen und Trinken** entscheidend für ein schönes Erlebnis und für durchhaltende Kinder. Planen Sie für jeden Selbstradler mindestens 1,5 Liter Wasser, Tee oder verdünnten Fruchtsaft ein, dazu mindestens eine Notration an Keksen, Müsliriegeln oder Studentenfutter für Heißhungerattacken. Können Sie unterwegs nirgends einkehren, brauchen Sie entsprechend mehr.

Tipps zur Routen- und Tourenplanung

Fahrradtouren mit Kindern müssen vor allem ein Kriterium erfüllen: Sie müssen dem Kind gefallen. Die Route darf also **weder zu langweilig noch zu anstrengend** sein. Wählen Sie die Strecke nicht zu lang, auch wenn Ihr Kind schon mehr schaffen könnte. Mehr als fünf Kilometer sollten Sie mit selbst fahrenden Grundschulkindern nicht planen, maximal 15 Kilometer mit Fahrradanhänger-Insassen. Hitze und Sonnenschein sind für Radtouren genauso ungeeignet wie Regen oder starker Gegenwind.

Gerade mit Anfängern sollten Sie **nicht einfach drauflos fahren**, sondern die Strecke gut planen: Fahrradrouten mit Kindern dürfen keine großen Steigungen oder Gefälle

▶ Entscheidend auf Fahrradtouren mit Kindern ist es, das Tempo des langsamsten Fahrers einzuhalten. Das fällt älteren Geschwistern oft schwer.

Bleiben Sie mit dem Qeridoo® Kinderanhänger aktiv und fit! Egal ob Sie ihn als Babyjogger, Kinderwagen oder Fahrradanhänger nutzen, Ihre Kinder werden genauso begeistert sein wie Sie.

Qeridoo Kinderanhänger - Viele Extras, kleiner Prei

★ FX-Klappsystem
★ Buggyrad mit Jogger-Funktion
★ Innovative Fußfeststellbremse
★ Gepolsterte 5-Punkt-Sicherheitsgurte
★ Einstellbare weiche Achsfederung
★ Viel praktischer Stauraum

Der Qeridoo® Fahrradanhänger ist der perfekte Begleiter, ob auf Reisen, Ausflügen oder beim Einkauf. Ihr Kind ist in einem Qeridoo® Fahrradanhänger stets sicher aufgehoben und kann die Fahrt in dem bequemen Innenraum genießen.
Qeridoo Fahrradanhänger bieten höchste Qualität zum günstigen Preis.

QERIDOO - GET ON TRACK

Kontakt
Qeridoo GmbH
Karl-Hass-Str. 17
53859 Niederkassel

Telefon: +49 (0)2208-506 6535
Telefax: +49 (0)2208-506 6536
E-Mail: info@qeridoo.com
Web: www.qeridoo.de

Kinderfahrradanhänger von Qeridoo®
...weitere Informationen: **www.qeridoo.de**

aufweisen, die Wege müssen ausreichend breit und eben sein und möglichst nicht an verkehrsreichen Straßen entlangführen, besonders nicht, wenn Sie einen breiten Zweisitzer-Hänger hinter sich herziehen.

Beginnen Sie Ihre Tour **morgens oder vormittags**, wenn alle ausgeruht und gut gelaunt sind. Egal, ob Ihre Kinder selbst fahren oder mitfahren: Geben Sie ihnen mehrere Gelegenheiten zum Ausruhen und Austoben. Machen Sie Ihre **Rastpausen** nicht einfach am Wegrand, sondern fahren Sie einen Biergarten oder einen Spielplatz an oder machen Sie Picknick auf einer großen Wiese.

Mit Kind dauern Pausen viel länger und müssen häufiger eingelegt werden. Nicht etwa, weil Kinder schneller erschöpft sind, sondern weil sie spielen, toben und erkunden müssen. Für diese Gelegenheiten machen

Packliste: Fahrradreise mit Kind

- ☐ Fahrradhandschuhe
- ☐ Sonnen- oder Klarsichtbrillen
- ☐ Regenjacken, eventuell Regenhosen
- ☐ Notration (Traubenzucker, Studentenfutter, Müsliriegel)
- ☐ Werkzeugtasche und Flickzeug für alle Räder und den Anhänger

Die komplette Packliste finden Sie auf → S. 431.

Weblinks

Alles über Radreisen: www.radreise-wiki.de

Fahrradtouren in Deutschland: www.adfc-tourenportal.de

Radtouren und Radwege in Österreich: www.radtouren.at

Touren für alle deutschen und viele europäische Ferienregionen: www.trekkingbike.com/reise_touren/tourenplanung/auf-diesen-portalen-finden-sie-die-schoensten-radtouren/a1180.html

Gastgeberverzeichnis des ADFC: www.bettundbike.de

Verzeichnis für kostenlose Unterkünfte von und für Radler: www.dachgeber.de

Informationen, Reiseberichte und Bilder über eine Fahrrad-Weltreise mit kleinen Kindern: www.weltreise-statt-kindergarten.de

sich ein paar kleine Sportgeräte gut. Eine Frisbeescheibe oder ein Springseil nehmen kaum Platz weg. Rechnen Sie noch außerplanmäßige Pinkelpausen und Verzögerungen ein, ist damit schon ein kompletter Tag vergangen. Nach höchstens **vier bis fünf Stunden** muss das Ziel erreicht sein.

Als **geeignete Unterkünfte** bieten sich für die erste längere Radtour am ehesten Hotels und Pensionen an. Hier können Sie die müden Knochen ausruhen, eine heiße Dusche genießen und müssen sich nicht um die Zubereitung des Essens kümmern. Um Zeit zu sparen und Ausgebucht-Notfällen vorzubeugen, sollten Sie die Unterkünfte auf Ihrer Route vorreservieren oder vorbuchen.

Günstiger übernachten Sie auf Campingplätzen oder in der freien Natur (in einigen Ländern ist das nach dem „Jedermannsrecht" erlaubt). Eine Campingausrüstung für eine ganze Familie nimmt natürlich einiges an Platz ein. Haben Sie keinen Fahrradanhänger, können Sie einen Lastenanhänger benutzen oder die Last auf die Packtaschen aller Mitfahrer verteilen. Alternativ können Sie auf vielen Campingplätzen in Bungalows oder Mobilheimen übernachten.

Das Portal Dachgeber.de bietet Mitgliedern des ADFC ein Verzeichnis von kostenlosen Übernachtungsangeboten speziell für Radreisende in Deutschland, Österreich, Frankreich und der Schweiz.

Statt mühsam selbst eine Route zusammenzustellen, die alle diese Kriterien erfüllt, können Sie auf **vorgeplante Strecken** zurückgreifen. Der Allgemeine Deutsche Fahrradclub (ADFC) führt auf seiner Website ein Tourenportal mit mehr als 400.000 Kilometern Gesamtlänge, die Sie ausdrucken oder auf ein GPS-Gerät herunterladen können.

Mit den eigenen Rädern können Sie wunderbar den näheren Umkreis Ihres Zuhauses entdecken. Wollen Sie eine **Radtour im Urlaub** machen, müssen Sie sich entscheiden, ob Sie Ihre Räder (und den

Ein Fahrradkindersitz eignet sich nur für kurze Touren

Fahrradanhänger) mitnehmen oder **vor Ort leihen**. Wenn Sie nur mal einen Tagesausflug machen wollen, lohnt sich der aufwendige Transport im Auto oder Zug in der Regel nicht. Recherchieren Sie sicherheitshalber schon zu Hause, ob es einen Fahrradverleih an Ihrem Urlaubsort gibt, der auch Kinderräder, Kindersitze oder Fahrradanhänger anbietet (je nachdem, was Sie benötigen). In der Hauptsaison sind die Verleihe schwer gefragt, reservieren Sie Ihre Wunschräder daher zeitig.

Ein kleines Kinderrad passt oft noch mit in den Kofferraum oder kann auf einem Heckträger (→ S. 266) transportiert werden. Erwachsenenfahrräder kann man überall leihen, aber ein genau passendes Rad für Ihr Kind finden Sie vielleicht nicht.

Leih-Helme gibt es nicht immer, aus hygienischen Gründen ist das auch nicht empfehlenswert. Besteht auch nur die Chance auf eine Radtour im Urlaub, gehören die Helme also immer ins Familiengepäck.

Zum Weiterlesen bei KidsAway.de:

„Wie ihr eure Fahrräder in den Urlaub mitnehmen könnt"

 Suchbegriff: „Fahrräder Urlaub mitnehmen"

▸ Fast überall auf der Welt kann man Fahrräder für recht wenig Geld leihen. Sind Helme im Reisegepäck, steht einer spontanen Fahrradtour im Urlaub nichts im Weg.

Wie Sie mit Kindern am besten ans Ziel kommen

Reiseverkehrsmittel

Familiengeeignete Verkehrsmittel: Welches ist das beste?	218
Flugzeug	221
Auto	258
Bahn und Zug	282
Weitere Reiseverkehrsmittel für Familien	292

Reiseverkehrsmittel: Wie Sie mit Kindern am besten ans Ziel kommen

Familiengeeignete Verkehrsmittel: Welches ist das beste?

Zug, Flugzeug oder Auto: Das sind die hauptsächlich von deutschen Familien genutzten Reiseverkehrsmittel. Jedes von ihnen hat Vor- und Nachteile für Familien mit kleinen Kindern. Sowohl in Sachen Bequemlichkeit als auch Flexibilität, aber auch in den Kosten und nicht zuletzt im Ausmaß seiner Umweltbelastung.

Für das **Auto** (→ S. 258) sprechen vor allem seine Flexibilität und die Unabhängigkeit von Fahrplänen. Mit kleinen Kindern braucht man nicht zu hetzen, um rechtzeitig beim Check-in zu sein, man erreicht auch das abgelegenste Ferienhaus, und das mit so viel Gepäck und in letzter Minute noch hinzugestopften Spielsachen, wie man will.

Aus **Sicherheitsgründen** müssen die Passagiere im Auto allerdings angeschnallt sein. Kleine Kinder mögen das oft gar nicht. Manchen wird schlecht beim Fahren und für Babys ist es richtiggehend gesundheitsschädlich, wenn sie zu lange bewegungslos in der Babyschale liegen. Nachdem Sie mit verdrehtem Hals das zehnte Mal „Ich sehe was, was du nicht siehst" gespielt haben, damit sich Ihr Kind auf der Rückbank nicht die Lunge aus dem Hals schreit, finden Sie das Auto auch nicht mehr allzu bequem.

Das **Umweltargument** ist gar nicht so eindeutig, wie viele meinen: Wenn ein modernes Auto mit vier oder fünf Personen besetzt ist, liegt sein CO_2-Ausstoß auf einer

Stufe mit einem Nahverkehrszug. Und da ist spritsparendes Fahren noch nicht mit eingerechnet!

Das Auto eignet sich also vor allem für Familien, die abgelegene Urlaubsziele ansteuern, vor Ort mobil sein wollen und/oder viel sperriges Gepäck dabeihaben, etwa Sportgeräte oder Campingausrüstung. Allzu weit weg sollte der Urlaubsort nicht liegen, da regelmäßige Pausen gemacht werden müssen. Wenn die Kinder eher zur geduldigen Sorte zählen, die gern im Auto schlafen oder sich selbst beschäftigen, kann die Fahrt in den Urlaub sehr entspannt werden.

Sie brauchen kein eigenes Auto, um es als Fortbewegungsmittel für die Reise zu benutzen. Mietwagen, aber auch Carsharing-Autos sind bequeme Alternativen.

Für Reisen auf die andere Seite des Erdballs ist das **Flugzeug** (→ S. 221) unbestritten am besten geeignet. Bei Linienfluggesellschaften zahlen Sie für Ihre Tickets mehr, genießen aber auch eine Reihe von Annehmlichkeiten, die Reisen mit Kindern erträglich machen. Der Buggy kann bis ans Gate mitgenommen werden, es gibt ein Unterhaltungsprogramm an Bord und das Essen ist auf die Wünsche der Kleinen abgestimmt. Nimmt jedes Familienmitglied 23 Kilogramm Freigepäck mit (plus Handgepäck und Sperrgepäck wie Kindersitz und Reisebett), kommt mehr zusammen, als in einen Kofferraum passt.

Leider ist die CO_2-**Bilanz** eines Urlaubsflugs horrend. Und wer schon einmal einen Langstreckenflug mit Kleinkind erlebt hat, wird zustimmen, dass Fliegen mit Kindern **nicht unbedingt bequem** ist. Das gilt auch für die Kinder: Die trockene Kabinenluft, Aufregung und Müdigkeit und das lange Stillsitzenmüssen machen manchmal selbst aus dem sanftesten Dreijährigen ein heulendes Unglück.

Flüge über kürzere Distanzen sind weniger anstrengend. Aber viel Zeit sparen Sie im Vergleich zum Auto oder Zug dann nicht mehr ein, wenn Sie die Zeit vom Aufbruch zum Flughafen bis zur Ankunft im Feriendomizil rechnen.

Die **Sicherheitsproblematik** macht vielen Familien mit Babys einen Strich durch die Urlaubsrechnung: Ohne eigenen Sitzplatz zahlen Kinder unter zwei Jahren zwar nur wenig, müssen aber auf dem Schoß der Eltern fliegen. Das kann lebensgefährlich sein. Kinder bis etwa sieben Jahre sind allein mit dem Beckengurt nur unzureichend gesichert.

Ein Urlaubsflug eignet sich vor allem für Familien, die eine Fernreise machen wollen und nicht zuerst auf den Preis schauen müssen. Vor Ort ist mindestens ein weiteres Verkehrsmittel nötig. Ob Mietwagen oder öffentliche Verkehrsmittel, zusätzliche Kosten und Aufwand entstehen auf jeden Fall. Gefragt sind Disziplin beim Packen und Kinder, die die Anstrengung einer Flugreise gut verkraften – sowie Eltern, die mitunter auch mit genervten Blicken der Sitznachbarn umgehen können.

Die **Bahn** (→ S. 282) ist eines der bequemsten Reiseverkehrsmittel – und eines der verkanntesten. Familien mit kleinen Kindern können hier mit günstigen Familiensparttarifen weite Strecken recht komfortabel zurücklegen. Nur das Umsteigen mit Gepäck und Kindern ist nervig. Für zappelige Kleinkinder und sensible Babys ist Zugfahren optimal, weil sie ungestört herumlaufen, bei Bedarf zur Toilette gehen und in Ruhe gestillt werden und schlafen können. Essen können Sie wahlweise im Bordrestaurant oder günstig aus dem Picknickkorb.

Viel Zeit sparen Sie beim Bahnfahren allerdings nicht. In der Ferienzeit, wenn die Autobahnen verstopft sind, kommen Sie eventuell eher ans Ziel. Ansonsten benötigt die Bahn für mittlere Fahrtstrecken ungefähr genauso lange wie das Auto. Und das brauchen Sie oft trotzdem: sei es für die Anreise zum Bahnhof oder für die Weiterfahrt zum Urlaubsquartier.

Eine Zugfahrt sollten also Familien mit vielen Kindern oder mit Baby wählen, deren

◀ Viele verschiedene Verkehrsmittel bringen Familien auf Reisen ans Ziel, je nach Vorlieben, Reisebudget und Verfügbarkeit vor Ort. Manchmal sind es auch einfach die eigenen Beine.

Reiseziel gut von einem Bahnhof aus erreichbar ist und denen es nichts ausmacht, ihr Gepäck über eine kurze Strecke selbst zu tragen. Für Städtetrips (→ S. 188) ist die Bahn einfach unschlagbar, denn in den großen europäischen Städten ist ein eigenes Auto eher ein teures Hindernis als eine Erleichterung.

Vergleich der wichtigsten Reiseverkehrsmittel für Familien

	✈ (→ S. 221)	🚗 (→ S. 258)	🚆 (→ S. 282)
Reisezeit	⊕ schnelle Bewältigung großer Strecken ⊖ Flugplanbindung, oft ungünstige Abflugzeiten, ⊖ lange Wartezeiten vor Abflug, im Transit und nach Landung	⊕ Fahrtzeiten und Pausen flexibel wählbar ⊖ Staugefahr	⊕ auf manchen Strecken schneller als mit dem Auto ⊖ Fahrplanbindung, Warten auf Anschlüsse, eventuell Verspätungen ⊖ stressig bei Zugverspätungen und -ausfällen
Flexibilität	gering, Umbuchen teuer	maximal	mittel, je nach Buchungsklasse und Strecke
Gepäck	je nach Airline Gepäckbestimmungen, meist ein Gepäckstück à 20–23 kg pro Person plus Handgepäck	je nach Größe des Kofferraums, Innenraums und Dachgepäckträgers	selbst tragen, ein- und ausladen oder vorschicken
Sicherheit	sehr hoch	hoch	sehr hoch
Kindersicherheit	hoch (bei Sicherung mit Rückhaltesystem)	hoch (bei Sicherung mit Kindersitz)	mittel (da ungesichert)
Kinderkomfort	mittel (eingeschränktes Sitzen, aber Entertainment)	für Ältere: hoch für Babys: gering	hoch (freie Beweglichkeit)
Elternkomfort	je älter die Kinder, desto höher	mit älteren Kindern: hoch mit Babys: mittel bis niedrig	in jedem Alter hoch, aber Ein- und Aussteigen stressig
Kosten	je nach Reiseziel und Airline niedrig (Billigflieger) bis hoch	je nach Reiseziel (Treibstoffkosten, Maut, evtl. Mietpreis) niedrig bis mittel	je nach Reiseziel niedrig (Sparticrets) bis hoch (Fernreisen, Schlafwagen)
Umweltbelastung	hoch	je nach Reiseziel, Fahrstil und Autoauslastung gering bis moderat	abhängig von Zugauslastung gering bis moderat

Weblink

Preisvergleich aller in Frage kommenden Verkehrsmittel und Verbindungen:
www.verkehrsmittelvergleich.de

▸ Ein Urlaubsflug mit kleinen Kindern ist eine aufregende Sache, aber auch keine Wissenschaft. Immerhin fliegen tausende Familien jeden Tag in den Urlaub.

Flugzeug

Fliegen ist eine der für Kinder spannendsten, für Eltern aufregendsten und darüber hinaus auch eine der sichersten Arten zu reisen – und heutzutage oft nicht viel teurer als eine Reise mit dem Auto.

Als Familie sprechen viele Argumente für eine Flugreise. Es gibt aber auch einige **Dinge, die Sie beachten sollten**, wenn Sie einen entspannten Flug mit Baby oder Kind genießen wollen.

Ein empfohlenes **Mindestalter** zum Fliegen gibt es nicht. Säuglinge werden von den meisten Airlines ab etwa der zweiten Lebenswoche befördert, dies sollten Sie jedoch nur im Ausnahmefall in Betracht ziehen. Der Druckunterschied, die trockene Kabinenluft, aber auch die allgemeine Aufregung einer Flugreise können Neugeborene sehr anstrengen, selbst wenn sie bei guter Gesundheit sind.

Neben der Belastung des Fliegens an sich sind die gesundheitlichen Herausforderungen Ihres Reiseziels zu bedenken. Sprechen Sie auf jeden Fall mit Ihrem **Kinderarzt** und stellen Sie sicher, dass alle Regeluntersuchungen und für das Reiseziel empfohlene Impfungen (→ S. 81) erfolgt sind.

Schließlich ist mit Kindern unter zwei Jahren ein weiteres Problem zu bedenken: Die Airlines bieten für so kleine Kinder zwar einen sehr günstigen Tarif an („infant"), dafür müssen die Kleinen aber auf dem Schoß der Eltern sitzen (→ S. 247).

Kinder unter sieben Jahren sollten im Flugzeug aber grundsätzlich auf einem eigenen Sitzplatz, in einem zu ihrem Gewicht passenden Autokindersitz oder mit einem speziellen Gurtsystem gesichert reisen. Dies bedeutet für Sie:

- Auch für Kinder unter zwei Jahren muss ein eigener Sitzplatz gebucht werden (im teureren „Child"-Tarif).
- Ein für die Verwendung im Flugzeug zugelassenes „Kinderrückhaltesystem" (also ein Autokindersitz oder Ähnliches) muss vorhanden sein oder beschafft werden und selbst ins Flugzeug mitgenommen werden.
- Die Airline muss sowohl die Verwendung von Kinderrückhaltesystemen als auch speziell Ihres Kindersitz-Modells ausdrücklich gestatten.

Die erste Flugreise mit Kind ist für alle Beteiligten sehr aufregend. Damit sich Ihre Nervosität nicht auf die Kinder überträgt, ist **gute Vorbereitung** alles. Kinder kann man mit Erzählungen, Bilderbüchern und Flughafenbesuchen auf die anstehende Flugreise einstimmen und ihnen die Angst vor dem Unbekannten nehmen. Wenn sie wissen, dass es beim Fliegen bestimmte Regeln gibt, die nicht diskutiert werden können – etwa bei der Sicherheitskontrolle oder bei Start und Landung –, sparen Sie sich eine Menge Stress. Schließlich hilft auch die gründliche Zusammenstellung des Handgepäcks (→ S. 234) und die Auswahl von passendem Spielzeug (→ S. 246) dabei, eine Flugreise zu einer schönen Erfahrung für alle Familienmitglieder zu machen.

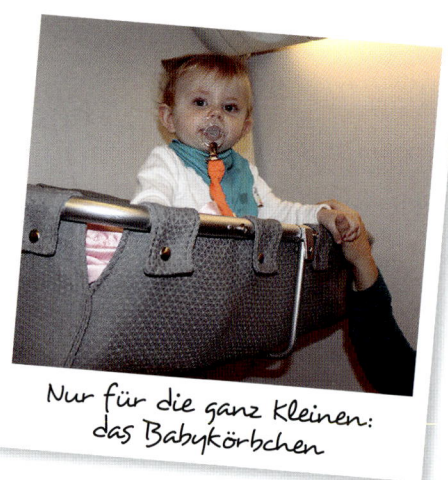

Nur für die ganz Kleinen: das Babykörbchen

Zum Weiterlesen bei KidsAway.de:

„Die schönsten Kinderbücher zum Thema Fliegen"

 Suchbegriff: „Kinderbücher Fliegen"

Den Flug buchen

Familien mit Kindern können beim Fliegen – vermeintlich – viel sparen, da die meisten Airlines für Kinder bis zwölf Jahre preisreduzierte Tickets anbieten. Was günstig klingt, ist es allerdings bei näherem Hinsehen oft nicht: Auf den Kindertarif werden Steuern, Gebühren, Treibstoff- und Sicherheitszuschläge aller Art meist in voller Höhe aufgeschlagen, was besonders bei Billigangeboten schnell den Hauptteil des Flugpreises ausmacht.

Babys unter zwei Jahren („infants") fliegen sogar meist für nur zehn Prozent des regulären Preises, Inlandsflüge sind bei einigen Airlines gratis – solange die Kleinen keinen eigenen Sitzplatz beanspruchen. Dann müssen die Eltern ihr Kind während des gesamten Fluges auf dem Schoß halten. Auf Langstreckenflügen gibt es ein Kontingent von Sitzplätzen mit **Babykörbchen** („baby bassinets"), in denen die Kleinen bis zu einem von der Airline festgelegten Gewicht, Alter oder einer Maximalgröße liegen können (aber nicht bei Start, Landung und Turbulenzen!).

Jede Airline setzt andere Höchstgrenzen für **Größe und Gewicht** für Babykörbchen. Das schwankt zwischen 8 Kilogramm (bei Condor) und 14 Kilogramm (bei Lufthansa). Zwar müssen Sie keine Angst haben, dass das Flugpersonal Ihr Baby auf die Waage bittet oder nachmisst, aber ungefähr stimmen sollten die Proportionen schon.

Der sehr niedrige „Infant"-Tarif gilt bis zum zweiten Geburtstag. Kinder, die zwischen Hin- und Rückflug Geburtstag haben, zahlen jedoch für beide Tickets den höheren Kinderpreis. Um das zu vermeiden, können Sie die beiden Flüge getrennt buchen (dann haben Sie aber auf dem Hinflug auch keinen Anspruch auf einen Sitzplatz für Ihr Baby und zahlen für die einzelnen Flüge mitunter viel mehr).

Mariann: „Wir haben eines der begehrten Körbchen auf unserem USA-Flug ergattert. Nur leider konnten wir es nicht nutzen, obwohl unser Kleiner das richtige Alter hatte. Er passte einfach nicht mehr rein!"

Vielfliegerprogramme

Jeder Passagier mit einem Sitzplatz (Ausnahme: Kinder unter zwei Jahren) ist berechtigt, an Vielflieger- oder Bonusprogrammen teilzunehmen, die die meisten Linienfluggesellschaften anbieten. Die Teilnahme ist fast immer kostenlos. Pro geflogenem Kilometer sammeln Sie Punkte, die Sie ab einem Mindestwert gegen Prämien wie Upgrades, kostenlose Flüge oder Spielzeug eintauschen können.

Die Teilnahme lohnt sich allerdings nur für Viel- und Langstreckenflieger. Für eine Bonusgutschrift müssen alle Flüge mit Airlines derselben Flugallianz stattfinden. Bei einigen Bonusprogrammen haben sich mehrere Airlines zusammengeschlossen. Tickets in sehr günstigen Economy-Buchungsklassen oder bereits rabattierte Tickets sind oft ganz vom Meilensammeln ausgeschlossen. Gesammelte Punkte verfallen häufig nach einem bestimmten Zeitraum.

Immerhin erlauben es die meisten Airlines beruflichen Vielfliegern, gegen Bonusmeilen eingetauschte Flugtickets und Upgrades auch auf Ehepartner, Kinder und andere Familienangehörige zu übertragen.

Matthias: *„Wir wollten nicht einsehen, warum nicht auch unsere kleinste Tochter Meilen sammeln durfte. Schließlich zahlte sie für ihren Sitzplatz genauso viel wie ihre große Schwester! Also haben wir getrickst und bei der Anmeldung zum Vielfliegerprogramm ganz aus Versehen das Geburtsjahr falsch eingetragen. Und das hat geklappt! Super, so hatten wir dann nach unserer großen Reise gleich genug Meilen für den nächsten Städtetrip zusammen."*

Leila: *„Wir haben unsere Around-the-World-Tickets für die ganze Familie komplett über die Kreditkarte meines Mannes bezahlt, der damit für jeden Euro eine Bonusmeile für die Star Alliance gutgeschrieben bekommt."*

Zum Weiterlesen bei KidsAway.de:

„Vielfliegerprogramme: Schon Kleinkinder können beim Fliegen kräftig Meilen sammeln"

 Suchbegriff: „Vielfliegerprogramme"

Spartipps zur Flugbuchung

- weit im Voraus buchen
- Newsletter der Airlines abonnieren und bei Schnäppchen-Angeboten zuschlagen
- flexible Flugtermine suchen, möglichst nicht samstags und keine Reisen über genau 7 Tage
- in benachbarten Bundesländern oder Nachbarländern ohne Schulferien abfliegen
- nicht zu Beginn von Schulferien fliegen
- Rail&Fly-Tickets zu weiter entfernten Flughäfen nutzen
- mit Kindern über zwölf Jahre Flug-Pauschalreisen mit Kindertarif buchen (dann gilt auch für ältere Kinder noch der Kindertarif für Flugtickets)
- bei Billigtarifen vergleichen, ob sie auch ohne Kindertarif noch günstiger sind (manche bieten keinen an)

Flugtickets für noch nicht geborene Kinder können Sie direkt bei den Airlines nicht buchen. Ein nach der Buchung geborenes Kind auf Ihren Flug nachzutragen, ist prinzipiell zwar möglich. Allerdings ist die Mitnahme Ihres Babys bei Nachbuchungen nicht garantiert, auch wenn es auf Ihrem Schoß mitfliegt (was dann auf jeden Fall verlangt würde). Lieber nichts riskieren!

Zum Weiterlesen bei KidsAway.de:

„Was taugen die Kindertarife der deutschen Fluglinien?"

 Suchbegriff: „Kindertarife"

Familienfreundliche Airlines

Je größer die Airline, desto teurer sind in der Regel die Tickets – desto mehr Service bekommen Sie allerdings auch geboten, und das kann bei Flugreisen mit Kindern einen gewichtigen Unterschied machen. Achten Sie bei der Flugbuchung also nicht nur auf den Preis. Entscheidend sind zum Beispiel die Start- und Landezeiten, die Zahl der Zwischenlandungen (ob mit oder ohne Flugzeugwechsel) und die Länge eventueller Zwischenaufenthalte.

Vermeiden Sie es, früh um 4 Uhr abzufliegen oder spät in der Nacht anzukommen, egal wie günstig die Flugtickets dann sind. Wartezeiten von mehr als sechs Stunden, die Sie in der Regel im Transitbereich des Flughafens verbringen müssen, können unerträglich werden, wenn Sie alle müde und gereizt sind – fast noch schlimmer sind aber allzu knappe Anschlüsse, bei denen Sie mit Kindern und Handgepäck über einen fremden Flughafen hetzen müssen.

Bei Interkontinentalflügen mit zwei (oder mehr) langen Etappen ist ein **Stopover-Aufenthalt** sehr empfehlenswert; vor allem asiatische Airlines machen hier sehr attraktive Angebote. Ausgestreckt in einem Hotelbett zu schlafen, etwas „Richtiges" zu essen und sich ausgiebig bewegen zu können, das gibt Ihnen allen Kraft und gute Laune

Familienfreundliche Flughäfen

Ein entspannter Flug mit Kindern beginnt schon am Flughafen – genau genommen davor, mit der Anfahrt dorthin. Das Flugbuchungsportal „Skyscanner" hat den Airport München zum familienfreundlichsten Flughafen Deutschlands gekürt; international werden Changi Airport in Singapur, Madrid Barajas in Spanien und Edinburgh Airport in Großbritannien am häufigsten gelobt.

Kurze und einfache Anfahrten zum Abflughafen und **kurze Wege** vom Check-in zu den Gates sind für einen entspannten Flug mit Kindern genauso wichtig wie **kostenlose Gepäcktrolleys**, **Leih-Buggys** für das Flughafengelände und genügend Toiletten und **Wickelgelegenheiten**. Die Kür sind **Spielbereiche** sowohl im öffentlichen Bereich als auch im Transit, **Stillräume** und **Spielplätze** oder Parks auf dem Flughafengelände.

Zum Weiterlesen bei KidsAway.de:

„Deutschlands familienfreundlichste Flughäfen"

 Suchbegriff: „Flughäfen"

für die zweite Flugetappe. Nebenbei bekommen Sie oft auch noch die Gelegenheit für einen exotischen Städtetrip.

Fragen Sie bei der Ticketbuchung im Reisebüro oder direkt bei der Airline nach Stopover-Angeboten; mitunter sind dann nicht nur Übernachtungen in einem Hotel, sondern auch noch Tagesausflüge vor Ort im Ticketpreis enthalten.

Vor allem die großen Airlines lassen sich einiges einfallen, um Passagiere mit Kindern zufriedenzustellen. Gerade bei Langstreckenflügen lohnt es sich meist, mehr für die Tickets zu bezahlen.

Am Flughafen kommt keine Langeweile auf

„Ein bisschen Angst hab ich schon ..."

Bei einem Test der Zeitschrift „Clever Reisen" im Jahr 2011 schnitt im Vergleich von 19 deutschen und internationalen Fluggesellschaften Singapore Airlines als familienfreundlichste Airline ab, dicht gefolgt von Emirates. Unter den europäischen Linienfliegern belegte Lufthansa den ersten Platz. Bei den gesondert bewerteten Billigfliegern lagen die deutschen Anbieter fast gleichauf mit den „gut" prämierten Linienfliegern. Air Berlin tat sich hier besonders hervor.

Je nach Abflugzeit kann das **Vorabend- oder Online-Check-in** (→ S. 237) Ihre Abreise um einiges erleichtern. Manche Airlines bieten kostenlos **bevorzugtes Check-in** oder „**Priority Boarding**" für Familien (→ S. 241) an. Das ist besonders dann interessant, wenn Sie viel Handgepäck verstauen müssen oder in Ruhe den Autokindersitz auf dem Sitzplatz installieren wollen.

Haben Sie die Wahl zwischen mehreren Airlines, sollten Sie schon vor der Buchung vergleichen, ob man Ihnen bei der Menge des verfügbaren **Freigepäcks** (→ S. 231), dem **Kinderrabatt** oder der **Sitzplatzreservierung** (→ S. 226) als Familie entgegenkommt.

Eltern-Kind-Sitzplätze werden für Familien mit mindestens einem Kleinkind unter zwei Jahren freigehalten. Nur wenn keine an Bord sind, dürfen hier auch Passagiere mit älteren Kindern oder ohne Kinder sitzen.

Die kostenlose Beförderung von kinderspezifischem **Sperrgepäck**, also Kinderwagen, Buggys, Autokindersitzen oder faltbaren Reisebetten, handhabt jede Airline anders. Einige Billigflieger sind hier knauserig. Soll Ihr Kind im **Autokindersitz** fliegen, müssen Sie abklären, ob die Airline Kindersitze an Bord überhaupt akzeptiert, welche Modelle und wie Sie das anmelden müssen. Lassen Sie sich auf jeden Fall schriftlich bestätigen, dass exakt Ihr Sitz zugelassen ist.

Kostenlose Kindermenüs, das Aufwärmen von Breigläschen und Flaschenmilch sind bei den meisten Airlines selbstverständlich. Viele stellen auch Windeln, Feuchttücher und Babynahrung kostenfrei zur Verfügung (→ S. 243). Die Kür ist das **Entertainment-Programm** mit kindgerechten Filmen und Spielen sowie das Angebot an Spielzeug für die kleinen Passagiere.

Besorgen Sie sich frühzeitig eine Kreditkarte, mit der Sie für jeden ausgegebenen Euro Bonusmeilen bei Ihrer Fluggesellschaft erhalten. Setzen Sie diese wo immer möglich ein, kommen schnell eine Menge Meilen zusammen, die Sie gegen Freiflüge eintauschen können.

Einen Sitzplatz für Babys buchen?

Besonders auf längeren Flügen ist es sehr **unbequem**, ein größeres Baby oder ein lebhaftes Kleinkind auf dem Schoß zu halten. Schlafen, essen und Toilettengänge werden dann zur Tortur. Auf einem eigenen Sitzplatz, gesichert im bekannten Autokindersitz, kann das Kind schlafen und genießt ein Stück Vertrautheit – nicht zu unterschätzen auf einem aufregenden Flug.

Der Hauptgrund ist jedoch die **mangelnde Sicherheit:** Der TÜV Rheinland, das deutsche Luftfahrtbundesamt und die amerikanische FAA fordern seit Jahren, Babys und Kleinkinder im Flugzeug nur auf eigenen Sitzplätzen, gesichert mit einem für Flugzeuge entwickelten Rückhaltesystem, zu befördern. Nur dann sind sie bei Turbulenzen sowie bei Notfällen während des Starts oder der Landung vor Verletzungen geschützt.

Babys ohne eigenen Sitzplatz, die auf dem Schoß der Eltern fliegen, müssen in Europa mit einem **Schlaufengurt** („loop belt") am Gurt des Erwachsenen befestigt werden. Amerikanische Airlines verlangen von den Eltern, ihre Kinder mit den bloßen Händen auf dem Schoß zu halten. Beides ist völlig unzureichend und für die Kinder lebensgefährlich (→ S. 248)!

Das Problem: Einen eigenen Sitzplatz für Babys unter zwei Jahren zu buchen, ist bei vielen Flugbuchungsmaschinen im Internet nicht vorgesehen. Am besten buchen Sie über die (allerdings meist kostenpflichtige) Kundenhotline direkt bei der Airline oder im Reisebüro.

Luca: „Wir fliegen oft und immer mit eigenem Sitzplatz für Caio. Online kann man den oft nicht buchen, also tricksen wir und schwindeln bei der Altersangabe. Bisher gab es beim Check-in nie ein Problem, wenn unser Zweijähriger dann doch erst zehn Monate alt war."

Wer **keinen Sitzplatz** für sein Baby gebucht hat, kann trotzdem Glück haben, wenn die Maschine nicht ausgebucht ist. Fragen Sie beim Check-in nach, ob für Ihr Kind noch ein Sitzplatz frei ist. Diesen erhalten Sie dann kostenlos. Für diesen Fall macht es sich bezahlt, wenn Sie eine fürs Flugzeug zugelassene Babyschale oder einen zugelassenen Autokindersitz der Klasse I dabei haben (→ S. 249).

Konnten Sie keine **zusammenhängenden Sitzplätze** im Vorhinein reservieren, rechnen Sie nicht mit wohlwollendem Flugpersonal und gnädigen Passagieren, die ihren Platz tauschen. Versuchen Sie lieber, vor dem Beginn des Online-Check-ins noch im Internet Sitzplätze zu reservieren oder zu tauschen oder sprechen Sie frühzeitig am Flughafen am Check-in-Schalter das Problem an.

Etwas ganz besonderes sind „**Sky Nannies**" – speziell geschulte Flugbegleiterinnen, die Passagieren mit Kindern helfen sollen. Die gibt es bis dato allerdings nur bei Gulf Air und Etihad Airways.

Sitzplätze clever auswählen

Sitzplätze an Bord sollten Sie so früh wie möglich reservieren, am besten gleich bei der Flugbuchung. Bei der **Platzwahl** gibt es verschiedene Strategien.

Für Familien mit Babys empfehlen sich Plätze in der **Eltern-Kind-Reihe** (die vorderste Reihe in der Economy Class), wo etwas mehr Beinfreiheit herrscht, Babykörbchen eingehängt werden können und der Weg zu den Toiletten kurz ist. Diese Plätze können Sie oft nicht online reservieren und sie werden von den Airlines nach „Bedürftigkeit" vergeben – die Familien mit den kleinsten Babys haben Vorrang und auch nur diejenigen haben Anspruch, deren Babys keinen eigenen Sitzplatz haben.

Mit älteren Kindern reservieren Sie lieber normale Plätze. (Oft ist es auch gar nicht möglich, die Eltern-Kind-Reihe zu reservieren, wenn Sie kein Baby haben.) Hier lassen sich die Armlehnen zwischen den Sitzen hochklappen, wodurch man besser kuscheln und eventuell auf zwei benachbarten Sitzen auch liegen kann. Einen Autokindersitz können Sie aus Sicherheitsgründen nicht auf einem Gangplatz verwenden.

Nicht zu empfehlen sind die hinteren Sitzreihen, wo die Bewegungen des Flugzeugs am stärksten zu spüren sind, viel Trubel vor den Toiletten und am Eingang zur Bordküche herrscht – und wo laut Flugstatistiken bei einem Unglück die geringsten Überlebenschancen bestehen.

Auf Plätzen am **Notausgang** mit viel Beinfreiheit dürfen Familien mit Kindern übrigens genauso wenig sitzen wie Schwangere.

Wenn sie *nicht* mit einem Rückhaltesystem auf ihrem eigenen Platz gesichert sind, *müssen* Kinder unter zwei Jahren immer, wenn das Anschnallzeichen aufleuchtet, von ihren Eltern auf dem Schoß gehalten (und mit dem Schlaufengurt befestigt) werden – auch wenn sie einen eigenen Sitzplatz haben!

Die **Reservierung von Sitzplätzen** ist leider nur bei Linienfluggesellschaften kostenlos. Charterflieger wie Air Berlin und Condor bieten diesen Service für Familien mit Babys kostenfrei an, ansonsten kostet er 10 bis 15 Euro. Die Billigflieger lassen sich die Sitzplatzreservierung mit 8 bis 30 Euro pro Fluggast und -strecke bezahlen – egal, ob Sie mit Kindern reisen. Bei Germanwings ist die Reservierung beim Online-Check-in und am Automaten kostenfrei und bei Ryanair kann man sich neuerdings kostenlos einen zufälligen Sitzplatz zuweisen lassen. Easyjet weist Sitzplätze kostenlos beim Check-in zu.

Checkliste: Sitzplatzverteilung

Für zwei Erwachsene und zwei Kinder bieten sich drei Möglichkeiten an:

☐ alle Plätze nebeneinander, so dass der Gang Sie entweder 2:2 oder 3:1 teilt – der allein sitzende Elternteil hat im letzteren Fall dann Betreuungspause (abwechseln!)

☐ in großen Maschinen wie dem A380: alle vier Plätze nebeneinander in der Mitte; gibt es in dieser Reihe fünf Plätze, haben Sie mit Glück dann einen zusätzlichen Platz, weil Einzelplätze seltener reserviert werden, und notfalls tauschen Sie mit Ihrem Sitznachbarn die Plätze

☐ jeweils ein Fenster- und ein Mittelplatz in zwei hintereinander liegenden Reihen (auch hier wird der verbleibende Gangplatz mit etwas Glück nicht vergeben und bleibt frei), dann fühlt sich niemand gestört, wenn Kinder toben oder an den Vordersitz treten

Billig-Airlines: (k)eine Option für Familien?

Billigflieger oder „Low Cost Carrier" wie Easyjet, Ryanair oder Germanwings bieten zum Teil unschlagbar günstige Tickets auf Kurz- und Mittelstrecken – was allerdings nur möglich ist, indem Serviceleistungen weitestgehend eingespart oder kostenpflichtig angeboten werden.

Als Familie sollten Sie vor einer Buchung die folgenden Punkte bedenken:

- Billigflieger unterliegen weder der Beförderungspflicht noch der Tarifpflicht. Das heißt, dass die Ticketpreise sehr niedrig sein können, bei Flugverspätungen oder -ausfällen aber auch kein Ersatz gestellt werden muss (Anspruch auf eine Entschädigung haben Sie trotzdem).
- Billigflieger verkehren meist an kleineren Regionalflughäfen, die abgelegen sein können und sich mit öffentlichen Verkehrsmitteln schlechter erreichen lassen.
- Tickets sind direkt bei der Airline nur über das Internet buchbar und müssen in der Regel dann mit Kreditkarte bezahlt werden.
- Es gibt keine Kinderrabatte wie bei den Linienfliegern. Kinder zahlen entweder den vollen Ticketpreis oder eine feste Kinderpauschale. Ob die prozentual günstiger ist als das Kinderticket einer normalen Airline, hängt vom Einzelfall ab. (Ausnahme: Germanwings bietet für Kinder von zwei bis elf Jahren 20 Prozent Rabatt.)
- Billigflieger erlauben kein kostenloses Freigepäck, jedes aufgegebene Gepäckstück kostet (zum Teil sehr viel).
- Beim Handgepäck sind Billigflieger großzügig: Ryanair etwa gestattet Handgepäckstücke bis zu 10 Kilogramm, Easyjet gibt gar keine Gewichtsbeschränkungen vor. Babys ohne Sitzplatz haben bei Ryanair und Easyjet allerdings keinen Anspruch auf Handgepäck, die Wickeltasche gilt hier bereits als Handgepäckstück eines Erwachsenen.
- Extraleistungen wie nebeneinander liegende Sitzplätze, bevorzugtes Einsteigen oder Snacks kosten zusätzlich. Inflight Entertainment, Spielzeug oder Babynahrung gibt es nicht.
- Für Serviceleistungen, die erst am Flughafen gebucht werden, wird ein zusätzlicher Aufschlag erhoben.
- Die Sitzplatzabstände sind meist noch geringer als ohnehin schon in der Economy Class.

Sandra: „Wir sind vor Jahren mit Ryanair geflogen (ohne Kind), jedoch saß neben uns eine Familie mit Baby und ja, sie mussten für warmes Wasser fürs Fläschchen 2 Euro zahlen. Und bei der Ankunft in Hahn durften sie genauso wie alle anderen 2 Stunden vor dem Flughafen im Regen warten, bis wir ins Terminal konnten. Nie wieder werde ich damit fliegen, sowas würde ich meinem Kind erst recht nicht antun."

Billigflieger starten oft an kleineren Flughäfen

Bei vielen Billigfliegern kann für Babys kein eigener Sitzplatz gebucht werden. Branchenführer Ryanair erlaubt dies jedoch seit Kurzem: Eltern, die ein eigenes, von der Airline zugelassenes Rückhaltesystem mitbringen, können über die Hotline einen Sitzplatz fürs Baby hinzubuchen. Heißes Wasser für Babynahrung ist bei RyanAir allerdings kostenpflichtig, und man wärmt Ihnen auch keine Gläschen auf.

All diese Einschränkungen zugunsten eines niedrigen Preises sollten Sie bedenken, bevor Sie bei einer Billig-Airline buchen. Oft ist ein verlockendes Angebot nach Hinzurechnung aller Gebühren und Aufpreise gar nicht mehr so günstig, wie es die Werbung glauben macht. Zudem bemängelte die Stiftung Warentest bei den Billigfluglinien die Kundenfreundlichkeit, die Transparenz der Buchungsbedingungen und vor allem den Service bei Stornierungen.

Ob das eingesparte Geld den zusätzlichen Aufwand, den unbequemeren Flug und eventuell die fehlende Sicherheit für Babys an Bord aufwiegen kann, muss jede Familie selbst entscheiden.

Ist die Tasche auch nicht zu schwer?

Andy: „Jetzt gibt es Platzzuweisung bei Ryanair. Niemand kann sich nun mehr den Platz aussuchen! Wer Glück hat, sitzt nebeneinander. Die setzen auch Kinder einfach ‚automatisch' woanders hin (so bei meinem neunjährigen Sohn passiert). Dann muss man über die teure Hotline Plätze KAUFEN, damit man neben seinem Kind sitzen darf (online geht der nachträgliche Sitzkauf zurzeit nicht)! Also sollte man direkt Plätze kaufen, das heißt pro Person und pro Flug 5 Euro mehr. Ist das eine Diskriminierung für Leute mit Kindern? Ich könnte ....!"

Empfehlungen für das Fluggepäck

Familien haben viel Gepäck, das scheint eine eiserne Reise-Regel zu sein. Es ist nicht nur eine Herausforderung, die vielen Gepäckstücke irgendwie über den Flughafen zu bugsieren, sondern bereits die Gewichts- und Packstückbegrenzung der Airlines macht das Packen zur logistischen Leistung.

Die meisten Airlines richten sich seit 2011 nach dem **Stückkonzept.** Dieses erlaubt jedem Passagier mit Sitzplatz in der Economy Class die kostenfreie Mitnahme von genau einem Gepäckstück sowie einem Handgepäckstück (→ S. 234). Business-Class-Passagiere dürfen meist zwei oder drei Gepäckstücke mitnehmen. Nur noch vereinzelt finden Sie das **Gewichtskonzept**, das jedem Passagier beliebig viele Gepäckstücke zugesteht – bei einem Gesamt-Maximalgewicht.

Das Stückkonzept ist besonders für Familien nachteilig: Anstatt die pro Person zur Verfügung stehende Freigepäckmenge einfach zu addieren und auf die gesamte Familie aufzuteilen (so dass man zu viert zwei große, schwere Koffer aufgeben kann), darf jeder einzelne Passagier jeweils ein Gepäckstück mit Höchstgewicht kostenfrei mitnehmen. Bei längeren Reisen heißt es daher: geschickt packen und das Gewicht auf die passende Anzahl von Koffern und Taschen verteilen.

Checkliste: Flugbuchung

Neben dem Kauf der Flugtickets ist meist noch eine ganze Reihe weiterer Dinge zu erledigen, bevor die Flugreise losgehen kann.

- ☐ **Autokindersitz:** Eignung des eigenen Autokindersitzes fürs Flugzeug prüfen oder passendes Rückhaltesystem besorgen, Unterlagen sammeln bzw. ausdrucken, die dessen Eignung und die Zulassung durch die jeweilige Airline belegen (→ S. 248)
- ☐ **Sonderwünsche bestellen:** Sitzplätze (→ S. 226), Kindermenü (→ S. 242), eventuell ein Babykörbchen (→ S. 222)
- ☐ **Kinder vorbereiten:** altersgerechte Kinderbücher zum Thema Fliegen besorgen und gemeinsam mit den Kindern anschauen
- ☐ **Reisevollmacht des Partners:** eventuell nötig, wenn ein Elternteil oder ein anderer Verwandter allein mit dem Kind fliegt (→ S. 98)
- ☐ **Visa beantragen:** Für einige Reiseländer benötigen Sie ein Visum, um einreisen zu können oder länger als einen Monat im Land zu bleiben (→ S. 97).
- ☐ **Reisedokumente beschaffen oder aktualisieren:** werden auch auf innerdeutschen Flügen verlangt (→ S. 94)
- ☐ **Anreise zum Flughafen organisieren:** einen Dauerparkplatz am Flughafen vorbuchen, Taxi oder Flughafenshuttle reservieren (ebenfalls teuer und problematisch, weil sie in der Regel keine Kindersitze anbieten → S. 274), Verbindungen mit öffentlichen Verkehrsmitteln recherchieren (unpraktisch mit viel Gepäck und nur an einigen Flughäfen möglich) oder Chauffeurdienste von Freunden oder Familie erbitten
- ☐ **Teilnahme am Vielfliegerprogramm:** lohnt sich, wenn Sie und Ihre Kinder oft fliegen (werden) oder mindestens einen Langstreckenflug vor sich haben (→ S. 223)
- ☐ **Flug bestätigen:** Bei einigen Fluggesellschaften müssen Sie bis 24 Stunden vor dem Flug telefonisch oder online bestätigen, dass Sie den Flug wahrnehmen werden. Auch wenn das nicht verlangt wird, lohnt sich besonders bei Charterflügen eine kurze Nachfrage, ob es bei der angekündigten Abflugzeit bleiben wird.
- ☐ **Vorabend-Check-in oder Online-Check-in:** unbedingt wahrnehmen, wenn Sie die Möglichkeit haben (→ S. 237, → S. 238)
- ☐ **Koffer packen:** Je nach Airline gelten andere Vorgaben bezüglich Abmessungen, Zahl und Gewicht der Gepäckstücke. Übergepäck muss sehr teuer nachbezahlt werden (→ S. 229).
- ☐ **Handgepäck packen:** Für das Handgepäck gelten bei vielen Airlines strenge Bestimmungen, was Abmessungen, Gewicht und Zahl der Gepäckstücke angeht (→ S. 234).
- ☐ **Schwangere:** ärztliches Attest über Flugtauglichkeit ausstellen lassen (→ S. 409)

Einige Fluggesellschaften wie Emirates oder Singapore Airlines bieten je nach Flugstrecke entweder das Stück- oder das Gewichtskonzept an. Erkundigen Sie sich vorher genau, nach welchem Konzept das Gepäck beim Einchecken gewertet wird!

Billigflieger lassen ihre Passagiere dagegen für jedes aufzugebende Gepäckstück bezahlen. Nur das Handgepäck ist – in strengen Grenzen – kostenfrei. Babys ohne eigenen Sitzplatz steht hier meist gar kein Freigepäck zu.

Kinder, die einen eigenen Sitzplatz reserviert haben, dürfen genauso viel Gepäck einchecken wie Erwachsene, auch bei den Billig-Airlines.

Babys ohne eigenen Sitzplatz bekommen von den großen Linienfliegern kulanterweise ebenfalls 23 Kilogramm Freigepäck zugestanden. Bei Billigfluggesellschaften sieht das anders aus: Hier gibt es überhaupt kein Freigepäck, auch nicht für Passagiere mit Sitzplatz (Ausnahme sind einige Tarife bei Germanwings). Für ein eingechecktes Gepäckstück zahlen Sie je nach Saison, Strecke, Buchungsart und Gewicht bis zu 75 Euro.

Bei Kindern sehr beliebt ist der Trunki **Kinderkoffer**. Eltern freuen sich über das Handgepäck-Maß, den großzügigen Stauraum und das Schloss, Kinder lieben die quietschbunten Designs und die Rollen: Damit können sie ihn nicht nur ziehen, sondern auch als Bobbycar nutzen. Eine tolle Beschäftigung während der endlos langen Wartezeiten und eine Möglichkeit, müde Kinder über kurze Strecken zu transportieren.

Auf Linienflügen, die von mehreren Fluggesellschaften durchgeführt werden, gelten die Gepäckbestimmungen der Fluggesellschaft, die die längste oder bedeutsamste Strecke des Reisewegs zurücklegt. Haben Sie Sondergepäck, Autokindersitze oder Ähnliches dabei, fragen Sie unbedingt bei allen beteiligten Airlines direkt nach, um Überraschungen zu vermeiden.

Wie viele Gepäckstücke genau erlaubt sind, welche Abmessungen diese haben dürfen und was Sie für Sperrgepäck und Übergepäck zahlen müssen, ist bei jeder Airline verschieden. Schauen Sie vor dem Packen immer auf der Website der Airline nach den **aktuell geltenden Regelungen**, um beim Check-in keine unliebsamen Überraschungen zu erleben (Achtung bei Codeshare-Flügen!).

Grob gesagt, ist bei den meisten Linienfliegern pro Passagier **ein Gepäckstück à 23 Kilogramm** mit einer bestimmten Maximalgröße als Freigepäck zugelassen. Es wird also ohne Gebühr im Gepäckraum transportiert. Für jedes weitere Gepäckstück und auch weitere Kilos fallen zum Teil extrem hohe Aufschläge an. Lässt es sich nicht vermeiden, können Sie mitunter sparen, wenn Sie Ihr Übergepäck vorher anmelden. Business-Class-Passagiere und Inhaber von Frequent-Flyer-Karten dürfen oft wesentlich mehr Gepäck ohne Aufpreis einchecken.

Zum Weiterlesen bei KidsAway.de:

„Die Gepäckregeln der wichtigsten Airlines – der große Vergleich"

 Suchbegriff: „Gepäckregeln"

Fliegen mit Kindern, da kommt viel Gepäck zusammen

Sondergepäck für Familien

Zur Gewichtsbegrenzung kommt noch eine Größenbegrenzung für Koffer und Taschen: Die maximal zulässige aufaddierte Kantenlänge (Höhe + Breite + Tiefe) variiert je nach Airline und sollte vor dem Packen in Erfahrung gebracht werden. Gepäckstücke, die diese Maße überschreiten, gelten als Sperrgepäck und müssen gegen einen Aufpreis gesondert eingecheckt werden.

Fast jede Airline nimmt kinderspezifisches Sperrgepäck wie zusammenklappbare Kinderwagen, Reisebetten oder Autokindersitze kostenfrei mit. Hier einige Beispiele:

- **Lufthansa:** 1 Babyschale, Autokindersitz oder Buggy kostenlos als Handgepäck (Transport in Kabine oder Frachtraum)
- **Air Berlin:** Babytrage, Kinderwagen, Autokindersitz und Reisebett als Freigepäck
- **Condor:** Kinderwagen, Buggy, Babybett und Autokindersitz als Freigepäck
- **Germanwings:** 1 Kinderwagen, Buggy, Autokindersitz oder Reisebett pro Kind als Freigepäck
- **Ryanair:** 1 Kinderwagen pro Kind als Freigepäck; 1 Autokindersitz oder Reisebett als zusätzliches Gepäckstück für 10/20 Euro pro Strecke
- **Easyjet:** Kinderwagen, Reisebett und Autokindersitz als Freigepäck, maximal 2 davon in der Kabine oder zur Abgabe am Gate
- **American Airlines:** 1 Autokindersitz und 1 Kinderwagen oder 1 Kindertrage unter insgesamt 9 kg zur Abgabe am Gate erlaubt (auf Flügen nach Nordamerika)
- **Air France/KLM:** 1 Kinderwagen als Freigepäck, wenn kein zusätzliches Gepäckstück; 1 Buggy als Handgepäck, sofern Platz ist
- **Emirates:** 1 Kinderwagen als Freigepäck

Quelle: eigene Recherchen, Stand: 10/2014

> Frauke: „Viele Airlines machen ja auch ständig Ausnahmen. Wir haben zum Beispiel gerade bei Condor und Air Berlin erlebt, dass man das zulässige Gesamtgewicht aller Gepäckstücke doch variabel unter den Familienmitgliedern aufteilen durfte. Und Sperrgepäck kostete auch nicht extra."

> Jenny: „Als wir mit vorbildlich gewogenem Gepäck in Hanoi (Vietnam) eincheckten, staunten wir nicht schlecht: Hier durfte man ohne Weiteres riesige Rucksäcke, mehrere Taschen und sperrige Einkaufstüten (Strohhüte!) als Handgepäck mitnehmen, Koffer wurden bis oben hin vollgestopft und ganze Literflaschen mit Wasser gingen unbeanstandet durch die Sicherheitskontrolle. Hier sieht man die Terrorgefahr offenbar nicht so streng ..."

Beim Aufgeben des Gepäcks erhalten Sie einen **Gepäckabschnitt** („Baggage Tag"), der auf eines der Flugtickets oder eine der Bordkarten geklebt wird und als Barcode den Zielort des Gepäcks angibt. Beim Abtrennen des passenden „Gegenstücks", das am eingecheckten Gepäckstück klebt, sollten Sie kurz vergleichen, ob auf beiden das gleiche Kürzel steht und ob der Anhänger richtig befestigt ist. Nur mit dem Gepäckabschnitt können Sie verloren gegangene Gepäckstücke zurückfordern – ohne den Schnipsel wird das sehr kompliziert bis unmöglich!

Buggy und Kinderwagen: ideale Flughafen-Begleiter

Das wichtigste Transportmittel beim Fliegen, mal abgesehen vom Flugzeug, ist für Familien mit kleinen Kindern der Kinderwagen oder noch besser: ein robuster, leichter Buggy, der sich schnell klein zusammenklappen lässt. Auch mit Kindern, die schon selbst laufen, ist ein Buggy noch praktisch.

▶ Typisch Familien: mit viel Gepäck unterwegs. Gut, wenn man den Buggy erst am Flugzeug abgibt!

Die meisten Airlines bieten ihren Fluggästen an, Buggys erst am Gate oder an der Flugzeugtür einzuchecken und direkt nach der Landung wieder auszuhändigen. Es gibt gute Gründe, den Buggy **nicht als Sperrgepäck** aufzugeben:

- Kleine Kinder können sicher durch das Gewirr des Flughafens transportiert werden, ohne von unaufmerksamen Menschen umgerannt zu werden oder sich zu verlaufen.
- Im Buggy angeschnallt, sind Kinder bei der Sicherheitskontrolle sicher geparkt, während die Eltern alle Handgepäckstücke auf das Gepäckband legen, sich selbst kontrollieren lassen und danach wieder alles verstauen müssen.
- Der Buggy kann nach der Sicherheitskontrolle, wo meist keine Gepäckwagen mehr vorhanden sind, zum Transport des umfangreichen Familien-Handgepäcks genutzt werden.
- Auf großen Flughäfen mit langen Wegen kann ein Buggy die Laufzeiten verkürzen, weil Sie auch mit kleinen Kindern ein schnelles Tempo vorlegen können.
- Bei Verspätungen oder langen Wartezeiten beim Check-in, in der Sicherheitskontrolle oder bei der Einreise können Kinder im Buggy ein Nickerchen machen.

Kinderwagen und Autokindersitz fürs Flugzeug verpacken

Wollen Sie Ihren Buggy oder den Autokindersitz nicht bis zum Gate (oder ins Flugzeug) mitnehmen oder ist das nicht möglich, sollten Sie diese Sonder-Sperrgepäckstücke **sorgsam verpacken**. Das Plastikmaterial ist empfindlich und wird durch Stöße schnell beschädigt – bei Kindersitzen kann das sicherheitsrelevant sein. Die Flughafenmitarbeiter, die die Gepäckstücke auf die Förderbänder laden und in den Flugzeugbauch werfen, gehen damit meist nicht behutsam um. Nicht selten gehen Gepäckstücke beim Transport verloren. Eine möglichst **robuste, auffällige Verpackung** ist daher unbedingt anzuraten.

Alles, was lose herumbaumelt und hängenbleiben könnte, fixieren Sie am besten mit Klebeband. Drumherum gehört eine schützende Hülle – empfehlenswert sind Luftpolsterfolie oder Handtücher und darüber mehrere Lagen Folie, zum besseren Handling schließlich noch ein Transportband oder ein Koffergurt.

Besser für die Umwelt und das Handling, wenn auch teurer, sind **Transporttaschen oder Tragerucksäcke**. Sie lassen sich auf der Rückreise wiederverwenden und sorgen auch für den unbeschadeten Transport von am Gate eingecheckten Buggys, die vom Flugpersonal mitunter einfach draußen im Regen abgestellt werden. Viele Hersteller bieten speziell für ihre Sitze oder Wagen passende Tragetaschen oder Trolleys zum Ziehen an. Daneben gibt es universell passende Schutzhüllen im Handel.

Wenn Ihnen das Verpackungsproblem erst unterwegs auffällt, können Sie an vielen Flughäfen einen **„Wrapping Service"** in Anspruch nehmen, der für 5 bis 10 Euro Gepäckstücke in reißfeste Folie einwickelt (viel Spaß beim Auswickeln!).

Für Autokindersitze, die Sie im Flugzeug einsetzen wollen, bekommen Sie im Handel auch Schultergurte („Carry Straps"), mit denen Sie den Sitz in einen einfacher zu tragenden Rucksack verwandeln können.

Alternativ bietet sich die Anschaffung oder Verwendung eines (günstigen oder gebrauchten) Kinderwagens oder Autokindersitzes für die Reise an, um den es bei einer Beschädigung beim Transport nicht allzu schade ist.

◀ Ein Flug mit Kindern erscheint zunächst unheimlich anstrengend. Aber mit guter Vorbereitung läuft es wie geschmiert.

Aus all diesen Gründen haben sich Buggys bewährt. Auch wenn Sie eine **Babytrage** benutzen, sollte ein Buggy immer dabei sein.

Haben Sie keinen eigenen Buggy oder wollen diesen nicht mitnehmen, können Sie an manchen Flughäfen einen **Buggy leihen**. Die Flughäfen Frankfurt und Hamburg verleihen zum Beispiel kostenlos Buggys an ihre Gäste, in Hannover kann man Gepäckwagen mit Babyliegeschalen gegen Pfandmünzen mieten. Einige Airlines bieten ihren Fluggästen im Terminal oder im Transitbereich ihrer Heimatflughäfen kostenlose Buggys an (etwa in Nürnberg für Air Berlin-Fluggäste, in Dubai für Emirates-Passagiere, in Singapur für Gäste von Singapore Airlines).

Handgepäck

Jeder Economy-Class-Passagier mit eigenem Sitzplatz darf **ein Handgepäckstück** mit an Bord nehmen. Eine Laptop-Tasche gilt meist als zusätzliches Handgepäckstück. Zu Größe und Gewicht des Handgepäcks hat jede Airline ihre eigenen Regeln. Viele internationale Fluggesellschaften sind strenger als europäische und geben Maximalmaße von 55 x 35 x 20 Zentimetern vor.

Babys ohne eigenen Sitzplatz haben streng genommen keinen Anspruch auf freie Handgepäckstücke. Viele Airlines (ausgenommen die Billig-Airlines, → S. 228) machen jedoch Ausnahmen und gestatten etwa eine Wickeltasche als zusätzliches Handgepäck für die Eltern.

Zum Weiterlesen bei KidsAway.de:

„Flugtipps für Familien: Was darf ins Handgepäck, was nicht?"

 Suchbegriff: „Handgepäck"

An der **Sicherheitskontrolle** wird jedes Handgepäckstück durchleuchtet, eventuell geöffnet und untersucht. Dabei wird vor allem auf Flüssigkeiten (Getränke, Kosmetika, aber auch Deosprays oder Cremes) geachtet. Die seit 2006 geltende Regelung hierzu verbietet das **Mitführen von Flüssigkeiten** jeder Art im Handgepäck. Alles, was man dennoch unbedingt an Bord

Mein Handgepäck ist gleichzeitig ein Auto!

benötigt, muss in Abmessungen à maximal 100 Milliliter in einem durchsichtigen, *wiederverschließbaren* Plastikbeutel verpackt sein, in dem höchstens zehn dieser Behälter sein dürfen. Jeder Passagier darf einen solchen Beutel einchecken, auch Babys ohne Sitzplatz.

Flüssigkeiten wie **Babynahrung**, Flaschenmilch oder abgepumpte Muttermilch für mitreisende Kinder unter drei Jahren sind vom **Flüssigkeitenverbot** ausgenommen. Sie dürfen prinzipiell ohne Mengenbeschränkung mitgeführt werden. Die Menge muss allerdings der Dauer der Flugreise angepasst sein. Nicht kindgerechte Nahrung und Flüssigkeiten, also Limonade oder Tomatensuppe, fallen nicht unter diese Ausnahmeregelung.

Sicherheitsbeamte sind mitunter sehr streng. Machen Sie sich darauf gefasst, von den mitgebrachten Flüssigkeiten vielleicht kosten zu müssen, um die Harmlosigkeit zu beweisen. Um Komplikationen beim

Nachweis zu vermeiden, sollten Sie lieber keinen selbst gekochten und individuell verpackten Babybrei mitbringen.

Noch besser: Milchfläschchen oder Grießbrei nicht fertig angerührt mitbringen, sondern in Komponenten. Frisch an Bord zubereitet, schmeckt die Milch viel besser und das Trockenpulver bekommt man problemlos durch die Sicherheitskontrolle. **Heißes Wasser** bekommen Sie bei fast jeder Airline (außer Ryanair) kostenlos vom Bordpersonal (→ S. 243).

Neben Flüssigkeiten sind **Gegenstände verboten**, die scharf, spitz oder irgendwie gefährlich sind. Dazu zählen auch Kinder-Bastelscheren und Spielzeugpistolen! Die wichtigsten Dokumente und Wertsachen gehören übrigens nicht ins Handgepäck, sondern an den Körper – am besten in eine Hüfttasche oder eine Innentasche der Jacke.

Fliegen Sie mit Ihrem Baby, hat sich ein **Rucksack als Handgepäck** bewährt, der auf dem Rücken getragen wird und damit Ihre Hände für das Baby freihält. Mehrere Innentaschen erlauben das übersichtliche Verstauen sowohl von Baby-Utensilien als auch der Reise-Unterlagen. Ein Koffer eignet sich dagegen weniger als Handgepäck, denn er muss komplett geöffnet werden, um etwas herauszunehmen (und das wird bei Flügen mit Baby oft passieren) – schwierig bis unmöglich, wenn man gleichzeitig ein Baby auf dem Schoß hat.

Den Vorteil von **Rollkoffern**, die man rückenschonend hinter sich herziehen kann, kann man nutzen, indem man eine kleine Wickeltasche in den Koffer legt. An Bord nimmt man diese Tasche aus dem Koffer, bevor der in das Gepäckfach über den Sitzen wandert, legt sie unter den Vordersitz und kann dann bei Bedarf die benötigten Dinge einfach hervorziehen.

Ein weiteres Kriterium für das Handgepäck ist besonders für allein mit Kind reisende Elternteile wichtig: Da man doch öfters einmal auf eine Toilette oder in einen Wickelraum eilen muss, sollte das Handgepäck so übersichtlich und klein gehalten werden, dass man es immer mitnehmen kann. Allein gelassene Gepäckstücke auf einem Flughafen werden sofort verdächtigt und können zu unangenehmen Nachfragen bis hin zu langwierigen Untersuchungen inklusive verpassten Flügen führen.

Packliste: Handgepäck für Flugreisen

- ☐ Buchungscode des E-Tickets oder Flugticket
- ☐ Reservierungsbestätigung von Flugsonderleistungen (Autokindersitz, Kindermenü)
- ☐ 1 Set Wechselsachen für jeden
- ☐ CARES-Sicherheitsgurt oder Autokindersitz, mit Dokumentation
- ☐ kleine Spielzeugauswahl

Die komplette Packliste finden Sie auf → S. 429.

Vom Check-in bis zum Boarding

Nach der Flugbuchung ist der **Check-in**-Vorgang die nächste große Herausforderung für Familien. Damit der Stress nicht schon vor dem Boarding beginnt, sollten sich Familien gut über die verschiedenen Möglichkeiten des Eincheckens informieren.

„Klassisch" einchecken am Schalter

Zum Flughafen fahren, den richtigen Schalter suchen und an die Schlange der anderen Reisenden anstellen – so beginnt der klassische Flug. Einige Airlines, etwa Lufthansa, haben das Check-in am Schalter für Passagiere der Economy Class schon komplett abgeschafft. Haben Sie eine **Pauschalreise** mit Flug und Hotel gebucht, kommen Sie um diese Prozedur allerdings wahrscheinlich nicht herum. Auch wenn Sie einen Kinderwagen bis zum Gate mitnehmen wollen oder einen **Autokindersitz** mitbringen, der zur Verwendung an Bord autorisiert werden soll, ist das Vorsprechen am Schalter unumgänglich.

Fliegen Sie von einem kleinen Flughafen ab oder haben Sie noch viel Zeit bis zum Abflug, spricht nichts dagegen, am Schalter einzuchecken. Der direkte **Kontakt mit dem Bodenpersonal** gibt Ihnen die Möglichkeit, noch Fragen zu stellen, zu schwere Reisetaschen umzupacken (das passiert besonders gern auf der Rückreise) oder um andere Sitzplätze zu bitten. Einige Airlines bieten gesonderte **Check-in-Schalter für Familien** an, damit Eltern mit kleinen Kindern nicht allzu lange warten müssen.

Zum Einchecken vorlegen müssen Sie Ihre Flugtickets, den Buchungscode oder den Ausdruck der Buchungsbestätigung, gültige Reisepässe für alle Mitreisenden, unter Umständen notwendige Visa und Rück- oder Weiterflugtickets.

Der Nachteil: Bei großen Maschinen, Charterflügen und auf Flughäfen mit viel Verkehr stehen vor den Check-in-Schaltern oft lange Schlangen. Die **Wartezeit** ist besonders mit kleinen Kindern sehr anstrengend, weil man ja brav in der Reihe bleiben und alle paar Minuten einige Schritte vorrücken muss – zusammen mit allen Koffern und Taschen.

Am Check-in-Schalter können und sollten Sie noch einmal nachfragen, ob Ihre reservierten Sitzplätze, Babykörbchen und

Am Check-in-Schalter

Kindermenüs korrekt eingebucht wurden. Haben Sie noch keine Plätze reserviert oder wollen Sie Ihre Platzwahl nachträglich ändern, ist dies ebenfalls der beste Zeitpunkt dafür. Das Personal am Check-in-Schalter sollte Ihnen außerdem bestätigen, dass der mitgebrachte Autokindersitz zur Installation auf dem Sitzplatz erlaubt ist, und den Gepäckanhänger für Buggys oder Kinderwagen ausdrucken, die zum Gate mitkommen sollen.

Selbst einchecken am Automaten

Um Personal zu sparen, bitten viele Airlines ihre Passagiere inzwischen darum, sich an Check-in-Automaten selbst einzuchecken (oder sie verlangen es sogar). Dafür müssen

Sie Ihren Pass, Ihre Kreditkarte oder die Kundenkarte des Bonusprogramms der Airline einlesen und dann den Namen, Flugnummer und Zielort oder den Buchungscode des Fluges eingeben (diese Informationen finden Sie auf der Buchungsbestätigung). Voraussetzung ist ein elektronisch ausgestelltes Ticket. Den **Gepäckanhänger** erhalten Sie direkt am Automaten oder bei der Gepäckabgabe. Am Ende des Check-in-Vorgangs wird die Nummer eines Gepäckabgabeschalters angezeigt, zu dem Sie Ihre Koffer bringen sollen.

Der **Nachteil für Familien**: Sonderfälle wie kostenloses Familien-Sperrgepäck (Buggy, Autokindersitz oder Reisebettchen) oder Flüge mit Stopover-Aufenthalten überfordern die Automaten. Mit Babys und Kleinkindern im Schlepptau kann es außerdem recht nervenaufreibend sein, gleichzeitig die Daten von mehreren Reisepässen und Flugtickets einzutippen, ein Auge auf das Gepäck zu haben und den Nachwuchs am Davonlaufen zu hindern.

Einchecken kann ganz schön lange dauern

Tamara: „In Australien sollten wir unsere Familie nebst Gepäck am Automaten selbst einchecken. Wir konnten aber weder die beiden Autokindersitze noch den Buggy angeben. Laut automatischer Anzeige sollten wir 180 Dollar für zusätzliches Gepäck berappen, außerdem für 1 kg Übergewicht eines Koffers (wir hätten das noch umpacken können/sollen) noch mal 80 Dollar. Die herbeigerufene Mitarbeiterin war erst einmal überfordert, sie meinte schnippisch, wir dürften für Oskar (vier Jahre alt) gar keinen Autokindersitz im Frachtraum kostenlos mitführen. Nach viel Reden und zuletzt Schimpfen hat die herbeigeholte Supervisorin die Probleme dann (manuell) für uns gelöst."

Vorabend-Check-in

An vielen Flughäfen bieten Airlines ihren Passagieren, deren Flug früh am Morgen geht, die Möglichkeit an, bereits am Vorabend des Abflugs einzuchecken. Das ist sehr **praktisch für Familien**: Ein Elternteil gibt das Gepäck am Flughafen auf und holt die Bordkarten ab. Die Familie fährt dann gemeinsam kurz vor dem Abflug nur mit dem Handgepäck zum Flughafen und kann direkt zur Sicherheitskontrolle und weiter zum Gate gehen.

Auf der Website Ihrer Fluggesellschaft oder des Flughafens erfahren Sie, ob das Vorabend-Check-in an Ihrem Abflughafen (oder an einer Außenstelle in einem Bahnhof) angeboten wird – und ob die Airline dafür eine **Gebühr** verlangt. Manche Airlines beschränken diesen Service auf Flüge, die bis 12 Uhr am Folgetag starten, bei anderen ist das Vorabend-Check-in für alle Flüge des Folgetags möglich.

Germanwings und Ryanair bieten generell kein Vorabend-Check-in an, und auch bei nicht-deutschen internationalen Airlines gibt es kein Vorabend-Check-in an deutschen Abflughäfen.

Online einchecken

Eine äußerst praktische Möglichkeit für Familien ist das Online-Check-in – Sie können vor dem Abflug bequem zu Hause am Computer ihre Flug- und Passdaten eingeben, die Bordkarten ausdrucken oder sich aufs Smartphone laden und müssen am Flughafen nur noch die Koffer zur Gepäckabgabe bringen. Das Online-Check-in ist je nach Flughafen und Airline ab **15 Tage bis zu 30 Minuten vor dem Abflug** möglich.

Um online einzuchecken, rufen Sie die Website der Airline auf und gehen auf den Punkt „Check-in", geben dort Ihren Namen, die Buchungsnummer und eventuell die Passdaten an und folgen den weiteren Anweisungen. Haben Sie den Flug im Internet gebucht und mit Kreditkarte bezahlt, müssen Sie eventuell die Kreditkartendaten hier noch einmal eingeben.

Für jedes Familienmitglied muss dieser Vorgang wiederholt werden – auch für Babys ohne eigenen Sitzplatz. Ist das Baby nur auf dem Ticket eines Erwachsenen eingetragen (mitunter ist das auf Inlandsflügen der Fall), funktioniert das Online-Check-in nicht.

Im Anschluss an das Check-in können Sie Ihre Sitzplätze reservieren oder umbuchen. Bis 48 Stunden vor dem Abflug ist die Bestellung von Kindermenüs möglich. Diese Service-Angebote stehen auch Passagieren ohne Online-Check-in zur Verfügung.

Genausowenig Verständnis wie die Check-in-Automaten haben die Online-Buchungsmasken für **Sonderwünsche**: Um zum Beispiel einen Buggy bis ans Flugzeug mitzunehmen („Gate Check-in"), brauchen Sie einen Gepäckanhänger, den Sie je nach Airline am Check-in-Schalter, an der Gepäckannahme oder direkt am Gate bekommen. Wollen Sie Ihren Autokindersitz mit ins Flugzeug nehmen (→ S. 248), müssen Sie bei einigen Airlines am Check-in-Schalter vorstellig werden, um den Sitz dort vom Personal autorisieren zu lassen.

Wie lange der Check-in-Vorgang dauert, kann nicht immer genau vorausgesagt werden. Auch wenn die Website der Airline nur 30 Minuten vor dem Abflug als spätesten Zeitpunkt für das (abgeschlossene) Check-in angibt, sollten Sie mindestens eine Stunde, bei internationalen Flügen besser **zwei bis drei Stunden vor dem Abflug am Flughafen** sein. Für Flüge in „Hochsicherheits-Länder" wie Israel oder die USA sollten Sie unbedingt noch eher zum Check-in kommen. Beim Einchecken mehrerer Familienmitglieder, der Gepäckaufgabe und der Aufgabe von Sperrgepäck, dem Warten an der Sicherheitskontrolle und dem Weg zum Gate vergeht die Zeit sehr schnell.

Flughäfen wie Frankfurt International sind für ihre langen Strecken zwischen den Terminals und Gates berüchtigt.

Uwe: „Auf unserer Rückreise schrumpfte am Flughafen in Miami unser Zeitpuffer um sage und schreibe eine Stunde schon auf dem Parkdeck vor dem Flughafen: Fast alle Fahrstühle vom Mietwagenparkdeck zum Flughafen waren nämlich defekt und die Warteschlange vor dem einzigen funktionstüchtigen war immens lang."

Mit Kindern durch die Sicherheitskontrolle

Beim Eintreten in den Transitbereich des Flughafens (der nur für Gäste mit Bordkarten zugänglich ist) werden aus Sicherheitsgründen alle Reisenden und ihr mitgebrachtes Gepäck auf **Gefahrgüter** kontrolliert. Egal wie alt sie sind, auch Kinder müssen durch die Sicherheitskontrolle. Wenn sie noch nicht selbst laufen können (oder wollen), werden sie durch die Torsonde getragen. Schlägt der Metalldetektor dabei an, müssen Sie zurückgehen, Ihr Baby einer anderen Person übergeben und nochmals allein durch das Tor gehen.

Gehen Sie **mit Kindern durch die Sicherheitskontrolle**, sollte ein Erwachsener zuerst durch die Torsonde gehen und nach seiner Kontrolle das Kind zu sich rufen. Idealerweise kommt es allein durch das Tor gelaufen. Allein reisende Elternteile schicken ihr Kind am besten zuerst durch die Torsonde, damit es nicht allein draußen warten muss, während sie eventuell nachkontrolliert werden.

Scheuen Sie sich nicht, das Sicherheitspersonal um Hilfe zu bitten. Die Mitarbeiter an der Kontrolle helfen meist gern beim Einpacken nach der Kontrolle oder beaufsichtigen währenddessen die Kinder.

An vielen Flughäfen dürfen Babys nicht in einer Babytrage oder im Tragetuch durch die Torsonde getragen werden – auch nicht, wenn sie schlafen. Eine Trage, die sich schnell ab- und wieder anlegen lässt, ist hier unter Umständen praktischer als ein Tuch.

Sind Sie an der Reihe, legen Sie alle Gepäckstücke und Jacken auf das Förderband des Röntgengeräts und gehen dann **allein durch die Torsonde**. Schlägt diese an, werden Sie daraufhin vom Sicherheitspersonal mit einem Metalldetektor nachkontrolliert und abgetastet (als Frau werden Sie nur von Frauen untersucht). Nach bestandener

Flug verpasst – was tun?

Haben Sie Ihren Flug verpasst, ist guter Rat teuer. Tickets von Passagieren, die sich nicht rechtzeitig am Check-in gemeldet haben, verfallen oder können nur durch eine „No Show Fee" wieder aktiviert werden. Das gilt auch für Weiterflüge und Rückflüge! Rufen Sie so zeitig wie möglich bei Ihrer Airline an, wenn Sie bemerken, dass Sie es nicht rechtzeitig zum Check-in schaffen, dann finden sich vielleicht Plätze in einer späteren Maschine. So eine **Umbuchung** kostet je nach Airline und Buchungsklasse zwischen 20 und 200 Euro – pro Ticket. Die Differenz zwischen dem Flugpreis Ihrer Tickets und den neuen, teureren Tickets müssen Sie natürlich auch bezahlen.

Mit einem etwas teureren Flex-Tarif können Sie bis 30 Minuten vor dem Abflug kostenlos umbuchen.

Eine gute Reiserücktrittsversicherung schließt Umsteigeschutz und Verspätungsschutz für die Anreise mit öffentlichen Verkehrsmitteln ein.

Lag die Schuld am verpassten Flug nicht bei Ihnen, etwa weil Ihr Zubringerflug zu spät ankam, muss die Airline Sie kostenfrei auf einen anderen Flug umbuchen. Die Bedingung: Sie haben alle Flüge zusammen auf ein Ticket gebucht (Durchgangstarif).

Welche Rechte Sie haben, wenn Sie auf einen anderen Flug umgebucht werden und warten müssen, regelt die EU-Verordnung Nr. 261/2004.

Zum Weiterlesen bei KidsAway.de:

„Flug annulliert, verspätet oder verpasst – was tun?"

Suchbegriff: „Flug verpasst"

Weblinks

EU-Fluggastrechteverordnung als App für alle Betriebssysteme: www.ec.europa.eu/transport/passenger-rights/de/mobile.html

Fluggastrechte und Service bei deren Einforderung: www.flightright.de

Prüfung dürfen Sie Ihr Gepäck wieder an sich nehmen und abgelegte Kleidungsstücke wieder anziehen.

Je größer der Flughafen, desto länger sind erfahrungsgemäß die **Wartezeiten** an der Sicherheitskontrolle. Während des Wartens können Sie sich bereits auf ein zügiges Passieren der Kontrolle vorbereiten: den Buggy komplett zusammenfalten und alle Fächer und Taschen leerräumen (größere Kinderwagen werden eventuell gesondert kontrolliert, hierfür unbedingt Extrazeit einplanen). Tragen Sie Ihr Kind in einer Tragehilfe, nehmen Sie es vor der Sicherheitskontrolle heraus. Die Tragehilfe kommt ebenfalls in einen Korb.

Auch Ihre **Jacken** können Sie schon ausziehen. An der Sicherheitskontrolle müssen diese in einem Plastikkorb durch das Röntgengerät geschoben werden. Handy, Kleingeld und Reisedokumente dürfen in den Jackentaschen bleiben. Auch die vorbereiteten **Ziplock-Tüten** mit den Flüssigkeiten, Ihre (leeren) Wasserflaschen und die Babynahrung packen Sie aus und legen sie in einen Korb. In ein weiteres Körbchen wandern **Laptop und Fotoausrüstung** (Laptops müssen eventuell hochgefahren werden, um zu beweisen, dass es keine Attrappen sind) und schließlich Gürtel mit Metallschnallen und schwere Schuhe, die Sie ebenfalls schon ausziehen sollten.

Einige Flughäfen (leider keine deutschen) öffnen spezielle Kontrollschalter, an denen es schneller vorangeht. „**Fast Track**" oder „Priority Lane" sind für Business-Class-Passagiere oder Besitzer von Vielflieger-Karten reserviert, können aber manchmal auch gegen eine Gebühr benutzt werden. Familien werden oft dort durchgeschleust, besonders mit Baby. Andere Flughäfen bieten „**family lanes**", an denen das Personal auf die Ansprüche von Familien eingestellt ist.

Tipps zum Boarding

Am Gate angekommen, heißt es warten, bis das Flugzeug bereit zum Aufnehmen der Passagiere ist. An der Flugsteiganzeige leuchtet dann das Signal „Boarding" (deutsch: **Einsteigen**) auf. Sie müssen nun nochmals Ihre Pässe und Bordkarten vorzeigen und werden ins Flugzeug geleitet. An einigen Flughäfen fährt ein Bus über das Flugfeld zu den Flugzeugen oder Sie gehen die Strecke über das Rollfeld zu Fuß.

Mitgebrachte **Buggys oder Kinderwagen** bekommen spätestens am Gate einen Gepäckanhänger. Oft bittet das Personal darum, den Buggy nun zusammenzufalten und abzugeben. Leeren Sie vorher alle Taschen und Fächer und packen Sie den Buggy, wenn möglich, in eine Transporttasche. Bei einigen Airlines kann der Kinderwagen auch direkt bis zum Flugzeug mitgenommen werden.

Vor dem Einsteigen dürfen alle Kinder noch einmal gründlich **herumrennen und toben**. Manche Flughäfen bieten an den Gates dafür eigene Spielbereiche. Außerdem sollten alle (auch Sie selbst) noch einmal die

---

Tipps, um die Sicherheitskontrolle schnell zu passieren

- Pullover statt Jacke tragen
- Schuhe ohne Schnürsenkel, mit Klettverschluss oder Slipper tragen
- keinen Gürtel tragen oder diesen ins Handgepäck packen
- Babys so anziehen, dass sie schnell die oberste Kleidungsschicht und Schuhe ausziehen können
- Babys aus Tragetuch oder Babytrage herausnehmen und auf dem Arm halten
- Buggy zusammenfalten
- Vorschriften für Handgepäck beachten, vor allem die Flüssigkeitenregelung (→ S. 234)
- nur leere Trinkflaschen mitbringen

Lufthansa, Germanwings und andere lassen Familien mit Kindern ohne Aufpreis bevorzugt einsteigen. Condor und Air France beschränken diesen Service auf Familien mit Babys und Easyjet auf Kinder bis fünf Jahre. Hier steigen Familien immerhin gleich nach den (zahlenden) „Speedy Boarding"-Nutzern ein. Bei Air Berlin und American Airlines können Eltern nicht mit bevorzugter Behandlung rechnen. Bei Ryanair dürfen sie wie alle anderen Passagiere gern zuerst einsteigen, wenn sie 5 oder 10 Euro (je nach gewünschter Sitzplatz-Kategorie) pro Fluggast und -strecke bezahlen.

Das lange Warten am Gate

Endlich geht es zum Boarding

Toilette aufsuchen, Wickelkinder bekommen eine **frische Windel**.

Familienfreundliche Airlines bieten Familien mit kleinen Kindern bevorzugtes Einsteigen an. Beim „**Family Preboarding**" werden zuerst Familien mit Säuglingen und Babys an Bord gebeten, danach Familien mit älteren Kindern. Auch mitreisende Großeltern oder andere Personen dürfen dann zeitiger an Bord. Bei Billigfliegern und immer mehr Linienfliegern ist dieser Service kostenpflichtig und „Early Boarding", „Speedy Boarding" oder „Preferred Access" stehen jedem offen, der zahlt.

Helge: „Auf unserem Flug nach Mallorca war das Preboarding für Familien ein Reinfall. Wir durften zuerst einsteigen – und zwar in den Bus, der uns über das Flugfeld zum Flugzeug brachte. Darin standen wir dann eingepfercht hinter den anderen Passagieren und kamen als Letzte wieder heraus und ins Flugzeug."

Warum überhaupt zuerst an Bord sein? Wer zuerst einsteigt, hat mehr Zeit und vor allem genug Bewegungsfreiheit, um seinen Platz zu suchen, das Handgepäck zu verstauen, den Autokindersitz einzubauen und die Kinder anzuschnallen. Diese müssen dann aber auch teilweise sehr lange auf dem engen Sitz angeschnallt warten, bis alle anderen Passagiere eingestiegen sind und der Flug startet. Oft beginnt hier schon das gefürchtete Nörgeln und Gegen-den-Vordersitz-Treten.

Reisen Sie allein mit Kind, sollten Sie trotzdem möglichst zeitig einsteigen.

Familien mit zwei Erwachsenen schicken am besten einen Elternteil mit dem Handgepäck und dem Kindersitz vor, während der andere mit den Kindern möglichst lange am Gate wartet und die Kleinen noch toben lässt.

Auch wenn kein „Family Preboarding" angeboten wird, können Sie einen Mitarbeiter am Gate um bevorzugtes Einsteigen bitten, wenn Sie mit einem Baby oder mit viel Gepäck reisen. Fragen kostet nichts!

An Bord mit Babys und Kindern

Kindermenüs im Flugzeug

Alle Linienfluggesellschaften und einige Pauschalflieger bieten ihren Gästen auf Mittel- und Langstrecken ein **warmes Essen** an. In der Economy Class sind die verschiedenen Gänge dieses „Menüs" zeit- und platzsparend auf einem Tablett zusammengefasst. In der Regel werden zwei Alternativen angeboten, um die Haupt-Geschmäcker der Passagiere zu befriedigen; je nach Airline und Flugstrecke enthalten die Menüs meist Fleisch oder Fisch, in Europa ist meist ein Nudelgericht dabei, in Asien fast immer eine vegetarische Variante.

Bis zu 48 Stunden vor dem Abflug können Sie anstatt dieses Menüs **Sonderwünsche** anmelden: Es gibt eigentlich immer vegetarisches Essen und ein besonderes Angebot für Kinder, daneben je nach Airline koscheres Essen, Halal-Essen und vieles mehr. Liegt die Flugdauer unter einer Stunde, gibt es selbst bei Linienfliegern nur einen kleinen Snack, der für alle Passagiere gleich ist, oder auch nur ein Getränk.

Auf Linienflügen sind sämtliche Menüs im Ticketpreis enthalten. Pauschalflieger (zum Beispiel TuiFly, Air Berlin oder Condor) bieten **Kindermenüs** gegen Aufpreis an (zwischen 6,50 und 15 Euro pro Essen und Flugstrecke). Billigflieger servieren nur kleinere Snacks an Bord, und die müssen Sie bezahlen – Service kostet extra, dafür ist das Ticket billig. Hier wird es wiederum akzeptiert, wenn Sie Ihre **Verpflegung selbst mitbringen**.

Ferienflieger wie Condor verlangen für Kindermenüs zum Teil heftige Aufpreise. Auch das (kostenfreie) normale Menü können Kinder durchaus essen, oder Sie packen einen Notfall-Snack ein.

Mit **Getränken** sieht es ähnlich aus: Bei Linien- und Pauschalfluggesellschaften sind die Getränke meist kostenfrei und können beliebig oft nachgeordert werden. Billigflug-Gäste (aber immer öfter auch Pauschalreisende) müssen zum Portemonnaie greifen.

Generell gilt: Alle Menüs müssen spätestens 48 bis 24 Stunden vor dem Abflug reserviert werden und **Kindermenüs bekommen nur Kinder mit eigenem Sitzplatz**. Per se haben mitreisende Kinder keinen Anspruch auf gesonderte Verpflegung. Haben Sie vergessen, ein Kindermenü zu bestellen, können Sie nachfragen, ob eventuell noch eines übrig ist. Normalerweise muss sich Ihr Kind dann aber mit dem normalen Menü zufrieden geben.

Die Kindermenüs enthalten neben dem Hauptgang wie Spaghetti, Würstchen oder Chicken Wings in der Regel frisches Obst, einen Joghurt oder Ähnliches und einen Saft. Dazu gibt es häufig eine kleine Süßigkeit und ein Spielzeug.

Ein Vorteil des Kindermenüs: Es wird bei den meisten Airlines vom Bordpersonal etwa eine halbe Stunde vor dem Essen für die Erwachsenen serviert. Auch wenn Ihr Kind ein normales Menü essen soll, können Sie das Bordpersonal bitten, Ihnen das Essen **früher an den Platz** zu bringen. So gibt es keine Quengelei, denn gerade in großen Maschinen kann es lange dauern, bis die

Lecker – mein Kindermenü

Servierwagen bei der eigenen Sitzreihe angelangt sind. Und: In der beengten Sitzsituation und mit dem ungewohnten Tablett können Sie zuerst Ihrem Kind beim Essen helfen und dann in Ruhe selbst essen.

Schläft Ihr Kind gerade, wenn das Essen serviert wird, wecken Sie es nicht extra auf, sondern bitten Sie, das Menü für Ihr Kind später zu servieren. Das ist bis kurz vor der Landung kein Problem.

Babys, die auf dem Schoß eines Erwachsenen mitreisen, haben *keinen* Anspruch auf ein Menü und können auch keines reservieren. Mit Glück bekommen Sie auf Nachfrage ein Gläschen **Babynahrung**. Das reicht fast Zweijährigen in der Regel natürlich nicht. Hier müssen Sie selbst vorsorgen und Verpflegung für Ihr Kind mitbringen (auf die Flüssig-keitenregelung achten!).

Kostenpflichtige Menüs in der Economy Class sind selten ein Genuss. Essen Sie sich lieber vor dem Abflug zu Hause oder am Flughafen in einem Restaurant satt. Das ist günstiger und die Auswahl an Speisen ist größer.

Stillen, Fläschchen und Windeln an Bord

Mit Still-Babys (→ S. 367) haben Sie es beim Fliegen gut: Da die **Muttermilch** immer fertig zubereitet verfügbar ist, sparen Sie viel Gepäck und müssen nicht das Bordpersonal um heißes Wasser für die Fläschchenzubereitung bitten. Das Saugen hilft nicht nur beim Druckausgleich, sondern **beruhigt** Kinder auch effektiv.

Das Dilemma: Gerade dann, wenn Stillbabys die Brust besonders brauchen würden, nämlich bei Start und Landung, sollen sie aus Sicherheitsgründen auf einem eigenen Sitzplatz in einem Autokindersitz angeschnallt sein (und müssen auch auf dem Schoß nach vorn schauend hingesetzt werden). So ist **Stillen unmöglich**. Bieten Sie Ihrem Baby einen Schnuller oder den Finger zum Saugen an und denken Sie daran, dass es im Flugzeug genauso wichtig ist wie im Auto, angeschnallt zu bleiben.

Aufregung und Nervosität führen häufig dazu, dass Babys schlecht trinken oder eine Stillmahlzeit auslassen. Trinkt die Mutter dann noch zu wenig, geht oft die Milchmenge zurück. Das ist normal und in der Regel schnell behoben, wenn man Babys bewusst häufiger anlegt und sich ausruht.

Übrigens: **Gestillt wird im Flugzeug natürlich am Platz**, nicht auf der Flugzeugtoilette.

Abgepumpte Muttermilch ist vom Flüssigkeitsverbot ausgenommen und darf (in angemessenen Mengen) mitgebracht werden. Auch eine elektrische Milchpumpe dürfen Sie im Handgepäck mitnehmen und an Bord benutzen. Erkundigen Sie sich rechtzeitig, ob die Anschlüsse im Flugzeug für Ihr Gerät passen.

Fläschchen können auch an Bord eines Flugzeugs zubereitet werden. Fast alle Airlines stellen dafür kostenfrei heißes Wasser zur Verfügung. Auf Reiseflughöhe genügt der Luftdruck übrigens nicht mehr, um das Wasser richtig zum Kochen zu bringen. Sicherheitshalber sollten Sie also für das Fläschchen nur Wasser aus Flaschen verwenden. Ist dieses in der Bordküche nicht vorrätig, sind Sie mit einem eigenen Vorrat, den Sie hinter der Sicherheitskontrolle erworben haben, gut aufgestellt.

Still- und Flaschenbabys haben eines gemeinsam: Sie tragen **Windeln**. Das Wechseln derselben ist in engen Flugzeugtoiletten kein Vergnügen, deshalb lautet die Devise: möglichst vermeiden. Vor dem Boarding ist ein Gang zur Toilette oder in den Wickelraum Pflicht. Wickelkinder sollten am Tag vor dem Abflug außerdem bewusst nur gut verträgliche Nahrungsmittel und keine Getränke mit viel Zucker oder Kohlensäure bekommen, um Überraschungen wie Durchfall oder einem wunden Po vorzubeugen.

Auf das **Wickeln an Bord** bereiten Sie sich am besten vor, indem Sie auf **geeignete Kleidung** Ihres Kindes achten: Hosen mit Gummizug lassen sich schnell herunterziehen, Latzhosen oder Ganzkörper-Strampler sind weniger praktisch. Damit volle Windeln nicht auslaufen und die Kleidung ruinieren können, sollten Sie Ihr Kind gut beobachten.

> Frauke: „Ein Tipp meiner Hebamme, der uns sehr geholfen hat: zwei Windeln anlegen, die passende unten und darüber eine Nummer größer. Für den Rückflug hatten wir auch gleich noch zwei größere dabei. Das hat uns zweimal vor komplettem Umziehen gerettet ..."

Muss tatsächlich gewickelt werden, bieten dafür heute fast alle Flugzeuge einen herunterklappbaren **Wickeltisch** in der Toilette. Ausnahmen dürfte es lediglich bei regionalen Fluggesellschaften mit älteren Maschinen geben. Das einfache Brett, das über dem Toilettenbecken an der Wand angebracht ist, eignet sich allerdings nur bedingt zum Wickeln. Besonders für größere und aktivere Kinder ist es viel zu klein, und der wickelnde Elternteil hat in der engen Toilettenkabine **kaum Platz**. Statt der kompletten Wickeltasche sollten Sie daher nur die nötigen Dinge mit zur Toilette nehmen, am besten in einer kleinen Umhängetasche, und dem Baby bereits am Platz alle Kleidungsstücke bis auf den Body ausziehen.

Vorsicht ist bei den leichten **Turbulenzen** angesagt, die beim Fliegen sehr häufig sind. Im Sitzen fallen sie kaum auf, im Stehen muss man dabei gut balancieren. Dabei fällt schnell mal etwas aus der Hand oder stehende Wickelkinder kommen ins Straucheln. Hilfestellung und Handreichungen kann der Partner geben, der durch die offene Toilettentür assistiert. Das Bordpersonal oder Sitznachbarn kümmern sich bestimmt gern um Geschwister, die während des Wickelns besser am Platz bleiben.

Ist kein Wickeltisch auf der Bordtoilette, fragen Sie die Flugbegleiter, wo Sie Ihr Baby wickeln können. Mögliche Orte sind die Bordküche hinter der letzten Sitzreihe, der Boden vor den Sitzen in der ersten Reihe oder vor dem Notausgang, das Babykörbchen, leere Sitzreihen, der eigene Flugzeugsitz oder Ihr Schoß.

Egal, wo Sie wickeln: Legen Sie immer eine **Wickelunterlage** unter und schirmen Sie den unappetitlichen Vorgang möglichst gut von den anderen Passagieren ab. Das Bordpersonal ist immer Ihr Ansprechpartner erster Wahl. Seine Vorschläge sollten Sie unbedingt akzeptieren.

Ob Sie beim Fliegen eine **Wickeltasche** (→ S. 381) benötigen, ist Ansichtssache. Zwar ist dann alles für das Baby praktisch und mit wenigen Handgriffen erreichbar verstaut und einfach zu transportieren. Für die engen Flugzeugtoiletten sind die meisten Wickeltaschen allerdings viel zu sperrig, Sie müssen also sowieso alle nötigen Dinge vorher heraussuchen. Und einige Billigflieger gestatten für Babys ohne eigenen Sitzplatz keine Wickeltaschen als freies Handgepäck.

Da viele Airlines Handgepäck für Babys als kostenfreies Zusatzgepäck akzeptieren, macht es sich gut, wenn die Wickeltasche eindeutig als solche erkennbar ist.

Ein Selfie auf der Flugzeugtoilette

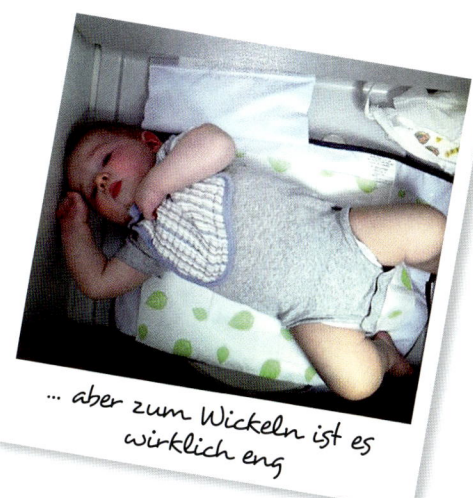

... aber zum Wickeln ist es wirklich eng

Alle großen Airlines bieten ihren Passagieren Babynahrung, Windeln, Feuchttücher und Wundcreme kostenlos an. Bei Ferienfliegern können Sie auf Flügen ab 90 Minuten Länge von diesem Service ausgehen – aber verlassen Sie sich nicht darauf, manchmal ist der Vorrat an Bord schlichtweg aufgebraucht. Billigflieger sparen auch hier.

Ashley: „Ich habe drei Kinder und noch für keines brauchte ich eine Extra-Wickeltasche. Das Wickelzeug packe ich mit in meinen Rucksack, wo auch der ganze andere Kram für uns und die Kinder drin ist. Da ist immer alles zur Hand und ich muss mir nicht noch eine zweite Tasche über die Schulter hängen."

Statt eines sperrigen Sitzes können Sie auch preiswerte Toilettensitzauflagen zum Wegwerfen verwenden. Achten Sie darauf, dass die Auflagen auch die Unterseite der Brille bedecken, die von Kindern ebenfalls angefasst wird.

Spezialfälle sind Kinder, die eigentlich **schon sauber** sind, im Ernstfall aber noch nicht lange aushalten können. Während des Fluges sollten sie – ausnahmsweise! – noch einmal eine Windel tragen. Diese wird idealerweise kurz vor dem Boarding angelegt. **Trainerhöschen** sind atmungsaktiv und so wie echte Unterhosen geschnitten. Dann sind „große" Kleinkinder nicht allzu enttäuscht und können die Höschen auch allein an- und ausziehen. Trainerhöschen sind aber nur für kleinere „Unfälle" geeignet, als vollwertige Windeln taugen sie nicht.

Zum Weiterlesen bei KidsAway.de:

„Gewusst wie: Wickeln im Flugzeug (plus Packliste)"

 Suchbegriff: „Wickeln"

Auf schmutzige Flugzeugtoiletten will man Toiletten-Anfänger am liebsten gar nicht setzen, zumal die Kleinen beim Aufsitzen jedes Mal die WC-Brille anfassen müssen. Ein **transportabler Toilettenaufsatz** gibt wackeligen kleinen Pos Sicherheit und sorgt für Hygiene. Auf der Weiterreise können Sie den Aufsatz im Hotel, im Restaurant oder in Raststätten einsetzen.

Sicherheit mit Kindern beim Fliegen

Fliegen ist statistisch gesehen eine der sichersten Reisearten. Trotzdem gibt es immer wieder **gefährliche Zwischenfälle** bei Turbulenzen, Startabbrüchen und Zusammenstößen auf der Landebahn. Blinder Fatalismus à la „Dann sterben wir sowieso" ist hier nicht angebracht: Nach Expertenmeinung sind 90 Prozent aller Flugzeugunglücke überlebbar.

Die größte, weil häufigste Gefahr geht von **Turbulenzen** aus, die jederzeit und ohne Vorwarnung auftreten können. Ein leichtes Rütteln erlebt man auf fast jedem Flug. Starke Turbulenzen schleudern unbefestigte Gegenstände und nicht angeschnallte Passagiere unkontrolliert durch die Kabine. Hier kann es besonders bei kleinen Kindern zu schweren Verletzungen kommen.

Mit einigen einfachen **Maßnahmen** können Sie die Sicherheit Ihrer Kinder beim Fliegen wesentlich erhöhen:

- ausgeruht, satt und gründlich vorbereitet an Bord gehen; keine Medikamente oder Alkohol zum Beruhigen einnehmen
- beim Sicherheits-Briefing vor dem Start aufmerksam zuhören, besonders zur Handhabung von Sauerstoffmasken und Schwimmwesten für Babys und zum Ablauf der Notfall-Evakuierung; im Zweifelsfall beim Bordpersonal nachfragen
- schwere Gepäckstücke nicht in die „overhead compartments" packen, sondern unter den Vordersitz; Kinder immer am Fenster platzieren und nicht unter einem Gepäckfach
- keine scharfkantigen, schweren oder zerbrechlichen Spielsachen mitnehmen
- während des Fluges keine Gegenstände auf oder unter den Sitzen herumliegen oder -rollen lassen

Bei der Verteilung der **Sitzplätze** gehören Kinder ans Fenster, Eltern sollten am Gang sitzen. Im Fall einer Evakuierung müssen Sie dann nicht über das Kind oder den sperrigen Kindersitz steigen, und im normalen Flugzeugbetrieb verhindern Sie, dass Kinderhände oder -beine von Vorbeigehenden oder

Spielideen für den Flug

Obwohl Sie zumindest bei den besseren Linienfliegern im Flugzeug eine Tüte mit Kinderspielzeug bekommen, sollten Sie sich darauf nicht verlassen. Oft sind die Spielangebote in der Tüte nicht passend für das Alter Ihres Kindes, es kann mit den englischen Anweisungen nichts anfangen oder es ist einfach nicht genug Spielzeug für alle Kinder an Bord (im Zweifelsfall ruhig nachfragen).

Ein Vorrat an eigenem Spielzeug beugt Enttäuschungen vor und sichert die Beschäftigung für eine Weile. Irgendwann will aber jedes Kind auch mal mit Mama und Papa spielen. Dann sind Ideen gefragt, für die Sie nicht viel Material und Platz benötigen.

- für die Kleinsten: Fingerspiele („Zehn kleine Zappelmänner")
- Kindergartenalter: „Alle Vögel fliegen hoch!" (→ S. 289), „Ich packe meinen Koffer", „Was bin ich?" (→ S. 273)
- Vorschulalter: Fadenspiele, allein oder zu zweit (→ S. 289)

- Grundschüler: „A-bis-Z-Spiel", bei dem in alphabetischer Reihe Begriffe zu einer Oberkategorie wie Sommerurlaub oder Fliegen gefunden werden müssen
- „Frage-Antwort-Spiel": Mit einem vorher festgelegten Buchstaben müssen alle Antworten beginnen, die ein Spieler auf Fragen wie „Wohin fliegst du gerade?" oder „Was machst du dort?" gibt

Zum Weiterlesen bei KidsAway.de:

„Preiswertes (Wegwerf-)Spielzeug fürs Flugzeug"

 Suchbegriff: „Spielzeug fürs Flugzeug"

Zum Weiterlesen bei KidsAway.de:

„Die schönsten Kinderbücher als E-Books für die Reise"

 Suchbegriff: „E-Books"

dem Servierwagen gequetscht werden. Natürlich sollten Kinder nie allein oder neben fremden Passagieren sitzen – im Notfall können und wollen Sie sich nicht darauf verlassen, dass Fremde schnell genug helfen.

Kinder und Eltern sollten während des gesamten Fluges **angeschnallt** sein. Bei Kindern ab 1,25 Meter, die groß genug für die Sicherung mit dem Beckengurt sind, sollten Sie den Sitz des Gurtes regelmäßig überprüfen: Er muss möglichst fest sitzen und das Gurtschloss genau in der Mitte haben.

Besonders bei Kleinkindern ist es verlockend, sie auf dem **Kabinenboden** spielen oder schlafen zu lassen. Hier besteht jedoch Lebensgefahr, wenn es zu Turbulenzen oder Notlandungen kommt! Neben der Gefahr, als lebendes Geschoss durch die Kabine zu fliegen, wäre es Ihnen außerdem unmöglich, Ihrem Kind bei Druckabfall in der Kabine rechtzeitig eine **Sauerstoffmaske** anzulegen.

> Fallen die Sauerstoffmasken herab, ist es enorm wichtig, dass sich Eltern diese zuerst anlegen. Erst wenn Ihre eigene Sauerstoffversorgung gesichert ist, dürfen Sie sich um Ihre Kinder und andere Personen kümmern.

Aufstehen und den Sitzplatz verlassen sollten Sie möglichst nur für kurze Zeiträume und nur, wenn das **Anschnallzeichen** nicht leuchtet. Halten Sie kleine Kinder beim Gang durch das Flugzeug fest an der Hand und achten Sie darauf, dass sie nicht neugierig nach heißen Kaffeetassen oder Griffen an den Servierwagen fassen und sich verletzen.

Fliegen Sie mit Kindern, die besondere **medizinische Bedürfnisse, Asthma oder Lebensmittelallergien** (→ S. 376) haben, sollten Sie vor dem Abflug das Bordpersonal darüber informieren. Im Ernstfall haben Sie die erforderlichen Maßnahmen dann bereits abgesprochen und bekommen schneller Hilfe.

Kinder mit dem Schlaufengurt sichern

Vom Autokindersitz bis zum Fahrradhelm versuchen wir alles, um unsere Kinder vor Gefahren zu schützen. Beim Fliegen sollte das nicht anders sein. Leider informieren sich nur wenige Eltern über die Risiken, denen Kinder im Flugzeug ausgesetzt sind – und die Airlines tragen nicht viel zur Aufklärung bei.

Kleinkinder unter zwei Jahren werden im Flugzeug kostenlos oder sehr günstig befördert, wenn sie **auf dem Schoß** eines Erwachsenen sitzen. Dieser hält sie entweder mit bloßen Händen fest (in den USA) oder schnallt sie mit einem Schlaufengurt (dem sogenannten „loop belt") an den eigenen Beckengurt (in Europa). Wie groß oder schwer die Kinder sind, ist dabei unwesentlich, allein das Alter zählt.

Die EU-Verordnung, die das Anschnallen von Babys und Kleinkindern mit einem Extragurt vorschreibt, suggeriert Sicherheit. Allerdings nur, solange man nicht weiß, dass sie erst 2008 wieder eingeführt wurde (vorher waren die Schlaufengurte seit 1994 zur Sicherung von Passagieren verboten) und dass die Schlaufengurte gar nicht zur Sicherung von Kindern entwickelt wurden, sondern als Gurterweiterung für sehr beleibte Fluggäste.

Der Schlaufengurt für „Schoß-Kinder"

Tatsächlich stellt sowohl das Festhalten als auch das Anschnallen mit dem **Schlaufengurt** für kleine Kinder eine **große Gefahr** beim Fliegen dar.

Bei abrupten Bremsvorgängen und Turbulenzen fliegen nicht festgeschnallte Passagiere wie Geschosse mit einem Vielfachen ihres Eigengewichts durch die Flugzeugkabine – und können dabei entsprechend schwer verletzt werden.

Der Schlaufengurt schützt zwar die anderen Passagiere davor, von einem herumfliegenden Baby getroffen zu werden. Das Baby selbst würde aber, da es direkt vor einem Erwachsenen sitzt, von dessen Eigengewicht und dem in seinen Bauchraum einschneidenden Gurt zerquetscht.

Der TÜV Rheinland hat in Crashtests gezeigt, wie Kinder auf dem Schoß von Erwachsenen zu lebenden Airbags werden und setzt sich seit Jahren dafür ein, Kinder nur auf eigenen Sitzplätzen fliegen zu lassen – gesichert mit einem **Kinderrückhaltesystem**, das den Beckengurt in seiner Haltefunktion unterstützt oder ersetzt, denn dieser ist nicht an den speziellen Körperbau von Kindern unter sieben Jahren angepasst.

> Elke: „Ich habe lange Zeit gar nicht gewusst, dass es für kleine Kinder eine andere Möglichkeit als den Schlaufengurt gibt. Jetzt, wo ich weiß, wie gefährlich es ist, fällt das natürlich aus. Dann fliege ich lieber gar nicht, wenn es keine sichere Möglichkeit für mein Baby gibt. Und ich bin ganz schön sauer auf die Fluggesellschaften, dass sie das uns Passagieren nicht sagen!"

Für einen eigenen Sitzplatz spricht nicht nur die erhöhte Sicherheit, sondern auch der **Komfort**: Auf Mittel- und Langstreckenflügen kann es eine Qual für alle Beteiligten sein, wenn ein Baby oder Kleinkind permanent auf dem Schoß gehalten werden muss. Nicht immer hat man Glück und kann einen freien Sitzplatz nutzen, und nicht jedes Kind kann und will ständig im Babykörbchen liegen.

Selbst wenn Sie für Ihr Baby ein Babykörbchen reserviert haben, dürfen Sie dieses nicht nutzen, solange die Anschnallzeichen leuchten. Bei Start, Landung und Turbulenzen muss das Baby mit dem Schlaufengurt auf Ihrem Schoß angeschnallt werden.

Kinder im Autokindersitz sichern

Um Kinder im Flugzeug mit einem Rückhaltesystem zu sichern, kommen entweder rückwärts gerichtete Babyschalen in Betracht oder Autokindersitze der Gruppe I/II für Kinder bis 18 Kilogramm. Speziell für das Flugzeug entwickelte Rückhaltesysteme gibt es zwar, sie werden aber von den Fluggesellschaften bisher nicht eingesetzt (man kann nur spekulieren, warum). Alternativ können Sie einfache Gurtsysteme verwenden, die den Beckengurt des Flugzeugsitzes zu einem Fünfpunktgurt ergänzen (→ S. 250).

Der Beckengurt als alleinige Sicherung ist erst für Kinder ab etwa sieben Jahren oder 1,25 Meter Größe geeignet, deren Beckenknochen voll entwickelt sind, so dass der Gurt bei einer starken Bremsung nicht in den Bauchraum einschneidet.

Kuschelig und sicher im eigenen Kindersitz

Aktuell erhältliche Babyschalen mit Zertifikat „for use in aircraft"

Modell (Hersteller)	Preis	Testbewertung Stiftung Warentest/ADAC
Pebble (Bébé Confort)	199 Euro	baugleich mit Pebble (Maxi Cosi), siehe unten
Ion (Concord)	149 Euro	2007: gut (2,2)
Citi (SPS) (Maxi Cosi)	99 Euro	2007: gut (2,0)
Pebble (Maxi Cosi)	225 Euro	2010: gut (2,3)
Baby Safe Plus/B06 (Britax Römer)	130 Euro	2006: gut (2,0)
Baby Safe SHR Plus (Britax Römer)	175 Euro	2009: gut (2,1)
Evolution Pro (Kiddy)	199 Euro	2014: gut (1,9)
Evolution Pro2 (Kiddy)	199 Euro	2014: gut (1,9)
Mini (Takata)	229 Euro	2014: gut (2,2)

Aktuell erhältliche Autokindersitze mit Zertifikat „for use in aircraft"

Zertifizierte Autokindersitze für Kinder von 9 bis 18 kg (etwa 9 Monate bis 3,5 Jahre)

Modell (Hersteller)	Preis	Testbewertung Stiftung Warentest/ADAC
Energy Pro (Kiddy)	200 Euro	2010: gut (1,6)
Phoenixfix Pro (Kiddy)	170 Euro	nicht getestet
Phoenixfix Pro2 (Kiddy)	199 Euro	2013: sehr gut (1,3)
Eclipse (Britax Römer)	145 Euro	nicht getestet

Zertifizierte Kombi-Autokindersitze 9 bis 36 kg (etwa 9 Monate bis 12 Jahre)

Modell (Hersteller)	Preis	Testbewertung Stiftung Warentest/ADAC
Guardian Pro (Kiddy)	270 Euro	2010: gut (2,0)
Guardian Pro2 (Kiddy)	270 Euro	2011: gut (1,8)
Guardianfix Pro (Kiddy)	269 Euro	2012: mangelhaft (5,5) mit Isofix-Nutzung aber Testurteil gut!
Guardianfix Pro2 (Kiddy)	270 Euro	2012: gut (2,1)

Zertifizierte Autokindersitze 15 bis 36 kg (etwa 4 bis 12 Jahre)

Modell (Hersteller)	Preis	Testbewertung Stiftung Warentest/ADAC
Cruiserfix Pro (Kiddy)	170 Euro	2011: gut (1,7)

Quellen für alle Tabellen: TÜV Rheinland, ADAC, Stiftung Warentest, eigene Recherchen; Stand: 11/2014

Das Problem: Autokindersitze müssen für die Verwendung im Flugzeug zugelassen sein, erkennbar am Siegel „**for use in aircraft**". In Deutschland verkaufte Sitze der Gruppe I/II sind das in der Regel nicht, weil sie für das Anschnallen mit Dreipunktgurten (oder mit Isofix-Ösen) entwickelt sind. Im Flugzeug gibt es aber nur den Beckengurt, dessen breite Schnalle außerdem das Befestigen erschwert.

Haben Sie einen Sitz mit entsprechender Zulassung gefunden (siehe Tabelle auf → S. 249), stehen Sie vor einem zweiten Problem: Jede Airline hat ihre eigenen **Vorschriften**, was das Benutzen von Rückhaltesystemen an Bord angeht. Gehen Sie nicht davon aus, dass ein zertifizierter Autokindersitz akzeptiert wird! Informieren Sie sich unbedingt vor der Buchung der Flugtickets bei der Kunden-Hotline oder auf der Website der Airline, welche Sitze zugelassen sind und wie diese anzumelden sind.

Auch wenn Sie keinen Sitzplatz für Ihr Baby gebucht haben, können Sie eine Babyschale mitbringen. Bleibt ein Sitzplatz in Ihrer Nähe frei, dürfen Sie diesen in der Regel kostenfrei nutzen. Dann ist es optimal, wenn Sie die Babyschale dabei haben.

Alternativen zum Autokindersitz

Ein Autokindersitz ist sperrig und schwer. Es macht keinen Spaß, ihn zusätzlich zum Gepäck über den Flughafen zu schleppen. Besonders Familien, die für den Autokindersitz am Urlaubsort keine Verwendung haben oder die zwei oder mehr Kinder im Flugzeug sichern wollen, stöhnen beim Gedanken an den Aufwand.

Hier bietet sich das speziell für den Flugzeugsitz entwickelte und „for use in aircraft" zugelassene **Hosenträger-Gurtsystem CARES** an. Diese einfache, aber effektive Erweiterung des Beckengurts zum Fünfpunktgurt passt Babys und Kleinkindern ab etwa einem Jahr bis etwa vier Jahre (und einem Meter Körpergröße) und zwischen 10 und 20 Kilogramm Gewicht. Er macht aus dem Beckengurt einen sicheren Fünfpunktgurt und schützt Ihr Kind so bei Start und Landung sowie bei Turbulenzen während des Fluges vor Verletzungen. Um den Gurt nutzen zu können, müssen Kinder auf einem eigenen Platz sitzen.

Der CARES-Gurt kostet etwa 89 Euro, ist in fünf Minuten am Flugzeugsitz angebracht, wiegt nur 500 Gramm und hat das Packmaß eines kleinen Kulturbeutels, ist also einfach im Handgepäck zu verstauen. Da er „for use in aircraft" zertifiziert ist, akzeptieren ihn (fast) alle Airlines. Er wird sowohl von der amerikanischen FAA als auch vom Luftfahrtbundesamt als Rückhaltesystem akzeptiert. Der TÜV Rheinland weist darauf hin, dass die Schutzwirkung des CARES-Gurtes der eines Autokindersitzes unterlegen sei und empfiehlt daher dieses Rückhaltesystem nicht.

Für Kinder unter einem Jahr ist der CARES-Gurt nicht geeignet, da sie unten aus dem Gurt herausrutschen könnten (es fehlt ein Schrittgurt zwischen den Beinen). Babys und Kleinkinder benötigen eine Babyschale für optimalen Schutz. Ab etwa einem Meter Körpergröße und einem Gewicht von 20 Kilogramm können Kinder den CARES-Gurt ebenfalls nicht (mehr) nutzen. Der Hersteller verweist allerdings darauf, dass behinderte Kinder nach Absprache mit der Airline bis zu einer Größe von 1,50 Meter mit dem CARES-Gurt gesichert werden dürfen – fragen Sie also einfach nach, sofern der Gurt Ihrem Kind noch gut passt.

Kerstin: „Kleiner Tipp ... den CARES-Gurt schon vor der Reise ab und zu spielerisch am Küchenstuhl befestigen und mit dem Kind ‚Flugzeug fliegen' spielen. So läuft man nicht Gefahr, dass es im Flieger Schreierei gibt, weil es den Gurt nicht mag, und Mama und Papa wissen auch, wie man ihn befestigt."

▸ Der CARES-Gurt ist eine platzsparende und komfortable Sicherungsmöglichkeit für Kinder im Flugzeug. Er passt aber nur für Kinder bis etwa 1 Meter, also drei bis vier Jahre.

Produktempfehlungen　　　ANZEIGE

Ratgeber Fliegen

Der Ratgeber für das Fliegen mit Kindern schlechthin und das einzige Buch auf dem Markt zu diesem Thema. Auf 240 Seiten werden 190 Fragen von Familien rund ums Fliegen beantwortet – kurz, sachlich und mit vielen weiterführenden Links und Adressen. Als Bonuskapitel sind Tipps zum Fliegen für Schwangere sowie Wissenswertes rund um den Kinderreisepass enthalten.

„Fliegen mit Baby und Kleinkind" von Kerstin Führer, KidsAway Verlag, Kassel ISBN 978-3000434334

14,95 · € www.kidsaway.de

Sanohra fly Ohrenschutz

Der Sanohra fly Ohrenschutz mit Druckregulierung schützt die empfindlichen Ohren von Kindern vor Schmerzen durch den Druckanstieg im landenden Flugzeug. Rechtzeitig eingesetzt, verringert er den Druck auf die Trommelfelle und ermöglicht ihnen einen langsameren Ausgleich. Der Ohrenschutz ist in allen Apotheken erhältlich, auch für Erwachsene.

8,45 € · www.sanohra.de

CARES Sicherheitsgurt

Die leichte, platzsparende und einfach anzubringende Alternative zum Autokindersitz erlaubt Kindern zwischen einem Jahr und etwa vier Jahren bis zu einem Meter Körpergröße das sichere Sitzen auf einem eigenen Sitzplatz im Flugzeug. Der CARES-Gurt ist anerkannt von der FAA und dem Luftfahrtbundesamt und wird von allen Airlines als Rückhaltesystem akzeptiert; bei Ryanair ist er sogar das einzige zugelassene Sicherungssystem.

89,00 € · www.kidsaway.de

Bis zu einem Alter von etwa sieben Jahren sind Kinder allein mit dem Beckengurt nicht richtig gesichert (auch nicht im Auto → S. 266). Für Kinder, die für den CARES-Gurt zu groß und zu schwer, aber noch kleiner als 1,25 Meter sind, bietet sich als „Notlösung", wenn kein Autokindersitz genutzt werden kann, eine Sitzerhöhung an – diese wird vom TÜV Rheinland empfohlen, um die korrekte Positionierung des Beckengurtes zu sichern. Die meisten Airlines gestatten ihre Verwendung an Bord, allerdings nicht bei Start und Landung.

Mit einer rutschfesten Sitzauflage verhindern Sie sowohl das Verrutschen eines Autokindersitzes als auch von kleineren Kindern, die mit dem CARES-Gurt gesichert sind. Im Auto können Sie die Sitzunterlage für den Kindersitz weiter nutzen. Das Rohmaterial für eine Sitzauflage bekommen Sie im Baumarkt.

Weitere Gurtsysteme eignen sich eher für behinderte Kinder: Der **Meru Travelchair** wird zum Beispiel von Ryanair ausdrücklich als Rückhaltesystem akzeptiert. Auch CARES bietet einen Gurt für ältere behinderte Kinder an.

Komfortabel gesichert mit dem CARES-Gurt

Kindersitzregelungen einiger Airlines

- **Emirates** und **Singapore Airlines** erlauben nur die Installation von Autokindersitzen auf nach vorn gerichteten Sitzen, womit einige Plätze in der Business Class ausscheiden.
- **Lufthansa** erlaubt bestimmte Modelle. Die Liste der zugelassenen Sitze ist länger als die des TÜV Rheinland. Lehnt das Lufthansa-Personal den Autositz als Sicherungssystem ab, muss er als normales Gepäckstück aufgegeben werden.
- **Air Berlin** macht nur grobe Vorgaben, überlässt die endgültige Entscheidung aber dem Bordpersonal. Jeder Kindersitz muss bis 48 Stunden vor dem Flug angemeldet werden.
- Auch **Condor** möchte jeden Autokindersitz 48 Stunden vorher angemeldet wissen. Darüber hinaus werden nur die Maße des Flugzeugsitzes (68 Zentimeter hoch, 43 Zentimeter breit, Standfuß 45 Zentimeter tief) als Rahmenbedingung vorgegeben.
- Der Billigflieger **Ryanair** gestattet überhaupt keine Kindersitze an Bord, erlaubt aber wie **Easyjet** explizit die Nutzung des CARES-Gurtsystems für Kinder ab einem Jahr.

Generell darf ein Autokindersitz natürlich nur dann an Bord verwendet werden, wenn für das Kind ein eigener Sitzplatz zum Kindertarif reserviert wurde oder ein frei gebliebener Sitzplatz besetzt werden darf.

Vergleich der Kinderrückhaltesysteme im Flugzeug

Kinderrück-haltesystem	Schlaufengurt	Autokindersitz	Hosenträger-Gurtsystem CARES	Ohne Rückhaltesystem
Alter des Kindes	ab Geburt bis 2 Jahre	ab Geburt bis etwa 7 Jahre	1 bis etwa 4 Jahre	ab 2 Jahre möglich
Körpergröße des Kindes	egal	je nach Autokindersitz, bis 1,25 m	selbst sitzend maximal 1 m	erst ab 1,25 m sicher
Gewicht des Kindes	egal	je nach Autokindersitz, bis 25 kg	10 bis 20 kg	egal
Sicherheit	lebensgefährlich bei Turbulenzen oder Start- und Landeabbrüchen	maximal	hoch	lebensgefährlich bei Turbulenzen, Start- und Landeabbrüchen für Kinder unter 1,25 m
Aufwand	keiner	hoch	niedrig	keiner
Sitzkomfort	niedrig	hoch	mittel	niedrig
Akzeptanz bei Airlines	weltweit	variiert je nach Autokindersitz und Airline; Kindersitz muss von der Airline zugelassen sein	FAA-Zulassung vorhanden, weltweit	weltweit
Kosten	keine	99 bis 270 Euro, je nach Modell	um 85 Euro	keine
Transportgewicht	irrelevant (wird von Airline gestellt)	12 bis 14 kg, je nach Modell	500 g	nichts
Eigener Sitzplatz notwendig	nein	ja, Sitzplatzbuchung zum ermäßigten Kindertarif	ja, zum ermäßigten Kindertarif	ja, zum ermäßigten Kindertarif

Quelle: TÜV Rheinland, ADAC, Stiftung Warentest, eigene Recherchen; Stand: 11/2014

Weblinks

Autokindersitze, die „for use in aircraft" zugelassen sind:
www.tuv.com/de/germanyinfothek/infothek/kindersitze_flugzeug/hersteller_kindersitze/hersteller_kindersitze.html

CARES-Gurt kaufen: www.kidsaway.de/shop

▶ Babys leiden selten unter Reisekrankheit beim Fliegen.

Gesundheit beim Fliegen

Ist Ihr Kind richtig krank, sollten Sie den Flug nach Möglichkeit nicht antreten (und haben hoffentlich eine Reiserücktrittsversicherung abgeschlossen, → S. 86). Bei einer einfachen Erkältung mit verstopfter Nase oder leichten Ohrenschmerzen, während der Allgemeinzustand des Kindes noch relativ gut ist, entscheiden sich viele Eltern jedoch, den Flug anzutreten.

Erkältungen und andere kleinere Unpässlichkeiten sind prinzipiell kein Problem, sofern sie am Abklingen sind, Ohren und Atemwege frei sind und das Kind kein Fieber hat. Läuft die Nase noch, sollten Sie vor Start und Landung unbedingt abschwellendes Nasenspray geben und dafür sorgen, dass der kleine Patient viel trinkt. Gegen die trockene Kabinenluft, die gereizte Atemwege angreift, helfen reichlich Bonbons (natürlich zuckerfrei).

> Andrea: „Weil Noah einen grippalen Infekt hatte, starteten wir ein paar Tage später in den Urlaub. Während des zehnstündigen Fluges war er gut drauf, wenn auch noch ein wenig geschwächt. Bald nach der Landung bekam er aber starke Ohrenschmerzen. Die Ärztin, die wir deshalb gleich aufsuchten, meinte dazu, der Infekt wäre wohl noch nicht ganz auskuriert gewesen."

Unabhängig von einer Erkältung kann es je nach Flugzeugtyp zu unangenehmem bis schmerzhaftem **Ohrendruck** kommen, vor allem während des Landeanflugs, wenn der Kabinendruck steigt. Kinder sind hiervon eher selten betroffen. Um vorzubeugen, sollten sie bei Start und Landung etwas trinken, essen oder lutschen (ein Schnuller ist vollkommen ausreichend). Baut sich unangenehmer Druck auf, sollten Sie gemeinsam mit dem Kind gähnen, Grimassen schneiden oder mit geschlossenem Mund so lange pusten, bis die Ohren „aufpoppen".

> Wegen der Belastung Ihres Babys durch die Höhenstrahlung im Flugzeug machen Sie sich bitte keine Sorgen. Genauere Informationen dazu finden Sie im Kapitel „Schwanger reisen" auf → S. 410.

Zum Thema **Ohrstöpsel** für Kleinkinder sind Ärzte geteilter Meinung: Die einen empfehlen sie, weil sie bei Start und Landung den Druckausgleich zwischen Umwelt und Mittelohr erleichtern, die anderen sprechen ihnen jegliche Wirksamkeit ab. Hier müssen Sie einfach testen, ob Ihr Kind einen Vorteil hat. Die Ohrstöpsel von Sanohra sind zum Beispiel für Kinder ab einem Jahr entwickelt worden und mehrfach verwendbar.

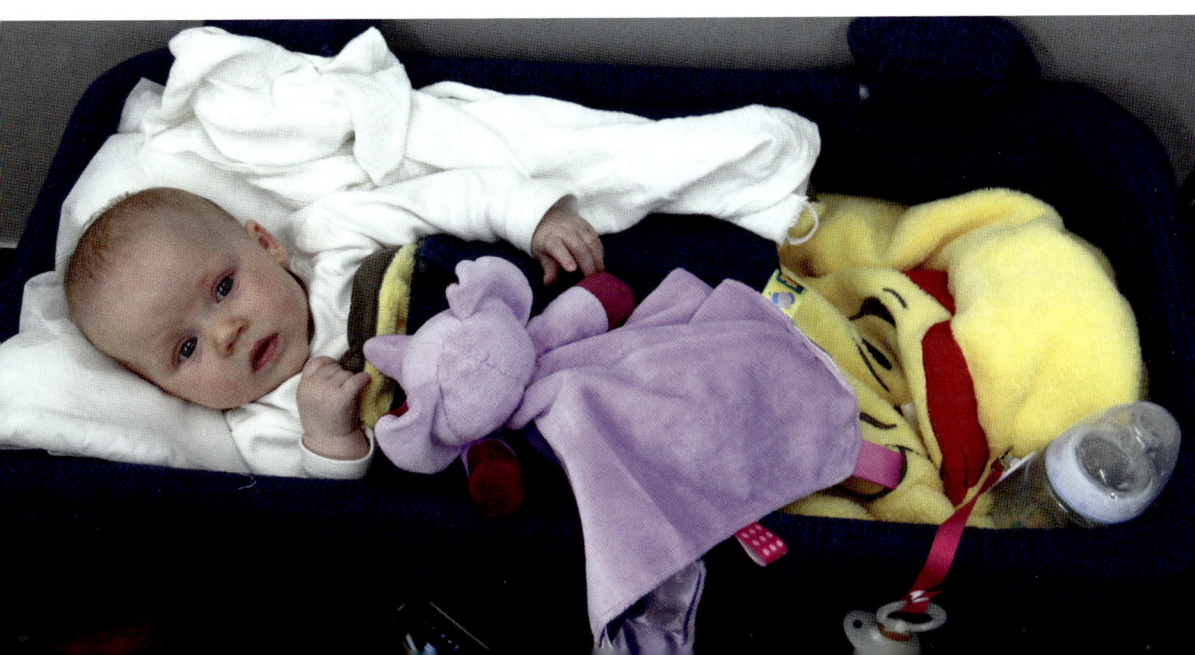

Reisekrankheit

Ein ganz anderes Kaliber ist die Reisekrankheit, unter der **Kinder zwischen zwei und zwölf Jahren** häufiger als Erwachsene leiden. Auch im Flugzeug. Symptome sind Nörgeln, Müdigkeit und Blässe, häufiges Gähnen oder Sabbern und Frösteln. Schließlich wird dem kleinen Patienten übel und er muss sich übergeben (das kann auch ohne jede Vorwarnung passieren!).

Zwar lässt sich die Reisekrankheit nicht verhindern, es gibt aber einige Maßnahmen, um ihr vorzubeugen oder sie zu lindern (→ S. 391):

- Sitzplatzwahl: Auf den Plätzen über den Tragflächen und im vorderen Teil sind die Flugzeugbewegungen am schwächsten, so dass das Gehirn nicht irritiert wird.
- Ablenkung hilft: Gemeinsames Singen, Spielen und Unterhalten wirkt bei Kindern Wunder.

Kinder beim Fliegen ruhigstellen?

Lange Flüge in übervollen Flugzeugen sind an sich schon anstrengend. Gibt man noch ein übermüdetes, dauerschreiendes Baby oder einen aufgeregten Dreijährigen mit Trotzanfällen drauf, ist das Horror-Szenario perfekt. Viele Eltern (und ihre Sitznachbarn) sehnen sich dann nach einem Wundermittel, das die Kleinen sanft beruhigt und sie den Flug komplett verschlafen lässt.

Kinderärzte raten von Beruhigungsmitteln für Kinder beim Fliegen jedoch entschieden ab:

- Beruhigungsmittel bringen den natürlichen Tag-Nacht-Rhythmus des Kindes langfristig durcheinander. Ein ruhiger Flug wird eventuell mit extrem problematischen Nächten in der Folgezeit erkauft.
- Antihistaminika üben ihre Wirkung nur für etwa vier bis sechs Stunden aus, das reicht nicht für einen Langstreckenflug. Wird das Beruhigungsmittel wiederum zu spät eingenommen oder ist der Flug kürzer, wird das ruhiggestellte Kind nicht richtig wach, muss es getragen werden (zusammen mit dem Gepäck) und ist mindestens für die nächsten Stunden benommen, durcheinander und weinerlich.
- Antihistaminika, die als Beruhigungsmittel „quergenutzt" werden, machen nicht immer müde. Einige Kinder reagieren im Gegenteil mit Hyperaktivität und Nervosität.

Der einzige legitime Grund für die Gabe eines Beruhigungsmittels ist der Schutz sehr kleiner Babys oder hochsensibler Kinder vor der Belastung einer Reise, die sich nicht vermeiden lässt. In diesem Fall sollte das Medikament **vom Kinderarzt verordnet** und einige Tage vor dem Flug bereits darauf getestet werden, ob und wie genau es bei Ihrem Kind wirkt und wie lange die Wirksamkeit anhält.

Absolut kein Grund sind Sitznachbarn, die sich durch ein weinendes oder zappeliges Kind gestört fühlen könnten. Sie können eine ganze Menge tun, um Ihr Kind zu beruhigen und zu beschäftigen. Im Endeffekt sind die Kleinen aber keine Puppen, die sich brav ausschalten lassen, wenn die Erwachsenen ihre Ruhe wollen. Das müssen auch die kinderlosen Sitznachbarn akzeptieren.

Zum Weiterlesen bei KidsAway.de:

„Kinder auf Reisen ‚ruhigstellen'? Pro und Contra"

 Suchbegriff: „ruhigstellen"

- Ein voller Magen belastet zusätzlich. Will Ihr Kind im Flugzeug also nichts essen, akzeptieren Sie das.
- Bei beginnender Übelkeit sollte der Patient aufstehen, ein paar Schritte tun und nach Möglichkeit auf eine Tragfläche schauen.
- Sanfte medizinische Unterstützung für Kinder bieten Ingwertropfen, Reisekaugummis oder Akupressur-Armbänder gegen Reisekrankheit. In hartnäckigen Fällen sind Antihistaminika sinnvoll.
- Im Schlaf ruht das Gleichgewichtsorgan im Innenohr. (Bei Start und Landung sollten Kinder aber wach sein, damit der Druckausgleich funktioniert!)

Hilft alles nichts und es kommt zum Äußersten, freuen Sie sich über die **Spucktüte**, die bei jeder Airline zusammen mit der „safety card" und dem Bordmagazin in der Lehne des Vordersitzes steckt. Prüfen Sie vorsichtshalber schon vor dem Start, ob die Spucktüte vorhanden ist. Fehlt sie oder bietet sie nicht genug Platz, lassen sich Plastiktüten, Mullwindeln oder Handtücher umfunktionieren. Ein kompletter Satz Wechselkleidung pro Person (auch für die Eltern) und Feuchttücher für die Reinigung machen sich im Handgepäck bezahlt.

Wir beide fühlen uns pudelwohl beim Fliegen!

Flugangst

Kinder, die Flugangst haben, sind gar nicht so selten: Meistens überträgt sich hier einfach die Nervosität und Anspannung der Eltern, es gibt aber auch von sich aus sehr ängstliche Kinder.

Entscheidend ist für solche Kinder die **Vorbereitung** auf die ungewohnte Situation des Fliegens. Je nach Alter kann das in Rollenspielen eingeübt, in Kinderbüchern nachgelesen und in Gesprächen thematisiert werden. Dass Kinder im Vorfeld einer Flugreise keine Nachrichten über Flugzeugabstürze oder Entführungen sehen sollten, ist klar.

Treten Sie Ihre Flugreise möglichst **ausgeruht und entspannt**, in bequemer und nicht einengender Kleidung an und lassen Sie Ihr Kind genug trinken. Während des Fluges ist **Ablenkung** das beste Mittel. Hier bietet sich das Entertainment-Angebot der Airlines an, aber auch Spiele und Gespräche lenken ab. Kleinere Kinder dürfen so oft an die Brust (oder an die Flasche), wie sie wollen. Unterstützend können Sie Rescue-Tropfen oder Notfallbonbons aus Bachblüten geben (die gibt es rezeptfrei in der Apotheke), auch homöopathisch kann man Flugangst begleiten.

Leiden Sie selbst unter Flugangst, ist es wichtig, dieses Problem vor dem Flug mit Kind aktiv anzugehen, damit sich die Angst nicht auf das Kind überträgt. Auf keinen Fall sollten Sie ihre Angst ignorieren und überspielen – allenfalls kann man vorher absprechen, dass der flugängstliche Elternteil während des Fluges „kinderfrei" hat. Flugangst-Seminare werden an vielen großen Flughäfen in Deutschland angeboten.

Zum Weiterlesen bei KidsAway.de:

„Über den Wolken … Experten-Tipps gegen Flugangst, für Eltern und Kinder"

 Suchbegriff: „Flugangst"

Allein mit Kind fliegen

Wer allein mit einem oder mehreren Kindern fliegen will, der sollte **gut vorbereitet** sein – schließlich fehlt ein Paar Hände beim Tragen und Einräumen des Gepäcks und ein Paar Augen beim Beaufsichtigen.

Ob es überhaupt möglich ist, als Erwachsener allein mit mehreren Kindern an Bord zu gehen, ist von Airline zu Airline verschieden geregelt. Dass Sie nur ein Baby auf dem Schoß transportieren können, ist klar – aus Sicherheitsgründen empfiehlt es sich sowieso nicht.

Ein bewährter Trick erfahrener Alleinreisender lautet: andere Menschen um Hilfe bitten! Nicht nur das Flugpersonal hilft Ihnen gern beim Verstauen des Gepäcks oder beim Beaufsichtigen Ihres Kindes, wenn Sie zur Toilette oder das Baby wickeln müssen. Am ehesten bieten sich andere Familien mit Kindern an, wenn Sie Unterstützung brauchen. An Bord gibt es einen „Hilfe-Knopf" in der Armlehne des Sitzes, mit dem Sie das Flugpersonal rufen können – nutzen Sie ihn!

Checkliste: allein fliegen mit Kindern

- ☐ möglichst den gesamten Reiseverlauf vor dem Abflug durchplanen, um Unsicherheit und Stress während der Reise zu minimieren
- ☐ Online-Check-in oder Vorabend-Check-in nutzen
- ☐ einen Plan des Flughafengeländes mitnehmen für bessere Orientierung. Wickelgelegenheiten oder Spielecken vorher suchen und markieren
- ☐ alle wichtigen Reisedokumente, Schnuller und Kuscheltier griffbereit in eine Hüfttasche packen
- ☐ Gepäck so zusammenstellen, dass eine Hand pro Kleinkind frei bleibt
- ☐ Handgepäck so übersichtlich und klein halten, dass es schnell überallhin mitgenommen werden kann
- ☐ kleinere Kinder auf dem Rücken oder in einem Buggy transportieren
- ☐ Buggy bis direkt ans Flugzeug mitnehmen
- ☐ Notration gegen Heißhunger und Durst mitnehmen
- ☐ Reiseplan auf Verspätungen und Flugausfälle einstellen
- ☐ genug Spielzeug und Kinderbücher ins Handgepäck packen
- ☐ Kinder ihr Gepäck selbst tragen oder ziehen lassen

Kerstin: *„Kofferpacken im Matrjoschka-Prinzip: Als ich mit meinen zwei kleinen Kindern allein in die USA flog, habe ich einen Koffer-im-Koffer gepackt: Für die Anreise zum Flughafen mit öffentlichen Verkehrsmitteln und Bahn steckte ich einen kleineren Rollkoffer in einen ziemlich großen, wendigen Rollkoffer. So hatte ich zumindest eine Hand frei. Am Flughafen beim Check-in öffnete ich kurz den großen Koffer und nahm den kleinen Rollkoffer heraus. Den großen gab ich auf, den kleinen nahm ich als Handgepäck mit ins Flugzeug. Großer Vorteil: Im großen Koffer war viel Platz für Souvenireinkäufe auf dem Rückweg."*

Hella: *„Ich fliege ab und zu allein, das heißt ohne meinen Mann – wer allein mit Kind fliegt, der fliegt ja streng genommen gar nicht allein. Und selbst meine Zweijährige hilft eigentlich immer gern mit, wenn ich sie darum bitte."*

Zum Weiterlesen bei KidsAway.de:

Alles zum Thema Fliegen, Fluggesellschaften und Flughäfen

 Suchbegriff: „Fliegen"

Weblinks

Günstige Flüge weltweit mit flexiblen Kriterien suchen: www.skyscanner.de

Die besten Sitzplätze im Flugzeug finden: www.seatguru.com (englisch)

Sitzplatzabstände und Bewertungen der Fluggesellschaften: www.airlinetest.com (englisch)

Rufnummern aller Fluggesellschaften: www.telefonnummer-airlines.de

Nützliches Wissen rund um den Flug, einfach erklärt: www.passengernet.de

Seminare gegen Flugangst für Erwachsene und Kinder: www.entspanntes-fliegen.de

Übersicht über alle Bonus- und Prämienprogramme der Airlines: www.tsbot.de

Kompensation der Umweltbelastung eigener Flüge durch Klimaschutzbeitrag: www.atmosfair.de

Websites der wichtigsten Airlines:

Lufthansa: www.lufthansa.de

Air Berlin: www.airberlin.de

Condor: www.condor.de

Germanwings: www.germanwings.com

Tuifly: www.tuifly.com

Ryanair: www.ryanair.com/de

Easyjet: www.easyjet.com/de

Auto

Fast die Hälfte der Deutschen fährt mit dem eigenen Auto in die Ferien. Ein Drittel macht Urlaub in Deutschland, ein weiteres Drittel fährt ans Mittelmeer. Diese Entfernungen sind mit dem Auto leicht zu bewältigen. Das Auto ist für Familien ein bequemes und sicheres Verkehrsmittel. Mit gut erreichbarem Spielzeug, Bespaßung durch die Eltern und regelmäßigen Picknick- und Tobepausen in familienfreundlichen Raststätten wird die Anreise zu einem schönen Urlaubsbeginn. Und wenn man spritsparend fährt und außerhalb Deutschlands tanken kann, wird auch das Budget geschont. Für viele Familien ein entscheidendes Argument.

Kinderärzte warnen allerdings: Mit **Babys unter drei Monaten** sollten Sie lange Autofahrten nach Möglichkeit vermeiden. Wenn die Fahrt nicht auf später verschoben werden kann, machen Sie viele lange Pausen. Für Strecken über 500 Kilometer können Sie auf die Bahn (→ S. 282) ausweichen.

Die halb sitzende Position in herkömmlichen Babyschalen belastet die Wirbelsäule zu sehr und einige Studien haben Atemprobleme durch das Abknicken des Köpfchens erkannt. Einige neue Babyschalenmodelle lassen sich für sehr kleine Babys nahezu flach stellen. Die Babywanne „BabySafe Sleeper" von Britax Römer bietet sogar ganz wie früher die Möglichkeit, Babys seitlich zur Fahrtrichtung in liegender Position zu transportieren.

Vorbereitung auf die Fahrt

Genauso wichtig wie das Kofferpacken ist die Vorbereitung des fahrbaren Untersatzes vor einer Reise. Große Gepäckstücke, die Sie im Alltag nicht brauchen (etwa das Babyreisebett), können Sie schon am Vorabend der Abreise in Ruhe einpacken. Dann bemerken Sie auch rechtzeitig, ob Sie zu viel Gepäck haben (→ S. 108) und können vielleicht noch auf die Schnelle eine **Dachbox** leihen.

Kurz vor dem Start werfen Sie an der Tankstelle noch einen Blick auf den Luftdruck der Reifen, putzen die Scheinwerfer und prüfen den Neigungswinkel (bei voller Beladung rutscht die Fahrzeugfront nach oben), füllen die Scheibenwaschanlage und natürlich den Tank auf.

Sind die Kinder schon alt genug, um Türen und Fenster allein zu öffnen, schalten Sie die **Kindersicherungen** an Türen und Fenstern ein. Die Kinder sollten möglichst bequem, ohne dicke Jacken, in ihren korrekt befestigten Kindersitzen angeschnallt sein, Spielzeug und Trinkflasche direkt erreichbar. Und: Hungrige Kinder können eine Autofahrt zur Hölle machen, also starten Sie „abgefrühstückt".

Zu den Vor- und Nachteilen für einen **Start in aller Frühe** gibt es verschiedene Ansichten. Der Verkehr ist um vier Uhr morgens tatsächlich noch dünn und die Kinder schlafen (hoffentlich) noch ein paar Stunden, bevor die erste Pause ansteht.

Am niedrigsten sind die Spritpreise abends und an Montagen. Freitags, samstags und allgemein morgens sowie am Ferienbeginn wird es teurer.

Zum Weiterlesen bei KidsAway.de:

„Familien-Urlaub mit dem Auto: Vorbereitung und Planung"

▸ **Suchbegriff: „Reisevorbereitung Auto"**

Frauke: *„Ich kann total empfehlen, abends zu starten und die Nacht durchzufahren. Dabei ist wichtig, am Vortag genug auszuruhen, damit man fit ist. Dann muss man denjenigen, der gerade nicht fährt, schlafen lassen und sich selbst mit spannenden Hörbüchern wachhalten. Am Folgetag ruht man sich am Ankunftsort oder Zwischenstopp gut aus und schläft abwechselnd auch am Tag ein paar Stunden. Funktioniert super!"*

Eine Verdunkelung der Seitenscheiben schützt Ihre Kinder nicht nur vor Sonne, sondern auch vor neugierigen Blicken.

Diese Strategie nützt Ihnen jedoch am Ferienbeginn oder an Feiertagen nichts, weil viele andere Familien dieselbe Idee haben. Und wenn Sie zum Typ „Nachteule" gehören, der um diese Zeit gar nicht richtig wach wird, steigt das Unfallrisiko. Starten Sie lieber zu einer Zeit, zu der Sie alle ausgeruht und frisch sind oder zu der Ihre Kinder gerade fest schlafen. Wenn Sie in der Hochsaison unterwegs sind, können Sie dann nach weniger befahrenen **Ausweichstrecken** suchen.

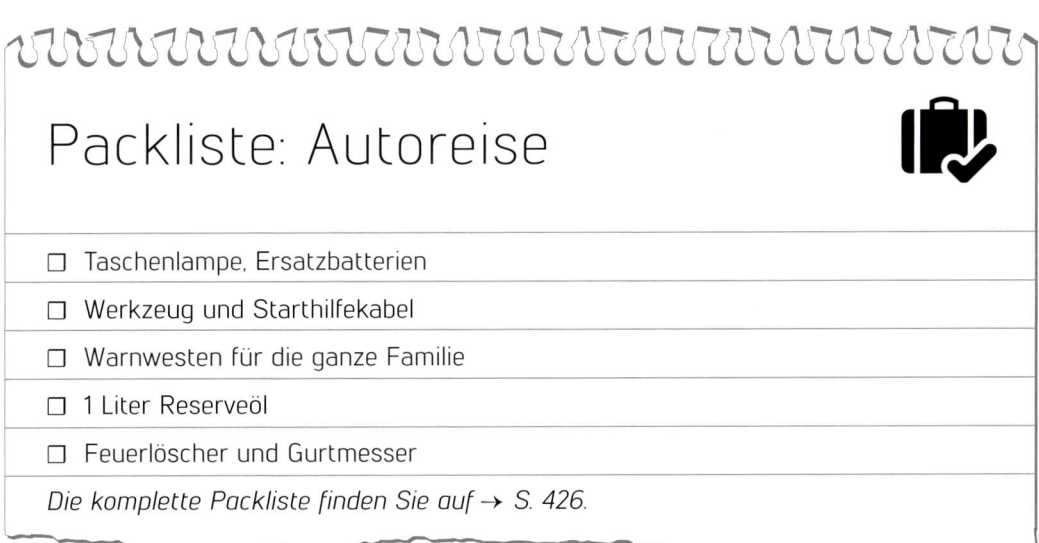

Packliste: Autoreise

- ☐ Taschenlampe, Ersatzbatterien
- ☐ Werkzeug und Starthilfekabel
- ☐ Warnwesten für die ganze Familie
- ☐ 1 Liter Reserveöl
- ☐ Feuerlöscher und Gurtmesser

Die komplette Packliste finden Sie auf → S. 426.

◂ Ganz klar: Das Auto bietet sich als Reiseverkehrsmittel für Familien an. Man kann es vollpacken bis unters Dach und einfach losfahren – immer der Nase nach.

Bei der Routenplanung an die Kinder denken!

Routenplanung für Autoreisen mit Kindern

Die Route für die Anfahrt sollten Sie am Abend vor dem Start kurz auf Stau-, Unfall- und **Baustellenmeldungen** checken. Ist mit Wartezeiten zu rechnen, rüsten Sie sich dafür mit einer Extraration Verpflegung und Wasser und besonders viel Spielzeug. Der **Wetterbericht** ist ebenfalls wichtig: Bei Regen müssen Sie langsamer fahren und verlängern damit die geplante Fahrtzeit. Prüfen Sie auch, ob Sie auf Ihrer Route **Maut** bezahlen müssen oder eine **Vignette** benötigen. Für viele deutsche Innenstädte braucht Ihr Fahrzeug zum Beispiel eine **grüne Feinstaubplakette**.

Statt eines Navigationsgeräts kann ein Smartphone mit GPS-Empfänger und aktivierten Ortungsdiensten verwendet werden, entsprechende Apps gibt es für jedes Betriebssystem. Um den Akku auf langen Strecken zu schonen, laden Sie das Smartphone über einen USB-Adapter für den Zigarettenanzünder an der Autobatterie auf.

Die meisten Familien steuern ihr Fahrtziel heutzutage mit einem **Navigationsgerät** an. Checken Sie vor der Abfahrt, ob die Software noch aktuell, der Akku aufgeladen ist und das Navi funktioniert. Als Backup sollte trotzdem immer ein **Autoatlas** oder ein Stadtplan im Handschuhfach stecken. Auch die **Anfahrtsbeschreibung** für die Unterkunft oder ein Anfahrtsplan, den Sie im Internet ausdrucken können, gehören hierher. Planen Sie die Fahrtroute so, dass mindestens alle zwei Stunden eine Pause gemacht werden kann. Wann Sie mit durchschnittlicher Geschwindigkeit wo sein werden, verrät Ihnen der Routenplaner.

Besonders mit Babys oder Kleinkindern sind **saubere Rastplätze** mit Spielgelegenheiten und Wickeltisch wichtig (→ S. 268). Halten Sie an familienfreundlichen Autobahnraststätten mit einem **Spielplatz** oder auch in einem Wäldchen oder Park, wo sich kleine Kinder austoben und frische Luft tanken können. Für eine längere Pause lohnt es sich mitunter, ein Stück „vom Weg abzugehen". Viele tolle **Freizeitangebote** für Familien finden sich in unmittelbarer Nähe von Autobahnen.

Julia: „Wir stellen unseren Routenplan immer so auf, dass wir während der Schlafzeiten der Kinder unterwegs sind. Wachen die Kleinen auf, sind wir dann hoffentlich gerade in der Nähe einer Autobahnraststätte oder eines schönen Picknickplatzes an der Strecke."

Nicht an Autobahntankstellen tanken – hier kostet der Treibstoff bis zu 7,5 Cent pro Liter mehr. Auch Snacks und Getränke sind hier wesentlich teurer.

Sind Sie den ganzen Tag unterwegs, strukturieren Sie ihn möglichst so wie sonst auch: Planen Sie die Mahlzeiten zu den gewohnten Tageszeiten ein und nutzen Sie die Schlaffenster für ungestörte Fahrtetappen.

Vorschulkinder, die tagsüber nicht mehr viel schlafen, sind am Morgen und am Vormittag am kooperativsten. Ausgeruht, satt vom Frühstück und konzentriert halten sie auch langweilige Fahrten eine Weile aus.

Statt an einem Tag auf Biegen und Brechen ganz Deutschland zu durchqueren, können Sie **lange Strecken aufteilen** auf mehrere Tage, an denen Sie nur bis zum Nachmittag fahren und Übernachtungen einlegen. Wenn Sie am Nachmittag einen kleinen Tageshöhepunkt anbieten (sei es ein Eisbecher oder ein Besuch in einem Tierpark an der Strecke), wird aus dem langweiligen Fahrttag ein vollwertiger Urlaubstag, der ohne Nölen und Nerven zu Ende geht.

Packliste: Dokumente für die Autoreise

- ☐ Führerscheine für jeden Erwachsenen
- ☐ Internationaler Führerschein oder beglaubigte Übersetzung des deutschen Führerscheins
- ☐ Kfz-Schein und Schutzbrief
- ☐ ADAC-Mitgliedskarte, Notrufnummern für In- und Ausland
- ☐ Internationale Versicherungskarte (Grüne Karte) und Europäischer Unfallbericht in der Sprache des Urlaubsziels

Die komplette Packliste finden Sie auf → S. 427.

Weblinks

Tagesaktuelle Treibstoffpreise von 15.000 deutschen Tankstellen, Routenplaner zur günstigsten Tankstelle und App für Android und iPhone: www.clever-tanken.de

Benzinpreis-Vorhersage: www.benzinpreis.de

Europäischer Unfallbericht (PDF):
www.avd.de/wissen/infothek/ausland/europ-unfallbericht-als-pdf

Alles über Verkehrssicherheit, Informationen und Neuigkeiten über Autoverkehr europaweit: www.adac.de

Österreichischer Automobilclub mit aktuellen Spritpreisen, Verkehrsmeldungen und Stau-Info: www.oeamtc.at

Autofahren mit Kindern im Sommer

Bei schönem Wetter heizt sich der Innenraum eines Autos sehr schnell bis auf 70° Celsius auf. Entscheidend ist, wie viel **Sonneneinstrahlung** durch Seiten- und Dachfenster eindringt. Dafür muss es nicht einmal besonders heiß draußen sein. Ohne Luftaustausch kann sich der Körper nicht durch Schwitzen abkühlen. Babys und kleine Kinder verlieren bei Hitze schnell viel Flüssigkeit, was den Kreislauf belastet und zu **Sonnenstich und Hitzschlag** (→ S. 387) führen kann. Im schlimmsten Fall kommt es zu Hirnschäden und sogar zum Tod, und das passiert jedes Jahr wieder.

Sorgen Sie während der Urlaubsfahrt konsequent für Sonnenschutz und lassen Sie Kinder niemals allein im Auto, auch nicht für wenige Minuten!

Allein auf die **Klimaanlage** können Sie sich nicht verlassen. Ihre abkühlende Wirkung setzt erst nach einer gewissen Anlaufzeit ein. Sie schützt außerdem nicht vor der durch die Fenster eindringenden UV-Strahlung. Nur durch Abdecken aller Rückfenster und Dachfenster senken Sie die Temperatur im Innenraum. Praktischer Nebeneffekt: Die Klimaanlage muss weniger leisten und Sie sparen Treibstoff.

Nutzen Sie die Klimaanlage sparsam! Je nach Fahrzeugmodell verbraucht sie bis zu 2,1 Liter pro 100 Kilometer.

Optimal sind **Sonnenschutzfolien**, die speziell beschichtet sind und dauerhaft an die Innenseiten der Scheiben geklebt werden. Das Anbringen kann je nach Wölbung der Scheiben recht knifflig sein. Im Zweifel beauftragen Sie damit lieber Ihre Werkstatt.

Laut Straßenverkehrsordnung dürfen im Auto nur die hinteren Scheiben abgedunkelt werden.

Sonnenschutzrollos lassen sich bei Bedarf schnell einsetzen und wieder entfernen. Sie bieten allerdings nur Blendschutz und schirmen je nach Material wenig UV-Strahlung ab. Wenn sie nicht in den hinteren Türen integriert sind, können Sie sie mit Hilfe von Saugnäpfen oder Klemmen von innen an den hinteren Seitenscheiben anbringen. Viele Kinder freuen sich, wenn „ihr" Sonnenschutzrollo ein lustiges Motiv hat. Solche Rollos können Sie sich auch für einen Mietwagen im Ausland in jedem großen Supermarkt günstig selbst besorgen.

Haben Sie gar keinen Sonnenschutz im Auto, können Sie Tücher in die Seitenscheiben klemmen. Wählen Sie dafür möglichst dicht gewebte, helle Stoffe, um ein Maximum an UV-Schutz und Reflexion zu erreichen. Zusätzlich können Sie die Tücher anfeuchten. Das senkt die Temperatur im Innenraum auf angenehme Weise.

Die praktischen „Window Sox" und „Window Shades" aus Australien werden wie Strümpfe über den Rahmen der hinteren Autotüren gezogen. Bei Regen sollten sie abgenommen werden, da sie sonst die rückwärtige Sicht versperren. Rollos oder Blenden können Sie mit Saugnäpfen innen an den Scheiben befestigen. Die Fenster können dann aber nicht mehr heruntergefahren werden. Gegen das Aufheizen des Wageninneren helfen diese Produkte jedoch nicht.

UV-Strahlung dringt auch durch Autoscheiben

Können Sie nicht **im Schatten parken** (am besten in einem Parkhaus), statten Sie Ihr geparktes Auto im Sommer mit einer **Sonnenschutzblende** aus. Diese mit Alufolie beschichtete, faltbare Pappe wird außen oder innen an die Frontscheibe geklemmt und verhindert, dass sich das Fahrzeug zu sehr aufheizt – sehr angenehm, wenn Sie erst nachmittags einsteigen. Ein weißes Tuch, das Sie über Lenkrad und Armaturenbrett ausbreiten, tut es auch. Kindersitze sollten Sie bei großer Hitze ebenfalls abdecken, damit sich beim Einsteigen niemand verbrennt. Prüfen Sie die Temperatur der Sitzflächen immer mit der Hand, bevor Sie Ihr Kind einsteigen lassen!

Ein schattiger Wickelplatz

Fahren Sie im Sommer tagsüber längere Strecken, cremen Sie Ihr Kind vorsichtshalber mit Sonnencreme ein, da auch mit Sonnenschutz noch UV-Strahlung durch die Scheiben dringt.

Ist es sehr heiß draußen, überhitzt auch der Motor schnell, vor allem im **Stop-and-Go-Verkehr**. Prüfen Sie vor dem Start immer, ob genug Kühlmittel eingefüllt ist, und stellen Sie im Stau oder an roten Ampeln den Motor gleich ab. Sobald die Temperaturanzeige in den Warnbereich steigt, kann sich der Motor nicht mehr selbst kühlen. Stellen Sie dann die Heizung auf die höchste Stufe und drehen Sie sie voll auf. So wird die heiße Luft aus dem Motorraum weggeleitet. Sobald es möglich ist, sollten Sie den Motor natürlich abstellen und bei geöffneter Motorhaube abkühlen lassen.

Packliste: Hochsommerfahrt

- ☐ luftdurchlässige Auflage für den Autokindersitz
- ☐ Notvorrat Trinkwasser
- ☐ salzige Snacks gegen Mineralienverlust beim Schwitzen
- ☐ Sprühflasche oder Zerstäuber mit Wasser
- ☐ weißes Tuch

Die komplette Packliste finden Sie auf → S. 427.

Autofahren mit Kindern im Winter

Viele Eltern meinen es bei großer Kälte zu gut mit den Kleinsten und packen ihre Babys so richtig schön kuschelig ein. Schließlich ist der Fahrzeuginnenraum morgens bitterkalt. Damit der Autokindersitz seine Schutzwirkung optimal erfüllen kann, muss allerdings der Dreipunktgurt möglichst eng am Körper anliegen, besonders im Brustbereich. Vor dem Anschnallen müssen Sie daher Ihrem Kind unbedingt die dicken **Wintersachen ausziehen**.

Um Ihr Kind zu wärmen, können Sie ihm eine **Fleecedecke** überlegen – die ist nach dem Rodeln auch nicht vom Schnee durchnässt. Für Babyschalen gibt es gefütterte Fuß- und Ganzkörpersäcke mit Öffnungen für die Gurte. Hat sich der Innenraum des Autos erwärmt, können Sie den Fußsack einfach aufzippen.

Im Winter kommt es auf der Autobahn häufig zu **Staus**. Schuld sind die Feiertage und Winterferien. Aber auch **Unfälle oder Blitzeis** können die Straßen für Stunden sperren. Sorgen Sie für solche Situationen vor: Fahren Sie grundsätzlich mit vollem Tank und packen Sie für jeden eine warme Decke, Schokolade (liefert Energie) sowie zwei Thermoskannen mit heißem Tee ein. Das Handy sollte immer voll aufgeladen sein, damit Sie bei einer Panne in Schnee und Eis schnell Hilfe rufen können.

Das „Warmlaufenlassen" des Motors im Stand ist weder sinnvoll noch erlaubt. Die Fahrerkabine und auch das Motoröl bleiben kalt. Parken Sie Ihr Auto im Winter besser dort, wo morgens die Sonne scheint oder an Hauswänden. Diese strahlen Wärme ab und ersparen Ihnen vielleicht das Freikratzen der Scheiben.

Zur **Winterausrüstung** gehören außerdem eine Taschenlampe mit Ersatzbatterien, ein Überbrückungskabel, ein Abschleppseil und eine Schaufel. Bei Fahrten ins Gebirge sollten Sie Schneeketten dabei haben. Und allein mit Baby fahren Sie bei heftigem Schneetreiben möglichst nicht durch die Gegend.

Wenn Sie nicht im Gebirge wohnen, genügt es, wenn Sie Ihre **Schneeketten** leihen. Sie werden sie voraussichtlich nur an zwei bis drei Tagen im Jahr brauchen, wenn überhaupt. Mit einem neuen Auto passen die alten Schneeketten unter Umständen nicht mehr.

Beim ADAC können Sie einen Satz Schneeketten (das sind zwei Stück) für 49,95 Euro kaufen. Haben Sie diese nicht benutzt, können Sie sie zurückgeben und zahlen dann rückwirkend 4 Euro Leihgebühr pro Tag.

Packliste: Winterfahrt

- ☐ Fleecedecke für jeden Mitfahrer
- ☐ Taschenwärmer für den Notfall
- ☐ Notration an Schokolade, Nüssen und anderen energiereichen Snacks
- ☐ 2 Thermoskannen mit Heißgetränken
- ☐ Taschenlampe mit Ersatzbatterien (noch besser: Dynamo-Taschenlampe)

Die komplette Packliste finden Sie auf → S. 427.

Gepäck im Auto sicher verstauen

Wahrscheinlich stopfen Sie sowieso nicht wahllos alle Reisetaschen und Gepäckstücke in den Kofferraum und schieben dann so lange, bis die Klappe schließt. Neben praktischen Packtipps (→ S. 108) gibt es ein paar **Packregeln**, die auf Autofahrten lebenswichtig sein können.

Statt alles in einen Koffer zu quetschen, packen Sie **mehrere kleinere Taschen**: eine mit Schuhen, eine mit Büchern, eine mit der Strandausrüstung … So haben Sie am Urlaubsort die wichtigsten Dinge schnell griffbereit und können den Kofferraum flexibler bepacken. Für Autoreisen eignen sich Weichschalenkoffer oder Reisetaschen: Sie lassen sich besser stapeln und können, wenn sie nicht ganz voll sind, zusammengedrückt werden.

Verpflegung, Getränke und bei Babys an Bord auch die Wickelausstattung werden während der Fahrt gebraucht. Sie gehören daher zum **Beifahrer**, der auf Nachfrage alles nach hinten reichen kann.

Auf die **Rückbank** kommt das Spielzeug und anderes **Beschäftigungsmaterial** für die Fahrt, am besten übersichtlich in einer Box oder Tasche verstaut. Alles, was auf der Rückbank liegt, sollte mit einem freien Sicherheitsgurt angeschnallt werden. Kleinteile packen Sie in eine Box oder eine Rücksitztasche. Schwere, kantige und/oder zerbrechliche Dinge wie Glasflaschen oder die Spiegelreflexkamera sind auf dem Rücksitz tabu. Die Verpflegung für Picknickpausen und das Bewegungsspielzeug für zwischendurch (→ S. 274) haben wahrscheinlich keinen Platz mehr auf dem Rücksitz. Sie gehören in den **Kofferraum** ganz obenauf.

> ❗ Mit zunehmender Beladung fahren Sie unsicherer, Ihr Bremsweg verlängert sich und Sie verbrauchen mehr Treibstoff. Auch wenn noch Platz im Kofferraum ist: Packen Sie nur das ein, was Sie wirklich brauchen.

Alles dabei für die Fahrt – nur wo?

Schlecht gesichertes Familiengepäck im Kofferraum kann bereits bei einem Frontalaufprall mit 50 km/h die Rückbank zertrümmern und Sie lebensgefährlich verletzen. Auch leichte Gepäckstücke bekommen bei plötzlichen Bremsmanövern 30- bis 50-mal mehr Gewicht. **Schwere Gegenstände gehören nach unten**, möglichst direkt an die Rücksitzlehne, damit sie nicht weiter nach vorn rutschen können. Alles, was mehr als 25 Kilogramm wiegt, legen Sie am besten in den Fußraum.

In Kombis decken Sie den vollgepackten Kofferraum ab, notfalls mit einer Decke, und spannen Sie zwei Gepäckgurte darüber (am Ladeboden sind meist Zurr-Ösen dafür installiert). Das ist im Sommer praktisch, weil es das Gepäck vor Überhitzung schützt (→ S. 262). Über die Höhe der Rücksitzlehne dürfen Sie Ihr Gepäck nur dann stapeln, wenn Sie ein **Laderaumgitter** oder ein **Gepäcknetz** verwenden, das den Fahrgastraum vom Kofferraum trennt. Stapeln Sie möglichst kein Gepäck bis zur Decke. Damit versperren Sie sich die Sicht nach hinten und erkennen Gefahren womöglich zu spät.

Wertvolle Dinge wie die Kamera, Portemonnaies und Handys gehören unter keinen Umständen in den Kofferraum.

Im **Fußraum** unter dem Fahrer- und dem Beifahrersitz verstauen Sie schließlich die „**Notfalltasche**" mit Wechselkleidung, Feuchttüchern, Medikamenten gegen Reiseübelkeit (→ S. 272) und dem Wickelzeug. Auch das Warndreieck, der Erste-Hilfe-Kasten und die Warnweste gehören hierhin, denn an das kleine Fach im Kofferraum kommen Sie bei voller Reisebeladung im Notfall nicht schnell genug heran. Zum Schluss packen Sie die **Reise-Apotheke** noch hierhin (→ S. 84). Unter dem Sitz ist im Sommer der kühlste Ort im Auto, und viele Medikamente sollten nicht über 25° Celsius gelagert werden.

> Quentin: „Wenn die Dachbox neu ist, baut sie unbedingt schon einen Tag vor der Abreise auf! Uns hat die erste Montage einen ganzen Urlaubstag gekostet ..."

Sperrige Sportgeräte wie Skier oder Fahrräder gehören in eine **Dachbox** oder auf einen **Heckträger**. Überlegen Sie gut, ob Sie einen **Dachgepäckträger** verwenden wollen: Er steigert den Luftwiderstand des Autos und damit den Treibstoffverbrauch um mehr als 40 Prozent. Bei starkem Wind kann er das Auto gefährlich zum Schlingern bringen und Tiefgaragen können nur noch eingeschränkt benutzt werden. Allzu schwer darf er auch nicht beladen werden. Im Fahrzeugschein ist die zulässige Höchstlast für jedes Auto festgelegt (das Eigengewicht der Box mit Trägern nicht vergessen!).

Für einmaligen Gebrauch kann man Dachboxen, Fahrradträger und Skiträger in Kfz-Werkstätten, beim ADAC oder bei spezialisierten Verleihen mieten. Achten Sie darauf, dass die Dachbox für Ihr Automodell zugelassen ist und das GS-Zeichen des TÜV trägt.

Kindersicherheit im Auto

Auch wenn Ihr Baby im Kindersitz verzweifelt brüllt oder Ihr Kleinkind sich permanent selbst abschnallt – der **Autokindersitz ist Pflicht** und rettet im Ernstfall das Leben oder die Gesundheit Ihres Kindes. Wenn gar nichts geht, müssen Sie anhalten und Ihr Kind beruhigen oder geduldig immer wieder anschnallen, bevor es weitergeht. Oder Sie verzichten für eine Weile auf Autofahrten.

In allen EU-Staaten und der Schweiz (wie auch in vielen anderen Ländern weltweit) sind Fahrer verpflichtet, jedes mitfahrende Kind unter zwölf Jahren oder 1,50 Meter Körpergröße in einem ihrem Gewicht angemessenen Autokindersitz zu transportieren. Dieser muss nach der ECE-Regelung Nr. 44/03 oder höher zertifiziert sein.

In der Schweiz gelten prinzipiell dieselben Regeln wie im EU-Raum. In Autos, die auf der Rücksitzbank nur Beckengurte haben, dürfen Kinder allerdings bereits ab sieben Jahren ohne Autokindersitz fahren.

Für Österreich gilt sogar eine Altersgrenze von 14 Jahren.

Experten sprechen sich für noch strengere Vorgaben aus: Kinder sollten bis zum Alter von zwei oder gar vier Jahren rückwärts im Auto mitfahren. **Reboard-Sitze** ermöglichen

---

Weblinks

Verleih von Dachboxen und Fahrradträgern: www.shopundmietservice.de

Verleih und Verkauf von Schneeketten: www.adac.de

genau das. In den skandinavischen Ländern sind sie gang und gäbe. In den letzten 40 Jahren gab es dort dort laut dem Verein Reboard-Kindersitze e. V. keinen tödlichen Autounfall mit so gesicherten Kindern. In Deutschland tun sich Händler und Eltern schwer mit den Reboardern. Obwohl sämtliche Gutachten des ADAC zeigen, dass diese Kindersitze die Gefahr schwerer Verletzungen bei einem Unfall um 90 Prozent verringern (bei vorwärts gerichteten Sitzen sind es nur 62 Prozent), finden sie nur langsam Verbreitung.

Wer sein Kind nicht anschnallt, zahlt in Deutschland ein Bußgeld von 40 Euro (bei mehreren Kindern 50 Euro) und erhält einen

Autokindersitze richtig verwenden

Nur 30 Prozent der Eltern sichern ihre Kinder korrekt im Autokindersitz. **Typische Fehler** sind zu lockere Gurte, die oft über dicke Winterkleidung geführt werden, falsch geführte Dreipunktgurte bei Babyschalen und Klasse-I-Sitzen oder nicht eingerastete Tragebügel bei Babyschalen (die für Überrollschutz sorgen). Oft sind die Sitze nicht fest genug montiert oder nicht richtig auf der Isofix-Station eingerastet.

Beim Anlegen des Fünfpunktgurts darf Ihre Hand gerade noch flach zwischen Gurt und Kind passen. Ein Dreipunktgurt muss über die Schultermitte führen und im Beckenbereich so tief wie möglich über die Leistenbeuge. Der Kopf eines schlafenden Kindes darf nicht aus der Kopfabstützung herausfallen. Stellen Sie dann den Sitz in die Schlafposition oder stützen Sie den Kopf Ihres Kindes mit einem Kissen (→ S. 134).

Wo sollte ein – korrekt gesichertes – Kind im Auto sitzen? Laut ADAC ist die **Mitte der Rückbank** der sicherste Platz. Die zweite Möglichkeit ist die rechte Seite der Rücksitzbank, von dort kann es vom Gehweg aus sicher herausgenommen werden oder selbst aussteigen. Der Beifahrersitz empfiehlt sich für vorwärts gerichtete Kindersitze der Gruppe I nicht, da die Gurte hier mit einem Gurtkraftbegrenzer ausgestattet sind. Dieser nimmt beim Aufprall Spannung aus dem Gurt, damit sich der Beifahrer nicht das Schlüsselbein bricht. Ein angeschnallter Autokindersitz ist damit weniger gut gesichert.

Die Aufprallschutz-Wirkung des Airbags ist auf erwachsene Beifahrer abgestimmt. Kleine Kinder werden unter Umständen stattdessen verletzt. Schieben Sie den Beifahrersitz so weit wie möglich nach hinten, wenn Ihr Kind darauf sitzt. Die Gurtverankerung in der B-Säule muss dabei hinter dem Kindersitz liegen, sonst kann der Gurt seine schützende Wirkung nicht mehr erfüllen.

Eine **Babyschale auf dem Beifahrersitz** kann durchaus installiert werden. Dann haben Sie als Fahrer Blickkontakt zu Ihrem Kind und können ihm den Schnuller oder ein Spielzeug reichen. Allerdings muss dann der Beifahrer-Airbag deaktiviert sein.

Weblinks

Alles über Reboard-Kindersitze: www.reboard-kindersitz.info

Beratung, Anprobe und Verkauf von Reboard-Sitzen online und in mehreren Fachgeschäften deutschlandweit: www.zwergperten.de

Punkt in Flensburg. Wer ein Kind nur mit dem normalen Dreipunktgurt anschnallt, muss ein Verwarnungsgeld von 30 Euro zahlen. Erheblich teurer kann es werden, wenn es zu einem Unfall kommt. Dann meldet unter Umständen die Versicherung Regressansprüche wegen Mitverschuldens an.

In der Schweiz wird für ein nicht altersgerecht gesichertes Kind ein Bußgeld von 60 CHF erhoben..

In Österreich ist das ungenügende Sichern eines Kindes ein „Vormerkdelikt". Bei Verstößen gibt es Geldstrafen zwischen 36 und 5.000 Euro. Nach wiederholten Verstößen wird Ihnen sogar die Fahrerlaubnis entzogen.

Zum Weiterlesen bei KidsAway.de:

„15 Fragen zu Reboard-Sitzen – mehr Sicherheit für Kinder im Auto"

 Suchbegriff: „Reboarder"

Auf großer Fahrt

Rastpausen auf der Autofahrt

Nur ein **wacher, ausgeruhter Fahrer** ist ein guter Fahrer (oder natürlich eine Fahrerin).

Und auch Babys und Kinder brauchen regelmäßige Pausen, um sich ausgiebig zu bewegen und eine Kleinigkeit zu essen. Planen Sie deshalb schon vor der Reise, wann und wo Sie ungefähr eine Rast einlegen wollen. Laut ADAC-Test befinden sich die besten **Autobahnraststätten** in Deutschland, in der Schweiz und in Kroatien. Über 100 deutsche Autobahnraststätten bieten neben Tankstelle, Restaurant und Toilette auch einen Kinderspielplatz oder eine Spielecke und einen Wickeltisch. Mangelhaft sind dagegen viele Raststätten in Spanien, Italien und Tschechien. Spielgelegenheiten und Wickelplätze sind in diesen Ländern rar.

Packen Sie sicherheitshalber eine wasserfeste Picknickdecke ein und pausieren Sie lieber an kleineren Rastplätzen, in Parks abseits der Autobahn oder kinderfreundlichen Attraktionen an Ihrer Reiseroute. Solche Abstecher kosten zwar Zeit, sparen aber Geld, wenn Sie die Gelegenheit auch zum Tanken und zur Verpflegung nutzen wollen.

Statt teures Essen in Raststätten zu kaufen, versorgen Sie sich lieber selbst. Sie wissen schließlich am besten, was Ihren Kindern schmeckt und guttut.

Packliste: Rastpause

- ☐ Plastiktüten (für Müll und Reisekrankheit)
- ☐ Feuchttücher oder feuchte Waschlappen in einer verschließbaren Tüte
- ☐ Ersatzkleidung für die Kinder
- ☐ 1 Rolle Toilettenpapier
- ☐ Reisetöpfchen oder Toilettenaufsatz

Die komplette Packliste finden Sie auf → S. 428.

Bewegungsideen für die Rast

- **Tiere nachmachen:** Einer nennt ein Tier, alle anderen imitieren dessen Bewegungen. Auch als Ratespiel („Charade") möglich.
- **„Spiegel-Kasper":** Einer macht eine lustige Bewegung, die anderen machen diese nach. Wenn der „Kasper" in die Hände klatscht, müssen alle still stehen. Kann bei schlechtem Wetter auch drinnen gespielt werden.
- **„Schwebende Tücher":** Jeder bekommt eine Lage eines Papiertaschentuchs und muss diese so lange wie möglich in der Luft halten, ohne die Hände zur Hilfe zu nehmen (also hochwerfen und von unten pusten). Bei schlechtem Wetter auch drinnen spielbar.
- **Mini-Wettbewerbe:** Wer kann am längsten auf einem Bein stehen? Wer am längsten auf Zehenspitzen? Wer hebt den Fuß bis zur Nase?
- **Flugzeug-Spiel:** Auf einem freien, von der Fahrbahn abgegrenzten Platz sausen alle als Flugzeuge herum, ohne sich zu berühren.
- **„Raketenstart":** Alle gehen in die Hocke, summen erst leise und steigern die Lautstärke und die Bewegungen: auf die Knie trommeln, mit den Füßen trappeln, stampfen, mit den Armen wedeln … am Höhepunkt springen alle in die Luft – die Rakete ist gestartet!
- **Fang den Ball:** Alle stellen sich zwei bis drei Meter entfernt gegenüber auf und werfen sich imaginäre Bälle zu (einen Basketball, einen Tennisball, einen Medizinball …).
- **„Himmel und Hölle":** Mit Kreide (oder einem Ziegel) zehn Kästchen auf den Boden malen und nummerieren. Jeder springt in einer festgelegten Reihenfolge (mit geschlossenen Beinen, auf einem Bein, vorwärts oder rückwärts) nacheinander in jedes Kästchen.
- **Für größere Familien: „Achtung, Pfütze!"** Alle fassen sich an und bilden einen Kreis um eine Zeitung, Tüte oder Ähnliches (die Wasserpfütze). Nun ziehen und schubsen sich alle (ohne die Hände loszulassen) so, dass einer in die „Pfütze" tritt. Wer „nasse" Füße hat, scheidet aus.
- **„Immer mit der Ruhe":** Mit Kreide einen möglichst langen Strich ziehen, den jeder ablaufen (oder -hüpfen oder -springen) muss, ohne danebenzutreten, während er von den anderen abgelenkt wird.
- **„Insel-Hopping":** Mit Kreide Kreise auf den Boden zeichnen und von einer „Insel" zur nächsten springen oder die nächste Insel mit einem kleinen Stein treffen.
- **Tanzen!** Autoradio laut stellen und los. Sorgt sofort für gute Laune und strengt ordentlich an.

Für das Aufwärmen von Babybrei oder -milch (aber auch Tee oder ganz normalem Essen) im Auto empfiehlt sich ein Fläschchenwärmer. Statt der hygienisch zweifelhaften Rastplatz-Toilette können kleinere Kinder ein „**Reisetöpfchen**" benutzen (→ S. 382).

Egal, wie schlecht das Wetter ist – in den Fahrtpausen sollen Sie sich **bewegen** und **Sauerstoff tanken**. Für Babys ist es besonders wichtig, regelmäßig aus der Babyschale herauszukommen und auf einer Krabbeldecke zu strampeln (oder, wenn das nicht geht, auf Mamas Armen zu hüpfen und zu fliegen).

Eltern können sich zumindest ausgiebig strecken und räkeln. Versuchen Sie, so richtig außer Puste zu geraten, bevor Sie wieder ins Auto steigen.

Essen und Trinken auf der Fahrt

Wenn möglich, sollten Sie **Snacks und Mahlzeiten auf die Pausen beschränken**. Nur wenn der Hunger zu sehr beißt, darf auf der Rückbank gegessen werden. Ansonsten ist die Versuchung groß, eine Pause wegfallen zu lassen. Überdies gewöhnen Sie sich an, Ihr Kind mit Snacks „ruhigzustellen", was sein Essverhalten nachhaltig beeinflussen kann.

Widmen Sie der **Zusammenstellung der Snackbox** ein paar Gedanken: Die Knabbereien für die Rückbank sollten weder kleckern noch krümeln oder in der Hand schmelzen. Damit die Kinder nicht hibbelig werden, dürfen sie auch nicht allzu viel Zucker zu sich nehmen. Gut eignen sich mundgerechte Häppchen. Für die „richtigen" Mahlzeiten während der Rastpause sind Gerichte, die man mit den Fingern fassen oder mit nur einem Löffel oder einer Gabel essen kann, ebenfalls gut. Zur Not sollten sie auch kalt schmecken. Vergessen Sie nicht, **Besteck**, **Teller** und **Feuchttücher** sowie einen **Müllbeutel** einzupacken.

Ein rücksitztauglicher Snack ist das nicht gerade ...

Trinken ist enorm wichtig, gerade für Kinder und gerade im Sommer. Wasser und ungesüßter Tee sind gesund, nicht klebrig und machen nicht zappelig. Nehmen Sie mindestens 1,5 Liter pro Person mit und füllen Sie diese in wieder verschließbare Flaschen, idealerweise mit einem kleckersicheren Saug- oder Drehverschluss, den Ihr Kind selbst öffnen und schließen kann. Denn trinken dürfen und sollen Sie alle auch während der Fahrt.

Haben Sie ein Flaschenkind oder wollen auf der Fahrt den gewohnten Gemüsebrei füttern, können Sie einen **Fläschchenwärmer** (→ S. 370) benutzen. Heutzutage gibt es diese Geräte mit praktischen Adaptern für den

---

Weblinks

Übersicht über die etwa 390 Raststätten des Betreibers Tank & Rast, mit Routenplaner, Anfahrtsbeschreibung und Tipps für Familien: www.tank.rast.de

Raststätten in der Schweiz: www.autobahnen.ch/index.php?lg=000&page=018

Deutschlandweites Verzeichnis von 25.000 Spielplätzen, mit Download-Möglichkeit für TomTom- und Garmin-Navigationsgeräte und mobiler Version für Smartphones: www.spielplatznet.de

Kostenlose Parkplätze in vielen deutschen Städten: www.gratisparken.de

Zigarettenanzünder, so dass Sie nicht mehr in Raststätten oder Restaurants fragen müssen, ob man Ihnen das Gläschen aufwärmt. Benutzen Sie den Fläschchenwärmer immer erst, wenn das Auto steht, damit bei Notbremsungen keine heiße Flüssigkeit durchs Auto fliegt.

> Mit mehreren Kindern kann es teuer werden, auf einer Sommer-Autofahrt Nachschub an kühlen Getränken zu besorgen. An deutschen, österreichischen, Schweizer, französischen und niederländischen Raststätten ist sauberes, kaltes Trinkwasser aus dem Hahn uneingeschränkt zum Trinken geeignet.

> Verderbliche Lebensmittel und hitzeempfindliche Medikamente gehören während der Fahrt in eine Kühlbox. Je nach der Außentemperatur und der Wichtigkeit der Kühlung können Sie eine einfache Kühlbox mit Kühlakkus oder ein Modell mit Adapter für den Zigarettenanzünder verwenden.

Autoreisen mit Still- und Fläschchenkindern

Mit Stillkindern brauchen Sie wenig Extra-Ausrüstung, solange Mama dabei ist (→ S. 368). Voll gestillte, hungrige Babys eröffnen aber andere Probleme: Sie wollen nicht warten, bis ein passender Rastplatz gefunden ist und werden unter Umständen schnell ungehalten. Um Dramen zu vermeiden, legen Sie die Fahrtzeiten am besten auf Schlaffenster Ihres Babys und platzieren es auf der Rückbank neben einer Person, die es während der Fahrt beruhigen kann. Ältere Geschwister sind hier nicht ganz so zuverlässig.

Absolut tabu: das schreiende Baby während der Fahrt aus der Babyschale nehmen, um es zu stillen. Versuchen Sie, Ihr Baby mit einem Schnuller, kleinem Finger oder einem Saugfläschchen mit abgekochtem Wasser zu beruhigen und hinzuhalten (vorher zu Hause testen, was funktioniert).

Ideen und Ausstattung für die Verpflegung auf Autoreisen

Snacks für die Fahrt, verpackt in wiederverschließbaren Dosen:

- Bananen, Äpfel, Gurkenscheiben, Minikarotten, Beeren
- Studentenfutter (Nuss-Mix)
- Mini-Würstchen, Cabanossi, Tofu-Würstchen
- Käsewürfel
- kleingeschnittene Butterbrote
- Müsliriegel ohne Schokolade

Mahlzeit(en) für die Rastpause(n):

- Nudelsalat
- Brötchen oder Baguette mit Würstchen
- hartgekochte Eier
- belegte Brote, Sandwiches
- Melonenstücke
- herzhafte Muffins
- fest zusammengerollte Eierkuchen
- Bällchen aus gekochtem Reis (gemischt mit Tomatenmark, Sesamkörnern, Sojasauce, und Thunfisch …)

Utensilien:

- Getränke in wiederverschließbaren, kleckersicheren Behältern
- Besteck, Schneidemesser
- Feuchttücher und Servietten
- wasserfeste Picknickdecke
- je nach Alter des Kindes Fläschchen, Trinktasse, Trinkflasche oder Strohhalme
- Fläschchenwärmer oder Gläschenwärmer
- Kühlbox (für verderbliche Lebensmittel oder hitzeempfindliche Medikamente)
- Müllbeutel

Reisekrankheit

Kinder sind berüchtigt dafür, im Auto „seekrank" zu werden. Manche Familien verzichten deshalb jahrelang auf Autofahrten oder führen ein Arsenal an Hausmitteln, Medikamenten und Putzzeug mit. Leider kann man gegen starke Reisekrankheit nicht viel ausrichten, wie Sie sicherlich bereits wissen, wenn Ihr Kind darunter leidet (→ S. 391).

Als **vorbeugende Maßnahmen** in leichteren Fällen empfehlen sich beim Autofahren diese Strategien:

- Kinder schlafend transportieren
- Kinder im vorwärts gerichteten Autokindersitzen vorn auf den Beifahrersitz oder auf die Mitte der Rückbank setzen
- Reboarder testen (der Blick nach hinten aus dem Seiten- oder Rückfenster ist freier)
- sehr kurvige Strecken vermeiden
- nicht im Dunkeln fahren
- Kopf von Babys mit einem Nackenkissen stützen
- frische Luft ins Auto lassen
- Temperatur im Innenraum niedrig halten, Kind nicht zu warm anziehen
- Kinder nicht nach unten schauen lassen (keine Bücher oder Malbücher anbieten)
- Seitenfenster mit Sonnenrollos verdunkeln, um den Blick nach vorn zu lenken
- viele Pausen machen
- Wasser in kleinen Schlucken trinken lassen
- nicht im Auto rauchen!

Wenn Ihnen selbst beim Autofahren übel wird, ist das beste Mittel, selbst zu fahren. Geht das nicht, schauen Sie unbedingt nach vorn. Müssen Sie sich um Ihre Kinder auf der Rückbank kümmern, ist der beste Platz für Sie die Mitte der Rückbank, damit Sie sich nicht ständig umdrehen müssen.

Der gefürchtete Satz: „Mama, mir ist schlecht ..."

Es gibt Hoffnung! Audi entwickelt derzeit ein Auto mit Neigetechnik, die den Straßenverlauf und Bodenwellen im Voraus berechnet und ausgleicht und die Reiseübelkeit damit gar nicht erst entstehen lässt.

Halten Sie immer mehrere verschließbare, dickwandige Plastiktüten oder -behälter zum **Auffangen** der Bescherung parat sowie eine Extraflasche Wasser, Papiertücher und Feuchttücher zum **Reinigen**. Neigt Ihr Kind zu spontanem Erbrechen, bedecken Sie den Autokindersitz mit einem großen Handtuch und die Rücksitzbank mit einer dünnen, waschbaren oder abwischbaren Decke oder einem speziellen Autositzschoner.

Als **Sofort-Reinigungsmittel** bietet sich normales Spülmittel an. Den unangenehmen Geruch können Sie mit Hausmitteln wie Essig, Kölnisch Wasser oder Kaffeepulver (dieses nicht draufschütten, nur über Nacht offen ins Auto stellen) angehen. In hartnäckigen Fällen führt an einer professionellen Innenraumreinigung kein Weg vorbei.

Spiele für die Autofahrt

Das Problem beim Autofahren: Spielzeug, das zu viel Aufmerksamkeit beansprucht, kann Kinder reisekrank machen. Bieten Sie daher Hörspiele und Musik an (per Kopfhörer, denn anders als Ihr Kind wollen Sie dieselbe CD wahrscheinlich nicht dreimal hintereinander hören) oder spielen Sie gemeinsam Rate-, Gedächtnis- und Wortspiele. Die erlauben es, nach vorn aus dem Fenster zu schauen.

- „Wer findet es zuerst?" Der Spielleiter nennt etwas, das häufig vor den Fenstern auftaucht (Windräder, Baustellenschilder, Lkw ...). Wer es zuerst sieht, gewinnt.
- „Banane": Simpel, aber enorm beliebt: Sobald ein gelbes Auto auftaucht, rufen alle „Banane!" Beliebig zu erweitern mit anderen Farben und Obstsorten.
- „Ich packe meinen Koffer": Jeder Spieler beginnt mit „Ich packe meinen Koffer ..." und zählt zuerst in der korrekten Reihenfolge alles auf, was bereits in den Koffer gepackt wurde, danach packt er etwas Eigenes hinzu.
- „Wer (oder was) bin ich?" Der Spielleiter nimmt die Identität einer beliebigen Person an, die alle Mitspieler kennen (etwa eine Märchenfigur oder ein Familienmitglied). Diese stellen nun Ja/Nein-Fragen, um die gesuchte Person zu finden. Nach zehn „Nein" hat der Spielleiter gewonnen.
- „Wort an Wort": Der erste Spieler nennt ein zweisilbiges Wort, etwa „Autobahn", der nächste muss mit dem zweiten Teil des Wortes ein neues bilden (etwa „Bahngleis"), und so weiter.
- für kleinere Kinder: gemeinsam singen („Zeigt her eure Füße", „Erst kommt die Sonnenkäfermama") oder Singspiele („Auf der Mauer, auf der Lauer", „Die Räder vom Bus")

Weblink

Kostenlose Druckvorlage für Auto-Bingo für kleine Kinder:
www.freshdads.com/sites/default/files/Autobingo_kostenloser_Download.pdf

Kleine Bücher, die Trinkflasche, Spielzeug und anderes werden in einer **Rücksitztasche** mit Einschubtaschen sicher und übersichtlich verstaut. Das verhindert nerviges Suchen von Kleinteilen, die beim Bremsen in den Fußraum gerollt sind, und auch das Vergessen von Spielsachen auf dem Rastplatz (immer kontrollieren, ob beim Losfahren alle Fächer besetzt sind).

Marina: „Mein Baby ist jetzt zehn Monate und beschäftigt sich beim Autofahren am liebsten mit seinen ‚Matschtüten': Das sind fest verschlossene Ziplock-Tüten, in die ich ein paar kleine, wasserfeste Sachen tue (Steinchen, Figürchen, Formen aus Moosgummi oder Muscheln) und dann schön buntes Duschbad, Handseife oder auch mal Rasierschaum. Hauptsache, es ‚matscht' schön, wenn man die Tüte zusammendrückt, befühlt und anbeißt."

Spielzeug für die Autofahrt und die Pausen

- Plüschtier oder Lieblingspuppe
- bunte Pfeifenreiniger zum Figurenbiegen
- kleine Autos, Püppchen
- tragbarer DVD-Player
- Musik oder Hörspiele
- Handpuppe oder Fingerpüppchen
- Matchbox-Autos
- Fensterbilder
- **nur für Reisekrankheits-Gefeite:** Bücher, Sticker-Bücher, Zaubertafel
- Springseil, Kreide und Gummitwist für die Rast
- **für Babys:** Schnullerkette und Spielzeug an Schnüren, Hänge-Aktivitätsspielzeuge, die in den Haltegriff über dem Fenster der Seitentür, in die Streben der Kopfstütze des Vordersitzes oder in den Haltebügel der Babyschale eingehängt werden
- **für Babys und Kleinkinder:** Sinnes- und Entdeckerspielzeug wie Matschtüten oder Entdeckerflaschen (Plastikflaschen mit Reis, Linsen und anderen Materialien sowie einigen kleinen Figürchen, die durch gründliches Drehen und Schütteln an der Seite zum Vorschein kommen)
- zusätzlicher Rückspiegel oder Panoramaspiegel (zum gemeinsamen Spielen und Singen)

Mit dem Mietwagen unterwegs

Urlaub auf vier Rädern können Sie auch machen, wenn Sie kein eigenes Auto besitzen oder Ihr kleiner Stadtflitzer für eine lange Reise mit viel Gepäck nicht gerüstet ist. Einen Mietwagen bekommen Sie in jeder Größe, vom Familienkombi bis zum Bus. Übers Wochenende sind diese oft überraschend günstig und bieten sich daher für spontane Kurztrips an. Auch die Anmeldung bei einem Carsharing-Anbieter kann für längere Urlaubsreisen eine günstige Möglichkeit sein. Vergleichen Sie in jedem Fall mehrere Anbieter, bevor Sie ein Auto für Ihre Reise mieten.

Wenn Sie das Auto nur benötigen, um Ihre Ferienunterkunft zu erreichen, können Sie es eventuell am Urlaubsort wieder abgeben und für die Abreise erneut anmieten. Die Voraussetzung ist natürlich, dass Ihr Vermieter dort eine Filiale hat. Die großen Anbieter sind in vielen touristischen Zentren auf der ganzen Welt vertreten.

Die großen Autovermieter wie Sixt, Avis, Europcar und Hertz sind laut Stiftung Warentest zum Teil erheblich teurer als kleinere Anbieter oder Mietwagenvermittler.

Für Reisen mit kleinen Kindern sollte der **Preis** nicht das alleinige Kriterium für den passenden Mietwagen sein. Achten Sie unbedingt darauf, dass Ihr Wahlauto **groß genug** ist. Dafür braucht es genug Sitzplätze, Fußraum für die Erwachsenen und Platz für die Installation eines Autokindersitzes (→ S. 267) sowie ausreichend Platz im Kofferraum für Ihr Urlaubsgepäck inklusive Buggy.

Gut geeignet für Familien sind Autos mit **Schiebetüren**, die das Ein- und Aussteigen erleichtern. **Kombis** eignen sich für Urlaubsfahrten außerdem besser als Limousinen, weil der Kofferraum leichter zu beladen ist. **Genug Stauraum** für eine komplette Campingausrüstung und Platz für Großfamilien oder auch zwei Familien bieten Busse wie der VW Multivan (sieben Sitz-

Hier drin ist genug Platz

Mittelklasse, für längere Touren oder mehr Mitreisende besser der Mittel- oder Oberklasse.

Laut Stiftung Warentest sind die Gurte beim Alfa Romeo, beim Citroën Berlingo, beim Citroën C3 Picasso, beim Fiat Freemont und beim Ford Mondeo zu kurz für rückwärts gerichtete Babyschalen. Beim Mazda 5 und beim Opel Zafira kann der Beifahrer-Airbag nicht deaktiviert werden, dort dürfen also keine Babyschalen auf den Beifahrersitz. Beim Citroën C3 Picasso dürfen auf dem mittleren Rücksitz keine Kindersitze installiert werden.

Reisen Sie gemeinsam mit einer anderen Familie oder den Großeltern, kann ein Achtsitzer günstiger sein als zwei separate Pkw. Auf jeden Fall ist das Reisen so bequemer.

plätze) oder der Opel Vivaro (neun Sitzplätze). Diese Fahrzeugklassen haben allerdings nicht alle Autovermieter im Angebot.

Was Sie zum Thema Autokindersitz beachten müssen, wenn Sie einen Mietwagen im Ausland leihen oder ihn dort fahren, lesen Sie im Kapitel „Autofahren mit Kindern in anderen Ländern" ab → S. 278.

Für die kurze Fahrt zum Flughafen können sich vier Personen und vier Koffer in einen Renault Clio quetschen. Für eine 14-tägige Rundreise benötigen Sie definitiv ein größeres Auto. Die kleinste Fahrzeugklasse (meist als „Mini", „Kleinwagen" oder „Economy" bezeichnet) eignet sich nur für Familien mit einem Kind. Reisen Sie zu viert, wählen Sie mindestens ein Auto der unteren

Sollen drei Kinder auf der Rückbank sitzen, informieren Sie sich genau, ob das angebotene Fahrzeugmodell die **Befestigung von drei Autokindersitzen** erlaubt. Leider ist das auch bei „Familienautos" nicht selbstverständlich. Sicherlich haben Sie keine Lust, zwei Wochen lang auf der Mitte der Rückbank eingequetscht zwischen zwei Kindersitzen zu fahren, während vorn das Baby schlummert.

Viele Reisende buchen einen günstigen Kleinwagen in der Hoffnung, ein **Upgrade** in die nächsthöhere Wagenklasse zu bekommen, weil vor Ort zu wenige Kleinwagen vorrätig sind. In der Hochsaison funktioniert das oft. Spekulieren sollten Sie darauf nicht, wenn Sie den Wagen für lange Tagestouren verwenden wollen und schon gar nicht, wenn Sie einen Kinderwagen und weiteres sperriges Gepäck dabei haben.

Weblinks

Tipps zum Mieten von Autos in der EU: www.eu-verbraucher.de/de/verbraucherthemen/automobil-in-der-eu/automieten-in-der-eu

Bundesverband CarSharing: www.carsharing.de

Auch die Kleinsten passen nicht in jeden Kleinwagen

Achten Sie bei der Auswahl auf den Treibstoffverbrauch, der Umwelt zuliebe und wenn Sie keine **Kilometerpauschale** buchen. Diese lohnt sich nur für Kurztrips ohne Umwege. Sind Sie nicht sicher, wie viel Sie fahren werden, buchen Sie lieber keine, denn zusätzliche Kilometer sind dann richtig teuer.

Für die Abholung am Flughafen wird oft nachträglich ein Zuschlag erhoben. Liegt der Zielflughafen im Stadtgebiet, kann ein Elternteil per Taxi oder Bus zum Stadtbüro des Vermieters fahren und den Mietwagen dort abholen, während der Rest der Familie mit dem Gepäck am Flughafen wartet.

Zum Weiterlesen bei KidsAway.de:

„Wie finde ich den richtigen Mietwagen für die Familie im Urlaub?"

 Suchbegriff: „Mietwagen"

Taxifahren mit kleinen Kindern

In Deutschland müssen Taxifahrer seit 1998 Kinder bis zum Alter von zwölf Jahren bzw. 1,50 Meter Körpergröße „besonders" sichern, auch wenn sie nur gelegentlich Kinder befördern. Sie sind allerdings nicht verpflichtet, für jede Altersgruppe einen passenden Kindersitz vorrätig zu halten. Vorgeschrieben sind nur Autokindersitze ab neun Kilogramm Körpergewicht (also keine Babyschalen) und nur für maximal zwei Kinder, wobei mindestens ein Sitz der Klasse I dabei sein muss.

Sie können also in einem Taxi allenfalls *einen* Sitz für Kleinkinder sowie eine einfache Sitzerhöhung für größere Kinder erwarten, und nur wenn Sie diese Sitze mit genügend Vorlauf anfordern. Mitunter müssen sie erst aus der Zentrale geholt werden. Haben Sie zwei Kinder derselben „Gewichtsklasse", müssen Sie für eines einen eigenen Sitz mitbringen. Für Babys benötigen Sie grundsätzlich eine eigene Babyschale. Bei drei und mehr Kindern sind Sie fast völlig auf Eigenversorgung angewiesen, wenn Sie sie nicht ohne Sitz transportieren wollen – was allerdings dann wiederum legal wäre.

Selbst wenn Sie im Taxi einen passenden Kindersitz vorfinden, sollten Sie immer vor Fahrtantritt prüfen, ob er unbeschädigt und einsatzbereit ist und das korrekte ECE-R44-Siegel trägt (→ S. 131).

Ohne passende Babyschale dürfen zumindest europäische Taxifahrer Ihr Baby nicht befördern! Das ist nicht nur extrem gefährlich und fahrlässig, dem Fahrer winken außerdem Bußgelder und Flensburg-Punkte für den ungesicherten Transport.

In der Schweiz gilt die Kindersitzpflicht bis zwölf Jahre ausnahmslos, also auch für Taxis. In der Praxis heißt das jedoch nicht, dass jedes Taxi jeden Autokindersitz vorrätig hat, sondern dass Familien mit Kindern unter zwölf Jahren häufig nicht oder nur gegen einen Aufpreis von 30 CHF befördert werden. Allenfalls Sitzerhöhungen für die älteren Kinder haben die meisten Fahrzeuge dabei und werden ohne Aufpreis angeboten. Das widerspricht zwar der je nach Kanton geltenden Beförderungspflicht, auch der pauschale Zuschlag ist nicht im Tarif vorgesehen. Taxifahrer, die ihre kleinen Fahrgäste nicht entsprechend sichern, zahlen ein Bußgeld von 60 CHF.

In Österreich gilt für Taxis keine Kindersitzpflicht. Wollen Sie Ihr Kind sicher transportieren, müssen Sie selbst einen passenden Autokindersitz mitbringen. Zumindest in Wien bieten die größeren Taxiunternehmen aber immerhin Limousinen mit integrierten Kindersitzen an.

Auch wenn Sie kein eigenes Auto besitzen, ist es ratsam, eine **Babyschale in Reserve** zu haben. Vielleicht müssen Sie doch einmal im Notfall ein Taxi rufen oder im Auto von Freunden mitfahren. Achten Sie vor allem darauf, eine möglichst mit allen Automodellen kompatible Babyschale zu kaufen. Idealerweise ist sie auch noch „for use in aircraft" zertifiziert (→ S. 249).

Taxifahren mit Kindern in Sydney ...

In Berlin können Sie unter dem normalen Taxiruf (030) 20 20 20 auch ein „Storchentaxi" bestellen, das mit Babyschale(n) ausgestattet ist. Es kostet nicht mehr als ein normales Taxi.

Ute: „In Sydney fragten wir am Flughafen nach einem Taxi mit zwei Kindersitzen. Wir mussten 10 Minuten länger warten. Und tatsächlich – es kam ein Taxi mit zwei richtigen Autokindersitzen. Dafür kostete dann die Taxifahrt doppelt so viel. Denn was wir nicht wussten: Pro Sitz fiel eine ‚service charge' in Höhe von 12 AUD an. Ähnliches haben wir auch in Neuseeland erlebt."

... und in Sri Lanka

In vielen europäischen Staaten wie Großbritannien, Spanien, Italien oder den Niederlanden gelten für Taxis Ausnahmeregelungen von der Kindersitzpflicht. In den meisten Ländern Asiens und Afrikas sind Kindersitze schließlich noch weithin unbekannt. Gesetzliche Regelungen gibt es oft nicht, und schon gar keine für Taxis.

Am sichersten gehen Sie, wenn Sie ein Taxi telefonisch über die Zentrale bestellen (erklären Sie Ihre Wünsche den Hotelangestellten und lassen Sie diese den Anruf tätigen, wenn Sie die Landessprache nicht gut beherrschen). Selbst wenn Sie Ihren eigenen Kindersitz mitbringen, kann es passieren, dass Ihr Taxi überhaupt keine Gurte auf der Rückbank hat. Und ein weiteres Problem: In Europa zugelassene Kindersitze dürfen in den USA oder Australien generell nicht verwendet werden. Dann sind Alternativen oder Notlösungen gefragt (→ S. 281).

Während in den meisten Ländern der Fahrer des Fahrzeugs verpflichtet ist, für die ordnungsgemäße Sicherung seiner Fahrgäste zu sorgen, ist das in den USA anders. Hier werden im Zweifel die Eltern haftbar gemacht. Erkundigen Sie sich also vor Ihrer Reise genau nach den vor Ort geltenden Regelungen.

Autofahren mit Kindern in anderen Ländern

Dass in anderen Ländern andere Verkehrsregeln gelten, ist allgemein bekannt. Auch, dass andere Völker oft mit einer anderen Einstellung an den Straßenverkehr herangehen. In ausländischen Großstädten selbst Auto zu fahren, ist für ungeübte Fahrer keine so gute Idee.

Sind Sie im Ausland mit einem Taxi oder **Chauffeur** unterwegs, bitten Sie den Fahrer, möglichst langsam zu fahren. Bringt das nichts (das tut es selten), warnen Sie ihn, dass Ihr Kind bei schnellem Fahren „carsick" werde – keiner möchte diesen Schlamassel beseitigen müssen. Bestellen Sie Mietwagen möglichst bei internationalen Firmen und bitten Sie ausdrücklich um Dreipunktgurte auf der Rückbank, wenn es schon keine Kindersitze gibt.

Nehmen Sie bei Autoreisen ins Ausland immer die Grüne Versicherungskarte mit, um bei der Abwicklung eines Unfalls nichts zu vergessen.

Auch die **Regelungen zum Gebrauch von Kindersitzen** sind in jedem Land anders. Während in Europa, Nordamerika und Australien Kindersitze bis zu einem gewissen Alter verpflichtend sind, sieht es an vielen „exotischen" Urlaubszielen anders aus: Wo sich der Großteil der Bevölkerung kein Auto leisten kann, sind Autokindersitze unbekannt und es existieren keine gesetzlichen Bestimmungen dazu. Oft verfügen die dort fahrenden Autos nicht einmal über Gurte auf der Rückbank oder sie sind nicht kompatibel mit deutschen Kindersitz-Modellen.

Im Taxi oder Mietwagen (→ S. 274) benötigen Sie ebenfalls einen Autokindersitz. Selbst wenn es nicht gesetzlich vorgeschrieben ist, wollen Sie für die Sicherheit Ihres Kindes wahrscheinlich einen benutzen.

Den eigenen Kindersitz von zu Hause mitnehmen

Der Vorteil: Sie wissen, dass dieser Sitz genau für Ihr Kind passt, unbeschädigt und sicher ist. Ihr Kind kennt den Sitz und hat somit ein Stück vertraute Heimat. Besonders für kleinere Kinder auf längeren Reisen ist das vorteilhaft.

Fliegen Sie in den Urlaub, können Sie den Kindersitz vielleicht auch an Bord nutzen (→ S. 248). Nebenbei sparen Sie die Mietgebühren oder den Kaufpreis für einen neuen Kindersitz.

Diese Option funktioniert allerdings nur, wenn deutsche Kindersitze an Ihrem Reiseziel zugelassen sind. Das trifft auf Australien und die USA zum Beispiel nicht zu. Dort brauchen Sie andere Zertifikate und Ihr Sitz kann eventuell nicht in Ihrem Mietwagen installiert werden (in der Typenliste listen Kindersitz-Hersteller passende Fahrzeugmodelle auf).

Krissie: „In Florida haben wir schon – weil wir es nicht besser wussten und den Sitz schon auf dem Flug genutzt hatten – unseren deutschen Autokindersitz im Auto eingebaut. Niemand hat etwas gesagt oder uns gebremst. Ich denke, dass das auch in Ordnung ist. Probleme kann es wohl nur geben, wenn es zu einem Unfall kommt, dann könnte der Versicherer sich querstellen, weil unser Kind in einem nicht zugelassenen Autokindersitz gesessen hat."

Reisen Sie mit dem Zug an, ist der Transport des eigenen Autokindersitzes kein Spaß. Wechseln Sie das Auto vor Ort häufig (etwa beim Taxifahren) oder benötigen es nur selten, lohnt es sich nicht, einen eigenen Sitz mitzubringen. In Ländern, wo die Autos keine Gurte auf der Rückbank haben, nützt ein aus Europa mitgebrachter Autokindersitz wenig.

Kindersitzregelungen in ausgewählten Ländern

Land	Babyschale	Autokindersitz	Sitzerhöhung
viele EU-Staaten	• bis 10 kg/9 Monate, nur rückwärts gerichtet • nur mit ECE 44/03 oder ECE 44/04	• mit Seitenhalt: 9 bis 18 kg (etwa 4 Jahre) • ohne Seitenhalt: 15 bis 25 kg (etwa 7 Jahre) • nur mit ECE 44/03 oder ECE 44/04	• bis 12 Jahre oder 1,5 m • nur mit ECE 44/03 oder ECE 44/04
Österreich	wie oben	wie oben	bis 14 Jahre oder 1,50 m
Schweiz	wie oben	wie oben	bis 18 Jahre oder 1,35 m
Großbritannien, Irland	wie oben	wie oben	bis 12 Jahre oder 1,35 m
Frankreich	wie oben, nur auf der Rückbank	wie oben, nur auf der Rückbank	bis 10 Jahre, nur auf der Rückbank
USA	• bis 1 Jahr, nur rückwärts gerichtet • nur mit FMVSS-213-Siegel	• bis 4 oder bis 9 Jahre, je nach Bundesstaat verschieden • nur mit FMVSS-213-Siegel	• je nach Bundesstaat, empfohlen bis 1,45 m • nur mit FMVSS-213-Siegel
Kanada	• solange der Sitz passt, mindestens bis 10 kg • nur rückwärts gerichtete Sitze mit kanadischem Standard (hergestellt nach 01.01.2012)	• solange der Sitz passt, ab 10 bis 30 kg • nur mit kanadischem Standard • mit Top Tether	• ab 18 kg • nur kanadischer Standard
Australien	• bis 6 Monate/9 kg • nur mit „Australian Standard" • nur rückwärts gerichtet	• bis 4 Jahre • nur mit „Australian Standard"	• bis 7 Jahre • nur mit „Australian Standard"
Neuseeland	• bis 6 Monate/9 kg • nur rückwärts gerichtet	• bis 5 Jahre/18 kg • nur mit Top Tether	bis 7 Jahre/26 kg (ab 5 Jahren muss mindestens angeschnallt gefahren werden, wenn kein Sitz vorhanden ist)
Südafrika	• empfohlen: bis 1 Jahr nur rückwärts gerichtet und nur auf dem Rücksitz • gesetzlich vorgeschrieben bis 21 kg, falls Sitz vorhanden • nur mit „South African Bureau of Standards"-Zertifikat	• bis 3 Jahre/21 kg, falls ein Sitz vorhanden ist • nur mit „South African Bureau of Standards"-Zertifikat	• Anschnallpflicht über 21 kg • Sitzerhöhung bis 12 Jahre wird empfohlen

Quelle: eigene Recherchen, Stand: 07/2014

Einen Kindersitz vor Ort kaufen oder leihen

Der Vorteil: Sie sparen Reisegepäck und haben an Ihrem Reiseziel einen den dortigen Vorschriften und Gegebenheiten entsprechenden Kindersitz, etwa für die Installation mit Beckengurt oder Top-Tether-Riemen.

Bei **geliehenen Sitzen** sollten Sie den technischen und hygienischen Zustand genau prüfen. Viele Autovermieter bieten hier leider keine gute Qualität an und wissen oft auch nicht, wie die Sitze korrekt installiert werden. Ob ein Sitz wirklich unfallfrei ist, können Sie nie sicher wissen. Für ältere Kinder gibt es häufig nur billige Sitzerhöhungen ohne Seitenhörnchen. Auch wenn diese den lokalen gesetzlichen Vorgaben entsprechen, sollten Sie solche Sitze nicht akzeptieren, da sie Ihrem Kind mehr schaden als nutzen könnten.

Das Leihen kostet natürlich Geld (meist zwischen 5 und 10 Euro pro Miettag). Rechnen Sie also gerade bei längerer Mietdauer nach, ob es insgesamt nicht günstiger wäre, wenn Sie **einen neuen Sitz kaufen**. Andere Reisende freuen sich bestimmt, wenn Sie Ihren Sitz vor der Abreise wieder verkaufen, immerhin ist er ja dann fast noch neuwertig.

Christian: *„Für unseren Kurzaufenthalt auf der kleinen Südsee-Insel Amerikanisch Samoa wollten wir einen Mietwagen buchen. Der einzige internationale Anbieter, der Samoa im Programm hatte, teilte uns mit, dass der Partner vor Ort keine Autokindersitze hätte. Über die Website des Fremdenverkehrsamts der Insel fand ich die Kontaktdaten des Autovermieters vor Ort heraus. Zwei E-Mails später hatte ich für uns ein Auto mit zwei (guten!) Autokindersitzen reserviert."*

In der Hochsaison kann es außerdem passieren, dass alle passenden Autositze bereits verliehen sind, selbst wenn Sie rechtzeitig einen reserviert haben (bei Mietwagenbuchungen im Rahmen einer Pauschalreise geht das oft gar nicht). Lassen Sie sich dies daher unbedingt schriftlich bestätigen!

Ohne Kindersitz fahren

Diese Option ist nicht zu empfehlen, aber in der Realität mitunter unumgänglich. Wenn in Taxis oder Mietwagen schlichtweg keine Gurte vorhanden sind oder Ihr Kind zu klein für eine aufblasbare Sitzerhöhung ist, haben Sie keine Wahl.

Finden Sie auf der Rückbank keine Gurte, fragen Sie nach. Oft werden die Gurte weggeklemmt, damit sie die Insassen nicht „stören" – dass sie einen Sinn haben, sehen viele Menschen nicht ohne Weiteres.

Kinder, die schon vorwärts fahren können, sind **angegurtet auf dem Beifahrersitz** sicherer als ohne Gurt auf der Rückbank. Ist vorn besetzt, dann lassen Sie Ihr Kind im Fußraum Platz nehmen, wo es nicht so weit nach vorn geschleudert werden kann.

Gibt es hinten Gurte, setzen Sie Ihr Kind auf ein Kissen oder eine Decke und schnallen Sie es so an. Ist der Brustgurt dann immer noch zu weit oben, schieben Sie ihn hinter das Kind und nutzen wenigstens den Beckengurt. Ein Kissen oder ein Knäuel aus Jacken dient als **Notfall-Fangkörper**.

Der Mittelplatz auf der Rückbank ist der sicherste. Aber nur, wenn man angeschnallt ist. Ansonsten ähnelt dieser Platz eher einer Startrampe durch die Windschutzscheibe. Dagegen hilft es auch nicht, sich mit den Armen abzustützen.

Aufblasbare Sitzerhöhungen (→ S. 133) eignen sich für kurze Fahrtstrecken für Kinder ab etwa vier Jahren. Voraussetzung ist ein Dreipunktgurt.

Ada: „Ich hab immer ein mulmiges Gefühl, wenn wir mit den Kindern auf Fernreisen im Taxi fahren. Einen Kindersitz haben wir eigentlich nie dabei, wozu auch? Das gehört halt zum Lebensrisiko, wenn man dahin reist, und zum Glück ist uns noch nie was passiert."

Im **Reisebus oder Minibus** (→ S. 294) gibt es meist getrennte Sitze mit Beckengurten. Hier können Sie eventuell den CARES-Gurt (→ S. 250) über die Rückenlehne des Sitzes schieben und Ihr Kind damit sichern – offiziell zugelassen ist der Gurt dafür aber nicht!

Was Sie niemals tun sollten: Ihr Kind gemeinsam mit Ihnen anschnallen oder in einer Babytrage vor Ihrem Bauch befestigen. Bei einem Aufprall wird Ihr Kind dann zum Airbag für Sie, was es höchstwahrscheinlich nicht überlebt.

Hier stimmt doch was nicht …

Zum Weiterlesen bei KidsAway.de:

„Mit oder ohne Autokindersitz auf Reisen? Ein internationaler Überblick für Eltern"

Suchbegriff: „Autokindersitz internationaler Überblick"

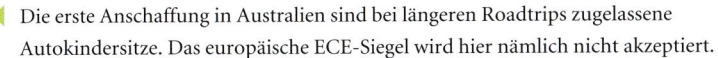

Die erste Anschaffung in Australien sind bei längeren Roadtrips zugelassene Autokindersitze. Das europäische ECE-Siegel wird hier nämlich nicht akzeptiert.

Bahn und Zug

Nur wenige Familien nutzen die Bahn für die Fahrt in den Urlaub – dabei ist sie sowohl bequem als auch vergleichsweise günstig, besonders für Familien mit mehreren Kindern und für Kinder, die für lange Autofahrten nicht zu haben sind. Sei es, weil sie mehr Bewegung brauchen oder weil sie unter Reisekrankheit leiden (→ S. 391).

Die Bahn bietet Kindern im Vergleich zu Auto oder Flugzeug viel Platz zum Ausbreiten, Herumkrabbeln und Spazieren im Abteil und in den Gängen. Abwechslung bringt ein Besuch im **Speisewagen**. Die Eltern können sich ohne Ablenkung mit den Kindern beschäftigen, die nicht festgeschnallt stillsitzen müssen. Im Abteil sind sogar ganz „normale" Familienspiele und Mahlzeiten am Tisch möglich, ohne dass Sie andere Mitreisende stören. Ebenfalls sehr wichtig mit kleinen Kindern: Man kann zur Toilette gehen, wann und so oft man will. Moderne ICs und ICEs bieten behindertengerechte WCs mit **Wickelgelegenheiten** und viel Platz. Ganz in der Nähe liegen die begehrten Kleinkindabteile (→ S. 291) – hier sind Familien mit kleinen Kindern (zumindest theoretisch) unter sich.

Brauchen Sie am Urlaubsort oder für die Weiterfahrt trotzdem ein Auto, können Sie am Zielbahnhof in einen Mietwagen (→ S. 274) umsteigen. **Autozüge** bringen Sie im Schlafwagenabteil über Nacht quer durch Deutschland. So starten Sie Ihre Reise nach Nord- oder Südeuropa am Morgen frisch und haben schon ein gutes Stück der Strecke bewältigt.

Ab 2014 werden leider fast nur noch internationale Ziele mit dem DB Autozug angefahren, bis 2017 soll das Autoreisezugangebot der Deutschen Bahn ganz eingestellt werden.

Planung und Buchung

Bei Reisen innerhalb Deutschlands ist die Bahn in Sachen Preis unschlagbar, zumindest für Familien, die **rechtzeitig buchen und Sparpreise nutzen**. Laut VCD Bahntest 2012/13 zahlt eine vierköpfige Familie für die Strecke von Frankfurt nach Hamburg 600 Euro weniger, als wenn sie fliegen würde. Der Hauptgrund dafür: Kinder fahren bis zum Alter von 15 Jahren umsonst, solange sie in Begleitung ihrer Eltern, Großeltern oder nicht verwandter Lebenspartner reisen. Unter sechs Jahren fahren sie sogar grundsätzlich kostenlos mit. Mit der BahnCard 25 oder 50 können auch die Eltern noch sparen. Das lohnt sich oft schon bei einer einzigen langen Urlaubsfahrt.

Nahverkehrsmittel und Attraktion zugleich: die Dampflokomotive

Zugfahren in andere(n) Länder(n)

Natürlich können und sollen Sie auch zu Urlaubszielen im Ausland mit dem Zug reisen. Reiseziele in Ost- und Südosteuropa bestechen hier mit niedrigen Ticketpreisen. Die Züge in diesen Ländern bieten allerdings in der Regel weder Komfort noch Service. In Mittel-, West- und Nordeuropa kann Zugfahren vergleichsweise teuer sein, dafür genießen Sie erstklassigen Service in hochmodernen Zügen.

Das Tolle an langen Zugfahrten: Es ist egal, ob Sie tagsüber oder nachts fahren, die Kinder finden es immer gut. Der große Vorteil einer **Nachtfahrt im Schlafwagenabteil:** Sie sparen die Kosten für eine Übernachtung ein und kommen morgens ausgeruht am Ziel an.

Aus Deutschland können Sie in 15 europäische Länder zum Europa-Spezial-Preis reisen. Tickets gibt es hier bereits ab 39 Euro in der 2. Klasse – und Kinder unter 15 Jahren fahren wie gewohnt kostenlos mit!

Sehr interessante Sparmöglichkeiten finden Sie bei grenzüberschreitenden Zugverbindungen. Die Fahrtkosten in den Nachbarländern sind nämlich mitunter weit niedriger als in Deutschland. So lohnt es sich zum Beispiel, Tickets über die ÖBB zu kaufen, auch wenn man die Verbindung nach Österreich gar nicht nutzen möchte. Anders als im Flugzeug kann man in Züge überall ein- und aussteigen, wo man möchte, etwa in München statt in Kufstein.

Weblink

Alle, wirklich alle Informationen über Züge, Zugverbindungen und Zugfahrpläne weltweit: www.seat61.com (englisch)

▸ Viele Familien schwören auf die Bahn als Transportmittel. Bei aller Schimpferei über Verspätungen und Servicewüste: Preislich ist die Bahn für Familien supergünstig.

Wenn Sie Ihre Urlaubsreise mit der Bahn buchen, müssen Sie alle kostenlos mitreisenden **Kinder auf der Fahrkarte eintragen lassen**. Auch bei Buchung im Internet und für Handy-Tickets. Das ist wichtig, denn ein nachträgliches Eintragen der Kinder auf der Fahrkarte ist nicht möglich. Allein reisende Erwachsene können bis zu vier Kinder online auf ihr Ticket buchen. Reisen Sie aber zu zweit mit mehr als drei Kindern oder sind Sie insgesamt mehr als fünf Personen, müssen Sie sich im Reisezentrum der Deutschen Bahn eine DB Familienkarte ausstellen lassen (das ist ohne Aufpreis möglich).

Günstiger ist auch die **Sitzplatzreservierung** für Familien: Eigentlich kostet sie 4,50 Euro pro Sitzplatz, Familien zahlen insgesamt nur 9 Euro. Aufgepasst: Auf diese Weise können Sie maximal zwei Züge je Fahrtrichtung reservieren, mehr als einmal Umsteigen ist also nicht drin. In den meisten ICE-Zügen werden die freien Sitzplätze beim Online-Buchungsvorgang in einer Grafik angezeigt und können von Ihnen angeklickt werden. Nebeneinander liegende Plätze sind für Familien nicht garantiert.

(A)

In Österreich fahren Kinder unter sechs Jahren ebenfalls kostenlos Bahn. Sind die Kinder älter, muss jeder Erwachsene eine VORTEILSCARD Family für 19 Euro pro Jahr erwerben, um bis zu zwei Kinder kostenfrei mitnehmen zu können. Das müssen nicht die eigenen Kinder sein! Außerdem sind alle Standard-Einzeltickets, die online oder am Automaten gekauft werden, 50 Prozent günstiger.

Auch in den ÖBB-Eurocitys und Inter-citys können Familien im Kleinkindabteil fahren. Dieses ist Familien mit Kindern vorbehalten. Daneben gibt es das Stillabteil, das mit Vorhängen ausgestattet ist und nicht reserviert werden kann. Hierhin sollen sich alle im Zug fahrenden Mütter mit Babys zurückziehen können. In den hochmodernen Railjet-Zügen und in vielen ICs gibt es Kinderkinos, in denen bis zu sechs Kinder Zeichentrickfilme anschauen können. Als Begleitpersonen können Sie Ihre Sitzplätze in den Nachbarabteilen reservieren.

(CH)

Die Schweizer Bahnen befördern Kinder unter sechs Jahre, die zusammen mit einer Begleitperson reisen, ebenfalls kostenlos. Ist diese Begleitperson mindestens zwölf Jahre alt, darf sie bis zu vier kleine Kinder gratis mitnehmen. Ist sie über 18 Jahre alt, dürfen es sogar acht sein.

Sind die Kinder zwischen sechs und 16 Jahren alt, kostet ihr Ticket in der 2. Klasse 16 CHF – pro Tag, egal wie weit oder wohin sie fahren. Für 30 CHF kann Ihr Kind mit der „Juniorkarte" in Begleitung eines Elternteils oder Großelternteils (dann heißt es „Enkelkarte") ein ganzes Jahr lang mit allen öffentlichen Verkehrsmitteln fahren. Die InterCity-Doppelstockzüge der Schweizer Bahnen haben Familienwagen mit richtigen Spielplätzen und Tische mit Brettspielen, in den einstöckigen Zügen gibt es Familienzonen mit Spieltischen.

Weblinks

Buchungsportal der Deutschen Bahn für Autozug-Verbindungen in ganz Europa:
www.dbautozug.de/autozug/reiseziele

Autoreisezug der Österreichischen Bahn:
www.oebb.at/de/Reiseplanung/PKW_Motor-_und_Fahrrad/Autoreisezug/index.jsp

Autoreisezug-Portal der Schweizer Bahnen: www.autoreisezug.ch

Privat geführte Website über Autoreisezüge in ganz Europa: www.autoreisezuege.org

Informationen zum Bahnreisen in allen europäischen Ländern:
www.vertraeglich-reisen.de/reiseberichte/bahnreisen.php

Bahn-Spartipps für Familien

- **Sparpreis-Tickets**, die für zwei Erwachsene (und deren mitreisende Kinder bis 15 Jahre) ab 49 Euro kosten (einfache Fahrt in der 2. Klasse), werden ab 91 Tage bis maximal drei Tage vor Fahrtantritt verkauft, sind allerdings nicht flexibel. Verpassen Sie die gekaufte Zugverbindung, verfällt das Ticket. Umtausch oder Erstattung kosten 15 Euro und sind bis zum Vortag möglich. Sparpreis-Tickets gibt es nur, **solange der Vorrat reicht**, allzu lange sollten Sie mit der Buchung also nicht warten!
- **„Last Minute"-Sparpreis-Tickets** ab acht bzw. sieben Tagen bis einen Tag vor Fahrtantritt bekommen Sie (falls noch verfügbar) bei LTUR sowie bei der Preissuchmaschine „From A to B" zu Festpreisen von je 27 oder 29 Euro pro Person. Bei spontanen Buchungen können Sie hier viel sparen, weil der Sparpreis der Bahn mit dem Heranrücken des Abfahrtstages bis auf 119 Euro steigen kann. Der Nachteil: Auf diesen Spartickets können Sie keine Kinder bis 15 Jahre kostenlos mitnehmen, **nur unter Sechsjährige** fahren wie gehabt umsonst.
- Das **„Schönes-Wochenende-Ticket"** gilt samstags und sonntags für bis zu fünf Personen in der 2. Klasse aller Nahverkehrszüge und in S-Bahnen der Deutschen Bahn, auch in einigen Verkehrsverbünden und teilweise im Ausland. Für insgesamt 42 Euro am Tag fahren Sie, so weit und so oft Sie wollen. Nicht jede dieser fünf Personen kann ihre eigenen Kinder kostenlos zusätzlich mitnehmen. Eine **erweiterte Familienkinderregelung** erlaubt es jedoch, dass *bis zu zwei* gemeinsam mit dem „Schönes-Wochenende-Ticket" reisenden Erwachsenen beliebig viele eigene Kinder oder Enkel bis 15 Jahre kostenlos mitnehmen können.
- Ebenfalls kostenlos fahren Eltern oder Großeltern mit ihren Kindern in die Schweiz und nach Österreich (außer Zillertal), sofern die Erwachsenen ein **grenzüberschreitendes Ticket** haben.
- Weitere Sparmöglichkeiten eröffnen sich über die **BahnCard**: Hat ein Elternteil zum Beispiel die BahnCard 25, bekommen der **Ehepartner** (verheiratet sein lohnt sich also) und alle gemeinsamen Kinder bis 18 Jahre eigene BahnCards 25 für jeweils nur 10 Euro (eigentlich kostet sie 61 Euro). Bei der BahnCard 50 ist es ähnlich: Hier kostet die zweite (und dritte, und vierte ...) BahnCard 50 nur 127 Euro statt 255 Euro. Für Zugfahrten ins europäische Ausland zahlen BahnCard-50-Besitzer übrigens nur 75 Prozent.
- Die Sparpreis-Tickets für Familien können mit dem **City-Ticket** kombiniert werden: Damit nutzen Sie nach Bahnfahrten über 100 Kilometer in 120 Städten Deutschlands die öffentlichen Nahverkehrsmittel kostenlos für die Weiterfahrt.

Weblinks

Website der Deutschen Bahn mit Buchungsmöglichkeit: www.bahn.de

Suchmaschine für die günstigste oder schnellste Beförderung von A nach B: www.fromatob.de

Unschlagbar günstig: Kinder fahren oft kostenlos mit

Stressfrei Zug fahren mit Kindern und Gepäck

Zugfahren mit kleinen Kindern und viel Gepäck, das verträgt sich nicht. Wollen Sie eine stressfreie Bahnreise mit Ihrer Familie erleben, dann sollten Sie Ihr **Gepäck so weit wie möglich reduzieren** und nach Möglichkeit keinen Kinderwagen mitnehmen. Vielleicht können Sie einen Ersatzwagen vor Ort leihen oder Ihren eigenen Wagen per Gepäckservice zum Reiseziel vorschicken (siehe gegenüberliegende Seite).

Für Kinder, die schon selbst sitzen, ist ein **klappbarer Buggy** eine Alternative. Diesen können Sie notfalls auch allein und einhändig die Treppen zum Bahnsteig hinauftragen oder in den Zug heben. Er passt aufgeklappt durch die Gänge des Zuges und zusammengeklappt ins Gepäcknetz.

Das Körbchen unter dem Wagen und die Netztasche am Lenker sollten Sie schon vor der Bahnfahrt ausleeren, dann funktioniert das Zusammenklappen besser und Sie riskieren nicht, dass etwas gestohlen wird, wenn Sie den Wagen vor dem Abteil abstellen müssen. Wertsachen sollten Sie hier nie aufbewahren, auch nicht zwischendurch auf dem Bahnhof – Taschendiebe sehen alles!

Wesentlich besser für den Transport von kleinen Kindern im engen Zug eignen sich Tragehilfen.

Oberste Priorität bei Zugfahrten mit Kindern hat die **Sitzplatzreservierung** – nach Möglichkeit in einem Abteil. Hier ist mehr Platz für Ihr Gepäck und die Kinder können nicht ständig entwischen. Im **Kleinkindabteil** können Sie auch den Kinderwagen abstellen. Reisen zu Stoßzeiten (Ferienbeginn, vor Feiertagen und Wochenenden) sollten Sie vermeiden, weil viele Züge zu diesen Zeiten brechend voll sind und das Ein- und Aussteigen mit Kindern und viel Gepäck zur Qual wird. Für einen Kinderwagen ist dann kaum noch Durchkommen.

Kerstin: „Beinahe wäre mein zweijähriger Sohn allein nach Berlin weitergefahren! Ich stand auf dem Bahnsteig und wollte Paul gerade beim Aussteigen helfen, da ging auf einmal die Zugtür zu. Zum Glück hat ein netter junger Mann rechtzeitig den Fuß in die Tür gestellt. Das war ein Schreck!"

Richten Sie es so ein, dass Sie mit etwas Vorlauf **am Bahnhof ankommen**. So ist

Ein faltbarer Buggy ist beim Zugfahren praktisch

Gepäckservice

Zugreisen mit viel oder sperrigem Gepäck sollten nach Möglichkeit vermieden werden. Um trotzdem die notwendige Ausrüstung ans Urlaubsziel zu bekommen, können Sie den **Kurierdienst** der Bahn nutzen: Er holt das Reisegepäck bei Ihnen ab und bringt es an Ihr Urlaubsziel (sofern dieses in Deutschland, Luxemburg, Österreich, der Schweiz oder Italien liegt). Bei Gepäckaufgabe bis 12 Uhr dauert das zwei bis sechs Werktage. Pro Gepäckstück zahlen Sie ab 17,50 Euro (Maximalgewicht 31 Kilogramm), Fahrräder und anderes Sondergepäck kosten 25,50 Euro plus 5,90 Euro für die Fahrradverpackung.

Wenn Sie spätestens eine Stunde vorher Bescheid geben, wartet am Bahnsteig in Stralsund, Rostock, Osnabrück, Hannover, Göttingen und Bremen ein **Kofferträger**, der allerdings nicht auf Trinkgeld hofft, sondern für die ersten beiden Gepäckstücke je 2,50 Euro, für jeden weiteren Koffer 1,20 Euro berechnet.

Weitere Hilfen für „mobilitätseingeschränkte Reisende" bekommen Sie in der **Mobilitätsservice-Zentrale**. Hier gibt es Informationen zu geeigneten Zügen und zu Mindestumsteigezeiten mit Kinderwagen. Allein mit Kind reisende Eltern können hier Hilfe beim Umsteigen beantragen – kostenlos.

(A) Österreicher können den „Haus-Haus-Gepäck PLUS"-Dienst im Inland für 19,40 Euro pro Gepäckstück bestellen, die Lieferung erfolgt am selben Tag. Reisegepäck ins Ausland zu versenden, kostet 39 Euro pro Stück.

(CH) Schweizer lassen ihr Gepäck im Inland binnen zwei Tagen ans Reiseziel liefern, für je 12 CHF pro Koffer oder Skisack. Familien mit Junior-Karte zahlen nur 10 CHF pro Gepäckstück.

> Marion: „In Kassel hat eine Dame von der Bahnhofsmission mit einem Gepäckwagen auf uns gewartet und uns sechs Kinder und drei Erwachsene samt Kofferberg zum Bahnsteig gefahren. Dort half uns zusätzlich ein Mitarbeiter der DB beim Einsteigen. In Bremen standen zwei Damen zum Aussteigen bzw. Umstieg in den nächsten Bus zur Verfügung und auf der Rückreise genauso. Wirklich ein grandios organisierter Service."

Kontakt: (0180) 55 12 512 (14 Cent/Min. aus dem Festnetz, Mobilfunk max. 42 Cent/Min.) oder E-Mail an msz@deutschebahn.com, mindestens einen Tag vorher kontaktieren!

---

genug Zeit, um das richtige Gleis zu finden, unerwartete Hindernisse wie kaputte Aufzüge zu bewältigen und am Bahnsteig per Wagenstandanzeiger den richtigen Platz zum Einsteigen einzunehmen, damit Sie nicht mit Kind und Gepäck auf der Suche nach Ihrem reservierten Sitzplatz durch mehrere Waggons pilgern müssen. Mit breiten Kinderwagen steigen Sie am besten am Einstieg für Rollstuhlfahrer ein (den Sie auf dem Wagenstandanzeiger finden).

Reisen Sie **zu zweit mit Kindern**, sollten Sie die Aufgaben „Kinder" und „Gepäck" unter sich aufteilen, und zwar beim Ein- und beim Aussteigen. Müssen Sie sich **allein** um Kind und mehrere Gepäckstücke kümmern, blockieren Sie beim Aussteigen am besten die automatischen Türen oder bitten andere Passagiere, das für Sie zu tun. Dann heben Sie zuerst die Koffer auf den Bahnsteig, während Sie mit einem Fuß im Zug bleiben, und helfen danach Ihrem Kind hinaus. Unter keinen Umständen darf das Kind allein auf dem Bahnsteig oder im Zug gelassen werden – allzu schnell haben sich die Zugtüren geschlossen und Sie haben ein Problem …

Im Zug unterwegs mit Kindern

Die Deutsche Bahn gibt sich große Mühe, um die Zielgruppe „Familien" zufriedenzustellen. Neben den speziellen Preisangeboten gibt es in ICs und ICEs viele kleine Überraschungen für Kinder: etwa die Kinderspiel-App „Der kleine ICE", das Kindermagazin „LeseLok" und Malbücher, die im Zug verteilt werden.

Auf der Website „Olis Bahnwelt" können Sie **kostenlose Pixibücher** bestellen und Bastelbögen und Malvorlagen ausdrucken. Während der Sommerferien-Wochenenden kümmern sich in einigen Fernzügen pädagogisch geschulte Kinderbetreuer mit Kinderschminken, Basteln und Vorlesen um kleine Passagiere.

Kinder, die gern eine „richtige" Fahrkarte haben wollen, bekommen auf Wunsch in ICs und ICEs eine „**Kinderfahrkarte**" vom Zugbegleiter (oder Sie drucken die Fahrkarte für Ihr Kind zu Hause aus, zusammen mit Ihrem eigenen Ticket). Mit dem enthaltenen Gutschein können Sie sich dann im Bordbistro eine kleine Überraschung abholen (nach Verfügbarkeit). Hier gibt es außerdem für 5,90 Euro ein Kindermenü aus Cheeseburger, einem Getränk und Süßigkeiten sowie einer ICE-Spielfigur. Alles verpackt in einer Snackbox, die mitgenommen und als Spiel-Bahnhof weitergenutzt werden kann.

Im Zug genießen Kinder volle Aufmerksamkeit

Meine eigene Fahrkarte

Zugfahren allein mit Kind

Die Bahn ist eines der besten Verkehrsmittel, um allein mit Kind zu verreisen. Sie zahlen nur das Ticket für sich selbst, können sich während der Fahrt ganz auf Ihr Kind konzentrieren oder auch entspannen, wenn Sie im Abteil auf Familien mit gleichaltrigen Spielgefährten treffen.

Weniger entspannt ist das **Ein- und Aussteigen** ohne helfenden Partner. Beim Reisen mit Kleinkindern, die gern mal weglaufen, stehenbleiben oder gaaanz langsam werden, sollten Sie mindestens eine

---

Weblink
Kinderseite der Deutschen Bahn: www.olis-bahnwelt.de

Spiele und Beschäftigung für die Zugfahrt

Im Gegensatz zum Auto sitzen sich im Abteil (oder im Großraumwagen am Tisch) alle Familienmitglieder gegenüber. Die Aussicht aus den großen Fenstern ist besser und interessanter als auf der Autobahn. Es darf geschnipselt und geklebt werden und Malen geht besser als im wackeligen Auto. Fällt mal etwas herunter, kann es einfach aufgehoben werden. Die einzige Einschränkung: Haben Sie kein Abteil für sich, müssen Sie Rücksicht auf Ihre Mitfahrer nehmen.

Für die Kleinsten:
- Fingerspiele: „Das ist der Daumen, der schüttelt die Pflaumen …", „Meine Mutter schneidet Speck", „Alle Vögel fliegen hoch!" (auf dieses Kommando des Spielleiters heben alle die Hände flatternd von der Tischplatte in die Höhe. Statt der Vögel fliegen nun auch Flugzeuge, Bienen oder Schmetterlinge. Aber Vorsicht, wenn der Spielleiter Autos oder Omas hochfliegen lässt. Dann dürfen die Hände nicht gehoben werden)
- Bilderbücher anschauen
- Bilder (aus-)malen, mit Stiften oder auf Zaubertafeln
- ablösbare Sticker und Fensterbilder in Stickerbücher oder auf die großen Zugfenster kleben
- Hörspiele anhören (über Kopfhörer)
- basteln, schneiden und kleben
- Pfeifenreiniger biegen, knoten und zu Buchstaben, Zahlen oder Figuren formen

Ab Kindergartenalter:
- Kartenspiele (Quartett, Schwarzer Peter, Mau-Mau, „Make 'n' break")
- Lochkarten: Schneiden Sie zu Hause aus festem Karton oder Pappe Vierecke oder andere Figuren aus und stanzen Sie möglichst viele Löcher hinein. Während der Bahnreise können Kinder mit einem Schnürsenkel oder einer Kordel „nähen", Schnurfiguren bilden oder auch Knoten und Schleifen üben.
- Origami nachfalten (Anleitungen gibt es über Apps)

Für mehrere Kindergartenkinder:
- „Bahn-Lotto": Auf 20 bis 30 kleine Pappquadrate Gegenstände aufmalen, die man oft aus dem Zugfenster sehen kann (ein Auto, eine Kuh, ein Haus …). Fährt der Zug los, werden die Pappkärtchen unter den Mitreisenden verteilt. Nun heißt es aufmerksam aus dem Fenster schauen: Wer einen der auf seinen Karten abgebildeten Gegenstände sieht, darf das entsprechende Kärtchen abgeben. Wer als Erster keine Karten mehr hat, ist Sieger.
- „Bahn-Bingo": Vorlagen mit mehreren zu suchenden Motiven aus dem Internet ausdrucken oder selbst malen und an die Mitspieler verteilen, die entdeckten Dinge um die Wette durchstreichen

Ab Vorschulalter:
- Fadenspiele: Eine ein bis zwei Meter lange Schnur zu einem Ring zusammenknoten, mit Hilfe der Finger und Hände verschiedene Figuren bilden. Die bekanntesten für eine Person sind der „Hexenbesen" und die „Zwei Diamanten". Mit Faden „Abnehmen" oder „Abheben" spielen

---

Zum Weiterlesen bei KidsAway:

„Fadenspiele – eine Schnur für jede Gelegenheit"

 Suchbegriff: „Fadenspiele"

Zum Weiterlesen bei KidsAway:

„Tolle Kinderbücher rund ums Zugfahren"

 Suchbegriff: „Kinderbücher Zugfahren"

Bahn-Bingo, made by Mama

Nele: *„Ich fahre regelmäßig mit meinen Kindern allein Zug. Wir haben noch nie im Kleinkindabteil gesessen. Aber entgegen ihrem Ruf freuen sich auch ältere Leute über nette, aufgeschlossene Kinder. Meine unterhalten sich jedes Mal ganz prächtig mit den anderen Fahrgästen."*

Besonders auf kleinen Bahnhöfen, wo Züge nur kurz anhalten, ist jede helfende Hand willkommen. Sprechen Sie schon vor der Einfahrt des Zuges andere Reisende am Bahnsteig an und bitten Sie sie um **Hilfe beim Einsteigen**. Sehr wichtig: Erst das Kind in den Zug heben, dann von drinnen Kinderwagen und Gepäck nachholen. **Beim Aussteigen** unterstützt Sie der Zugbegleiter, wenn Sie ihm vorher Bescheid geben.

Hand pro Kind frei haben, besser sind zwei. Nun brauchen Sie aber eine Hand für Gepäck, die andere zum Öffnen von Türen, zum Schieben des Buggys oder zum Halten von Fahrkarten. Die Lösung: so wenig wie möglich mitnehmen und so viel wie möglich direkt am Körper befestigen, ohne dass die Hände gebraucht werden. Statt Rollkoffer empfiehlt sich also ein **Rucksack** oder eine Schultertasche. Kleinkinder bis zum Alter von drei bis vier Jahren können zumindest kurzzeitig in eine **Tragehilfe** auf den Rücken, dann sind zwei Hände für das Gepäck frei.

Rein in die Tragehilfe, wenn es ans Einsteigen geht

Weblinks

PDF-Heft „Mit Thomas durch Europa" für Kinder: www.kinderzeit.de/kos/WNetz?art=File.download&id=728&name=kinderzeit+aktiv+Thomas+auf+Reisen+v2.pdf

Druckvorlagen für Reise-Bingo: www.hallo-eltern.de/m_druckseiten/bingo.pdf

Druckvorlagen für Labyrinthe: www.kinder-malvorlagen.com/zum-ausmalen/vorlagen-raetsel-labyrinth.php

Rollendes Spielzimmer: das Kleinkindabteil

Das sagenumwobene Kleinkindabteil (manchmal auch Familienabteil genannt) ist für Familien mit Babys und Kleinkindern bis fünf Jahre konzipiert. In fast allen IC- und ICE-Zügen der Deutschen Bahn (nicht aber in ECs und Regionalbahnen) kommen Eltern mit kleinen Kindern hier in Kontakt mit anderen Familien und können entspannt reisen, weil die älteren Kinder Spielgefährten finden und quengelige Babys auf Verständnis hoffen können.

Allein reisende Eltern freuen sich außerdem über Unterstützung, wenn sie selbst einmal zur Toilette müssen. Wickeln können Sie entweder direkt im Abteil oder im angrenzenden Behinderten-WC, das mit einer großen Wickelgelegenheit ausgestattet, geräumiger und oft auch sauberer ist als die normalen Zugtoiletten. Gleich daneben ist meist auch Platz, um einen Kinderwagen abzustellen, wenn Ihrer nicht mehr ins Abteil passt.

Anne: „Wir sind in einem Kleinkindabteil eines Eurocitys gefahren und waren begeistert. Es gab zwar kein Spielzeug oder gar Geräte, aber wir hatten eben ein eigenes Abteil für uns allein mit viel Platz zum Krabbeln für den Kleinen und sogar für unseren Kinderwagen. Essen wurde uns aus dem Bordrestaurant an den Platz gebracht und Anschlüsse für den Flaschenwärmer waren im Abteil. Es war eine rundum entspannte Zugfahrt und wir können das Kleinkindabteil nur empfehlen."

Jenny: „Auf unserer letzten Zugfahrt fühlte ich mich schon ein wenig veräppelt: Im EC nach Berlin wurde mir ein freies Kleinkindabteil zum Reservieren angezeigt. Das habe ich natürlich genommen! Als wir dann unsere Sitzplätze im Zug suchten, fanden wir ein stinknormales Abteil, in dem bereits ein junger Mann saß – nix reserviert für Familien. Wickeln mussten wir wie gehabt auf dem Boden, denn im Zug gab es weder Wickelgelegenheiten noch Behinderten-WCs."

In den ICE-Zügen findet man das Kleinkindabteil meist zwischen dem Speisewagen und der ersten Klasse. Je nach Baureihe sind die Abteile sehr unterschiedlich eingerichtet: In IC-Zügen und alten ICEs sind es normale, etwas geräumigere Zugabteile. In moderneren ICEs gleichen sie eher Spielzimmern mit Klettergeräten und Spielwand.

Der **Nachteil** am Kleinkindabteil: Es gibt nur eines pro Zug, und das ist daher besonders zu Stoßzeiten, also an Wochenenden und in den Ferien, schon frühzeitig belegt.

Im Kleinkindabteil kann die Fahrt nicht lang genug sein

Zum Weiterlesen bei KidsAway.de:

„Kleinkindabteil: Rollendes Spielzimmer im Zug für Baby und Kleinkind"

 Suchbegriff: „Kleinkindabteil"

Weitere Reiseverkehrsmittel für Familien

Oft haben Familien schlicht keine Möglichkeit, die Bahn für eine Urlaubsreise zu nutzen – weil es in Wohnortnähe keinen Bahnhof gibt oder weil sich das gewählte Reiseziel nicht oder nicht ohne großen Aufwand auf Schienen erreichen lässt. Geht es Ihrer Familie auch so oder sind Ihnen die Zugtickets für eine kurzfristige Reise zu teuer, können Sie vielleicht mit dem **Fernbus** ans Ziel gelangen? Seit der Öffnung des Marktes liefern sich hier zahlreiche Unternehmen einen harten Preiskampf und machen auch für Familien attraktive Angebote.

Zum Weiterlesen bei KidsAway.de:

„Reisen per Fernbus – eine gute Idee für Familien?!"

 Suchbegriff: „Fernbus"

Andere Verkehrsmittel, die von Familien zum Reisen genutzt werden, sind das **Wohnmobil** (→ S. 192) und das **Fahrrad** (→ S. 210). Diese finden Sie im Kapitel „Urlaubsideen" ab → S. 153, weil mit ihnen eher „der Weg das Ziel ist".

Auf Transatlantik- oder Transpazifikstrecken ist das **Kreuzfahrtschiff** (→ S. 176) eine interessante Alternative für Familien (und Flugängstliche). Wer genug Zeit (oder Flugangst) hat, kann wie früher den einen oder anderen Ozean mit ihnen überqueren. Die Strecke zwischen Deutschland und Norwegen oder Finnland, aber auch der Atlantik zwischen Hamburg und New York oder der Pazifik zwischen Hawaii und Australien sind beliebte Routen. Bonus: Der lästige Jetlag wird vermieden, Entfernungen werden wieder als echte Strecken erlebt.

Auf kürzeren Strecken fahren oft Kreuzungen aus Luxuslinern und Autofähren. Nach Norwegen, Sardinien oder Griechenland fahren jedes Jahr tausende Urlauber zeitsparend und sehr komfortabel mit der **Fähre**. Bei schönem Wetter (oder auch bei Sturm) wird so schon die Anreise zum Erlebnis. Für Familien mit kleinen Kindern ist das ein Riesenvorteil. Statt einer tagelangen Autofahrt können sie sich an Bord verwöhnen lassen und viel Bewegungsfreiheit und Seeluft genießen. Fähren sind fast immer pünktlich, stehen nie im Stau und sind auch ansonsten extrem schnell, weil sie „Luftlinie" fahren.

Die Colorline-Fährschiffe schreiben für Minikreuzfahrten in der Nordsee kein Mindestalter für Babys vor.

Im Mittelmeer, im südlichen Skandinavien und um Großbritannien herum gibt es zahlreiche Häfen und ein dichtes Netz an Verbindungen. Aber auch nach Island oder Marokko kann man mit der **Autofähre** reisen. Natürlich nicht nur mit dem Auto, sondern auch mit Wohnmobilen, Motorrädern oder als Fußpassagier.

Zum Weiterlesen bei KidsAway:

„Eine Reise nach Island"

Suchbegriff: „Island"

Statt Flug plus Mietwagen vor Ort brauchen Sie nach Fährfahrten nur Ihr eigenes Auto. Das spart Geld und macht das Packen viel angenehmer.

Kinder zahlen bei den meisten Reedereien nur die Hälfte des Fahrpreises. Unter drei oder vier Jahren fahren sie oft kostenlos, wenn sie kein Bett oder keinen Sitzplatz brauchen.

Theoretisch ist es auch möglich, auf einem **Frachtschiff** mitzufahren. Die meisten Reedereien lassen Kinder aber erst ab fünf Jahren an Bord, zudem sind die Überfahrten sehr teuer (etwa 100 Euro pro Tag und Person) und ganz ohne Unterhaltungsangebot (nicht nur für Kinder) eher langweilig.

Jetzt fahren wir über'n See, über'n See ...

In Südeuropa und Südostasien benutzt jedermann **Mopeds oder Motorroller** (auch bekannt als „motobikes"). In Regionen, wo Autos ein unbezahlbarer Luxus sind, stellen Mopeds oft das einzige Fortbewegungsmittel dar und fungieren auch als Taxis. Für Familien mit Kindern und viel Gepäck ist das ein Dilemma, denn sicher sind diese Verkehrsmittel nicht. Sollen Sie als Sozius auf einem Moped mitfahren und dabei ein Kind und Ihr Gepäck festhalten, verweigern Sie das bitte und fahren Sie die Strecke entweder in mehreren Touren, mit zusätzlichen Moped-Taxis oder mit einem anderen Verkehrsmittel.

Weblinks

Informationen über alle Fährverbindungen in Europa: www.ocean24.com

Internationale Fährverbindungen: www.faehren-service.de

Frachtschiffreisen: www.hamburgsued-frachtschiffreisen.de

Suchmaschine für Fernbus-Verbindungen: www.busliniensuche.de

◀ Auch Fähren bringen Familien schnell und sicher ans Ziel, wenn der Weg übers Wasser führt. Die größeren gleichen oft richtigen Kreuzfahrtschiffen.

Im Tuktuk durch Kambodscha

In Vietnam kommt man nur per „motobike" voran

Die Brandnarbe an der Innenseite des Unterschenkels ist für viele Asienreisende eine bleibende Erinnerung. Fahrten bei Dunkelheit oder tropischen Regengüssen sollten Sie nach Möglichkeit vermeiden.

Sichere Kindersitze für Mopeds gibt es nicht. Kinder sollten daher erst dann auf Mopeds mitfahren, wenn sie sich allein zuverlässig hinter Ihnen auf dem Sitz halten können und mit den Füßen die Fußrasten erreichen. Bitte setzen Sie kleinere Kinder und Babys weder vor sich noch zwischen sich und einen weiteren Mitfahrer. Schon gar nicht sollten Sie zu viert (oder noch mehr) aufsteigen!

Selbst fahren ist mit den verbreiteten Vollautomatik-Mopeds ein Kinderspiel: Mit der rechten Hand wird Gas gegeben, mit der linken wird gebremst. Oft müssen Sie beim **Mieten eines Motorrollers** nicht einmal einen Führerschein vorzeigen. Achten Sie auf intakte Bremsen, eine funktionierende Beleuchtung und vor allem eine laute Hupe. In Entwicklungsländern brauchen Sie die im Straßenverkehr dringender als Blinker oder Bremsleuchten. Machen Sie Ihre ersten Fahrversuche nicht in Großstädten und auch nicht mit Kind und Gepäck.

Selbst wenn Sie sich einigermaßen sicher fühlen: Der Straßenverkehr in Entwicklungsländern ist eine der Haupttodesursachen für die Bewohner und auch Touristen kommen hier sehr oft zu Schaden. Verhalten Sie sich immer besonders umsichtig und verzichten Sie lieber auf eine Tour, wenn Sie ein schlechtes Bauchgefühl haben.

Tragen Sie auch in Ländern ohne Helmpflicht beim **Mopedfahren** immer einen Helm (und Ihre Kinder natürlich auch), möglichst mit einem Visier. Wenn Sie schon vorher wissen, dass Sie im Urlaub viel Moped fahren wollen, nehmen Sie am besten für die Kinder ordentliche, in Europa gekaufte Helme mit. Lange Hosen und langärmelige Shirts (besser noch Jacken) schützen vor schlimmen Abschürfungen, die beim harmlosesten Sturz entstehen und sich in tropischer Hitze schnell entzünden können. Achten Sie vor allem beim Auf- und Absteigen als Sozius darauf, sich nicht am glühend heißen Auspuffrohr zu verbrennen.

Geführte Ausflüge und Taxifahrten über Land werden Sie in vielen Regionen der Welt in einem **Minibus** machen. Hier können Sie Ihre Kinder meist gar nicht anschnallen. Kinder sollten dann wenigstens in der Reihe hinter den Erwachsenen sitzen. Auffahrunfälle schleudern die Passagiere nämlich mit solcher Kraft nach vorn, dass vor ihnen Sitzende mitunter schlicht erschlagen werden, auch wenn diese selbst angeschnallt sind.

Weitere Reiseverkehrsmittel für Familien

> Edda: „In Thailand fahren wir immer Motobike. Die Kinder sitzen hinten und haben riesigen Spaß. In Deutschland würde ich mich nicht trauen, im Berufsverkehr damit zu fahren, und ich fände es für meine Mädels auch viel zu gefährlich. Aber im Urlaub ist das irgendwie anders, da gehört es dazu. Das muss halt jeder selbst abwägen."

Sammeltaxis warten in der Regel so lange mit dem Start, bis sie voll sind. Und darunter verstehen die Fahrer oft etwas anderes als wir: Ein ordentlich gefüllter Minibus kann locker zwanzig Personen transportieren, die sich die fünfzehn Sitzplätze teilen. Vermeiden Sie solche Fahrten mit Kindern, wenn es geht. Etwas luftiger, aber dann ohne jede Federung sind Sammeltaxis in Form von Pick-ups mit auf die Ladefläche gebauten Sitzbänken. Auch hier sollten Sie Ihre Kinder lieber direkt auf die Ladefläche und möglichst nahe an die Fahrerkabine setzen.

> Katja: „Zu meinen schlimmsten Erinnerungen gehört eine Fahrt mit dem Minibus von Lao Cai nach Sa Pa über zig Serpentinen. Die Kinder waren von der Fahrt mit dem Nachtzug übermüdet, der Fahrer fuhr wie ein Henker, wir saßen eingequetscht zwischen unseren Rucksäcken und dann erbrach unser Jüngster sein Frühstück über mich und seinen Sitz. Aber so kamen wir wenigstens mal zu einer Pause und konnten unsere verkrampften Gliedmaßen strecken."

In anderen Ländern gibt es nicht nur fremde Sitten, sondern auch ungewöhnliche Verkehrsmittel. Statt der vertrauten Taxis werden Sie in Asien häufig Fahrzeuge „Marke Eigenbau" sehen. Die Grundkonstruktion von „**Rikschas**" und „**Tuktuks**" ist ähnlich: An ein Fahrrad oder Motorrad wird eine Sitzbank für zwei bis vier Passagiere gebastelt – an den Seiten offen, nahezu ungefedert und mit einem Dach (manchmal auch Planen an der Seite) vor Sonne und Regen geschützt. Sicherheitsgurte oder andere Schutzvorkehrungen für die Passagiere gibt es nicht (wenn man die zahlreichen Heiligenbildchen und Blumenkränze nicht mitzählt).

Tuktuks und Rikschas haben keine Taxameter. Sie bezahlen je nach Ihrem Verhandlungsgeschick und der Touristendichte. Anfangs werden Sie ziemlich sicher übervorteilt, aber Sie lernen bestimmt schnell.

Im Stadtverkehr fahren diese Gefährte nicht schnell. Aber wenn Sie mit kleinen Kindern unterwegs sind, lassen Sie sie nach Möglichkeit rückwärts gerichtet fahren und setzen Sie sie zwischen zwei Erwachsene oder in den Fußraum, damit sie bei scharfen Kurven oder Bremsungen nicht hinausfallen.

Dies vorausgeschickt, sind Tuktuks und Rikschas günstige und sehr beliebte Verkehrsmittel. Die kleinen Gefährte kommen in jede Gasse, die Fahrer sind oft sehr kinderfreundlich und fungieren gern als Stadtführer. In dieser Funktion kann man sie zusammen mit ihrem Gefährt auch tageweise oder länger mieten.

Nicht jede Strecke muss motorisiert zurückgelegt werden. Je langsamer Sie eine Gegend erkunden, desto intensiver wird Ihre Reiseerfahrung. Haben Sie schon einmal daran gedacht, eine **Wasserwanderung** zu machen, zu Fuß zu **pilgern**, einen **Esel als Lastträger** zu benutzen oder sich von **Pferden in einem Planwagen** fahren zu lassen? Auf KidsAway.de stellen wir immer wieder ungewöhnliche Ideen für Familien vor.

Zum Weiterlesen bei KidsAway.de:

„Hoch auf dem gelben Wagen ... Eine Planwagenreise mit dreieinhalb Kindern"

 Suchbegriff: „Planwagen"

Zum Weiterlesen bei KidsAway.de:

„Jakobsweg zu dritt: auf Pilgerpfaden mit Kind und Kegel"

 Suchbegriff: „pilgern"

Ein familienfreundliches Dach über dem Kopf

Reise-Unterkünfte: Welche eignen sich für Ihre Familie?	298
Ferienwohnungen und Ferienhäuser	300
Hotels und Pensionen	305
Campingplätze	317
Hostels und Jugendherbergen	327
Weitere Übernachtungsmöglichkeiten für Familien	331

Unterkünfte

Unterkünfte: ein familienfreundliches Dach über dem Kopf

Reise-Unterkünfte: Welche eignen sich für Ihre Familie?

Mit Kindern können Sie natürlich prinzipiell dieselben Urlaubsunterkünfte ansteuern wie vorher auch. Die allermeisten Hotels, Ferienwohnungen und Campingplätze stehen Ihnen mit Kindern offen. Dessen ungeachtet haben Familien mit Babys und Kindern Bedürfnisse und Wünsche, die Sie sich vor der Buchung der passenden Urlaubsunterkunft bewusst machen sollten.

Das passende Quartier kann den entscheidenden Unterschied machen: zwischen Kleinkindern, die am Pool und im Treppenhaus ständig beaufsichtigt werden müssen, und Zimmernachbarn, die nachts um vier wütend an die Wand klopfen, oder glücklichen Kindern im Kinderclub und entspannten Eltern, die mit Leih-Babyphone abends im Restaurant sitzen (→ S. 137).

Nur wenige Arten von Unterkünften sind für Familien mit kleinen Kindern überhaupt **nicht geeignet**. Dazu gehören Etablissements, die ihren Ruhe und Erholung suchenden Gästen keine lärmenden und herumspringenden Kinder zumuten wollen, oft hochpreisige Hotels und Resorts. Aber auch kleine, romantische Pensionen und City-Hotels weisen mitunter dezent darauf hin, dass sie nur Gäste ab 16 oder 18 Jahren aufnehmen. (Entgegen der Vermutung finden sich solche Unterkünfte kaum in Deutschland, sondern häufig in den USA und der Karibik, wo man diese Einschränkung völlig normal findet. Zu den Gästen gehören oft Eltern, die eine kinderfreie Auszeit genießen wollen.)

Auf der anderen Seite gibt es Unterkünfte, die aus rein praktischen Gründen ungeeignet für den Aufenthalt mit Babys und Kindern sind: Campingplätze oder Luxusresorts an ungesicherten Küsten, Segel- oder Hausboote mit beengten Platzverhältnissen, Bed and Breakfasts mit kleinen Zimmern ohne Aufbettungsmöglichkeit oder Hostels mit jugendlichem Publikum, wo jeden Abend Party angesagt ist.

Macht der Vermieter oder der Reiseveranstalter nicht von sich aus deutlich, dass kleine Kinder nicht erwünscht oder ausdrücklich willkommen sind, fragen Sie explizit nach und geben Sie das genaue Alter Ihres Kindes an. So ersparen Sie sich unliebsame Überraschungen und eventuell gefährliche Situationen.

Rundum-Service und Spezialausstattung für die besonderen Bedürfnisse von Babys und Kleinkindern finden Sie vor allem in Familien- oder Kinderhotels, die exakt auf die Ansprüche Erholung suchender Eltern zugeschnitten sind. Im Gegensatz dazu sind Sie in einem Ferienhaus als **Selbstversorger** Ihr eigener Herr, müssen keine Rücksicht auf andere Gäste nehmen und können Ihren gewohnten Alltagsrhythmus auch im Urlaub weiterleben. Für Familien mit Kleinkindern ein nicht zu verachtender Vorteil.

Dazu kommt die **Kostenfrage**: Mit einem Baby kommen Sie in vielen Quartieren ohne Aufpreis unter, besonders wenn Sie Ihr eigenes Babyreisebett mitbringen. Aber spätestens beim zweiten Kind brauchen Sie ein zusätzliches Bett im Hotelzimmer und für Familien mit mehr als zwei Kindern kommen viele Standardunterkünfte nicht mehr in Frage. Darum sind Campingplätze bei Familien mit mehreren Kindern so beliebt. Hier zahlen Sie zwar für jedes Kind (meist ab fünf Jahren) einen bestimmten

Tagespreis, dafür finden Sie auch als Großfamilie genug Platz.

Neben den bekannten Optionen stellen wir Ihnen in diesem Kapitel bewusst **Alternativen** vor, die sich hervorragend für den Urlaub mit Kindern eignen. Ob Jugendherberge, Couchsurfing, Haustausch oder WWOOF, die Unterkunftskonzepte sind zum Teil schon Jahrzehnte alt, zum Teil ganz neu. Vielleicht ist Housesitting oder Glamping (→ S. 321) für Ihre Familie das Richtige?

Vergleich der wichtigsten Reise-Unterkünfte

Unterkunfts-art	Kosten	Elternkomfort	Kinderkomfort
Ferienhaus/ Ferienwohnung (→ S. 300)	• je nach Saison und Lage mittel bis hoch • bei Ferienhäusern meist Preis pro Objekt; je mehr Personen, desto relativ günstiger (Apartmenthäuser oft wie Hotels)	• Service: niedrig • Versorgung: niedrig • Luxus: alles drin von einfach bis luxuriös	• Platz: gut bis reichlich • Sicherheit: ausreichend bis sehr hoch • Spielangebot: ausreichend bis sehr gut • Spezialausstattung: keine bis gut ausgestattet
Hotel/Pension (→ S. 305)	• je nach Saison und Lage günstig bis sehr teuer (besonders Kinderhotels) • Kindersparpreise, Kinderfestpreise, Kinder bis 12 Jahre oft kostenlos im Zimmer der Eltern	• Service: mittel bis hoch • Versorgung: mittel bis hoch • Luxus: niedrig bis hoch (je nach Buchung und Angebot)	• Platz: je nach Ausstattung und Zielpublikum knapp bis reichlich • Sicherheit: sehr hoch • Spielangebot: keines bis exzellent (Kinderhotels) • Spezialausstattung: keine bis komplett ausgestattet
Camping (→ S. 317)	• je nach Saison und Lage mittel bis niedrig (plus Ausrüstung!) • Kinder zahlen meist 50 % ab 5 Jahren, voll ab 12 Jahren	• Service: niedrig (Glamping: mittel) • Versorgung: niedrig • Luxus: niedrig (Glamping: mittel)	• Platz: reichlich • Sicherheit: mangelhaft bis hoch • Spielangebot: gut bis exzellent • Spezialausstattung: keine bis gut ausgestattet
Hostel/ Jugendherberge (→ S. 327)	• mittel (Familienzimmer) bis niedrig (Schlafsaal) • Kinder in Jugendherbergen bis 2 Jahre kostenlos, 50 % bis 5 Jahre	• Service: mittel • Versorgung: mittel bis niedrig • Luxus: niedrig	• Platz: knapp bis ausreichend • Sicherheit: ausreichend bis hoch • Spielangebot: keines bis sehr gut (Jugendherberge) • Spezialausstattung: keine bis gut ausgestattet
Alternativen (Mitwohnen, Couchsurfing, Haustausch, WWOOF, ...) (→ S. 331)	• mittel (Mitwohnen) bis sehr niedrig (Couchsurfing, Housesitting, WWOOF)	• Service: niedrig bis sehr niedrig (WWOOF) • Versorgung: niedrig • Luxus: mittel bis sehr niedrig (WWOOF)	• Platz, Sicherheit, Spielangebot und Spezialausstattung: alles ist möglich, von nicht vorhanden bis exzellent

Ferienwohnungen und Ferienhäuser

Anstatt sich im Hotel auf wenig Raum bewegen und zwischen anderen Gästen benehmen zu müssen, buchen viele Eltern mit kleinen Kindern lieber eine geräumige Ferienwohnung oder gleich ein ganzes Ferienhaus. Hier verzichten Sie zwar auf Service, Frühstücksbuffet und Kinderbetreuung, dafür haben Sie es „in Ihren eigenen vier Wänden" fast so gemütlich wie zu Hause. Und können Ihren **gewohnten und vertrauten Alltagsrhythmus** beibehalten.

Wenn das Baby schon um fünf Uhr morgens wach ist, frühstücken Sie eben zeitig und müssen nicht warten, bis das Hotelbuffet aufgetragen wird. Und wenn Sie lieber ausschlafen (falls die Kinder Sie lassen), können Sie das ohne Angst tun, dass es dann vielleicht keinen Kaffee mehr gibt.

Mieten Sie zusammen mit einer befreundeten Familie oder den Großeltern ein Ferienhaus und teilen Sie sich die Kosten.

Sie als Eltern wissen am besten, was Ihr Nachwuchs mag, und wenn Sie Ihre Mahlzeiten **selbst kochen**, gibt es keine langen Gesichter, weil die Tomatensauce anders schmeckt. Sie sind auch nicht auf die Gnade eines Kellners angewiesen, um Ihr Gläschen aufgewärmt zu bekommen. Im Gegensatz zum Campingurlaub (→ S. 317) müssen Sie nicht den kompletten Hausstand einpacken. Eine Grundausstattung an Haushaltsgeräten, Küchengeräten und Geschirr ist vor Ort, Bettwäsche und Handtücher kann man ebenfalls mieten oder selbst mitbringen.

Bevor Sie zu viel einpacken, studieren Sie die Objektbeschreibung oder fragen Sie beim Vermieter nach, ob sperrige Dinge wie ein Kinderbettchen bereits im Haus auf Sie warten oder geliehen werden können.

Mit kleinen Kindern, die sich noch nicht an feste Schlafens- und Essenszeiten halten können, oder mit neugierigen Rackern, bei denen man ständig aufpassen muss, welcher Streich ihnen als nächstes einfällt, ist eine eigene Unterkunft im Urlaub eine Erleichterung. Oft gibt es im Garten einen Sandkasten oder eine Schaukel. Auch bei Regen genießen die Kinder ein wenig **Bewegungsfreiheit**. Abends sitzen Sie gemütlich auf der Terrasse oder im eigenen Wohnzimmer und nicht im Foyer des Hotels oder gar flüsternd auf der Bettkante.

Kerstin: „Wenn Sie schon einmal in einem Hotel krank geworden sind und mehrere Tage ans Bett gefesselt waren, so wie es uns in unserem letzten Winterurlaub passiert ist, dann wissen Sie die Möglichkeit, sich jederzeit einen Tee kochen zu können und etwas mehr Platz zu haben, sehr zu schätzen."

Ferienhäuser und -wohnungen finden sich überall: mitten in der Stadt oder direkt am Strand. In einer Ferienhaussiedlung findet Ihr Kind garantiert Spielgefährten. Wenn Sie sich selbst verpflegen, lernen Sie Ihr Urlaubsland außerdem näher kennen als in einer Hotelanlage.

Sind Ihnen Meerblick oder kurze Wege nicht allzu wichtig, sparen Sie mit einer Unterkunft in zweiter Reihe, ein paar Kilometer landeinwärts oder von der Stadt entfernt eine Menge Geld.

Mit Babys oder kleinen Kindern ist die **Selbstversorgung** besonders praktisch. Eine **Waschmaschine** in Ihrer Unterkunft erspart Ihnen nicht nur viel Gepäck, Sie können auch wie zu Hause Stoffwindeln verwenden.

Statt fertiger Gläschen, die im Ausland auch von derselben Marke oft anders schmecken, kochen Sie den Mittagsbrei frisch oder zweigen einen Teil der Familienmahlzeit ungewürzt ab und pürieren ihn für Ihr Baby (→ S. 371).

Checken Sie vor der Abreise die Lebenshaltungskosten in Ihrem Urlaubsland. Liegen die Lebensmittelpreise viel höher und reisen Sie mit dem Auto an, bringen Sie einen großzügigen Vorrat von zu Hause mit.

Ein Selbstversorger-Urlaub kann günstiger sein als ein Hotelaufenthalt, aber bei Reisen in der Hauptsaison sparen Sie mit einem Ferienhaus nicht allzu viel. Das Angebot ist zwar groß, aber gute, kinderfreundlich ausgestattete Unterkünfte sind begehrt und müssen für die Schulferienzeiten sehr zeitig – teilweise bis zu einem Jahr im Voraus – reserviert werden. Bessere Chancen haben Sie in der Nebensaison, wenn die Preise in vielen Urlaubsregionen bis um die Hälfte sinken (→ S. 68).

Spartipps für die Ferienwohnung

- Vermieter von Unterkünften direkt kontaktieren und Preisnachlass aushandeln
- keine Unterkünfte mit Nebenkosten-Pauschalen buchen, sondern den Verbrauch selbst im Auge behalten
- größere Unterkünfte mieten und mit anderen Familien teilen
- Quartiere in weniger guter Lage mieten Bettwäsche und Handtücher mitbringen
- Vorräte von zu Hause mitbringen, wenn sie vor Ort teurer sind
- Einkäufe nicht im kleinen Ferienort erledigen, sondern in der nächsten größeren Stadt
- Mahlzeiten selbst zubereiten
- Parkmöglichkeiten am Haus nutzen und das Auto nur für längere Ausflüge nehmen
- bei Anreisen unter 200 Kilometer die eigenen Fahrräder mitbringen und kürzere Wege damit erledigen
- Endreinigung selbst übernehmen, wenn möglich (Achtung, das bedeutet Arbeit!)

◀ Ferienhaus-Urlaub ist für Familien sehr entspannend. Die Flexibilität und Bewegungsfreiheit machen das geringere Maß an Komfort wett – und Selbstversorgung hat auch ihre guten Seiten.

Ein familiengeeignetes Ferienhaus finden

Die **Lage** der Unterkunft kann über einen schönen Urlaub entscheiden: Eine falsch dargestellte Entfernung zum Strand nervt und eine laute Diskothek nebenan kann Ihre Nächte ruinieren. Verlassen Sie sich nicht auf die Beschreibung des Quartiers, sondern versuchen Sie, Entfernungsangaben über Google Maps zu prüfen und per Google Streetview die nähere Umgebung abzuschätzen. Auf Internetportalen finden Sie Nutzerbewertungen von Familien, die wertvolle Informationen enthalten können.

Alte, historische Häuser sind oft stimmungsvoll, stellen für die **Kindersicherheit** jedoch ein Risiko dar. Bröckelnde Treppenstufen, Balken mit abstehenden Splittern, zu niedrige Balkongitter oder über Putz verlegte Stromleitungen machen bei näherem Hinsehen keinen Spaß.

Eine ideale Basis für den Familienurlaub

machen den Urlaub mit Kleinkindern entspannter. Ob Kindergeschirr und -besteck, Spielzeug oder eine Wickelkommode zum Inventar gehören, erfragen Sie am besten direkt beim Vermieter.

Planen Sie einen Ferienhausurlaub im Herbst oder Winter, buchen Sie eine Unterkunft mit Zentralheizung (oder noch besser: Fußbodenheizung). Kamine sind romantisch, aber als Heizung wenig komfortabel. Ölradiatoren oder Heizlüfter treiben Ihre Ausgaben in die Höhe, wenn die Nebenkosten nach Verbrauch abgerechnet werden.

Immer mehr Vermieter stellen sich auf die **besonderen Ansprüche von Familien** ein. Sie statten ihre Unterkünfte nicht nur mit Spül- und Waschmaschine, Trockner und Mikrowelle aus, sondern auch mit Gitterbetten, Kinderhochstühlen und Treppenschutzgittern. Steckdosensicherungen, Kantenschutz an Ecken und Türsicherungen

Ole: „Als wir unser Ferienhaus gebucht haben, war uns noch nicht bewusst, wie mobil Adrian ein halbes Jahr später sein würde. Das hat uns kalt erwischt. Wir brauchten erst mal ein paar – sehr stressige! – Tage, um das Ferienhaus kindersicher zu machen und herauszufinden, an welchen Möbeln er sich bedenkenlos hochziehen kann."

Kerstin: „Wir vergessen immer wieder, bei Ankunft die Wasserhähne zu überprüfen. Oft haben wir es schon erlebt, dass die Wasserhähne nicht ordnungsgemäß eingebaut waren und beim Aufdrehen des kalten Wassers stattdessen heißes herauskam - teils kochend heißes. Unser Sohn hat sich schon einmal beinahe die Finger verbrüht."

Weblinks

Entfernungsangaben der Anbieter prüfen: www.maps.google.de

Umgebung des Quartiers ansehen: www.google.com/maps/views/streetview

Urlaub an der Ostsee

Kinderfreundliche Ferienhäuser und -wohnungen direkt am Meer

Unsere anspruchsvoll und zugleich kindgerecht eingerichteten Ferienobjekte mit Sauna, Whirlpool und Fußbodenheizung direkt am Meer halten für jeden Wunsch etwas bereit.

FEWO & MEER

Ihr Partner für Ihren Urlaub!

Telefon 05603 9190 230
info@fewoundmeer.de
www.fewoscout.com

Checkliste: Urlaubsunterkunft „kindersichern"

Nach der Ankunft sollten Sie, anstatt sofort die Koffer auszupacken, zuerst einen prüfenden Rundgang machen:

- [ ] Ist der Zaun um das Gelände intakt?
- [ ] Sind Teiche, Pools und Regentonnen abgedeckt?
- [ ] Sind Fenster, Türen und Balkontür kindersicher abschließbar?
- [ ] Hat die Balkonbrüstung ein mindestens taillenhohes Gitter ohne Querstreben? Passt kein Kinderkopf durch die Stäbe?
- [ ] Stehen Balkonmöbel weit genug weg von der Brüstung?
- [ ] Gibt es offene Steckdosen, schlecht isolierte Schalter, herumliegende Kabel und über Putz verlegte Leitungen? (mit Isolierband abkleben oder Möbelstücke davor schieben)
- [ ] Gibt es offene, ungesicherte Treppen? (mit einem schweren Möbelstück versperren)
- [ ] Liegen rutschige Läufer auf den Treppenstufen? (entfernen)
- [ ] Gibt es im Garten oder im Haus giftige oder stachelige Pflanzen?
- [ ] Liegen gefährliche und zerbrechliche Gegenstände herum? (Streichhölzer, Kerzen, Obstmesser und Glasaschenbecher vom Couchtisch und Fensterbrett räumen, teure Vasen und Putzmittel wegschließen, Tischdecke abziehen)
- [ ] Gibt es Möbel mit spitzen Ecken? (Kantenschutzgummis aufkleben oder Stühle davorstellen)
- [ ] Können Radiatoren oder Gasheizungen versehentlich von Kindern eingeschaltet werden? (Stecker ziehen)
- [ ] Sind Badezimmerfußboden und Wanne mit einer rutschfesten Fußmatte ausgestattet?
- [ ] Lassen sich die Wasserhähne von Kindern gut bedienen? (Verbrühungsgefahr)
- [ ] Sind die Betten absturzsicher? (Wall aus Kissen oder zusammengerollten Tüchern bauen, Brett zwischen Bettrahmen und Matratze klemmen, Möbelstücke heranrücken oder Bett an die Wand schieben)
- [ ] Sind die Matratzen mit einer wasserdichten Auflage geschützt?
- [ ] Kann man sich in der Unterkunft im Dunkeln orientieren? (Nachtlicht in Steckdose stecken)

◀ Herrlich, die Ruhe und Unabhängigkeit in einer eigenen Unterkunft! Das genießen besonders Familien mit Baby.

Buchen Sie möglichst nur bei Anbietern, die Ihnen viele Fotos von der Unterkunft und einen Grundriss zeigen können. So entlarven Sie **No-gos** wie ungeschützte Treppen, womöglich noch aus glattem Holz, offene Kamine, herumstehende Kunstobjekte oder ungesicherte Gartenteiche. Oft gibt es im Garten einen Sandkasten oder eine Schaukel. Ein Zaun um das gesamte Gelände erlaubt Ihnen nicht nur, Ihre Kinder unbeaufsichtigt draußen spielen zu lassen, er schützt auch vor ungebetenen Gästen wie stromernden Hunden.

Im Ausland sind die Standards der Kindersicherheit oft niedriger. Bringen Sie einige Steckdosensicherungen von zu Hause mit oder kaufen Sie vor Ort im Baumarkt welche, die dann garantiert in die ortsüblichen Steckdosen passen.

Packliste: Ferienhausurlaub

- ☐ Anfahrtsbeschreibung zum Objekt
- ☐ Telefonnummer des Vermieters, Verwalters oder der Agentur
- ☐ Essen und Getränke für den ersten Abend
- ☐ Hausschuhe oder Anti-Rutsch-Socken
- ☐ Nachtlicht
- ☐ Steckdosensicherungen, Kantenschutz-Gummis, Isolierband

Die komplette Packliste finden Sie auf → S. 424.

Weblinks

Eine Million Ferienwohnungen und -häuser weltweit von privat und Agenturen: www.fewo-direkt.de

Privatwohnungen und Ferienwohnungen, angeschlossen an Trip Advisor: www.flipkey.com (englisch)

350.000 Ferienunterkünfte weltweit, hauptsächlich von Agenturen: www.e-domizil.de

Private Ferienunterkünfte auf Kuba: www.revolico.com/vivienda/alquiler-a-extranjeros (spanisch)

▸ Bitte nicht stören – ich möchte in Ruhe schlafen!

Hotels und Pensionen

Sie wollen sich im Urlaub um nichts kümmern, alle Fünfe gerade sein lassen und rundherum verwöhnt werden? In einem Hotel verzichten Sie zwar auf Unabhängigkeit und Flexibilität, dafür bekommen Sie **Service** von morgens bis abends. Zum Frühstück mal keine Brötchen holen müssen, das Bett zerwühlt hinterlassen und sich nachher über ein aufgeräumtes Zimmer freuen, abends die Unterhaltung im Restaurant genießen, während die Kinder professionell betreut werden – das ist echte Erholung für Eltern.

Viele Hotels haben sich auf Gäste mit Kindern eingestellt und bieten nicht nur geräumige Zimmer, Spielgelegenheiten drinnen und draußen und Service wie Kinderhochstühle und Kindermenüs, sondern locken Familien auch mit Rabatten und Sonderpreisen. Im Gegensatz zu Ferienhäusern bieten Hotels oft tolle Pool-Landschaften, Wellness-Angebote im Haus und eine Kinderbetreuung. Da steht man doch gern pünktlich auf und zieht sich für den Restaurantbesuch eine lange Hose an, oder?

Ein großer Vorteil beim Hotelurlaub mit kleinen Kindern: Bis zu 100 Prozent **Rabatt** sind für Vorschulkinder normal. Auch ältere Kinder zahlen oft reduzierte Preise, am Buffet essen die Kleinen in der Regel kostenlos mit.

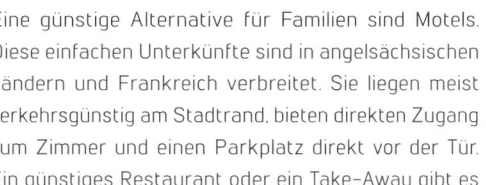

Eine günstige Alternative für Familien sind Motels. Diese einfachen Unterkünfte sind in angelsächsischen Ländern und Frankreich verbreitet. Sie liegen meist verkehrsgünstig am Stadtrand, bieten direkten Zugang zum Zimmer und einen Parkplatz direkt vor der Tür. Ein günstiges Restaurant oder ein Take-Away gibt es oft gleich nebenan.

Ein familienfreundliches Hotel finden

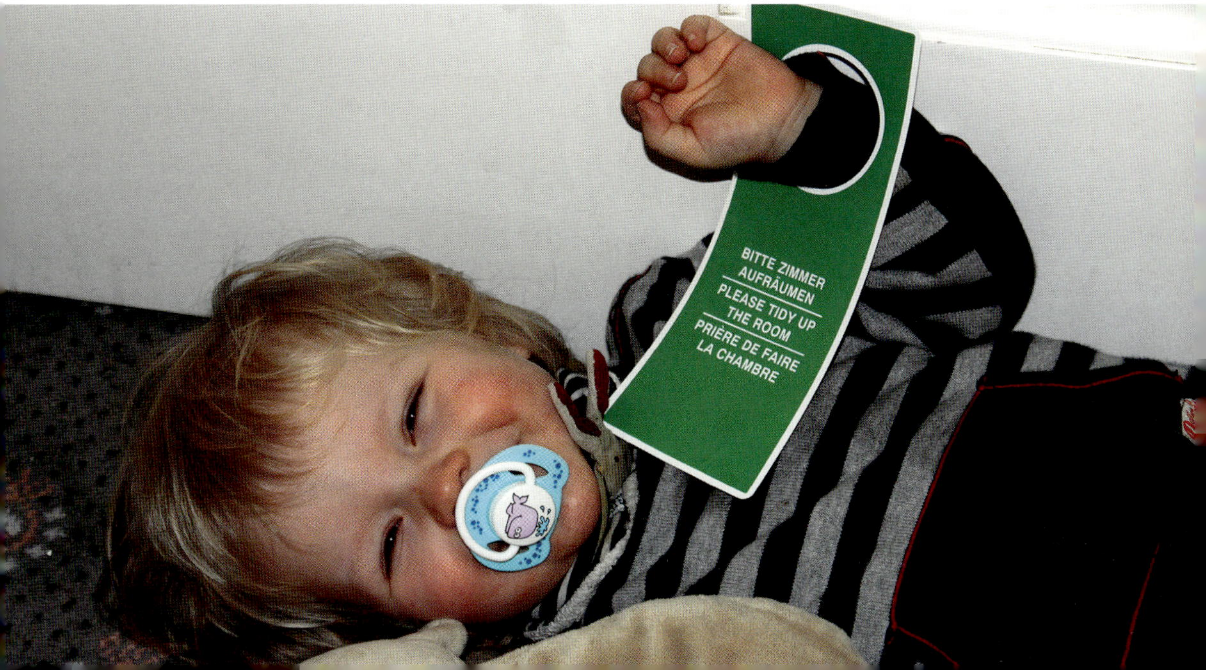

Das wichtigste Kriterium für Ihre Wahl ist die **Lage** des Hauses. Ein gut erreichbarer Strand, Park oder Spielplatz schont Ihre Nerven und spart wertvolle Zeit. Der Rückmarsch mit Sack und Pack, weil Junior Mittagsschlaf machen oder das Baby komplett umgezogen werden muss, sollte möglichst kurz sein. Geschäfte in der Nähe des Hotels erlauben es Ihnen, vergessene Windeln und Ähnliches fix nachzukaufen. Einzig in belebten Ferienorten oder Großstädten kann es besser sein, ein Hotel in einem ruhigeren Bezirk zu nehmen. Zu ruhig allerdings auch nicht: Mit öffentlichen Verkehrsmitteln sollte sich einfach und schnell das Zentrum erreichen lassen.

Hotel garni oder Vollpension? Das hängt von der Art Ihrer Reise ab. Sind Sie sowieso den ganzen Tag unterwegs und liegt das Hotel zwischen zahlreichen Restaurants, müssen Sie keine **Verpflegung** mitbuchen oder allenfalls das Frühstücksbuffet nutzen. Ein Restaurant im Haus oder daneben ermöglicht es Ihnen vielleicht, einmal in Ruhe zu zweit zu essen, während das Kind auf dem Zimmer schläft – Babyphone sei Dank (→ S. 137).

Verbringen Sie Ihren Urlaub auf dem Hotelgelände, sind Ihre Kinder keine heiklen Esser und ist die Küche empfehlenswert, kann Vollpension nicht schaden. Dann müssen Sie sich wirklich um gar nichts kümmern.

Hotels ohne Restaurant- und Frühstücksangebot sollten idealerweise die Möglichkeit bieten, auf dem Zimmer eine kleine Mahlzeit zubereiten und essen zu können, etwa in einer **Kochnische**. Wenn Ihr Kleinkind direkt nach dem Abendessen ins Bett fallen

... und jetzt ab an den Strand!

kann, ist das viel wert. Manche Hotels geben **Lunchpakete** an ihre Gäste aus. Das ist für Familien perfekt, die mittags nicht extra ins Hotel zurückkehren wollen, aber auch keine Lust haben, jedes Mittagessen in einem Restaurant einzunehmen. Denn seien wir ehrlich: Mit Kindern kann das anstrengend sein.

Ein Zeichen, wie ernst ein Hotel die Zielgruppe junger Familien nimmt, ist die angebotene **Zusatz-Ausstattung**. Babysitter-

Spartipps für Hotels

- bei der Buchung ausdrücklich das günstigste Zimmer verlangen
- kleine Kinder im breiten Doppelbett in der Mitte schlafen lassen, anstatt ein Zustellbett zu buchen
- zu viert Zimmer mit zwei Queen-Size-Betten buchen für je einen Erwachsenen und ein Kind
- keine Getränke oder Snacks aus der Minibar nehmen
- kein Essen aufs Zimmer bringen lassen
- auf Klimaanlage verzichten, Zimmer mit Ventilator buchen
- nur dann im Hotel frühstücken oder im Hotelrestaurant essen, wenn es im Übernachtungspreis inklusive ist
- bei Vollpension Lunchpaket für Tagesausflüge packen lassen
- an der Rezeption kein Geld wechseln und keine Ausflüge buchen
- nach Gutscheinen oder Rabatten für Attraktionen in der Nähe fragen
- Preisvergleich beim Wäscheservice; oft sind Anbieter außerhalb des Hotels günstiger

Service, Babyphones auf dem Zimmer und Hochstühle im Restaurant gehören fast schon zum Standard. Nachfragen sollten Sie trotzdem, wenn nicht explizit in der Angebotsbeschreibung davon die Rede ist.

Wichtig für Familien ist außerdem der **Zimmer- und Wäscheservice**. Fragen Sie nach, ob **Spielsachen**, Gesellschaftsspiele, Kinderfilme und **Buggys** an Gäste verliehen werden. Bei größeren Hotelketten erhalten Sie eventuell ein **Kindersicherungspaket** (Türstopper, Steckdosenschutz, Badewasserthermometer und anderes), wenn Sie eine Familiensuite buchen.

Perfekt ist ein **Spielplatz** auf dem Hotelgelände oder ein **Spielzimmer** im Haus. **Pools** sollten gesichert sein und einen flachen Kinder- oder Babybereich haben (in City-Hotels sind die Pools vorrangig zum Bahnenschwimmen für Geschäftsreisende konzipiert).

In den Vereinigten Arabischen Emiraten wird Kinderfreundlichkeit großgeschrieben: In jedem größeren Hotel gibt es einen eigenen Kinderpool, Kinderbetreuung und Kinderclubs. Zusatzbetten für Kinder sind selbstverständlich.

Mitunter sind Hotels eher auf kinderlose Gäste ausgerichtet, sagen dies jedoch nicht explizit in ihrer Beschreibung. Wenn auf der Website von „Ruhe und Entspannung" die Rede ist und Teile des Hotelgeländes (etwa der Wellnessbereich oder das Restaurant) für Kinder unzugänglich oder „ungeeignet" sind, dann überlegen Sie zweimal, ob Sie hier ein Zimmer buchen. Einen entspannten Aufenthalt werden Sie dann mit Ihrem kleinen Kind wahrscheinlich nicht haben. Hotels, die keinen Wert auf junge Gäste legen, geben sich nämlich auch oft wenig Mühe, um Teiche oder Pools zu sichern, Terrassen mit genügend hohen Brüstungen zu versehen oder Gänge und Flure kinderwagenbreit zu gestalten.

Kerstin: „Als unser Sohn ein paar Monate alt war, fuhren wir mit kinderlosen Freunden in ein Ski-Hotel. Bereits die extrem hohe Tagesmiete für das bereitgestellte Kinderbettchen hätte uns aufschrecken sollen. Vor Ort war es dann wirklich schlimm. Wir sollten zum Beispiel mit unserem (störenden) Kinderwagen eine vereiste, steile Auffahrt benutzen, um den Hotelteppich zu schonen. Heute wissen wir, dass ein Extra-Babybettchen im Zimmer nicht viel kosten darf und von kinderfreundlichen Hotels gratis bereitgestellt wird."

Anne: „Je kleiner und enger ein Hotel, desto eher wird es für Familien mit Kindern ungeeignet sein."

Empfehlungen zur Zimmerwahl für Familien

Kinder bis zwölf Jahre werden oft zum halben Preis oder weniger gebucht, wenn sie ein Zustellbett benötigen. In Zimmern mit King-Size-Betten brauchen Sie unter Umständen nicht einmal das: Ein Kind kann dann problemlos mit den Eltern im zwei Meter breiten Bett schlafen.

Fast jedes Hotel wird Ihnen auf Anfrage ein **Babybett** kostenlos zur Verfügung stellen. Meistens handelt es sich dabei um faltbare Reisebetten, nur selten sind es Holzgitterbettchen und noch seltener sind diese in einem guten Zustand. Manchmal liegt nicht einmal eine passende Matratze drin. Gehen Sie lieber auf Nummer sicher und bringen Sie Ihr eigenes Babyreisebett oder ein leichtes Pop-up-Babyzelt (→ S. 137) mit. Passende Babybettwäsche haben Hotels in der Regel nicht vorrätig.

Liegt keine Matratze im Babybettchen, können Sie es mit mehreren Handtüchern gemütlich aufpolstern.

Verbringen Sie den Urlaub mit viel Bewegung außerhalb des Hotels, brauchen Sie weniger Platz und können ein günstiges Standardzimmer buchen.

Auch fürs Zustellbett ist genug Platz

Ganz cool am Pool

Bei Hotelaufenthalten müssen Sie in der Regel mit wesentlich weniger Platz als zu Hause auskommen, was für Familien mit viel Kinderkram und bewegungsfreudigen Kindern eine Nervenprobe werden kann. Für kurze Aufenthalte mit einem oder zwei kleinen Kindern genügt ein klassisches **Doppelzimmer** (mit Aufbettung) vollkommen. Zwei oder drei größere Kinder bekommen Sie in einem **Familienzimmer** unter. Hier handelt es sich häufig einfach um ein Mehrbettzimmer, manchmal auch um ein Zimmer mit separatem Kinderzimmer. Fragen Sie lieber vorher nach.

Hilli: „Unser Zimmer lag im Erdgeschoss, nicht weit vom Hotelrestaurant. Trotzdem genügte die Reichweite unseres Babyphones nicht. Die Betonwände machten uns einen Strich durch die Rechnung. Die nette Dame an der Rezeption erklärte sich bereit, auf das Babyphone aufzupassen. So konnten wir nur wenige Meter weiter einen schönen Abend verbringen."

Auch das kleinste Hotelzimmer sollte Ihnen eine Möglichkeit zur „Flucht" bieten, wenn Ihr Kind abends schläft. Sicherlich wollen Sie nicht mit der Taschenlampe auf der Bettkante oder gar im Badezimmer hocken. Verlangen Sie ein **Zimmer mit Balkon** (der Platz für zwei Stühle bietet) oder achten Sie darauf, dass ein Aufenthaltsbereich nicht

Weblinks

Erfahrungsberichte anderer Reisender: www.tripadvisor.de

Buchungsportal für Hotels mit Bewertungen, Erfahrungsberichten und Forum zum Austausch: www.holidaycheck.de

Deutsches Hotelreservierungsportal mit Angeboten in ganz Europa: www.hotel.de

Hotelreservierungsportal mit Angeboten weltweit, mit Bewertungen: www.booking.com (englisch)

Hotelbuchungsportal mit Schwerpunkt auf Hotels in Asien, mit Bonussystem: www.agoda.com (englisch)

weit von Ihrem Zimmer entfernt ist, und nehmen Sie ein gutes Babyphone mit.

Eine **Suite** bietet (meist) zwei angrenzende Zimmer mit Verbindungstür und ein gemeinsames Bad, mitunter auch einen Aufenthaltsbereich und eine Kochecke. Einige Hotelketten bieten überdies an, ein komplettes zweites Zimmer für die Kinder zum halben Preis dazuzubuchen. Hier lässt es sich länger aushalten, etwa für einen Urlaub, den Sie hauptsächlich am Pool und im Hotel verbringen wollen. Etwas mehr Geld kosten **Apartments**, die über Schlafzimmer, Wohnzimmer, Küche und Bad verfügen. Manchmal sind diese „Zimmer" als separate kleine Bungalows über das Hotelgelände verteilt.

Haben Sie zwei Kinder, buchen Sie ein Zimmer mit zwei Queen-Size-Betten. Diese meist einzeln stehenden Betten sind zwischen 1,40 und 1,60 Meter breit und bieten Platz für jeweils zwei Personen (ob nun Mama/Papa und Kind/Kind oder Mama/Kind und Papa/Kind, bleibt Ihnen überlassen).

Wie beim Hotel selbst, kommt es auch beim Zimmer auf die **richtige Lage** im Hotelkomplex an. Ideal sind Eckzimmer, weil sie etwas größer sind und meist nur auf einer Seite an ein Nachbarzimmer grenzen. Natürlich sollten die Fenster weder nach vorn auf eine Hauptverkehrsstraße noch nach hinten auf den Pool (wo abends die Disko läuft) schauen. Familienzimmer liegen oft weit ab von der geschäftigen Haupthalle. Ein ruhiges Zimmer bedeutet im Gegenzug aber auch weite Wege zum Restaurant oder zum Pool. In großen Hotels kann das sehr nervig sein.

Liegt es dann noch in einem oberen Stockwerk und es gibt keinen **Fahrstuhl**, wird es zumindest bei der An- und Abreise anstrengend. Erkundigen Sie sich am besten telefonisch vorher, ob Ihr Zimmer mit dem Fahrstuhl zu erreichen ist. Mitunter gibt es die Aufzüge nur im Hauptgebäude, nicht aber in den Nebenflügeln. Um schmale Flure und Zimmer nicht mit dem Kinderwagen zu verstopfen, stellen Sie diesen an der Rezeption ab und benutzen im Haus eine Babytrage.

Betten-Lexikon

- (Single) Twin: etwa 90 Zentimeter bis 1 Meter breit
- Double: etwa 1,40 Meter breit
- Queen Size (sehr verbreitet in den USA, in Großbritannien und Irland als „King" bezeichnet): etwa 1,50 Meter breit
- Olympic Queen: etwa 1,60 bis 1,70 Meter breit
- King Size (in Großbritannien, Irland und Neuseeland als „Super King" bezeichnet): etwa 1,80 bis 1,94 Meter breit
- California King: 1,83 Meter (USA) bis 2,03 Meter (Neuseeland) breit

---

Marlene: „Wir hatten uns über unser ruhiges Zimmer am Ende des Hotelkomplexes gefreut, aber abends fiel uns der gravierende Nachteil auf: Je weiter das Zimmer vom Hotelrestaurant am Pool entfernt ist, desto schlechter war der Empfang des Babyphones. So hatten wir keinen allzu entspannten Abend ..."

Sich mal so richtig verwöhnen lassen ...

In vielen Ländern finden Sie Teebeutel (allerdings meist nur schwarzen Tee), einen **Wasserkocher** und Cracker auf Ihrem Zimmer. Zum Bereiten eines Snacks auf dem Zimmer ist das wunderbar. Einen Gläschenwärmer müssen Sie selbst mitbringen oder Sie bitten an der Rezeption oder im Hotelrestaurant um Unterstützung.

Der **Minibar-Kühlschrank** eignet sich hervorragend zum Aufbewahren von angebrochenen Gläschen. Bitten Sie das Personal darum, diesen zu leeren (das verhindert auch, dass neugierige Kinder sich an den teuren Leckereien vergreifen) und füllen Sie ihn mit Ihren eigenen Getränken, Obst und Snacks.

Wickelgelegenheiten oder geruchsdichte Windeleimer bieten nur ausgewiesene Babyhotels an. Packen Sie also genug Wegwerf-Wickelunterlagen und dicht verschließbare Plastiktüten ein. Volle Windeln deponieren Sie auf dem Balkon, bis das Reinigungspersonal sie entsorgen kann.

Wenn Sie **Stoffwindeln** benutzen, sollten Sie sich vorher über die Konditionen des Wäscheservices erkundigen. Moderne Stoffwindeln verlangen oft spezielle Waschmittel und eine sorgsame Behandlung, die Sie von der Hotelwäscherei nicht verlangen können.

Für die Handwäsche im kleinen Bad und das nachfolgende Trocknen ist garantiert nicht genug Platz.

Bestellen Sie heißes Wasser und Ähnliches nicht über den Zimmerservice. Diese Leistungen sind meist kostenpflichtig.

Eher selten findet sich im Badezimmer von Hotels eine **Badewanne**. Babys und Kleinkinder mögen aber oft nicht duschen. Kleine Babys können Sie im Handwaschbecken baden. Größere Babys, die sitzen können, planschen gern in der Duschwanne, wenn Sie hier den Abfluss verschließen (notfalls mit einer Socke). Einige Hotels verleihen **Babybadewannen**.

Reisen Sie im Sommer und gibt es keinen Babypool, können Sie vorsorglich ein kleines aufblasbares Planschbecken mitbringen und dieses als Badewanne und Pool verwenden.

In anderen Ländern stoßen Sie mitunter auf **Raucherzimmer**. Schließen Sie bei der Buchung unbedingt aus, dass Sie ein solches bekommen: Der Geruch in einem Raucherzimmer, womöglich noch „verfeinert" mit Lufterfrischer, ist wenig schlaffördernd.

Packliste: Hotelurlaub

- ☐ Babyschlafsack oder dünne Decke
- ☐ verschließbare Plastiktüten (für Windeln)
- ☐ Reisewasserkocher
- ☐ Pop-up-Schlafzelt oder Babyreisebett
- ☐ Standard-Gummistöpsel für Waschbecken oder Duschwanne

Die komplette Packliste finden Sie auf → S. 425.

Hotels und Pensionen

Babywäsche für Reise-Profis

Lassen Sie sich gleich nach Ihrer Ankunft das Programm der Veranstaltungen geben. Fragen Sie auch nach Kostenbeiträgen und Anmeldefristen, damit es keine enttäuschten Gesichter gibt.

Was für eine Ferienwohnung gilt, trifft auch auf Hotelzimmer zu: Lassen Sie nach Betreten des Zimmers Ihren prüfenden Blick über die Einrichtung, Türen und Fenster schweifen und beseitigen Sie **Gefahrenquellen** (→ S. 303). Gegen ungesicherte Steckdosen, wackelige Stehlampen oder herunterhängende Tischdecken können Sie etwas tun. Fehlt jedoch eine Kindersicherung an der Balkontür oder ist die Brüstung wackelig und niedrig, sollten Sie um ein anderes Zimmer bitten.

Kinderbetreuung im Hotel

In vielen Ferienhotels und Resorts ist eine **professionelle Kinderbetreuung** für verschiedene Altersgruppen die Regel. Den Drei- bis Fünfjährigen, den Grundschülern und den Teenagern werden separate, altersgerechte Programme auf dem Hotelgelände oder im Gebäude geboten: Animateure basteln, tanzen und singen mit den Kleinen, die Älteren studieren Theaterstücke ein oder machen gemeinsame Ausflüge. Manche Hotels bieten eine Abendbetreuung an, damit die Eltern in Ruhe zu zweit essen können.

Auch kleinere Anbieter (und sogar Campingplätze) geben sich Mühe, um ihren kleinen Gästen etwas zu bieten; mit Bastelstunden, Kochkursen oder geführten Nachtwanderungen. Im Idealfall ist eine Kinderbetreuung wertvoll für beide Seiten: Die Kinder haben Spaß mit gleichaltrigen Freunden bei altersgerechten, spannenden Unternehmungen, während die Eltern Zeit für sich genießen.

Die meisten Kinderclubs betreuen **Kinder ab drei Jahren** ganztags oder stundenweise. In normalen Ferienhotels kann die Betreuung auch erst ab vier oder fünf Jahren angeboten werden. Jüngere Kinder werden selten ohne Eltern betreut, vor allem wenn sie noch nicht trocken sind. Ist Ihr Kind schon vor seinem dritten Geburtstag zuverlässig trocken, sollten Sie das als Argument anführen, wenn Sie es im Kinderclub betreuen lassen wollen.

Minidisco ist bei Groß und Klein beliebt

Nicht selbstverständlich ist es, dass die Betreuung im Übernachtungspreis inklusive ist. Fragen Sie auf jeden Fall nach, um unliebsame Überraschungen zu vermeiden.

Babyclubs für Kinder zwischen einem Jahr (teilweise deutlich darunter) und zwei Jahren finden Sie vereinzelt, vor allem in Baby- und Kinderhotels (→ S. 314). Hier ist der Betreuungsschlüssel höher als in „normalen" Kinderclubs und die Aktivitäten sind deutlich ruhiger – abgestimmt auf die Fähigkeiten und Bedürfnisse der kleinen Gäste. Damit die Betreuer die Eltern schnell erreichen können, bekommen Sie einen Pager oder müssen Ihre Handynummer hinterlassen.

Babys und Kleinkinder im Urlaub fremdbetreuen lassen?

Nicht für jedes Baby und jede Familie ist ein Kinderclub oder eine Babysitter-Betreuung im Urlaub die richtige Wahl. Vor allem in der Fremdelphase, meist zwischen dem sechsten und zwölften Lebensmonat, tun sich viele Kinder schwer damit, über mehrere Stunden von unbekannten Personen betreut zu werden. Sie sind noch zu klein, um zu verstehen, dass Mama und Papa nur ein paar Meter entfernt im Restaurant sitzen und suchen die Nähe einer vertrauten Bezugsperson.

Nicht umsonst hat sich darum in Kinderkrippen und Kindergärten die Praxis einer behutsamen, über Wochen dauernden Eingewöhnung durchgesetzt. Machen Sie nur eine Woche Urlaub, könnte es also passieren, dass Ihr Kind in den ersten Tagen nicht allein im Kinderclub bleiben will oder dass das Baby ungehalten reagiert, wenn Sie es mit einer Hotelangestellten allein im Zimmer lassen.

Bei Baby- und Kinderhotels, wo dieser umfassende Service im Übernachtungspreis einkalkuliert ist, bezahlen Sie dann mitunter eine Dienstleistung, die Sie gar nicht in Anspruch nehmen (können).

Manchmal sind es allerdings eher die Eltern, die unter der Trennung leiden. Wenn Sie ein schlechtes Gewissen haben, weil Sie Ihr Kind im Urlaub „abgeben", hinterfragen Sie Ihr Gefühl: Waren Sie noch nie längere Zeit von Ihrem Kind getrennt und fühlen sich einfach unsicher mit der neuen Situation? Sind es die Erwartungen anderer Menschen, die Ihnen unterstellen, schlechte Eltern zu sein, wenn Sie sich nicht rund um die Uhr selbst um den Nachwuchs kümmern? Oder sind Sie mit der Ausstattung des Kinderclubs, dem angebotenen Programm und dem Auftreten der Betreuerinnen unzufrieden?

Wenn Sie den Eindruck haben, dass sich Ihr Baby oder Kind bei den Betreuern nicht wirklich wohlfühlt, können Sie ihm helfen, sich langsam einzugewöhnen und Kontakt zu den anderen Kindern aufzunehmen. In den wenigen Urlaubstagen, in denen Sie sicher auch viel gemeinsam unternehmen, ist dafür allerdings oft kaum Zeit. Manchmal sind Kinder einfach noch nicht bereit für den Kinderclub, und im nächsten Urlaub sieht es schon anders aus.

Können Sie sich nur schwer von Ihrem Kind trennen oder stehen Sie dem Betreuungsangebot misstrauisch gegenüber, spürt Ihr Schatz das und tut sich wahrscheinlich schwer mit dem „Abgegeben-Werden". Wollen Sie im Urlaub ein wenig Zeit für sich oder mit Ihrem Partner nutzen, müssen Sie dem Service des Hotels offen gegenüberstehen. Vertrauen Sie darauf, dass Ihr Kind hier eine tolle Zeit haben wird – auch ohne Sie.

▶ Mal alle fünfe gerade sein lassen und sich von Kopf bis Fuß verwöhnen – das geht in familienfreundlichen Hotels auch mit Kindern.

Familienurlaub von seiner besten Zeit – Feuersteinzeit!

FAMILIENHOTEL FEUERSTEIN
39041 Pflersch, Südtirol
Tel. 0039 0472 770 126
info@hotel-feuerstein.it
www.hotel-feuerstein.it

HolidayCheck Award 2014

SÜDTIROL

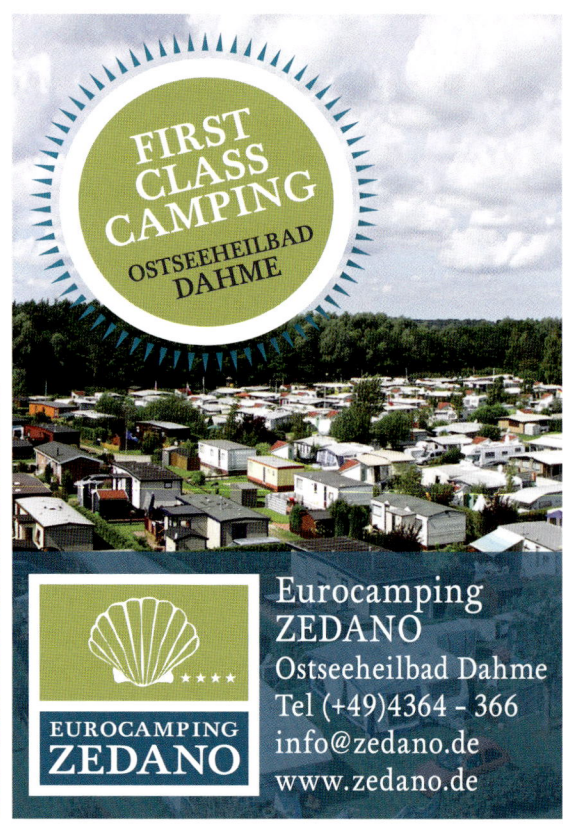

FIRST CLASS CAMPING
OSTSEEHEILBAD DAHME

Eurocamping ZEDANO
Ostseeheilbad Dahme
Tel (+49)4364 - 366
info@zedano.de
www.zedano.de

Familienurlaub der Extraklasse

★★★★S

LEADING FAMILY HOTEL & RESORT®
ALPENROSE

Familie Mayer • A-6631 Lermoos/Tirol
+43 (0)5673-2424 • reception@hotelalpenrose.at
www.hotelalpenrose.at

Einzigartiges Familienparadies

Winter-Hit! Gratis Skipässe!

★★★★

OBERJOCH

D-87541 Bad Hindelang-Oberjoch
+49 (0)8324-709-0 • info@kinderhoteloberjoch.de
www.kinderhoteloberjoch.de

Manche Kinder, besonders jüngere, haben an diesen Angeboten **(noch) kein Interesse**. Auch für sie sollte es im Hotel Angebote geben, mit denen sie sich allein oder gemeinsam mit Ihnen beschäftigen können. **Indoor-Spielbereiche** oder Aufenthaltsräume und natürlich der **Kinderbereich im Swimmingpool** sollten daher außerhalb der Programmzeiten individuell genutzt werden können.

Leider lässt sich die Qualität der angebotenen Kinderbetreuung im Vorhinein nur schwer feststellen. Es gibt weder international einheitliche **Qualitätskriterien** noch unabhängige Testinstitute. Versuchen Sie, aus Bewertungen in Internetportalen so viel wie möglich in Erfahrung zu bringen. Schauen Sie sich die Räumlichkeiten und wenn möglich den Ablauf selbst an, bevor Sie Ihr Kind dort allein lassen.

Mein schönstes Urlaubserlebnis: der Kinderclub!

Lassen Sie sich und Ihrem Kind Zeit für die Umstellung und planen Sie eine Kinderbetreuung durch fremde Personen erst nach ein paar Tagen „Ankommen" ein.

Manchmal sind die **Kinderclub-Räume** leider wenig liebevoll eingerichtet und liegen (schallgeschützt) im Keller. Dann sollten die Betreuer wenigstens ein abwechslungsreiches Programm anbieten, das möglichst oft draußen stattfindet. Schauen Sie sich auch die **Toiletten** an und fragen Sie nach, wie es um die **Sicherheit** steht: Wie wird sichergestellt, dass nur Sie Ihr Kind abholen können?

Spezialisierte Reiseveranstalter mit kleinem Portfolio kennen oft jedes Hotel, das sie anbieten, persönlich und können Ihnen genau sagen, was Sie dort erwartet.

Besonders in den ersten Tagen sollten Sie ein offenes Ohr dafür haben, was Ihr Kind vom Kinderclub erzählt. Fragen Sie es nicht aus wie bei einem Verhör, sondern lassen Sie es selbst erzählen, was ihm gut und weniger gut gefallen hat. Fühlt sich Ihr Kind nicht wohl, nehmen Sie es lieber aus dem Programm heraus. Stellen Sie sich darauf ein, dass es eventuell nicht „klappt", und überlegen Sie schon vorher, was Sie dann stattdessen unternehmen könnten.

Weblinks

KinderHotels, das „Original" der Familienhotels mit zertifizierten Häusern in Deutschland, Österreich, Italien und Kroatien: www.kinderhotels.com

Angebote in und um Deutschland sowie Kroatien, England und Zypern: www.familienhotels.de

Familotels mit 58 Mitgliedshäusern in Deutschland, Österreich, Luxemburg und Italien: www.familotel.com

Wollen Sie ein Betreuungsangebot für Ihr Kind in Anspruch nehmen, erkundigen Sie sich unbedingt schon vor der Reise genau über alle Details des Angebots, auch bei Pauschalreisen. Je jünger Ihr Kind ist, desto mehr Wert sollten Sie auf eine professionelle **Ausbildung der Kinderbetreuer** und Zertifizierungen legen. Eine **muttersprachliche Betreuung** ist ideal. Manche Veranstalter bieten bewusst zweisprachige Kinderprogramme an, damit automatisch gleich noch eine Fremdsprache erlernt wird. Mehr als fünf Kinder unter drei Jahren oder zehn Kinder unter sechs Jahren sollten nicht von einer Person allein betreut werden.

Anna-Lena: „Unser Hotel in der Türkei hatten wir extra nach den guten Bewertungen von Familien und aufgrund der Empfehlung unseres Reisebüros ausgesucht: Hier sollte es einen Babyclub für Kinder ab zwei Jahren geben. Das Hotel war spitze – für Familien mit Kindern ab drei Jahren. Der Babyclub befand sich in einem fensterlosen Raum, der mit einem dicken Teppich ausgelegt war. Es gab sehr viel Plastikspielzeug, zwei nette russische Studentinnen als Betreuerinnen und einen überdimensional großen Fernseher, auf dem ohne Pause russische Cartoons mit türkischen Untertiteln liefen. Die wenigen kleinen Kinder, die hier waren, hockten wie ruhiggestellt vor dem Fernseher. Wir haben Bruno sofort wieder mitgenommen."

Die Frage nach den **Betreuungszeiten** ist die wichtigste: Findet der Kinderclub jeden Tag der Woche statt oder nur stundenweise an bestimmten Tagen? Wenn es ein Ganztagsprogramm gibt, bekommen die Kinder dann ein (gesundes) Mittagessen und können sich, wenn sie es wünschen, für ein Nickerchen zurückziehen?

Haben Sie spezielle Anforderungen und Wünsche, etwa was die Ernährung angeht, sollten Sie diese vorher ansprechen. Das ist besonders wichtig, wenn Ihr Kind eine Nahrungsmittelunverträglichkeit oder eine Allergie hat (→ S. 376). Bei großen Kindergruppen fällt es den Betreuern schwer, auf individuelle Sonderwünsche einzugehen.

Silke: „Annika liebt den Kinderclub und die Kinderdisco am Abend! Mit 9 Monaten war sie das erste Mal in einem Kinderclub und nun fragt sie vor jeder Urlaubsreise, ob es einen Kinderclub gibt. Sofort nach Ankunft müssen wir dorthin und haben sogar Probleme, wenn wir mal etwas gemeinsam als Familie machen wollen und sie nicht in den Kinderclub darf. Kein Wunder, dort findet sie sofort neue Freunde und es gibt tolle, kindgerechte Aktivitäten."

Andere Länder, andere Sitten: In vielen Ländern, etwa in den USA, ist es üblich, dass auch kleine Kinder viel **fernsehen** und mit **Elektronikspielzeug** umgehen. Wenn Ihnen das nicht recht ist, sprechen Sie es im Vorhinein bei den Betreuern an.

Spezialfall Familienhotels

Viele Familien wollen auch mit kleinen Kindern und Babys Urlaub im Hotel machen. Besonders im Alpenraum spezialisieren sich immer mehr Hotels auf diese Zielgruppe. In diesen Häusern, die sich Familienhotel, Kinderhotel oder Babyhotel nennen, finden Eltern mit kleinen Kindern alles, was sie für einen entspannten Aufenthalt brauchen.

Es gibt nicht nur **Kinderclubs**, sondern oft auch **Babyclubs für unter Dreijährige** – mitunter sogar für wenige Wochen alte Babys. Hier werden nur wenige Kinder gleichzeitig von ausgebildeten Kinderpflegerinnen betreut, gewickelt und gefüttert. Separate Schlafräume stehen für den Mittagsschlaf zur Verfügung.

Weitere Angebote von Baby- und Kinderhotels sind **Leih-Kinderwagen** und komplett eingerichtete **Babyzimmer**, **Stillbereiche**, **Babysitter**, die abends aufs Zimmer kommen oder morgens die Kinder abholen, damit die Eltern ausschlafen können. Es gibt **Kinder- und Baby-Wellnessangebote**, im Restaurant **Gläschenbuffets** und vieles mehr. Besucht Ihr Kind zu Hause schon eine Betreuungseinrichtung und ist an die Abläufe gewöhnt, ist es oft bei Oma und Opa oder schließt es generell schnell neue Freund-

Hotelbabysitter

Für sehr junge Kinder vereinbaren Sie am besten eine **Betreuung direkt im Hotelzimmer**. Dann sind sie in einer vertrauten Umgebung, werden exklusiv umsorgt und müssen morgens nicht umständlich ausgehfertig gemacht werden. Besonders im Skiurlaub spart das ungemein viel Zeit ein. Noch besser funktioniert das abends: Sie legen Ihr Baby wie gewohnt schlafen und können sich fortschleichen, während der Babysitter aufpasst.

Vor allem die großen Hotelketten wie Hilton und Hyatts bieten ihren Gästen Hotelbabysitter an. Das sind oft normale Angestellte des Hotels, die regulär als Kinderbetreuer arbeiten und abends, morgens, während des Essens oder auch im Laufe des Tages Babys und Kleinkinder einzeln auf dem Zimmer der Eltern betreuen und versorgen. Dieser Service ist nicht kostenlos. Meist wird ein fester Stundensatz je Kind und Betreuungsstunde berechnet, für zusätzliche Kinder kommt ein Aufpreis dazu. Andere Hotels arbeiten mit Babysitter-Agenturen zusammen und lassen die Mitarbeiter ins Haus kommen, wenn ihr Service bestellt wird.

Kalkulieren Sie ein wenig **Kennenlernzeit** für Ihr Kind ein, bevor Sie es mit dem Babysitter allein lassen. Erkundigen Sie sich auch nach seinen **Qualifikationen**. International schwanken die Anforderungen an Babysitter stark. Wollen Sie auf Nummer sicher gehen, greifen Sie auf eine **spezialisierte Agentur** zurück. Diese finden sich auch im Ausland in fast jeder großen Stadt. Sie bieten in der Regel ein breites Spektrum an Kandidaten und Kandidatinnen, aus dem Sie nach Ihren Wünschen wählen können. Preislich unterscheiden sich die beiden Optionen nicht grundlegend.

Hier haben wir unseren Babysitter ganz für uns allein

Weblinks

Babysitter-Vermittlung deutschland- und österreichweit:
www.babysitternet.de

Babysitter-Agentur in 22 deutschen Städten; Babysitter kommen auch ins Hotel: www.kinderfee.de

Babysitter und Kindermädchen für Reisende in Berlin, nicht nur im Hotel:
www.babysitter-express.de

Babysitter und Kindermädchen für Urlauber auf Mallorca:
www.angelsnursingagency.com/de_index.htm

Babysitter und Kindermädchen für Hotels in Texas und Colorado:
www.momsbestfriend.com (englisch)

Im Kinderhotel in Kärnten

schaften, können Sie davon ausgehen, dass es auch im Hotel mit der Kinderbetreuung klappen wird. Dann kann es besonders bei Kindern im Kindergartenalter passieren, dass Sie Ihr Kind nur noch früh morgens und zu den Mahlzeiten sehen. Danach will es sofort wieder zu seinen Freunden in den Kinderclub.

> Peter: „Wir waren das erste Mal in einem Kinderhotel, als Max noch kein Jahr alt war. Er fremdelte allerdings nicht, ging zu Hause täglich in die Kinderkrippe und ist insgesamt ein ausgeglichenes Kind. Die Betreuerin war sehr einfühlsam und Max blieb gern bei ihr auf dem Arm. Vielleicht hatten wir einfach nur Glück? Mit unserer Tochter ging es beim ersten Mal nicht so glatt. Mittlerweile liebt Nele aber den Unter-3-Kinderclub und kann es kaum erwarten, endlich auch bei den ‚Großen' dabeizusein."

Noch eine „Vorwarnung": In Baby- und Familienhotels machen naturgemäß sehr viele Babys und Kleinkinder Urlaub. Entsprechend hoch ist manchmal der **Geräuschpegel**. Nehmen Sie die Mahlzeiten gemeinsam mit allen anderen Gästen ein, kann das eine turbulente Erfahrung werden, bei der sensible Kinder keine Ruhe zum Essen finden. Und selbst wenn Ihr Baby nachts durchschläft, hören Sie eventuell andere, die das nicht tun.

Eine weitere Folge der hohen Baby- und Kinderdichte: **Ansteckende Krankheiten** werden blitzschnell im Kinderclub, im Restaurant und im Spielzimmer weitergegeben. Ein einziges Kind mit einem Magen-Darm-Virus kann ein ganzes Hotel binnen eines Tages lahmlegen. Achten Sie daher in Kinderhotels besonders auf Hygiene, waschen Sie sich und Ihrem Kind oft und gründlich die Hände und schicken Sie ein kränkelndes Kind bitte nicht in den Kinderclub!

Kinder- und Babyhotels wollen Eltern die ersten Urlaube mit ihrem Kind erleichtern. Das ist toll, kostet aber vergleichsweise viel Geld. Buchen Sie eine solche Reise nur, wenn Sie ziemlich sicher sind, dass Sie (und Ihr Kind) das umfassende Angebot des Hotels auch nutzen können.

Ich will auch Wellness machen!

▶ Ankommen, aufbauen, entspannen – viele Eltern lieben Camping, weil es so unkompliziert ist. Und Kinder lieben den Urlaub draußen mit viel Auslauf und wenigen Regeln sowieso.

Campingplätze

Urlaub auf dem Campingplatz, davon schwärmen viele Eltern noch aus ihrer eigenen Kindheit. Dass Camping für Kinder eine wunderbare Urlaubsform ist, daran hat sich bis heute nichts geändert. An der Ausstattung der Zeltplätze, der Ausrüstung und leider auch den Preisen allerdings schon.

Camping ist toll, für Kinder und Eltern: Die Kleinen können nach Herzenslust herumstromern, Eltern können sich entspannen ohne Sorge, dass ihr Kind etwas kaputt macht oder anderen Gästen auf die Nerven geht. Ältere Kinder sind den ganzen Tag allein mit ihren neuen Freunden unterwegs und vor allem immer an der frischen Luft. Schmutzige Knie und schlechte Essmanieren sind am Campingtisch (oder am Lagerfeuer) egal. Allenfalls die Nächte können kritisch werden, denn Zeltwände sind nur optische Trenner.

Ein weiterer Pluspunkt: Campingplätze in beliebten Urlaubsregionen sind zwar oft in der Sommersaison schnell ausgebucht, aber generell findet man für den Urlaub im Zelt auch für **spontane Trips** immer irgendwo einen freien Platz. Vorbuchen ist nur in der absoluten Hauptsaison auf beliebten Plätzen für große Familienzelte nötig.

Nicht zuletzt ist Campingurlaub für Familien vergleichsweise **preiswert** – Kinder zahlen oft erst ab fünf Jahren überhaupt etwas und in der Nebensaison sinken die Tarife um bis zu 50 Prozent. **Für Familien mit mehreren Kindern**, die länger als eine Woche verreisen wollen, oft die einzige Option.

Die Stellplatzgebühr setzt sich meist aus vielen Einzelposten zusammen. Sparen können Sie etwa, wenn Sie ein kleineres Zelt aufstellen, auf Stromanschluss verzichten oder das Auto außerhalb des Platzes abstellen.

Der größte Unterschied zum Ferienhaus oder Hotel: Sie sind viel näher dran an Luft, Licht und Natur. Das ist bei schönem Wetter toll, bei Regen eine Herausforderung. Allerdings nur für die Eltern. **Schmuddelwetter** macht Kindern meist nichts aus, wenn sie draußen in den Pfützen herumspringen wollen. Zelte sind heute zuverlässig wasserdicht, Funktionskleidung und -schlafsäcke halten warm und trocken und auf vielen Plätzen gibt es Trockner und gemütliche Aufenthaltsräume. Regnet es tagelang, lässt es sich allerdings nicht mehr beschönigen: Dann fällt der Urlaub wortwörtlich ins Wasser.

Auch mit **Babys** können Sie Campingurlaub machen. Hier gilt wie überall: Solange die Kleinen bei Mama und Papa sind und genug zu essen und zu trinken bekommen, ist ihnen der Rest herzlich egal.

Die **beste Reisezeit** für den ersten Campingurlaub (oder überhaupt zum Camping) ist naheliegenderweise der Sommer. In Südeuropa kann es zu dieser Zeit allerdings unangenehm heiß werden. Gerade mit Kleinkindern und Babys ist Camping im aufgeheizten Zelt dann nicht zu empfehlen und die Kühlung der Lebensmittel wird ebenfalls schwierig.

Genauso unangenehm sind kalte Nächte. So können die Temperaturen in hoch gelegenen Regionen Skandinaviens auch im Juli und August nachts einstellig werden. Camping eignet sich daher am besten für Regionen mit **mildem Klima**.

Auch die Nebensaison außerhalb der Schulferien bietet in Mitteleuropa warme und trockene Tage. Der Vorteil: Campingplätze sind nicht mehr überfüllt und zum Teil viel günstiger.

Wer in Europa Campingurlaub machen will, hat die Qual der Wahl. Allein für Deutschland und Nordeuropa listet der ADAC-Campingführer fast 3.000 Campingplätze auf, in Südeuropa gibt es noch einmal über 2.000. Die meisten von ihnen heißen Familien ausdrücklich willkommen: mit **Babywickelraum**, separatem **Familienbad** und während der Hauptsaison einem **Kinderprogramm**. Ein **Tante-Emma-Laden** für den täglichen Bedarf direkt auf dem Platz erleichtert den Alltag. Mit Wegwerfwindeln, Reise-Gläschenerwärmern, die per Adapter an die Autobatterie angeschlossen werden können, und Solar-Nachtlicht wird der Campingurlaub mit Baby zum Kinderspiel.

Einsame Camping-Idylle in Südnorwegen

Außerhalb Europas ist Camping ebenfalls als günstige und naturnahe Urlaubsart beliebt. In den USA, Australien und Neuseeland gibt es ein gut ausgebautes Netz an Campingplätzen („holiday parks" oder „motorhome parks") in jeder Preisklasse. Sogar in Südafrika oder Namibia kann auf entsprechenden Plätzen im (Dach-)Zelt gecampt werden.

Wenn Sie gut ausgerüstet sind, können Sie in den skandinavischen Ländern, aber auch in Schottland, in den baltischen Staaten und in der Schweiz auf öffentlichem Grund „frei campen", legal im Rahmen des „Jedermannsrechts", kostenlos und oft in grandioser Lage.

Campingplätze

Für Familien mit Babys gibt es oft eigene Bäder

Der **erste Campingurlaub** mit Kind sollte nicht zu anspruchsvoll sein. Ein langes Wochenende nahe der Heimat reicht zum Testen der Ausrüstung und des Kindes auf Camping-Eignung.

Wer sich den Zeltaufbau nicht zutraut oder den Aufwand scheut, der findet auf vielen Campingplätzen fertig aufgestellte **Bungalowzelte**, komplett eingerichtete **Mobilheime** oder einfach eingerichtete **Hütten**. Auf diese Weise können auch Single-Eltern campen und trotzdem Erholung finden (→ S. 36).

Beim Camping können Sie an jedem Wochentag an- und abreisen. Die Kosten beeinflusst das nicht. In der Hauptsaison reisen die meisten trotzdem samstags an und ab. Haben Sie sich auf einem nicht parzellierten Campingplatz eingebucht, wo Sie selbst Ihren Stellplatz wählen, sollten Sie daher an einem Samstag in der Mittagszeit ankommen. Dann sind Ihre Vorgänger gerade abgereist und es konnten noch keine Neuankömmlinge nachrücken.

In manchen Ländern oder für einige Campingplatz-Ketten können oder müssen Sie eine Mitgliedskarte erwerben. Dafür erhalten Sie dann Ihren Stellplatz zum ermäßigten Preis.

Einige Campingplätze haben mit ortsansässigen Geschäften und Veranstaltern Spezialrabatte für ihre Gäste ausgehandelt. Fragen Sie an der Rezeption nach einer Liste der teilnehmenden Unternehmen.

Alle Vorzüge des Campingurlaubs im Zelt genießen Sie auch im **Wohnmobil** (→ S. 192). Dann wird es zwar deutlich teurer, denn diese Stellplätze sind in der Regel nicht so günstig wie für Zelte. Die Anschaffungs- oder Mietkosten müssen Sie auch noch ins Budget einrechnen. Aber die festen Wände eines rollenden Heims bieten auf der anderen Seite mehr Komfort und Sicherheit. Besonders für Familien mit kleinen Kindern ist das ein wichtiger Punkt. Mit dem Wohnmobil erschließen Sie sich auf jeden Fall neue Jahreszeiten und Regionen für das Camping, etwa den Norden Europas, Kanada oder die Wintersaison.

Ein Familienzelt mit Wohnraum und Schlafkabine

Clara: „Als wir in Australien mit dem Mietauto unterwegs waren, haben wir oft auf Campingplätzen in kleinen ‚cabins' aus Holz gewohnt. Die waren unterschiedlich gut ausgestattet, aber so konnten wir immer die familienfreundlichen Angebote des Platzes nutzen: Pool, Spielplatz, Familienbad, Gemeinschaftsküche ... Da kann kein Hotel mithalten, schon gar nicht zu dem Preis."

Einen kinderfreundlichen Campingplatz finden

Bei der Auswahl eines Campingplatzes sollten Sie auf geräumige Stellplätze mit genug Abstand achten (falls der Platz parzelliert ist). Gibt es kein separates **Familienbad**, sollten wenigstens niedrige Kinderwaschbecken, Kinder-WCs und Wickelmöglichkeiten existieren. Mindestens eine Waschmaschine und ein Trockner sollten ebenfalls zur Verfügung stehen.

Neben dem **Spielplatz** sind ein kinderfreundliches Restaurant oder ein Imbiss, **Einkaufsmöglichkeiten** sowie ein Aufenthaltsgebäude und **Kinderangebote für schlechtes Wetter** von Vorteil. Ausflugsziele für Regentage oder überhaupt zur Auflockerung des Urlaubs sollten nicht allzu weit entfernt sein.

Sobald die Kinder groß genug sind, um unbeaufsichtigt herumzulaufen, muss der Platz grundlegende **Sicherheitsstandards** erfüllen: Das Gelände ist idealerweise autofrei, komplett abgezäunt und nachts beleuchtet, die Straße vor der Zufahrt sollte nicht zu stark befahren sein. Gefahrenbereiche wie etwa Teiche oder Gruben müssen abgesichert sein, der Spielplatz liegt am besten möglichst zentral, ist gut einsehbar und sicher vor Autos. Wünschenswert sind eine **medizinische Notfallversorgung** oder wenigstens eine Erste-Hilfe-Ausstattung auf dem Platz und eine ganztägig besetzte Rezeption. Nachts muss ein **Notfalltelefon** zur Verfügung stehen. Wichtige Telefonnummern und die Adressen von Ärzten in der Umgebung sollten auf einem Notfallplan aushängen.

Liegt der Campingplatz an einer Badestelle, sollte der Einstieg flach und gut einsehbar sein. Ganz wichtig: Hat der Campingplatz einen Ausgang zum Wasser, muss dieser gut abgesichert sein. Badelustige Kinder sollen nicht unbemerkt „entwischen" können. Einen **Pool** auf dem Campingplatzgelände dürfen Kinder nie ohne Eltern

Campingthron für den Ehrengast

besuchen, auch wenn es dort eine Aufsicht gibt. Das Becken ist hoffentlich komplett umzäunt und kindersicher verschlossen und hat einen flachen Kleinkindbereich oder ein eigenes **Planschbecken**. Da immer wieder tragische Unfälle in schlecht gewarteten Schwimmbecken passieren, ist es empfehlenswert, vor der ersten Badestunde nach offenen oder fehlenden Ansaugklappen und herumliegenden Schläuchen zu schauen.

Zum Weiterlesen bei KidsAway.de:

„Sicherheit für Kinder im Pool und drumherum"

 Suchbegriff: „Sicherheit Pool"

Viele Campingplätze bieten für Kinder **Freizeitprogramme und Animation** an. Hier ist es wichtig, im Vorhinein zu schauen, was für Angebote gemacht werden und in welchem Zeitumfang das geschieht. Oft gibt es die begehrte Kinderbetreuung nämlich nur in der Hochsaison. Wichtig ist vor allem bei jüngeren Kindern die Frage, welche Altersgruppen mit welchem Personalschlüssel betreut werden und wie die Betreuer qualifiziert sind.

Glamping: Alternative für Campinganfänger und Angsthasen

Camping ist Ihnen zu anstrengend, weil man so viel Ausrüstung braucht? Eigentlich haben Sie auch gar keine Lust, auf dem Boden zu schlafen, Ihre Mahlzeiten auf einem winzigen Campinggaskocher zuzubereiten und nur gebückt ins Zelt treten zu können?

Campingplatz-Betreiber versuchen seit einigen Jahren, ausgewiesene Campingmuffel vom Camping zu überzeugen. Auf vielen Plätzen können Sie daher in fertig auf dem Platz aufgestellten Zelten oder auch in Bungalows mit oder ohne eigenes Bad wohnen.

Noch besser (allerdings ein ganzes Stück teurer) ist der neue Trend „Glamping", also „glamouröses Camping". Hier müssen Sie weder ein Zelt mitbringen noch überhaupt eine Campingausrüstung. Sie genießen die Vorteile des Campingurlaubs ohne die Nachteile: Die Mietzelte gleichen eher kleinen Häusern aus Stoff (manchmal sind es auch richtige Jurten, kleine Wohnwagen oder andere kreative Behausungen). Sie stehen gut isoliert auf Holzplattformen, bieten feste Betten, Schränke, Stromanschluss und mitunter sogar ein Bad mit Dusche.

Erhalten bleibt die unvergleichliche Zeltatmosphäre: das Schlafen fast unter freiem Himmel, getrennt nur durch eine dünne Stoffbahn.

Auf ausgewiesenen „Glamping-Plätzen" passt auch das Umfeld zur glamourösen Urlaubserfahrung. Dann stehen die Zelte in naturnah gestalteter Umgebung, mit großzügigem Abstand zueinander. Für den Spaß gibt es schicke Restaurants und tolle Pool-Anlagen. Das ist perfekt für Familien, die die Annehmlichkeiten eines Ferienhaus- oder Hotelaufenthalts genießen wollen, ohne ihre Kinder dabei in Benimmregeln und starre Zeitpläne pressen zu müssen.

Ein weiterer Vorteil: So lässt sich auch ein Campingurlaub mit einer Zug- oder Flugzeuganreise über eine größere Entfernung verbinden. Ansonsten ist das ja wegen der notwendigen Gepäckmassen sehr schwierig.

Eine längere Anreise ist fast zwingend nötig, denn in Deutschland hat sich der Glamping-Trend noch kaum durchgesetzt. Das einzige Glamping-Angebot, das die Bezeichnung verdient, findet sich auf dem Campingplatz „Zedano" im Ostseebad Dahme.

Weblinks

Luxuriöse Glamping-Plätze in Italien, Frankreich und Spanien:
www.selectcamp.de/glamping

Buchungsportal verschiedener Glamping-Anbieter in ganz Europa, hauptsächlich Frankreich und Italien: www.glampen.de

Vergleichsweise günstige Glamping-Angebote für Familien:
www.vacanceselect.de/Glamping

Ausgezeichnete Website mit Glamping-Locations auf der ganzen Welt, vorrangig aber in Großbritannien und Europa: www.goglamping.net (englisch)

Spielideen und Beschäftigung für Regentage

Kleine Kinder sind vollauf zufrieden, wenn sie bei Regen die Welt erkunden können: auf dem leeren Spielplatz herumturnen, die nasse Rutsche ausprobieren (Achtung, dann geht es viel schneller!) und Pfützen erkunden.

Ideen für ältere Kinder:

- Balancierpfad aus Steinen in eine große Pfütze legen
- Regenwürmer retten
- Regen in verschiedenen Gefäßen sammeln
- aus hohlen Pflanzenstängeln oder Trinkhalmen eine Wasserleitung bauen
- Pfützenweitsprung

Zum Weiterlesen bei KidsAway.de:

„Regen im Urlaub – Spiel- und Beschäftigungsideen für Kinder und Eltern"

 Suchbegriff: „Regen"

Beschäftigung drinnen:

- vorlesen
- gegenseitige Rückenmassage
- Ratebilder oder -wörter auf den Rücken des anderen malen
- Frisuren flechten
- Fadenspiele (→ S. 289)
- „Es regnet und regnet, also bringe ich ... auf meine Arche" nach dem Prinzip von „Ich packe meinen Koffer" (→ S. 273)
- Würfel- oder Kartenspiele
- im Dunkeln: Schattenspiele an der Zeltwand
- Regenbilder malen: Das Blatt mit Farbe oder (nicht wasserfesten) Filzstiften bemalen und dann hinaus in den Regen halten, durch Drehen verlaufen die Farben in interessanten Bahnen.

Stellen Sie Ihr Zelt nicht allzu weit weg von den **sanitären Anlagen** auf, aber auch nicht direkt daneben. Man glaubt gar nicht, wie viele Camper nachts zur Toilette laufen (und wie laut sie dabei sind). Besonders, wenn Mittagsschlaf im Zelt gemacht werden soll, ist ein ruhiger und **schattiger Stellplatz** zu empfehlen. Damit es bei Regen nicht von unten mit Wasser vollläuft, darf das Zelt auf keinen Fall in einer Senke oder am Fuß von Hängen stehen. Auch feuchte Wiesen an Fluss- oder Seeufern sind keine gute Idee.

Besteht die Wahrscheinlichkeit, dass es während Ihres Aufenthalts regnen könnte, wählen Sie einen Platz in der Nähe einer überdachten Spielmöglichkeit oder unter dichten Bäumen. Dann prasselt der **Regen**

Wenn es regnet ...

nicht ganz so stark herab und die Kinder können, regenfest verpackt, trotzdem draußen spielen. Erweitern Sie Ihr Vorzelt mit einem Tarp zur überdachten Terrasse. So müssen Sie bei Regen das Zelt nicht schließen (was für bessere Luftzirkulation sorgt) und können gemütlich zu zweit im Aufenthaltsbereich sitzen, während die Kinder draußen spielen und trotzdem trocken bleiben.

Ausrüstung fürs Camping mit Kindern

Zum zünftigen Camping benötigen Sie zuerst ein **Zelt**. Das Angebot ist riesig, für jeden Bedarf und jeden Geldbeutel. „Schönwettercamper" mit kleinen Kindern sollten vor allem darauf achten, dass ihr Zelt einfach aufzubauen ist, genug Platz für alle

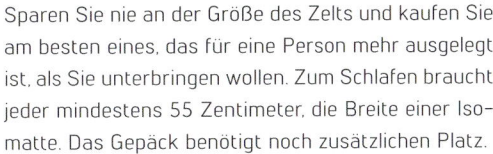

Familienzelte bieten viel Platz

Mitreisenden plus das Gepäck bietet und eine Wassersäule von mindestens 4.000 Millimetern hat. Muss das Zelt selbst getragen werden, sollte es außerdem ein leichtes Gestänge haben.

Für Campingtrips mit leichtem Gepäck empfehlen sich **Tunnelzelte.** Hier bekommt man vergleichsweise viel Liegefläche bei wenig Gewicht. **Kuppelzelte** und geodätische Zelte bieten weniger Innenraum, sind dafür aber windfester.

Familien mit mehr als einem Kind schlafen am besten im klassischen **Familienzelt**. Dieses braucht zwar eine Weile zum Auf- und Abbauen, bei längeren Standzeiten macht das aber nicht viel aus. Modelle mit einer großen Schlafkabine fürs Familienbett sind empfehlenswert bei kleinen Kindern und Babys, die man nachts nahe bei sich haben will. In mehrere getrennte Kabinen kann man ältere Kinder allein schlafen legen oder ein Reisebettchen für Babys hineinstellen. Alternativ lässt sich dort auch das gesamte Gepäck lagern.

Kleine Zelte ohne Aufenthaltsbereich vergrößern Sie mit einer Plane, die Sie über Ihr Zelt spannen. Mit einigen Teleskop-Zeltstangen schaffen Sie das auch ohne Bäume. Das Gepäck bringen Sie im Vorzelt unter, die großen Teile lassen Sie im Auto.

Sparen Sie nie an der Größe des Zelts und kaufen Sie am besten eines, das für eine Person mehr ausgelegt ist, als Sie unterbringen wollen. Zum Schlafen braucht jeder mindestens 55 Zentimeter, die Breite einer Isomatte. Das Gepäck benötigt noch zusätzlichen Platz.

Für längere Aufenthalte am selben Stellplatz empfiehlt sich ein **Aufenthaltsraum im Zelt**. Er sollte genug Platz für einen (kleinen) Tisch und Stühle, eine Kochecke und das Gepäck bieten. Das ist besonders wichtig, wenn es auf dem Campingplatz keinen Gemeinschaftsraum und keine öffentliche Küche gibt, wo man bei schlechtem Wetter die Zeit verbringen kann. Große Eltern sollten sich die Standhöhe des Zeltes anschauen. Es ist ungemein bequem, wenn man in einem Zelt aufrecht stehen kann.

Im Wohnbereich haben viele Familienzelte keinen Boden. Wer mit Kindern reist, sollte hier unbedingt eine Plane unterlegen, sonst wird schnell alles dreckig.

Geschlafen wird beim Camping auf **Isomatten**. Schon Sie Ihren Rücken und wählen Sie selbstaufblasende Matten. Kinder sind leichter und brauchen nur die dünneren und leichteren Schaumstoff-Isomatten.

Luftmatratzen und aufblasbare Gästebetten sind unbequem, schwer und überraschend kalt. Mehrere Isomatten nebeneinander halten Sie mit einem Spannbettlaken ganz einfach an Ort und Stelle.

Camping bedeutet Gepäck, viel Gepäck

Babyreisebetten (→ S. 136), deren Boden sich ein Stück über dem Zeltboden befindet, isolieren sehr gut nach unten. Für die meisten Zelte sind sie allerdings zu sperrig und sie machen nächtliches Stillen unbequem. Weniger Platz nehmen Pop-up-Babyzelte oder (für Babys unter sechs Monaten) die **Kinderwagenwanne** ein.

Manu: „Unsere Kleine schläft im Zelt ganz hervorragend direkt zwischen uns. Da ist es warm und kuschelig, ich kann sie nachts bequem stillen und sie rollt nicht versehentlich von der Isomatte."

Günstige, dünne Isomatten isolieren nicht so gut nach unten. Sie können aber durch darunter gelegte Zeitungen, Plastiktüten oder Ersatzkleider ergänzt werden.

Schlafsäcke sollten nicht so dick wie möglich sein, sondern an den Temperaturbereich angepasst, den Sie im Campingurlaub erwarten, sonst geraten Sie ins Schwitzen. Die auf dem Schlafsack angegebene Mindesttemperatur ist das Minimum, bei dem eine dünn bekleidete Person „gerade noch nicht friert". Wichtig ist auch die passende Länge des Schlafsacks: Ist an den Füßen zu viel Platz, werden diese schneller kalt. Da das Zelt schnell auskühlt und Kinder den Großteil ihrer Körperwärme über den Kopf verlieren, sollten sie in kühlen Nächten beim Schlafen eine **Mütze** oder Kapuze aufsetzen.

Statt extra Kinderschlafsäcke zu kaufen, können Sie für Kinder normale Erwachsenenschlafsäcke verwenden, deren überflüssige Länge abgebunden oder umgeklappt wird.

Beim Material ist zu bedenken, dass Schlafsäcke mit **Kunstfaser-Füllung** zwar rascheln und Kinder damit gern im Schlaf „herumrutschen". Bei einem nächtlichen Malheur trocknen sie aber wesentlich besser. **Deckenschlafsäcke** aus Baumwolle sind schwerer und größer, fühlen sich aber in warmen Nächten viel angenehmer an, rascheln nicht und können vollständig aufgezippt auch als Decke verwendet werden. Wer allerdings aufs Gewicht achten muss, sollte bei Kunstfaser bleiben. Bis etwa einen Meter Körpergröße eignen sich **Babyschlafsäcke** am besten, an die sich bei Bedarf zusätzliche Ärmel anzippen lassen.

Mücken und Insekten gehören zum Camping einfach dazu. Babys, die noch keine Insektenschutzmittel vertragen, sollten daher beim Schlafen mit einem **Mückennetz** geschützt werden. Meist sind die Schlafkabinen von Familienzelten mit Fliegengittern zu verschließen und sollten auch immer geschlossen sein (Kinder müssen daran ständig erinnert werden!). Ergänzend können kleinere Netze über die Kinderwagenwanne oder das Babyreisebett gehängt werden, größere lassen sich als Baldachin am Zelthimmel befestigen (→ S. 124, → S. 389).

Kleidung für den Campingurlaub muss bequem, wind- und wasserfest, leicht waschbar sein und schnell trocknen (→ S. 113). Kinder benötigen **mehr Wechselsachen** als gewöhnlich. Da man den ganzen Tag draußen ist, sind Sonnenhut und Sonnenbrille unverzichtbare Accessoires.

> Packen Sie nicht nur warme, sondern auch vorzeigbare Schlafanzüge ein, denn vielleicht müssen Sie darin nachts über den Campingplatz laufen.

Campingtisch und -stühle sind gar nicht so wichtig, wie man denkt: Auf Kurztrips und in niedrigen Zelten kann man ganz darauf verzichten und auf einer wasserfesten Picknickdecke sitzen. Viele Campingplätze bieten auch Picknicktische im Freien und Gemeinschaftsküchen, in denen man kochen und essen kann.

Wenn Ihr Baby und Kleinkind noch nicht groß oder sitzfest genug ist, um auf den normalen Campingstühlen am Tisch mitessen zu können, packen Sie für längere Urlaube einen **Reisehochstuhl** ein (→ S. 135). Für ein, zwei Tage kann man Babys auf dem Schoß halten oder in der Babyschale füttern, aber nicht einen gesamten Urlaub lang. In der Autobabyschale sollten Babys nicht länger als unbedingt nötig liegen.

> Ohne Kinderhochstuhl können Sie aus ein paar zusammengelegten Handtüchern oder einem halb aufgeblasenen Wasserball eine Sitzerhöhung für kleine Kinder improvisieren.

Praktische Utensilien für den Campingurlaub mit Babys und Kleinkindern sind ein **Badeeimer** oder eine große **Waschschüssel** als Ersatz für die Babybadewanne. Das **Töpfchen** erspart auch bereits trockenen Kindern bei Regen oder in der Nacht den Weg zur Toilette. Bekommt das Baby die Flasche, stellen Sie das heiße Wasser für die Nachtflasche in einer **Thermoskanne** bereit, damit niemand im Dunkeln in die Gemeinschaftsküche hinüberlaufen muss.

Ein **Buggy** oder **Kinderwagen** beim Camping ist Geschmackssache. Das Kind kann beim Essen darin sitzen oder unterwegs seinen Mittagsschlaf halten oder Ihnen beim Kochen und Abwaschen zusehen. Für kurze Wege auf dem Platz ist das Gefährt nützlich, falls diese asphaltiert sind. Für den Strand oder für Wanderungen sind die meisten Kinderwagen und Buggys jedoch unpraktisch. Im Kofferraum nehmen sie kostbaren Platz weg (→ S. 125).

Für den Campingurlaub eignet sich naturgemäß vor allem **Draußen-Spielzeug** wie Bälle, Frisbees oder Badminton. Für die Kleineren muss auf jeden Fall das Sandspielzeug mit. Alles, was Sie einpacken, sollte **feuchtigkeitsbeständig und robust** sein. Vielteilige Lego-Sets, zarte Barbie-Puppen oder gar elektronische Spielzeuge sind ungeeignet und drohen, kaputt oder verloren zu gehen. Wenn sie den ganzen Tag draußen sind, beschäftigen sich Kinder meist wunderbar mit Dingen, die sie vor Ort finden: Das können Steine, Tannenzapfen und Stöcke sein, aber auch eine Schüssel und die Suppenkelle aus Ihrer Küchenausstattung. Machen Sie sich beliebt und holen Sie Ihr Schnitzmesser heraus!

Wickelstation im Zelt

Für die Nächte im ungewohnt dunklen und hellhörigen Zelt nehmen Sie am besten ein nicht zu aufregendes **Vorlesebuch** mit und stellen ein **Solar-Nachtlicht** oder eine kleine **LED-Lampe** auf. Die Größeren brauchen unbedingt ihre eigene **Stirnlampe**, um nachts allein zur Toilette zu gehen (oder um mit ihren neuen Freunden über den dunklen Zeltplatz zu stromern …).

Alle zusammen – kein Problem im Familienzelt

Wenn noch Platz ist, packen Sie das Laufrad oder das Bobbycar Ihres Kindes ein. Auf Campingplätzen stehen verlockend viele autofreie Wege zum Rollern zur Verfügung, viel mehr als zu Hause!

Packliste: Campingurlaub mit Kind

- ☐ Plane/Tarp, Teleskopstangen und Schnüre
- ☐ Kühlbox, eventuell mit Stromanschluss
- ☐ Waschschüssel (zum Spülen, Baby baden, für Handwäsche)
- ☐ Bollerwagen (faltbar)
- ☐ Taschenlampen oder Stirnlampen

Die komplette Packliste finden Sie auf → S. 433.

Weblinks

Campingplatzverzeichnis des ADAC (auch jährlich aktualisiert in Buchform erhältlich): www.campingfuehrer.adac.de

Familienfreundliche Campingplätze in sechs europäischen Ländern: www.happy-family-camping.de

Campingportal von Campern für Camper, mit großem Verzeichnis, Forum und Marktplatz: www.campingplatz.de

Campingplatz-Verzeichnis für über 80 Länder: www.campingo.com

▶ Viele Hostels weltweit bieten günstige und komfortable Unterkünfte für Familien. Anschluss an andere Reisende gibt es gratis dazu.

Hostels und Jugendherbergen

Die Zeiten, als „Hostel" gleichzusetzen war mit „Massen-Schlafsaal für Jugendliche", sind vorbei. Im Gegenteil, ein Großteil der Herbergen richtet sein Angebot gezielt an Familien mit Kindern. Privatzimmer mit eigenem Bad können Sie in fast jedem Hostel buchen. In den gut ausgestatteten Gemeinschaftsküchen kochen Sie preisgünstig genau die Mahlzeiten, die Ihre Kinder mögen. Dazu gibt es Internetzugang, Waschmaschine, eine meist rund um die Uhr besetzte Rezeption, Getränkeautomaten und Schließfächer – und oft eine sehr zentrale Lage, weshalb Hostels die **ideale Unterkunft** für Städtetrips sind (→ S. 188).

In der Regel sind Hostels **günstiger** als Hotels und bieten bewegungsfreundlichen Kindern **viel Platz** im Aufenthaltsraum. Dort treffen sie in aller Regel auf mehr Nachsicht als in einer Hotellobby. Die kulturell bunt gemischten Gäste und das gemeinsame Erlebnis beim Kochen, Essen und Abwaschen sind für aufgeschlossene, neugierige Kinder eine tolle Erfahrung.

In vielen Hostels gibt es keine Kinderpreise. Wenn Sie zu viert oder fünft reisen und alle denselben Bettenpreis zahlen, kann das insgesamt teurer sein als eine Hotelübernachtung mit Kinderrabatt.

Wenn Sie bereit sind, in Stockbetten zu schlafen und das Gemeinschaftsbad zu benutzen, sind Sie mit einem kompletten Vier-Bett-Schlafsaal vielleicht günstiger dran als mit einem ausgewiesenen Familienzimmer.

Einige Hostels, vor allem im Zentrum von Großstädten, nehmen Familien mit kleinen Kindern nicht so gern auf. Schauen Sie sich vor einer Buchung die Beschreibung auf der Website gut an, lesen Sie die Bewertungen anderer Gäste und fragen Sie im Zweifel lieber nach, ob Kinder willkommen sind. In-House-Bars mit Alkoholausschank und Abendprogramme mit Livemusik weisen auf das Gegenteil hin.

Ein wenig anders funktionieren die **Jugendherbergen** (englisch irritierenderweise als „youth hostels" bezeichnet, aber es sind eben keine Hostels!). Sie werden gemeinnützig betrieben und sind im Internationalen Jugendherbergsverband „**Hostelling International**" (HI) bzw. dem jeweiligen Landesverband organisiert. Weltweit gibt es über 4.000 solcher Jugendherbergen, in Deutschland sind es über 530. Schulklassen und Familien mit Kindern werden hier bei der Zimmervergabe satzungsgemäß bevorzugt berücksichtigt.

Mit einer (Familien-)Mitgliedschaft beim Deutschen Jugendherbergswerk oder bei „Hostelling International" bekommen Sie in vielen Ländern zehn Prozent Rabatt auf die Übernachtungen in angeschlossenen Herbergen.

Mitglieder des Jugendherbergsverbands profitieren für ihren Jahresbeitrag von niedrigen Übernachtungspreisen, oft inklusive Vollpension und Bettwäsche (die Sie aber selbst auf die Betten ziehen müssen). Die **Mitgliedschaft** bringt außerdem vielerorts Rabatte auf Eintritte in Museen, auf Preise in Geschäften, Restaurants und bei Reisedienstleistungen. Deutsche, österreichische und französische Jugendherbergen nehmen *nur* Mitglieder zur Übernachtung auf, in anderen Ländern wie der Schweiz, Großbritannien oder Dänemark bekommen diese einen Rabatt von zehn Prozent.

Einen Jugendherbergs-Ausweis bekommen Sie direkt in jeder Jugendherberge, beim DJH Service Center – E-Mail: djh-service@jugendherberge.de, Telefon: (05231) 74 010 – in allen Landesverbänden des Jugendherbergsvereins oder auch online als „eMembership".

Eine **Familienmitgliedschaft** à 21 Euro gibt es für verheiratete und zusammen lebende Paare, sie gilt automatisch auch für alle minderjährigen Kinder. Voraussetzung ist nur die gleiche Anschrift. Der Beitrag ist einmal im Jahr zu zahlen und berechtigt zum Übernachten in deutschen und internationalen Jugendherbergen. Wenn Sie ins Ausland reisen wollen, lassen Sie sich vorher Mitgliedskarten für jedes Familienmitglied ausstellen!

Ohne Mitgliedschaft können Sie auch eine **internationale Gastkarte** („Hostelling International Card") kaufen. Diese kostet entweder einmalig 18 Euro pro Person (altersunabhängig) oder Sie sammeln sechs Übernachtungen à 3,50 Euro auf dieser Karte, wonach sie weltweit für ein Jahr gültig ist.

Wollen Sie das Übernachten in Jugendherbergen nur einen Sommer lang testen, sollten Sie erst im Juni Ihre Mitgliedskarte beantragen. Dann zahlen Sie für dieses Jahr nur den halben Mitgliedsbeitrag. Vergessen Sie nicht, bis 30. September Ihre Mitgliedschaft zu kündigen!

Viele Jugendherbergen bieten tolles Ambiente in alten Schlössern, Landgütern oder auf Schiffen.

Küche für Selbstversorger in einem australischen Hostel

Deutsche Jugendherbergen bieten fast immer große Spielplätze, Sportmöglichkeiten und Lagerfeuerstellen (wenn sie außerhalb der Stadt liegen). Die vielfältigen **Angebote** wie geführte Ausflüge, Feste und Workshops richten sich meist an Kinder ab dem Grundschulalter. Familien mit Kleinkindern oder Babys sind ebenfalls fast überall willkommen. Die über 130 Häuser, die in Deutschland als **Familien-Jugendherbergen** zertifiziert sind, bieten von Kinderhochstühlen und Babybettchen bis zu Babyphones und Fläschchenwärmern alles, was Sie brauchen.

Die Übernachtungskosten in deutschen Jugendherbergen liegen zwischen 11 Euro und 25 Euro pro Person und Nacht, etwa 3 Euro mehr werden von Gästen über 27 Jahre verlangt. Kinder bis zum Alter von zwei Jahren zahlen gar nichts, bis fünf Jahre zahlen sie die Hälfte für Übernachtung und Verpflegung. Ältere Kinder erhalten oft einen geringeren Rabatt. Eine warme Mahlzeit in einer deutschen Jugendherberge kostet zwischen 4 und 5 Euro, für etwas weniger Geld können Sie sich ein Lunchpaket mitnehmen. In anderen Ländern sind die Preise natürlich anders, aber das Prinzip ist dasselbe: Kinder zahlen weniger und sehr kleine Kinder zahlen nichts.

Auch andere Verbände und Vereine bieten preisgünstige Übernachtungsmöglichkeiten für Familien im Hostel-Stil an. Bekannt sind etwa der **Christliche Verein Junger Menschen** (CVJM, auf Englisch YMCA), der in vielen deutschen Städten Familienbildungsstätten, Selbstversorgerhäuser, Jugendgästehäuser und Hotels betreibt, oder das **Kolpingwerk** mit seinen „Kolpinghäusern", die sich von klassischen Wohnheimen zu preisgünstigen Hotels und Urlaubsanlagen für Familien entwickelt haben.

Spartipp: Ferienstätten

Sie können sich einen Urlaub mit den Kindern kaum leisten? Gemeinnützige Ferienstätten ermöglichen auch Alleinerziehenden und Familien mit vielen Kindern, pflegebedürftigen Angehörigen und/oder sehr niedrigem Einkommen schöne Ferien.

Weblinks

Buchungsportal für privat betriebene Hostels, keine Buchungsgebühren: www.de.hostelbookers.com/hostels

Buchungsportal für private Hostels mit garantierter Buchungsbestätigung: www.german.hostelworld.com

Buchungsportal für Jugendherbergen in Deutschland, Download von Broschüren und Katalogen: www.jugendherberge.de/de-DE/familien

Buchungsportal für alle Jugendherbergen, die Mitglied im HI sind: www.hihostels.com (deutsch und englisch)

Übersicht über Freizeit- und Urlaubsangebote des CVJM: www.cvjm.de/service/urlaub-freizeiten

Internationaler Verband für Umweltschutz und sanften Tourismus (NFI), der weltweit knapp 1.000 „Naturfreundehäuser" betreibt, von einfachen Berghütten bis zu Hotels: www.naturfreunde-haeuser.net

Die meisten deutschen Bundesländer (Bayern, Berlin, Brandenburg, Bremen, Mecklenburg-Vorpommern, Niedersachsen, Rheinland-Pfalz, Saarland, Sachsen und Thüringen) gewähren Zuschüsse zur Familienerholung für bedürftige Familien. Je nach Bundesland bekommen Familien pro Urlaubstag **staatliche Zuschüsse** von etwa 15 Euro pro Person und Tag. Für die vielseitigen Angebote fallen keine Extrakosten an, da die Ferienstätten ohne Gewinnerzielungsabsicht wirtschaften und von ehrenamtlichen Mitarbeitern unterstützt werden. Kinder unter drei oder unter fünf Jahren zahlen gar nichts. Und: Der Übernachtungspreis ist immer derselbe, auch in den Schulferien.

Meist sind die Häuser in der Trägerschaft von Wohlfahrtsvereinen, der Kirchen, des Deutschen Roten Kreuzes oder von Umweltschutzorganisationen. Der Dachverband der Ferienstätten ist die Bundesarbeitsgemeinschaft Familienerholung (BAGFE). Hier haben sich evangelische und katholische Träger, die Arbeiterwohlfahrt, das DRK, die Naturfreunde und der Paritätische Wohlfahrtsverband zusammengeschlossen.

Auf www.bag-familienerholung.de werden über 70 der 120 Familienferienstätten vorgestellt und können direkt auf Verfügbarkeit geprüft werden.

Fördermittel sind meist nur in begrenzter Höhe im Landeshaushalt vorgesehen. Beantragen Sie den Zuschuss daher so früh im Jahr wie möglich.

Natürlich müssen Sie den Zuschuss zunächst beantragen und auf die Genehmigung warten, aber der Aufwand lohnt sich. Die Ferienhäuser, Feriendörfer oder Familienbildungsstätten liegen direkt am Strand, mitten im Harz oder idyllisch am Alpenrand.

Allen gemein ist ihr besonderer **Service für Familien mit kleinen Kindern**: Es gibt Standardzimmer mit Kinderbetten, Familienzimmer, Familienapartments und Ferienhäuser. Manche Häuser bieten Vollpension an, andere Angebote richten sich an Selbstversorger. Selbstverständlich gibt es eine **Babyausstattung**, einen Wäscheservice, mindestens einen **Kinderspielplatz** und oft auch Angebote wie einen Klettergarten oder einen Pool. Eine weitere Besonderheit sind die vielen **Bildungsangebote**, von Vorträgen über Medienerziehung und Ernährung bis zu Sport und organisierten Ausflügen in die Natur. **Kinderbetreuung** wird ebenfalls angeboten.

Viele Ferienstätten liegen inmitten der Natur. Für die Anreise brauchen Sie daher in der Regel ein Auto.

Auch Familien ohne Förderanspruch können in den Ferienstätten günstig Urlaub machen, sofern freie Zimmer verfügbar sind (in den Schulferien kann es knapp werden).

Zum Weiterlesen bei KidsAway.de:

„Gemeinnützige Ferienstätten – preiswert und familienfreundlich"

 Suchbegriff: „Ferienstätten"

Weblinks

Verzeichnis der mehr als 100 deutschen Ferienstätten, mit Buchungsformular: www.urlaub-mit-der-familie.de

70 Familienferienstätten mit Verfügbarkeitsabfrage: www.bag-familienerholung.de

Familienferienstätten des Kolpingwerks: www.kolping-familienurlaub.de

Familienzuschuss beantragen: www.bag-familienerholung.de/zuschuesse-und-preise

Weitere Übernachtungsmöglichkeiten für Familien

Neben den klassischen Übernachtungsformen sind in den letzten Jahren viele andere, interessante und ungewöhnliche Ideen und Projekte zu Bekanntheit gelangt und werden auch bei Familien immer beliebter. Einige dieser Reisemöglichkeiten sind sehr günstig, dafür verzichtet man auf den von Hotels gewohnten Komfort und ersetzt teilweise sogar das Geld für eine Übernachtung durch den Einsatz von Arbeitskraft.

Im Vordergrund steht meist die **soziale Komponente** des Reisens, nicht das Sparen – denn man reist heute nicht mehr nur, um sich rundum zu bräunen oder alle Museen und Galerien abzuhaken, sondern auch, um die Kultur und den „Vibe" eines Landes oder einer Stadt kennenzulernen. Und wie könnte das besser gelingen, als wenn man in den Alltag seines Reiseziels eintaucht – und so wohnt wie die „Locals", zu Gast ist bei Einheimischen oder auf einem Bauernhof mithilft?

„Mitwohnen 2.0": Airbnb.de, Wimdu.de und 9flats.com

Familien mit kleinen Kindern fühlen sich in Stadthotels meist wenig willkommen. Diese sind in der Mehrzahl auf Geschäftsreisende und Pärchen ausgerichtet. In den kleinen Hotelzimmern ist kein Platz für lebhafte Kinder, die praktische Babyausstattung fehlt und im Verhältnis dazu ist eine Übernachtung recht teuer. Ein Apartment in der City steht oft preislich völlig außer Frage. Viele Ferienwohnungen werden nicht für einzelne Tage vermietet.

Eine wunderbare Alternative für Familien sind da **Privatwohnungen und -häuser**, in denen Sie Ihr Reiseziel aus einer ganz anderen Perspektive kennenlernen. Statt solche Angebote mühsam aus Kleinanzeigen herauszufinden, können Sie dafür heute auf **Mitwohn-Portale** wie Airbnb.de, Wimdu.de oder 9flats.com zurückgreifen. Hier stellen Privatpersonen ihre Wohnungen als Unterkünfte für Reisende zur Verfügung – nicht kostenlos, aber in der Regel günstiger als ein Hotel. Entweder es wird nur ein Zimmer vermietet und der Gastgeber wohnt in einem anderen Raum oder die komplette Wohnung wird angeboten.

Kinderrabatte gibt es beim Mitwohnen meist nicht. Der Übernachtungspreis gilt immer für die gesamte Unterkunft. Die Gastgeber können einen Aufpreis für zusätzliche Gäste verlangen oder einen Rabatt für Kinder gewähren, ganz nach persönlichem Ermessen. Freundliches Nachfragen lohnt sich also.

Für **Reisen in Deutschland** empfehlen sich Wimdu.de und 9flats.com, Trips in englisch-

Weblinks

Mitwohn-Angebote weltweit: www.airbnb.de

Größte Mitwohn-Plattform Europas, viele Angebote in Deutschland: www.wimdu.de

Mitwohn-Angebote weltweit mit Schwerpunkt in Deutschland: www.9flats.com/de

Vorrangig asiatische Länder im Angebot: www.travelmob.com

Vorrangig afrikanische Länder, Naher Osten und Indischer Ozean: www.sleepout.com (englisch)

sprachige Länder sollten Sie über Airbnb.de recherchieren. Das größte Angebot gibt es in Städten.

Das Spektrum der Unterkünfte ist riesig, von der Studentenbude mit Klappcouch im Wohnzimmer über klassische Fremdenzimmer (die dann nicht immer echte Privatwohnungen sind) bis zur komplett eingerichteten Familienwohnung. Hier liegt der große Vorteil für Familien: Sie können zielgerichtet **familienfreundliche Unterkünfte** suchen (am einfachsten über das Kriterium „familien-/kinderfreundlich") und bekommen eine perfekt auf Ihre Bedürfnisse angepasste Unterkunft – mit viel Platz, einer komplett eingerichteten Küche, Kinderzimmer und vielleicht sogar netten Nachbarn.

Buchung und Bezahlung werden über die Portale abgewickelt. Das geht mit wenigen Klicks, abgerechnet wird über Kreditkarte oder PayPal. Das Portal schlägt eine Provision auf den Übernachtungspreis auf. Die Schlüsselübergabe und alles Weitere (etwa ob Sie Bettwäsche und Handtücher selbst mitbringen, die Küchenvorräte benutzen dürfen oder die Endreinigung übernehmen) sprechen Sie mit Ihrem Gastgeber ab. Storniert dieser sein Angebot, erstattet das Portal das bereits bezahlte Geld zurück. Müssen Sie stornieren, fallen dafür Gebühren an, die der Gastgeber in seinem Profil festlegt.

Nachdem Sie sich auf einem Portal registriert haben, suchen Sie ein passendes Quartier heraus, kontaktieren den Vermieter und sprechen alles Weitere per E-Mail oder am Telefon ab. Für Familien mit Kindern sind die Suchmasken der Portale allerdings nicht eingerichtet. Es ist nicht klar geregelt, ob ein mitreisendes Kind, das kein eigenes Bett oder nur ein Kinderbett benötigt, als Person angegeben werden muss, und ob ein Vermieter die Betten im Kinderzimmer in seiner Angebotsbeschreibung mitzählt.

Was Sie nicht tun sollten: Babys und Kinder nicht anmelden, sondern einfach mitbringen. Das ist nicht ehrlich und kann

Kindersicher mitwohnen – kein Problem

zu Problemen führen, etwa wenn der Gastgeber das Risiko in seiner nicht kindersicheren Wohnung als zu hoch einschätzt.

Bei der Suche nach der geeigneten Unterkunft gelten die gleichen Kriterien wie bei der Suche einer Ferienwohnung (→ S. 300). Lesen Sie sich die Objektbeschreibungen genau durch und fragen Sie detailliert nach, bevor Sie buchen. Direkt nach Ihrer Buchung wird der entsprechende Betrag von Ihrem Konto abgebucht. Der Gastgeber erhält das Geld erst 24 Stunden nach Ihrem Check-in und nur, wenn Sie nicht vorher beim Portal Ihr Veto eingelegt haben.

Beachten Sie beim Preisvergleich, dass Airbnb.de und Wimdu.de die Vermittlungsprovision kleingedruckt unter dem Mietpreis anzeigen, 9flats.com zeigt hingegen einen Komplettpreis an.

Da die Mitgliedschaft nichts kostet, lohnt es sich, die Angebote auf allen Portalen zu vergleichen. Viele Gastgeber stellen ihre Wohnungen auf mehreren Portalen ein und verlangen mitunter unterschiedliche Preise.

Kerstin: „Man sagt ja, dass diejenigen, die einmal ‚mitgewohnt' haben, nie mehr in ein Hotel gehen. Wir sind auf jeden Fall angefixt und werden das wohl öfters machen. Fazit: für Familien mit Kindern ideal."

Housesitting für Familien

Housesitting ist eine wunderbare Möglichkeit, kostenlos tiefer in die Kultur eines Reiselandes einzutauchen, wenn man etwas mehr Zeit an einem Ort verbringen will. Der große Vorteil: Housesitter werden vorrangig in der Ferienzeit gesucht, weil die Hausbesitzer meist genau dann in Urlaub fahren. Damit haben sogar Familien mit Schulkindern eine gute **Chance auf günstige Ferien**.

„Haushüten" heißt es auf Deutsch, cooler klingt aber „Housesitting" oder „Homesitting". Im englischen Sprachraum ist dieses Betreuenlassen des eigenen Hauses, während man für längere Zeit abwesend ist, weiter verbreitet. Traditionell werden als Housesitter bevorzugt Rentner, Alleinstehende oder kinderlose Paare beschäftigt. Diese wohnen während der Abwesenheit des Besitzers in dessen Haus, dienen als „menschliche Alarmanlage" und versorgen gleichzeitig **Haustiere**, nehmen Post an und pflegen den Garten.

Für Familien ist das eine tolle Sache, vor allem wenn sie ein Haus mit Trampolin, Sandkasten und Kinderzimmer beaufsichtigen dürfen. In Ländern wie Australien und den USA haben viele „normale" Häuser sogar einen **Pool**. Die Betreuung von Haustieren – ob Kaninchen, Hunde oder Pferde – bedeutet nicht nur Arbeit, sondern ist für Ihre Kinder bestimmt ein Highlight des Urlaubs.

Wie beim „Mitwohnen 2.0" genießen Sie eine häusliche Atmosphäre in der Fremde und **familiengeeignete Unterkünfte**, was vor allem kleine Kinder sehr mögen. Schauen Sie sich aber vorher genau an, was der Hausbesitzer im Gegenzug an Arbeiten verlangt. Schließlich wollen Sie sich im Urlaub erholen und nicht von morgens bis abends im Garten arbeiten. Machen Sie sich außerdem bewusst, dass Sie als Housesitter **an „Ihr" Haus gebunden** sind. Ganztagesausflüge sind hin und wieder okay, solange Sie Ihren Pflichten nachkommen. Aber die Hausbesitzer erwarten von Ihnen, dass Sie hauptsächlich im und am Haus bleiben und die Nächte dort verbringen. Schließlich wurden Sie ja auch als lebende „Einbrecher-Scheuchen" engagiert.

Angebote zum Haushüten finden Sie hin und wieder in den Kleinanzeigen lokaler Zeitungen. Oder Sie fragen Bekannte und Freunde, die in anderen Städten oder Ländern wohnen, ob Sie während ihrer Abwesenheit mit Ihrer Familie auf deren Wohnung oder Haus aufpassen können.

Wenn Sie es professionell angehen wollen, können Sie sich auf einem Housesitting-

Weblinks

Housesitting-Plattform für Europa, Nordamerika, Australien und Neuseeland, Jahresmitgliedschaft für Housesitter 50 USD, kostenlose Schnuppermitgliedschaft: www.housecarers.com (englisch)

Weltweite Housesitting-Plattform, Jahresmitgliedschaft für Housesitter 20 USD: www.mindmyhouse.com (englisch)

Weltweite Housesitting-Plattform, Jahresmitgliedschaft für Housesitter je nach Region kostenlos oder 30 Euro: www.housesitworld.com (englisch)

Weltweite Housesitting-Plattform, Fokus auf Haustier-Sitting, Jahresmitgliedschaft 66 Euro, Dreimonats-Mitgliedschaft 42 Euro: www.trustedhousesitters.com (englisch)

Tipps für Ihre Bewerbung als Housesitter-Familie

- aussagekräftige Bewerbung: authentisch, fehlerfrei, ansprechend, in der Landessprache
- Referenzen, möglichst in der Landessprache
- Führungszeugnis („police clearance") für alle mitreisenden Erwachsenen; dieses kostet in Deutschland 13 Euro und muss unter Vorlage des Reisepasses oder Personalausweises beim Einwohnermeldeamt beantragt werden.
- viele gute Fotos
- rechtzeitig suchen, möglichst einige Monate vor dem gesuchten Termin
- in der Hauptsaison oder zu Schulferienterminen suchen
- in Ferienregionen suchen, in denen viele deutsche Aussteiger leben (zum Beispiel Kanaren, Balearen); diese reisen regelmäßig und für längere Zeit in die Heimat und brauchen dann Housesitter

Portal wie Housecarers.com als Sitter **anmelden**. Haben Sie ein Profil erstellt, können Sie Housesitting-Angebote durchsuchen und sich für Ihre Wunschobjekte „bewerben". Als Familie werden Sie wahrscheinlich kein Angebot für die Zehn-Zimmer-Strandvilla in Miami Beach bekommen. Schauen Sie lieber gezielt nach Hinweisen auf eigene Kinder der Besitzer. Noch besser ist es, wenn explizit „Familien willkommen" in der Objektbeschreibung steht.

Bei Housesitter-Agenturen brauchen Sie es als Familie gar nicht erst zu versuchen. Hier werden nur Alleinstehende und ältere Paare vermittelt. Auf dem Housesitter-Markt gibt es eine große Nachfrage und nur ein begrenztes Angebot. Sie müssen sich also gut „verkaufen": Laden Sie viele gute Fotos hoch, auf denen Sie und Ihre Kinder gemeinsam zu sehen sind, und formulieren Sie einen netten Text über sich selbst. Wollen Sie sich auch um Haustiere wie Hunde oder Katzen kümmern, machen Sie möglichst ein Foto, auf dem Sie mit so einem Tier zu sehen sind (dann sieht man, wie gut Sie das machen).

Erkundigen Sie sich immer nach der Rasse des zu betreuenden Hundes – Kampfhunde und große, schwer zu bändigende Rassen sollten Sie für sich ausschließen, wenn Sie mit Kindern reisen.

Während der Bewerbungsphase sollten Sie **immer erreichbar** sein, unter Ihrer angegebenen Telefonnummer und über Ihre Mailbox, auch im Urlaub. Einige Agenturen und Hausbesitzer verlangen ein Führungszeugnis und **Referenzen**. Wenn Sie noch keine Housesitting-Erfahrungen haben, dann lassen Sie sich von Bekannten und Freunden kurze Empfehlungsschreiben über Ihre Zuverlässigkeit und Ordnungsliebe ausstellen, am besten gleich auf Englisch.

Kerstin: *„Während der australischen Schulferien durften wir für eine nette Familie für zweieinhalb Wochen ihr Haus hüten – nebst Hund und Katze. Das Haus war nur wenige Schritte vom weißen Sandstrand entfernt. Ein Ferienhaus in dieser Lage hätte uns während der Hochsaison mindestens 4.000 AUD gekostet!"*

Couchsurfing mit Kindern

Eine weitere Möglichkeit, um mit Einheimischen in Kontakt zu kommen, ist Couchsurfing. Im ursprünglichen Sinn ist das **Schlafen auf der Couch** im Wohnzimmer eines anderen. Einige Gastgeber bieten ihre ganze Wohnung an, während sie selbst nicht da sind, andere haben immer ein **Gästezimmer** oder auch nur ein Gästebett frei und wieder andere beschränken ihr Angebot auf eine kostenlose Stadtführung mit gemeinsamem Kaffeetrinken.

Weitere Übernachtungsmöglichkeiten für Familien

Ein Essen mit unseren Couchgebern

Für Familien eröffnet sich damit die Möglichkeit, nicht nur ihr Urlaubsland, sondern auch dessen Einwohner aus nächster Nähe kennenzulernen – inklusive landestypischem Essen und Feiern, Einblicken in das landestypische Erziehungsverständnis und gemeinsamen, landestypischen Unternehmungen mit der Gastfamilie, und das ohne Bezahlung.

Die Couchsurfing-Community legt großen Wert darauf, Couchsurfing nicht vorrangig als günstiges Unterkommen, sondern als **Mittel zum kulturellen Austausch** zu begreifen. Das sollten Sie sich bewusst machen, bevor Sie es ausprobieren. Ihre freiwilligen Gastgeber sind nicht verpflichtet, Ihnen eine schicke Unterkunft herzurichten, Sie mit Essen zu versorgen oder Ihnen hinterherzuputzen, während Sie Ihren Städtetrip genießen. Als ganz normale Menschen haben die Gastgeber womöglich nicht dasselbe Verständnis von Sauberkeit, Ordnung, Weltpolitik oder Erziehung wie Sie. Das müssen Sie dann tolerieren.

Alexandra: „Es ist so, als ob man bei Freunden übernachtet. Nur, dass die Leute noch keine Freunde sind – aber im besten Fall zu welchen werden."

Auf dem größten Portal Couchsurfing.org haben Sie Zugriff auf Angebote und Gesuche von über drei Millionen Mitgliedern in fast allen Ländern der Welt. Um Gastgeber suchen und selbst inserieren zu können, registrieren Sie sich und legen ein **persönliches Profil** an. Sie sollten möglichst sympathisch wirken, schließlich wollen Sie ja eingeladen werden. Benutzen Sie Ihren echten Namen und machen Sie ehrliche Angaben. Als Familie sollten Sie wahrheitsgemäß schreiben, dass Sie zu viert (oder zu fünft, oder …) kommen werden.

Couchsurfing-Mitglieder dürfen für die Beherbergung kein Geld verlangen oder bezahlen. Erlaubt ist aber eine Pauschale für anfallende Kosten, etwa für Mahlzeiten oder die Wäsche.

Schauen Sie sich die Fotos der Gastgeber genau an und lesen Sie die Informationen in deren Profil. Dort ist oft vermerkt, wie lange sie Couchsurfer aufnehmen können und wie viele. Mit einem Klick kann man als Gastgeber direkt im Profil auch anzeigen, ob man Kinder beherbergen möchte.

Haben Sie **Kontakt mit einem Gastgeber** aufgenommen, sprechen Sie die Zahl der Übernachtungen und die Gestaltung Ihres Aufenthalts direkt per E-Mail oder Telefon ab. Normal sind ein bis drei Tage, mitunter können Sie aber auch längere Zeiträume vereinbaren.

Um Planungssicherheit zu haben, sollten Sie **nicht allzu spontan** nach einem Gastgeber suchen. Besonders Familien freuen sich, wenn Sie sich etwa zwei Wochen vor dem gewünschten Termin melden. Bleiben Sie länger als einen bis drei Tage, füllen Sie vor Ihrer Abreise am besten den Kühlschrank wieder auf, bereiten Sie auf eigene Kosten ein Essen für Ihre Gastgeber zu oder laden Sie alle in ein Restaurant ein. Auch ein kleines **Gastgeschenk** gehört zum guten Ton.

Ob es sicher ist, bei Fremden zu übernachten, kann niemand garantieren. Auf Couchsurfing.org kann sich jeder kostenlos registrieren, eine routinemäßige Überprüfung der Identität der Nutzer erfolgt nicht. Lediglich eine freiwillige **Identitätsprüfung**

Couchsurfing-Tipps für Familien

- vor dem ersten Couchsurfing selbst Gastgeber („host") werden und Couchsurfer bei sich zu Hause empfangen
- vor dem ersten Couchsurfing bei Freunden übernachten, um den Kindern einen Eindruck davon zu geben, was auf sie zukommt
- mit kurzen (aber nicht zu kurzen!) Aufenthalten anfangen, um die Kinder nicht zu überfordern
- anfangs nicht mehr als einen Couchsurfing-Aufenthalt pro Reise einlegen
- eigene Erziehungsregeln kommunizieren und Hausregeln des Gastgebers in Erfahrung bringen, um Missverständnisse zu vermeiden
- ältere Kinder bei der Auswahl der Gastgeber (und der Gäste) mitentscheiden lassen
- die Kinder des Gastgebers berücksichtigen: Bedürfnisse und Verhaltensweisen im Vorhinein absprechen, gemeinsame Kennenlern- und Spielzeit einkalkulieren
- den Kindern des Gastgebers nichts ohne Rücksprache mit deren Eltern schenken
- besondere Bedürfnisse der eigenen Kinder klar kommunizieren (etwa, was Ess- und Schlafgewohnheiten angeht)
- Kindern beim Ankommen mit konkreten Aufgaben helfen: das Gastgeschenk überreichen, ihre Familie vorstellen oder Ähnliches
- über die Gefühle und Wahrnehmungen der Kinder sprechen und offen für Beschwerden ihrerseits sein
- mit den Gastgebern im Gespräch bleiben und offen für Kritik und Anregungen sein
- Unterkünfte auf Kindersicherheit (→ S. 303) überprüfen (am besten gemeinsam mit dem Gastgeber)
- Notfallplan in petto haben, wenn die Übernachtung kurzfristig ausfällt

Weblinks

Das bekannteste und größte Gastgeberportal mit 9 Millionen Mitgliedern weltweit, großer eigener Familiengruppe und lokalen Gruppen, App für Android und iPhone: www.couchsurfing.org (englisch)

Größter deutscher Gastgeberdienst mit aktuell etwa 330.000 Mitgliedern in 207 Ländern, Kooperation mit Attac, Youth for Understanding und anderen Organisationen; privat geführte Website: www.hospitalityclub.org

In Australien gegründeter Gastgeberdienst mit Mitgliedern weltweit, Schwerpunkt USA, Kanada, Australien, Großbritannien, Deutschland; privat geführte Website: www.globalfreeloaders.com (englisch)

Gastgeberdienst mit über 60.000 Mitgliedern, vor allem in Deutschland, Frankreich und USA; eigene Familiengruppe; eingetragen als Non-Profit-Organisation: www.bewelcome.org

per Kreditkarte oder Bankeinzug ist für etwa 20 USD möglich. Sicherheitsvorkehrungen sind das **Bewertungssystem** sowie ein **Bürgschaftssystem**. Andere kostenlose Hospitality-Netzwerke prüfen die Identität ihrer Mitglieder ohne die bei Couchsurfing anfallende „Spende".

Fremdes Spielzeug ist immer spannend

Haustausch zwischen Familien

Wer sein Haus mit Unbekannten tauscht, bekommt **ein kostenloses Ferienhaus und gleichzeitig einen Housesitter**, der sich um die eigene Wohnung samt Briefkasten, Blumen und Haustieren kümmert. Man darf allerdings kein Problem damit haben, dass die unbekannte Tauschfamilie währenddessen in den eigenen Betten schläft, die eigene Toilette benutzt und vielleicht sogar die eigenen Fotoalben durchblättert.

Trotzdem oder gerade deswegen erfreut sich Haustauschen zunehmender Beliebtheit, besonders bei Familien. Kein Wunder: Ferienwohnungen sind teuer und nicht immer kindergerecht ausgestattet. Das Haus oder die Wohnung einer ganz normalen Familie ist auf jeden Fall auf Kinder – eventuell sogar auf ein Baby – eingestellt, liegt oft zentral und bietet alle Vorteile des „Mitwohnens 2.0" (→ S. 331), nur ohne die dabei anfallenden Kosten. Sie müssen sich lediglich um die Anfahrt kümmern. Ohne Unterkunftskosten werden plötzlich auch weiter entfernte oder generell teure Reiseziele (wie Großstädte) erschwinglich.

Bei HomeExchange.com tauschen jedes Jahr mehr als 100.000 Menschen ihre Unterkünfte. Die meisten Anzeigen stammen aus den USA, Australien und Mittel- und Westeuropa. Hier ist Frankreich stark vertreten. Das älteste und größte Portal ist Homelink.de, daneben gibt es noch viele kleinere Anbieter. Viele Haustauscher sind gut gebildet, schon älter und leben in gehobenen bis luxuriösen Verhältnissen. Obwohl oft nach Tauschpartnern für längere Zeiträume gesucht wird, liegt die durchschnittliche Tauschdauer bei einer bis zwei Wochen.

Als **registrierter Haustauschpartner** müssen Sie eine Gebühr zahlen. Bei HomeLink.com ist das eine einmalige Jahresgebühr von 140 Euro (günstiger, wenn gleich zwei oder drei Jahre bezahlt werden), bei Intervac sind es 110 Euro jährlich (14 Tage kostenlose Probemitgliedschaft), bei HomeExchange.com und seinem deutschen Ableger Haustauschferien.com werden 95,40 Euro im Jahr oder 35,85 Euro für drei Monate fällig (eine Reiserücktritts-und Sachbeschädigungs-Versicherung ist inklusive).

Bei einigen Tauschplattformen ist ein weiteres Jahr beitragsfrei, wenn im ersten Jahr kein Tausch realisiert werden konnte.

Außer dem **Mitgliedsbeitrag** fallen keine weiteren Kosten an. Alle Details wie die Länge des Tauschs, die Pflichten im Haus oder ob das eigene Auto ebenfalls getauscht werden soll (praktisch bei Flugreisen), werden direkt zwischen den Tauschpartnern abgesprochen.

Setzen Sie am besten einen **Tauschvertrag** auf, in dem An- und Abreisetermin, Schlüsselübergabe und die Frage, wer in der Nutzungszeit Strom und Telefon bezahlt, geregelt sind. Einige Tauschportale bieten

Musterverträge zum Download. Fragen Sie bei Tauschpartnern aus dem Ausland unbedingt nach, ob diese eine Haftpflichtversicherung haben (→ S. 92). Außerhalb Deutschlands ist das wesentlich weniger verbreitet. Wenn nicht, sprechen Sie unbedingt ab, wie Sie beschädigtes Inventar und Ähnliches regeln wollen.

Legen Sie sich im Vorhinein nicht allzu eng auf ein Wunsch-Tauschziel fest. Das Spannende am Haustausch sind die unerwarteten Tauschangebote, die man bekommt.

Ihren **Haustausch planen** Sie am besten möglichst weit im Voraus. Haben Sie Ihre Wohnung oder Ihr Haus mit einem Beschreibungstext und möglichst vielen Bildern registriert und angegeben, wohin und in welchen Zeiträumen Sie gern „tauschen" würden, erhalten Sie regelmäßige Benachrichtigungen über passende Haustausch-Kandidaten. Sie können so oft tauschen, wie Sie wollen.

Christiane: „Durch die Haustauschanfragen bekommt man ganz neue Urlaubsideen und reist an Orte, die man sonst nicht bereist hätte."

Im Gegensatz zum Unter- oder Zwischenvermieten müssen Sie Ihren Vermieter weder informieren noch um Erlaubnis bitten, denn es fließt ja kein Geld. Einzige Bedingung: Die Tauschgäste sollten **höchstens sechs Wochen** bleiben. Zum guten Ton gehört es, die Nachbarn über die Gäste zu informieren.

Bei Problemen können Sie sich nicht auf das Reiserecht berufen. Haustausch ist – wie auch „Mitwohnen 2.0", Housesitting oder Couchsurfing – eine rein private Angelegenheit zwischen Ihnen und dem Tauschpartner. Das Tauschportal kann bei Konflikten nur vermitteln. Die Betreiber der Portale versichern aber, dass es extrem selten zu Beschwerden komme und Diebstahl oder Ähnliches noch nie vorgefallen sei.

WWOOFing mit Kindern

Ferien auf dem Bauernhof (→ S. 200) finden viele Kinder toll, vor allem wenn sie dort dem Bauern ein wenig zur Hand gehen dürfen. Klar, so lernt man das Leben auf dem Land und die Leute, die dort leben, viel direkter und intensiver kennen als nur durch Zuschauen.

WWOOF verbindet dieses Interesse mit dem Bedarf vieler Höfe und Farmen nach **Handlangern**. Für einfache oder selten anfallende Tätigkeiten können oder wollen die Bauern nicht extra eine bezahlte Arbeitskraft einstellen. Das Ergebnis ist eine interessante und kostengünstige Art, seinen Urlaub zu verbringen.

Die Abkürzung steht für „World-Wide Opportunities On Organic Farms" oder

Weblinks

Weltweit ältestes und größtes Haustauschnetzwerk in 70 Ländern, gemeinnütziger Verein: www.homelink.de

Haustauschplattform mit 55.000 Angeboten in 150 Ländern, Rechtssitz in den USA: www.Haustauschferien.com

1953 gegründetes Haustauschnetzwerk mit 30.000 Mitgliedern, als gemeinnütziger Verein registriert: www.intervac-homeexchange.com

Weitere Übernachtungsmöglichkeiten für Familien

Die Kühe sind ja gar nicht lila!?

„Willing Workers on Organic Farms": ein weltweites Netzwerk, das **Arbeitsangebote auf biologisch zertifizierten Bauernhöfen und Farmen** vermittelt. Dabei fließt kein Geld, sondern die Arbeitskraft von Freiwilligen wird gegen Kost und Logis bei den gastgebenden Höfen eingetauscht.

Reisende können so auch mit einem **Touristenvisum** im Ausland „arbeiten", sich längere Aufenthalte finanzieren und natürlich Land und Leute intensiver kennenlernen. Das WWOOF-Konzept gibt es auf der ganzen Welt. Die größten Organisationen sind Australien mit fast 3.000 Höfen, die USA mit etwa 1.400 Höfen und Neuseeland mit fast 1.300 Höfen. In Deutschland gab es im Jahr 2010 222 gastgebende Höfe, auf denen fast 3.000 WWOOFer mithalfen.

Ob WWOOF-Farmen **Familien mit Kindern** aufnehmen, hängt von den anfallenden Arbeiten ab. Ob man mit kleinen Kindern Kühe melken, Ställe ausmisten oder Äpfel ernten kann, muss man selbst entscheiden und im Vorfeld mit dem Bauern absprechen. Manchmal muss nur ein Elternteil mithelfen und für den anderen wird ein kleiner Obolus entrichtet. Oft haben die Anbieter selbst Kinder, die mit den Kindern der Gäste spielen. Oder Gäste mit kleinen Kindern übernehmen die Betreuung der Hof-Kinder.

Wie lange ein WWOOF-Aufenthalt dauert, hängt allein von den Wünschen des Gastgebers und der Gäste ab. Die meisten Besuche dauern eine bis zwei Wochen, aber alles zwischen zwei Tagen und zwei Jahren ist möglich. Vier bis sechs Stunden Arbeit am Tag, und das an fünf bis sechs Tagen pro Woche, sollte man einplanen. **WWOOFing ist kein Wellness-Urlaub!** Im Gegenzug bekommt man freie Unterkunft und Verpflegung, Einblicke in Gartenbau und Landwirtschaft und die Teilhabe an einer tollen Gemeinschaft.

Achten Sie auf Allergien: Mit Heuschnupfen auf einer Alm bei der Heumahd zu helfen, ist keine gute Idee.

Wer WWOOFen will, muss offen und interessiert an anderen Menschen und alternativen Lebenskonzepten und bereit zu körperlicher Arbeit sein. Oft sind mehrere WWOOFer gleichzeitig auf einem Hof beschäftigt, langweilig wird es also nie.

Auch die **Kinder müssen „mitmachen"**: Zwar sollen sie nicht selbst mit anpacken, aber sie müssen schon selbstständig und einsichtig genug sein, um ein Weilchen ohne ihre Eltern zurechtzukommen und um sich in das Hofleben (eventuell mit anderen Kindern) einzufügen. Mit kleinen Babys oder Krabbelkindern werden Sie wahrscheinlich wenige Angebote zum WWOOFing finden, einfach weil Sie selbst dann nur eingeschränkt einsetzbar sind und auch, weil ein bewirtschafteter Hof eine wenig kindersichere Umgebung darstellen kann.

Die Website des WWOOF-Dachverbands verzeichnet Höfe auf der ganzen Welt. In vielen Ländern gibt es eigene **WWOOF-Organisationen**. Eine Mitgliedschaft kostet hier zwischen 0 und 56 Euro. 49 Länder ohne nationalen Verband haben sich unter „WWOOF Independent" zusammengeschlossen und repräsentieren etwa 270 Höfe, zum Beispiel in den Niederlanden, Finnland, Indonesien oder Marokko.

Die Organisationen geben Informationen über **individuelle Voraussetzungen** für das WWOOFing im jeweiligen Land. Wie Sie den WWOOF-Hof Ihrer Wahl erreichen, die eventuell nötigen Visa beantragen und sich für die Dauer Ihres Aufenthalts versichern, dafür sind Sie selbst verantwortlich.

WWOOFing wird nicht bezahlt und ist kein „richtiges" Arbeiten. Erwähnen Sie bei der Einreise oder bei der Beantragung eines Visums also am besten nicht, dass Sie „arbeiten" wollen.

Checkliste: familiengeeignete WWOOF-Farmen

- ☐ Wie können Sie den Hof erreichen? Gibt es ein Fahrzeug, das Sie für Erledigungen oder Notfälle benutzen dürfen?
- ☐ Wo und wie genau werden Sie untergebracht? (Lassen Sie sich per E-Mail Fotos schicken)
- ☐ Wie viele tägliche Arbeitsstunden und wöchentliche Arbeitstage fallen an?
- ☐ Welche Tätigkeiten sollen verrichtet werden?
- ☐ Was müssen Sie mitbringen? (Schlafsack, Arbeitskleidung, Gummistiefel oder Ähnliches)
- ☐ Was können Sie in Ihrer Freizeit unternehmen?
- ☐ Wie sieht die Verpflegung im Allgemeinen aus? (Werden Sonderwünsche von Vegetariern, Veganern oder Allergikern beachtet?)
- ☐ Sind noch andere WWOOFer dort?
- ☐ Wo können Sie speziellen Kinderbedarf wie Windeln oder Ähnliches besorgen?
- ☐ Können Sie vom Hof aus telefonieren, gibt es Internetzugang?
- ☐ Welche Erfahrungen hat der Gastgeber mit WWOOF-Kindern?
- ☐ Hat die Gastgeberfamilie selbst Kinder? In welchem Alter? Werden die Kinder zusammen mit den WWOOF-Kindern betreut?
- ☐ Gibt es auf dem Hof große Maschinen oder Tiere? Wie sieht das Gelände aus?
- ☐ Wird auf dem Hof oder im Haus geraucht?
- ☐ Wie weit sind der nächste Arzt und das nächste Kinderkrankenhaus entfernt?

Wenn Sie zu einer Farm **Kontakt aufnehmen** wollen, registrieren Sie sich bei der WWOOF-Organisation Ihres Wunschlandes und entrichten den Mitgliedsbeitrag. Damit erhalten Sie Zugang zu sämtlichen WWOOF-Farmen in diesem Land, können die Höfe kontaktieren und im direkten Kontakt die weiteren Details besprechen. Meist wird schon in der Vorstellung eines Hofes angegeben, ob Kinder erwünscht und willkommen sind. Spätestens bei der Kontaktaufnahme sollten Sie diese Frage klären.

Für Neuseeland brauchen Sie ein „Working Holiday"-Visum zum WWOOFing, das nur Reisende ohne Kinder bis zu einem Alter von 30 Jahren bekommen. Es ist aber prinzipiell möglich, dass ein Elternteil „kinderlos" zum WWOOFing einreist und der andere Elternteil ihn mit einem Touristenvisum und den Kindern begleitet.

Wenn Sie sich nicht felsenfest auf ein bestimmtes Land zum WWOOFing festgelegt haben, schauen Sie erst die Angebote in der Voransicht durch, ob sich Anbieter finden, die gern Kinder aufnehmen. Erst danach sollten Sie sich als Mitglied registrieren und den Jahresbeitrag entrichten.

Nicht immer klappt beim Reisen mit Kindern alles so wie geplant. Geben Sie sich und Ihrem Kind ein paar Tage **Zeit zum Ankommen** und Ausprobieren. Danach entscheiden Sie, ob Sie länger bleiben wollen. Wenn Ihr Kind sich in der Situation nicht wohlfühlt oder Sie merken, dass Arbeiten und Kind-Beaufsichtigen doch zu anstrengend für Sie sind, brechen Sie den Aufenthalt besser ab oder verändern Sie das Arrangement. Sprechen Sie diese Option unbedingt mit Ihrem Gastgeber vorher ab!

Sie und Ihr Kind lernen garantiert eine Menge über den Anbau von Nahrungsmitteln, die artgerechte Tierhaltung und nachhaltige Landwirtschaft, aber auch ganz praktische Dinge: etwa wie man eine Kuh melkt oder einen Zaun setzt. Schon Kleinkinder können bei der Obsternte oder bei der Gartenpflege helfen, im Hühnerstall Eier einsammeln oder die Ziege füttern. Wenn sie tatsächlich richtige, sinnvolle „Arbeiten" verrichten dürfen, anstatt beschäftigt und bespielt zu werden, ist das für viele Kinder eine beeindruckende Erfahrung, die ihr Selbstbewusstsein ungemein stärkt.

Weblinks

Informationen rund um WWOOFing und Links zu den einzelnen Landesorganisationen: www.wwoof.net (englisch)

Informationen und Links zu allen nicht unter WWOOF organisierten Ländern: www.wwoofindependents.org (englisch)

Help Exchange ist ein Netzwerk mit derselben Idee wie WWOOF, beschränkt sich jedoch nicht auf Bio-Höfe; Angebote vor allem in Europa, Australien und Neuseeland: www.helpx.net (englisch)

Freiwilligenarbeit gegen Kost und Logis weltweit, über 10.000 Gastgeber: www.workaway.info (deutsch/englisch)

Günstige Reise-, Unfall- und Krankenversicherungen für freiwillige Helfer, etwa beim WWOOFing: www.oveuropa.com

Alles, was Sie auf Reisen mit Kindern wissen müssen

Ankommen und zurechtkommen	344
Sicherheit am Urlaubsziel	360
Essen und trinken	364
Das große und das kleine Geschäft	380
Häufige Reise-Krankheiten und Wehwehchen	384
Wieder zu Hause	398

Unterwegs

Unterwegs: Alles, was Sie auf Reisen mit Kindern wissen müssen

Ankommen und zurechtkommen

Die ersten Urlaubstage mit Kindern sind **nicht immer perfekt.** Der Körper und auch die Familie als Gefüge benötigen eine Weile, um im Urlaubsmodus anzukommen, sich auf ein anderes Klima, einen neuen Rhythmus und neue Familienregeln einzustellen. Die Eltern sind vollauf beschäftigt, den Alltag in der ungewohnten Umgebung zu organisieren, wollen sich dringend erholen und gleichzeitig viel erleben – und die Kinder wissen oft auch nicht recht, wo sie hier eigentlich gelandet sind.

Spannung, **Aufregung und ein wenig Angst** (vor allem nachts in der unbekannten Unterkunft) wechseln sich ab. Rechnen Sie daher in den ersten Urlaubstagen mit Quengelei, ungewöhnlicher Anhänglichkeit, Essverweigerung und/oder Schlafproblemen Ihrer Kinder.

Machen Sie sich keine Sorgen, wenn Ihre Kinder – und auch Sie selbst – anfangs wenig Freude an der gemeinsamen Reise zu finden scheinen. Geben Sie sich ein paar Tage Zeit zum Ankommen, in denen Sie die Dinge geruhsam und ohne Zwang zu anstrengenden Aktivitäten angehen. Schon bald fühlen Sie sich an Ihrem Reiseziel angekommen und können die gemeinsame Zeit genießen.

Familienjetlag bewältigen

Entfernungen schrumpfen immer mehr zusammen. Strecken, die früher in mehreren Tagen oder Wochen bewältigt wurden, legen wir heute auf der Autobahn oder im Flieger in wenigen Stunden zurück. Wenn wir mit schnellen Verkehrsmitteln unterwegs sind, braucht der Kopf etwas Zeit, um mit der **Ortsverschiebung** klarzukommen.

Auf Langstreckenflügen kommt noch die **Zeitverschiebung** hinzu. Sie bringt uns vollends durcheinander. Der Jetlag, also die Zeit, die der Körper zur Umstellung auf die neue Zeitzone braucht, ist nicht zu vermeiden. 93 Prozent aller Menschen und auch Kinder leiden darunter. Einzig Babys bis zum Alter von etwa sechs Monaten sind ausgenommen: Sie haben noch keinen festen Tag-Nacht-Schlafrhythmus und können nicht durcheinanderkommen.

Auf Reisen nach Westen (also mit der Sonne), etwa von Europa nach Amerika, haben die meisten weniger **Probleme mit der Umstellung** als auf Reisen in Richtung Osten. Trotzdem: Für jede zeitverschobene Stunde braucht der Körper etwa einen Tag der Anpassung. Auf Reisen an die Westküste der USA, die neun Zeitzonen überspannen, sind also sechs bis neun Tage für das individuelle „Ankommen" einzuplanen. So richtig wissen können Sie im Vorhinein nie, wie Sie und Ihr Kind mit dem Jetlag zurechtkommen werden. Manche brauchen Wochen, andere fühlen sich schon nach ein paar Tagen wieder wohl.

Oft wird geraten, man solle den **Flug verschlafen**. Das ist nur sinnvoll, wenn Sie am Morgen der neuen Ortszeit ankommen. Fliegen Sie nach Westen und landen am frühen Abend, ist es besser, wenn Sie und Ihr Kind möglichst müde sind und gleich „richtig" schlafen können.

Ansonsten heißt es **wach bleiben**. Versuchen Sie es mit viel natürlichem Licht und Bewegung. Ihre Mahlzeiten sollten Sie zu den „neuen" Tageszeiten einnehmen. Quälen Sie

Ein echter Jetlag-Schlaf ist tiefer als tief

Ihr müdes Kind aber nicht. Aus einem kleinen Nickerchen wird mit ziemlicher Sicherheit ein Tiefschlaf, aus dem das Kind nicht mehr zu wecken ist. Legen Sie daher **keine wichtigen Termine** an den Urlaubsbeginn, schon gar nicht am Morgen. Alles Weitere lassen Sie am besten gelassen auf sich zukommen.

Wenn Sie wissen, dass Ihr Kind im Flugzeug nicht (viel) schlafen wird, legen Sie die Ankunftszeit möglichst auf den Abend (Ortszeit). Dann ist bald „Schlafenszeit".

Das gilt auch für die **Rückkehr nach Hause**: Wenn möglich, heben Sie sich ein paar Urlaubstage als Puffer auf, bevor Sie ins Büro und in den Kindergarten zurückkehren.

Wie Sie mit Kindern Erholung finden

Sie haben sich monatelang auf den Urlaub gefreut, aber statt der ersehnten Erholung gibt es am Urlaubsziel vor allem Zank und schlechte Laune? Beruflich oder im Alltag stark eingespannte Eltern können im Urlaub meist schlecht abschalten. Reiseberichte und Fernsehdokumentationen vermitteln die Botschaft: „Andere Familien erleben im Urlaub tolle Sachen, also müsst auch ihr eine

◀ Unsicherheit und Angst vor dem Unbekannten stehen oft am Beginn einer Reise. Was mögen die nächsten Wochen bringen?

tolle Zeit haben!" Die übertriebene Erwartungshaltung nach dem perfekten Hotel oder dem exotischsten Reiseziel führt dazu, dass man den „echten" Urlaub gar nicht mehr genießen kann und sich ständig ärgert, wenn mal etwas nicht so toll läuft.

Natürlich ist es schwer, sich auf Reisen mit Kindern zu entspannen. In der knappen Urlaubszeit hetzt man von einer Aktivität zur nächsten und ist im Endeffekt wenig erholt. Zusammen mit dem Dauerstress, unter dem vielbeschäftigte Eltern ohnehin stehen, ist das schlicht zu viel.

Typische **Urlaubswehwehchen** wie Erkältungen, Schlafstörungen oder Magen-Darm-Infekte sind die Folge. Damit Sie Ihren Urlaub nicht krank im Bett verbringen, sollten Sie schon ein paar Tage vor der Abreise mit der Entspannung beginnen: also nicht bis zur letzten Minute am Schreibtisch sitzen oder erst am Abend vor dem Abflug mit dem Packen beginnen.

Wenn Sie im Alltag lange im Büro sitzen oder kleine Kinder betreuen, brauchen Sie

Endlich Urlaub - jetzt wollen wir Action!

im Urlaub vor allem **viel Bewegung** an der frischen Luft. Dafür eignet sich Urlaub in der Natur (→ S. 202) oder am Strand (→ S. 155) am besten. **Gesunde Ernährung und genug Schlaf** brauchen nicht nur Kinder. Pizza, Pommes und Cocktails am Abend sind verlockend, sollten aber in Maßen genossen werden. Zusätzliche Aufregung wie Städte-

Kulturschock und Reisedepression

Gerade auf Fernreisen fühlt man sich in den ersten Urlaubstagen manchmal seltsam. Das Verhalten der Einheimischen erscheint unverständlich, man leidet unter Schlafstörungen und hat irgendwie gar keine Lust, hinauszugehen und das Urlaubsland zu erkunden. Diese Symptome, ausgelöst durch den Stress und die körperlichen Belastungen einer Fernreise, werden als **„Kulturschock"** bezeichnet. Er kommt **auch bei Kindern** vor, besonders wenn die Unterschiede zwischen ihrer eigenen Kultur und der des Urlaubslandes sehr groß sind, wenn es ihre erste Reise ist oder wenn Zeit- und Klimaumstellung sehr anstrengend sind.

Beobachten Sie Ihre Kinder auf Fernreisen aufmerksam und sprechen Sie viel mit ihnen über ihre Wahrnehmungen und Gefühle.

Kleinen Kindern fällt es schwer, sich mit Worten auszudrücken. Kuscheln Sie viel und begegnen Sie „anstrengenden" Verhaltensweisen wie Mäkeln, Maulen und Weinerlichkeit mit Verständnis. Gönnen Sie sich und Ihren Kindern ab und zu eine Rückversicherung: Gerichte aus der Heimat, deutsches Fernsehen im Hotel oder einen Anruf bei Oma und Opa zu Hause.

Die meisten Reisenden haben sich nach ein paar Tagen an die Umstellung gewöhnt und können die ungewohnte, fremde Kultur mit neuer Entdeckerfreude genießen. Legen sich die Probleme jedoch nicht, sondern fühlen Sie sich immer abgeschlagener und schlafen wochenlang schlecht, sollten Sie an eine **Reisedepression** denken. Diese gehört in ärztliche Behandlung.

trips in Millionenmetropolen, aber auch Extremprogramme wie Rucksacktouren oder anstrengende Hüttenwanderungen sind für gestresste Eltern und Kinder nicht das Richtige.

Alena: „Es ist jedes Jahr dasselbe. Wir rotieren bis zum Schluss auf Hochdruck, organisieren Express-Reisepässe, werfen am Abend vor der Abreise zu viele Klamotten in den Koffer und hetzen völlig gestresst zum Flughafen. Zum Glück nimmt Jaden das sportlich. Ich würde mich aber echt gern mal in Ruhe auf einen Urlaub vorbereiten und nicht in den ersten Tagen komplett geschafft am Pool liegen. Da hat der Kleine ja auch nicht viel von uns."

Vor allem heißt es: **Handy und Laptop ausschalten** oder zu Hause lassen. Alles, was mit Arbeit und Beruf zu tun hat, gehört nicht in den Urlaub. Räumen Sie vor der Abreise Ihren Schreibtisch auf, delegieren Sie Zuständigkeiten und wichtige Projekte und sorgen Sie dafür, dass am ersten Arbeitstag keine Meetings oder Abgabetermine anstehen.

Pauschalreisen oder All-inclusive-Urlaube (→ S. 185) mit Kinderbetreuung sind für Eltern, die dringend Erholung brauchen und ihren Kindern trotzdem Action bieten wollen (oder müssen), ein Segen. Statt jedes Detail selbst entscheiden, organisieren, aushandeln und besorgen zu müssen, **delegieren Sie so viel wie möglich** an Reisebüros, Veranstalter, Reiseführer vor Ort und die Hotelangestellten. Oder tun Sie sich mit einer anderen Familie zusammen (→ S. 42), so dass sich die Aufgaben auf mehrere Schultern verteilen.

Um entspannen zu können, muss sich der Körper erst einmal umstellen. Nach etwa einer Woche haben Sie sich an den anderen Tagesrhythmus gewöhnt – noch später, wenn Sie sich in einer anderen Zeit- oder Klimazone aufhalten. Das gilt auch für Ihre Kinder. Machen Sie also mindestens **zwei Wochen Ferien am Stück**. Kurztrips sind spannend und aufregend, aber Erholung bieten sie nicht.

Tricks für einen entspannten Urlaub

- gut vorbereiten, nicht erst vor Ort recherchieren
- Zeit zum „Ankommen" einkalkulieren
- nicht zu viele Aktivitäten einplanen, dafür genügend Pufferzeiten und Notfallpläne
- keine Arbeit mit in den Urlaub nehmen
- Aufgaben gleichberechtigt verteilen (auch Kleinkinder können schon mithelfen)
- Zeitinseln für die Eltern festlegen
- genug schlafen, mäßig bewegen und gesund essen
- gemeinsame Urlaubsrituale einführen und pflegen

Reisen mit Baby genießen

Die meisten Babys sind erstaunlich gute Reisepartner, solange ihre Bedürfnisse erfüllt werden. Dazu gehört, dass Sie Ihre Reise ein Stück weit nach Ihrem Baby richten: Hat es Hunger, müssen Sie es stillen – auch in einem

Die meisten Babys sind zufriedene Reisepartner

Reisebus. Ist ein großes Geschäft in der Windel, müssen Sie es wickeln – auch im Museum. Ist es müde und weint, müssen Sie es beruhigen oder einfach abwarten, bis es sich selbst beruhigt hat – auch im Flugzeug oder in einem Hotelzimmer mit dünnen Wänden.

> Maxi: „Mein Baby hat das gleiche Recht auf eine Pause zum Strampeln oder Ruhe zum Schlafen wie ich auf einen Stadtbummel oder ein Essen im Restaurant."

Stillen (→ S. 367) ist nicht nur das Beste für Ihr Kind, sondern auch praktisch für Sie. Sie können Ihr Baby jederzeit und überall füttern und gleichzeitig beruhigen. Sie sparen Gepäck, müssen sich keine Sorgen um Hygiene machen oder darum, wo Sie das gewohnte Milchpulver kaufen können.

In einer **Babytrage** oder einem Tragetuch fühlt sich Ihr Baby sicher und Sie können sofort auf seine Signale eingehen. Von oben sieht es alles aus sicherem Abstand, kann sich bei zu vielen Eindrücken selbst zurückziehen (den Kopf an Ihre Brust legen), wird optimal gewärmt oder auch gekühlt und hat immer die direkte Rückmeldung: Mama oder Papa sind da. Wichtig sind eine gute Trage (→ S. 128) und eine an das Alter und Gewicht Ihres Kindes angepasste Trageweise.

Am wichtigsten für frischgebackene Eltern auf Reisen: Lassen Sie sich von dummen Kommentaren nicht irritieren. Manche Mitmenschen scheinen zu denken, dass Babys und Kleinkinder wie kleine Maschinen mit einem Knopfdruck ruhigzustellen sind, oder sie sehen Reisen mit Kindern als hochgefährliche Unternehmungen und Eltern entsprechend als rücksichtslose Egoisten an.

Wenn Sie Ihr Baby also im Flugzeug stillen, im Zug auf dem Boden wickeln oder im Museum beruhigen wollen, stellen Sie Ihre Ohren am besten auf Durchzug und summen Sie lächelnd vor sich hin.

Ein-, Durch- und Ausschlafen im Familienurlaub

Das große Angstthema vor der Reise sind für viele Eltern die Nächte: Wird das Baby in der ungewohnten Umgebung einschlafen können? Wird es so gut durchschlafen wie zu Hause? Was, wenn es die halbe Nacht schreit? Und ist es überhaupt Urlaub, wenn Ausschlafen keine Option ist?

Im Babyzelt lässt es sich gut schlafen

Richten Sie sich darauf ein, dass sich der **Schlafrhythmus** Ihres Babys (und auch älterer Kinder) zu Anfang des Urlaubs verändert. Angesichts der gewaltigen Umstellung, die eine Reise für kleine Kinder bedeutet, ist das verständlich und normal. Die vielen neuen Eindrücke verarbeiten Kinder am besten im Schlaf. Und das wiederum beeinflusst das Wohlbefinden aller Familienmitglieder. Sorgen Sie daher in den ersten Urlaubstagen für Ruhe und meiden Sie anstrengende Aktivitäten.

Sicherheit und Ruhe auf Reisen geben Alltagsroutinen mit eingespielten Ritualen beim Aufstehen, Anziehen oder Wickeln. Wenn Sie die vertrauten Handgriffe abspulen, weiß Ihr Baby, woran es ist, egal wo es sich befindet.

Es gibt einige Strategien, mit denen Sie und Ihr Kind im Urlaub genug (oder mehr) Schlaf finden können:

- **Kind lange wach bleiben lassen**: Es ist Urlaub, da können die Alltagsregeln gelockert werden. Das freut das Kind und entzerrt die stressige Zubettgeh-Situation in den ersten Urlaubstagen. In heißen Ländern ist es abends viel angenehmer draußen. Nach einigen Tagen hat sich der kindliche Tag-Nacht-Rhythmus auf das spätere Zubettgehen umgestellt und Sie werden mit etwas Glück mit einem ruhigen Morgen belohnt.

- **Kind draußen einschlafen lassen**: Babys und Kleinkinder müssen nicht pünktlich im (Reise-)Bett liegen. Sie schlafen auch im Tragetuch, im Kinderwagen oder auf einer Decke in einem ruhigen Restaurant ein. Mitunter klappt das sogar besser, weil die murmelnde Geräuschkulisse oder das Wiegen im Tuch beim Abendspaziergang sehr beruhigend sind. Und Sie müssen den Abend nicht händchenhaltend und summend im abgedunkelten Hotelzimmer verbringen.

- **Gemeinsam schlafen gehen**: Ist das Kind lange wach geblieben (siehe oben), spricht nichts dagegen, auch mal gleichzeitig mit ihm zu Bett zu gehen. Sie bekommen genug Schlaf und können das erzwungene Aufstehen am frühen Morgen vielleicht sogar genießen. Morgenstund hat im Urlaub wirklich oft Gold im Mund. So einen Sonnenaufgang am Meer sieht man nicht alle Tage.

- **Co-Sleeping**: Gemeinsam im großen Bett zu schlafen, hat viele Vorteile. Nicht zuletzt bekommen Sie selbst mehr Schlaf, weil Sie nicht jedes Mal aufstehen müssen, um Ihr Baby nachts zu versorgen. Im aufregenden Urlaub gibt die nächtliche Nähe der Eltern vielen Kindern Sicherheit, so dass es nachts von selbst weniger Störungen gibt.

- **Mittagsschlaf machen**: und zwar die Eltern! Tatsächlich ist der Mensch biologisch nicht auf nächtliches Durchschlafen, sondern auf zwei getrennte Schlafphasen programmiert. Ein gemeinsames Nickerchen am Pool oder in der Ferienwohnung rüstet Sie für kurze Nächte.

Müde Kinder schlafen auch im Restaurant

- **Ruhiges Abendprogramm:** Aufgeregte Kinder schlafen schlecht ein. Wenn Sie im Urlaub mit Ihrem Kind im großen Speisesaal des Hotels zu Abend essen, umgeben von Stimmengewirr und Geschirrklappern, womöglich im Beisein anderer Kinder, mit denen Ihres um die Tische rennt, braucht es danach eine Weile, um runterzukommen. Machen Sie nach dem Essen noch einen ruhigen Spaziergang, baden Sie Ihr Kind oder lesen Sie ihm etwas vor, am besten genauso wie zu Hause. Mit älteren Kindern lassen Sie den Urlaubstag noch einmal Revue passieren und erinnern sich gemeinsam an die schönsten Erlebnisse des Tages. Erst danach schalten Sie das Babyphone ein und schleichen sich hinaus.

Andere Länder, andere Sitten

Dass in fremden Kulturen andere Regeln gelten und ihre Wertanschauungen von den vertrauten eigenen abweichen, ist eine der wichtigsten Erkenntnisse für Kinder beim Reisen. Zeigen Sie ihnen, dass die Kinder (und Erwachsenen) in anderen Teilen der Welt anders essen, spielen oder beten, und sprechen Sie wertfrei darüber, warum das wohl so ist. So vermitteln Sie, dass fremdartige (oder befremdliche) Verhaltensweisen meistens durchaus einen Sinn haben und dass Ihre eigenen Ansichten und Traditionen nicht per se die besseren sind.

Buddhistische Segnung in Angkor Wat

Jenny: „Beim Reisen sollen unsere Kinder selbst die Erfahrung machen, dass Menschen auf der ganzen Welt zwar verschieden leben, aber dass genau diese Vielfalt wertvoll ist, weil wir alle gegenseitig voneinander lernen können."

In vielen Ländern begegnet man Reisenden mit geradezu überschwänglicher Gastfreundschaft. Familien mit Kindern werden hochgeschätzt, auf der Straße angesprochen und von „ganz normalen" Menschen nach Hause zum Essen eingeladen (jedenfalls außerhalb von Touristenzentren). Diese Wertschätzung sollten Sie zurückgeben – in Form von Respekt gegenüber den Sitten und Gebräuchen des Landes.

Praktisch, luftig und diskret genug für Frauen sind auf Reisen in islamischen Ländern lange Blusen oder Tunikas, die Sie über weiten Hosen tragen. Ein dünner Schal schützt den Kopf vor Sonne und dient gleichzeitig als Verschleierung.

Am deutlichsten wird die Kultur eines Landes in den **Kleidungsvorschriften**. In vielen Ländern ist im Alltag ordentliche, fast formelle Kleidung üblich, auch bei großer Hitze. Shirts müssen mindestens die Oberarme bedecken, Hosen und Röcke sollten bis über die Knie reichen. Auf Jeans, Bermuda-Shorts, kurze Röcke und eng anliegende Oberteile sollten Sie verzichten, wenn Sie sich außerhalb von Großstädten bewegen und besonders, wenn Sie offizielle Gebäude oder religiöse Stätten besuchen. Diese Regeln gelten bereits für Teenager.

Arne: „Unsere Vierzehnjährige war nicht dazu zu bewegen, sich im Oman ein wenig dezenter als zu Hause anzuziehen. Bis sie merkte, dass die Kinder auf der Straße mit dem Finger auf sie zeigten. Die Lektion hat gesessen. Meine Frau hatte zum Glück noch ein Paar lange Leinenhosen und eine Tunika eingepackt."

Als Nicht-Muslima müssen Sie in islamischen Ländern Ihre Haare streng genommen nicht bedecken. Sie zeigen aber Respekt vor den Einheimischen und Gläubigen, wenn Sie es trotzdem tun – und in viele Moscheen wird man Sie unbedeckt gar nicht hineinlassen.

Schwierig wird es **am Strand**. Wir Europäer sind es gewohnt, hier fast nackt zu gehen, Kleidung dient allenfalls zum Sonnenschutz. In vielen Urlaubsländern gelten die Kleidungsvorschriften aber auch am Strand ganz normal weiter. Sogar in den USA ist man überraschend prüde, nicht einmal Babys lässt man dort nackt spielen.

Wollen Sie nach Ihrem Geschmack baden, suchen Sie Strände oder Strandabschnitte, die hauptsächlich von europäischen Badegästen besucht sind. Hier sieht man Ihnen die „lockeren Sitten" nach. Direkt neben Einheimischen, die komplett bekleidet baden, sollten Sie nicht im Bikini sonnen-

Toleranz lernt man auf Reisen ganz selbstverständlich

baden – und schon gar nicht „oben ohne"! Kinder tragen dann am besten eine Badehose oder ein langes Shirt, auch im Wasser.

Beim Thema **Stillen** herrscht viel Unsicherheit unter reisenden Eltern. Generell sollten Sie in anderen Ländern möglichst nicht durch entblößte Brüste provozieren. Gegen das dezente Stillen von Babys haben aber die wenigsten Menschen etwas (→ S. 369).

Respekt vor den Anschauungen anderer sollten wir unseren Kindern beim Reisen unbedingt nahebringen. Wie sonst sollen die religiösen Konflikte jemals aufhören? Wenn Sie in anderen Ländern ein Gotteshaus besichtigen oder sogar einem Gottesdienst beiwohnen dürfen, informieren Sie sich vorher, was von Ihnen erwartet wird und was tabu ist. Zeigen Sie Respekt, auch als Andersgläubige oder als Atheisten. Diskussionen über Religion sind genauso wenig angebracht wie über Politik.

Der Innenraum von **Moscheen und Tempeln** wird immer barfuß (oder in Socken) betreten. Besucher müssen angemessen gekleidet sein. Außerhalb der Gebetszeiten können Sie sich gemütlich auf den Teppichboden setzen. Kinder dürfen in den meisten Moscheen frei herumlaufen und spielen. In einer **Synagoge** sollen Männer ihren Kopf bedecken. Anstelle einer Kippa genügt aber ein Basecap. Aus Respekt vor der jüdischen Geschichte sollten Sie christliche Kreuze beim Besuch einer Synagoge nicht offen zur Schau tragen.

In Kirchen und bei Gottesdiensten jeder Glaubensrichtung ist grundsätzlich Ruhe zu halten. Können Sie Ihre Kinder nicht davon überzeugen, sollten Sie gemeinsam den Raum verlassen. Lange, fremdartige Zeremonien sind für Kinder nicht faszinierend, sondern überfordernd und langweilig.

Als sehr respektlos gilt es in Asien, Buddha-Statuen oder Menschen (auch Kinder) am Kopf zu berühren oder mit dem Fuß oder der Fußsohle (beim Sitzen) auf sie zu zeigen. Wenn Sie als Frau einem Mönch etwas geben, sollen Sie ihn dabei nicht berühren.

Nationale und religiöse **Feiertage** beeinflussen vielerorts stark das alltägliche Leben. Wenn sämtliche Einwohner am selben Wochenende in ihre Heimatdörfer zurückfahren oder einen Monat lang tagsüber fasten, wirkt sich das unter Umständen auf Ihren Reiseablauf aus. Wenn während Ihrer Reisezeit hohe Feiertage anstehen, sollten Sie Unterkünfte und Verkehrsmittel weit im Voraus reservieren oder fest buchen, Ausflüge und Touren eventuell auf ruhigere Tage verschieben. Restaurants, Geschäfte und Museen, aber auch Behörden haben an solchen Tagen verkürzte Öffnungszeiten oder schließen ganz.

Dies vorausgeschickt, sind Feste und Feiertage eine tolle Gelegenheit, die Kultur eines Landes kennenzulernen. Ob Ramadan, Songkran oder Tet – mit offenen Augen und Herzen werden Sie sicherlich wunderbare Erlebnisse machen.

Alex: „Dass am 2. September in Vietnam Independence Day gefeiert wird, hatten wir bei der Buchung nicht gewusst. Wir merkten es aber, als wir für dieses Wochenende ein Hotel und Zugtickets brauchten. Es war fast nichts mehr zu haben! Die vielen kleinen Pioniere mit den roten Halstüchern und die riesigen Blumengestecke in DDR-Optik waren aber ein echtes Erlebnis."

Urlaubsfreundschaften schließen

Ein Freund, ein guter Freund … Obwohl Eltern im Leben kleiner Kinder die unangefochten wichtigsten Personen darstellen, sind Spielgefährten im Alltag ebenso wichtig. Den Buddelkastenfreund oder die Kindergarten-Clique für mehrere Wochen nicht sehen zu können, schmerzt kleine Kinder mitunter sehr. Finden sie am Urlaubsziel keinen **Anschluss an Gleichaltrige** oder sind schlicht keine da, heißt es Dauerbeschäftigung für die Eltern. Ansonsten droht der Urlaub sehr langweilig oder sehr anstrengend zu werden.

Seien Sie nicht beleidigt, wenn Ihr Kind Sie als Spielpartner ablehnt. Helfen Sie ihm lieber, vor Ort neue Freunde zu finden.

Gemeinsame Familienaktivitäten sollten Sie so legen, dass Ihr Kind Gelegenheit zum Spielen mit seinen neuen Freunden hat. **Nutzen Sie die frei gewordene Zeit** für sich selbst und genießen Sie die Ruhe. Bestehen Sie aber durchaus auf gemeinsame Unternehmungen und Rituale wie das Familienfrühstück, wenn Ihnen das wichtig ist.

Anne: „Wenn die Familie des neuen Spielkameraden nett ist, machen wir gern auch mal einen Ausflug zu acht. Das läuft dann ganz anders ab als gewohnt, ist aber spannend!"

Ein Zaubertrick und ein Lachen verbinden Welten

Kleine Kinder eignen sich **Fremdsprachen** rein intuitiv an (→ S. 101). Schnell verstehen sie die Grundzüge einer Fremdsprache, auch wenn sie sich noch nicht selbst darin ausdrücken können. Selbst wenn Ihr Kind nur Deutsch spricht, ist es daher durchaus möglich, dass es die einheimischen Kinder versteht. Zum Spielen brauchen kleine Kinder sowieso nicht viele Worte: Trampolin springen, Sandkuchen backen oder „Himmel und Hölle" funktionieren auch, ohne zu sprechen. Erst ab dem Schuleintritt bekommt

Ab dem Kindergartenalter sind Kinder meist recht offen und finden schnell Anschluss an **Spielpartner** im ungefähr gleichen Alter. Am leichtesten fällt ihnen das auf dem Campingplatz, in einem Familienhotel oder einer Ferienhaus-Siedlung. Ferien auf einer einsamen Alm oder im Wohnmobil, mit dem Sie jeden Tag woanders stehen, eignen sich dagegen eher für Geschwister, die gut miteinander auskommen, oder Kinder unter vier Jahren, die noch vor allem auf ihre Eltern bezogen sind. Ältere Kinder sind traurig, wenn sie auf Rundreisen immer wieder gezwungen werden, neu gefundene Freunde zurückzulassen.

Übersetzungshilfe für den „Erstkontakt"

Deutsch	Hallo! Mein Name ist … Willst du mit mir spielen?
Englisch	Hello! My name is … Do you want to play with me?
Französisch	Salut! Je m'appelle … Veux-tu jouer avec moi?
Spanisch	¡Hola! Me llamo … ¿Quieres jugar conmigo?
Italienisch	Ciao! Il mio nome è … Vuoi giocare con me?

Kleine Kinder verstehen sich oft auch ohne Worte

Familienkrach auf Reisen vermeiden

Die Erwartung, dass die Kinder in der **Ausnahmesituation Urlaub** perfekt „funktionieren", ist utopisch. Eher das Gegenteil: Nach gehetztem Packen und einer stressigen Anreise maulen die Kinder, streiten und werden vielleicht sogar krank. Die alltäglichen Streit- und Reibungspunkte in Ihrer Familie entwickeln in einer so besonderen Zeit mit Pech ebenfalls eine zusätzliche Dynamik.

Viele berufstätige Eltern tun sich mit der **Rund-um-die-Uhr-Anwesenheit** des Partners (und der Kinder, die sonst den Tag in Kindergarten oder Schule verbringen) schwer. Vor allem, wenn die „klassischen" Rollen im Urlaub umverteilt werden, kommt das Familiengefüge ordentlich durcheinander.

Schön, dass Papa viel Zeit mit den Kindern verbringen will. Wenn er aber sonst den ganzen Tag im Büro ist, müssen sich im Urlaub Zuständigkeiten und Abläufe erst einmal neu einspielen. Und Mamas, die zu Hause das Familienleben nahezu allein organisieren, fällt es oft schwer, im Urlaub bewusst abzuschalten und das Zepter aus der

Sprache im Spiel eine stärkere Bedeutung. Dann ist Ihre Unterstützung als Übersetzer gefragt.

Ist Ihr Kind schüchtern, machen Sie ihm keine Vorwürfe und drängen Sie es nicht zur Kontaktaufnahme mit anderen Kindern. Setzen Sie sich lieber gemeinsam zum Spielen in die Nähe der anderen Kinder. Bitten Sie für Ihr Kind darum, ein Spielzeug leihen zu dürfen, oder laden Sie einen einzelnen Wunschkandidaten (vielleicht gemeinsam mit seinen Eltern) auf ein Eis ein. Helfen Sie Ihrem Kind, indem Sie es vorstellen: „Hallo! Das hier ist Anna, und wie heißt du?" Danach halten Sie sich am besten zurück.

Im Bau befindliche Kleckerburgen oder Schneemänner, aber auch Ballspiele oder Murmeln verlocken andere Kinder zum Mitmachen.

Zurückhaltende Kinder profitieren oft vom **Betreuungsprogramm** im Hotel (→ S. 311) oder auf dem Kreuzfahrtschiff (→ S. 182). Mit Hilfe der pädagogisch geschulten Betreuer knüpfen sie im Rahmen der Gruppenaktivitäten leichter Kontakt mit Unbekannten. Wollen Sie ein solches Betreuungsprogramm für Ihr Kind buchen, achten Sie darauf, ob es während Ihrer Reisezeit überhaupt angeboten wird. In der Nebensaison ist das nicht selbstverständlich.

Quatsch machen baut Spannungen ab

Wie Sie Streit im Familienurlaub vorbeugen

- eigene Wünsche äußern, Freiräume einfordern und sie auch dem Partner zugestehen
- überhöhte Erwartungen vermeiden, positiv denken und Zeit zum Eingewöhnen einplanen
- genug schlafen, eventuell Mittagsschlaf gemeinsam mit den Kindern
- ausreichend großes Urlaubsquartier buchen, um bei Regenwetter nicht aneinander zu geraten
- gewohnte Regeln im Urlaub lockern oder aussetzen (Schlafenszeiten, Süßigkeitenregeln)

Andrea: „Unsere Kinder (3 und 6 Jahre) wünschten sich als Highlight ein Picknick in den Dünen hinter dem Ferienhaus. Also kauften wir Fischbrötchen, schnappten uns die Picknickdecke und veranstalteten an einer verborgenen Stelle, die die Kinder festlegten, ein wildes Mittagessen."

Haben Sie Kinder mit großem Altersabstand oder nur ein Kind, kann es schwierig werden, gemeinsame Beschäftigungen zu finden, die allen Spaß machen. Zum Alter und Entwicklungsstand **passende Spielkameraden** sind in solchen Situationen ein Himmelsgeschenk (→ S. 352). Sie bekommen glückliche Kinder und mehr Zeit für sich, beides zentrale Faktoren für einen streitfreien Urlaub.

Ein weiteres heißes Streitthema: das **Geld**. Die meisten Familien müssen auch im Urlaub darauf achten, das Budget nicht zu überziehen. Ist dann alles teurer als gedacht, will Papa mehr ausgeben als Mama oder betteln die Kinder ständig um Eis, kommt es zu Zank und Nörgelei. Um das zu verhindern, legen Sie am besten schon zu Hause ein Tagesbudget fest und sprechen Sie darüber, wer was und wie viel kaufen und bezahlen wird.

Hand zu geben. Auch wenn es genau das ist, was sie dringend brauchen.

Geben Sie sich Zeit und sprechen Sie schon vor dem Urlaub gemeinsam darüber, was Sie von dieser Zeit erwarten und was Sie sich wünschen. Auch die Kinder können und sollten als gleichwertige Familienmitglieder in diese Gespräche einbezogen werden.

Es ist völlig in Ordnung, wenn Familienmitglieder im Urlaub auch mal etwas einzeln unternehmen, wenn die anderen darauf keine Lust haben – oder wenn sie Zeit für sich allein brauchen.

Die **Bedürfnisse Ihres Kindes** sollten zwar nicht den kompletten Urlaub bestimmen, aber ignorieren dürfen Sie sie ebenso wenig. Es ist gar nicht schwierig, Kindern einen schönen, erfüllten Urlaub zu bieten: Ermöglichen Sie Ihrem Kind viel freie Zeit zum Spielen und Entdecken, Bewegung an der frischen Luft, gemeinsame Zeit mit Ihnen und etwas Besonderes, was es zu Hause nicht gibt. Das muss kein Ausflug nach Disneyworld sein, es genügt schon ein Lagerfeuer am Strand oder ein von Ihnen geschnitzter Wanderstock.

Wenn Sie sich gegenseitig gut kennen und wissen, dass Sie vom Geldausgeben verschiedene Vorstellungen haben, dann legen Sie für große Posten wie Fallschirmsprünge oder Gucci-Handtaschen getrennte Reisekassen an (oder lassen Sie die Kreditkarte zu Hause).

Kleine Streitereien im Urlaub sind kein Weltuntergang. Reisen ist eine Herausforderung für jede Familie. Klar knirscht es da zuweilen im Getriebe. Achten Sie lieber darauf, dass Ihre Kinder auch erleben, wie man sich nach einem Streit wieder versöhnt.

Jenny: „Wer mit kleinen Kindern reist, der sollte keinen Urlaub erwarten, sondern ein Abenteuer. Ausschlafen, am Strand ein Buch lesen, gemütlich durch die Stadt bummeln – darüber kann man sich freuen, wenn es mal klappt, aber man darf es nicht erwarten."

An sich selbst denken: Romantik unterwegs

Reisen mit kleinen Kindern ist toll, aber anstrengend, da sind sich alle Eltern einig. Neben der Organisation des Urlaubsalltags, der Beaufsichtigung und Bespaßung der Kinder und dem „Urlauben" an sich kommt eine Aufgabe meist zu kurz: die **Pflege der Partnerschaft**. Dabei bietet doch gerade die Urlaubszeit Gelegenheit, ein wenig Romantik zu genießen.

Mal ehrlich – das ist doch auch mit Kindern romantisch!

Inka: „Was das Reisen als Familie so schön macht, macht es gleichzeitig auch manchmal anstrengend: Man ist einfach immer zusammen, Tag und Nacht."

Machen Sie auf jeden Fall Pläne für Ihren Urlaub. Was wollen Sie gemeinsam mit Ihrem Partner unternehmen, wie können Sie das ermöglichen? Auch wenn Ihnen spontan nichts einfällt oder Sie „einfach nur entspannen" wollen – denken Sie nach und planen Sie ein paar **besondere Momente** ein. Das kann ein Eisbecher für zwei sein, eine gemeinsame Stunde Surfunterricht oder ein schöner langer Spaziergang (mit Händchenhalten!). Wichtig ist, dass Sie etwas haben, worauf Sie sich freuen können. Ein schönes gemeinsames Erlebnis sticht aus dem Urlaubsalltag mit Kind heraus.

Karsten: „Auf unserer Kreuzfahrt haben wir den Babysitter-Service genutzt. Eine nette Jamaikanerin kam zu uns auf die Kabine. Unser Vierjähriger spricht zwar kein Englisch, hatte aber mit der Frau viel Spaß – und wir konnten wenigstens einmal eine Board Show genießen und anschließend den Sternenhimmel auf See."

Organisieren Sie schon vor der Reise eine Kinderbetreuung im Hotel (→ S. 311) oder einen Babysitter vor Ort (→ S. 315). Auch gemeinsame Reisen mit befreundeten Familien oder mit den Großeltern (→ S. 40) bieten sich an. Diese haben den Vorteil, dass sie die Sprache Ihres Kindes sprechen, was bei Babysittern im Ausland eher die Ausnahme sein dürfte.

Mit einem **Babyphone** (oder einer Babyphone-App, siehe → S. 137) können Sie zu zweit Restaurants oder Bars besuchen, die nahe an Ihrer Unterkunft liegen. Das sollte natürlich schon bei der Buchung bedacht werden.

Sarah-Leonie: „Als wir nach La Gomera geflogen sind, haben wir meine jüngere Schwester und eine Freundin von uns mitgenommen. Die beiden haben sich eine kleine Ferienwohnung geteilt, die direkt neben unserer lag. So haben sie uns regelmäßig unsere Tochter abgenommen und wir konnten die Zeit fantastisch nutzen."

Damit Sie auf Reisen zu dritt, viert oder fünft auch mal Zweisamkeit haben, brauchen Sie Platz. Apartments oder Suiten in Hotels oder auf Kreuzfahrtschiffen sind für viele Familien nicht erschwinglich, und im Zelt bieten die Wände der Schlafkabine leider nur Sichtschutz. Das verhindert oft jegliche Möglichkeit für mehr als ein Küsschen – und führt zu Streit und schlechter Laune, weil keiner das gut findet. Ideal für reisende Familien sind Ferienwohnungen und -häuser, wo es **separate Schlafzimmer** gibt.

Ein Problem, das Sie vielleicht von zu Hause kennen, tritt im Urlaub besonders gern auf: Die Kinder sind so aufgekratzt, dass an Schlaf nicht zu denken ist – und damit auch nicht an Zeit zu zweit. Frische Luft macht zuverlässig müde (→ S. 348). Gönnen Sie den Kindern also genug davon, und dann noch ein bisschen mehr. Wenn Sie abends Ruhe haben wollen, müssen Sie sich tagsüber mehr engagieren, als für fünf Minuten Sandburg bauen vom Liegestuhl aufzustehen.

Achten Sie auf die kulturellen Gepflogenheiten Ihres Reiseziels, wenn Sie Zärtlichkeiten mit Ihrem Partner austauschen. In muslimischen und vielen asiatischen Ländern wird es nicht gern gesehen, wenn sich Paare öffentlich küssen (→ S. 350).

Zweisamkeit besteht natürlich nicht nur aus Sex. „Harmlose" Zärtlichkeiten können und sollten Sie auch vor Ihren Kindern austauschen.

Tricks für „Zeit zu zweit" – trotz allem

- **heimlich handeln:** möglichst lautlos zur Sache kommen und die Bettdecke als Schutzschild für Notfälle benutzen
- **ablenken:** Fernseher und Computerspiele nur in Ausnahmefällen anbieten, so dass die Kinder für eine halbe (oder eine ganze) Stunde absolut gebannt sind
- **andere Örtlichkeiten nutzen:** das Badezimmer, eine Isomatte auf dem Boden des Hotelzimmers, das Auto, eine Picknickdecke ein paar Meter entfernt vom Zelt oder Ähnliches
- **gemeinsam „duschen"** und dabei das Bad abschließen; relativ unverdächtig, wenn Sie auch zu Hause immer abschließen
- **spontan Gelegenheiten nutzen** und nicht an nachher denken! Der Gedanke an den Gang zur Gemeinschaftstoilette auf dem Campingplatz im Nieselregen lässt sonst jede Lust erlöschen …

Kleine Gesten pflegen Ihre Partnerschaft ebenfalls. Genießen Sie es, wenn die Kinder beim Autofahren auf dem Rücksitz schlafen oder sich allein beschäftigen, und unterhalten Sie sich, anstatt Radio zu hören. Statt über Mittag im Hotelzimmer zu hocken, legen Sie Ihr Baby in den Kinderwagen (oder setzen Sie es in eine Babytrage) und machen Sie einen Stadtbummel. Gönnen Sie sich einen Eisbecher für zwei, während die Kinder auf dem Spielplatz nebenan toben.

Auch wenn Sie schon lange nicht mehr „allein zu zweit" waren und sich im Urlaubschaos dringend nach einer Pause sehnen: Erinnern Sie sich daran, dass Sie beide diese Kinder, die im Urlaub glücklich am Strand toben, auf dem Hotelbett hüpfen und nur auf Ihrem Arm einschlafen können, gemeinsam geschaffen haben. Und das ist doch auch ganz schön romantisch!

Umgang mit Heimweh

Ein niedergeschlagenes Kind, das Sehnsucht nach der Oma, der besten Freundin oder auch der Familienkatze hat, ist ein trauriger Anblick. Heimweh kann so stark werden, dass Kinder einen Urlaub gar nicht mehr genießen können. Die meisten sind zufrieden, solange sie ihre Eltern um sich haben, denn die sind in der Regel gleichbedeutend mit „zu Hause". Aber mit zunehmendem Alter gehen Kinder enge Bindungen zu anderen Personen ein, die dann vermisst werden (und vielleicht verreist ja auch nur ein Elternteil mit dem Kind, siehe → S. 36).

Ein **Universalmittel gegen Heimweh** gibt es nicht. Jedes Kind geht anders mit der Sehnsucht nach geliebten Personen um. Manchen genügt es, sich kurz auszuweinen, andere überkommt jeden Abend erneut das heulende Elend. Etwa zehn Prozent zeigen sehr **starke Symptome**: Sie ziehen sich zurück, bekommen Schlafstörungen, Kopf- und Bauchschmerzen und leiden unter Appetitlosigkeit, bis hin zur Depression.

„Ich will nach Hause ..."

Caroline: „Seit drei Monaten waren wir mit unseren Kindern bereits auf Reisen. Da fragte die Oma beim Weihnachtsanruf unseren Sohn (5 Jahre) ganz unbedarft, ob er denn sein Spielzeug und seine Freunde nicht vermisse. Von dem Zeitpunkt verwandelte sich unser urlaubsfroher, glücklicher Emil in ein trauriges Kind mit Heimweh."

Ist Ihr Kind im „magischen Alter" zwischen drei und vier Jahren? Dann helfen ihm vielleicht die höchst wirksamen „Heimwehtropfen" aus der Medizinflasche, die Sie idealerweise heimlich vorbereitet haben.

Einige reagieren auch untypisch, werden aggressiv und zerstörerisch.

Heimweh entsteht vor allem in unbekannten Situationen. Müdigkeit oder Stress verstärken das Empfinden noch. Je vertrauter einem Kind das Reisen an sich und das konkrete Urlaubsziel sind, desto weniger wird es von Heimweh geplagt. Sie können Ihrem Kind also durch **gute Vorbereitung** helfen (→ S. 78). Machen Sie es mit dem Reiseziel und mit der Situation des Verreisens vertraut, beziehen Sie es in die Reisevorbereitungen ein und vor allem: **Verreisen Sie viel**.

Natürlich ist es bei Heimweh-Attacken wenig hilfreich, wenn Sie selbst wehmütig an Ihr Zuhause denken.

Beschränken Sie während Ihrer Reise den Kontakt mit Daheimgebliebenen, auch wenn das grausam erscheint. Eine Oma, die dem geliebten Enkel täglich am Telefon erzählt, wie sehr sie ihn vermisst und wie traurig sie ohne ihn ist, sollten Sie von Ihrem Kind tunlichst fernhalten. Verbannen Sie Telefon, Skype und Facebook aus dem Urlaub und lassen Sie Ihr Kind stattdessen Postkarten an Oma oder den Freund schreiben oder malen. So konzentriert es sich auf die schönen Seiten Ihres Urlaubs und kann seine **Gefühle sinnvoll ausdrücken**.

Nehmen Sie die Gefühle Ihres Kindes unbedingt ernst und wischen Sie sie nicht beiseite. Trauer lässt sich weder verbieten noch ignorieren. Machen Sie aber keine allzu große Sache daraus und zeigen Sie sich zuversichtlich, dass das Heimweh bald verschwinden wird. Viel **Ablenkung** durch interessante Unternehmungen mit viel Action hilft in der Regel schnell, weil dann neue, positive Erlebnisse die negativen Gefühle überlagern. Hat Ihr Kind sein Heimweh überwunden, freuen Sie sich mit ihm und sprechen Sie darüber, mit welchen Strategien es das geschafft hat. Mit so einer schwierigen Situation selbst fertig zu werden, ist eine sehr **wichtige Erfahrung**, die Ihr Kind für das nächste Mal wappnet.

Bei Heimweh hilft Ablenkung

Kontakt halten mit der Heimat

Je länger eine Reise dauert und/oder je weiter weg sie führt, desto wichtiger wird der Kontakt mit den Daheimgebliebenen. Läuft in der Heimat alles wie gewohnt, können Sie beruhigt das Unbekannte entdecken. Mit Kindern auf Reisen wird die **Rückmeldung „Alles in Ordnung"** auch in der umgekehrten Richtung wichtig: Oma und Opa vermissen die Enkel und machen sich Sorgen um ihr Wohlergehen.

In vielen Familien kommt es deswegen leider zu hässlichen Streits. Die ältere Generation wirft den Eltern Egoismus und Wahnsinn vor, wenn sie mit dem Baby eine Flugreise machen oder mit kleinen Kindern nach Südostasien fahren. Dahinter steht oft die wenig rationale **Angst** der Großeltern (und anderer Verwandter), die Enkel könnten sie vergessen.

Sprechen Sie am besten schon vor Ihrer Reise mit den Daheimgebliebenen darüber, wie diese sich den Kontakt vorstellen und was von Ihrer Seite realistisch ist. Tägliche Anrufe oder Facebook-Updates geben Ihnen kaum Gelegenheit, Ihren Urlaub gemeinsam zu genießen. Kommen Sie zurück, haben Sie gar nichts Neues zu berichten.

„Liebe Oma! Mir geht es gut ..."

 Schenken Sie den Großeltern vor der Reise ein Tablet PC, damit sie mit Ihnen skypen können – oder lassen Sie sich umgekehrt zu diesem Zweck eines von den Großeltern schenken.

Immer mehr ältere Menschen sind online unterwegs und kommunizieren per **SMS und E-Mail** mit ihren Kindern und Enkeln. Beim Skypen kann man den Gesprächspartner nicht nur hören, sondern über eine Webcam am PC oder Laptop auch sehen. Daher eignet es sich perfekt für „Gespräche" mit sehr kleinen Kindern. Sie können noch nicht telefonieren und vielleicht noch nicht einmal sprechen, zeigen aber stolz ihr neuestes Gemälde oder präsentieren die schlimme Blutwunde. Auch Großeltern, die schwer hören, erleichtert Skype den Kontakt: Ein Lächeln und ein Winken vom anderen Ende der Welt sagen genug.

Sollen die Rückmeldungen von unterwegs „live" erfolgen, instruieren Sie die Daheimgebliebenen, damit sie nicht durch unbedachte Fragen eine Heimweh-Attacke bei Ihren Kindern auslösen (→ S. 356).

Wollen Sie mit vielen Personen gleichzeitig Kontakt halten, ist ein **Reiseblog** empfehlenswert. Dann müssen Sie Ihre Geschichten nur einmal erzählen oder aufschreiben und haben gleichzeitig ein tolles Reisetagebuch. Das Aufsetzen ist über Portale wie www.blogger.de sehr einfach, die Netz-Öffentlichkeit kann per Passwortzugang ausgeschlossen werden.

 Egal, wie Sie miteinander Kontakt halten wollen: Suchen Sie einen Kompromiss, der für beide Seiten in Ordnung ist, und halten Sie sich auf der Reise daran.

Reiseerinnerungen festhalten

Die beste Methode, um die großen und kleinen Erlebnisse des Urlaubs zu konservieren, sind nicht etwa **Fotos** (→ S. 147). Die Kamera kann zwar Landschaften und Momente im Urlaub festhalten, aber viele kleine Zwischendurch-Erlebnisse sind schneller vorbei, als man auf den Auslöser drücken kann. Noch mehr sind überhaupt nicht fotografierbar.

Ein **Reisetagebuch** klingt nach viel Aufwand für einen „ganz normalen Urlaub". Jeden Abend die Erlebnisse des Tages zu protokollieren, darauf hat man wenig Lust, wenn man sich erholen will. Die Vorteile sind allerdings besonders bei längeren Reisen groß: Man geht den Tag im Rückblick noch einmal durch und behält so nicht das Geschrei beim Zubettgehen als Erinnerung, sondern die schönsten Momente des Tages. Außerdem halten Sie Ortsnamen, Daten, Preise und andere Fakten fest, die sonst schnell vergessen werden – sehr praktisch, wenn man später etwas nachschlagen oder auch ein Hotel erneut buchen will. Wenn dann noch der Partner seine Sicht der Dinge ebenfalls notiert und die Kinder ihre Eindrücke als kleine Bilder oder erste Schreibübungen festhalten, haben Sie zusammen mit den besten Fotos ein schönes Urlaubsalbum.

Wer sich vor dem vielen Schreiben scheut, kann wenigstens ein **Minuten-Tagebuch** führen: Notieren Sie jeden Abend ein, zwei besonders schöne oder sonstwie erinnernswerte Momente mit Ihrem Kind. Kurze Stichpunkte genügen. Beim Durchlesen fällt Ihnen das „Drumherum" dann wie von selbst ein.

Tolle Dinge erleben …

… und festhalten

Eine witzige Ergänzung des Reisetagebuchs sind Top-Ten-Listen des Urlaubs: die häufigsten Ohrwürmer, die witzigsten Sprüche oder Ihre persönlichen Lieblingsorte.

Eine hervorragende Idee für Urlaubserinnerungen „zum Anfassen" sind **Andenken**. Nein, keine überteuerten Souvenirs oder gefälschte Kunstobjekte. Kaufen Sie unterwegs in „normalen" Geschäften Spielzeug, T-Shirts oder auch Haushaltwaren, die Sie im Ferienhaus brauchen. Die Waschschüssel aus Frankreich, die Puppe aus Italien oder das T-Shirt aus Australien sind schon unterwegs praktisch und werden Sie noch für lange Zeit an Ihren Urlaub erinnern.

Raja: *„In jedem Urlaub darf sich Jason ein Spielzeugauto aussuchen. Er hat bereits ein Mini-Cable-Car aus San Francisco, einen Pickup mit Surfboard aus Hawaii, einen Safari-Jeep aus Südafrika und ein Matchbox-Wohnmobil aus Neuseeland."*

Sicherheit am Urlaubsziel

Gegen Vulkanausbrüche, politische Unruhen oder Turbulenzen beim Fliegen können Sie nicht viel tun. Es gibt aber einige Dinge, mit denen Sie für die größtmögliche Sicherheit Ihrer Familie auf Reisen sorgen können. Das beginnt mit der **Auswahl des Reiseziels** (→ S. 26).

Auf der Website des Auswärtigen Amts finden Sie für jedes Land der Erde alle nötigen Informationen, um zu entscheiden, ob eine Reise zum aktuellen Zeitpunkt eine gute Idee ist. Lesen Sie diese Informationen richtig: Wenn Sie einen Strandurlaub im All-inclusive-Resort planen, müssen Sie sich keine Sorgen über Streiks in der Landeshauptstadt oder Krankheitsausbrüche bei den Einheimischen auf dem Land machen.

Wohlbehalten und unversehrt reisen

Als Familie mit Kindern reisen Sie in nahezu jedem Land mit Sonderstatus. Besonders in Entwicklungsländern abseits der Touristenroute werden Sie auf viel **Gastfreundschaft, Kinderliebe und Respekt** vor Ihrer Leistung als Eltern treffen.

Die Gefahr, bestohlen zu werden, besteht allerdings trotzdem. Im Reisealltag mit kleinen Kindern ist man oft abgelenkt – eine ideale Gelegenheit für **Taschendiebe**. Verteilen Sie daher Geld und Reisedokumente auf mehrere Personen und tragen Sie alles möglichst direkt am Leib (oder unter den Kleidern). Wertvolle Kameras oder Schmuck lassen Sie besser im Rucksack oder gleich in der Unterkunft (im Hotelsafe oder gesichert mit einem Diebstahlschutz im Zimmer). Rucksäcke und Taschen sollten Sie nie unbeaufsichtigt stehen lassen, auch nicht „mal schnell", um mit dem Kind auf die Toilette zu gehen.

Es hilft, wenn Sie Ihre Taschen und Koffer so bunt und auffällig wie möglich kaufen. Diebe bevorzugen unauffällige Beute. Haben Sie einen Buggy oder Kinderwagen dabei, wählen Sie ein möglichst günstiges Modell, um das es nicht allzu „schade" ist. Hängen Sie Ihre Handtasche oder andere wichtige Gegenstände nicht an den Schiebegriff und legen Sie auch nichts im Gepäcknetz ab.

Wo genau sind nochmal Mama und Papa?

Kredit- und Girokarten sind bei Verlust oder Diebstahl mit einem Anruf bei der Bank gesperrt. Alle Abhebungen, die danach noch vorgenommen werden, muss die Bank Ihnen ersetzen. Bei Kreditkarten ist die Haftungssumme begrenzt. Sie sind darüber hinaus schnell ersetzt und können sogar ins Urlaubsland zugestellt werden, wenn Sie noch einige Tage oder Wochen dort sind.

Nehmen Sie immer mindestens zwei Kredit- und/oder Maestro-Karten von verschiedenen Banken mit in den Urlaub.

Über die universelle Notfallnummer (+49) 116 116 können Sie alle Kreditkarten und die meisten Giro-Karten sperren lassen. Dazu müssen Sie die Kartennummer und das Gültigkeitsdatum der Karte angeben können.

Zum Weiterlesen bei KidsAway.de:
„Bargeld, Kreditkarte oder Reisechecks? Der richtige Mix macht's"

 Suchbegriff: „Kreditkarten"

Speichern Sie vor Reisebeginn die wichtigsten Daten auf einem USB-Stick oder online in einer Cloud, damit Sie im Notfall darauf zugreifen können. Auch Kopien von Reisepässen, Flugtickets und Vouchern können Sie so sichern. **Smartphones, Tablets** und andere Gadgets sollten Sie immer mit PIN-Nummer und Passwort schützen. Geben Sie in **Internetcafés** keine Passwörter, PINs oder Kreditkartennummern an Computern ein.

Mit der Android-App „Plan B" von Lookout Security lassen sich gestohlene oder verlorene Smartphones orten, solange die SIM-Karte nicht entfernt wurde. Die App kann auch noch nach dem Verlust an einem PC heruntergeladen werden.

Mit einer gut ausgestatteten Reise-Apotheke (→ S. 84) und einem kompletten Impfstatus (→ S. 81) tun Sie schon einiges für Ihre **Gesundheit** und die Ihrer Kinder. Dazu kommen **elementare Verhaltensregeln**: Auch zu Hause waschen Sie sich bestimmt vor dem Essen und nach dem Toilettengang die Hände, essen kein ungewaschenes Obst oder rohes Gemüse und so weiter. Diese Vorsichtsmaßnahmen gelten auch für Hotelbuffets und Restaurants. Von Garküchen oder Imbissständen am Straßenrand können Sie beruhigt Essen für Ihre Familie kaufen, wenn diese gut frequentiert sind, vor allem von Einheimischen. Dann ist die Gefahr niedrig, dass Essen lange genug liegenbleibt, um zu verderben.

Auf Reisen außerhalb Mitteleuropas sollten Sie noch vorsichtiger sein: **Trinken** Sie ausschließlich in Flaschen abgefülltes Wasser und bereiten Sie Babynahrung und -milch nur damit zu. Kleine Kinder sollten auch die Zähne nur mit Flaschenwasser putzen. Die oft geäußerte Warnung vor Eiswürfeln gilt nicht für industriell gefertigte Eiswürfel. Die erkennen Sie an der Zylinderform mit dem Loch in der Mitte.

Baden Sie nur in fließenden Gewässern oder im Meer – und auch dort nur, wenn keine Bedenken dagegen sprechen. **Tiere** sollten grundsätzlich nicht angefasst oder gestreichelt werden, egal wie süß oder interessant sie aussehen. Das muss besonders

◀ Finger weg!

kleinen Tierfreunden immer wieder eingeschärft werden. Sind Sie in Südeuropa oder Südostasien unterwegs, können streunende Hunde und Affen eine echte Gefahr darstellen, besonders für in Beißreichweite befindliche Kinder. Bewaffnen Sie sich ruhig mit einem Stock und benutzen Sie ihn, anstatt wegzulaufen!

Scheinbar süß, aber schnell fies!

„ Carina: „Eine Lektion aus unserem Thailand-Urlaub: Man sollte sich nie mit Affen anlegen! Die Biester lauern an vielen Parkplätzen vor Sehenswürdigkeiten und klauen einem Essen direkt aus der Hand. Das war nicht nur lästig, sondern auch gefährlich – Lena lernte auf die schmerzhafte Art, wie scharf Affenzähne sind. Zum Glück sind wir gegen Tollwut geimpft."

In Mitteleuropa sind Eltern es gewohnt, dass in Sachen Sicherheit andere für sie mitdenken: Unzählige Vorschriften sorgen dafür, dass Kinder vor Gefahren im Alltag geschützt sind. In vielen Ländern ist das nicht der Fall. Hier wird munter drauflos gebaut und repariert, was oft zu mangelnden **Sicherheitsvorkehrungen** führt. Auch wenn uns Urlaubsländer oft gerade deshalb so sympathisch erscheinen, weil hier nicht alles so streng reglementiert ist wie in Deutschland, kann diese „Do it yourself"-Mentalität zu gefährlichem Pfusch und schlimmen Unfällen führen.

Seien Sie daher immer wachsam: Schauen Sie in der Unterkunft nach ungesicherten Steckdosen und Stromleitungen, am Pool nach fehlenden Abdeckungen auf Lüftungsschächten oder Pool-Pumpen, zu großen Gitterabständen in Zäunen und so weiter (→ S.303). Lassen Sie kleine Kinder nie ganz unbeaufsichtigt spielen. Besonders **am Strand oder am Pool** (→ S. 159) gilt: Ein Erwachsener sollte immer ausdrücklich zuständig für die Kinderbewachung sein. Zu schnell verlässt man sich auf den jeweils anderen und dann ist „es" passiert.

Das größte Risiko für Verletzungen und Unfälle besteht im **Straßenverkehr**. Der kann in Entwicklungsländern mörderisch sein. Als Fußgänger sind Kinder am meisten gefährdet. Sie werden oft übersehen und verhalten sich gern unberechenbar. Sind Sie motorisiert unterwegs, informieren Sie sich schon zu Hause über die an Ihrem Urlaubsziel geltenden Verkehrsregeln. Fahren Sie defensiv und beharren Sie nicht auf Ihrem Vorfahrtsrecht. In vielen Ländern gilt das ungeschriebene Gesetz „Das größte/frechste Auto fährt zuerst." Ob Sie das Risiko eingehen, sich mit Ihrem Kind ohne Autokindersitz in ein Taxi (→ S. 276) oder auf ein „Motobike" (→ S. 293) zu setzen, müssen Sie selbst abwägen.

Wenn das Kind verloren geht

Im Gewimmel der Stadt, am Flughafen oder am Strand müssen Sie ständig darauf achten, Ihr Kind nicht zu verlieren. Teilen Sie Gepäckstücke so unter den Erwachsenen auf, dass mindestens **eine Hand pro Kind frei** ist. In der Stadt sollten kleine Kinder immer an Ihrer Hand laufen oder auf Ihren Schultern sitzen. Noch besser sitzen sie (angeschnallt) im Buggy oder in einer Babytrage.

Über grundlegende **Sicherheitsregeln** können Sie mit Ihren Kindern ab dem Kindergartenalter schon vor dem Urlaub sprechen: Am Flughafen oder am Bahnhof wird immer an der Hand gegangen, das Hotelzimmer darf nicht allein verlassen werden. Für **Notfälle** sollten Kinder so früh wie möglich ihren Namen und den ihrer Eltern, die eigene Adresse, die Handynummer der Eltern und den Namen Ihres Hotels kennen und Fremden sagen können. Als „Backup" können Sie Ihren Kindern einen Zettel mit diesen Informationen in die Jackentasche oder in den Rucksack stecken. Von auffälligen, von außen lesbaren Namensschildern raten Experten für Kindesmissbrauch ab. Fremde erschleichen sich damit eventuell den Status eines „Freundes", der den Namen kennt.

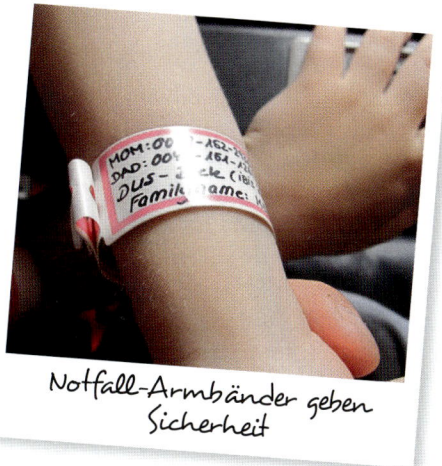

Notfall-Armbänder geben Sicherheit

Besser als die detaillierte Beschreibung eines verloren gegangenen Kindes ist ein Foto. Machen Sie vor Reiseantritt ein Foto mit der Kamera Ihres Smartphones, das Sie im Notfall Fremden zeigen können.

Ist Ihr Kind verloren gegangen, heißt es **Ruhe bewahren**. Meistens ist das Kind nur zu schnell um eine Ecke gelaufen oder irgendwo stehengeblieben und verläuft sich erst dann richtig, wenn Eltern und Kind panisch in verschiedene Richtungen losrennen.

Kleine Kinder orientieren sich am besten an **Ortsmarken**: Notfalltreffpunkt ist Ihr Kofferstapel, ein auffälliger Sonnenschirm am Strand oder eine große Palme in der Hotelhalle. Bläuen Sie Ihrem Kind ein, dass es sofort stehen bleiben muss, wenn es die Eltern nicht mehr sieht. Danach soll es sich einmal ringsum drehen und bis zehn zählen. Tauchen die Eltern bis dahin nicht wieder auf, werden sie laut gerufen, am besten mit ihren Vornamen.

Statt leise zu weinen, sollte Ihr Kind **andere Erwachsene ansprechen**: „Ich habe meine Eltern verloren, helfen Sie mir bitte!" Wen es am besten anspricht, können Sie Ihrem Kind zeigen: Menschen in Uniform oder an Schaltern und Verkäuferinnen in Geschäften sind bessere Ansprechpartner als Passanten. Gehen Sie gleich nach der Ankunft in Ihrer Unterkunft die wichtigsten Wege (zum Restaurant, zur Spielecke oder zum Pool) mit Ihrem Kind ab und zeigen Sie ihm, bei wem es sich **Hilfe holen** kann.

Schon Kindergartenkinder können von einem öffentlichen Telefon und von einem Handy den Notruf wählen. Der „Euronotruf", die 112, gilt in allen EU-Staaten, in Russland, der Türkei, Island oder Neuseeland. In den USA und Kanada wird die 112 automatisch auf die 911 umgeleitet. Anders als örtliche Notrufnummern hat die 112 im Mobilfunknetz immer Vorrang. Notfalls wird die Verbindung über ein anderes Netz gesucht und andere Gespräche werden dafür getrennt.

Auch Sie selbst sollten nach der ersten Schrecksekunde erst einmal stehen bleiben. Sehen Sie sich gründlich um und rufen Sie laut nach dem Kind. Bewegen Sie sich dann in einer größer werdenden Spirale um den Ausgangsort. Behalten Sie diesen im Auge oder lassen Sie Ihren Partner dort warten, falls das Kind Sie dort sucht. Bitten Sie Sicherheitspersonal, Verkäufer oder Passanten laut um Hilfe beim Suchen. **Geraten Sie nicht in Panik.** Kindesentführungen sind entgegen der medialen Berichterstattung nach wie vor extrem selten.

Die EU-weite kostenlose Rufnummer für vermisste Kinder ist 116 000. Vorher sollten Sie aber immer die Polizei benachrichtigen.

Essen und trinken

Für die einen ist Essen ein elementares Grundbedürfnis, das eben irgendwie befriedigt werden muss. Für die anderen bedeutet es das Entdecken von Geschmäckern und das Schwelgen in Sinneseindrücken. Sie gehören zur zweiten Gruppe? Dann sind Reisen für Sie ein Anlass, um neue Gerichte und ungewöhnliche Zutaten zu bestaunen und zu verkosten. Und sicher wünschen Sie sich, dass Ihre Kinder dabei ebenfalls Freude haben.

Statt aus Angst vor Keimen oder Ekel vor ungewohnten Zutaten nur „Continental Breakfast" zu bestellen oder überall gleich schmeckendes Fastfood zu essen, sollten Sie auch mit kleinen Kindern **exotisches Essen** ausprobieren. Die Küche eines Landes ist besonders für Kinder ein Einstiegspunkt, um die kulturellen Unterschiede zwischen den Völkern und die Besonderheiten eines Reiseziels ganz konkret zu erleben. Wer nicht probiert, weiß nicht, was er verpasst!

Vielleicht kennen Sie dieses Szenario: Zu Hause isst Ihr Kind bereitwillig exotische Speisen, im Urlaub verlangt es aber plötzlich Pizza & Co. Essen hat auch eine wichtige psychologische Funktion. Auf Reisen kann es ein Stück Heimat präsentieren. Gönnen Sie Ihrem Kind also ruhig mal „Western Food", wenn es sehr müde, aufgeregt oder von Heimweh geplagt ist.

Ihr Kind ist ein **„heikler Esser"** und verweigert unbekanntes Essen kategorisch? Sie wissen bestimmt selbst am besten, dass täglich Pommes frites und Cola keinem Kind auf Dauer bekommen. Es sollte schlichtweg keine Option sein, diese Dinge als Hauptmahlzeit zu bestellen. Greifen Sie, wenn gar nichts anderes akzeptiert wird, auf trockenes Brot, Reis oder Banane zurück. Solche Grundnahrungsmittel finden sich in der Küche jedes Landes. Sie sind weder ungesund noch übertreuert.

Schon gar nicht sollten Sie Ihr Urlaubsziel danach auswählen, ob es dort Pizza und Spaghetti gibt. Damit rauben Sie Ihrem Kind (und sich selbst) nicht nur eine ganze Bandbreite an Erlebnissen und Erfahrungen. Sie vermitteln ihm auch eine wichtige Botschaft: „Wir trauen es dir nicht zu, einer Herausforderung zu begegnen."

Ungewohntes Essen zu probieren, ist für kleine Kinder nämlich eine Herausforde-

rung. Als Gewohnheitstiere sind sie darauf programmiert, nur Vertrautes zu sich zu nehmen. Als Eltern müssen Sie hier **Vorbild** sein: Erkunden und erleben Sie das Essen in Ihrem Urlaub mit Neugier und Offenheit. Rümpfen Sie nicht die Nase bei unbekannten Zutaten. Besuchen Sie mit Ihrem Kind Märkte und bestaunen Sie die angebotenen Speisen. Zeigen Sie sich interessiert daran, was die Einheimischen kaufen und essen. Viele Händler und Imbissverkäufer freuen sich über das Interesse an ihren Waren und lassen gerade Kinder gern probieren.

Für die Mutprobe, fremde Speisen zu probieren, brauchen Kinder **geeignete Rahmenbedingungen.** Nehmen Sie sich Zeit zum Essen und verlangen Sie keine Experimente, wenn Ihr Kind sehr hungrig, erschöpft oder aufgekratzt ist. Viele Restaurants servieren für kleine Kinder bereitwillig halbe Portionen, ungewürzte Portionen oder einfache Gerichte, die nicht auf der Karte stehen. Nach ein paar Urlaubstagen haben Sie bestimmt einige „Lieblingsessen" gefunden, die Ihr Kind zuverlässig akzeptiert.

Wenn Ihr Kind ein paar Tage lang kaum etwas findet, was ihm schmeckt, wird es nicht verhungern. Achten Sie aber darauf, dass es genug trinkt. Das kann ansonsten wirklich heikel werden.

Street Food am Spieß – gar nicht „spießig"!

Sind Kinder schon von zu Hause mit der Küche eines Landes vertraut, fällt ihnen die Umstellung leichter. „Üben" Sie also schon vorher, indem Sie ab und zu indisch, thailändisch oder spanisch essen.

Andere Sitten (→ S. 350) herrschen im Ausland oft bei den **Essenszeiten.** In Südeuropa wird erst spät zu Mittag und zu Abend gegessen. Zwischen 13 Uhr und 16:30 Uhr schließen viele Restaurants. Abendessen bekommen Sie teilweise erst ab 21 Uhr. Dafür können Sie nach Mitternacht noch kleine Gerichte bestellen. Bis sich Ihre Mägen an die neuen Zeiten angepasst haben, lohnt es sich, eine Notration für den Heißhunger dabeizuhaben.

Mit kleinen Kindern oder „Mäkelfritzen", die sich mit dem Essen in Restaurants oder im Hotel schwer tun, mieten Sie besser eine **Ferienwohnung** oder ein Ferienhaus, wo Sie selbst eine Kochmöglichkeit haben. Beim gemeinsamen Einkaufen und Zubereiten sehen Kinder, woraus ihre Mahlzeiten bestehen. Sie können bei der Zubereitung mithelfen und naschen. Das nimmt ungewohnten Gerichten den ersten Schrecken. Neue Zutaten können Sie so behutsam Stück für Stück einführen. Und wenn Sie sich mit den Rezepten schwertun, besuchen Sie doch einen Kochkurs als Familien-Urlaubsaktivität!

In heißen Ländern sind Chili, Rettich und Pfeffer beliebte Zutaten zum Haltbarmachen von Speisen, die nicht gekühlt oder keimfrei gelagert werden können. Europäische Kinder sind an mild oder gar nicht gewürztes Essen gewöhnt und leiden dann echte Schmerzen.

Auf Reisen sollten Sie jedes unbekannte Gericht für Ihr Kind **vorkosten**, um ihm schlimme Erfahrungen zu ersparen – nach denen es garantiert nicht so bald wieder eine neue Speise ausprobieren wird. Stellt sich ein Gericht erst im Nachhinein als „zu scharf" heraus, neutralisieren Sie die Schärfe schnell mit Reis oder Brot. Kaltes Wasser hilft nicht!

Besonders die Kleinsten sind für neue Geschmackserlebnisse meist offen. Nutzen Sie dieses Zeitfenster, bevor die Mäkelphase beginnt.

Anstatt ein normalerweise scharfes Gericht ohne die entsprechende Würze zu bestellen, verzichten Sie lieber ganz darauf. Die Schärfe hat oft den sehr praktischen Sinn, Erreger von Durchfall und anderen Infektionskrankheiten auszuschalten. Achten Sie darauf, dass Fleisch und Fisch nur gut durchgebraten serviert werden.

Machen Sie sich keine Sorgen, wenn Ihr Kind in den ersten Urlaubstagen leichten (!) Durchfall hat. Sobald der Magen sich an die fremden Bakterien und Viren gewöhnt hat, geht es Ihrem Kind wieder gut.

Ein zweites Problem für kleine Kinder sind oft **ungewohnte Esswerkzeuge**. Mit Essstäbchen haben selbst Erwachsene Schwierigkeiten, aber auch lange Spaghetti aufzudrehen, fällt kleinen Kindern oft noch schwer. Animieren Sie Ihr Kind, es zu versuchen, so lange es Spaß dabei hat. Danach darf es einen Löffel oder die Finger benutzen oder sich von Ihnen helfen lassen. Drehen Sie als Belohnung für seine Mühen ab und zu den Spieß um und bestellen Sie Gerichte, die

Essstäbchen-Anfänger …

… und Essstäbchen-Profi!

Spielideen fürs Restaurant

für Kleinkinder:
- Rollenspiele mit der Tischdeko: aus einer Serviette ein „Gespenst" knoten und auf den Finger stecken, mit einem Kugelschreiber Gesichter auf die Fingerspitzen malen und Fingertheater spielen
- Fingerspiele: „Da hast 'nen Taler", „Das ist der Daumen"
- Hüte, Schiffe und Tiere aus Papier oder Servietten falten

ab Kindergartenalter:
- Münzen in ein Trinkglas schnipsen
- Geschichten erzählen mit vorgegebenen Begriffen oder „Story Cubes": neun Würfel mit Bildmotiven, die sich zu immer neuen Kombinationen zusammenfügen lassen
- „Abnehmen" spielen
- aus eckigen Bierdeckeln ein Kartenhaus bauen
- „Stein-Schere-Papier": Auf Kommando strecken beide Mitspieler gleichzeitig ihre Hand vor und formen das Symbol Stein (geballte Faust), Schere (Schneidebewegung mit zwei Fingern) oder Papier (flache Hand). Der Stein siegt über die Schere (die an ihm zerbricht), die Schere zerschneidet das Papier, das Papier wiederum bedeckt den Stein. Jedes Symbol hat also die gleiche Chance auf Sieg.

„legal" mit den Fingern gegessen werden. Das trifft nicht nur auf Fritten zu, sondern etwa auch auf Muscheln. Suppen werden in Asien übrigens nicht gelöffelt, sondern direkt aus der Schüssel geschlürft!

Stillen auf Reisen

Stillen Sie Ihr Baby, können Sie beruhigt mit ihm verreisen. Sie haben immer die optimal zusammengesetzte und perfekt temperierte Nahrung für Ihr Baby vorrätig und müssen sich keine Sorgen um Hygiene, schmutziges Trinkwasser oder Infektionen machen. Gleichzeitig haben Sie ein äußerst effektives Instant-Beruhigungs- und Schlafmittel für Ihr Kind dabei, was Ihr Reisegepäck um einiges reduziert.

Machen Sie sich darauf gefasst, dass Ihr Baby auf einer langen Anreise ungewöhnlich oft oder umgekehrt auch seltener nach der Brust verlangt als sonst – das ist ganz normal. Ebenfalls normal ist es, wenn Ihr Milchfluss für ein paar Tage nachzulassen scheint. Stillen ist ein Wechselspiel zwischen Mutter und Kind und funktioniert nur, wenn beide entspannt sind. Sorgen Sie schon vor der Abreise dafür, dass Sie ausgeruht starten können, fahren Sie möglichst nicht selbst und legen Sie zwischendurch mal ein Nickerchen ein. Ist Ihre Reise sehr anstrengend oder stressig, kann es zum **Milchstau** kommen. Beachten Sie diesen als Warnsignal Ihres Körpers!

Stillkinder brauchen normalerweise keine **zusätzliche Flüssigkeit**, allenfalls bei großer Hitze. Dafür benötigen Sie keine Fläschchen-

Was tun bei Milchstau im Urlaub?

Warnzeichen für einen Milchstau sind verhärtete Stellen in der Brust, gerötete Stellen, die sich warm anfühlen oder sogar Fieber, das binnen weniger Stunden sehr hoch steigen kann. Die wichtigen **Sofortmaßnahmen**: Gönnen Sie sich Ruhe und bringen Sie die gestaute Milch zum Abfließen.

Da ein Milchstau recht schnell in eine gefährliche **Brustentzündung** (Mastitis) übergehen kann, müssen Sie unverzüglich handeln. Verschieben Sie notfalls Ihre Abreise oder unterbrechen Sie die Fahrt für eine Nacht im Hotel. Dann heißt es hinlegen, viel schlafen und viel trinken. Sie brauchen jetzt Exklusivzeit mit Ihrem Baby, das trinken darf, so oft und so lange es will. Alle anderen Aufgaben übergeben Sie Ihrem Partner oder verschieben sie auf später.

Da die gestaute Brust oft so fest ist, dass das Andocken schwerfällt, müssen Sie Ihrem Baby beim Abtrinken helfen. Neben dem häufigen Wechsel der Stillposition sind am hilfreichsten **Wärme**, die die Milch vor dem Stillen zum Fließen bringt, und **Kälte**, die das gereizte Gewebe nach dem Stillen beruhigt. Bewährte **Hausmittel**, die Sie auch im Urlaub fast überall finden, sind warme Waschlappen, Speisequark (am besten nicht direkt auf die Haut, sondern auf reißfestes Küchenpapier auftragen) oder rohe Kohlblätter, die Sie kurz quetschen und direkt auf die Brust legen. Nehmen Sie ein Bad oder notfalls eine Dusche und versuchen Sie, die gestaute Milch sanft mit den Händen auszustreichen.

Hilft das alles nicht, können Sie in Apotheken eine **Milchpumpe** leihen oder kaufen. Für die kurzfristige Anwendung genügt eine mechanische Handpumpe. Bekommen Sie Fieber, das länger als einen Tag anhält, oder fühlen Sie sich sehr schlecht, suchen Sie einen Arzt auf. Eine echte Brustentzündung wird mit Schmerzmitteln und Antibiotika behandelt, damit sie nicht zu einem Abszess auswächst.

Ausrüstung. Es genügt ein sauberer Becher, aus dem Ihr Baby schlückchenweise etwas Wasser trinken kann. Ein Hinweis an die stillende Mutter: Vergessen Sie nicht, selbst ausreichend zu trinken.

Sind Sie im „Stillen on the road" noch ungeübt, testen Sie am besten vor der Reise einmal das Stillen auf einer Bank oder auf dem Rücksitz des Autos. Eine zusammengerollte Jacke dient als Stillkissenersatz. Stellen Sie ein Bein auf oder schlagen es über das andere, um Ihr Baby nicht nur mit dem Arm stützen zu müssen. Ihr Partner kann nützliche Handgriffe leisten und als Sichtschutz dienen.

Keine Experimente! Wenn Sie Ihr Baby noch hauptsächlich stillen und gerade erst mit Beikost anfangen, können Sie für einen kurzen Urlaub wieder zum **Vollstillen** übergehen. Ersparen Sie sich und Ihrem Baby Aufregung und servieren Sie den ersten Brei in aller Ruhe, wenn Sie wieder zu Hause sind.

Über das **Stillen in der Öffentlichkeit** machen sich Mütter auf Reisen viele Gedanken. Tatsächlich hat man in konservativen Ländern mit strengen Kleidervorschriften (→ S. 350) überraschend wenig dagegen, wenn Mütter ihren Babys die Brust geben. Es gehört hier zum Aufziehen von Kindern viel selbstverständlicher zum Alltag als in Mitteleuropa. Mehr Probleme könnten Sie in den USA bekommen, wo das Stillen weniger verbreitet ist und sich einige Mitbürger dadurch „morally offended" fühlen.

Jenny: „Ich stille nun schon das dritte Kind, und zwar überall dort, wo es Hunger hat. Am Strand, am Rodelberg und natürlich auch im Restaurant. Ich musste schon öfters schmunzeln, als jemand ein Gespräch mit mir anfing und erst beim Abdocken bemerkte, dass ich gestillt hatte."

Achten Sie auf Reisen generell darauf, möglichst dezent zu stillen und dabei nicht mehr Haut als nötig zu zeigen. Wenn es draußen schon kühl ist, ziehen Sie ein warmes Trägerhemd unter und schieben Sie dann nur das darüber getragene Shirt hoch. Spezielle Stilloberteile und Still-BHs machen die Prozedur einfacher.

Ist Ihnen das Entblößen Ihrer Brust in der Öffentlichkeit peinlich oder fühlen sich Ihre Sitznachbarn im Restaurant, Flugzeug oder Zug dadurch gestört, bedecken Sie Ihren Oberkörper und das Baby dezent mit einem breiten Schal, einer Mullwindel oder einem

Packliste: Stillen auf Reisen

- ☐ Stilleinlagen oder Ersatz-T-Shirt
- ☐ 2 Mullwindeln
- ☐ Stillcover
- ☐ Desinfektionsspray oder -tücher für die Hände
- ☐ Creme gegen wunde Brustwarzen (am besten Lanolin)

Die komplette Packliste finden Sie auf → S. 435.

speziellen **Stillcover**. Das (unauffällige) Anlegen braucht ein wenig Übung. Manche Frauen oder Babys kommen damit gar nicht zurecht, viele finden ein Stillcover schlichtweg überflüssig – Geschmackssache!

Fühlen Sie sich beim öffentlichen Stillen trotzdem nicht wohl oder ist es draußen einfach zu kalt, begrenzen Sie die Zahl der öffentlichen Stillmahlzeiten, so gut es geht. Füttern Sie Ihr Baby vor dem Losgehen noch einmal und legen Sie die Zeitfenster Ihrer Ausflüge auf die Schlafenszeiten Ihres Kindes. Sie können auch Milch abpumpen und in einem Fläschchen bereithalten, wenn Ihr Baby das akzeptiert.

Perfekte Orte, um Ihr Baby auf Reisen zwischendurch zu stillen

- Umkleidekabinen in Geschäften, am besten in teuren mit weichen Sesseln und mehr Platz
- im Wartezimmer von Arztpraxen, Behörden
- die Leseecken von öffentlichen Büchereien, am besten in der Kinderbuchabteilung
- das eigene Auto oder Wohnmobil
- eine abseits gelegene Parkbank oder eine Wiese mit schützenden Büschen und Bäumen
- die Strandmuschel oder der Strandkorb
- wenig besuchte Restaurants (man kann auch nach Hinterzimmern oder Separees fragen)
- neben einer Wand oder in einer Ecke – der Partner setzt sich als Sichtschutz auf die andere Seite
- stillfreundliche Cafés

Stillen am anderen Ende der Welt ...

... oder entspannt mit Aussicht auf Mallorca

Am besten legen Sie Ihr Baby schon bei den ersten Anzeichen von Durst und Hunger ganz selbstverständlich an, ohne viel Trara darum zu machen. Die meisten Mitmenschen werden davon überhaupt nichts bemerken. Anstrengend wird es erst dann, wenn das Baby aus Leibeskräften brüllt, Sie hektisch mit Tüchern und Mullwindeln hantieren oder lautstark am Tresen nachfragen, ob Sie hier stillen dürfen.

Ihr Baby hat ein Recht darauf, ernährt zu werden. Lassen Sie sich zum Stillen nicht auf die Toilette, in einen Wickelraum oder vor die Tür schicken!

Unterwegs mit Fläschchen

Auch mit **Flaschenmilch** wachsen Babys zu gesunden und glücklichen Kindern heran und auch mit einem „Flaschenkind" können Sie natürlich verreisen. Hier muss allerdings gewährleistet sein, dass das Baby unterwegs regelmäßig sein Fläschchen bekommt. Sie benötigen also eine Möglichkeit, das Milchpulver („formula") mit sauberem Wasser anzumischen, dieses vorher zu erwärmen und anschließend die Flasche zu reinigen. Auf längeren Reisen müssen Sie entscheiden, ob Sie den gesamten Milchpulvervorrat mitnehmen oder vor Ort die gewohnte Marke (oder einen Ersatz) nachkaufen können.

Flaschenmilch bereiten Sie mit abgekochtem Leitungswasser, außerhalb Mitteleuropas besser mit Flaschenwasser zu. Praktisch ist ein **transportabler Sterilisierer**, der mit UV-Licht Bakterien im Wasser abtötet. Batteriebetriebene Geräte können Sie auch beim Wandern und beim Wild-Campen einsetzen.

Ihre Flaschenmilch (und abgepumpte Muttermilch) trinken Babys am liebsten bei Körpertemperatur. Wenn Sie keinen **Fläschchenwärmer** mitnehmen wollen oder

Gute-Nacht-Flasche auf 10.000 Metern Höhe

keinen Stromanschluss haben (etwa beim Camping), füllen Sie kochendes Wasser in eine **Thermoskanne**. Mischen Sie es dann, wenn Sie es brauchen, mit der passenden Menge kalten Wassers und dem Milchpulver an (das kalte Wasser muss vorher natürlich ebenfalls für mindestens drei Minuten sprudelnd gekocht worden sein). Machen Sie vor dem Füttern den Temperaturtest auf der Innenseite des Handgelenks!

Packliste: Flasche geben auf Reisen

- ☐ 2 bis 3 Fläschchen
- ☐ 2 bis 3 Sauger in Größe 1
- ☐ Milchpulvervorrat
- ☐ Flaschenbürste
- ☐ Spülmittel oder Sterilisierer

Die komplette Packliste finden Sie auf → S. 435.

Reiseprofis raten zur **Vorratshaltung**: Selbst wenn Sie Ihre Milchpulvermarke im italienischen oder thailändischen Supermarkt entdecken, ist nicht sicher, dass dasselbe enthalten ist. Zum einen passen die Hersteller die Zusammensetzung und den „Geschmack" ihrer Produkte an die jeweiligen Länder an, in denen sie sie verkaufen. Folgemilch schmeckt in Neuseeland zum Beispiel viel süßer als in Deutschland. Zum anderen gibt es vor allem in asiatischen Ländern immer wieder Skandale, weil Babymilchpulver mit zum Teil giftigen Substanzen gestreckt wird. Riskieren Sie für Ihr Baby lieber nichts!

Beim Zubereiten von Flaschenmilch **absolute Hygiene** (→ S. 385) einzuhalten, fällt auf Reisen mitunter schwer. Werden Sie niemals nachlässig! Flaschen, Sauger und Schnuller sollten Sie wenigstens einmal täglich mindestens fünf Minuten lang in sprudelnd kochendem Wasser desinfizieren. Zwischendurch genügt es, wenn Sie die Ausstattung mit fließendem Wasser abspülen. Sind Sie nicht sicher, ob das Leitungswasser an Ihrem Urlaubsziel Trinkwasserqualität hat, nehmen Sie lieber in Flaschen abgefülltes Wasser.

Bereiten Sie Fläschchen nicht auf Vorrat zu. In der warmen Milch können sich Krankheitserreger vermehren.

Zubereitete Milch sollten Sie sofort verfüttern und Reste höchstens einen Tag lang im Kühlschrank aufbewahren. Haben Sie keine Möglichkeit zum Kühlen, werfen Sie nicht getrunkene Milch lieber gleich weg. Das gilt auch für Gemüse- und Milchbrei.

Breikost im Urlaub

Mit einem **Pürierstab**, einem Vorrat an **Getreideflocken** und einem Fläschchen **Rapsöl** sind Sie ausreichend ausgestattet, wenn Sie die Mahlzeiten für Ihr Baby **selbst kochen** wollen (und eventuell auf Fleisch verzichten). Das Gemüse bekommen Sie frisch auf dem Markt oder in der Küche Ihres Hotels. Für Babys, die stückigere Kost mögen, bestellen Sie im Restaurant einfach eine kleine Portion weichgekochte Kartoffeln, Möhren oder Ähnliches plus ein kleines Stück Butter und zerdrücken alles mit der Gabel. Viele Babys probieren auch gern „Fingerfood". Sie halten eine gekochte Möhre, ein weiches Stück Brot oder eine Nudel lieber selbst in der Hand, anstatt sich mit dem Löffel füttern zu lassen.

Beikost muss nicht satt machen. Den Hauptteil ihrer Nahrung nehmen Babys im Alter bis zu einem Jahr über die Muttermilch (oder das Milchpulver) auf.

Auch im Urlaub gibt's das gewohnte Gläschen

Vorgekochte Gläschennahrung wollen Sie eventuell aufwärmen, wenn Sie unterwegs sind. In der Ferienwohnung genügt dafür ein normaler Topf, aber es gibt auch spezielle Aufwärmer. Einige funktionieren mit heißem Wasser, die meisten aber mit Strom. Denken Sie an einen Adapter, falls die Steckdosen an Ihrem Reiseziel anders aussehen als in Mitteleuropa. Für das Auto gibt es schicke **Gläschenwärmer**, die sich per USB-Adapter in den Zigarettenanzünder einstecken lassen.

In Restaurants, im Flugzeug oder in den Küchen von Autobahnraststätten ist man meist gern bereit, Gläschen mit Babynahrung aufzuwärmen. Fragen Sie immer nach, ob man zum Aufwärmen eine **Mikrowelle** nutzt. Rühren Sie den Brei dann gründlich um, damit es keine Hitze-Inseln gibt, an denen sich Ihr Baby den Mund verbrennen kann.

Weder Brei noch Fläschchen sollten Sie Ihrem Baby im fahrenden Auto füttern!

Annina: *„Auf einer sehr langen Autofahrt ließen wir uns dazu verleiten, unserer Zweijährigen einen Babykeks zu geben. Bei einem Überholmanöver verschluckte sich Darja und lief rot an. Mein Mann ging sofort in die Eisen und mitten auf der Autobahn auf dem Randstreifen hechtete ich auf den Rücksitz, um ihr zu helfen."*

Am Strand schmeckt der Möhrenbrei auch kalt

Frisches Obst sollten Babys im Urlaub nur essen, wenn es der Regel „Cook it, peel it or forget it" („kochen, schälen oder bleiben lassen") entspricht: An der Schale können auch nach gründlichem Abwaschen noch fiese Keime kleben, die den empfindlichen Verdauungstrakt Ihres Babys nicht befallen sollten. Kochen Sie Brei selbst, achten Sie bei der Zubereitung auf sauberes Geschirr und

Es gibt keinen wichtigen Grund, warum Brei warm gegessen werden müsste. Haben Sie also kein schlechtes Gewissen, wenn Sie unterwegs kalten Brei anbieten, manche Babys mögen das gern.

Kaufen Sie statt teurer Babynahrung vor Ort frisches Obst oder Konserven-Obstbreie. Schauen Sie aber auf die Inhaltsangaben und nehmen Sie keine mit Zucker angereicherten Breie.

Packliste: Brei kochen auf Reisen

- ☐ Pürierstab
- ☐ Gemüsebrei oder Gemüse-Fleisch-Brei im Glas oder Becher
- ☐ stilles Wasser
- ☐ Gläschenwärmer
- ☐ Adapter für Steckdose

Die komplette Packliste finden Sie auf → S. 434.

eine Arbeitsfläche, auf der vorher keine rohen Zutaten geschnitten wurden.

Verschlossene **Breigläschen** aller Art sollen nicht über 30° Celsius gelagert werden. Machen Sie vor dem Öffnen immer den „Deckeltest". Ist die Deckelmitte nicht nach innen gebogen und knackt der Deckel beim Öffnen nicht, werfen Sie den Inhalt weg. Stellen Sie Ihren **Gläschenvorrat** an einen kühlen, dunklen Ort. Auch die Pulver für Brei oder Babymilch lagern Sie möglichst dunkel und trocken. Bei großer Hitze dürfen verschlossene Packungen in den Kühlschrank, geöffnete werden dann feucht und können verderben.

Nehmen Sie einen Vorrat an Gläschen mit in den Urlaub, haben Sie je nach der Länge Ihrer Reise viel Gepäck. Auf **Flugreisen** (→ S. 221) bedeutet ein Zwei-Wochen-Vorrat ordentlich Gewicht. Einige Breie gibt es in leichteren Kunststoffbechern.

Packen Sie Gläschen am besten in Hartschalenkoffer und polstern Sie sie zusätzlich aus. Der Vorrat für die ersten Urlaubstage gehört ins Handgepäck, falls Ihr Koffer nicht rechtzeitig ankommt. Eine nachvollziehbare Menge an Babynahrung für die Reise ist von den Sicherheitsvorschriften für Flüssigkeiten (→ S. 234) ausgenommen. Erkundigen Sie sich trotzdem vorher bei Ihrer Airline, wie dies aktuell gehandhabt wird.

Im **Auto** (→ S. 258) kann es im Sommer sehr warm werden. Temperaturen von über 40° Celsius sind im Kofferraum keine Seltenheit. Milchpulver und Pulver für Getreidebreie macht das nichts aus. Babynahrung mit Gemüse und Fleisch ist jedoch hitzeempfindlich. Sie sollte daher im Fahrerraum, am besten unter dem Sitz gelagert werden. In der Nacht vor der Abreise legen Sie die Gläschen in den Kühlschrank (nicht in die Kühltruhe!). Packen Sie sie dann im Auto zusammen mit einigen Kühlakkus aus der Kühltruhe in eine isolierte Tasche. Achten Sie auch hier darauf, dass die Gläschen **stoßsicher verpackt** sind.

Spartipps: Mit Kindern gesund und günstig essen

Viele Hotels haben ein Restaurant im Haus, damit ihre Gäste bequem essen können. Buchen Sie trotzdem **keine Vollpension**, es sei denn, Sie wollen sich den ganzen Tag auf dem Hotelgelände aufhalten. Bereits bezahlte Mahlzeiten können Sie sich bei Ganztagsausflügen als Lunchpaket mitgeben lassen.

Fragen Sie vorher, ob Ihr Kind für das Buffet etwas bezahlen soll. Nur selten verzehren Kinder unter sechs Jahren nennenswerte Mengen zum Frühstück.

Auch das **Frühstück im Hotel** sollten Sie nur in Anspruch nehmen, wenn es im Übernachtungspreis enthalten ist. Kaum jemand frühstückt so viel, dass sich der Preis für ein Hotelfrühstück rechnet. Erfahrungsgemäß bekommen die Kinder genau dann Riesenhunger, wenn das Buffet schließt. Ein Baguette, Joghurt und Obst können Sie auch im Supermarkt kaufen und auf dem Zimmer essen, oder Sie nehmen das Frühstück in einem Café ein.

Wendy: „Nicht in jedem Hotel kann man einen Wasserkocher leihen. Nichts ist schlimmer, als für eine Kanne Tee 15 Euro (!) bezahlen und dafür noch jedes Mal in den Frühstücksraum gehen zu müssen, wenn das Kind krank im Hotelbett liegt."

Heißhungrige Kinder können oft nicht warten, bis das Restaurant öffnet. Mit einem Tauchsieder oder **Reisewasserkocher** bereiten Sie im Hotelzimmer eine Instant-Suppe oder einen Haferbrei zu. Viele Hotels leihen Ihnen gern einen Wasserkocher, in den USA gehören diese zur Standardausstattung von Hotelzimmern.

Natürlich können Sie Ihre Mahlzeiten **auf dem Hotelzimmer** einnehmen. Das ist gerade abends mit müden Kleinkindern oder Babys zu empfehlen, die keinen Spaß daran haben, wenn sie noch in einem Restaurant „funktionieren" müssen. Clevere Eltern haben diese Option schon bei der Auswahl des Hotelzimmers im Auge und achten auf eine Essecke, eine Terrasse oder einen Couchtisch im Zimmer. Die Minibar ist ein wunderbarer **kleiner Kühlschrank**. Nutzen Sie sie für die Lagerung von unterwegs gekauften Snacks und Obst.

Frisches Obst ist immer gut

Nutzen Sie das Willkommens-Set aus Kaffeepulver, Teebeuteln und Crackern, das sich beim Beziehen des Zimmers nahezu immer findet.

Bitten Sie das Hotelpersonal, die Minibar in Ihrem Zimmer zu leeren. So kommen die Kinder nicht in die Versuchung, die enthaltenen (übeteuerten) Süßigkeiten und Softdrinks zu vernaschen, ganz zu schweigen vom Alkohol.

Wollen oder müssen Sie **im Restaurant** essen, können Sie schon bei der Wahl der Lokalität viel Geld sparen (und sicherstellen, dass das Essen schmeckt): An touristischen Hotspots sollten Sie auf keinen Fall in ein Restaurant oder Café einkehren. Generell ist das Stadtzentrum weniger zu empfehlen als kleinere Vororte, Chinatown (gibt es in vielen großen Städten) oder das Universi-

tätsviertel (hier können Sie nachfragen, ob Sie in der Mensa essen dürfen). An Wochentagen bekommen Sie in vielen Ländern **preiswerte Mittagsmenüs**, in Frankreich oder Italien sogar sehr schicke mit drei Gängen. Wollen Sie nur ab und zu schön essen gehen, dann tun Sie das am besten zu dieser Tageszeit.

Legendär ist der unvorhersagbare Appetit von Kindern im Restaurant. Bestellt man ihnen eine dringend gewünschte eigene Portion, bleibt die garantiert liegen. Bestellt man keine, wird die Mahlzeit auf dem Teller der Eltern plötzlich zum „Lieblingsessen" erkoren. Um Ärger und unnötiges Geldausgeben zu vermeiden, bestellen Sie am besten zunächst ein Gericht für sich selbst, das auch Ihren Kindern voraussichtlich schmeckt, und dazu einen Extrateller (den sogenannten **Räuberteller**). Auf dem servieren Sie Ihrem Kind seine Wunschportion oder die akzeptierten Zutaten des Gerichts. Die meisten Restaurants haben nichts gegen diese Praxis. Schmeckt das Essen Ihrem Kind tatsächlich, ordern Sie eine halbe Portion nach. **Reste** Ihrer Mahlzeit können Sie natürlich einpacken lassen und mitnehmen. Kleine Kindermägen sind schnell voll, aber ebenso schnell wieder leer.

Susann: *„Eine super Sache in Australien und Neuseeland sind die BBQ-Grills. Die stehen öffentlich im Park herum, sind picobello sauber und man muss höchstens mal 50 Cent einwerfen, um das Gas nutzen zu können (oft aber auch kostenlos). Das war eine tolle Zeit für meine Männer: morgens Steaks im Supermarkt holen, mittags zum Picknick im Park grillen. Den Grill putzen durften sie dann nachher aber auch selbst."*

Für heikle Esser bestellen Sie nur eine **Beilage**, möglichst ungewürzt. Eine Schale „plain rice", ein paar Scheiben Toast oder Pasta ohne Sauce kostet fast nichts und kann auf Wunsch mit einer Sauce von Ihrem Teller probiert werden. Auf Fleisch sollten Sie weitgehend verzichten. Als Teilzeit-Vegetarier

Hier wird doch nicht etwa gemäkelt?

Viele Gäste in einem Restaurant (oder an einem Straßenimbiss) sorgen dafür, dass die angebotenen Speisen frisch sind. Dann liegt nichts lange in der Küche herum.

Alexandra: *„In der Weinregion in Südafrika gibt es unglaublich viele ‚Gourmet-Restaurants'. Wir sind dort oft mittags fein essen gegangen, Luca machte im Buggy seinen Mittagsschlaf neben unserem Tisch. Wenn er aufwachte, bekam er natürlich sofort einen Hochstuhl und auch was Leckeres zu essen."*

Softdrinks sind ungesund, machen schon vor dem Essen satt (aber nicht für lange) und hibbelig. Stilles **Wasser** wird in vielen Restaurants automatisch mit auf den Tisch gestellt und nicht extra berechnet – nutzen Sie diese Angebote, aber nur wenn es Ihnen hygienisch vertretbar erscheint. Milch, Säfte und Shakes sind lecker, aber keine Durstlöscher. Behandeln Sie sie wie eine kleine Mahlzeit und planen Sie sie entsprechend in den Speisezettel Ihres Kindes ein.

Sie selbst können auf **Alkohol** verzichten, im Restaurant ist er wesentlich teurer als im Laden. Kaufen Sie lieber eine gute Flasche Wein, die Sie auf der Terrasse genießen, wenn Ihre Kinder eingeschlafen sind.

sparen Sie im Restaurant eine Menge Geld und gehen außerdem in puncto Hygiene auf Nummer sicher.

Meist viel teurer als die Landesküche ist „Western Food" oder **Fastfood**. Alle Kinder (und die meisten Erwachsenen) lieben Pizza und Spaghetti, aber Ihrer Reisekasse tun Sie damit keinen Gefallen. Viele Restaurants in touristischen Regionen haben sich voll auf europäische Reisende eingestellt und passen nicht nur ihre Speisen an den westlichen Geschmack an, sondern auch die Preise.

Uwe: *„Wir kaufen mittlerweile oft den schmalen Marco-Polo-Reiseführer wegen seiner Restauranttipps. Die Insidertipps da drin waren bisher wirklich gut. Liegt wohl daran, dass der typische Leser eines Marco Polo im All-inclusive-Hotel wohnt und die Tipps nicht nutzt."*

Ein gutes Zeichen: wenn die **Speisekarte** nicht auf Englisch (oder gar auf Deutsch) verfügbar ist. Ganz schlecht: Restaurants, deren Angestellte Sie schon auf der Straße abfangen und Ihnen eine mehrsprachige Speisekarte in die Hand drücken. Drehen Sie hier ganz frech den Spieß um und handeln Sie einen günstigen Gesamtpreis für Ihre Familie oder ein kostenloses Dessert aus, bevor Sie sich hinsetzen.

Steht auf den Speisekarten in Ihrem Urlaubsland „BYO", dürfen Sie selbst gekaufte alkoholische Getränke mit ins Restaurant bringen („bring your own"). Sie zahlen dann nur ein Korkgeld.

Gute und günstige **Alternativen zum Restaurant** sind „foodsquares", die Sie in größeren Einkaufspassagen finden, Take-Aways und Bars mit Tagesgerichten. Hier gibt es zwar keine Hochstühle und Kindermenüs, dafür ist die Atmosphäre entspannter. Die Kinder müssen nicht brav am Tisch sitzen und niemand schaut Sie schief an, wenn Sie sich ein Gericht zu dritt teilen oder auseinanderpflücken. Bonus: Die Portionen sind hier oft so groß, dass Sie nur eine bestellen müssen, um alle satt zu werden.

Noch günstiger ist **Selbstversorgung**. Dabei sparen Sie viel Geld und schonen Ihre Nerven. Allerdings müssen Sie Extrazeit für das Besorgen der Nahrungsmittel und das Kochen einplanen; nicht unbedingt optimal auf einem Kurztrip. Ohne Auto in einem kleinen Ferienort werden Sie kaum ein Geschäft finden, das Waren des täglichen Bedarfs zu vernünftigen Preisen verkauft. Optimal sind Supermärkte oder Wochenmärkte in Vororten großer Städte. Kaufen Sie dort nach Möglichkeit gleich für eine ganze Woche ein. Großpackungen sind insgesamt günstiger.

Am günstigsten in puncto Essen sind **Babys**: Sie essen ohnehin sehr wenig, bekommen unter Umständen noch gesunde Muttermilch und geben sich mit zerdrücktem Obst und Gemüse oder einem Kanten Brot zufrieden. Wollen Sie also beim Essen richtig sparen, sollten Sie mit Ihrem Kind verreisen, solange es noch sehr klein ist!

Reisen mit Lebensmittelallergien und Unverträglichkeiten

Reisen sind für Allergikerkinder und für Kinder mit Nahrungsmittelunverträglichkeiten oft anstrengend. Die zu Hause eingespielten Routinen müssen neu organisiert werden, bewährte Lebensmittel oder Medikamente sind woanders vielleicht nicht erhältlich. Spezialisierte Mediziner vor Ort sind nicht immer einfach zu finden.

Viele Eltern von Allergikerkindern verzichten vorsichtshalber komplett auf Auslandsreisen. Das muss nicht sein! Für ein Kind, das sowieso mit vielen Einschränkungen leben muss, ist es eine tolle Erfahrung, wenn es wie alle anderen verreisen kann (→ S. 45).

Beschäftigen Sie sich schon vor der Reise mit der **Esskultur** Ihres Urlaubslandes. Das bereitet Sie auf gängige Zutaten vor und wie man sie ersetzen könnte. Auf dem Speisezettel vieler Reiseländer finden sich viel mehr **laktosefreie Lebensmittel und vegane Gerichte** als in Mitteleuropa. Das hat kulturelle, oft aber auch ökonomische und biologische Gründe: Ein Großteil der Weltbevölkerung verträgt keinen Milchzucker. Die thailändische und indische Küche sind voll von veganen Gerichten, Pizza (ohne Käse) und Pasta sind immer laktosefrei, Sushi gibt es auch ohne Fischfüllung. Sind Sie nicht sowieso in Südeuropa oder in Asien unterwegs, besuchen Sie entsprechende Spezialitätenrestaurants oder Imbisse.

Die riesigen „All you can eat"-Buffets in Hotels und Restaurants in den USA bieten

Selbstversorger reisen spannend

> Silke: „In Australien gibt es eigentlich in jeder Kleinstadt einen Bowlingclub, Surfclub oder Kriegsveteranen-Club. Vor allem sonntags waren wir als Familie dort gern gesehene Gäste, es gab günstiges Essen und wir kamen mit einheimischen Familien ins Gespräch. In einigen Orten konnten wir sogar unsere Kinder kostenlos betreuen lassen. Alles, was wir tun mussten: am Eingang registrieren lassen und sich seinen ‚guest pass' für den Tag abholen."

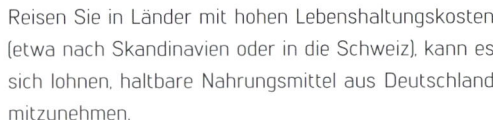 Reisen Sie in Länder mit hohen Lebenshaltungskosten (etwa nach Skandinavien oder in die Schweiz), kann es sich lohnen, haltbare Nahrungsmittel aus Deutschland mitzunehmen.

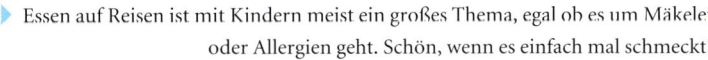 Essen auf Reisen ist mit Kindern meist ein großes Thema, egal ob es um Mäkelei oder Allergien geht. Schön, wenn es einfach mal schmeckt!

ebenfalls garantiert etwas Vegetarisches oder Veganes an. Starke Allergiker sollten hier jedoch vorsichtig sein. In **Buffets** stehen die Speisen dicht nebeneinander und es kommt schnell zur Kontamination verträglicher Nahrungsmittel mit Allergenen, wenn ein Schöpflöffel in der falschen Schüssel landet oder auch nur ein Spritzer Soße heruntertropft. Das gilt auch für die Küche an sich. Soßen und Dressings bestehen fast immer aus **Sahne, Ei oder Gluten**, wenn sie nicht sowieso als Fertigprodukt verwendet werden.

In weiten Teilen Afrikas und Asiens sind Nahrungsmittelallergien kaum bekannt und es fällt Ihnen wahrscheinlich schwer, Ihr Anliegen verständlich zu machen. **Erdnussöl oder Fischsaucen, Fertigwürzmischungen und Glutamat** gehören dort zur Landesküche. In Israel und den arabischen Staaten wird viel mit **Sesam** gekocht. Auch wenn Sie ein Gericht ohne diese Inhaltsstoffe bestellen, kann es zu Übertragungen kommen, weil das Kochgeschirr nicht sauber ausgewaschen wurde.

Süßspeisen sind, so schade das ist, für Allergiker generell nicht zu empfehlen. Fast alle enthalten mindestens ein Hauptallergen (Milch, Hühnereiweiß, Sesam oder Nüsse), manchmal in versteckter Form. Außerdem ist das Kontaminationsrisiko beim Zubereiten von Desserts und beim Backen hoch. Viele Restaurants bereiten ihre Nachspeisen nicht selbst zu, wissen also nicht, woraus sie genau bestehen.

Beatrice: „Meine Tochter muss seit vier Monaten auf Milchprodukte verzichten und wir haben gelernt, dass Fruchteis in den meisten Eisdielen wirklich nur aus Obst und Wasser besteht. Ist für uns eine tolle Alternative."

Bestellen Sie Mahlzeiten **á la carte**, besprechen Sie Ihre Wünsche offen mit dem Kellner und eventuell dem Koch. Erklären Sie genau, was Sie wollen und warum Sie keinen Milchzucker, kein Gluten oder kein Hühnereiweiß zu sich nehmen dürfen. Machen Sie unbedingt deutlich, was passieren kann, wenn Sie oder Ihr Kind allergisch reagieren.

Anstatt aufzuzählen, was Sie alles nicht essen wollen oder dürfen, ist eine **Positivliste** für das Küchenpersonal hilfreicher. Besonders wenn die Ernährung Ihres Kindes erst vor Kurzem umgestellt wurde, ist so eine Liste auch für Sie eine Erleichterung. Drucken Sie ein Repertoire an erlaubten Lebensmitteln und Tabu-Inhaltsstoffen aus und nehmen Sie die Listen griffbereit in der

Handtasche mit. Scannen Sie die Speisekarte auf Gerichte, die sich schnell umgestalten lassen, etwa indem Öl statt Butter verwendet oder das Schnitzel gegen eine zusätzliche Gemüsebeilage getauscht wird.

Sie müssen nicht betteln. Das Restaurant ist der Dienstleister, Sie sind König Kunde!

Weisen Sie Flugzeugpersonal oder Hotelangestellte immer auf die Allergie Ihres Kindes hin. Erklären Sie, worauf es mit welchen Symptomen reagiert, was Sie im Notfall tun müssen und wobei Sie Hilfe brauchen könnten. Haben Sie **Notfallmedikamente** oder einen Adrenalin-Pen dabei, lassen Sie sich die Handhabung vor einer Reise genau erklären. Besonnenes Handeln ist für Ihr Kind überlebenswichtig, wenn es einen allergischen Schock erleidet. Das Notfallset muss immer zur Hand sein, verstauen Sie es nicht im Gepäckfach!

In einem **Ferienhaus** oder einer Ferienwohnung können Sie das Essen für Ihr Kind selbst zubereiten und wissen genau über die Inhaltsstoffe Bescheid. Kaufen Sie verarbeitete Lebensmittel im Urlaubsland, lesen Sie immer die Kennzeichnung. Dafür brauchen Sie unter Umständen ein gutes Wörterbuch (gibt es auch als App, siehe → S. 144). Leider werden allergene Inhaltsstoffe nicht in allen Ländern exakt ausgewiesen. Dann kann es sicherer sein, Lebensmittel von zu Hause mitzubringen.

Sind Sie besorgt, ob die besondere Ernährung Ihres Kindes am Urlaubsort wirklich gewährleistet ist, rufen Sie Ihr Wunschhotel an und fragen Sie gezielt nach, wie man dort auf die Bedürfnisse von Allergikern eingeht. Haben Sie ein Zimmer reserviert, können Sie ein Paket mit verträglichen Lebensmitteln an Ihr Hotel vorschicken.

Welche Einkaufsmöglichkeiten es vor Ort gibt und in welchen Restaurants Sie essen könnten, sollten Sie vorab recherchieren. Wenn Sie die **Landessprache** nicht beherrschen, kann es schwierig werden, Ihre Wünsche deutlich auszudrücken. Wenigstens im Hotel sollte man also Englisch oder Deutsch sprechen. Die Inhaltsstoffe oder Lebensmittel, gegen die Ihr Kind allergisch ist, sollten Sie in der Landessprache benennen und verstehen können.

Einige **Hotels** stellen besondere Menüs speziell für Allergiker zusammen (etwa die Familotels in Deutschland, Österreich und der Schweiz) und es gibt **Reisebüros**, die auf Allergiker-Reisen spezialisiert sind. Vegane, laktosefreie und andere speziell zusammengestellte Menüs bieten auf Bestellung die meisten **Airlines** und **Kreuzfahrt-Anbieter**. Sonderwünsche beim Flugzeugessen müssen

Weblinks

Allergie-Wörterbuch des EU-Verbraucherzentrums mit 130 allergieauslösenden Lebensmitteln: www.eu-verbraucher.de/de/verbraucherthemen/reisen-in-der-eu/vor-der-reise/allergie-woerterbuch

„Chef Cards" für alle möglichen Lebensmittelallergien in vielen Sprachen, die man dem Küchenchef im Restaurant zeigen kann: www.selectwisely.com (englisch)

Buchungsportal für vegetarische Hotels weltweit: www.veggie-hotels.de

Elektronische Notfallkarten mit medizinischen Daten, Dokumenten und Kontaktinformationen, nicht nur für Allergiker: www.notfallkarte.at

Sieht toll aus, aber was ist drin in „Drachenfrucht-Eis"?

Kind eine starke Allergie, sollten Sie lieber dreimal nachfragen: vor der Buchung, beim Check-in und noch einmal direkt vor dem Abflug, bevor die Türen der Maschine geschlossen werden.

Eine Garantie auf erdnussfreie Flüge gibt es nicht! Irgendein Passagier könnte eine Erdnuss in der Tasche haben.

Die **Bahn** veröffentlicht den Speiseplan von Bordbistro und Bordrestaurant einmal im Monat neu. Daneben existiert ein Zutatenheft, das in den Zügen ausliegt und auf der Bahn-Website in der Rubrik Services als PDF heruntergeladen werden kann.

Achten Sie beim Abschluss Ihrer **Auslandsreise-Krankenversicherung** darauf, dass Sonderbehandlungen und Medikamente abgedeckt sind. Auch wenn Sie sich selbst verpflegen oder Ihrem Hotel vertrauen, kann es immer zu einer zusätzlichen Unverträglichkeit oder einer Kreuzallergie kommen. Dann braucht Ihr Kind nicht nur eine optimale medizinische Versorgung, sondern es wird eventuell ein Rücktransport notwendig.

Ihr Kinderarzt kann Ihnen eventuell einen pädiatrischen Allergologen oder ein **spezialisiertes Kinderkrankenhaus** an Ihrem Urlaubsziel empfehlen. Wenn nicht, recherchieren Sie unbedingt entsprechende Kontakte schon vor der Reise, damit Sie notfalls kompetente Hilfe bekommen.

Bitten Sie Ihren Arzt, unbekannte Inhaltsstoffe auf Kreuzallergien zu überprüfen. Er soll Ihnen außerdem ein **Attest** (am besten auf Englisch oder in der jeweiligen Landessprache) ausstellen, das die Allergie benennt, die bekannten Allergene und die Medikamente auflistet, die Ihr Kind jederzeit, auch während eines Fluges, benötigt oder benötigen könnte. Sprechen Sie die Landessprache nicht, können Sie eine **Notfallkarte** mitführen, die Ihr Anliegen in einfacher Bildsprache zeigt.

Sie spätestens 24 Stunden vor Abflug bei der Airline anmelden.

Starke Allergiker sollten das Flugzeugmenü vorsichtshalber meiden und sich selbst mit Essen versorgen. Vorgekochte Mahlzeiten kollidieren leider mit den Sicherheitsbestimmungen am Boden. Halten Sie auf jeden Fall bei der Sicherheitskontrolle Ihren **Allergikerpass** bereit und stellen Sie sich auf eine Diskussion mit dem Personal ein. Auf Nummer sicher gehen Sie mit Sandwiches und anderen möglichst wenig Flüssigkeit enthaltenden Nahrungsmitteln.

Erdnuss- oder Nussallergiker haben ein zusätzliches Problem: Viele dürfen keinen Staub einatmen, der aus einer geöffneten Nuss-Tüte aufsteigt. Da **im Flugzeug** fast immer Erdnüsse und Nüsse als Snacks serviert werden, wird das Fliegen für solche Kinder lebensgefährlich. Setzen Sie ein allergisches Kind im Flugzeug immer zwischen sich, wenn Sie mit Partner reisen. Reinigen Sie das Tischtablett mit Feuchttüchern und decken Sie den Sitz ab, um Hautkontakt mit Allergenen zu vermeiden.

Einige Fluggesellschaften servieren genau deshalb nur erdnussfreie Snacks. Andere bieten an, im näheren Umkreis Ihres Sitzplatzes keine Erdnüsse zu verteilen. Hat Ihr

Das große und das kleine Geschäft

Mit Windelkind auf Reisen

Reisen mit Wickelkindern ist anstrengend, aber einfacher als mit Töpfchen-Anfängern! Die Windel gibt Ihnen einen wertvollen Zeitpuffer. Obwohl ein Baby nicht länger als unbedingt nötig in seinem Geschäft sitzen sollte, sind fünf Minuten, in denen man einen geeigneten Platz zum Windelwechseln suchen kann, immer noch besser als ein panisches „Ich muss mal – jetzt gleich!!"

Ältere Kinder lassen sich unterwegs gut **im Stehen wickeln**. Verwenden Sie hierfür keine Höschenwindeln, damit Ihr Kind die Schuhe und Hosen anbehalten kann. Kleinere Babys können Sie auf Reisen mit dem Auto zum Beispiel auf dem Rücksitz Ihres Autos, auf dem Beifahrersitz oder auf dem Kofferraumboden von Kombis hinlegen. Wickelprofis stapeln das Gepäck so, dass nur ein Koffer herausgezogen werden muss, um schnell einen Platz zum Wickeln zu schaffen. Schützen Sie den Sitz beim Wickeln immer mit einer Unterlage. Wenn Sie sehr kleine Babys auf Ihrem Schoß wickeln, sollten Sie Ihre Kleidung ebenfalls mit einer wasserfesten Wickelunterlage abdecken.

In Verkehrsmitteln und in Städten gibt es nicht immer ausgewiesene **Gelegenheiten zum Wickeln**. Finden Sie keinen Wickeltisch, haben Sie hier nicht viel Auswahl. Kleine Babys können Sie dezent in der Wanne des Kinderwagens oder einfach auf dem Fußboden wickeln. Im Restaurant ist mit Glück der Waschtisch in der Toilette breit genug, um ein Baby abzulegen. Die Notfall-Alternative sind zwei zusammengeschobene Stühle hinter einem Tisch, auf denen das Wickeln fast unbemerkt stattfinden kann, wenn Sie geschickt sind. Bitte wickeln Sie unter keinen Umständen Ihr

Unterwegs wickeln will gelernt sein

Baby auf einem Tisch, an dem auch gegessen wird!

Eine **Wickeltasche** scheint das ultimative Gepäckstück für Babymütter zu sein, aber brauchen Sie im Urlaub wirklich eine? Sicher, in so einer Tasche ist alles, was Sie für Ihr Baby brauchen, übersichtlich und gut erreichbar verstaut. Modelle mit ausklappbarer Wickelunterlage erleichtern hygienisches Wickeln unterwegs. Viele Airlines akzeptieren Wickeltaschen als kostenfreie Zusatzgepäckstücke (→ S. 234). Einige tun das aber nicht, dann „verschwenden" Sie ein kostenfreies Handgepäckstück. Um in einer engen Toilettenkabine zu wickeln, sind die meisten Wickeltaschen ohnehin zu sperrig, und was man wirklich für den Windelwechsel braucht, bringt man auch in einem normalen Kulturbeutel unter, der zusammen mit der Wasserflasche und dem Stadtplan im (ergonomischer zu tragenden) Tagesrucksack steckt.

Sind Sie mit Wickelkindern **in warmen Ländern** im Urlaub und lässt es die Situation zu, versuchen Sie es so oft wie möglich „unten ohne". So fühlen sich Babys am wohlsten. Kleinere Vorkommnisse wischen Sie mit einem Waschlappen oder einem Papiertuch weg. Viele Kinder lernen auf diese Weise überraschend schnell, ihre eigenen Ausscheidungen zu kontrollieren. Sehr kleine Babys legen Sie auf ein dickes Moltontuch oder eine Wickelunterlage, um größere Geschäfte aufzufangen.

Annalena: „Ich nehme das Wickelzeug einfach in meiner Handtasche mit. In Rom war das meine Rettung – ein Dieb hatte im Gedränge unbemerkt meine Handtasche aufgerissen. Obenauf lagen aber nur Windeln und Feuchttücher, das Portemonnaie war darunter gut geschützt!"

Packliste: Wickeltasche

- ☐ Windeln oder Trainerhöschen (doppelter Normalbedarf)
- ☐ mehrere Einweg-Wickelunterlagen
- ☐ mehrere luftdicht verschließbare Plastiktüten
- ☐ 2 komplette Sets Wechselkleidung für das Kind
- ☐ kleines Spielzeug zum Ablenken beim Wickeln

Die komplette Packliste finden Sie auf → S. 434.

◀ Rundum perfekt – auch am Traumstrand können Eltern ihre Windelkinder wickeln.

Volle Windeln und schmutzige Reinigungstücher gehören nicht in die am Strand oder im Park bereitstehenden Papierkörbe, die sowieso meist überquellen. Lagern Sie sie in einer luftdicht verschlossenen Plastiktüte, die Sie in Ihrer Unterkunft in einer „richtigen" Mülltonne entsorgen. Natürlich dürfen Sie weder Windeln & Co. noch Fäkalien an Badestränden oder irgendwo anders vergraben.

Unterwegs mit Töpfchentrainern

Sind die Kinder schon „topffit", wird es nicht einfacher. **Öffentliche Toiletten** sind selten zu finden. Und wenn, lassen sie häufig zu wünschen übrig, sind schmutzig und stinken. Nutzen Sie sie bitte trotzdem und lassen Sie Ihre Kinder nicht „in die Natur" pinkeln oder gar das große Geschäft dort erledigen! An stark frequentierten Plätzen wie Parks, Spielplätzen oder an Raststätten haben das vor Ihnen garantiert schon hunderte andere getan, so dass von „Natur" sowieso keine Rede mehr sein kann. Finden Sie gar keine Toilette, packen Sie die Hinterlassenschaften Ihres Kindes wie Hundehalter in eine Tüte und entsorgen sie in einem Mülleimer.

Kleinere Kinder können ein tragbares Töpfchen benutzen oder in die Windel machen. Überzeugen Sie Windelfrei-Anfänger davon, für die Dauer der Reise ausnahmsweise noch mal eine Windel zu tragen, damit es nicht zu „Ich muss mal, und zwar jetzt gleich!"-Dramen kommt.

Alternativ können Sie Ihrem Kleinkind eine **Reisetoilette** anbieten. Mehrweg-Reisetöpfchen wie die „Potette plus" enthalten verschließbare Plastiktüten, die nach dem Geschäft entnommen und weggeworfen werden. Einweg-Töpfchen nehmen weniger Platz weg und werden nach erledigtem Geschäft komplett entsorgt. Das Modell „Trone" besteht aus umweltfreundlicher Pappe.

Eine Trainings-Pants fängt kleine Malheurchen auf, die Topf-Anfängern noch hin und wieder passieren, trägt aber nicht so auf wie eine vollwertige Windel.

Reise-Notfalltoiletten (Urinale) für ältere Kinder und Erwachsene enthalten eine Absorber-Substanz, die Flüssigkeiten aufsaugt und festhält. Auch hier gibt es Mehrweg- und Wegwerfmodelle in verschiedenen Konstruktionen. Einige können direkt im Auto verwendet werden, wenn es keine Möglichkeit zum Anhalten gibt. Ist die öffentliche Toilette prinzipiell akzeptabel, legen Sie trotzdem eine **WC-Sitzauflage** unter, die Kinderhände vor Bakterien schützt.

Um nicht konstant in Habachtstellung verweilen zu müssen, wenn Sie mit Ihrem Töpfchen-Anfänger im Urlaub unterwegs sind, rüsten Sie sich aus: mindestens mit reichlich **Feuchttüchern** und einem Satz **Plastiktüten**, in denen Sie ein großes Geschäft geruchssicher und diskret bis zum nächsten Mülleimer transportieren können. Eleganter, wenn auch umfangreicher, sind **transportable Töpfchen**. Geräte wie der „Carry Potty" oder die „Potette" sind zusammenklappbar und können überallhin mitgenommen werden (na gut, vielleicht nicht auf einen Stadtbummel).

Für die Nächte im Hotelbett oder in der Ferienwohnung sorgen Sie vor, indem Sie eine wasserfeste **Matratzenunterlage** verwenden. Statt knisternder Einweg-Unterlagen bieten sich waschbare Unterlagen aus atmungsaktivem Molton-Gewebe an. In warmen Urlaubsländern gerät Ihr Kind sonst schnell ins Schwitzen.

Sauber werden verträgt sich schlecht mit langen Autofahrten, bei denen Kinder festgeschnallt sitzen und im Fall des Falles längere Zeit warten müssen, bis sie endlich „lockerlassen" dürfen. Haben Sie eine lange Fahrt vor sich, legen Sie Ihrem Kind lieber eine **Notfall-Windel** an.

Die Signale des eigenen Körpers rechtzeitig wahrzunehmen und mit dem Geschäftchen zu warten, fällt vielen kleinen Kindern zunächst schwer. Noch schwieriger wird der Prozess, wenn das Kind durch die Belastungen einer Reise zusätzlich abgelenkt ist. Auch Sie als Eltern haben im Urlaub vielleicht zu viel anderes zu organisieren und zu erleben, als sich voll auf die Signale Ihres Kindes zu konzentrieren.

Machen Sie Ihrem Kind keinen Druck. Es wird dann sauber werden, wenn es soweit ist. Wenn das Töpfchentraining im Urlaub in Stress ausartet, brechen Sie es lieber ab und beginnen Sie im vertrauten Zuhause noch einmal von vorn.

Packliste: Töpfchentraining unterwegs

- ☐ transportables Töpfchen (Mehrweg oder Einweg)
- ☐ Toilettensitzauflagen
- ☐ Feuchttücher
- ☐ Trainer-Pants oder Höschenwindeln
- ☐ 2 Wechselunterhosen

Die komplette Packliste finden Sie auf → S. 434.

◂ Mit einem transportablen Reisetöpfchen sind Windelfrei-Anfänger gut beraten, wenn es keine Toiletten in der Nähe gibt. Hier ist die Aussicht beim „Geschäft" phänomenal!

Häufige Reise-Krankheiten und Wehwehchen

Dass Kinder direkt am ersten Urlaubstag krank werden, kennen viele Eltern. Meist will der kleine Organismus damit signalisieren, dass der Trubel, die vielen neuen Eindrücke und die Belastungen durch das fremde Klima und das ungewohnte Essen zu viel für ihn sind. Kinder brauchen dann einfach Ruhe, um sich selbst wieder ins Lot zu bringen.

Hat Ihr Kind länger als einen Tag lang Fieber über 39° Celsius (→ S. 167), mehr als zwei Tage lang Durchfall, klagt es über starke Schmerzen oder hat es nicht zu stillende Blutungen, dann suchen Sie unverzüglich einen Arzt auf (→ S. 396).

Die häufigsten Reise-Wehwehchen von Kindern (und Eltern) bekommen Sie aber allein in den Griff.

Karl: „Vor Fernreisen geben wir den Erzieherinnen im Kindergarten Bescheid und bitten sie, uns in der Woche vor der Abreise über ansteckende Krankheiten bei anderen Kindern zu informieren. So können wir Maja im Notfall vorbeugend zu Hause lassen, damit sie sich nicht noch kurz vor der Reise etwas einfängt."

Vorsicht mit dem Trinkwasser!

Vorbeugen: Hygiene auf Reisen

Hygiene ist im Umgang mit Babys und kleinen Kindern, deren Immunsystem noch nicht ausgereift ist, immer Pflicht. Auf Reisen bekommt sie besondere Bedeutung. Ohne sauberes Trinkwasser und bei großer Hitze haben Krankheitserreger leichtes Spiel. Mit einfachen Handgriffen und Verhaltensregeln können Sie typischen Reisekrankheiten vorbeugen.

- Hände oft und gründlich waschen (mit warmem Wasser und Seife, mindestens 20 Sekunden lang) und mit sauberem Tuch abtrocknen. Vor allem vor dem Zubereiten von Babynahrung und Mahlzeiten, vor dem Essen, nach dem Wickeln oder dem Toilettengang und nach dem Betreten der Unterkunft
- Hände des Kindes häufig und gründlich waschen. Darauf achten, dass die Hände nicht in den Mund gesteckt werden; vor allem nicht nach Boden- und Tierkontakt
- „Cook it, peel it, fry it or forget it": Gemüse und Obst vor dem Verzehr immer kochen, braten oder schälen; vor dem Schälen mindestens 30 Sekunden mit warmem Trinkwasser abwaschen
- keine Tiere streicheln, vor allem keine Wiederkäuer (diese übertragen Durchfall-Erreger), Haus- und Wildtiere (Tollwut)
- Zähne nur mit Trinkwasser putzen. Hat das Leitungswasser keine Trinkwasserqualität, Wasser aus versiegelten Flaschen benutzen
- Baby-Utensilien (Schnuller, Flaschen, Löffel) nur mit Trinkwasser oder Flaschenwasser abspülen
- wenn möglich, nur separate Toilette benutzen und deren Brille täglich reinigen
- auf fremden oder gemeinschaftlich genutzten Toiletten die Brille nicht berühren, Kleinkindern eine Toilettensitzauflage geben

Durchfall

Unter Reisedurchfall leidet ein Großteil der Urlauber wenigstens kurz. Der Organismus von Kindern wird durch die Aufregung, das ungewohnte Klima, die Zeitverschiebung und das fremde Essen besonders stark beansprucht. Die niedrigen hygienischen Standards in vielen warmen Reiseländern tun ihr Übriges dazu. Leichter Durchfall, Übelkeit und Fieber zwischen dem dritten und neunten Urlaubstag sind nicht ungewöhnlich.

Kleine Kinder geraten durch den Wasser- und Mineralienverlust im Zuge einer Durchfallerkrankung allerdings schnell in Gefahr auszutrocknen. Beugen Sie daher dem Reisedurchfall so gut wie möglich vor und achten Sie, wenn es soweit ist, auf genug Flüssigkeitszufuhr.

So beugen Sie Reisedurchfall vor:
- alle Nahrungsmittel vor dem Verzehr kochen, schälen oder gründlich abwaschen
- keine warmgehaltenen Speisen essen
- ungekühlte Lebensmittel abgedeckt lagern und vor Fliegen schützen
- Nahrungsmittel mit Milch- und Eibestandteilen wie Mayonnaise vermeiden
- nur aus versiegelten Originalflaschen trinken
- Zähne mit Wasser aus Flaschen putzen
- regelmäßig gründlich die Hände mit Seife waschen, mindestens vor dem Essen und nach der Toilette
- keine Gemeinschaftshandtücher benutzen
- Schnuller regelmäßig abspülen, abkochen und in einem verschlossenen Behälter aufbewahren
- nicht in stehenden Gewässern baden

◂ Ein Unfall ist schnell passiert, und dann ist ruhiges und richtiges Verhalten die wichtigste Maßgabe. Auch in Indien ist ein gebrochener Arm schnell versorgt.

- wenn das Kind bereits Durchfall hat: nach dem Wickeln Hände desinfizieren, um Ansteckung zu vermeiden

Behandlung von Reisedurchfall:
- bei unklaren Bauchschmerzen und leichtem Durchfall: warmer Tee und Kuscheln
- Schonkost: Zwieback oder trockenes Toastbrot, Bananen oder gekochter Reis, gekochte Möhren und *geriebener* Apfel
- keine Milch und Milchprodukte
- keine Cola (enthält statt des wichtigen Kaliums überflüssigen Zucker und Koffein), kein Wasser
- Stillbabys normal weiter stillen, Beikostkinder möglichst wieder voll stillen
- keine Nulldiät!
- nach mehr als einem Tag Durchfall: Elektrolytlösung geben, ein Glas nach jedem Durchfall

Nach mehr als zwei Tagen Durchfall, bei starken Bauchschmerzen oder hohem Fieber sollten Sie einen Arzt aufsuchen und eine Darminfektion abklären lassen.

Statt fertiger Elektrolytlösung können Sie zwei Teelöffel Traubenzucker und eine Prise Salz in eine Tasse Tee geben. Den unangenehm salzigen Geschmack kaschieren Sie mit einer halben Tasse Orangensaft.

Mike: „Am dritten Urlaubstag bekamen wir alle vier furchtbaren Durchfall, die Kinder hatten dazu noch leichtes Fieber. Wir packten uns in die Hotelbetten und ließen uns vom Personal versorgen, die das wirklich toll gemacht haben. Das Krankenhaus, das unsere Stuhlproben untersuchte, teilte uns ein paar Tage später mit, dass Salmonellen die Ursache waren – da ging es uns zum Glück aber schon wieder gut."

Erkältung

Erkältungen begleiten Kinder durch ihre ersten Lebensjahre. Zwischen Herbst und Frühling scheint ein Schnupfen in den nächsten überzugehen. Aber auch im Sommerurlaub ist eine Erkältung bei Kindern nichts Ungewöhnliches: Ist das Immunsystem durch Aufregung und die Anstrengungen einer Reise abgelenkt, haben Viren leichtes Spiel. Zugluft oder Klimaanlagen im Sommer oder kalte Füße im Winterurlaub fördern Erkältungen.

Unter einer Erkältung oder einem grippalen Infekt versteht man eine Virusinfektion der oberen Atemwege, die sich in Schnupfen und Husten äußert. Manchmal kommen Bindehautentzündung, Ohrenschmerzen, Nasennebenhöhlenentzündung oder Halsschmerzen dazu.

Davon abzugrenzen ist die Grippe, eine schwere Erkrankung mit hohem Fieber, Gliederschmerzen und generellem Krankheitsgefühl, die mindestens eine Woche Bettruhe verlangt.

Montezumas Rache lauert auf jeden Reisenden

So beugen Sie Erkältungen im Urlaub vor:
- Reisen nur mit vollkommen gesunden Kindern antreten
- Klimaanlagen vermeiden oder maximal 5° Celsius kühler als die Außentemperaturen einstellen
- in klimatisierten öffentlichen Räumen (Hotels, Shoppingcenter) warme Jacken oder Pullover anziehen, Babys Mützchen aufziehen
- beim Baden nicht bis zum Zähneklappern warten, danach gut abtrocknen und Haare fönen
- in der kalten Jahreszeit warm anziehen, Auskühlen oder Schwitzen vermeiden
- ausgewogen und vitaminreich ernähren
- viel an der frischen Luft bewegen, Zimmer nachts gut lüften

Behandlung einer Erkältung:
- Zimmer viel lüften und an die frische Luft gehen (nicht bei hohem Fieber)
- Anstrengung vermeiden (inklusive Herumtoben), viel Ruhe halten
- benutzte Papiertaschentücher sofort wegwerfen und Hände waschen
- in die Armbeuge husten und niesen, kleinen Kindern ein Taschentuch vorhalten
- oft Hände waschen
- Nasenschleimhäute mit Salzwasser befeuchten (als Nasentropfen oder -spray oder als Spülung)
- abschwellendes Nasenspray nur ein- bis zweimal täglich geben
- nicht in Gegenwart des Kindes oder im Zimmer rauchen
- **Hausmittel bei Halsschmerzen**: warmen Tee trinken, Bonbons lutschen (müssen keine Hustenbonbons sein)
- **Hausmittel bei Husten**: Ananassaft mit Honig trinken oder dunkle Schokolade essen; nachts ein nasses Tuch ans Bett hängen oder eine Schüssel Wasser ins Zimmer stellen, Klimaanlage ausschalten

Die Wirksamkeit frei verkäuflicher Hustensäfte konnte in Studien nicht bestätigt werden. Lindern Sie Reizhusten bei Ihrem Kind mit Hausmitteln. Lockerer Husten ist ein Zeichen für Besserung und sollte nicht unterdrückt werden.

Statt teures Kochsalz-Nasenspray zu kaufen, lösen Sie einen Teelöffel Salz in einem Glas abgekochtem Wasser auf. Beim Geschmackstest sollte das Wasser wie Tränen schmecken und darf in der Nase nicht beißen. Leere Pipettenflaschen bekommen Sie in der Apotheke. Notfalls kann das Salzwasser auch aus der Hand geschnupft werden.

Ein stark erkältetes Kind im Urlaub will man so schnell wie möglich nach Hause bringen. Ist dafür allerdings ein Flug nötig, sollten Sie abwägen: Der Druckabfall und -anstieg bei Start und Landung kann bei einer verstopften Nase zu sehr schlimmen Ohrenschmerzen (→ S. 390) führen. Auch eine lange Autofahrt, bei der das Kind nicht liegen kann, ist unter Umständen anstrengender, als noch ein paar Tage krank im Hotelbett zu liegen.

Hitzschlag

Bei großer Hitze schwitzen wir stärker, sind gereizt, weil jede Bewegung schwer fällt, und leiden vielleicht unter Kreislaufschwäche. Babys und kleine Kinder reagieren ähnlich, wenn es ungewöhnlich heiß ist: Oft wirken sie unzufrieden, schlafen und essen schlecht. Finden sie zu wenig Ruhe oder trinken sie zu wenig, ist das schnell gefährlich für ihren Organismus, der vollends damit beschäftigt ist, die Körpertemperatur zu regulieren.

Steigt die Körpertemperatur zu sehr an, kommt es zum Hitzschlag. Die Folge können Versagen des Herz-Kreislauf-Systems und Krampfanfälle sein, im schlimmsten Fall der Tod. Weniger gefährlich ist ein **Sonnenstich**, der durch direkte Überhitzung des Kopfes in der Sonne entsteht. Die Entzündung der Hirnhäute sorgt für starke Kopfschmerzen, Schwindel und Übelkeit.

Uff, ist das heiß!

So beugen Sie Hitzschlag und Sonnenstich vor:
- Aktivitäten auf morgens und abends legen, tagsüber Ruhe halten
- keine großen, schweren Mahlzeiten essen, tagsüber nur Kleinigkeiten und Hauptmahlzeit abends
- weite, luftige Kleidung tragen, drinnen am besten nackt bleiben
- Babys nur mit Windel oder ganz nackt schlafen lassen; kein Mützchen aufsetzen
- Stillkinder häufig anlegen, bei großer Hitze zusätzlich abgekochtes Wasser anbieten
- viele kleine Portionen über den Tag verteilt trinken; mindestens zwei Liter
- Feuchtigkeit auch über die Haut tanken (Stirn, Hals und Handgelenke oft kühlen und befeuchten)

Das richtige Quartier:
- Hotelzimmer mit Klimaanlage („Air condition") wählen (schützt außerdem vor Mücken), alternativ: Zimmer mit Deckenventilator (Schwenkventilatoren sind laut und reizen die Bindehäute)
- Klimaanlage: Temperatur in Räumen nur etwa 5° Celsius niedriger einstellen als draußen, um den Kreislauf nicht zu überlasten
- Fenster mit Vorhängen oder Markisen abdunkeln
- für Luftzug sorgen, über Wind oder einen Ventilator
- über Nacht Zimmertemperatur schrittweise auf 23° Celsius senken, morgens wieder hochregeln
- Schalen mit Wasser aufstellen oder nasse Tücher aufhängen (Vorhänge befeuchten)
- mehrmals täglich duschen oder baden: nicht eiskalt, sondern lauwarm

Unterwegs:
- immer eine breitkrempige Kopfbedeckung tragen
- keine Stadtbummel, besser im Wald oder drinnen aufhalten
- Tragebabys mit Sonnenschirm beschatten
- feuchte Tücher über den Kinderwagen hängen
- Körpertemperatur schlafender Babys und Kinder oft durch Fühlen im Nacken kontrollieren
- Autofahrten möglichst nur abends und nachts, tagsüber in Tiefgaragen oder im Schatten parken
- Klimaanlage im Auto nur etwa 5° Celsius niedriger einstellen als draußen
- nie ohne Trinkvorrat losgehen

Lassen Sie Kinder niemals allein im abgestellten Auto sitzen, wenn es draußen warm ist – auch nicht für wenige Minuten!

Nehmen Sie immer eine Sprühflasche mit und nebeln Sie sich und Ihr Kind mit fein vernebeltem Wasser ein, so oft es geht!

Empfehlenswerte Durstlöscher:
- Wasser, ungesüßter Tee
- Tomatensaft oder Bananensaft (gleichen Mineralienverlust aus)
- Eis, am besten milchfreies Fruchteis oder Sorbet
- Obst, gern gekühlt oder als Smoothie

Häufige Reise-Krankheiten und Wehwehchen

Warnzeichen für eine Dehydrierung sind Fieber, Verstopfung, dunkler Urin und Hautfalten, die sich nach dem Zusammenkneifen nicht sofort wieder legen.

Warnzeichen für einen Hitzschlag:
- Trink- oder Essverweigerung
- ungewöhnliches Verhalten (schrilles Schreien oder auffällige Gleichgültigkeit)
- kein Schweiß
- gerötete, trockene Haut
- Körpertemperatur über 41° Celsius

Erste Hilfe:
- Kind sofort in den Schatten oder in einen kühlen Raum bringen
- Körpertemperatur senken, mit kühlen Umschlägen oder Waschungen
- Notarzt rufen

Insektenstiche

Ob europäische Culex-Mücke oder asiatische Anopheles- oder Aedes-Mücke (im Englischen als „Moskito" bezeichnet), die Maßnahmen, mit denen man sich vor den kleinen Blutsaugern schützen kann, sind immer dieselben. Auch vor Stechfliegen, Sandfliegen und anderen kleinen Plagegeistern, die vor allem in Bodennähe ihr Unwesen treiben und in einigen Ländern eine echte Plage für Reisende werden können, schützen diese Tipps in Maßen.

So schützen Sie sich vor Mückenstichen:
- Aufenthalt in oder nahe Brutgebieten vermeiden (stehende Gewässer, Wiesen und Waldränder, Gartenteiche)
- bei Windstille, in der Dämmerung und nachts besonders schützen
- helle, dicht gewebte Kleidung tragen (weite, langärmelige Shirts, lange Hosen, Socken)
- in Gegenden mit vielen Mücken imprägnierte Anti-Moskito-Kleidung und Hut mit Netzschleier tragen

- unter Moskitonetz schlafen (→ S. 124)
- Insektennetze im Zelteingang und auf dem Kinderwagen verwenden
- Alternative: in kühlen Räumen schlafen (Klimaanlage)
- oft duschen (Schweißgeruch zieht Mücken an)
- draußen in Bewegung bleiben
- großflächig Insektenschutzmittel auftragen, auch unter dünner Kleidung (Sprays nicht einatmen), Anwendung oft wiederholen (→ S. 122)

Gegen echte Moskitos hilft nur die „Chemiekeule"

Mückenstiche behandeln:
- nicht kratzen
- Soforthilfe: Spucke auftragen
- über Nacht Umschläge mit Haferbrei machen
- Stiche eventuell mit Pflaster abkleben, um Aufkratzen zu vermeiden
- Stichstelle sofort nach dem Stich stark erhitzen mit Geräten wie „Eco-Click" oder „Bite Away", alternativ mit einem erhitzten Teelöffel oder einem Tropfen Wachs
- kühle Umschläge wirken nur kurz

- bei heftiger Schwellung mit starkem Juckreiz Antihistamin-Salbe auftragen (rezeptfrei erhältlich, aber apothekenpflichtig)
- Homöopathie: Staphisagria C200, Arsenicum album C200 oder Berberis vulgaris C200 gegen Juckreiz, Apis C200 gegen dicke, rote Schwellungen

Bettwanzen

Bemerken Sie nach der ersten Nacht in einer neuen Unterkunft reihenartig angeordnete Bisse an Armen, Beinen, dem Hals oder im Gesicht, die leicht anschwellen und höllisch jucken (viele Menschen zeigen aber auch gar keine Reaktion), könnte es sich um Bettwanzen handeln. Diese sind nach dem Verbot von Insektiziden leider wieder auf dem Vormarsch und kommen in den besten Häusern vor. Schauen Sie mit einer Taschenlampe unter das Bett, in Ritzen und Hohlräume. Mit Pech sehen Sie die lichtscheuen, einen bis sieben Millimeter großen Tierchen davonhuschen. Vielleicht finden Sie auch die typischen Kothäufchen.

Bestätigt sich der Verdacht, sollten Sie als erstes das Zimmer oder besser noch die Unterkunft wechseln. Dann kontrollieren Sie Ihr komplettes Gepäck auf Bettwanzen und waschen alles, was waschbar ist. Vorsicht mit Vorwürfen an Ihren Vermieter: Oft sind es die Gäste, die Wanzen-Eier oder lebende Tiere im Gepäck mitgebracht haben.

Gefährlich sind Bettwanzenbisse nicht. Nach sieben bis zehn Tagen sind sie meist verheilt – wenn man nicht kratzt.

Wenn Sie schon gebissen wurden, ziehen Sie lange Hosen an. Wenn Vermieter Ihre Beine mit den eindeutigen Bisswunden sehen, kann es sein, dass Sie kein Zimmer bekommen.

Ohrenschmerzen

Im Urlaub sind Ohrenschmerzen besonders gemein. Oft können kleine Kinder ihre Schmerzen nicht konkret benennen. Achten Sie bei weinerlichem Verhalten und Fieber darauf, ob Ihr Kind sich öfters das Ohr reibt oder eine Hand darauf drückt.

Ohrenschmerzen sitzen im Außen-, Mittel- und selten auch im Innenohr, je nachdem, wodurch sie verursacht werden. Meist sind **Bakterien, Viren und Pilze** die Schuldigen, im äußeren Bereich können Allergien oder Sonnenbrand Auslöser für Schmerzen sein. Die akute oder chronische **Mittelohrentzündung** („Otitis media") ist besonders schmerzhaft. Aber auch eine nicht erkannte **Nasennebenhöhlenentzündung** kann beim Fliegen zu starken Ohrenschmerzen führen, wenn der Druckausgleich über das verstopfte Innenohr nicht mehr möglich ist. Manchmal strahlen Schmerzen von entzündeten Zähnen, Gaumenmandeln oder der Ohrspeicheldrüse auf das Ohr aus – etwa bei Masern.

Ohne Fieber und mit erträglichen Schmerzen ist es in Ordnung, abzuwarten. Oft bessern sich Ohrenschmerzen nach einigen Tagen von selbst. Sobald Ihr Kind Fieber bekommt, sollten Sie einen Arzt aufsuchen. Entzündungen im Mittelohr können das Gehör kleiner Kinder schädigen – mit nicht abschätzbaren Langzeitwirkungen!

So beugen Sie Ohrenschmerzen vor:
- nicht mit verstopfter Nase ins Flugzeug steigen – wenn es sein muss, dann vor Start und Landung abschwellendes Nasenspray nehmen
- Ohrenstöpsel im Flugzeug verwenden; diese ermöglichen einen langsamen, kontinuierlichen Druckausgleich
- kalte Luft und Zugluft (Ventilator, offene Autofenster) meiden
- bei kaltem und windigem Wetter Mütze oder Kopftuch tragen

- bei Schnupfen dafür sorgen, dass das Nasensekret gut ablaufen kann, eventuell mit abschwellendem Nasenspray

Ohrenschmerzen behandeln:
- Zwiebel-Ohrentropfen: Saft einer rohen Zwiebel in den Gehörgang tropfen, mit einem Wattepfropf abdichten
- warme Kompresse: eine Kompresse mit angewärmtem Speiseöl tränken und hinter das Ohr legen
- Medikamente gegen Schmerzen und Fieber verabreichen (Paracetamol oder Ibuprofen); Antibiotika sind in der Regel nicht nötig

Reisekrankheit

Sie ist bekannt und gefürchtet, hat sie doch so manche Seereise (→ S.176) ruiniert und hindert viele Familien an längeren Autofahrten (→ S. 272) oder Flugreisen (→ S. 254). Babys leiden fast nie darunter, Kinder zwischen zwei und zwölf Jahren sind dafür besonders anfällig. „Leichte Fälle" fühlen sich abgeschlagen und müde, haben Kopfschmerzen und müssen viel schlucken. Wen es richtig erwischt, der leidet unter starker Übelkeit mit Erbrechen, Blutdruckabfall mit Schwindel und Kreislaufversagen oder muss hyperventilieren.

Beobachten Sie Ihr Kind unterwegs genau: Wird es blass und schluckt häufig (Kleinkinder sabbern mehr), fühlt es sich warm an und wird schläfrig, sollten Sie an Reisekrankheit denken. Unwohlsein und Kopfschmerzen sind ebenfalls Symptome von Reisekrankheit. Muss sich Ihr Kind übergeben, ist die Diagnose klar.

So beugen Sie der Reisekrankheit vor:
- je nach Verkehrsmittel den am wenigsten schwankenden Platz mit freier Sicht auf den Horizont einnehmen (im Auto auf dem Beifahrersitz, im Flugzeug über den Tragflächen, im Reisebus über der Vorderachse, auf Schiffen in der Mitte, im Zug in Fahrtrichtung)
- schlafen
- nicht den Kopf senken
- keine schweren Mahlzeiten oder kohlensäurehaltige Getränke einnehmen
- Blick von Kindern nach vorn lenken
- viel lüften, nicht zu warm kleiden
- starke Gerüche vermeiden, besonders Essensgerüche
- nicht rauchen

Vorbeugende Medikamente:
- Ingwerpräparate mit echtem Ingwer (wirken erst nach etwa einer halben Stunde und nur für etwa vier Stunden)
- homöopathische Mittel: Cocculus C 30 bei Reiseübelkeit, Gelsemium C 30 bei allgemeiner Aufregung wegen der Reise
- Antihistaminika: sofortige Wirksamkeit haben Reisekaugummis oder Zäpfchen, diese wirken für ungefähr vier Stunden, *Nebenwirkung: Müdigkeit*
- Scopolamin-Präparate: verschreibungspflichtig, müssen mindestens fünf Stunden vorher eingenommen werden

Nehmen Sie verschreibungspflichtige Medikamente nicht „vorsichtshalber", sondern nur bei echter Indikation ein. Von mitfühlenden Reisegefährten sollten Sie keine unbekannten Medikamente annehmen, schon gar nicht für Ihr Kind.

Die Wirksamkeit von Akupressur-Armbändern und anderen Wundermitteln ist wissenschaftlich nicht nachgewiesen, trotzdem schwören viele darauf. Wenn es Ihnen und Ihrem Kind hilft – nur zu! Selbst wenn „nur" der Placebo-Effekt dahintersteckt: Dessen starke Wirksamkeit ist tatsächlich wissenschaftlich nachgewiesen.

So können Sie die Reisekrankheit lindern:
- viele Pausen machen
- im Flugzeug im Gang auf und ab laufen
- auf Schiff an Deck gehen und an die Reling lehnen oder in der Mitte des Schiffes hinlegen

Bei starkem Erbrechen kann der Wirkstoff Dimenhydrinat helfen (in Deutschland als Vomex-Zäpfchen in Apotheken rezeptfrei erhältlich). Lesen Sie aber gründlich die Packungsbeilage!

- Spucktüte oder anderes Behältnis vorhalten
- verdünnten schwarzen Tee mit Zitrone schlückchenweise trinken
- Nacken kühlen
- Bananen binden Magensäure und lindern bei fortwährendem Erbrechen

Das beste Mittel gegen Reisekrankheit: viel reisen! Das verringert die Symptome der Reisekrankheit. Viele Kinder wachsen aus starker Reisekrankheit mit etwa zwölf Jahren heraus.

Sonnenbrand

Wie Sie Ihr Kind vor UV-Strahlung im Urlaub schützen und einem Sonnenbrand **vorbeugen**, ist ausführlich im Kapitel „Sonnenschutz" ab → S. 118 beschrieben.

Ist die Haut Ihres Kindes nach einem zu langen Aufenthalt in der Sonne gerötet oder verbrannt, sollten Sie dies als echte Verletzung behandeln. Warten Sie nicht ab, handeln Sie sofort, wenn Sie nur die leichteste Rötung bemerken.

Perfekt UV-geschützt

So behandeln Sie einen Sonnenbrand:
- Aloe-Salbe, Brandcreme oder Panthenolspray auftragen
- Hausmittel: kühler Quark, Joghurt oder Gurkenscheiben
- sofort in den Schatten, besser nach drinnen gehen
- mindestens einen Tag drinnen aufhalten
- viel trinken
- Baden ist erlaubt, am besten in der Wanne mit einer Tasse Hafermehl
- Homöopathie: Cantharis C 30 hilft beim Abklingen
- für Erwachsene: 1.000 Milligramm Acetylsalicylsäure (ASS oder Aspirin)

Kleinere Verletzungen

Mit tapsigen Babys und entdeckungsfreudigen Kindern sind kleine Schürfwunden, Kratzer und blaue Flecken an der Tagesordnung, auch im Urlaub. Da im Schmutz viele Keime lauern, besonders in warmen Ländern, sind alle offenen Wunden mit Aufmerksamkeit zu behandeln. Allzu schnell dringen Krankheitserreger ein und es kommt zu Entzündungen und Infektionen.

Lassen Sie **offene Wunden**, in die Schmutz eingedrungen ist, immer ein wenig bluten. Spülen Sie sie, wenn möglich, mit sauberem Wasser aus (in tropischen Ländern mit Trinkwasser aus Originalflaschen). Ein Wunddesinfektionsspray wie Octenisept oder Jodsalbe ist empfehlenswert. Stecken Fremdkörper in der Wunde, entfernen Sie sie vorsichtig mit einer Pinzette.

Auch wenn eine Wunde nur klein ist oder nicht blutet, fühlen sich viele Kinder besser, wenn ihre Schmerzen „offiziell" mit einem bunten Tröstepflaster anerkannt werden.

Manche Kinder vertragen das Desinfektionsspray nicht und klagen über ein Brennen, wenn es aufgetragen wird. Verwenden Sie das Spray dann nicht!

Häufige Reise-Krankheiten und Wehwehchen

Das wird bestimmt eine schicke Narbe ...

Ob eine offene Wunde besser heilt, wenn sie offen bleibt und austrocknet oder wenn man sie bedeckt und feucht hält, darüber gehen die Meinungen von Ärzten auseinander. Wunden mit größerer Fläche sollten Sie im Urlaub auf jeden Fall tagsüber abdecken, damit nicht noch mehr Schmutz eindringen kann. Im Sommerurlaub, wenn Sie oft baden gehen, empfehlen sich dafür wasserfeste Pflaster. Nachts sollte der Verband entfernt werden, um Luft an die Haut um die verletzte Stelle zu lassen und auch um zu vermeiden, dass sich unbemerkt Infektionen einnisten. Stark blutende, großflächige Wunden decken Sie mit einer sterilen Kompresse ab und befestigen diese mit Pflastern oder einer Mullbinde.

Bemerken Sie, dass eine Wunde sich nachträglich rötet, eitert oder unangenehm riecht, gehen Sie kein Risiko ein und **stellen Sie Ihr Kind einem Arzt vor**. Dieser kann die Wunde professionell reinigen und eine antibiotische Salbe auftragen oder sogar ein Antibiotikum zum Einnehmen verschreiben.

Warten Sie nicht zu lange ab – in warmem Wetter können sich Wunden binnen weniger Stunden schlimm entzünden!

Packliste: Notfallapotheke

- ☐ Wunddesinfektionsspray oder Jodsalbe
- ☐ bei Wanderungen und Stadtbummeln: Blasenpflaster
- ☐ Einmalhandschuhe
- ☐ Pinzette
- ☐ Wund- und Heilsalbe gegen Verbrennungen, Sonnenbrand und eiternde Wunden

Die komplette Packliste finden Sie auf → S. 423.

Nurya: „In Österreich hat sich mein Sohn einmal beim Baden den Fuß an einem Stein aufgeschnitten. Am nächsten Morgen war die Wunde geschwollen und der Fuß wurde immer dicker und heißer. Der Arzt drückte eine ordentliche Ladung Eiter aus der Wunde. Wenn es so heiß ist und Keime aus dem See dazukommen, entzündet sich das unheimlich schnell. Ole musste dann eine Woche lang Antibiotika nehmen."

Bei äußerlichen Verletzungen werden Sie im Krankenhaus immer nach dem **Tetanus-Impfstatus** gefragt. Können Sie diesen nicht per Impfpass nachweisen, wird oft sicherheitshalber eine Auffrischung verabreicht. Wenn Sie das nicht wollen, müssen Sie sehr deutlich sein.

Ist unterwegs **kein Pflaster zur Hand**, können Sie kleinere Schürfwunden mit (naturbelassenem) Honig bestreichen oder ein paar zerquetschte (saubere) Sauerampfer- oder Spitzwegerichblätter auflegen. Kleine Schnittwunden werden mit Zahnpasta abgedeckt, damit keine Keime eindringen können. Das homöopathische Mittel Arnica (Potenz C 200) stillt Blutungen, Silicea (C 30) hilft dem Körper, Fremdkörper aus Wunden auszustoßen.

Bei nicht nachlassenden Blutungen oder starken Schmerzen suchen Sie bitte einen Arzt oder ein Krankenhaus auf.

Mit **Verstauchungen**, die stark schmerzen, anschwellen oder blau werden, sollten Sie kein Risiko eingehen und ein Krankenhaus aufsuchen, um die Stelle röntgen und gegebenenfalls schienen zu lassen. Ansonsten genügt es, das betroffene Gelenk ruhigzustellen. Kühlen Sie es mit einem feuchten Tuch oder einem Coolpack, bis der Schmerz nachlässt.

Ist Ihr Kind auf den Kopf gefallen oder mit dem Kopf irgendwo gegengestoßen, beobachten Sie es genau! Übelkeit und Störungen des Kurzzeitgedächtnisses deuten auf eine **Gehirnerschütterung** oder ein Schädel-Hirn-Trauma hin. Fragt Ihr Kind in den Stunden nach der **Kopfverletzung** immer wieder danach, was passiert ist oder wo es ist, stellen Sie es sicherheitshalber in einem Krankenhaus vor.

Verstopfung

Der Stress einer Reise, die ungewohnte Nahrung, das lange Stillsitzen im Auto oder Flugzeug und vielleicht auch der Ekel vor fremden Toiletten führen auf Reisen oft zum genauen Gegenteil von Durchfall. Klagt Ihr Kind über Völlegefühl, leidet unter Blähungen oder Bauchkrämpfen und bekommt auf der Toilette mehr als zwei oder drei Tage hintereinander nichts heraus, leidet es unter einer Verstopfung.

So beugen Sie einer Verstopfung vor:
- viel Obst, Gemüse und Vollkornprodukte essen
- ausreichend trinken (besonders auf Flügen und in warmen Ländern)
- viel Bewegung
- Stuhlgang möglichst nicht unterdrücken, ausreichend Zeit auf der Toilette lassen

Eine kurzfristige Verstopfung gibt sich meistens ganz von selbst. Hat Ihr Kind mehr als drei Tage lang keinen Stuhlgang und dazu Bauchweh oder klagt es beim Stuhlgang über Schmerzen, sollten Sie allerdings nachhelfen. Sonst entsteht ein **Teufelskreis** aus Zurückhalten wegen der Schmerzen und daraus resultierenden noch stärkeren Schmerzen, der immer schwieriger zu durchbrechen ist. Scheuen Sie sich nicht, einen Arzt aufzusuchen, wenn Sie es länger als eine Woche umsonst versucht haben!

Verstopfungen behandeln:
- viel Bewegung
- Mini-Klistier: wirkt binnen Minuten, sollte aber sehr vorsichtig und nur kurzfristig eingesetzt werden; manche Kinder verweigern es vehement und sollten dann nicht gezwungen werden

- Glycerinzäpfchen: wirken nach 1,5 Stunden
- Dragees mit Bisacodyl (ab zwei Jahren): wirken nach fünf bis zehn Stunden, als Zäpfchen schon nach 15 bis 20 Minuten
- Tropfen oder Dragees mit dem Wirkstoff Natriumpicosulfat (ab vier Jahren): wirken nach zehn bis zwölf Stunden, am besten abends einnehmen
- Quellmittel (nach Absprache mit einem Kinderarzt): machen den Stuhlgang weich und regen die Darmbewegungen an; diese Mittel so lange geben, bis es wieder von selbst schmerzlos läuft

Zeckenbisse

Vor Zeckenbissen müssen Sie weltweit auf der Hut sein. In Deutschland sind besonders Baden-Württemberg, Rheinland-Pfalz, Hessen und der Bodenseekreis dicht von den Blutsaugern besiedelt. Auch in warmen Ländern mit feuchtem Klima beißen die Biester gern.

Meist leben Zecken an Bachläufen, am Rand von Wäldern und im Unterholz, in Gärten und Parkanlagen. Dort warten sie auf Grashalmen und niedrigen Pflanzen darauf, dass ein vorbeikommender Wirt sie abstreift. Mit einem Betäubungsmittel und Klebstoff ausgestattet, saugen sie sich bevorzugt an warmen, gut versteckten Stellen des Körpers fest – beliebt sind Kniekehlen, Nacken, Haaransatz, Achselhöhlen, Bauchnabel und der Genitalbereich. Beim Blutsaugen können Zecken gefährliche **Krankheiten übertragen** (in Europa vor allem die Frühsommer-Meningokokken-Enzephalitis oder FSME sowie Borreliose). Schützen Sie sich und Ihr Kind daher vor ihnen und beobachten Sie Bissstellen sorgfältig.

> Das Risiko, durch einen Zeckenbiss mit FSME infiziert zu werden und daran schwer zu erkranken, ist sehr gering. Die meisten Fälle heilen folgenlos aus. Ob eine Impfung für Ihr Kind Sinn macht, sollten Sie genau abwägen.

So schützen Sie sich vor Zeckenbissen:
- helle Kleidung tragen (dann sind die schwarzen Zecken besser sichtbar)
- geschlossene Schuhe, Strümpfe, lange Hosen und langärmelige Shirts tragen
- Hosenbeine in die Strümpfe stecken, wenn durch hohes Gras gelaufen wird
- nicht in hohes Gras setzen
- nicht im Unterholz herumstromern
- zwischendurch Beine auf Zecken absuchen
- Kleidung und Unterwäsche beim Hereinkommen ausschütteln
- abends den gesamten Körper nach Zecken absuchen
- Insektenschutzmittel auf Haut und Kleidung auftragen (Schutzzeit beachten!)
- Impfung gegen FSME: etwa drei Jahre Schutz nach drei Sitzungen (zweimal im Abstand von ein bis drei Monaten, Auffrischung nach fünf bis zwölf Monaten) oder Sofortschutz ohne Langzeitwirkung nach zwei Sitzungen

Zecken richtig entfernen:
- möglichst schnell nach der Entdeckung
- kein Öl, Backpulver oder Leim auftragen
- Herausziehen mit den Fingern, einer Pinzette, einer Zeckenkarte oder einem zur Schlinge gelegten Zwirn

Zecken lauern in vielen Urlaubsregionen

- Zecke möglichst nah an der Haut packen und leicht rüttelnd herausziehen
- Bissstelle und Zecke fotografieren und Zeitpunkt und Ort des Bisses notieren

Bleibt ein Teil der Zecke in der Bisswunde stecken, suchen Sie so bald wie möglich einen Arzt auf. Ebenso ist ein Arztbesuch dringend geraten, wenn sich die Bissstelle rötet und ein Ring um den Biss herum entsteht, oder wenn Grippesymptome (Gliederschmerzen, Fieber, Unwohlsein) auftreten.

Die Gefahr, an Borreliose zu erkranken, ist wesentlich höher und die Krankheit verläuft schwerer als eine FSME. Stellen Sie Ihr Kind beim geringsten Verdacht einem Arzt vor, holen Sie gegebenenfalls eine Zweitmeinung ein. Die Borreliose ist schwierig zu erkennen und zu behandeln. Es gibt keine Impfung.

Die Homöopathie bietet Ledum (Potenz C 200), um den Juckreiz zu lindern. Silicea (C 200) hilft, wenn noch Teile der Zecke in der Wunde stecken.

Im Urlaub mit Kind zum Arzt

In aller Regel werden Sie Krankheiten und Verletzungen Ihres Kindes im Urlaub mit Hausmitteln, Homöopathie oder Abwarten selbst versorgen können, wie zu Hause. In einigen Fällen sollten Sie aber nicht zögern, Ihr Kind auch im Urlaub einem Arzt vorzustellen:

- auffällig schlechtes Allgemeinbefinden
- Fieber über 38,5° Celsius, das mehr als zwei Tage anhält oder sich mit Medikamenten nicht senken lässt
- Benommenheit, Schwindel oder Desorientierung bei Fieber oder nach Stürzen
- starker, mehrtägiger Durchfall oder Erbrechen
- stark blutende Wunden, die sich nicht von selbst schließen
- mehr als zehn Tage Verstopfung
- sehr schmerzhafte Verletzungen
- Krankheitsanzeichen, die Sie nicht einordnen können

Kontaktieren Sie als erstes Ihre **Krankenkasse** oder die **Auslandsreise-Krankenversicherung**. Diese geben Ihnen Adressen und Telefonnummern von Ärzten oder Kliniken, an die Sie sich vor Ort wenden können, und erklären Ihnen, worauf Sie achten müssen. Auch nachts oder an Wochenenden sollte es eine Notfall-Hotline geben, bei der Sie nachfragen können. Können Sie Ihre Versicherung nicht erreichen, wenden Sie sich an die Touristeninformation, an Ihr Hotel oder Ihren Reiseveranstalter.

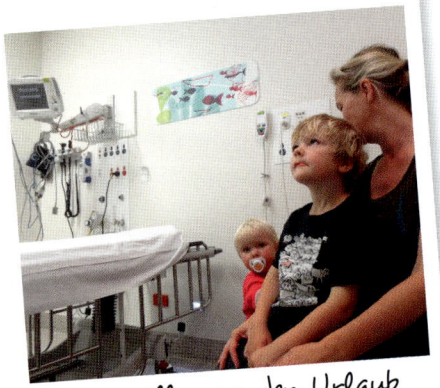

Hier will man den Urlaub eigentlich nicht verbringen ...

Einige Krankenversicherungen bieten spezielle Familientelefone an, die Eltern rund um die Uhr ärztlich beraten, damit ein Arztbesuch eventuell gar nicht nötig wird.

In den meisten EU-Staaten müssen Sie nur die normale **EHIC-Versichertenkarte** Ihres Kindes vorlegen. Allerdings wird diese nur von staatlichen Ärzten und Krankenhäusern akzeptiert. Die Partnerabkommen zur kostenlosen Gesundheitsbehandlung gelten nicht für Privatmediziner und -kliniken. Außerhalb Deutschlands bieten diese oft eine wesentlich bessere Versorgung.

In vielen Urlaubsländern werden Sie generell nur behandelt, wenn Sie die Behandlung **im Voraus bezahlen**. Ausnahmen sind teure Operationen oder Diagnoseverfahren. Diese Kosten rechnen die Kliniken direkt mit Ihrer Versicherung ab.

Lassen Sie sich immer einen detaillierten **Kostenvoranschlag** geben, bevor Sie der Behandlung zustimmen (abgesehen von Notfällen natürlich). Bezahlen Sie nichts ohne Rechnung und heben Sie alle Rechnungen und Belege auf. Sonst könnte sich die Auslandsreise-Krankenversicherung weigern, die ausgelegten Kosten zu erstatten.

Arne: „In den USA hat man uns im Krankenhaus versprochen, man würde die Rechnung nach Deutschland schicken, weil das Ausstellen zu lange dauern würde. Also haben wir dann auch in Australien einer Krankenschwester vertraut, die uns dasselbe zugesichert hat. Beide Rechnungen haben wir bis heute nicht bekommen, trotz mehrerer Nachfragen. So können wir die Behandlungskosten für einen Gipsarm und einen Magen-Darm-Infekt auch nicht bei der Krankenkasse zur Erstattung einreichen."

Eine Arztrechnung muss das Datum, den Namen und die Anschrift des Arztes, den kompletten Namen und das Geburtsdatum des Patienten, die Diagnose, die einzelnen Behandlungsposten und deren Datum zeigen. Auf Zahnarztrechnungen sollten die behandelten Zähne vermerkt sein. Rezepte sollen den Namen des ausstellenden Arztes und des Patienten, die einzelnen Medikamente, deren Preis und den Zahlungsempfang enthalten.

Gehen Sie zu einem **Deutsch oder Englisch sprechenden Arzt** oder besser direkt in ein Krankenhaus. Sonst kann vielleicht ein Hotelangestellter beim Übersetzen helfen. Da Sie sicherlich mit Ihrem kranken Kind beschäftigt sind, sollten Sie sich von einem Ortskundigen zur Klinik bringen lassen oder ein Taxi benutzen, anstatt selbst nach der Adresse zu suchen.

In großen Hotels und auf Kreuzfahrtschiffen gibt es oft eigene Ärzte, die dort Behandlungsräume haben oder eine regelmäßige Sprechstunde halten und Deutsch oder wenigstens Englisch sprechen.

Leni: „Unser Kinderarzt war so nett, uns seine private Skype-Adresse zu geben. Als unsere Tochter in Thailand eine Woche lang starke Bauchschmerzen hatte, konnte er uns aus der Ferne wunderbar helfen. Als Alicia ‚ihren' Doktor Lehmann auf dem Laptop gesehen hat, ging es ihr gleich besser."

Wenn Sie Ihren Urlaub damit verbringen, Ihr krankes Kind zu pflegen, ist das schade für Sie. Diese Urlaubstage werden Ihnen **vom Arbeitgeber nicht erstattet**. Den verpassten Urlaub stattdessen in Kind-Krank-Tage umzuwandeln, ist nicht empfehlenswert, für diese bekommen Sie nur 70 Prozent Ihres Gehalts. Waren Sie hingegen selbst krank und können das nachweisen, werden diese Krankheitstage von Ihrem Jahresurlaubsanspruch abgezogen.

Ein Gipsarm als originelles „Reiseandenken"...

Wieder zu Hause

Auch die schönste Reise hat irgendwann ein Ende. Die Urlaubsbräune verblasst, die Fotos liegen in der Schublade und die tollen gemeinsamen Erlebnisse gehen hinter Kindergarten-Alltag, Bürostress und grauem Winterhimmel verloren.

Erlauben Sie sich und Ihren Kindern ruhig ein wenig **Trauer**, wenn der Urlaub vorbei ist. Trauern Sie aber „konstruktiv": Sprechen Sie über die schönsten Erlebnisse, wecken Sie Ihre Erinnerungen mit Fotos, typischen Gerichten oder Musik zum Leben und freuen Sie sich über die schöne Zeit, die Sie miteinander hatten. Es ist übrigens auch erlaubt, sich an den Vorzügen des eigenen Zuhauses zu freuen: das weiche Bett nach zwei Wochen Camping, die warme Badewanne nach der Ferienwohnung mit Dusche oder die guten deutschen Kartoffelpuffer nach einem Tropenurlaub.

Das Tolle an Reisen mit Kindern: Sie bleiben unvergessen. Schließlich hat Ihr Kind am Strand in Italien sein erstes Eis gegessen, im Sommerurlaub an der Ostsee schwimmen gelernt oder in Thailand seine ersten Schritte gemacht. Solche **Erinnerungen** verknüpfen Urlaubserlebnisse mit Familiengeschichte und bleiben Ihnen auf jeden Fall erhalten.

Jenny: „Unser Sohn ist inzwischen fast ein Schulkind, aber von unserer Neuseeland-Reise, bei der er zwei Jahre alt war, hat er immer noch ein paar deutliche Erinnerungen. Und das sind nicht die herausstechenden Erlebnisse, von denen wir Fotos haben, sondern kleine Episoden, die für ihn offenbar besonders wichtig waren."

Was tun mit Urlaubsfreundschaften?

Hat Ihr Kind im Urlaub neue Freunde gefunden, fällt der Abschied meist schwer. Bei der Abfahrt schwört man sich oft hoch und heilig, dass man in Kontakt bleiben wird. Wartet Ihr Kind dann wochenlang vergeblich auf ein Zeichen, sind Sie als Diplomat gefragt. In der Regel verblassen die Erinnerungen an die neuen Freunde aber schnell.

Kleinere Kinder brauchen Ihre Hilfe, um Urlaubsfreundschaften zu pflegen. Tauschen Sie rechtzeitig Ihre Adressen und Telefonnummern mit den anderen Eltern aus, um es im Abreisestress nicht zu vergessen.

Die praktischen Hindernisse für die Pflege einer Urlaubsfreundschaft sind meist einfach zu groß: Wenn die Familie des neuen Freundes hunderte Kilometer entfernt wohnt, sind gegenseitige Besuche nicht ohne Weiteres drin. Tauschen Sie noch ein paar nette E-Mail-Grüße und Urlaubsfotos aus und lassen Sie den Kontakt dann im gegenseitigen Einvernehmen einschlafen.

Jenny: „Wir haben in Kambodscha eine supernette Familie mit tollen Kindern kennengelernt. Es war ‚Liebe auf den ersten Blick', wir sind die nächsten drei Wochen zusammen herumgereist. Besonders unsere große Tochter war dem älteren Sohn der Familie sehr zugetan. Umso größer die Enttäuschung, als in den Monaten danach alle Kontaktversuche von unserer Seite freundlich, aber ablehnend beschieden wurden. Manchmal passt es eben einfach nur im Urlaub so gut."

Taucht der Urlaubsfreund oder die -freundin auch Wochen später immer wieder im Gespräch bei Ihrem Kind auf und tauschen die beiden rege Briefe oder E-Mails, hat die Urlaubsbekanntschaft vielleicht Potenzial zur „echten" Freundschaft.

▶ Reisen mit Kindern ist manchmal nicht einfach – aber am Ende trotzdem immer wunderschön. Wir wünschen Ihnen und Ihrer Familie eine gute nächste Reise!

Schauen Sie hin und wieder mit Ihrem Kind ein Fotoalbum vom Familienurlaub an, lesen Sie in Ihren Urlaubstagebuchaufzeichnungen und spielen Sie den „Reise-Soundtrack" ab. So erwecken Sie Ihre Reise wieder zum Leben. Dazu gehört auch, sich davon zu erzählen, woran man sich erinnert und was man besonders schön fand. Kinder erinnern sich dabei interessanterweise oft an ganz andere Dinge als die Erwachsenen.

Haben Sie auch solche besonders hübschen Kinder, die auf jedem Schnappschuss umwerfend aussehen? Dann speichern Sie alle Fotos in einem digitalen Bilderrahmen und lassen Sie sie in Endlosschleife laufen.

Schaufeln Sie die digitalen **Urlaubsfotos** auf die Festplatte des PCs, wo sie dann in Frieden ruhen? Setzen Sie sich lieber einen fixen Termin und erstellen Sie ein Fotobuch. Die schönsten Bilder können Sie großformatig ausdrucken und aufhängen (achten Sie dann schon beim Fotografieren auf eine ausreichend große Auflösung).

Nach der Reise ist vor der Reise: Was hat nicht gut geklappt, welche Rituale haben sich bewährt, was war überflüssig im Koffer? Damit Sie beim nächsten Mal nicht dieselben Fehler erneut begehen, machen Sie vor dem Verklären Ihrer Erinnerungen noch schnell eine **kritische Bestandsaufnahme**. Nutzen Sie die gewonnenen Erfahrungen für die Planung Ihrer nächsten Reise. Gehen Sie die Packliste der vergangenen Reise durch und streichen Sie weg, was überflüssig war oder ergänzen Sie Dinge, die gefehlt haben.

Auch wenn es anstrengend war, haben Sie beim Reisen mit Kindern immer einen Joker in der Hinterhand: Beim nächsten Mal ist Ihr Kind älter und in einer anderen Entwicklungsphase. Das muss nicht heißen, dass der nächste Urlaub einfacher wird. Aber es bleibt zumindest immer spannend!

Reisen in „besonderen Umständen"

Der optimale Reisezeitpunkt	403
Reiseziele für Schwangere	406
Reisevorbereitung	408
Flugreisen	409
Autoreisen	412
Kreuzfahrten	414

Schwanger reisen

Schwanger reisen: Reisen in „besonderen Umständen"

Sie erwarten ein Baby? Wie schön! Sie machen sich Sorgen, ob Sie nun noch verreisen können oder ob Sie damit dem Bauchbewohner schaden könnten? Bitte ganz entspannt bleiben: **Eine Schwangerschaft ist keine Krankheit**. Abgesehen von kleineren Wehwehchen erleben die meisten Frauen diese besondere Zeit fast ohne Einschränkungen. Sie können Ihr Leben ganz normal weiterleben. Dazu gehören der ersehnte Erholungsurlaub kurz vor dem Mutterschutz, der Sommerurlaub mit dem großen Geschwister in spe oder die letzte große Reise vor dem Familienzuwachs.

Dies vorausgeschickt, ist es trotzdem ratsam, sich in der Schwangerschaft nicht über Gebühr zu belasten. Nicht umsonst werden schwangere Frauen in vielen Ländern auf Händen getragen. Mit fortschreitender Dauer der Schwangerschaft leistet Ihr Körper immer mehr. Schließlich versorgt er nun zwei (bei Mehrlingsschwangerschaften sogar noch mehr) Organismen. Körperliche Belastungen und Stress erscheinen dann nicht nur doppelt anstrengend, sie sind es auch.

Gerade wenn Sie anspruchsvolle Reisen planen oder mit bereits vorhandenen Kindern in den Urlaub fahren, sollten Sie genau überlegen, **was Sie sich zutrauen können** und wollen. Lange Wander- oder Fahrradtouren, Camping auf dünnen Isomatten oder Reisen in sehr warme Länder sind natürlich möglich, können aber mit dickem Bauch anstrengender sein. Von Tauchausflügen, Mountainbike-Touren und Extremsport sollten Sie definitiv Abstand nehmen. Auch Skifahren ist in fortgeschrittenen Schwangerschaften nicht mehr zu empfehlen: Stürze können den Fötus oder die Plazenta schwer verletzen und vorzeitige Geburten auslösen (→ S. 407).

Denken Sie bei der Urlaubsplanung daran, dass Sie mit wachsendem Bauch wahrscheinlich schlechter mit großer Hitze umgehen können. Sie bekommen dann schneller Kreislaufprobleme oder werden schon bei kleineren Belastungen kurzatmig. Viele Schwangere leiden unter lästigem Sodbrennen und schon der Anblick exotischer Speisen löst Übelkeit aus.

Bergtouren in Höhen ab 1.800 Metern schaden Ihrem Bauchbewohner nicht. Der Sauerstoffmangel wird Sie allerdings ordentlich zum Keuchen bringen.

Vorsichtiger sollten Sie sein, wenn Sie Mehrlinge erwarten, unter Herz-Kreislauf-Krankheiten oder Blutgerinnungsstörungen leiden, zu Thrombosen neigen oder bereits eine Früh- oder Fehlgeburt erlitten haben. **Komplikationen** wie Blutungen in der Schwangerschaft oder Schwangerschaftsdiabetes müssen engmaschig überwacht werden. Das schränkt die Auswahl Ihrer Reiseziele ein, muss einen Urlaub aber nicht verbieten.

Urlaub mit Bauchbewohner? Kein Problem!

Nach einer **Fruchtwasseruntersuchung** (Amniozentese), die Chromosomenstörungen des Fötus abklärt, sollten Sie mindestens eine Woche warten, bevor Sie eine Reise antreten. Mit der zusätzlichen Belastung durch den Stress, schweres Gepäck oder den Luftdruckwechsel beim Fliegen kommen Sie bestimmt klar. Aber angesichts des ohnehin erhöhten Risikos vorzeitiger Wehen, das mit diesem Eingriff einhergeht, sollten Sie lieber auf Nummer sicher gehen.

Lassen Sie sich nicht verunsichern, wenn Ihnen allein wegen Ihres Alters über 35 Jahre eine „Risikoschwangerschaft" attestiert wird. Sofern Sie sich wohlfühlen und ansonsten keine Risikofaktoren aufweisen, können Sie Ihr Leben ganz normal weiterleben und auch auf Reisen gehen.

Der optimale Reisezeitpunkt

Im ersten Schwangerschaftsdrittel

Bis zum dritten Schwangerschaftsmonat (1. bis 13. Schwangerschaftswoche) werden die Organe des Embryos angelegt, die Nervenzellen des Gehirns entstehen und vernetzen sich. In dieser Zeit ist das Ungeborene besonders empfindlich für schädliche Einflüsse von außen: Alkohol, Nikotin und Umweltgifte, aber auch Krankheitserreger können die Entwicklung nachhaltig beeinflussen und stören. Haben Sie Krankheiten wie Toxoplasmose, Röteln oder Masern noch nicht selbst durchgemacht und sind nicht dagegen geimpft, müssen Sie entsprechend vorsichtig sein – natürlich nicht nur auf Reisen.

Sehr viele Schwangerschaften enden bereits, bevor die Schwangere von ihrem Zustand erfährt, oder kurz danach. Weil es in der Frühschwangerschaft zu Blutungen und Abgängen kommen kann, raten viele Ärzte von Reisen im ersten Schwangerschaftsdrittel ab. Lassen Sie sich von solchen Warnungen bitte nicht verunsichern! Wenn Sie nicht bereits frühe Fehlgeburten erlitten haben, sollten Sie aus Angst davor nicht Ihr Leben einschränken. Kommt es zu einem Abgang, können Sie wahrscheinlich auch zu Hause nicht viel tun. Sicherheit haben Sie in Urlaubsregionen mit guter medizinischer Versorgung.

Wenn der Bauch wächst, ändern sich die Urlaubsansprüche

Regina: „Es war unsere Traumreise: drei Monate nach Costa Rica. Zehn Tage vor dem Abflug erfuhr ich, dass ich schwanger war. Weil ich gar kein gutes Gefühl damit hatte, stornierten wir die ganze Reise. Kurze Zeit darauf – wir hätten gerade unseren Stopover-Aufenthalt in Island gehabt – ist unser Baby leider wieder gegangen. Im Rückblick war es gut, dass wir storniert haben, ich hätte mir sonst wegen der Fehlgeburt auf der Reise bestimmt ewige Vorwürfe gemacht."

Ein Gegenargument ist die **Morgenübelkeit**, an der viele Frauen in der Frühschwangerschaft leiden. Oft tritt sie bei ungewohnten, starken Gerüchen oder Geschmäckern auf. Das kann Ihnen das Essen im Urlaub nachhaltig vermiesen. Weitere Folgen der körperlichen und hormonellen Umstellung sind oft Müdigkeit, Schwindel, Zahnfleischbluten beim Zähneputzen und starke Stimmungsschwankungen. Kommen noch Wassereinlagerungen, Haarausfall und unreine Haut dazu, fühlen sich viele Schwangere nicht eben urlaubsfit.

> Packen Sie bequeme Sachen ein, von denen Sie wissen, dass sie auch mit dickerem Bauch noch passen werden. Der Bauchumfang wächst in der Schwangerschaft mitunter sprunghaft an.

Abgesehen davon kann das erste Trimester eine ausgesprochen gute Zeit für eine Reise sein: Sie sind noch fast **uneingeschränkt belastbar und aktiv**, der Bauch ist noch nicht im Weg und die Sommergarderobe passt noch. Achten Sie auf gesundes und abwechslungsreiches Essen, vermeiden Sie Zigarettenrauch und bewegen Sie sich viel. Dann unterstützt ein Urlaub Ihren Körper optimal bei der Versorgung des Babys.

> Jenny: „Als ich die Taschen für unsere Norwegenreise gepackt habe, war ich in der 12. Woche. Ziemlich am Ende des Urlaubs, an einem besonders kalten Tag in der Hardangervidda, kramte ich meine Trekkinghose heraus. Ich hatte es gar nicht bemerkt, aber mein Bauch war doch deutlich gewachsen. So musste ich mir einen Notfall-Verschluss mit einem Haargummi basteln, um die Hose anziehen zu können."

Im zweiten Schwangerschaftsdrittel

Die Zeit zwischen dem dritten und sechsten Schwangerschaftsmonat (14. bis 27. Schwangerschaftswoche) ist vergleichsweise ruhig. Die größten Umstellungen sind abgeschlossen, die Hormone spielen nicht mehr verrückt und das Risiko einer Fehlgeburt sinkt. Der Fötus ist als kleiner Mensch zu erkennen und meldet sich bald mit ersten zarten Bewegungen, die von außen zu spüren sind. Ab der 23. Schwangerschaftswoche ist die Entwicklung so weit fortgeschritten, dass er auch außerhalb des Bauches überleben kann.

Ihr Puls und Ihr Atemvolumen steigen, weil Ihr Baby nun über die Plazenta mit Nährstoffen und Sauerstoff versorgt wird. Während die Übelkeit endlich nachlässt, müssen Sie nun wahrscheinlich häufiger zur Toilette, klagen über Sodbrennen und bekommen vielleicht Krampfadern und brennende Beine. Der wachsende Bauch verändert außerdem Ihre Haltung. Rückenschmerzen sind oft die Folge.

Viele Frauen erleben parallel zu diesen Unpässlichkeiten zum Glück einen richtigen **Schub an neuer Energie**. Der wachsende Bauch bringt Ihnen gerade im Urlaub Komplimente, Glückwünsche und Aufmerksamkeiten – von bereitwillig angebotenen Sitzplätzen bis zum Platz ganz vorn in der Warteschlange. Gleichzeitig sind Sie noch nicht so unförmig, dass Ihnen jede Bewegung schwerfällt. Also los, ab in den Urlaub!

Auf längeren Autofahrten ist ein Urinal nützlich. Das entspannt Sie, weil Sie nicht ständig Ausschau nach der nächsten öffentlichen Toilette halten müssen.

> Josy: „Ich liebe Reisen mit Babybauch! In beiden Schwangerschaften sind wir zwei Wochen auf Mallorca gewesen, im selben Hotel. Es war fantastisch; ich wurde buchstäblich auf Händen getragen, wildfremde Leute haben uns gratuliert und das beste: Ich konnte mir am Hotelbuffet den Bauch vollschlagen und musste ihn nachher am Pool nicht einziehen!"

Im letzten Schwangerschaftsdrittel

Vom sechsten bis zum neunten Schwangerschaftsmonat (28. bis 40. Schwangerschaftswoche) läuft der Endspurt. Das Baby wächst in dieser Zeit von etwa 1,5 Kilogramm auf sein Geburtsgewicht von drei bis vier Kilogramm, strampelt und drückt. Viele Ungeborene tun dies bevorzugt nachts, weshalb die meisten Schwangeren nun nicht mehr gut schlafen. Außerdem werden Sie immer unbeweglicher. Der **größere Bauch** zieht nach unten und drückt auf die Blase und die Beine. Das Laufen fällt Ihnen schwerer, Sitzen und Stehen wird zunehmend anstrengend. Enge Flugzeug- oder Autositze sind nun keine gute Idee mehr und können zu gefährlichen Thrombosen führen. Der Körper signalisiert den meisten Schwangeren, dass er für die nahende Geburt Ruhe braucht – mit Kurzatmigkeit, Rücken- und Beckenschmerzen und Übungswehen.

Ein wenig Erholung vor dem Endspurt tut gut

Xenia: *„Mit Riesenmurmel und kleinem Kind wollte ich keinen anstrengenden Flug mehr, aber ich brauchte dringend Erholung. Im Ferienhaus meiner Schwiegereltern konnte ich wunderbar entspannen, die Oma hat den großen Bruder in spe betüddelt und ich wusste, dass mein Mann mich im Notfall ins nächstgelegene Krankenhaus hätte chauffieren können."*

Die meisten **Wehen** sind harmlose Vorbereitungen des Körpers auf die Geburt. Das Risiko einer zu frühen Geburt existiert aber durchaus. Die wollen Sie wahrscheinlich nicht im Hotel erleben. Schonen Sie sich also im Urlaub und achten Sie auf Warnzeichen Ihres Körpers. Solange Sie sich wohlfühlen, steht einer Reise nichts im Weg. Wählen Sie aber ein Ziel, das nicht weit von einer Entbindungsklinik oder von Ihrem Zuhause entfernt ist. Flugreisen (→ S. 409) fallen spätestens ab der 36. Schwangerschaftswoche sowieso aus.

Packliste: Reisen in der Schwangerschaft

- ☐ Mutterpass
- ☐ Taschen-Urinal
- ☐ Zusatzgurt und Sitzkissen
- ☐ Flugtauglichkeitsbescheinigung
- ☐ bequeme Kleidung, etwas weiter geschnitten als nötig (Bauch wächst!)

Eine detaillierte Packliste finden Sie auf → S. 435.

Reiseziele für Schwangere

Grundsätzlich können Sie während der Schwangerschaft reisen, wie und wohin es Ihnen gefällt, solange Sie sich wohlfühlen und keine medizinischen Bedenken dagegen sprechen. Mit zunehmendem Bauchumfang werden Reisen, bei denen Sie mehrere Stunden lang still oder selbst am Steuer sitzen müssen, aber beschwerlich. Auch Urlaubsziele in über 1.800 Meter Höhe oder mit Temperaturen über 30° Celsius sind für Schwangere belastend und aus medizinischer Sicht nicht empfehlenswert.

> Vorsicht vor Sonnenbädern in der Schwangerschaft! Durch Pigmentstörungen können dabei merkwürdige braune Verfärbungen im Gesicht entstehen (die sogenannte Schwangerschaftsmaske).

Ärzte empfehlen Schwangeren Reisen in Regionen mit mildem Klima, wo es vor Ort eine gute Infrastruktur und medizinische Versorgung gibt und die nicht allzu weit entfernt sind, so dass man bei Notfällen schnell nach Hause zurückkehren kann. Legen Sie Ihren Urlaub möglichst so, dass Sie keine der wichtigen Vorsorgeuntersuchungen verpassen – oder reisen Sie in Länder, in denen Sie diese Check-ups vor Ort machen lassen können.

Natürlich können Sie auch Fernreisen unternehmen, vor allem im „stabilen" zweiten Schwangerschaftsdrittel. **Impfungen** gegen Krankheiten wie Gelbfieber, Cholera oder Japanische Enzephalitis werden für Schwangere jedoch nicht empfohlen. Alle Länder, in denen Impfungen gegen diese Krankheiten notwendig oder empfehlenswert sind, fallen damit aus der Reiseplanung heraus. Außerdem sollten Sie Regionen, wo Infektionskrankheiten wie **Malaria** und **Hepatitis E** auftreten, also Zentralafrika, Indien, Mittelamerika und Südostasien, im ersten Schwangerschaftsdrittel meiden. Eine Erstinfektion mit Malaria gefährdet Sie selbst und das Baby enorm, und nicht alle Medikamente gegen Malaria sind für Schwangere zugelassen. Gegen Hepatitis E gibt es aktuell weder einen Impfstoff noch ein in der Schwangerschaft zugelassenes Medikament.

> Lassen Sie sich immer von einem qualifizierten Tropenmediziner beraten, ob eine Reise an Ihr Wunschziel in der Schwangerschaft aus medizinischer Sicht problemlos möglich ist.

Sogar in sehr guten Resorts und Ferienanlagen können durch Unachtsamkeit einzelner Personen **Krankheitskeime** über Wasser oder Lebensmittel übertragen werden. In der Schwangerschaft schlägt jede

Krankheit doppelt belastend zu Buche. Die grundlegenden Hygieneregeln (→ S. 164), die insbesondere im Tropenurlaub gelten, sollten Sie daher besonders pingelig einhalten.

Für einen zünftigen **Urlaub unter Palmen** kommen trotzdem noch einige attraktive Reiseziele in Frage:

- In Spanien und auf den **Balearen** (Mallorca, Menorca und Ibiza) herrscht von Mai bis September zuverlässig Sommer (im Juli und August ist es für Schwangere allerdings schon zu heiß), die Winter sind mild. Die Flugzeit von Deutschland beträgt nur zwei bis drei Stunden und die medizinische Versorgung ist gut.
- Die **Kanarischen Inseln** bieten ganzjährig bestes Sommerwetter und sind von Deutschland in etwa vier Stunden Flugzeit zu erreichen. Auch hier ist die Gesundheitsversorgung sehr gut, viele Ärzte sprechen Deutsch.
- Die Insel **Madeira** im Atlantik bietet das ganze Jahr über mildes Sommerwetter und ist nur etwa 3,5 Flugstunden von Deutschland entfernt.

Da in jeder Schwangerschaft plötzliche Blutungen oder vorzeitige Wehen auftreten können, sollten Sie **auf Nummer sicher gehen**: Wählen Sie nur Reiseziele aus, an denen das Gesundheitssystem gut ausgebaut ist und wo Sie sich vorstellen können, im Notfall auch Ihr Kind zu gebären. Bei manchen Komplikationen kann ein Rücktransport nach Hause unter Umständen zu gefährlich sein oder zu lange dauern. Das trifft nicht nur auf Fernreiseziele zu, sondern auch auf Inseln, die nur einmal täglich einen Fähranschluss haben.

Verreisen Sie generell möglichst immer mit einer (erwachsenen) **Begleitung**, falls Sie unerwartet schnelle Hilfe oder mehr Unterstützung als gedacht brauchen. Hat Ihr Partner keine Zeit, nehmen Sie eine Freundin mit, besonders wenn Sie bereits Kinder haben und diese ebenfalls mitreisen.

Eine Schwangerschaft belastet Ihren Körper, aber auch die Psyche. Oft schwankt die Stimmung zwischen freudiger Erwartung über tiefe Sorgen über die Sicherheit Ihres Bauchbewohners und Unsicherheit über die Zukunft – und das mehrmals am Tag. Reisestress und fremde Sitten (→ S. 350), denen Sie sonst mit Neugier und Gelassenheit begegnen, können in der Schwangerschaft als verunsichernd oder gar bedrohlich erscheinen. **Hören Sie auf Ihren Bauch** und brechen Sie Ihren Urlaub lieber ab, wenn Sie sich nicht wohl und sicher fühlen.

Skiurlaub in der Schwangerschaft?

Noch ein letztes Mal auf die Ski steigen, bevor die Familie Zuwachs bekommt? Zwar sind Sie als Schwangere nicht krank und müssen sich in sportlicher Hinsicht nicht besonders schonen. Ihr Gynäkologe wird Sie allerdings warnen, denn Skifahren oder Snowboarden birgt ein recht **hohes Risiko** für Sie und Ihr Baby. Ein Sturz kann zu schweren Verletzungen bei Ihnen selbst führen und den Fötus oder die Plazenta schädigen.

Je weiter Ihre Schwangerschaft fortgeschritten ist, desto weniger kann das Fruchtwasser das Baby polstern. Dazu kommt, dass in der Schwangerschaft Ihre Sehnen und Bänder lockerer werden und das Becken sich verbreitert, um die Geburt vorzubereiten. Durch den zunehmenden Bauchumfang verlagert sich Ihr Körperschwerpunkt. Insgesamt keine guten Voraussetzungen, um sicher auf Skiern zu stehen.

◀ Mit Kugelbauch rund um die Welt jetten – nicht unbedingt empfehlenswert.
Auch in Europa finden sich viele geeignete Reiseziele für Sie.

Reisevorbereitung

Was Sie generell zur Planung und Vorbereitung einer Reise wissen müssen, lesen Sie in den Kapiteln „Reiseplanung" ab → S. 17 sowie „Reisevorbereitung" ab → S. 77. Als Schwangere müssen Sie noch ein paar zusätzliche Punkte beachten.

Von allergrößter Wichtigkeit, wenn Sie in der Schwangerschaft verreisen (oder planen, schwanger zu werden), ist eine **private Auslandsreise-Krankenversicherung** (→ S. 88). Achten Sie darauf, dass der „medizinisch sinnvolle Rücktransport" von der Police abgedeckt wird, und zwar ausdrücklich auch bei schwangerschaftsbedingten Erkrankungen und Komplikationen. Flugreisen oder Pauschalurlaube in der Zeit Ihrer Schwangerschaft sichern Sie unbedingt mit einer **Reiserücktritts- und Reiseabbruchversicherung** ab. Auch hier sollten Schwangerschaftskomplikationen als Rücktritts- oder Abbruchgrund ausdrücklich mitversichert sein.

Wussten Sie schon vor der Reisebuchung, dass Sie schwanger sind, akzeptieren einige Versicherer Stornierungen oder Reiseabbrüche wegen Schwangerschaftsbeschwerden nicht. Lassen Sie sich im Urlaub daher jede Behandlung attestieren. Vorzeitige Wehen müssen als Stornierungs- oder Abbruchgrund grundsätzlich anerkannt werden.

Gehen Sie Ihre **Reise-Apotheke** durch und lassen Sie sich von einem Arzt beraten, welche Medikamente für Schwangere geeignet sind. Auch vermeintlich harmlose Mittel, zum Beispiel gegen Mücken (→ S. 122), sind für Schwangere oft nicht getestet. Greifen Sie vorsichtshalber zu Produkten, die ausdrücklich für Kinder geeignet sind, oder verzichten Sie ganz darauf.

Um vor Ort bei Komplikationen schnell Hilfe zu bekommen, sollten Sie Adressen von niedergelassenen Gynäkologen oder Privatkliniken an Ihrem Urlaubsort heraussuchen. Ansprechpartner sind Ihr Hotel, der Reiseveranstalter oder die Botschaft Ihres Heimatlandes vor Ort. Ins Handgepäck gehören bei Reisen in der Schwangerschaft immer der **Mutterpass** und der **Impfpass**.

Viele Schwangere verzichten auf eine lange Liste von Lebensmitteln, die „schädlich" sein sollen. Im Urlaub kann es schwierig werden herauszufinden, welche Lebensmittel zu den verbotenen Kandidaten gehören. Viele dieser **Lebensmittel-Tabus** gelten interessanterweise nur in Mitteleuropa. Japanische Frauen essen auch in der Schwangerschaft weiter rohen Fisch (sie machen sich allenfalls Sorgen wegen der hohen Belastung einiger Fischarten mit Quecksilber), und Französinnen lieben ihren Weichkäse aus Rohmilch. US-Amerikaner halten Rohmilchkäse dagegen für so gefährlich, dass er dort verboten ist.

Dass Sie auf diese Lebensmittel verzichten sollen, hat mit möglichen **Verunreinigungen durch Keime** zu tun, die durch Erhitzen abgetötet werden: So können Salami und Sushi mit Toxoplasmose-Erregern infiziert sein, Produkte aus rohen Eiern wie Tiramisu bergen die Gefahr von Salmonellen. Nicht erhitzte Milchprodukte wie Mozzarella oder Camembert können von Listerien besiedelt sein, die eine Fehlgeburt auslösen könnten. Diese Bakterien finden sich allerdings nahezu überall. Über Staub und Schmutz gelangen sie auf Obst und Gemüse und können durch Nebeneinanderlagerung auf

Weblink

Medizinisches Beratungszentrum der Charité Berlin für Schwangere und Stillende, mit Suchfunktion und telefonischer Beratungsmöglichkeit: www.embryotox.de

vermeintlich sichere Lebensmittel übertragen werden. Besser, als auf bestimmte Lebensmittel zu verzichten, ist es daher, generell nur frische und hygienisch zubereitete Speisen zu essen – besonders in warmen Urlaubsländern.

Listerien sind nicht nur hitzeempfindlich, sondern auch kurzlebig. Lange gereifte, harte Rohmilchkäse wie Parmesan oder luftgetrocknete Schinken sind daher für Schwangere unbedenklich.

Flugreisen

In der Schwangerschaft steht es Ihnen prinzipiell frei, eine Flugreise zu unternehmen, solange nicht **gesundheitliche Bedenken** dagegen sprechen:

- eine Mehrlingsschwangerschaft
- bestehende Herz-Kreislauf-Krankheiten, Blutarmut oder Gerinnungsstörungen
- vorangegangene Früh- oder Fehlgeburten
- Thromboserisiko
- Flugangst

An eine einschränkende Vorgabe der International Air Transport Association (IATA) halten sich die meisten Airlines: Spätestens **ab der 36. Schwangerschaftswoche** werden Schwangere nicht mehr befördert, um medizinische Notfälle und überraschende Geburten an Bord zu vermeiden. Einige Staaten verweigern (hoch-)schwangeren Frauen vorsichtshalber direkt die Einreise. Nach Singapur dürfen Sie ab dem sechsten Schwangerschaftsmonat nur noch mit einem „Social Visit Pass" Ihres Konsulats einreisen. Malaysia verhängt für Sie ab diesem Monat ein generelles Einreiseverbot (Transit-Aufenthalte sind bis zu drei Tagen erlaubt).

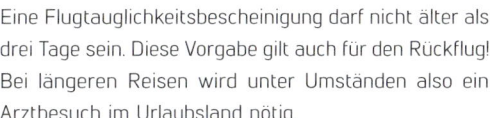

Eine Flugtauglichkeitsbescheinigung darf nicht älter als drei Tage sein. Diese Vorgabe gilt auch für den Rückflug! Bei längeren Reisen wird unter Umständen also ein Arztbesuch im Urlaubsland nötig.

Wollen oder müssen Sie im letzten Schwangerschaftsmonat trotzdem fliegen, können Sie in der „Medical Clearing Unit" der Airline eine **Ausnahmegenehmigung** beantragen. Zusätzlich müssen Sie bei vielen

Beförderungsfristen für Schwangere bei ausgewählten Airlines

Airline	Beförderungsfrist für Schwangere: späteste Schwangerschaftswoche	Flugtauglichkeitsbescheinigung nötig?
Air France	36.	nein
Air Berlin	36.	nein
American Airlines	36.	nein
British Airways	36.	ja, ab der 28. SSW
Condor	36.	nein
Easyjet	35., bei Mehrlingsschwangerschaft 32.	nein
Emirates	36., bei Mehrlingsschwangerschaft 32.	ja, ab der 29. SSW
Germanwings	36.	nein
Lufthansa	36., bei Mehrlingsschwangerschaft 28.	nein
Ryanair	36., bei Mehrlingsschwangerschaft 32.	ja, ab der 28. SSW

Quelle: eigene Recherchen, Stand: 01/2014

Airlines ein ärztliches Attest vorlegen, das Ihnen ein Gynäkologe auf Anfrage ausstellen kann (auch wenn er Sie wahrscheinlich belehren wird, dass das Fliegen Ihnen jetzt nicht mehr gut tut). Wenn keine der oben genannten Bedenken bestehen, ist es Ihre Entscheidung.

> Planen Sie eine Flugreise im dritten Schwangerschaftsdrittel, legen Sie den Termin für den Rückflug vor die 36. Schwangerschaftswoche!

Einfach nichts zu sagen, wenn man nicht vom Flugpersonal gefragt wird, ist eine riskante Strategie: Wenn Sie Ihre konkrete Schwangerschaftswoche verschwiegen oder gar darüber gelogen haben, um noch ins Flugzeug zu kommen, und dann medizinische Behandlung brauchen, haften Sie unter Umständen für die Kosten, die der Airline durch nötige Zwischenlandungen oder anderen Mehraufwand entstehen.

Geben Sie gleich bei der Buchung an, dass Sie schwanger sind und einen **Sitzplatz** mit viel Beinfreiheit wünschen. Geeignet sind diesbezüglich Plätze in der ersten Reihe (wo allerdings meistens Familien mit Babys platziert werden) oder Gangplätze. An den Notausgängen dürfen Schwangere nicht sitzen.

Antje: „Ich bin, beruflich bedingt, während meiner Schwangerschaft bis zur 34. Woche fast wöchentlich Kurzstrecke geflogen – obwohl ich schon über 35 war. Mein Arzt hatte diesbezüglich keine Bedenken – er meinte sogar, wenn ich dieselbe Strecke mit dem Auto zurücklegen würde, wäre es viel belastender und die Thrombosegefahr wäre höher."

Fliegen ist, jedenfalls in der Economy Class, anstrengend. In der Schwangerschaft wird das nicht besser. Das lange, beengte Sitzen ohne Bewegungsfreiheit ist mit dickem Bauch sehr unbequem und behindert die Blutzirkulation im Becken. Das führt zu eingeschlafenen Beinen und erhöht das in der Schwangerschaft ohnehin gesteigerte **Thromboserisiko**. Tragen Sie daher auf längeren Flügen Kompressionsstrümpfe (die wiederum unangenehm warm sind) oder spritzen Sie sich Heparin, um die Blutgerinnung zu senken.

Wie gefährlich ist die Strahlungsbelastung für das Ungeborene?

Von der vermeintlich gefährlichen Strahlungsbelastung im Flugzeug lassen sich viele Schwangere verunsichern. Tatsache ist: Beim Fliegen sind Sie einem gewissen Maß an **Höhenstrahlung** ausgesetzt. Die genaue Dosis ist von der Flughöhe, der Flugdauer und der Route abhängig. Fliegen Sie etwa von München nach San Francisco, nehmen Sie dabei 70 Mikrosievert an Strahlung auf. Ein Flug nach Sao Paulo erzeugt nur etwa 35 Mikrosievert. Von Frankfurt nach Palma de Mallorca fallen nur 3 Mikrosievert an Höhenstrahlung an.

Was diese Werte bewirken, weiß allerdings niemand. Die meisten Airlines gehen auf Nummer sicher und versetzen schwangere Flugbegleiterinnen bereits in der Frühschwangerschaft zum Bodenpersonal. Als „Normalreisende", die nur gelegentlich fliegt, müssen Sie sich keine Sorgen machen: Auch im Alltag nehmen Sie jährlich etwa 2.500 Mikrosievert an Strahlung auf, je nachdem, wo Sie wohnen. Ein Urlaubsflug in der Schwangerschaft fügt Ihrem Strahlenkonto im Vergleich nicht allzu viel hinzu.

Auch wegen der elektromagnetischen Strahlung der **Metalldetektoren** am Security Check müssen Sie keine Sorgen haben. Die Handdetektoren des Sicherheitspersonals sind ebenfalls ungefährlich für Ihr Baby. Röntgenstrahlen werden am Flughafen nur für die Untersuchung des Gepäcks eingesetzt.

Auch das **Herz-Kreislauf-System** kann beim Fliegen stärker belastet sein, da der künstlich erhöhte Luftdruck in der Kabine und der geringere Sauerstoffgehalt die Herzfrequenz steigern. Ansonsten schaden die Druckunterschiede aber weder Ihnen noch Ihrem Baby. Wenn wegen eines Druckabfalls Sauerstoffmasken von der Decke fallen, sind Schwangere nicht übermäßig gefährdet, sofern der Fötus prinzipiell gesund ist.

Noch einmal fliegen ohne Quengeln

Ziehen Sie die engen Stützstrümpfe am Morgen der Abreise schon im Bett an und tragen Sie sie während des gesamten Fluges. Wenn Sie sie einmal ausgezogen haben, kommen Sie garantiert nicht wieder hinein. Verzichten Sie auf Strumpfhosen, um eine Pilzinfektion zu vermeiden.

Ein Problem für Schwangere stellt der **Beckengurt** dar, mit dem Sie sich im Flugzeug anschnallen müssen. Ab dem zweiten Schwangerschaftsdrittel ist das Anschnallen nicht nur zunehmend unbequem, sondern gefährlich: Bei einem Aufprall oder einem heftigen Bremsmanöver kann der Beckengurt in den Bauchraum einschneiden und dabei Ihr Baby oder eine vorn liegende Plazenta schwer verletzen. Führen Sie daher den Gurt immer so tief wie möglich zwischen Bauch und Oberschenkeln durch. Setzen Sie sich auf ein kleines Kissen, verläuft der Beckengurt automatisch ein wenig tiefer und kann nicht so leicht hochrutschen. Spezielle **Gurtadapter** für Schwangere bestehen aus einer Sitzauflage mit einem Gurtführungsband, das den Bauchgurt weit unten hält.

Medizinische Notfälle bei Schwangeren oder Geburten an Bord von Flugzeugen sind sehr selten. Zwischen 2008 und 2010 wurden bei fünf Airlines gerade einmal 61 solcher Fälle gemeldet, das sind 0,5 Prozent aller medizinischen Notfälle. Fast zwei Drittel davon betrafen Schwangere vor der 24. Schwangerschaftswoche.

Checkliste: Flugreisen in der Schwangerschaft

- viel trinken und bequeme, lockere Kleidung und Schuhwerk tragen
- bei Übelkeit oder Hungerattacken das Flugpersonal um einen Snack bitten
- Sitzplatz nahe den Toiletten buchen
- Sitzplätze am Mittelgang und in der ersten Reihe bieten mehr Beinfreiheit
- Kompressionsstrümpfe Klasse 1 oder 2 tragen
- Kreislauf in Schwung halten durch Spaziergänge im Gang, Dehnung der Waden und Fußgelenke

Ist Ihr Bauch schon sehr rund, bitten Sie um einen Schlaufengurt. Diese Gurtverlängerung wird zur Sicherung von Kindern unter zwei Jahren auf dem Schoß ihrer Eltern verwendet, wurde aber ursprünglich für sehr beleibte Fluggäste entwickelt.

Fliegen Sie in der Schwangerschaft niemals mit Kleinflugzeugen, in deren Kabine kein Druckausgleich stattfindet!

Autoreisen

Das Auto gehört zum modernen Leben einfach dazu. Viele Schwangere sitzen noch am Tag der Entbindung selbst hinter dem Steuer. Längere Reisen mit dem Auto sollten Sie sich besonders im letzten Schwangerschaftsdrittel jedoch gut überlegen: Das lange Sitzen ist für Ihren Körper anstrengend und gefährlich, da die Blutzirkulation im Beckenbereich dabei eingeschränkt wird und es zu **Thrombosen** und Venenproblemen kommen kann.

Sie werden schneller müde, sind weniger konzentriert, Einparken und Rangieren fallen schwerer. Der steigende Blutdruck und der Ausstoß an Stresshormonen belasten auch Ihr Baby. Schlechte Straßenverhältnisse oder scharfe Bremsmanöver können in den letzten Wochen der Schwangerschaft sogar **Wehen auslösen**.

Legen Sie auf langen Fahrten **regelmäßig Pausen** ein, bei denen Sie sich viel bewegen und tief durchatmen. Strecken über 400 Kilometer Länge sollten Sie sich möglichst nicht zumuten, schon gar nicht am Stück. Eventuell ist die Landstraße, auf der Sie langsamer fahren und öfter Pausen einlegen können, eine bessere Wahl als die Autobahn. Achten Sie darauf, viel zu trinken. Wenn Ihnen die Benutzung einer Autobahntoilette schwerfällt, gibt es tragbare Urinale, die Sie sogar dezent auf dem Autositz benutzen können.

Für die Möglichkeit eines Staus oder einer Panne, wenn Sie stundenlang warten müssen, sollten Sie immer eine energiereiche Notration in Form von Müsliriegeln oder Studentenfutter dabei haben. Je dicker der Bauch wird, desto schwieriger ist es, den **Sicherheitsgurt** richtig anzulegen. Verpflichtet dazu sind Sie trotzdem!

Nur in Ausnahmefällen können sich Schwangere vom Ordnungsamt von der Gurtpflicht befreien lassen. Crashtests zeigen, dass der Gurt einen Babybauch bei Unfällen effektiv schützt, wenn er korrekt angelegt wird. Noch sicherer fahren Sie mit

einem speziellen Zusatzgurt wie dem HTS BeSafe, der den Beckengurt optimal unter dem Bauch platziert hält.

Sichern Sie sich auf keinen Fall nur mit einem Beckengurt. Dann wird der Babybauch bei einer Bremsung zum „Fangkörper" und kann schwer verletzt werden.

Anstatt den **Dreipunktgurt** quer über Ihren Bauch zu legen, schieben Sie den Bauchteil so weit wie möglich nach unten und den Brustgurt nach oben. Die Rückenlehne sollte möglichst steil stehen. Eventuell legen Sie sich ein kleines Kissen unter oder stellen den Sitz höher, damit der Gurt nicht hochrutscht. Fahren Sie selbst, können Sie die Höhe des Lenkrads so einstellen, dass Ihr Bauch nicht eingeklemmt wird. Zwischen Bauch und Lenkrad sollten mindestens 25 Zentimeter Platz sein.

Keine Angst vor dem **Airbag**: Sind Sie korrekt angeschnallt, kann er Ihr Baby nicht verletzen und erfüllt seine Schutzwirkung. Da die Luftkissen computergesteuert einige Millisekunden vor dem Aufprall aufplatzen, kommen sie sogar dem Sicherheitsgurt zuvor und schützen Sie so davor, dass der Gurt zu stark in Ihren Bauch einschneidet. Die **Lenksäule** kann allerdings tatsächlich zu schweren Schäden führen, wenn sie bei einem Unfall ins Fahrzeuginnere gedrückt wird. Der ADAC empfiehlt Schwangeren deshalb, im dritten Trimester möglichst nicht mehr selbst zu fahren.

Kommt es beim Autofahren (oder anderswo) zu einem **Unfall**, lassen Sie Ihren Bauch vorsichtshalber von einem Frauenarzt oder in einem Krankenhaus mittels Ultraschall untersuchen. Auch wenn Sie sich wohlfühlen und „nichts Schlimmes passiert ist" – eine innere Blutung oder eine Ablösung der Plazenta beginnt meist unbemerkt und kann sehr schnell sehr gefährlich für Sie und Ihr Baby werden.

Ein bequemes und sicheres Reiseverkehrsmittel für Schwangere ist die Bahn. Im Kapitel „Bahn und Zug" ab → S. 282 finden Sie alles, was Sie über Reisen auf Schienen wissen müssen.

Auch Schwangere müssen sich im Auto anschnallen

Checkliste: Autoreisen in der Schwangerschaft

- korrekt anschnallen
- weniger belasten als sonst
- Temperatur im Auto niedrig halten, durch Lüften oder Klimaanlage
- mindestens alle zwei Stunden Pause an der frischen Luft machen
- viel trinken
- während der Fahrt Durchblutung der Beine anregen (mit Zehen und Fersen wackeln und kreisen)
- bei Neigung zu Venenproblemen Kompressionsstrümpfe tragen

◀ Mit Bauch sind mehr Pausen nötig als sonst. Nehmen Sie auf Reisen in der Schwangerschaft viel Rücksicht auf sich!

Kreuzfahrten

Bei einer Kreuzfahrt denken Sie an Luxus und Verwöhnenlassen. Genau das Richtige bei einer anstrengenden Schwangerschaft, oder? Neben all dem Komfort bergen Reisen auf hoher See jedoch für Schwangere ein Problem: Wenn etwas passiert, kann es eine ganze Weile dauern, bis Sie **medizinische Hilfe** bekommen.

Die letzte Reise zu zweit genießen

Kreuzfahrtschiffe verfügen zwar über Ärzte und gut ausgestattete Krankenstationen (oft sogar mit kleinen OP-Sälen), aber Gynäkologen und Geburtshelfer sind nicht an Bord. Für die Bedürfnisse eines Neugeborenen oder gar einer Frühgeburt ist man auf hoher See nicht ausgerüstet. Da Mediziner verpflichtet sind, bei einsetzenden Geburten **ab der 24. Schwangerschaftswoche** alles für das Leben des Babys zu tun, säßen sie hier in der Zwickmühle. Die meisten Veranstalter von Kreuzfahrten sind daher ziemlich pingelig und verweigern allen Schwangeren ab etwa dem sechsten Monat die Beförderung (siehe Tabelle rechts).

Das kann zu großem Katzenjammer führen, weil während des Buchungsvorgangs in der Regel nicht explizit danach gefragt wird, ob man schwanger ist. Die genauen Bestimmungen sind oft irgendwo in den AGB versteckt, mit denen man sich bei der Buchung automatisch einverstanden erklärt. Nur selten wird man beim Check-in offen nach der Schwangerschaftswoche gefragt. Seien Sie darauf gefasst, dass Sie Ihren Mutterpass vorzeigen müssen.

Hoffen Sie nicht auf Kulanz des Anbieters! Es kommt immer wieder vor, dass Frauen, deren Schwangerschaft über den von der Reederei festgelegten Termin hinaus besteht, die Mitnahme verweigert wird oder dass sie auf eigene Kosten ausgeschifft werden. Den vorzeitigen Rückflug und die zusätzlichen Hotelkosten bezahlen Sie dann natürlich ebenfalls selbst. Bei gesundheitlichen Komplikationen kann die Versicherung die Übernahme der Behandlungskosten verweigern.

Jennisue: „In der 17./18. SSW haben wir eine 10-tägige Kreuzfahrt mit der AIDA gemacht (Kanaren). Ich habe mir vorher das Okay meiner Frauenärztin geben lassen und dann ging es los! Ich hatte etwas Angst vor der Reiseübelkeit auf See, aber ich habe keine Probleme gehabt. Da ich eine sehr ängstliche Schwangere war, musste ich einmal zum Schiffsarzt. Aber es war alles in Ordnung, ich habe die Reise genossen und auch das Wellnessangebot an Bord (da kann man ja auch nicht alles in Anspruch nehmen während einer Schwangerschaft). Wir haben vier oder fünf Landausflüge gemacht, haben uns extra welche ausgesucht, wo man nicht sehr weit laufen muss und was nicht allzu abgelegen ist. Ich würde es jederzeit wieder machen – diesmal mit unserer kleinen Tochter."

Die Regelungen für Schwangere wurden in den letzten Jahren von den Reedereien **stetig verschärft**. Wollen Sie in der Schwangerschaft eine Kreuzfahrt machen oder haben Sie eine Kreuzfahrt gebucht und stellen erst nachträglich fest, dass Sie schwanger sind, setzen Sie sich unbedingt mit dem Anbieter in Verbindung.

Nicht für bereits Schwangere, sondern für alle Frauen, deren Familienplanung noch nicht definitiv abgeschlossen ist, gilt: Schließen Sie für jede Kreuzfahrt eine Reiserücktrittsversicherung ab, die auch den Rücktritt wegen Schwangerschaft abdeckt.

Die Vorsicht der Kreuzfahrt-Anbieter ist nicht unbegründet. Bedenken Sie, dass Ihnen die schwangerschaftstypische Übelkeit die Reise vermiesen könnte, auch wenn Sie noch nie unter Seekrankheit (→ S. 391) gelitten haben. Medikamente gegen diese Unpässlichkeiten sind oft nicht für Schwangere freigegeben.

Geht es Ihnen gut und sind Sie noch nicht im sechsten Schwangerschaftsmonat, steht einer Kreuzfahrt nichts im Weg. Um eine lange und anstrengende Anreise zum Starthafen zu vermeiden, sollten Sie eventuell von Routen in der Karibik absehen und das Mittelmeer oder Nordeuropa bevorzugen. So sichern Sie sich in Hinsicht auf Krankheitsrisiken, den Hygienestandard und das Klima bei Landausflügen ab. Auf Routen mit wenigen Seetagen ist das Risiko, seekrank zu werden, geringer. Und sollte doch etwas passieren, sind Sie schneller medizinisch versorgt. Die meisten Häfen in Europa bieten eine erstklassige Infrastruktur.

Ist all das bedacht, können Sie sich auf Ihrer letzten Kreuzfahrt zu zweit (oder auch zu dritt…) noch einmal so richtig rundherum verwöhnen lassen. Genießen Sie die Zeit!

Regelungen der Kreuzfahrt-Reedereien für Schwangere

Reederei	Späteste erlaubte Schwangerschaftswoche (SSW)
AIDA Cruises	24. (bei Reiseende)
Costa Kreuzfahrten	24. (bei Reiseende)
Cunard	23. (bei Ausschiffung), Attest über Gesundheit und Reisetauglichkeit, Bescheinigung über Nicht-Risikoschwangerschaft und Bestätigung des Geburtstermins bei Check-in verlangt
Disney Cruise Line	24. (bei Ausschiffung)
Mein Schiff (TUI Cruises)	ab der 24. SSW wird von Reisen „dringend abgeraten"
MS Deutschland (Reederei Deilmann)	24. (bei Reiseantritt)
MS Europa (Hapag Lloyd)	laut Presseabteilung keine Begrenzung
MSC Kreuzfahrten	23. (bei Reiseantritt), davor nur mit ärztlicher Reisefähigkeitsbescheinigung; Stornierung wegen Schwangerschaft mit vollständiger Kostenerstattung möglich
NCL	24. (bei Reiseantritt), ärztliches Attest in Englisch über Reisefähigkeit und Entbindungstermin notwendig; Abfrage der SSW beim Check-in
Royal Caribbean, Celebrity Cruises, Azamara Club Cruises	24. (bei Reiseantritt oder während der Reise), vorher ärztliche Reisefähigkeitsbescheinigung in Englisch an Royal Caribbean senden und beim Check-in vorweisen

Quelle: eigene Recherchen, Stand: 12/2014

Alles, was Sie auf Reisen mit Kindern brauchen

Allgemeine Packliste für den Familienurlaub	418
Ferienhausurlaub/Selbstversorger	424
Urlaub auf dem Bauernhof	424
Strandurlaub	425
Hotelurlaub	425
Autoreise	426
Winterurlaub	428
Handgepäck für Flugreisen	429
Wohnmobilreise	430
Fahrradreise	431
Kreuzfahrt	431
Städtetrip	432
Wanderurlaub	432
Campingurlaub	433
Babybrei kochen auf Reisen	434
Töpfchentraining unterwegs	434
Wickeltasche	434
Stillen und Flasche geben auf Reisen	435
Reisen in der Schwangerschaft	435

Packlisten

Packlisten

Über die einzelnen Kapitel in diesem Buch sind zahlreiche Packlisten für verschiedene Urlaubsarten oder Ausflugsideen verteilt. Wollen Sie Ihre Urlaubsvorbereitung gründlich angehen, ist eine ausgedruckte Packliste empfehlenswert. Deshalb finden Sie hier eine detaillierte Urlaubspackliste. Auf den Seiten danach haben wir ergänzende Packlisten für diverse Urlaubsarten und besondere Bedürfnisse aufgeführt.

 Alle Packlisten können Sie im Mitgliederbereich auf www.kidsaway.de kostenlos als PDF-Kopiervorlagen herunterladen.

Die Packlisten-Vorlagen beanspruchen keine Vollständigkeit. Natürlich sollen Sie nicht alles mitnehmen, was auf den folgenden Seiten aufgelistet wird. Es gibt auch keinen Zwang, genau diese Dinge mitzunehmen. Bitte ergänzen Sie selbst Punkte, die für Ihre Familie unbedingt auf die Packliste gehören. Dinge, die Sie im Urlaub direkt vor Ort leihen oder kaufen könnten, haben wir entsprechend markiert. Ein weiteres Symbol weist darauf hin, wenn Sie für den Betrieb eines Gegenstands Strom benötigen. Denken Sie dann gleich mit an Ladekabel und passende Adapter, falls Sie ins Ausland fahren.

---

vor Ort kaufen   benötigt Strom: Adapter oder Ladegerät nicht vergessen!

 vor Ort leihen   wenn ins Flug-Handgepäck, dann in 1-Liter-Ziplocktüte!

Allgemeine Packliste für den Familienurlaub

Reise-Unterlagen

- ☐ Allergiepässe
- ☐ Atteste über verschreibungspflichtige Medikamente
- ☐ Bargeldvorrat in der Landeswährung
- ☐ Blutgruppenpässe
- ☐ Buchungsbestätigungen, Mietverträge
- ☐ Fährtickets
- ☐ Impfpässe
- ☐ Kontakte und Adressen
- ☐ Krankenkassenversicherungskarten
- ☐ Kreditkarten
- ☐ Mitgliedskarten (ADAC, DJH usw.)
- ☐ Nachweis für Auslandsreise-Krankenversicherung
- ☐ Nachweise und Kontaktdaten für andere Reiseversicherungen
- ☐ Notfallrufnummern
- ☐ (Kinder-)Reisepässe, Personalausweise
- ☐ Reisevollmacht mit Heiratsurkunde, Geburtsurkunde des Kindes, Kopie des Reisepasses des nicht mitreisenden Elternteils
- ☐ Sperrnummern für Maestro- und Kreditkarten
- ☐ U-Untersuchungshefte
- ☐ Visa
- ☐ ....
- ☐ ....
- ☐ ....

Für das Baby

- [ ] Babydecke
- [ ] Babygeschirr und -besteck
- [ ] Babynagelschere
- [ ] Babyöl
- [ ] Babyphone [LEIHEN]
- [ ] Babyreisebett mit Matratze und Laken [LEIHEN]
- [ ] Babyschlafsack
- [ ] Babyshampoo
- [ ] Badeeimer [LEIHEN]
- [ ] Feuchttücher
- [ ] Fluorid/Vitamin D
- [ ] Handdesinfektionsmittel
- [ ] Kapuzenhandtuch oder Badeponcho
- [ ] tragbarer Kinderhochstuhl [LEIHEN]
- [ ] Krabbeldecke
- [ ] Lätzchen
- [ ] Papiertücher
- [ ] luftdicht verschließbare Plastiktüten
- [ ] Schnuller, Ersatzschnuller, Schnullerkette
- [ ] transportables Töpfchen
- [ ] Waschlappen
- [ ] 2 Sets Wechselkleidung
- [ ] wegwerfbare Wickelunterlagen
- [ ] Windeln oder Trainerhöschen
- [ ] Wundsalbe für Babypopo
- [ ] ....
- [ ] ....
- [ ] ....

Körperpflege und Hygiene

- [ ] Brillen, Ersatzbrillen
- [ ] Bürsten/Kämme
- [ ] Deodorant
- [ ] Duschbad und Shampoo oder 2-in-1-Produkt
- [ ] Fön [LEIHEN]
- [ ] Handtücher [LEIHEN]
- [ ] Kontaktlinsen und -flüssigkeit
- [ ] Kosmetik und persönliche Hygiene
- [ ] Lesebrillen
- [ ] Lippenpflegestift
- [ ] Nagelschere
- [ ] Rasierer
- [ ] (Kinder-)Shampoo
- [ ] Toilettensitzauflagen
- [ ] Verhütungsmittel
- [ ] Wind- und Wettercreme
- [ ] Zahnbürsten und Zahnpasta
- [ ] Zellstofftaschentücher
- [ ] ....
- [ ] ....
- [ ] ....

Kleidung

- ☐ ärmellose Oberteile
- ☐ Bodys
- ☐ dünne Fleecejacken
- ☐ Fleece-Overall
- ☐ Flipflops
- ☐ Gummistiefel
- ☐ Gürtel
- ☐ gute Schuhe
- ☐ Halstücher
- ☐ Hausschuhe
- ☐ kurze Hosen
- ☐ lange Hosen
- ☐ winddichte Jacken/Softshells
- ☐ Jeans
- ☐ Kleider
- ☐ schicke Kleidung
- ☐ Krabbelschuhe/Lauflernschuhe
- ☐ Matsch-Füßlinge
- ☐ Matschhosen
- ☐ Mützchen und warme Mützen
- ☐ Regenhüte/Südwester
- ☐ warme Regenjacken
- ☐ Röcke
- ☐ Sandalen
- ☐ Schals/Halstücher
- ☐ Schlafanzüge/Nachthemden
- ☐ Sonnenhüte mit Nacken- und Ohrenschutz
- ☐ Strampler
- ☐ Strickjacken
- ☐ Strümpfe
- ☐ Strumpfhosen/Leggins
- ☐ Stulpen
- ☐ Sturmmasken
- ☐ Sweatshirts und Pullover
- ☐ Thermo-Unterwäsche
- ☐ T-Shirts
- ☐ Turnschuhe/Trekkingschuhe
- ☐ Unterwäsche
- ☐ UV-Schutzkleidung
- ☐ Wanderschuhe
- ☐ Woll- oder Thermohosen
- ☐ Woll-Füßlinge oder Fellschühchen
- ☐ ....
- ☐ ....
- ☐ ....

Beschäftigung auf der Reise

- ☐ kleine Bilderbücher 💶
- ☐ Bücher
- ☐ Ebook-Lesegerät/Tablet PC 🔌
- ☐ CDs 🔌
- ☐ DVDs 🔌
- ☐ verpackte kleine Geschenke
- ☐ Greiflinge
- ☐ Hand- und Fingerpuppen
- ☐ Klebestift 💶
- ☐ Knisterpapier
- ☐ Lieblingskuscheltier/-puppe/-tuch

- ☐ Malblock/Papier 💶
- ☐ Malstifte (Wachsmalstifte und Buntstifte) 💶
- ☐ Mikadospiel
- ☐ kleine Reisespiele
- ☐ Schnur 💶
- ☐ Stickerbücher
- ☐ Zeitschriften 💶
- ☐ ....
- ☐ ....
- ☐ ....

Diverses

- ☐ Ersatzbatterien 💶
- ☐ Feuerzeug/Streichhölzer 💶
- ☐ Hängematte
- ☐ Haustürschlüssel
- ☐ Nachtlicht 🔌
- ☐ Nähzeug
- ☐ Papier und Stift 💶
- ☐ Portemonnaie
- ☐ Regenschirm
- ☐ Reiseführer
- ☐ Reiseroute/Reiseplan
- ☐ Reisewaschmittel 💶 💧

- ☐ Sonnencreme 💧
- ☐ Sonnenbrillen
- ☐ Sonnenhüte (mit Nacken- und Ohrenschutz)
- ☐ Taschenlampen oder Stirnlampen
- ☐ Taschenmesser
- ☐ Toilettenpapier 💶
- ☐ Tragetasche
- ☐ Wörterbuch
- ☐ ....
- ☐ ....
- ☐ ....

Reise-Apotheke

Bitte stimmen Sie den genauen Inhalt der Reise-Apotheke auf Ihr Urlaubsziel, die Art Ihres Urlaubs und den Gesundheitszustand Ihres Kindes ab. Ihr Kinderarzt ist hier der beste Ansprechpartner.

Viele dieser Dinge können Sie notfalls auch vor Ort noch kaufen. Verlassen Sie sich aber nicht darauf und denken Sie daran, dass Hilfe manchmal schnell nötig ist.

- ☐ Aktivkohle gegen Durchfall und Vergiftungen
- ☐ Alltagsmedikation ⚫
- ☐ Atteste über verschreibungspflichtige Medikamente
- ☐ Augentropfen (pflanzlich/antibiotisch) ⚫
- ☐ Beipackzettel
- ☐ Blasenpflaster
- ☐ Breitband-Antibiotikum
- ☐ Cortisonzäpfchen
- ☐ Desinfektionsspray ⚫
- ☐ Durchfallmittel
- ☐ Einmalhandschuhe
- ☐ Elastikbinde
- ☐ Elektrolytlösung
- ☐ Erste-Hilfe-Set
- ☐ 2 digitale Fieberthermometer
- ☐ Glyzerinzäpfchen
- ☐ Halsschmerztabletten
- ☐ Herpescreme
- ☐ Hustenbonbons
- ☐ Hustensaft oder Hustentee
- ☐ Impfpässe
- ☐ Insektenschutzmittel ⚫
- ☐ juckreizlinderndes Mittel gegen Insektenstiche
- ☐ sterile Kompressen
- ☐ Krankenversicherungskarten
- ☐ Medikament gegen Reisekrankheit
- ☐ Mullbinden
- ☐ Nasentropfen/-spray (für Kinder/Erwachsene) ⚫
- ☐ Nasentropfen/-spray mit Salzwasser ⚫
- ☐ Ohrentropfen ⚫
- ☐ Pflaster
- ☐ Pinzette
- ☐ Rescue-Tropfen ⚫ oder -Bonbons
- ☐ schmerz- und fiebersenkendes Mittel
- ☐ Schmerzsalbe
- ☐ Spray oder Creme gegen Sonnenbrand ⚫
- ☐ Verbrennungssalbe
- ☐ entzündungshemmende Wundsalbe
- ☐ Zeckenkarte/Zeckenzange
- ☐ ....
- ☐ ....
- ☐ ....

Ausführliche Erläuterungen rund um diese Packliste finden Sie ab → S. 84.

Notfallapotheke

- ☐ Arnica C 200
- ☐ Blasenpflaster
- ☐ 1 Paar Einmalhandschuhe
- ☐ Elastikbinde
- ☐ 2 Mullbinden
- ☐ Kohletabletten gegen Vergiftungen
- ☐ sterile Kompressen
- ☐ Notfalldecke
- ☐ Pflaster
- ☐ Pinzette
- ☐ Schmerztabletten (passende Wirkstoffkonzentration für alle Mitreisenden!)
- ☐ Wunddesinfektionsspray, Jodsalbe oder Alkoholtupfer 💧
- ☐ Wund- und Heilsalbe gegen Verbrennungen 💧
- ☐ ....
- ☐ ....
- ☐ ....

Ausführliche Erläuterungen rund um diese Packliste finden Sie ab → S. 392.

Multimedia und Technik

- ☐ Adapter
- ☐ Babyphone LEIHEN 🔌
- ☐ Batterien und Akkus
- ☐ tragbarer DVD-Player 🔌
- ☐ Ebook-Lesegerät 🔌
- ☐ Filmkamera 🔌
- ☐ Fotoapparat 🔌
- ☐ Kinderkopfhörer LEIHEN
- ☐ Ladekabel oder -geräte 🔌
- ☐ Laptop 🔌
- ☐ Mobiltelefon, Smartphone 🔌
- ☐ MP3-Player 🔌
- ☐ Sicherheitsschloss für elektronische Geräte
- ☐ Speicherkarten
- ☐ Tablet PC 🔌
- ☐ Walkie-Talkies
- ☐ ....
- ☐ ....
- ☐ ....

Ferienhausurlaub/Selbstversorger

- ☐ Alufolie 💰
- ☐ Anfahrtsbeschreibung zum Objekt
- ☐ Baby-/Kinderdecke
- ☐ Babyreisebett mit Matratze und Laken LEIHEN
- ☐ Bademäntel/-ponchos LEIHEN
- ☐ Badwäsche (Handtücher, Waschlappen, Duschvorleger) LEIHEN
- ☐ Bettwäsche für alle LEIHEN
- ☐ Espressokanne
- ☐ Gartenschuhe
- ☐ Geschirrspültabs 💰
- ☐ Geschirrtücher
- ☐ Grill 💰 LEIHEN
- ☐ Grillkohle und Grillanzünder 💰
- ☐ Haushaltstücher 💰
- ☐ bequeme Hauskleidung
- ☐ Hausschuhe/Stoppersocken
- ☐ Isolierband 💰
- ☐ Kantenschutz-Gummis 💰
- ☐ Kindergeschirr und -besteck
- ☐ tragbarer Kinderhochstuhl oder Sitzhilfe 💰 LEIHEN
- ☐ Kleidung für maximal 1 Woche
- ☐ Kopfkissen LEIHEN
- ☐ wasserdichte Matratzenauflage
- ☐ scharfes Messer
- ☐ Müllsäcke 💰
- ☐ Nachtlicht 🔌
- ☐ Pürierstab für Babybrei 🔌
- ☐ Schlüssel, Schlüsselcode
- ☐ Spannbettlaken für Babyreisebett LEIHEN
- ☐ Spülbürste oder Schwamm, Wischlappen, Spülmittel 💰
- ☐ Steckdosensicherungen 💰
- ☐ Streichhölzer oder Feuerzeug 💰
- ☐ Telefonnummer des Vermieters oder
- ☐ Toilettenpapier 💰
- ☐ Telefonnummer des Vermieters oder Verwalters
- ☐ Vorrat Gläschennahrung 💰
- ☐ Wäscheklammern LEIHEN
- ☐ Waschmittel 💰
- ☐ ....
- ☐ ....

Ausführliche Erläuterungen rund um diese Packliste finden Sie ab → S. 300.

Urlaub auf dem Bauernhof

- ☐ Gummistiefel
- ☐ Insektenschutzmittel 💰
- ☐ robuste Kleidung („Stallsachen")
- ☐ Matschhosen
- ☐ Reithelme LEIHEN
- ☐ Reitstiefel LEIHEN
- ☐ ....
- ☐ ....

Ausführliche Erläuterungen rund um diese Packliste finden Sie ab → S. 200.

Strandurlaub

- ☐ After Sun Lotion 💰
- ☐ aufblasbares Planschbecken 💰
- ☐ Badehandtücher LEIHEN
- ☐ Bademäntel/-ponchos LEIHEN
- ☐ 2 Sets Badesachen pro Person
- ☐ Getränke 💰
- ☐ Gezeitentabelle 💰
- ☐ Lippenpflegestift mit UV-Schutz
- ☐ Neoprenanzüge LEIHEN
- ☐ Picknickdecke
- ☐ Sandspielzeug 💰 LEIHEN
- ☐ Schwimmbrillen
- ☐ Schwimmflügel oder Rettungswesten
- ☐ Schwimmwindeln 💰
- ☐ Sonnenbrillen
- ☐ Sonnencreme/-lotion 💰
- ☐ Sonnenhüte (mit Nacken- und Ohrenschutz)
- ☐ Sonnenschirm mit UV-Schutz LEIHEN
- ☐ Spielzeug für ruhige Beschäftigung
- ☐ Strandmuschel
- ☐ Strandschuhe
- ☐ Strandspielzeug (Ball, Boccia, Tennis, Wikingerschach) 💰 LEIHEN
- ☐ Taucherbrillen, -flossen und Schnorchel LEIHEN
- ☐ UV-Schutzkleidung
- ☐ wasserdichte Unterlage
- ☐ Wasserspielzeug (Wasserball, Schwimmreifen) 💰 LEIHEN
- ☐ Wechselkleidung
- ☐ ....
- ☐ ....
- ☐ ....

Ausführliche Erläuterungen rund um diese Packliste finden Sie ab → S. 155.

Hotelurlaub

- ☐ Babyphone 🔌
- ☐ Babyreisebett mit Matratze und Laken LEIHEN
- ☐ Gläschenwärmer LEIHEN 🔌
- ☐ wasserdichte Matratzenauflage
- ☐ luftdicht verschließbare Plastiktüten für benutzte Windeln 💰
- ☐ Reisewasserkocher LEIHEN 🔌
- ☐ Standard-Stöpsel für Waschbecken
- ☐ Vorrat Gläschennahrung 💰
- ☐ ....
- ☐ ....
- ☐ ....

Ausführliche Erläuterungen rund um diese Packliste finden Sie ab → S. 305.

Autoreise

Sie müssen nicht unbedingt alle diese Dinge einpacken. Bei Mietwagen sind viele der aufgeführten Gegenstände inklusive oder können an der Verleihstation zusätzlich ausgeliehen werden.

- ☐ Abschleppseil
- ☐ Autokindersitze/ Sitzerhöhungen 💰 LEIHEN
- ☐ Autoschlüssel
- ☐ Beschäftigung für die Fahrt
- ☐ Betriebsanleitung für das Auto
- ☐ CDs oder MP3-Adapter 🔌
- ☐ Desinfektionsspray
- ☐ tragbarer DVD-Player 🔌
- ☐ Ersatzkanister für Treibstoff
- ☐ Ersatzrad, Wagenheber, Warndreieck und Abschleppseil
- ☐ Feuchttücher oder Waschlappen
- ☐ Feuerlöscher und Gurtmesser
- ☐ Getränke 💰
- ☐ Kleingeld in der Landeswährung für Maut
- ☐ Maltablett
- ☐ voll aufgeladenes Mobiltelefon mit Ladekabel und Auto-Adapter
- ☐ Nackenhörnchen oder Schlafkissen
- ☐ Navigationsgerät LEIHEN 🔌

- ☐ Notrufnummern In- und Ausland
- ☐ Papiertaschentücher
- ☐ 1 Liter Reserveöl
- ☐ Rücklehnenschutz (gegen schmutzige Kinderschuhe)
- ☐ Rücksitztasche (Organizer für Spielzeug)
- ☐ Rückspiegel für rückwärts gerichtete Kindersitze
- ☐ Snacks für die Fahrt 💰
- ☐ Straßenkarte, Autoatlas
- ☐ Taschenlampe mit Ersatzbatterien oder Dynamo-Taschenlampe
- ☐ 1 Rolle Toilettenpapier
- ☐ Verbandkasten/Erste-Hilfe-Kasten
- ☐ Vignette
- ☐ Warnwesten für alle Mitreisenden
- ☐ Werkzeug und Starthilfekabel
- ☐ Zweitschlüssel
- ☐ ....
- ☐ ....
- ☐ ....

Ausführliche Erläuterungen rund um diese Packliste finden Sie ab → S. 258.

Dokumente für die Autoreise

- ☐ Europäischer Unfallbericht in der Sprache des Urlaubsziels
- ☐ Führerscheine für jeden Fahrer
- ☐ Internationale Versicherungskarte (Grüne Karte)
- ☐ Internationaler Führerschein oder beglaubigte Übersetzung des deutschen Führerscheins
- ☐ Kfz-Schein und Schutzbrief
- ☐ Mitgliedskarte des Automobilclubs
- ☐ ....
- ☐ ....
- ☐ ....

Ausführliche Erläuterungen rund um diese Packliste finden Sie ab → S. 260.

Hochsommerfahrt

- ☐ luftdurchlässige Auflage für den Kindersitz
- ☐ Getränke (mindestens 1,5 l pro Person)
- ☐ Kühlbox 🔌
- ☐ weißes Laken zum Abdecken der Sitze und des Armaturenbretts
- ☐ Notvorrat Trinkwasser
- ☐ salzige Snacks gegen Mineralienverlust beim Schwitzen
- ☐ Sonnenrollos
- ☐ Sonnenschutzblende
- ☐ Taschenventilator 🔌
- ☐ Waschlappen oder Mullwindel zum Befeuchten
- ☐ Wassersprühflasche
- ☐ ....
- ☐ ....
- ☐ ....
- ☐

Ausführliche Erläuterungen rund um diese Packliste finden Sie ab → S. 262.

Winterfahrt

- ☐ warme Decken für alle Insassen
- ☐ Eiskratzer, Schlossenteiser
- ☐ gefütterter Fußsack für Babys
- ☐ Knick-Taschenwärmer
- ☐ Notfallration Schokolade, Nüsse und Snacks
- ☐ Schaufel
- ☐ Schneeketten **LEIHEN**
- ☐ Thermoskanne mit Heißgetränk
- ☐ ....
- ☐ ....
- ☐ ....

Ausführliche Erläuterungen rund um diese Packliste finden Sie ab → S. 264.

Rastpause

- ☐ Besteck, Schneidemesser
- ☐ Feuchttücher oder feuchte Waschlappen in einer verschließbaren Tüte
- ☐ je nach Alter des Kindes Fläschchen, Trinktasse, Trinkflasche oder Strohhalme
- ☐ Gläschenwärmer ⌁
- ☐ Kühlbox ⌁
- ☐ Mahlzeit(en) und Getränke
- ☐ wasserfeste Picknickdecke
- ☐ Plastiktüten (für Müll und Reisekrankheit)
- ☐ Reisetöpfchen, Toilettensitzauflagen oder Toilettenaufsatz
- ☐ Spielzeug für Bewegungsspiele
- ☐ 1 Rolle Toilettenpapier
- ☐ Wechselkleidung für die Kinder
- ☐ ....
- ☐ ....

Ausführliche Erläuterungen rund um diese Packliste finden Sie ab → S. 268.

Winterurlaub

- ☐ Clips für Liftpässe 📷
- ☐ Extra-Einlegesohlen oder selbstheizende Einlagen
- ☐ warme Füßlinge für Tragekinder
- ☐ Fußsack für Schlitten
- ☐ 2 Paar Handschuhe pro Person
- ☐ Knick-Taschenwärmer
- ☐ 2 Mützen pro Person
- ☐ leichte Schuhe für Quartier und Skikeller
- ☐ Schals oder Fleeceschläuche
- ☐ Schlitten **LEIHEN**
- ☐ Babylehne für Schlitten **LEIHEN**
- ☐ 2 Schneeanzüge/Zweiteiler pro Kind
- ☐ Skiausrüstung **LEIHEN**
- ☐ Skibrillen
- ☐ Skihelme **LEIHEN**
- ☐ Skistiefel **LEIHEN**
- ☐ dicke Socken/Skisocken
- ☐ Sonnenbrillen
- ☐ Sonnencreme
- ☐ Stiefel
- ☐ wasserfeste Stulpen
- ☐ Sturmmasken
- ☐ Sunblocker
- ☐ Thermo-Unterwäsche
- ☐ Tragecover mit Kapuze für Tragekinder
- ☐ isolierende Unterlage für Kinderwagenwanne
- ☐ UV-Lippenpflegestift
- ☐ Wind- und Wettercreme
- ☐ ....
- ☐ ....
- ☐ ....

Ausführliche Erläuterungen rund um diese Packliste finden Sie ab → S. 168.

Handgepäck für Flugreisen

- ☐ Attest für verschreibungspflichtige Medikamente
- ☐ Ausdruck der Erlaubnis zur Nutzung des Kinderrückhaltesystems
- ☐ Bonbons/Kaugummis
- ☐ Bonusmeilen-Mitgliedskarten
- ☐ Brillen
- ☐ Buchungscode/Tickets/Ausdruck der Reisebestätigung
- ☐ CARES-Gurt oder Autokindersitz
- ☐ Deodorant 💧
- ☐ Desinfektionsspray 💧 oder -tücher
- ☐ Haarbürste
- ☐ dünne Jacken oder Pullover
- ☐ Knabbereien, Obst, Müsliriegel
- ☐ Kontaktlinsenlösung 💧
- ☐ Kontaktlinsensets
- ☐ Kuscheltiere und Kuscheldecken
- ☐ Medikamente gegen Reiseübelkeit 💧
- ☐ Nackenhörnchen oder Kissen
- ☐ Nasentropfen/-spray (für Kinder und Erwachsene) 💧
- ☐ Nasentropfen/-spray mit Salzwasser 💧
- ☐ Ohrstöpsel
- ☐ verschließbare Plastiktüten für verschmutzte Kleidung oder Windeln
- ☐ Reisedokumente
- ☐ Reservierungsbestätigung von Flugsonderleistungen
- ☐ Schlafmasken
- ☐ schmerzstillendes und fiebersenkendes Mittel 💧
- ☐ warme Socken
- ☐ kleine Flasche Sonnencreme 💧
- ☐ Spielzeug für ruhige Beschäftigung
- ☐ Taschentücher
- ☐ Trinkflaschen
- ☐ Tücher oder Schals
- ☐ 1 Satz Wechselkleidung pro Person
- ☐ Zahnbürsten und -pasta 💧

Ausführliche Erläuterungen rund um diese Packliste finden Sie ab → S. 234.

Was nicht ins Handgepäck darf

- Benzinfeuerzeuge
- Besteck
- Campingkocher
- Flüssigkeiten, Cremes, Zahnpasta, Sprays und Ähnliches in Packungen über 100 Milliliter oder insgesamt mehr als 1 Liter
- Scheren (auch Bastelscheren) und Feilen
- Spielzeugwaffen (auch aus Plastik)
- Spritzen (wenn sie nötig sind, muss ein Attest vorgelegt werden)
- Stricknadeln
- Taschenmesser

Kontrollieren Sie Ihr Handgepäck besonders vor dem Rückflug gründlich. Verbotene Gegenstände, die erst an der Sicherheitskontrolle entdeckt werden, müssen Sie wahrscheinlich an Ort und Stelle wegwerfen!

Wohnmobilreise

Die Ausstattung und auch die Möglichkeit, Ausstattung beim Vermieter auszuleihen, variiert stark von Land zu Land und auch je nach Anbieter. Informieren Sie sich unbedingt vorher genau in den Mietbedingungen, was Sie in Ihrem Mietwohnmobil vorfinden werden und was Sie vor Ort leihen können oder nachkaufen müssen.

Schauen Sie bitte auch in die Packliste „Dokumente für die Autoreise" auf → S. 427.

- ☐ Abschleppseil, Ersatzrad, Wagenheber
- ☐ Ausgleichskeile zum Parken auf unebenen Flächen
- ☐ Autokindersitze LEIHEN
- ☐ Babywanne oder Badeeimer LEIHEN
- ☐ Beschäftigung für die Fahrt
- ☐ Bettzeug, Bettwäsche und Kopfkissen LEIHEN
- ☐ Campingmöbel (Tisch und Stühle) LEIHEN
- ☐ Dosen- und Flaschenöffner LEIHEN
- ☐ Ersatzschlüssel
- ☐ Feuerzeuge oder Streichhölzer
- ☐ Flipflops oder Schlappen
- ☐ Gasflasche LEIHEN
- ☐ Geschirr, Besteck LEIHEN
- ☐ Handfeger LEIHEN
- ☐ Handtücher LEIHEN
- ☐ Heizlüfter
- ☐ Insektenschutzmittel
- ☐ Kindergeschirr und -besteck
- ☐ zerlegbarer Kinderhochstuhl LEIHEN
- ☐ Kinderschlafsäcke
- ☐ Kochgeschirr LEIHEN
- ☐ Küchenpapier

- ☐ Laterne
- ☐ wasserdichte Matratzenauflage
- ☐ Moskitonetz LEIHEN
- ☐ Nachtlicht
- ☐ Navigationsgerät LEIHEN
- ☐ Rausfallschutz fürs Bett LEIHEN
- ☐ Reparatur-Set (Panzertape, Nähzeug, Schnur, Schere, Tesafilm, Leim)
- ☐ im Winter: Schneeketten LEIHEN, Eiskratzer, Schlossenteiser
- ☐ Spülmittel, Lappen und Geschirrtücher
- ☐ Stöpsel für das Waschbecken
- ☐ Taschenlampen oder Stirnlampen
- ☐ Toilettenpapier
- ☐ Warnwesten für alle Insassen
- ☐ Wäscheleine und -klammern LEIHEN
- ☐ Waschlappen
- ☐ Waschmittel
- ☐ Zusätze für Campingtoilette und Wassertank
- ☐ ....
- ☐ ....
- ☐ ....

Ausführliche Erläuterungen rund um diese Packliste finden Sie ab → S. 192.

Fahrradreise

- ☐ Erste-Hilfe-Set
- ☐ Fahrräder
- ☐ Fahrradanhänger oder Trailerbike
- ☐ Fahrradhandschuhe
- ☐ Fahrradhelme
- ☐ Fahrradschlösser
- ☐ 1,5 l Getränke pro Person
- ☐ GPS-Gerät
- ☐ Radwegekarte
- ☐ Handy mit aufgeladenem Akku
- ☐ Insektenschutzmittel
- ☐ Luftpumpe (passend für alle Ventile)
- ☐ Mahlzeit(en) für die Rast
- ☐ Notration (Traubenzucker, Studentenfutter, Müsliriegel)
- ☐ Picknickdecke für die Rast
- ☐ Regenjacken, eventuell Regenhosen
- ☐ Sonnen- oder Klarsichtbrillen
- ☐ Spielzeug und Beschäftigung für den Anhänger und für Pausen
- ☐ Wechselkleidung für die Kinder
- ☐ Werkzeugtasche und Flickzeug für alle Räder und den Anhänger
- ☐ ....
- ☐ ....
- ☐ ....

Ausführliche Erläuterungen rund um diese Packliste finden Sie ab → S. 210.

Kreuzfahrt

- ☐ Babyphone/Walkie-Talkies LEIHEN
- ☐ Buggy/Babytrage LEIHEN
- ☐ Fernglas
- ☐ dünne Fleecejacken
- ☐ Flipflops oder Badeschuhe für Pool und in der Kabine
- ☐ Handwaschmittel
- ☐ Nachtlicht
- ☐ 1 bis 2 schickere Outfits
- ☐ leichte Regenjacken
- ☐ feste Schuhe
- ☐ Mittel gegen Seekrankheit
- ☐ Telefonnummern des Kreuzfahrtschiffs und der Hafenagenten auf der Strecke
- ☐ ....
- ☐ ....
- ☐ ....

Ausführliche Erläuterungen rund um diese Packliste finden Sie ab → S. 176.

Städtetrip

- ☐ Blasenpflaster 💵
- ☐ Buggy/Babytrage `LEIHEN`
- ☐ Handdesinfektionsspray 💵
- ☐ Liniennetzplan für öffentliche Verkehrsmittel 💵
- ☐ Mini-Picknickdecke
- ☐ Portemonnaie mit Kleingeld
- ☐ verstecktes Portemonnaie/Brustbeutel/Hüfttasche
- ☐ Regencapes oder Überzieher/Schirm
- ☐ Regenplane und Sonnenschutz für Buggy
- ☐ Notfall-Reisetoilette (Urinal)
- ☐ Servietten 💵
- ☐ Stadtplan 💵
- ☐ kleiner Tagesrucksack
- ☐ Taschenmesser und Besteck
- ☐ Toilettensitzauflagen
- ☐ Trinkflaschen
- ☐ Visitenkarte der Unterkunft
- ☐ ....
- ☐ ....
- ☐ ....

Ausführliche Erläuterungen rund um diese Packliste finden Sie ab → S. 188.

Wanderurlaub

- ☐ Fernglas
- ☐ Feuerzeug 💵
- ☐ GPS-Gerät `LEIHEN` 🔌
- ☐ Insektenschutzmittel 💵
- ☐ Klettergurte `LEIHEN`
- ☐ Kletterhelme, Klettersteig-Sets, Seile `LEIHEN`
- ☐ Müllbeutel
- ☐ dünne Mützen oder Tücher
- ☐ Picknickdecke
- ☐ Proviant und Getränke 💵
- ☐ Regencapes
- ☐ Rettungsdecke
- ☐ Sonnenbrillen
- ☐ Sonnencreme
- ☐ Taschenmesser
- ☐ Tragetuch/Babytrage/Wanderkraxe
- ☐ Trinkflaschen (jeweils mindestens 1,5 l pro Person)
- ☐ Wanderkarte 💵
- ☐ Wechselsocken
- ☐ ....
- ☐ ....
- ☐ ....

Ausführliche Erläuterungen rund um diese Packliste finden Sie ab → S. 202.

Campingurlaub

- ☐ Babymütze für die Nacht
- ☐ Babyreisebett
- ☐ Babyschlafsack mit Ärmeln
- ☐ Badeeimer
- ☐ Bollerwagen (faltbar) `LEIHEN`
- ☐ Campingkocher oder Kochplatte
- ☐ Campingtisch und -stühle
- ☐ Dosenöffner, Flaschenöffner
- ☐ Duschhandtücher oder Badeponchos, kleine Handtücher
- ☐ Ersatz-Gaskartuschen oder Propangas-Flasche 💰
- ☐ Feuerzeug 💰
- ☐ Fön 🔌
- ☐ Geschirr, Besteck
- ☐ Grundzutaten und Gewürze 💰
- ☐ Gummistiefel
- ☐ Handfeger
- ☐ Insektenschutzmittel 💰
- ☐ Isomatten
- ☐ Kochgeschirr, Pfanne
- ☐ (Reise-) Kopfkissen
- ☐ wasserfeste Krabbelschuhe
- ☐ Küchenutensilien: Schneidbrett, Suppenkelle, Salatschüssel
- ☐ Kühlbox 🔌
- ☐ 2 Kulturbeutel, für Jungen und Mädchen getrennt
- ☐ Laufrad, Roller oder Kinderfahrrad `LEIHEN`
- ☐ Moskitonetz für Babyreisebett
- ☐ wasserfeste Picknickdecke
- ☐ Plane/Tarp, Teleskopstangen und Schnüre
- ☐ Regenkleidung
- ☐ Familien-Regenschirm
- ☐ zerlegbarer Reisehochstuhl
- ☐ Reisewaschmittel/Waschmittel 💰
- ☐ Reparaturkit
- ☐ 2 warme Schlafanzüge pro Kind
- ☐ Schlafsäcke
- ☐ Schlappen oder Flipflops
- ☐ Spannbettlaken
- ☐ Spiele für draußen (Badminton, Frisbee, Fußball)
- ☐ Spülmittel 💰, Lappen und Geschirrtücher
- ☐ Taschenlampen oder Stirnlampen
- ☐ Thermoskanne
- ☐ Toilettenpapier 💰
- ☐ Töpfchen
- ☐ Unterlegplane
- ☐ Wäscheleine und -klammern `LEIHEN`
- ☐ Waschlappen und Babyhandtuch
- ☐ Waschschüssel
- ☐ Windschutz für den Kocher
- ☐ Zelt `LEIHEN`
- ☐ Zeltlaterne
- ☐ ....
- ☐ ....
- ☐ ....

Ausführliche Erläuterungen rund um diese Packliste finden Sie ab → S. 317.

Packlisten

Babybrei kochen auf Reisen

- ☐ Adapter
- ☐ Babykostwärmer
- ☐ Babyteller, Babylöffel und Lätzchen
- ☐ dicht verschließbare Behälter
- ☐ Flaschenbürste
- ☐ Grieß, Haferflocken, Schmelzflocken oder Ähnliches

- ☐ Pürierstab LEIHEN
- ☐ Obst-/Gemüsereibe
- ☐ Reisewasserkocher LEIHEN
- ☐ Speiseöl
- ☐ ....
- ☐ ....

Ausführliche Erläuterungen rund um diese Packliste finden Sie ab → S. 371.

Töpfchentraining unterwegs

- ☐ Einmalwaschlappen
- ☐ Feuchttücher
- ☐ Handdesinfektionsspray
- ☐ Nachtlicht
- ☐ wasserfeste Matratzenauflage
- ☐ transportables Mehrweg- oder Einwegtöpfchen

- ☐ Trainerhöschen oder Höschenwindeln
- ☐ 1 Wechselhose
- ☐ 2 Wechselunterhosen
- ☐ 2 Windeln für Notfälle
- ☐ ....
- ☐ ....
- ☐

Ausführliche Erläuterungen rund um diese Packliste finden Sie ab → S. 380.

Wickeltasche

- ☐ Feuchttücher und Pflegezubehör (doppelter Normalbedarf)
- ☐ Handdesinfektionsspray, Desinfektionsspray für Oberflächen
- ☐ Papiertücher
- ☐ mehrere luftdicht verschließbare Plastiktüten
- ☐ kleines Spielzeug
- ☐ 2 komplette Sets Wechselkleidung für das Kind

- ☐ je 1 Wechsel-T-Shirt für die Eltern
- ☐ Wickelunterlage(n)
- ☐ Windeln oder Trainingshöschen (doppelter Normalbedarf)
- ☐ Wundsalbe
- ☐ ....
- ☐ ....
- ☐ ....

Ausführliche Erläuterungen rund um diese Packliste finden Sie ab → S. 380.

Stillen und Flasche geben auf Reisen

- ☐ Creme gegen wunde Brustwarzen (Lanolin) 💧
- ☐ Desinfektionsspray 💧 oder –tücher für die Hände
- ☐ 2 bis 3 Fläschchen
- ☐ Fläschchenwärmer ⚡
- ☐ Flaschenbürste 📷
- ☐ Kühlbox ⚡
- ☐ Messlöffel
- ☐ Milchbehälter
- ☐ Milchpulvervorrat
- ☐ Milchpumpe ⚡
- ☐ 2 Mullwindeln
- ☐ 2 bis 3 Sauger Größe 1
- ☐ Spülmittel 📷
- ☐ Sterilisierer ⚡
- ☐ Stillcover, leichtes Tuch oder Schal
- ☐ abgekochtes Wasser 💧
- ☐ Wegwerf-Stilleinlagen oder Ersatz-T-Shirt für Mama
- ☐ Thermoskanne oder Aufwärmbehälter
- ☐ ....
- ☐ ....
- ☐ ....

Ausführliche Erläuterungen rund um diese Packliste finden Sie ab → S. 367.

Reisen in der Schwangerschaft

- ☐ Adressen und Rufnummern von Gynäkologen zu Hause und am Urlaubsort
- ☐ Bescheinigung über Nicht-Risikoschwangerschaft
- ☐ Bestätigung des Geburtstermins
- ☐ Flugtauglichkeitsbescheinigung
- ☐ Handdesinfektionsmittel
- ☐ bequeme Kleidung, etwas weiter geschnitten als nötig (Bauch wächst!)
- ☐ Kompressionsstrümpfe
- ☐ Magnesium (gegen Wadenkrämpfe und vorzeitige Wehen)
- ☐ Mutterpass
- ☐ Notfall-Reisetoilette (Urinal)
- ☐ bequeme Schuhe
- ☐ Snacks 📷
- ☐ Zusatzgurt/Gurtadapter und Sitzkissen
- ☐ ....
- ☐ ....
- ☐ ....

Ausführliche Erläuterungen rund um diese Packliste finden Sie ab → S. 402.

Spielideen für die Reise

Die vielen Spielideen aus den verschiedenen Kapiteln finden Sie hier noch einmal übersichtlich aufgelistet. Am besten notieren Sie sich Ihre Favoriten schon vor der Abreise, damit Sie in jeder Situation eine passende Idee gegen Langeweile parat haben.

Kindergeeignete Spiele-Apps	145
Spielideen für den Strand	157
Spielideen für Babys am Strand	161
Spielzeug für das Wohnmobil	199
Wanderspiele	203
Spielideen für den Flug	246
Bewegungsideen für die Rast	269
Spiele für die Autofahrt	273
Spielzeug für die Autofahrt und die Pausen	274
Spiele und Beschäftigung für die Zugfahrt	289
Spielideen und Beschäftigung für Regentage	322
Spielideen fürs Restaurant	366

Verzeichnis der Checklisten

Übersichtlich aufgeführt in Listenform, finden Sie die Hauptinformationen vieler Kapitel in praktischen Checklisten. Hier können Sie gezielt nachschauen, welche Liste Sie brauchen. Tipp: passende Listen ausdrucken oder mit dem Smartphone abfotografieren, dann sind sie während der Reise immer zur Hand!

Freunde mitnehmen	45
Planung einer Langzeitreise	48
Antrag auf Beurlaubung von der Schule	57
Auszeit-Organisation	60
Gesundheitsvorbereitungen	81
Reise-Apotheke	85
Formlose Reisevollmacht	99
Reise-Unterlagen	100
Kinderschlitten	117
Reisekinderwagen	126
Reisevorbereitung kompakt: Was ist wann zu erledigen?	148
Familienfreundliche Skigebiete	169
Kinder-Skischule	173
Kinderbetreuung auf Kreuzfahrtschiffen	183
Sitzplatzverteilung im Flugzeug	227
Flugbuchung	230
Allein fliegen mit Kindern	256
Urlaubsunterkunft „kindersichern"	303
Familiengeeignete WWOOF-Farmen	340

Register

A

Abschied 51, 148, 352, 398
Abu Dhabi → Vereinigte Arabische Emirate
ADAC 63
   ADAC-Campingführer 192, 318
   ADAC-Schutzbrief 92
   Autokindersitze im Test 131
   Dachbox mieten 266
   Schneeketten leihen 264
Adapter
   für Fläschchenwärmer 371
   für Kopfhörer im Flugzeug 143
   USB-Adapter für Auto 260
Aedes-Mücke 389
Agoda.com 308
Ägypten 30
AIDA 182, 185, 415
Air Berlin 242
   Autokindersitze Regelung 251
   Familienfreundlichkeit 225, 227, 234
   Schwangerschaft Regelung 409
   Sperrgepäck Regelung 232
Airbnb.de 331, 332
Aircondition → Klimaanlage
Aircraft → for use in aircraft
Airline → Fluggesellschaft
Akkulaufzeit (Tablet) 142
Aktivitäten 34
   Siehe auch Urlaubsideen
Alleinerziehende → Allein reisen mit Kind
Alleiniges Sorgerecht 99
   Kinderreisepass beantragen 97
Allein reisen mit Enkel 41

Allein reisen mit Kind 37
   im Auto 37, 264
   im Flugzeug 256
   Pauschalreise 71
   per Bahn 288
   Reisevollmacht 80
   Urlaubsideen 187, 319
Allergien 339, **376**
   auf dem Bauernhof 201
   bei mitreisenden Kindern 45
   erdnussfreie Flüge 379
   Gesundheitsvorsorge 379
   im Ferienhausurlaub 378
   im Flugzeug 247, 378
   Notfallset 378
   Reisedokumente **93**, 379
   Versicherung 87
   Weblinks 378
Allergikerpass 379
All-inclusive-Reisen 43, **185**
Alltagsregeln 349
Alter → bestes Reise-Alter
Alternativen zum Autokindersitz 133, **250**
An Bord (Flugzeug) 242
An Bord (Kreuzfahrt) 182
Andenken 359
Andere Kinder mitnehmen 44
Andere Länder → Ausland
Andere Länder, andere Sitten 350
Android-Apps → Apps
Anhock-Spreiz-Haltung 129
Animation → Kinderclub
Anleitung Fotografieren 147
Anopheles-Mücke 389

Anreisedauer 29

Anschauungen 351

Anschnallen, richtig 196, 248, **267**

Anschnallzeichen (Flugzeug) 227, 247

Anti-Autositz-Fluchtsystem 133

Antihistaminika 85
  als Beruhigungsmittel 254

Antrag auf Beurlaubung vom Unterricht 52, **56**
  Siehe auch Schulfreistellung

Apps 143
  Babyphone-Apps 138
  Bahn-App 288
  Navigations-Apps 212, 260
  Packlisten-Apps 144
  Schulferienkalender 144
  Spiele-Apps für Kinder 145

Aquaschuhe → Strandschuhe

Arbeitsplatz (Auszeit) 50

Argentinien 31

Argumente für die Reise 20

Arzt 99, 162, 167, 396
  Siehe auch Kinderarzt ärztliche Bestätigung über die Reisefähigkeit 47
  Kreuzfahrt 181
  Reisevollmacht 99
  Weltreise 51

Arztbesuch im Urlaub 396

Aspirin 392

Aufblasbare Sitzerhöhung (Auto) 133, 281
  Siehe auch Autokindersitz

Aufblasbares Planschbecken 158, 310

Aufblasbares Spielzeug 159

Auf großer Fahrt (Autoreisen) 268

Aufsichtspflicht 44, **92**

Au-pair 43
  Siehe auch Babysitter

Ausgaben → Reisebudget

Ausland 350
  Autofahren mit Kindern 274, 275, **278**
  Bahnfahren 283, 285

Auslandsreise-Krankenversicherung **88**, 93
  Familien-Jahrespolice 90
  für Allergiker 379
  für Langzeitreisen 91
  für mitreisende Kinder 44
  für Österreicher 90
  für Schwangere 408
  im Krankheitsfall 396
  über Kreditkarte 88, 91
  über Reisebüro 91

Ausnahmegenehmigung (Schwangerschaft) 409

Ausrüstung → Reiseausrüstung

Ausschlafen im Urlaub 348

Ausstattung, kinderfreundliche 314
  Campingplatz 320
  Ferienhaus 302
  Ferienstätte 329
  Hotel 306
  Housesitting 333
  Jugendherberge 329

Australien 27, **32**, 163, 193, 318, 339
  Kindersitzregelung 279

Auswärtiges Amt 28
  Gesundheitshinweise 80, 84
  Länderinformationen 100, **360**
  Reisewarnung 89

Auszeit 48, 54
  Siehe auch Sabbatical, siehe auch Weltreise
  Organisation, praktische Tipps 59

Autan → Icaridin

Autobahnraststätten 268, 372
  familienfreundliche 260

Autofähren 292

Autokindersitz 131, 266, 275
　Siehe auch Babyschale
　aufblasbare Sitzerhöhung 133, 281
　auf dem Beifahrersitz 267
　ECE-R44 131, 266
　einchecken (Flugzeug) **232**, 233, 236, 238
　EU-Richtlinie 131
　Fahren ohne Kindersitz 267
　for use in aircraft 249, 250, 252
　für Beckengurt geeignet 133
　im Ausland 193, **278**
　im Flugzeug 225
　im Taxi 134, **276**, 278
　Installation **132**, 267
　integriert 133
　Isofix **132**, 250, 267
　Kindersicherheit 248, **266**, 267
　leihen 280
　luftdurchlässige Auflage 133
　Reboarder **133**, 266, 272
　Regelung für die Schweiz 266, 276
　Regelung für Österreich 266
　richtig verwenden 267
　Top Tether 279, 280
　Transporttaschen 233
　verpacken für Flugreise 233
　Weblinks 252, 267
　Zubehör 131
Automaten-Check-in 236
Autoreisen 258–295
　Dachbox 258, 266
　Gepäck sichern 265
　in anderen Ländern 278
　in der Schwangerschaft 412
　Kfz-Haftpflicht 90
　Kind auf dem Beifahrersitz 267
　Mallorca-Police 92
　Mindestalter für Autoreisen 258

　mit Baby 258, 260, 266, **271**
　Notfalltasche 266
　Packlisten **259**, 268, 271, 426–428
　Rastpausen 268
　Reisekosten 65
　Routenplanung 260
　Sommerausrüstung 262
　Sonnenschutz 262
　Spielzeug 259, 273, 274
　Verkehrsmittelvergleich 218–220
　Versicherungen 90
　Vorbereitung auf die Fahrt 258
　Weblinks 261, 266, 270, 273, 275
　wickeln 265, 380
　Winterausrüstung 264
Autorückspiegel 133, 274
Autositzschoner 272
Autozug 282

B

Baby-Ausstattung (Packliste) 419
Babybadewanne 310
　auf Kreuzfahrtschiffen 182
Baby bassinet → Babykörbchen
Babybetreuung
　auf Kreuzfahrten 182
　durch Au-pair 43
　im Hotel 312, 315
　im Skiurlaub 171
Babybrei → Babynahrung
Babyfon → Babyphone
Babyhängematte 137
Babyhotel → Familienhotel 66, **314-316**
Babykörbchen (Flugzeug) **222**, 248
Babykostwärmer → Gläschenwärmer
Baby mit auf die Skipiste 170

Babynahrung 104, **371**
  aufbewahren 373
  auf Kreuzfahrt 176
  auf Tropenreisen 361
  aufwärmen 372
  beim Fliegen **234**, 373
  Packliste 434
Babyphone 137
  auf Kreuzfahrtschiffen 138, **184**
  Babyphone-App **138**, 184
  DECT-Standard 137, 184
Babyreisebett 136
  beim Camping 324
  im Hotel 307
  Insektenschutz 324
  leihen 110
  Sperrgepäck 229
Babys 21
  Siehe auch Reisezeitpunkt, bester
Babyschale
  Siehe auch Autokindersitz
  auf dem Beifahrersitz 267, 275
  EU-Richtlinie 131
  für Neugeborene 258
  im Flugzeug 226, 248
  im Taxi 134, 276
  im Winter 264
Babyschlafsack 310, 324
Babysitter 43, 171
  auf Kreuzfahrtschiffen 183
  im Hotel 315
  Reisen mit eigenem Babysitter 43
Babysitter-Agentur 315
Babyspielzeug → Spielzeug für Babys und Kleinkinder
Babytrage **128**, 281, 348
  beim Wandern 131, **209**
  im Hotel 309
  Passform 129

Baden 155
Badeschuhe → Strandschuhe
Baggage tag → Gepäckabschnitt
BahnCard 285
Bahnfahren 38, 219, **282–295**
  allein mit Kind 287, 288
  Gepäckservice 286, 287
  in anderen Ländern 283
  in der Schweiz 284, 287
  in Österreich 283, 284, 287
  Kinderfahrkarte 288
  Kleinkindabteil 282, **291**
  mit Babytrage 286, 290
  mit Kinderwagen **286**, 287, 290, 291
  mit Kleinkind 66, **219**
  Mobilitätsservice 287
  Nachtzug 66, 283
  Reisekosten 65
  Sitzplatzreservierung 284, 286
  Sparpreise für Familien 283, 285
  Verkehrsmittelvergleich 220
  Weblinks 283, 284, 285, 288, 290
  wickeln 291
Balearen (Spanien) **30**, 187, 407
Bali (Indonesien) 32
Bauchweh 394
Bauernhof, Urlaub auf dem → Urlaub auf dem Bauernhof
Bayrepel → Icaridin
Beckengurt → Autokindersitz → Fliegen
Beförderungsfristen für Schwangere 409
Behinderte Kinder → besondere Kinder
Berghütte, Schlafen auf der 207
Beruhigungsmittel beim Fliegen 254
Besondere Kinder 45
Bester Zeitpunkt
  für Campingurlaub 318
  für Reisebuchung 68

für Reisen mit Kindern 21
für Winterurlaub 168
Bestes Reise-Alter 21
für Autoreisen 258
für Flugreisen 221, 255
für Kreuzfahrten 179
für Minikreuzfahrten 293
für Reisen mit Freunden 44
für Städtetrips 188
für Tropenreisen 163
für Urlaub auf dem Bauernhof 200
für Winterurlaub 170
zum Skifahren 171
zum Wandern 202
Bestimmer-Tage 25
Bettwanzen 390
Beurlaubung von der Schule 56
Siehe auch Schulfreistellung
Bevorzugtes Check-in (Fliegen) 225
Bevorzugtes Einsteigen für Familien (Fliegen) 241
Bewerbung als Housesitter-Familie 334
Bilderbücher 111, 222, 289
Ebooks 143
Billigflieger 190, **228**
Autokindersitze Regelung 251
Familienfreundlichkeit 225, 241
Gepäckbestimmungen 231
Service 242
Sitzplatzreservierung 227
Bindehautentzündung 386
UV-bedingt 120
Blutgruppenpass 80
Boarding (Fliegen) 240
Bobbycar 326
Bollerwagen **127**, 326
Booking.com 308
Bootstour 35

Bordrestaurant → Speisewagen
Brasilien 31
Breigläschen auf Reisen lagern 373
Breikost → Babynahrung
Brei selbst kochen 371
Brustentzündung 367
Buchung → Reisebuchung
Buchungsportale **72**, 177
Buggy **125–127**
Siehe auch Kinderwagen
am Flughafen 224, 232, **233**, 256
auf Kreuzfahrt 182
beim Städtetrip 190
im Flugzeug 126
in der Bahn 286
Leih-Buggys 224
Transporttasche (Fliegen) 233
Bulgarien 169, 187
Bundesministerium Europa, Integration, Äußeres (Österreich) 80
Bundesverband Selbsthilfe Körperbehinderter e. V. 46

C

Campervan → Wohnmobil
Camping 67, 136, 299, **317**
Ausrüstung für Familien 323
im Sommer 318
in der Nebensaison 317
in Übersee 318
mit Baby 318
Mückenschutz 324
Packliste 326, **433**
Reisehochstuhl 325
wildes Camping 67, 214
Campingplatz 33, **317**
Familienbad 318
familienfreundlich 320

feste Unterkünfte 67
Kinderprogramm 311, 320
Mitgliedskarten 319
Mobilheim 319
Stellplatz, kindersicher 320

Caravan → Wohnanhänger

CARES-Gurt 229, **250**, 252, 281
  im Auto 134
  im Bus 281
  Ryanair 229, 251

Carry straps → Schultergurte

Carsharing 219, 274

Chauffeur 278

Check-in (Fliegen) 236
  Autokindersitz 233, 236
  bevorzugtes 225
  Check-in-Automat 236
  für Familien 236, 238
  mit Smartphone 238
  Online-Check-in 151, **238**, 256
  Vorabend-Check-in 151
  Wartezeit 236, 238

Checkliste
  allein fliegen mit Kindern 256
  Auszeit-Organisation 60
  Beurlaubung vom Unterricht 57
  familienfreundliche Skigebiete 169
  Flugbuchung 230
  formlose Reisevollmacht 99
  Gesundheitsvorbereitungen 81
  Kinderbetreuung (Kreuzfahrt) 183
  Kinderschlitten 117
  kindersichere Urlaubsunterkunft 303
  Kinder-Skischule 173
  Reisekinderwagen 126
  Reisevorbereitung 148
  Sitzplatzverteilung (Flugzeug) 227

Weltreiseplanung 48
WWOOFing 340

Chikungunya-Fieber 32

Chile 31

Cholera (Reise-Schutzimpfung) 82

Christlicher Verein Junger Menschen (CVJM) 329

Clubreisen → All-inclusive-Reisen

Clubschiff 185

Cluburlaub → All-inclusive-Reisen

CO_2-Bilanz **73**, 218, 219

Condor 241, 242
  Autokindersitze Regelung 251
  Babykörbchen 222
  Familienfreundlichkeit 227
  Schwangerschaft Regelung 409
  Sperrgepäck Regelung 232

Costa Rica 31, 164

Couchsurfing 299, **334**, 338

CVJM → Christlicher Verein Junger Menschen → Jugendherberge

D

Dachbox (Auto) 266

Dachgeber.de 213, 336

Dachgepäckträger (Auto) 266

Daheimgebliebene 357, 358

Dänemark 29

Dauermedikamente → Medikamente

Daypack 208
  Siehe auch Rucksack

Deckenventilator 388

DECT-Standard (Babyphone) 137, 184

DEET 122

Dengue-Fieber 31, 180

Deutsche Botschaft 80

Deutscher Alpenverein (DAV) 207
Deutsches Jugendherbergswerk (DJH) 328
Deutschland, familiengeeignete
 Reiseziele in 29, 169, 187
Diabetiker 85
Diebstahlschutz 360
Direktbuchung 74
Dokumente → Reisedokumente
Download 100
 Checkliste Reisevorbereitung 148
 Kinderreisepass-Broschüre 96
 Packlisten 418
 Reisevollmacht 100
Dubai → Vereinigte Arabische Emirate
Durchfall → Reisedurchfall
Durchschlafen im Urlaub 348
DVD-Player, tragbarer 143

E

Early Boarding 241
Easyjet 241
 Autokindersitze Regelung 251
 Gepäckbestimmungen 228
 Schwangerschaft Regelung 409
 Sitzplatzreservierung 227
 Sperrgepäck Regelung 232
Ebook-Reader 110, 143
Egoismus 47, 358
EHIC-Versichertenkarte 396
Eidgenössisches Departement für auswärtige
 Angelegenheiten (Schweiz) 80
Eigener Sitzplatz für Babys im Flugzeug 226
Einchecken → Check-in (Fliegen)
Eine Hand pro Kind 256, 290
Einreiseverbot für Hochschwangere 409
Einschlafen im Urlaub 348
Einsteigen → Boarding (Fliegen)

Einwände gegen die Reise
 (Umgang damit) 20
Einweg-Töpfchen 383
Einwohnermeldeamt 58, 60
Einzelkinder 36, 44
 im Wohnmobil 195
 Urlaubsideen 185
Elektrische Milchpumpe → Milchpumpe
Elektrolytlösung 85, **386**
Elektronischer Reisepass → ePass
Elterngeld → Elternzeit
Eltern-Kind-Reihe (Flugzeug) 226
Elternzeit **54–55**, 192
Embryotox.de 408
England → Großbritannien
Englisch-Reisewörterbuch 103, 352
Entertainment-Programm (Flugzeug) 225,
 228, 255
Entscheidung 18, 49
Entspannen im Urlaub 19, 34, 37, 40,
 345–347, 353
Entwicklungsländer 360, 362
ePass **95**, 181
Erdnussallergie 379
Erdnussfreie Flüge 379
Erholung → Entspannen im Urlaub
Erkältung 386
 vor einer Flugreise 253
Erste Flugreise 221
Erste Hilfe 85, 161, 389
 Erste-Hilfe-App 144
 Erste Hilfe bei Hitzschlag 389
Erste Kreuzfahrt 179
Erste Radtour 212
Erste Reise mit Kind **21**, 26, 54, 155,
 186, 346
Erster Städtetrip 188

Erstes Schwangerschaftsdrittel 403
Ertrinken 161
Essen und trinken 364
    Siehe auch Verpflegung, *siehe auch* Babynahrung
    Alternativen zum Restaurant 375
    andere Sitten 365
    auf der Autofahrt 207–271
    auf Kreuzfahrt 176, 178
    Essenszeiten 365
    Essstäbchen 366
    exotisches 364
    Fastfood 364, 375
    für Allergiker 376
    für Fahrradtouren 212
    für Vegetarier 376
    für Wanderungen 208
    gesundes 373
    im Flugzeug 242
    im Hotel 373
    mit Kleinkindern 365
    Muttermilch 367
    Nahrungsmittelunverträglichkeiten 376
    Selbstversorgung 376
    Spartipps 373
Esser, heikle 364, 374
EU-Führerschein 193, 194
EU-Richtlinie Autokindersitze 131
Euronotruf 160
EU-Verordnung Fluggastrechte 239
Exklusivzeit **19**, 40, 367
Exotische Länder → Tropen
Exotische Ziele
    Flaschenwasser 361, 370, 385
    für Einsteiger 163
    mit besonderen Kindern 46
    mit Kleinkindern 164
    mit Teenagern 25

F

Fadenspiele 246
Fahren ohne Kindersitz 267
Fahrradanhänger **134–135**, 210
Fahrradhandschuhe 212
Fahrradkindersitz 135
Fahrradtouren 35, **210**
    allein mit Kind 211
    Ausrüstung 134, 211
    Mindestalter 210
    mit Fahrradanhänger 210, 212
    Packliste 213, **431**
    Routenplanung 212
    Straßenverkehrsordnung 210
    Weblinks 213
Fahrradtransport 214
    mit dem Auto 266
    per Bahn 287
Familienabteil → Kleinkindabteil
Familienangehörige, mitreisende 37, 40
Familienbad (Campingplatz) 320
Familienbett 193, 323
Familienfreundliche Anbieter → Reiseveranstalter, familienfreundliche
Familienfreundlichkeit
    familienfreundliche Fluggesellschaften 224
    familienfreundliche Flughäfen 224
    familienfreundliche Reiseziele → Familiengeeignete Reiseziele
    familienfreundliche Skigebiete 169
    familienfreundliche Unterkünfte → Unterkunft, familienfreundlich
    familienfreundliche Wanderrouten 204
Familiengeeignete Reiseziele 26–32
    Siehe auch Reiseziele
    für Skiurlaub 168
    in Afrika 30

in Asien **32**, 164
in der Karibik **31**, 164
in Europa **29**, 168, 186
in Kleinasien **30**, 164
in Nordamerika **31**, 163
in Ozeanien **32**, 163
in Südamerika 31
Familiengeeignetes Wohnmobil 194
Familiengeeignete Unterkünfte 298, 302, 309, 314, 320
Familiengeeignete Verkehrsmittel 218
Familienhotel 66, 314, 316
  Babyclub 312, 314
  Babysitter 314
Familienjetlag bewältigen 345
Familien-Jugendherbergen 329
Familienkrach 353
Familienmitgliedschaft (Jugendherberge) 328
Familien nicht willkommen 298, 307
  Siehe auch Unterkunft, ungeeignet für Kinder
Familienpolice (Auslandsreise-Krankenversicherung) 90
Familienpolice (Reiseversicherungen) 88
Familienregeln 344
Familien-Reiseversicherungen 86
Familien-Reisewörterbuch → Reisewörterbuch
Familienstreit → Familienkrach
Familienwagen (Bahn) 284
Familienzelt 323
Familienzimmer 68
  im Hostel 67
  im Hotel 308, 309
  in Ferienstätten 330
Familienzone (Bahn) 284

Familotel 313
  Siehe auch Familienhotel
Family Lane (Flughafen) 240
Family Preboarding (Fliegen) 225, **241**
Fastfood 364, 375
Fast Track (Flughafen) 240
Feiertage 259, 286, 351
Ferien auf dem Bauernhof → Urlaub auf dem Bauernhof
Feriendorf 186
Ferienfreundschaft → Urlaubsfreundschaft
Ferienhaus 300
  Ausstattung, familienfreundliche 302
  buchen 301
  kindersicher machen 303
  kostenloses 337
  Lage 302
  Packliste 304, **424**
  Spartipps 301
  Urlaub mit den Großeltern **67**, 300
  Weblinks 302, 304
Ferienpark 186
Ferienstätte, familienfreundliche 39, **329**
Ferienwohnung → Ferienhaus
Fernbus 292
Fernreisen
  buchen **68**, 148
  Kulturschock 346
Fieber
  auf Tropenreisen 167
  nach Zeckenbiss 396
  wegen Dehydrierung 389
  wegen Milchstau 367
  zum Arzt 384
FIS-Regeln 174, 175
Fläschchen geben 370
  im Flugzeug 243
  Packliste 370, **435**

Fläschchenwärmer 370
  Adapter 271
  im Auto 269–270, 371
  im Hotel 310
Flaschenwasser 361, 370, 385
Fliegen 219, **221–257**
  allein mit Kind 38, 235, 239, 241, **256**
  Autokindersitz anmelden 236
  Babynahrung 240, 243
  Beförderungsfristen für Schwangere 409
  Bonusmeilen sammeln 223
  Check-in 236
  Druckausgleich 243, 253
  Eltern-Kind-Plätze 225, 226
  Entertainment-Programm 225
  Familienfreundlichkeit 241
  Flüssigkeitenregelung 234, 243
  Freigepäck 229, 231
  Gepäckanhänger 232, 238
  Gepäckbestimmungen 108, **231**
  Gesundheit 253
  Handgepäck 103, **232**, 429
  in der Schwangerschaft 409
  Kindermenü 225, 238
  Kinder ruhigstellen 254
  Kindertarif 221, 222
  mit Asthma 247
  mit Autokindersitz 230, 248
  mit Babys 222, 226, 235, **240**, 254
  mit Babyschale 232
  mit Babytrage 240
  mit besonderen Kindern 251
  mit Buggy oder Kinderwagen 233, 238, 240
  mit Neugeborenen 221
  mit Stillkind 243
  Packliste (Handgepäck) 429
  Reisekosten 65
  Sauerstoffmaske 247
  Schlaufengurt 226, **247**, 248, 252
  Sicherheits-Briefing 246
  Sicherheitskontrolle 233, 234, **238**, 240
  Sitzerhöhung 251
  Sitzplatzbuchung 222, **226**, 236, 247
  Sperrgepäck, kostenloses 232
  Sperrgepäck für Familien 126, 225, 229
  Spielzeug 242, **246**, 256
  Spucktüte 255
  Strahlungsbelastung 410
  Turbulenzen **226**, 248, 250
  Übergepäck 109, **231**
  Vielfliegerprogramme 223
  Weblinks 239, 252, 257
  Wickeln an Bord 244
Florida (USA) 31
Flugangst 79, **255**
Flug bestätigen 230
Flug buchen 222, 224
  Checkliste 230
  Durchgangstarif 239
  Flex-Tarif 239
  mit Babys 221, **222**, 226
  online 74
  Sitzplatz für Babys 226
  Sonderwünsche 230, 238, 242
  Spartipps 223
  umbuchen 239
  Vielfliegerprogramme 223
Flugbuchungsmaschinen 74, **226**
Fluggastrechteverordnung 239
Fluggepäck **229**, 238
Fluggesellschaft **224**, 227, 231
  Autokindersitze Regelungen 221, 251
  Billigflieger **228**, 231
  familienfreundliche 224, 241
  Gepäckbestimmungen **229**, 232

Handgepäckbestimmungen 234
Kindermenü 242
Preboarding Regelungen 241
Sperrgepäck Regelungen 232
Vielfliegerprogramme 223
Vorabend-Check-in 237
Weblinks 257
Fluggesundheit 253
Flughafen
Anreise **224**, 230, 275
Babytrage 239
Check-in 238
Familienfreundlichkeit 224
Gepäcktrolley 224, 233
Leih-Buggys 224, 234
parken 150, 230
Spielbereiche 224, 240
Stillraum 224
Wickelraum 243
Flugreisen → Fliegen
Flugsicherheit 245
Flug umbuchen 239
Flug verpasst 239
Flugzeug 221–257
Siehe auch Fliegen
Verkehrsmittelvergleich 220
Flüssigkeitenregelung (Fliegen) **234**, 240, 243
Flusskreuzfahrt 181
FM-Übertragungstechnik (Babyphone) 137
Foodsquares 375
Formlose Reisevollmacht → Reisevollmacht
For use in aircraft 132, **249–250**
Siehe auch Autokindersitz
Fotoapparat → Kamera
Fotografieren 147

Frachtschiffe 293
Frankreich 29, 305, 321
Kindersitzregelung 279
Französisch-Reisewörterbuch 103, 352
Freigepäck → Fluggepäck
Freizeitprogramme für Kinder → Kinderbetreuung
Fremdbetreuung im Urlaub → Kinderbetreuung
Fremde Kulturen 350
Fremdelphase 312
Fremdsprachen **101**, 352
in der Kinderbetreuung lernen 314
Freunde finden 352
Freunde mitnehmen → andere Kinder mitnehmen
Fruchtwasseruntersuchung 403
Frühbucherrabatte 63, 68
FSME 29, 82, 395
Führerschein, erweiterter (Klasse BE) 197
Führerschein, internationaler → Internationaler Führerschein
Funkgerät → Walkie-Talkie
Funktionskleidung **113**, 206, 318
Fußsack (Kinderwagen) 127

G

Gastfreundschaft **350**, 360
Gastgeschenk 335
Gastkarte, internationale (Jugendherberge) 328
Geeignete Ziele (Langzeitreise) 53, 63
Gefahren auf Reisen 29, **360**
am Strand 159, 162
auf dem Campingplatz 320
auf dem Skilift 174

beim Laufen an Straßen 206
giftige Pflanzen 27
giftige Tiere 27, 32, 160, 162, 164
Höhenkrankheit 204
im Meer 159
im Pool 362
im Straßenverkehr 27, 165, 206, 294, **362**
in der Unterkunft 311
Lebensmittel 361
Gelbfieber 31, 406
Geld → Reisebudget → Spartipps
Genießen, Reisen mit Baby 347
Gepäckabschnitt (Fliegen) 232
Gepäckanhänger (Fliegen) 237, 238, 240
Gepäck (Auto) 265
Gepäck reduzieren 109, 110
Gepäckservice (Bahn) 287
Gepäcktransport per Fahrradanhänger 134
Germanwings
　Familienfreundlichkeit 241
　Kinderrabatt 228
　Schwangere 409
　Sitzplatzreservierung 227
　Sperrgepäck Regelung 232
Geschäft, kleines und großes 380
Gesellschaftsspiele 140
Gesetzliche Krankenversicherung (GKV) 88
Gesund essen 373
Gesundheit **384**, 396
Gesundheit beim Fliegen 253
Gesundheitsversorgung → medizinische Versorgung
Gesundheitsvorbereitungen 81
Gewichtskonzept (Fluggepäck) 229
Gezeitentabelle 156

Giftige Pflanzen 27
Giftige Tiere 27, 32, 160, 162, 164
Giro-Karte sperren 361
Glamping 67, **321**
Gläschenbuffet 314
Gläschennahrung → Babynahrung
Gläschenwärmer → Fläschchenwärmer
Goretex 114
GPS-Gerät 143, 212
Griechenland 29
Grippaler Infekt 386
Großbritannien **29**, 186
　Kindersitzregelung 279
Großeltern **40**, 300, 355, 358
　allein reisen mit Enkel 41
　Reisen mit drei Generationen 40
　Reisevollmacht 80
Großes und kleines Geschäft 380
　Siehe auch Reisetöpfchen, siehe auch Toilettenbesuch
Großfamilien 38
　Ferienhaus 67
　geeignete Mietwagen 39, 274
　geeignete Unterkünfte 39, 67
　Reisen mit der Bahn 284
　Unterstützung mitnehmen 40
　Urlaubsideen 185, 187, 299
Grundschulkinder → Schulkinder
Gültigkeit Reisepass 95
Günstige Ferien 305, 327, 329, 331, 338
Günstig essen 373
Gurtpflicht-Befreiung (Schwangerschaft) 412
Gurtschoner 133

H

Haftpflichtversicherung → Reisehaftpflicht
Hai-Angriffe 162
Halbschuhe → Kinderschuhe
Halsschmerzen 386
Handgepäck (Fliegen) 103, 232, **234**
   Packliste 429
Handkarren → Bollerwagen
Handschuhe → Kinderhandschuhe
Handy → Smartphone
Hängematte 130, 137
Haushüten → Housesitting
Hausmittel 396
   Halsschmerzen 387
   Husten 387
   Insektenschutz 122
   Milchstau 367
   Sonnenbrand 392
Hausratversicherung 93
Haustausch 39, **337**
Haustiere 333, 334, 337
Hawaii (USA) 32, 163
Heckträger (Auto) 266
Heikle Esser 364, 374
Heimunterricht → Homeschooling
Heimweh **356**, 358, 364
   bei mitreisenden Freunden 45
Helm
   Fahrradhelm 211, 214
   Skihelm 174, 175
Helmpflicht (Skihelm) 174
Help Exchange (helpx.net) 341
Hepatitis A 29, 82
Hepatitis E 406
Herberge → Hostel → Jugendherberge
Herz-Kreislauf-System (Schwangere) 411

HI → Hostel
Hilfe holen (Notfall) 156, 161, 363, 389
Hitzschlag 262, **387**, 389
Hochgebirge 23, 119, **206**
   Höhenkrankheit 32, **204**
   mit Baby 204
Hochstuhl → Reisehochstuhl
Höhenstrahlung (Fliegen) 410
Höhere Gewalt 89
Holidaycheck.de 308
HomeExchange.de 337, 338
HomeLink.de 337
Homeschooling auf Reisen 52, 56
Homesitting → Housesitting
Homeswapping → Haustausch
Homöopathische Mittel 123
   bei Sonnenbrand 392
   gegen Insektenstiche 390, 396
Hosenträger-Gurtsystem → CARES-Gurt
HospitalityClub.org 336
Hostel 34, 67, **327**
   Siehe auch Jugendherberge
Hostelling International Card (HI Card) 328
Hotel 305
   Ausstattung, kinderfreundliche 306, 314
   Babyclub 312
   Babysitter 315
   behindertengerechtes 46
   familienfreundliches 306, 314
   Familienzimmer 309
   für Allergiker 378
   Kinderbetreuung 311
   Kinderrabatt 299, 305, 307
   Lage 305, 306
   mit Pool 190
   Packliste 425
   Restaurant im Haus 306

Spartipps 306
Weblinks 308, 313
Zimmerwahl 307
Hotelbetten, Breite 309
Hotel garni 306
Housesitting **333**, 337–338
HSPA-Standard (Mobiltelefon) 144
Husten 387
Hütte (Campingplatz) 319
Hygieneregeln 385
   im Kinderclub 316
   Trinkwasser 371, 385
Hygienestandard (Reiseziel) 26, 179, 180

I

Ibuprofen 391
Icaridin 123
Identitätskarte → Reisedokumente
   in der Schweiz
Impfpass **81**, 394
Impfschutz (Reiseziele) 27, 29, **82**, 166, 180
Impfstatus 81
Impfungen 59, **81**
   Cholera 82, 406
   FSME 82, 395
   für Schwangere 406
   Hepatitis A 82, 180
   Influenza 82
   Kosten 82
   Tetanus 81, 93, 394
   Tollwut 82
   Typhus 82
   Weblinks 83
Imprägnieren, Kleidung
   (Insektenschutz) 124
Individualreise 33, **69**
Individuell oder pauschal buchen? 69, 71

Indonesien (Bali) 32
Infekt, grippaler 386
Infektionskrankheiten 21, 164
Inflight Entertainment 225
   Siehe auch Entertainment-Programm
Influenza (Reise-Schutzimpfung) 82
Infrastruktur (Reiseziel) 26, 34, 163
Ingwer 391
Inhalt formlose Reisevollmacht 99
Insektennetz **124**, 389
   für Kinderwagen 113, 127
Insektenschutzmittel **123**, 124, 389
   gegen Zecken 395
Insektenstiche 389
Installation von Autokindersitzen
   im Auto **267**, 276, 279
Internationale Gastkarte 328
   Siehe auch Jugendherberge
Internationaler Führerschein 55, 193–194, 261
Internationaler Jugendherbergs-
   verband (HI) 328
Internationaler Skiverband (FIS) 174
Internetbuchung
   Bahntickets 284
   Flug 226, 228
   Mitwohnen 190
   Hotels 66, 72, 74
Internetcafés 361
Internetzugang, mobiler 142, 143
iPad → Tablet
iPhone-Apps → Apps
Irland (Großbritannien) 29
   Kindersitzregelung 279
Islamische Länder 164, 350
Isofix (Autokindersitz) **132**, 250, 267
Israel 30
Italien 29, 201, 313, 321

J

Jahres-Familienpolice (Reiserücktritts- und Reiseabbruchversicherung) 88
Jedermannsrecht **67**, 214
Jetlag 292, **345**
Jordanien 31
Jugendherberge 67, 190, **328**
  Siehe auch Hostel
Jugendliche → Teenager
Jugendrabatt 24

K

Kabinenwahl (Kreuzfahrt) 184
Kambodscha 32
Kamera 92, 98, 142, 143, **146–147**
Kanada **31**, 319
  Kindersitzregelung 279
Kanarische Inseln (Spanien) **30**, 163, 180, 187, 407
Kanutour → Bootstour
Karibik 31, 164, 180
Kastennetz → Insektennetz
Keime 364, 372, 392, 406, 408
Kfz-Haftpflichtversicherung 90
Kiddyboard 127
Kids Club → Kinderclub
Kids-on-cruise.de 184
Kind am Strand verloren gegangen **161**, 362
Kinderarzt 80
  am Urlaubsort 93, **397**
  nach Zeckenbiss 396
  Reiseberatung 51, 84, 85, 221
  verordnetes Beruhigungsmittel 254
Kinderausrüstung im Schnee 115
Kinderausweis 94

Kinderbetreuung
  auf dem Campingplatz 320
  auf Englisch 183
  auf Kreuzfahrtschiffen 182–184
  durch Großeltern 40, 171
  für Allergiker 314
  im Hotel 313–316
  im Skiurlaub 171, 172
  in Familienhotels 312
  in der Nebensaison 353
Kinderclub 23, **311**
  Betreuungszeiten 314
  Mindestalter 185, 311
  Qualität 313
Kinderfahrkarte (Bahn) 288
Kinderfreundlichkeit → Familienfreundlichkeit
Kindergarten 20, 23, 48, 50, 149
Kindergartenkinder **23**, 35, 210, 316, 352, 363
  Skifahren mit Kindergartenkindern 171
Kindergeeignete Reiseziele → familiengeeignete Reiseziele
Kindergeeignete Unterkünfte → familiengeeignete Unterkünfte 298, 302, 309, 314, 320
Kindergeldanspruch 58, 59
Kinderhandschuhe 116
Kinderhochstuhl → Reisehochstuhl
Kinderinvaliditätsversicherung 93
Kinderkamera → Kamera
Kinderkleidung 113
Kinderkoffer 231
  Siehe auch Koffer
Kinderkopfhörer 143
Kinderkrankenhaus 93
  Siehe auch Notfall

Kinderluftmatratze 137
Kindermenü (Fliegen) 225, 236, **242**
Kinderprogramm → Kinderbetreuung
Kinderrabatt 23, 70, 71
  Fliegen 222, 228
  Kreuzfahrt 177
Kinderreisebett → Babyreisebett
Kinderreisepass 55, **103**
  Siehe auch Pass
Kinderrückhaltesystem 221, 248, **251**
  Vergleich 252
Kinderschlitten → Schlitten
Kinderschuhe 114
Kindersicherheit 220, **339**
  am Pool 320, 362
  auf dem Wohnmobil-Stellplatz 196
  beim Mopedfahren 293
  im Auto 266, 267
  im Ferienhaus 303
  im Flugzeug 221, 226–227, 245
  im Taxi 276, 281
  in der Unterkunft 302, 336
Kindersitz → Autokindersitz
Kindersitzauflage, luftdurchlässige 133
Kindersitzregelungen in
  anderen Ländern 279
Kindersonnenbrille 120
Kinderspiele → Spiele
Kinderspielzeug → Spielzeug
Kindertrage → Babytrage
Kindertransport (Ausrüstung) 125
Kinderwagen 125–127
  am Flughafen 224, 232, 233, 256
  am Strand 158
  auf Kreuzfahrt 182
  beim Bahnfahren 286
  beim Camping 325

beim Städtetrip 125, **190**
Checkliste 126
im Flugzeug 126, 225, 232
im Winterurlaub 170, 175
Leih-Buggys 224
Sonnenschutz 121
Transporttasche (Fliegen) 233
Zubehör 127
Kind-Krank-Tage 397
Kindle → Ebook-Reader
Kind, schüchternes 353
Kind verschwunden 160
Kleidung 113
  auf Kreuzfahrten 181
  beim Fliegen 240, 244, 255
  für den Campingurlaub 325
  für Kinder 113
  für Schwangere 405, 411
  für Tragekinder 116
  für Wickelkinder im Flugzeug 244
  im Fahrradhänger 212
  im Schnee 115
  Neoprenanzüge 155
  Packliste 420
  Regenkleidung 113
  Schuhe 113
  Schutzkleidung gegen Moskitos **113**, 389
  Socken 114
  Strandschuhe 120
  UV-Schutzkleidung **120**, 158
  Wanderschuhe 114
  waschen 182, 301, 306
  zum Radfahren 211
  zum Wandern 206
  zum Wechseln 206, 211, 255, 266, 268
Kleidungsvorschriften 350
Kleinere Verletzungen 392

Kleines Geschäft 380
  Siehe auch Toilette
Kleinkindabteil (Bahn) 286, 291
Kleinkindspielzimmer (auf Kreuzfahrtschiffen) 183
Kleinkriminalität 28, 29, 180
Klettersteig 206, 207
Klettertouren 206
Klima 27, 34, 46, 155, 163, 189
Klimaanlage 167, 195, 306
Kochen, Brei selbst 371
Koffer **110**, 229
  Hartschalenkoffer 110, 373
  Kinderkoffer 111, 231
  Reisetasche 110
  Rollkoffer 111, 235
  Weichschalenkoffer 265
Kofferrucksack 111
Kofferträger (Bahn) 287
  Siehe auch Gepäckservice
Kolpingwerk 329
Kompressionsstrümpfe 411, 413
Kontaktliste → Notfall-Kontaktliste
Kontakt mit Daheimgebliebenen halten 358
Kopfhörer → Kinderkopfhörer
Kopfverletzung 394
Körperliche Belastungen und gesundheitliche Risiken beim Fliegen (Schwangere) 410
Kosten → Reisebudget
Kostenvoranschlag (Arzt) 397
Krankenhaus → Kinderkrankenhaus
Krankenkasse → Krankenversicherung
Krankenversicherung 60, **88**
  EHIC-Versichertenkarte 396
  für Auslandsreisen 88, 408

  für Österreicher 88
  für Schweizer 90
Krankheiten, häufige 384
Krankheitstage 397
Krank im Urlaub 396
Kratzer 392
Kreditkarte 87, 361
  Bonusmeilen sammeln 225
Kreislaufprobleme (Schwangerschaft) 402, 411
Kreislaufschwäche 387
Kreislaufversagen 387, 391
Kreuzfahrt **176**, 292
  Anreise 179
  Armbänder für Kinder 178
  Ausrüstung für Familien 181
  Babyphone 138, **184**
  Babysitter-Service 183
  buchen 177
  Flusskreuzfahrt 181
  in der Schwangerschaft 414
  Kabinenwahl 184
  Kinderclub 176, 182
  kinderfreundliche Routen 179
  Kleinkindspielzimmer 183
  Kleinkriminalität 180
  Landausflüge 177, 179, 182
  Leih-Buggys 182
  Minikreuzfahrt 293
  mit Baby 179, 181
  mit Kleinkind 178
  Packliste 181, 431
  Seekrankheit → Reisekrankheit
  Seenotrettungsübung 178
  Sicherheit 178
  Wäscheservice 182

Kritik, Umgang mit 20
Kroatien 29
Kulturen, andere 350
Kulturschock 346
Kuppelzelte 323
Kurierdienst 287
Kurztrip 186
   Camping 325
   Kreuzfahrt 180
   Städtetrip 35

L

Ladegerät 146
Laktosefreie Lebensmittel 376
Laktose-Intoleranz → Nahrungsmittel-unverträglichkeit
Landausflüge (Kreuzfahrt) 177, 179, 182
Länder, andere 29, 350
   Siehe auch Ausland
Landgänge → Landausflüge
Langstreckenflug 66, **219**, 345
   mit Baby 222, 248
Langzeitreise **49**, 91, 148
   Siehe auch Auszeit, siehe auch Sabbatical
   arbeitslos melden 60
   Arzt 51
   Auslandsreise-Krankenversicherung 91
   Beurlaubung von der Schule 52
   finanzieren 62
   in der Elternzeit 53
   Kindergarten 50
   mit Schulkind 52
   mit Teenager 53
   organisieren 49
   Reiseroute planen 51
   Reiseziele 53
   Rückkehr 51

Laptop 142
Last-Minute 24, 68
Lauffreudigkeit (Wandern) 205
Laufrad 326
Lautsprecher 143
Lebensmittelallergien → Nahrungsmittel-unverträglichkeit
Lebensmittel, laktosefrei 376
Lebensmittel-Tabus (Schwangere) 408
LED-Lampe 326
Leihen
   Autokindersitz 280
   Buggy (Flughafen) 224, 234
   Dachbox 258, 266
   Fahrradträger 266
   Schneeketten 264
Letzter Schwangerschaftsmonat 409
Letztes Schwangerschaftsdrittel 404, 409
Loop Belt → Schlaufengurt
Low Cost Airline → Billigflieger
Lufthansa
   Autokindersitze Regelung 251
   Babykörbchen 222
   Check-in 236
   Familienfreundlichkeit 225, 241
   Schwangerschaft Regelung 409
   Sperrgepäck Regelung 232
Luftmatratze → Kinderluftmatratze

M

Madeira 407
Mahlzeiten → essen und trinken → Verpflegung
Mäkeln → heikle Esser
Malaria 31, **166**
   Prophylaxe 80

Malediven **32**, 164, 187
Mallorca 64, 315, 407
Mallorca-Police 92
Marokko 30
Maschendichte (Insektennetz) 124
Mastitis → Brustentzündung
Matschhosen **118**, 201
Mauritius **32**, 164
Medikamente 84
  Einfuhrbestimmungen 51
  gegen Reisekrankheit 391
  im Auto mitnehmen 266, 271
Medizinische Versorgung 26, 27
  auf Kreuzfahrtschiffen 179, 180, 414
  für chronisch kranke Kinder 84
Meer, Urlaub am 155
Mehrkind-Familien → Großfamilien
Mehrweg-Reisetöpfchen 383
Metalldetektor (Flughafen) 238, 410
Mexiko 187
Mietwagen 90, **274**, 282
  Autokindersitz 281
  Gepäck 275
  mit befreundeten Familien 275
Mietzelt (Campingplatz) 321
Milchpulver 165, **370**, 373
Milchpumpe 367
  elektrische 243
Milchstau im Urlaub 367
Mindestalter → Reise-Alter
Mineralische Sonnencreme 119
Minibus 281, **294**
Minikreuzfahrt 293
Mit Baby auf dem Schoß fliegen 221, **226**, 247, 256
Mit Enkel verreisen → Urlaub mit den Großeltern

Mitführen von Flüssigkeiten (Fliegen) 234, 240, 243
Mitreisende Familienangehörige 171
  Siehe auch Urlaub mit den Großeltern
Mitreisendes Kind → andere Kinder mitnehmen
Mittagsschlaf 305, 322, 325, **349**, 354
Mittelmeer 29, 64, 162, 179, 180, 187
Mittelohrentzündung 390
Mitwohnen 67, 190, **331**
  Kinderrabatt 331
  Kindersicherheit 332
Mobile Reiseberater 75
Mobiler Internetzugang 142, 143
Mobilheim (Campingplatz) 319
Mobilitätsservice (Bahn) 287
Mobiltelefon → Smartphone
Moped 293
  Kindersitz 294
  mieten 294
Morgenübelkeit (Schwangerschaft) 403
Moscheen besuchen 351
Moskitonetz → Insektennetz
Moskitos → Mücken
Motel 305
Motobike → Moped
Motorroller → Moped
Mücken 124, **389**
  Antihistaminika 390
  Krankheitsüberträger 30
  Malaria 122
  Schutzkleidung **113**, 389
Mückenschutz 113
  Hausmittel 122
Multimedia 142
Mutter-Kind-Reihe (Flugzeug) → Eltern-Kind-Reihe

Muttermilch 104, 234, 243, **367**, 370, 376
Mutterpass 106, 408, 414

N

Nach dem Urlaub 398
Nachhaltig reisen 73
Nachtfahrt (Bahn) 283
Nackt baden 350
Nahrungsmittelallergien → Allergien
Nahrungsmittelunverträglichkeit 376
Nasennebenhöhlenentzündung 386, 390
Nasenspray 387, 390
  beim Fliegen 253
  für Babys 85
Naturkatastrophen 28
Navigationsgerät 260
Nebensaison 64, 67, 170, 301
Neoprenanzüge **113**, 155
Nepal 32
Netbook 142
Neuengland (USA) 32
Neuseeland **32**, 162, 193
  Kindersitzregelung 279
  WWOOFing 339, 341
Nicht familiengeeignete Unterkünfte 302, 307, 310
Niederlande 30
Nordsee, familienfreundliches Kreuzfahrt-Gebiet 180
Norwegen **30**, 168
Notarzt 99, **389**
Notfall 205, **396**
  Notfallapotheke 208
  Notfall-Armbänder 160, 178
  Notfalldokumente 93
  Notfall-Kontaktliste 93

Notfallnummer (Geldkarte) 361
  verlaufen 363
Notfallbonbons 255
  Siehe auch Rescue-Tropfen
Notfalltreffpunkt 160, 363
Nützliche Reise-Apps 144

O

Offene Wunden 392
Öffentliche Toiletten **382**, 383, 385, 394
Öffentliche Verkehrsmittel
  beim Städtetrip 189
  zum Flughafen 228
Ohne Autokindersitz fahren 276, 281
Ohrenschmerzen 390
  beim Fliegen **253**, 387
Ohrstöpsel (Fliegen) 253
Oman 31
Oma und Opa → Großeltern
Optimale Reisedauer 34
Optimaler Reisezeitpunkt
  → bester Reisezeitpunkt
Ortsverschiebung → Jetlag
Österreich **30**, 169, 187
  Bahnfahren 283, 284, 287
  Kindersitzregelung 266, 279
  Reisedokumente 95, 96
  Taxifahren 277
Österreichische Bundesbahn (ÖBB) 284
Östliches Mittelmeer, familienfreundliches Kreuzfahrt-Gebiet 180
Ostsee, familienfreundliches Kreuzfahrt-Gebiet 180
Outdoor-Digitalkamera 146
Outdoor-Handy 143
Outdoor-Kleidung 115

P

Paarzeit 24, 40, 42, 352, **355**
Packen 108
    Gepäck reduzieren 109
    Koffer, Tasche, Rucksack 110
    Spielzeug 111
    Wäsche 109
Packlisten 108, 149, 399, **417–435**
    Autoreisen 259, 261, 268, 271, **426–428**
    Baby-Ausstattung 419
    Bauernhof-Urlaub 201, **424**
    Beschäftigung auf der Reise 421
    Brei selbst kochen 372, **434**
    Campingurlaub 326, **433**
    Diverses 421
    Ferienhausurlaub 304, **424**
    Fläschchen geben 370, **435**
    Fliegen (Handgepäck) 235, **429**
    für das Baby 419
    für Töpfchentrainer 383, **434**
    Hochsommerfahrt (Auto) 263, **427**
    Hotelurlaub 310, **425**
    Kleidung 118, **420**
    Körperpflege und Hygiene 419
    Kreuzfahrt 181, **431**
    Multimedia und Technik 423
    Notfallapotheke **423**
    Radtouren und Fahrradreisen 213, **431**
    Reise-Apotheke 85, **422**
    Reisedokumente 100, **418**
    Reisen in der Schwangerschaft 405, **435**
    Skiurlaub 175
    Städtetrip 191, **432**
    Stillen auf Reisen 368, **435**
    Strandurlaub 158, **425**
    Wandertour 209, **432**
    Wickeltasche 381, **434**
    Winterfahrt (Auto) 264, **427**
    Winterurlaub 175, **428**
    Wohnmobilreisen 199, **430**
Packlisten-Vorlagen selbst erstellen 108
Packtipps 108
Pacsafe-Schloss 360
Paracetamol 391
Partnerschaft 353, 355
Pass 94
    aktualisieren 96
    anderer Nachname 98
    ePass 94
    E-Pass 10 (Schweiz) 95
    Gültigkeitsdatum 96, 97
    Kinderreisepass 94, 97, 181
    provisorischer Pass (Schweiz) 95
Passbild
    biometrisch 97, 98
    für Babys 98
Patchwork-Familien → Großfamilien
Pauschalreise 33, **69**
    familienfreundliche Anbieter 70
    Flug 72, 236, 242
    für Großfamilien 38
    Kindertarif 223
    Kreuzfahrt 69
    Reiserecht 86, 89
    Stornierung 71, 87
    Versicherungen 93
Pauschalurlaub → Pauschalreise
Pension → Hotel
Personalausweis **95**, 334
Personensorge 80, 99
    Siehe auch Reisevollmacht
Planschbecken, aufblasbares 158, 310
Planung → Reiseplanung
Plüschtier verloren 141

PMR-Funkstandard (Babyphone) 184
Polen 169
Pool 320, 333
   auf dem Kreuzfahrtschiff 182
   Kindersicherheit 159, 320, 362
Pop-up-Babyzelt 137, 307, 324
Pop-up-Strandmuschel 122
Portabler DVD-Player 143
Prepaid-Karte 146
Private Krankenversicherung 90
Private Unfallversicherung 93
Privatwohnung mieten → Mitwohnen
   → Ferienhaus
Pro Kind eine Hand 256, 290, 362
Psychische Herausforderungen 28, 344, 346
Pürierstab 372

Q

Quallen, giftige 160, 162
Quartiere → Unterkünfte
Queen Size → Hotelbetten, Breite

R

Radtouren und Radreisen 210, 210–214
   Siehe auch Fahrrad
Rail&Fly 223
Rast
   auf Autofahrten 268–270
   beim Wandern 208
   auf der Fahrradtour 213
   Spiele für die 269
Rastplätze → Autobahnraststätten
Raststätten → Autobahnraststätten
Räuberteller (Restaurant) 374
   Siehe auch essen und trinken
Reboard-Sitze 133, 266, **267**, 272

Regeln in anderen Ländern 350
Regeln für Schwangere (Kreuzfahrt) 415
Regeln im Urlaub 197, 344, 349, 354
   beim Fliegen 222
   mit anderen Familien 42
   mit Großeltern 41
Regenjacke **113**, 182, 207, 211
Regenkleidung **113**, 206
   auf Fahrradtouren 211
Regenverdeck (Kinderwagen) 127
Regenwetter 135, 147, 197, 318
Reiseabbruchversicherung 86
   für mitreisende Kinder 45
   für Schwangere 408
Reise-Apotheke 51, **84–85**, 361, 422
   für Schwangere 408
   für Tropenreisen 165
   im Auto 266
   Medikamente 84
   Packliste 422
Reise-Apps → Apps
Reise-Assistenz für behinderte Kinder 46
Reiseausrüstung 112
   Anti-Autositz-Fluchtsystem 133
   aufblasbare Sitzerhöhung (Auto) 133
   aufblasbare Sitzerhöhung (Hochstuhl) 136
   Autokindersitz 131, 266
   Autorückspiegel 133
   Babyhängematte 137
   Babyphone 137
   Babyreisebett 136
   Babyschlitten 117
   Babytrage 128
   Bollerwagen 127
   Buggy 125
   Dachgepäckträger (Auto) 266
   DVD-Player, tragbarer 143

Ebook-Reader 143
Fahrradanhänger 134
Fahrradhandschuhe 212
Fahrradkindersitz 135
Fleeceschlauch 116
für Fahrradreisen 211
für Städtetrips 191
für Tropenreisen 165
Fußsack (Kinderwagen) 127
Gurtadapter für Schwangere 411
Gurtschoner 133
Heckträger (Auto) 266
Hochstuhl 136
Insektennetz 124
Insektennetz (Kinderwagen) 127
Insektenschutzkleidung 113
Insektenschutzmittel 122
Kamera 146
Kiddyboard 127
Kinderhandschuhe 116
Kinderkleidung 113
Kinderkopfhörer 143
Kindersitzauflage, luftdurchlässige 133
Kindersonnenbrille 120
Kinderwagen 125
Lautsprecher 143
Matratzenunterlage 383
Multimedia 142
Neoprenanzüge 113
Notfall-Armbänder 160, 178
Plüschtier 140
Pop-up-Babyzelt 137
Regenjacke 113, 182, 207, 211
Regenkleidung 113
Regenverdeck (Kinderwagen) 127
Reise-Apotheke 84
Rettungsweste 162
Rückenprotektor 174

Schal 116, 350
Schlafkissen (Reise) 134
Schlitten 117
Schneeanzug 115
Schwimmwindeln 182
Skier 171
Smartphone 143
Socken 114
Sonnencreme 118
Sonnenhut 120
Sonnenschirm 121
Sonnenschutz 118, 263
Spielzeug 140
Stillcover 369
Strandmuschel 121, 156
Strandschuhe 114, 120
Sturmmaske 116
Sunblocker 119
Tablet 142
Töpfchen 382
Tragecover 116, 128
Tragejacke 116, 128
Tragetuch 128
Transporttasche (Buggy) 233
Urinal 383
UV-Schutzkleidung 120
UV-Schutztuch 121
Walkie-Talkies 138
Wanderkraxe 129
Wanderschuhe 114
Wickeltasche 244, 381
Winterschuhe 117
Reisebegleitung 36
andere Kinder 44
Babysitter 43
befreundete Familien 42
für Singles mit Kind 37
Großeltern 40

Reiseberater, mobile 75
Reisebett → Babyreisebett
Reiseblog schreiben 358
Reisebuchung 68
    Bahntickets 283
    bester Zeitpunkt 68, 168
    Flugtickets 222
    im Reisebüro 75
    individuell 69
    Kreuzfahrt 177
    Pauschalreisen 69
    Spartipps 68, 176, 190, 223, 285
    über Internetportale 66, 72
    über mobile Reiseberater 75
    wo buchen? 72
Reisebudget 61
    ansparen 61
    Frühbucherrabatte 63, 68
    für die Weltreise 62
    kalkulieren 61
    Reisedauer 64
    Reisekosten 61
    Reisezeit 64
    Reiseziele 63
    Unterkunft 66
    Urlaubskonto 62
    Verkehrsmittel 65
Reisebüro 75
    Allergiker-Reisen 378
    Flugreisen 224
    Kreuzfahrt 177
    Pauschalreisen für Familien 41, 72
    Reisen mit besonderen Kindern 47
    Spezialisten für Weltreisen 49
Reisebus 281
Reisedauer, optimale 34
Reisedauer (Weltreise) 49
Reisedepression 346

Reisedokumente 94–100
    Siehe auch Pass, *siehe auch* Reisevollmacht
    auf Inlandsflügen 94
    beim Check-in 240
    Führungszeugnis 334
    für Allergiker 379
    für Deutsche 95
    für die Autoreise 261
    für Österreicher 95
    für Schweizer 95
    Geburtsurkunde 94, 95, 98
    Heiratsurkunde 98
    Packliste 100, **427**
    Sicherheit 256, 360
Reisedurchfall 82, 165, **385**
Reiseeinstimmung 78
Reiseerinnerungen festhalten 359
Reisegefährte für das Kind 44
Reisegefährten, Wahl der 36
Reisegepäckversicherung 92
Reisegruppe 37
Reisehaftpflichtversicherung 92
Reisehochstuhl 136
    im Wohnmobil 193
Reise-Ideen → Urlaubsideen
Reise-Impfungen → Impfungen
Reisekinderwagen → Kinderwagen
Reisekissen → Schlafkissen (Reise)
Reisekosten 42, **61**
    Auto 65
    Bahn 65
    Flugzeug 65
    Nebensaison 64
    Reisezeit 63, 65
    Reiseziel 68
    Unterkunft 66
    Verkehrsmittel 65
    Wohnmobil 65

Reisekrankheit 179, **391**
  Antihistaminika 255, 391
  auf Kreuzfahrt 179
  beim Fliegen 254
  im Auto 268, 272, 273, 428
  im Wohnmobil 194, 195
  Medikamente 391
  vorbeugen 391
Reise-Krankheiten 82, 384
  Bauchschmerzen 386
  Bindehautentzündung 120
  Durchfall 385
  Erkältung 386
  Hitzschlag 387
  kleinere Verletzungen 392
  Malaria 166
  Mittelohrentzündung 390
  Ohrenschmerzen 390
  Reisekrankheit 391
  Sonnenbrand 392
  Sonnenstich 387
  Verstopfung 394
Reisemedikamente → Medikamente
Reisemediziner 80
  Siehe auch Arzt
Reisen mit befreundeten Familien 42
  Kinderbetreuung 355
  Kreuzfahrt 179
Reisen mit besonderen Kindern 45
  Fliegen 46, 250
  Reiseveranstalter 46
  Reiseziele 46
  Versicherungen 87
Reisen mit chronisch kranken Kindern
  → Reisen mit besonderen Kindern
Reisen mit drei Generationen 40
  → Großeltern

Reisen mit Freunden → andere Kinder mitnehmen → Reisen mit befreundeten Familien
Reisen mit kleinen Kindern 18, 22, 54
Reisen mit Lebensmittelallergien und Unverträglichkeiten 376
Reise-Notfalltoilette 383
Reisen, schwanger 402
Reisepass → Pass
Reiseplanung 18
  Buchung 68
  Budget 61
  Elternzeit 54
  Reise-Alter → bestes Reisealter
  Reisegefährten 36
  Reiseziel 26
  Weltreise 48, 59
Reiserecht **86**, 338
Reiserücktrittsversicherung **86**, 148
  für Flugreisen 239
  für Schwangere 408
  Vollschutz-Tarife 87
Reise-Schutzimpfungen → Impfungen
Reisesicherheit → Sicherheit
Reisespiele → Spiele
Reisespielzeug → Spielzeug
Reisetagebuch 359
Reisetöpfchen 269, **382**, 383
Reiseübelkeit → Reisekrankheit
Reiseunfallversicherung 93
Reiseveranstalter 68
  Bauernhof-Urlaub 200
  Cluburlaub 187
  familienfreundliche 72, 186, 313
  Ferienparks 186
  Pauschalreisen für Familien 72
  Reisen für besondere Kinder 46

Reiseversicherungen 86
    ADAC 92
    Auslandsreise-Krankenversicherung **88**, 91, 408
    höhere Gewalt 89
    Mallorca-Police 92
    Reiseabbruch 86
    Reisegepäck 92
    Reisehaftpflicht 92
    Reiserücktritt 86, 89, 93, 148, 408
    Reiseunfall 93
Reisevollmacht **98**, 149, 230
    Arztbesuch 99
    ärztliche Behandlung 99
    für Enkel 80
    für mitreisende Kinder 44
    Übersetzung 100
Reisevorbereitung 78, 148, **258–295**
    Siehe auch Reiseplanung
    Autofahrt 260–295
    Fliegen 222
    für Schwangere 408
Reisewarnung 89
Reisewasserkocher 373
Reisewickeltasche → Wickeltasche
Reisewörterbuch 103, 352
    Englisch 103, 352
    Französisch 103, 352
    Italienisch 352
    Spanisch 103, 352
Reisezeitpunkt, bester 21
    für Schwangere 403
    Reisekosten 63
Reiseziele 34, 74
    finden **26**, 163, 168, 180, 406
    für den Winterurlaub 168
    für die Weltreise 48
    für Kreuzfahrten 180

für Städtetrips 189, 190
für Tropenreisen 163
in der Schwangerschaft 406, 407
islamische Länder 164, 350
kindergeeignetes Reiseziel finden 26
medizinische Versorgung 26
mit besonderen Kindern 45
Reisekosten 63
Sicherheit 360
Wohnmobilreisen 193, 194
Reizklima 155
Religiöse Anschauungen 351
Rentenversicherung 49, 55, 60
Repellent → Insektenschutzmittel
Rescue-Tropfen 255
Restaurant 374
    familienfreundliches 136, 365
    mit Allergikern 376
    mit Babys 22, 349, **371**, 372
    mit heiklen Essern 374
    Restaurants, Spartipps 373
    Spielideen 366
    Stillen 369
    wickeln 380
Rettungsdienst 156
Rettungsschwimmer 160
Rettungsweste 162, 178
Rikscha 295
Risiken und Gefahren 164, 180, 205, 245, 262, 264, 294, 360
    in der Schwangerschaft 402, 404, 407, 409
Roaming-Kosten 138, 139, 144
Rodeln → Schlitten
Rollkoffer → Koffer
Romantik 355
Routen (Kreuzfahrt) 180

Routenplanung
    Auto 260
    Fahrradtour 212, 214
    Wandern 204
Rückenprotektor 174
Rückhaltesystem → Kinderrückhaltesystem
Rucksack 110
    als Handgepäck 235
    als Wickeltasche 235, 245, 381
    Kinderrucksack **111**, 208
    Kofferrucksack 111
    Tagesrucksack 208
    Trekkingrucksack 111
Rücksitztasche 273
Rückzugsbereich, persönlicher 41, 42, 354, 355
Rundreise 33
Ryanair 228
    Autokindersitze Regelung 228, 251
    Gepäckbestimmungen 228
    Schwangerschaft Regelung 409
    Sitzplatzreservierung 227
    Sperrgepäck Regelung 232

S

Sabbatical 50
    Siehe auch Auszeit → Weltreise
Sandfliegen 389
Sandflöhe 122, 156
Sandwich-Methode (Fremdsprachen lernen) 102
Sauberkeit → Hygiene
Sauerstoffmaske (Flugzeug) 247
Säugling → Baby
Schal **116**, 350
Schalter, Check-in (Flughafen) 236

Schattenspender 121
    Siehe auch Sonnenschutz
Schengen-Raum 43, **94**, 95
Schifahren → Skifahren
Schiff 176
    Siehe auch Kreuzfahrt, *siehe auch* Frachtschiff, *siehe auch* Bootstour
Schiffsarzt 181
Schirm → Sonnenschirm
Schlafen 349
    auf Reisen 136
    Co-Sleeping 349
    draußen 349
    gemeinsam 349
    im Hotelbett **136**, 383
    im Wohnmobil 195
    im Zelt 324
    Mittagsschlaf 349
Schlafkissen (Reise) 134
Schlafrhythmus von Babys 345, 348
Schlafwagen (Bahn) 282
Schlafzelt → Pop-up-Babyzelt
Schlaufengurt (Flugzeug) 226, **247**, 252
Schlitten **117**, 170
    Babyschlitten 117
    Fußsack 117
    Sicherheit 175
Schmuddelwetter → Regenwetter
Schnee → Winterurlaub
Schneeanzug 115
Schneeausrüstung → Schneekleidung
Schneeketten 264
Schneekleidung 115
    für Tragekinder 116
Schnitzmesser 325
Schoß, Fliegen auf dem 219, 221, **226**, 243, 247, 256

Schottland 67
Schüchterne Kinder 353
Schuhe → Kinderschuhe
Schulamt 51
Schulanmeldung 48, 51
Schulferien 24
    Kinderclubs Öffnungszeiten 183
Schulfreistellung **58**, 148
Schulkinder **79**, 329, 333
    Beurlaubung von der Schule 52, 56
    Grundschulkinder 23
    Spartipps 24
    Teenager 25
    Weltreise 51
    Winterurlaub 168
Schultergurte (Transport von Autokindersitzen) 233
Schürfwunden behandeln 392
Schutzkleidung gegen Moskitos 113
Schwanger reisen 402
    auf Kreuzfahrt 414
    Auslandsreise-Krankenversicherung **90**, 408
    Autoreisen 412
    Fliegen 409, 411
    Flugtauglichkeitsbescheinigung 150, **410**
    geeignete Reiseziele 406
    Gurtadapter 411
    Hepatitis E 406
    Impfungen 406
    Lebensmittel-Tabus 408
    Malaria 406
    Notfall 406, 409
    optimaler Reisezeitpunkt 403
    Packliste 405, **435**
    Reise-Apotheke 408
    Reisekrankheit 415
    Reiseversicherungen 408

    Reisevorbereitung 408
    Risiken 402, 404, 407, 409
    Sicherheitsgurt (Auto) 412, 413
    Sicherheitsgurt (Flugzeug) 411
    Skifahren 402, 407
    Strahlungsbelastung beim Fliegen 410
    Unfall 407, 413
    Weblinks 408
Schwangerschaftsdrittel, erstes 403
Schwangerschaftsdrittel, letztes 404, 409
Schwangerschaftsdrittel, zweites 404, 414
Schwangerschaftsmaske 406
Schwanger skifahren 402, 407
Schweden 168, 169
Schweiz **30**, 318
    Bahnfahren 284, 287
    familiengeeignetes Reiseziel 187
    Kindersitzregelung 266, 279
    Kindersitzregelung im Taxi 276
    Reisedokumente 95, 96
Schweizer Bundesamt für Gesundheit 90
Schweizer Bundesbahnen (SBB) 284
Schwierige Kinder, Reisen mit 21
Schwimmärmel → Schwimmhilfen
Schwimmflügel → Schwimmhilfen
Schwimmhilfen 159
Schwimmschuhe → Strandschuhe
Schwimmsitze 159
Schwimmweste → Rettungsweste
Schwimmwindeln 182
Scopolamin → Reisekrankheit
Seekrankheit → Reisekrankheit
Selbst einchecken (Fliegen) 236
Selbstversorger **301**, 330, 376
    im Hotel 306
    Packliste 424, **434**

Selbstversorgerhäuser (Jugendherbergen) 329
Sessellift 175
Seychellen 164
Sicherheit → Risiken und Gefahren
→ Gefahren auf Reisen
Siehe auch Diebstahlschutz
  am Meer 155, **159**, 161
  am Pool 307, 320, **362**
  am Strand 162
  am Urlaubsziel 360
  auf dem Campingplatz 320
  auf der Rodelbahn 175
  auf Kreuzfahrtschiffen 178
  auf Schiffen 162
  beim Bergwandern 207
  beim Fliegen 245
  beim Skifahren 116, **174**
  beim Wandern 206
  im Auto 266, 278
  im Taxi 276, 278
  in der Unterkunft 302
Sicherheitsgurt (Schwangere) 411, 413
Sicherheitskontrolle (Flughafen) 234, **238**
Sicherheitsvorkehrungen 361
Sichtschutz (Stillen) 368
Singapur 164
Single-Eltern → allein reisen mit Kind
Sitten und Gebräuche, andere 350
Sitzauflage, rutschfest (Fliegen) 251
Sitzerhöhung, aufblasbare (Auto) 133
Sitzerhöhung, aufblasbare (Hochstuhl) 136
Sitzplatzbuchung (Fliegen) 222, **226**, 236, 247
Sitzplätze auswählen (Fliegen) 226
Sitzplatz für Babys (Fliegen) 226
Sitzplatzreservierung (Bahn) 284, 286

Skier 171
Skifahren 170
  Helmpflicht 174
  lernen mit den Eltern 171
  Rückenprotektor 174
  Schwangere 402, 407
  Sicherheit 174
  Skiausrüstung 171, 175
  Skipass 169
  Skischule für Kinder 169, **172**, 173
Skigebiete, familienfreundliche 169
Skikindergarten 172
Skikurs → Skischule
Skilift 174
Skischule 169, **172**, 173
Skiurlaub → Winterurlaub
Sky Nannies 226
Skypen 358
Smartphone 143
  als Babyphone 138, 184
  als Navigationsgerät 212, 260
  Apps für die Reise 144
  für Städtetrips 191
  sichern 361
Snacks (Autofahrt) 271
Socken 114, 115, 116, 128
Solar-Nachtlicht 318, 326
Sondergepäck → Sperrgepäck (Fliegen)
Sonnenbrand 118, **392**, 393
Sonnenbrille → Kindersonnenbrille
Sonnencreme **118**, 119, 123, 207
  für Babys 119
  Lichtschutzfaktor **119**, 120, 165
  mineralische 119
  Sunblocker 119
  wasserfeste 119
Sonnenhut **120**, 207

Sonnenmilch → Sonnencreme
Sonnenschirm 121, 165
Sonnenschutz 27, 35, **118**, 165
   am Strand 121, **156**
   für Babys 27, 35, **158**
   Kindersonnenbrille 120
   mineralischer 119
   Strandmuschel 155
   UV-Schutzkleidung 120
   UV-Schutztuch 121
Sonnenschutzblende (Auto) 263
Sonnenschutzmittel → Sonnencreme
Sonnenschutzrollo (Auto) 262
Sonnensegel 121
Sonnenstich 262, **387**
Souvenirs 359
Soziale Regeln 46, **350**
Spanien 30
Spanisch-Reisewörterbuch 103, 352
Spartipps
   Bahntickets 285
   Essen 373
   Flugbuchung 223
   Hotelurlaub 306
   Reisebuchung 68
   Reisen mit Schulkindern 24
   Städtetrips 190
   Unterkünfte 301, 329
   Wohnmobilreisen 198
Speaker 143
Speedy Boarding 241
Speisekarte 375, 378
Speisewagen 282, 291
Sperrgepäck (Fliegen) 225, 229, 231, **232**, 233, 237, 238
Spiegelreflexkamera → Kamera

Spiele
   am Strand **157**, 161
   beim Camping 322
   beim Wandern 203
   bei Regen 322
   Bewegung 269
   für Babys 161
   für Kleinkinder 141, 366
   im Auto 273
   im Flugzeug 246
   im Restaurant 366
   in der Bahn 289
Spiele-Apps 143, **145**, 146
Spielgefährten 37
   im Urlaub 185, **352**, 354
Spielzeug 78, 101, 105, 111, **140**
   aufblasbares 159
   bedeutungsoffenes 140
   Bücher 111
        Siehe auch Bilderbücher
   für Babys und Kleinkinder **140**, 274
   für das Auto 273, 274
   für das Wohnmobil 199
   für draußen 325
   in der Bahn 289
   Packliste 111
   reisetaugliches 111, **140**, 142
   Sandspielzeug 111, 325
Sportwagen → Kinderwagen
Sprachen, andere 101
Spucktüte 255
Städtetrip 188
   Anreise **190**, 220
   Ausrüstung 190
   mit Baby 188
   mit Wohnmobil 198
   öffentliche Verkehrsmittel 189

Packliste 191, **432**
Reiseziele **188**, 224
Unterkunft **190**, 327, 335
Standortreise 33
Stau 260, 263, 264
Stechfliegen 389
Stellplätze (Wohnmobil) 196, **198**
Sterilisierer 370
Stiftung Warentest 87, 88, 93, 119, 122, 131, 137
Stillcover 369
Stilleinlagen 368
Stillen 104, 130, 348, **367**
am Strand 119, 121
Ausrüstung 243, 367, 369
im Ausland 351
im Auto 271
in der Öffentlichkeit 368, 369
Milch abpumpen 369
Milchstau 367
Packliste 435
Stirnlampe 326
Stoffwindeln 301, 310
Stopover 74
Städtetrip 224
Stornierung 89
Reiserücktrittsversicherung 87
wegen Schwangerschaft 415
Strahlung (Babyphone) 137
Strahlungsbelastung (Flugzeug) 410
Strand 35, 156
Ausrüstung 156
ertrinken am 161
Gefahren 155, 159, 160
in anderen Kulturen 350
kindergeeigneter 155
mit Baby 158
Packliste 158, **425**

Spiele 157, 161
UV-Schutz 118, 120, 121, 156, **158**
Windschutz 156
Strandaufsicht 160, 162
Strandbeflaggung 159
Strandkorb **121**, 156
Strandmuschel **121**, 160
Pop-up-Strandmuschel 122
Strandschuhe 114, 120
Strandzelt → Strandmuschel
Straßenverkehr 198, 210, 294, **362**
Straßenverkehrsordnung 210
Streit 41, 345, **353**, 354, 355, 358
Stressfrei Bahnfahren 286
Stückkonzept (Fluggepäck) 229
Sturmmaske 116
Stützstrümpfe → Kompressionsstrümpfe
Südafrika **31**, 318
Kindersitzregelung 279
Sunblocker 119
Synagogen besuchen 351

T

Tablet **142**, 358, 361
Tag-Nacht-Rhythmus 349
Take-aways 305, 375
Taschendiebe 28, **360**
Tauschvertrag (Haustausch) 337
Taxi 276
Autokindersitz 189
im Ausland 278
Moped-Taxi 293
Regelung für die Schweiz 276
Regelung für Österreich 277
Sitzerhöhung 134, 276
zum Flughafen 230
Technik → Multimedia

Teenager 25, 311
  Siehe auch Reisezeitpunkt
Tempel besuchen 351
Terroranschläge 30
Tetanus (Reise-Schutzimpfung) 81, 93, 394
Thailand 32, 164
Thermoskanne 264, 370
Thrombose 405, 410, 412
Tiere 162, 361, 385, 389
Toilettenaufsatz 245
Toilettenbesuch 382
  im Flugzeug 245
Toilettensitzauflage 383
Tollwut (Reise-Schutzimpfung) 82
Töpfchen → Reisetöpfchen
Töpfchentraining 245, 383
  Packliste 383, **434**
Tourenplanung → Routenplanung
Toxoplasmose 403, 408
Tragbarer DVD-Player 143
Tragbarer Reisehochstuhl → Reisehochstuhl
Tragecover 116, 128
Tragehilfe → Babytrage
Tragejacke 116, 128
Tragen
  Siehe auch Babytrage, *siehe auch* Wander-kraxe
  Ausrüstung 116, 121
  bei Hitze 121, 128, 165
  beim Wandern 209
  im Winter 116, 128, 131, 170
  Kleinkinder 129
Tragerucksack/-tasche für Autokindersitz und Buggy (Fliegen) 233
Tragetuch 128, 129
  beim Wandern 204

Traglast für Kinder 208
Trainerhöschen, Trainer Pants 245, **381**
Transportabler Sterilisierer 370
Transportmittel → Reiseverkehrsmittel
Transporttasche (Buggy) 233
Trinken
  als Stillende 368
  am Strand 158
  auf Fahrradtour 212
  beim Wandern 208
  Gesundheit 361
  im Auto 270
  im Tropenurlaub 165
  Schwangere 411
Trinkflasche 240, 259, 271, 273
Trinkwasser → Hygieneregeln
TripAdvisor.de 308
Tropenmediziner 166
Tropenreise 23, **163**
  Ausrüstung 165
  buchen 68
  Fieber 167
  Gefahren 27, 162
  Gesundheitsvorbereitung 81, **166**
  Malaria-Risiko abwägen 166
  medizinische Versorgung 165
  mit Baby 26, **163**
  Mückenschutz 122, **165**, 167
  Verhaltensregeln 165
  Zeitverschiebung 163
Tschechien 169
Tuktuk 295
Tunnelzelte → Zelte
Turbulenzen (Fliegen) 226, 248, **250**
Türkei 30, 187
Typhus (Reise-Schutzimpfung) 82

U

Übernachtungsmöglichkeiten → Unterkünfte
Übersee (Wohnmobilreisen) 193
Übersetzungshilfe Erstkontakt 352
Umbuchen
  bei Reisewarnung 89
  Flug 239
  Sitzplätze im Flugzeug 238
Umgang mit Heimweh 356
Umstände, in anderen → Schwangerschaft
Unbezahlter Urlaub 50
Unfallversicherung, private 93
Ungewohnte Esswerkzeuge 366
Unterhaltungselektronik → Multimedia
Unterkünfte 298–341
  Ausstattung 306, 310, 314, 329
  Babyhotel 314
  Bauernhof 200, 338
  Berghütte 207
  Buchung über Internet 72
  Campingplatz 317
  Couchsurfing 334
  familienfreundliche 298
  Ferienhaus 300
  Ferienstätte 329
  für Selbstversorger **301**, 329, 330
  Glamping-Platz 321
  Hostel 327
  Hotel 305
  Hütte (Campingplatz) 319
  Jugendherberge 328
  Kindersicherheit 302, 320
  Kosten 66
  Lage 302, 305, 309, 327
  Mitwohnen 332
  Mobilheim (Campingplatz) 319
  Motel 305
  Privatwohnungen 331, 333, 337
  ungeeignete für Kinder 298
  Vergleich 299
  WWOOFing 338
Unternehmen im Urlaub → Urlaubsideen
Unterstützung **40**, 407
  Siehe auch Großeltern
Untervermietung → Zwischenvermietung
Unterwegs mit Fläschchen 370
Unterwegs mit Töpfchen-Trainern 382
Unversehrt reisen 360
Unverträglichkeiten → Lebensmittel-
  unverträglichkeiten
Urinal 383, 412
Urlaub auf dem Bauernhof 34, **200**, 338
Urlaub, entspannter 347, **353**
Urlaub im Schnee → Winterurlaub
Urlaub mit den Großeltern 40
  Erziehungsvorstellungen 41
  geeignete Unterkünfte 41
  Kinderbetreuung 355
  Kreuzfahrt 179
Urlaubsaktivitäten → Urlaubsideen
Urlaubsarten → Urlaubsformen
Urlaubsformen 33
Urlaubsfotos machen → Fotografieren
Urlaubsfreundschaft **352**, 398
Urlaubsideen 154–215
Urlaubskasse → Reisebudget
Urlaubskleidung → Kinderkleidung
Urlaubskonto 62
Urlaubskrisen 42, **353**
Urlaubsplanung → Reisevorbereitung
Urlaubsquartiere → Unterkünfte
Urlaubsregeln 41, 42, 44
  für Wohnmobilreisen 197
Urlaubsunterkünfte → Unterkünfte

Urlaubswehwehchen 346
  Siehe auch Reisekrankheiten
Urlaubsziele → Reiseziele
USA **31**, 193, 318
  Auslandsreise-Krankenversicherung (Langzeitreisen) 91
  Florida 31
  Hawaii 32
  Kindersitzregelung 279
  Neuengland 32
  Reisepass 94
USB-Stick 361
UV-bedingte Bindehautentzündung 120
UV-Index 118
UV-Schutz → Sonnenschutz
UV-Schutzkleidung **120**, 165
UV-Schutztuch 121
UV-Strahlung 27, **156**, 207, 392

V

VAE → Vereinigte Arabische Emirate
Veganer → Vegetarier
Vegetarier 374, 377
Vereinigte Arabische Emirate 30
  familienfreundliches Kreuzfahrt-Gebiet 180
Vergleich
  Individualreise vs. Pauschalreise 71
  Kinderrückhaltesysteme im Flugzeug 252
  Kindersitzregelungen in anderen Ländern 251, **279**
  Reisedokumente Kinder 95
  Unterkünfte 299
  Verkehrsmittel 218, 220
  Wanderkraxe vs. Babytrage 130
Verhaltensregeln
  an religiösen Stätten 350
  Gesundheit 361, **385**

Verkehrsmittel 218–295
  Auto 258
  Bahn 282
  Fähre 292
  Fahrrad 210
  Flugzeug 221–295
  im Ausland 278, 283, 293
  Mietwagen 274
  Minibus 294
  Moped 293
  Reisebus 281, 292
  Schiff 176, 292
  Sicherheit 245, 265, 266
  Taxi 276, 295
  Tuktuk 295
  Vergleich 218, 220
  Weblinks 220
  Wohnmobil 192
Verlaufen 160
  am Flughafen 233
  am Strand 161
  Verhaltensregeln 363
Verletzungen behandeln 392
Verloren
  Fluggepäck 232
  Kind 161, 362
  Plüschtier 141
Verpflegung 268, 306
  Siehe auch essen und trinken
  auf Fahrradtour 212
  beim Wandern 208
  im Auto 265, 268, 270, 271
  im Flugzeug 242
Verschwunden → verloren
Versicherungen 86
  Siehe auch Reiseversicherungen
  Haftpflichtversicherung 338
  Kfz-Haftpflichtversicherung 90
  Vollkaskoversicherung 90

Verstauchung behandeln 394
Verstopfung behandeln 394
Verwandte 48
Vielfliegerprogramme 65, **223**, 230
Visa 97
  Au-pair-Visum 43
  Beantragung **59**, 230
  für WWOOFing 339
  USA-Visum 94
  Visa on arrival 97
  Working-Holiday-Visum 341
Visum → Visa
Vollkaskoversicherung 90
Vollmacht → Reisevollmacht
Vollpension 306, 330, 373
Vollstillen → Stillen
Vom Check-in bis zum Boarding 236
Vorabend-Check-in 225, **237**, 256
Vorbereitung → Reisevorbereitung
Vorbeugen → Hygiene
Vorbild sein (Essen) 365
Vorfreude 78
Vor Ort → Unterwegs
Vorrat (Milchpulver) 370, 371
Vorschulkinder → Kindergartenkinder
Vox-Funktion (Walkie-Talkies) 138

W

Wagenstandanzeiger (Bahn) 287
Walkie-Talkies 138, 184, 195
Wanderkraxe 129, **131**, 209
  Siehe auch Tragen, *siehe auch* Wandern
Wandern 131, **202**, 204, 208
  Ausrüstung 113, 114, 206
  im Hochgebirge 35
  Klettertouren 206
  mit Baby 35, 202

mit Kindertrage 129
mit Kinderwagen 125
mit Kleinkind 202, 204, 206
Notfallapotheke 208
Packliste 209, **432**
Rastpause 205
Routen für Familien 205
Spiele und Beschäftigung 203
Wanderschuhe 114
Wandertrage → Wanderkraxe
Wanderurlaub → Wandern
Warmes Essen (im Flugzeug) 242
Warnweste 259, 266
Wäscheservice 109, 182, 306, 330
Wasserfeste Schuhe 114
Wassertemperatur 155
WC → Toilette
Weberschale → Fahrradanhänger
Weblinks
  Allergien 378
  Auto 261, 266
  Autokindersitze 252, 267
  Autoreisen 270, 273, 275
  Babyhotels 313
  Babysitter 315
  Bahn 283, 284, 285, 288, 290
  Bauernhof-Urlaub 201
  Campingplätze 326
  Cluburlaub 186
  Couchsurfing 336
  Fahrradreisen 213, 336
  Ferienparks 186
  Ferienstätten 330
  Ferienwohnung 302, 304
  Fliegen 239, 252, 257
  Glamping 321
  Haustausch 338
  Hostels und Jugendherbergen 329

Hotels 308, 313
Housesitting 333
Kreuzfahrten 178
Mitwohnen 331
Reisebus 293
Reisegesundheit 83
Schiffsreisen 293
Schwangerschaft 408
Tragen 130
Verkehrsmittelvergleich 220
Weltreisen 92
Wohnmobilreisen 193, 198
WWOOFing 341
Wechselkleidung 207, 211
Wehen 403, 405, 407, 412
Weitere Reiseverkehrsmittel
  für Familien 292
Weitere Übernachtungsmöglichkeiten
  für Familien 331
Weltreise → Langzeitreise
  Siehe auch Auszeit, *siehe auch* Sabbatical
Wertanschauungen, andere 350
Westliches Mittelmeer, familienfreundliches
  Kreuzfahrt-Gebiet 180
Wickeln
  am Strand 158
  im Auto 268
  im Flugzeug 243, 244
  im Sommer 381
  in der Bahn 282
  Packliste 381, **434**
  praktische Kleidung 244
  unterwegs 380
Wickeltasche **381**, 434
  im Flugzeug 235, 244
Wickeltisch (Flugzeug) 244
Wiederbelebungsmaßnahmen 161

Wieder zu Hause 398
Willing Workers on Organic Farms
  → WWOOF
Wimdu.de 331, 332
Windeln
  auf Kreuzfahrt 181
  entsorgen 310, **382**
  im Flugzeug 225
  Schwimmwindeln 182
  Stoffwindeln 301, 310
  Trainerhöschen 245
Windows Phone Apps → Apps
Windschutz → Strandmuschel
Wind- und Wettercreme 120
Winterferien 168
Winterschuhe 117
Winterurlaub 168
  Ausrüstung 115, 116
  Babysitter 171
  buchen 69
  im Ferienpark 186
  in der Nebensaison 170
  Kinderbetreuung 169
  mit Baby 35, **170**
  mit befreundeten Familien 169
  Packliste 175, 427, **428**
  schneesicher 168
  schwanger 402, 407
  Skikindergarten 169, 171
  Skischule 172
  Sonnenschutz 121
  Spartipps 169
Wirksame Insektenschutzmittel
  für Kinder 123
Wo buchen: Reisebüro, Internet
  oder direkt? 72
Wohnanhänger 39, **197**, 198

Wohnmobil 65, **192**, 319
　Alkoven-Betten 193
　Alkoven-Wohnmobil 194
　Ausrüstung 136, **193**
　Autokindersitz 196
　CDW-Versicherung 90
　familiengeeignetes 194
　Kastenwagen 194
　Kilometerpauschale 276
　Kinder richtig anschnallen 196
　Kosten 65, 194
　mieten 90, **193**
　Packliste 199, 201, **430**
　Sitzplätze 196
　Spartipps 198
　Spielzeug 199
　Vollkaskoversicherung 90
Wohnmobilreisen 192
　in Übersee 193
　mit Baby 193
　Routenplanung 196
　Stellplätze, kindersichere 196, 198
Wohnsitz abmelden 54, 58, 59
Wohnung mieten → Mitwohnen
Wollsocken 128
WorkAway.info 341
Working-Holiday-Visum 340
World-wide Opportunities on Organic Farms → WWOOF
Wörterbuch **103**, 352
　Siehe auch Reisewörterbuch
Wrapping Service (Flughafen) 233
Wundversorgung 392
WWOOF 338
　Siehe auch Urlaub auf dem Bauernhof

Y

YMCA → Christlicher Verein junger Menschen

Z

Zahnarzt 51
Zecken 122, **395**
　Borreliose 395
Zeckenbisse versorgen 395
Zeitverschiebung 28, 29, 34, 66, **345**, 385
Zeit zu zweit 355
　Siehe auch Paarzeit
Zelte, familiengeeignete 323
Zelten → Camping
Zeltplatz → Campingplatz
Zertifikat Autokindersitz 131, 249, 266, 276, 279
Zimmerwahl für Familien 307
Zubehör Autokindersitz 133
Zug → Bahn
Zu Hause, wieder 398
Zustellbett 306, 307
Zweifel 20
Zweisamkeit 356
Zweiteiler (Schneekleidung) 115
Zweites Schwangerschaftsdrittel **404**, 414
Zwiebelsystem **110**, 206
Zwischenvermietung 60, 148, **338**
Zypern 30

Über die Autorinnen

Kerstin Führer gründete nach langer Tätigkeit in der Tourismusbranche zuerst eine Familie und dann die Familien-Reisewebsite KidsAway.de. Als passionierte Reisende hat sie inzwischen mehr als 37 Länder dieser Welt auf sechs Kontinenten besucht, davon 18 in Gesellschaft ihrer dreijährigen Tochter und ihres sechsjährigen Sohnes. Was sie aber bis heute nicht schafft: rechtzeitig die Koffer zu packen.

Jenny Menzel arbeitet als freie Lektorin und Redakteurin mit ihrer Familie in Dresden. Ihr Steckenpferd ist Neuseeland, das sie mit ihrem Mann und zwei Kindern zwei Monate lang im Campervan erkundete. Aber auch Rucksacktouren durch Südostasien mutet sie ihrer Familie ohne Skrupel zu. Seit 2014 wartet ein weiteres Kind darauf, endlich seine erste Fernreise antreten zu dürfen. Es wird nicht mehr lange dauern …

Über KidsAway.de

Auf KidsAway.de versorgen wir Sie jede Woche mit vielen neuen praktischen Informationen zum Reisen und stellen Familien vor, die inspirierende Reisen mit ihren Kindern gemacht haben. Daneben finden Sie Experten-Interviews und Reiseberichte unserer Leser. Im Mitgliederbereich, den Sie nach einer kurzen Registrierung nutzen können, gibt es alle Packlisten aus diesem Buch sowie eine Reisevollmacht in Deutsch und Englisch kostenlos zum Herunterladen.

Im Reiseforum von KidsAway.de unterhalten sich reiselustige Mütter und Väter über kindergeeignete Reiseziele, tauschen Tipps und stellen Fragen, auf die sie in normalen Reiseführern keine Antwort finden. Machen Sie mit und teilen Sie Ihre eigenen Reiseerfahrungen!

Im Internet: www.kidsaway.de
Bei Facebook: www.facebook.de/kidsaway
Auf Twitter: www.twitter.com/kidsaway

Bildnachweis

Wir bedanken uns sehr herzlich bei den nachfolgend genannten Personen für die freundliche Abdruckgenehmigung ihrer Bilder in diesem Buch.

Cover

erste Reihe, 2. Bild v. l.: larsdani/KidsAway.de; erste Reihe, 3. Bild v. l.: Moana/KidsAway.de; erste Reihe, 5. Bild v. l.: badkleinkirchheim/Flickr.com; zweite Reihe, 2. Bild v. l.: einblatt/KidsAway.de; zweite Reihe, 3. Bild v. l.: fk2904/KidsAway.de; zweite Reihe, 4. Bild v. l.: MOHI_travel/KidsAway.de; zweite Reihe, 5. Bild v. l.: MOHI_travel/KidsAway.de; dritte Reihe, 3. Bild v. l.: ChiccoDodiFC/Fotolia.de; vierte Reihe, 2. Bild v. l.: Martin_Burns/Flickr.com; vierte Reihe, 3. Bild v. l.: Iuliia Sokolovska/Fotolia.de; fünfte Reihe, 2. Bild v. l.: Lars Lilienthal/www.4reisen.net; fünfte Reihe, 3. Bild v. l.: aroundtheworld/KidsAway.de

Vordere Umschlaginnenseite

erste Reihe, 1. Bild v. l.: fk2904/KidsAway.de; erste Reihe, 2. Bild v. l.: Herby/KidsAway.de; erste Reihe, 3. Bild v. l.: Biene0480/KidsAway.de; erste Reihe, 4. Bild v. l.: gluecklicheMami/KidsAway.de; zweite Reihe, 1. Bild v. l.: mareike.meise/KidsAway.de; zweite Reihe, 3. Bild v. l.: aroundtheworld/KidsAway.de; zweite Reihe, 4. Bild v. l.: aroundtheworld/KidsAway.de; dritte Reihe, 1. Bild v. l.: aroundtheworld/KidsAway.de; dritte Reihe, 2. Bild v. l.: aroundtheworld/KidsAway.de; dritte Reihe, 3. Bild v. l.: bean/KidsAway.de; dritte Reihe, 4. Bild v. l.: gluecklicheMami/KidsAway.de; vierte Reihe, 1. Bild v. l.: Elke76/KidsAway.de; vierte Reihe, 2. Bild v. l.: aroundtheworld/KidsAway.de; vierte Reihe, 3. Bild v. l.: Moana/KidsAway.de; vierte Reihe, 4. Bild v. l.: gluecklicheMami/KidsAway.de; fünfte Reihe, 1. Bild v. l.: Moana/KidsAway.de; fünfte Reihe, 2. Bild v. l.: MOHI_travel/KidsAway.de; fünfte Reihe, 3. Bild v. l.: ca-lotta/KidsAway.de: fünfte Reihe, 4. Bild v. l.: MOHI_travel/KidsAway.de

Hintere Umschlaginnenseite

Weltkarte: max_776/Fotolia.com

Umschlagrückseite

5. Bild v. l.: ilya2014/KidsAway.de

Inhalt

Seite 8: aroundtheworld/KidsAway.de; Seite 10: Christian_Córdova/Flickr.com; Seite 12: Jamie_Codd/Flickr.com

Reiseplanung

Seite 20: Biene0480/KidsAway.de; Seite 21: Moana/KidsAway.de; Seite 22: Fullemarie/KidsAway.de; Seite 23: diddel30/KidsAway.de; Seite 25: larsdani/KidsAway.de; Seite 25: larsdani/KidsAway.de; Seite 25: David_Lytle/flickr.com; Seite 26: mareike.meise/KidsAway.de; Seite 28: bambiniTestblog/KidsAway.de; Seite 33: Paola/KidsAway.de; Seite 35: Herby/KidsAway.de; Seite 38: Ximana/KidsAway.de; Seite 42: Margret_Hillebrand/KidsAway.de; Seite 43: Peter_Rivera/flickr.com; Seite 44: cyrano/KidsAway.de; Seite 46: JarenWicklund/Fotolia.com; Seite 47: chrew18/Fotolia.com; Seite 49: Moana/KidsAway.de; Seite 50: Elssa/KidsAway.de; Seite 51: larsdani/KidsAway.de; Seite 52: Herby/KidsAway.de; Seite 53: missbubi/KidsAway.de; Seite 54: fk2904/KidsAway.de; Seite 54: butterfly/KidsAway.de; Seite 55: Moana/KidsAway.de; Seite 56: MOHI_Travel/KidsAway.de; Seite 57: Lars Lilienthal/www.4reisen.net; Seite 58: larsdani/KidsAway.de Seite 59: fk2904/KidsAway.de; Seite 59: Benji/KidsAway.de; Seite 63: gluecklicheMami/KidsAway.de; Seite 70: Knusperflocke/KidsAway.de; Seite 75: Herby/KidsAway.de

Reisevorbereitung

Seite 79: REISS AUS! family/KidsAway.de; Seite 85: livestockimages/Fotolia.com; Seite 86: stefanieB/Fotolia.com; Seite 90: presse.adac.de; Seite 92: morgan/Flickr.com; Seite 108: Tschaanj/KidsAway.de; Seite 112: Herby/KidsAway.de; Seite 116: Fullemarie/KidsAway.de; Seite 117: cosima/KidsAway.de; Seite 124: larsdani/KidsAway.de; Seite 127: Fullemarie/KidsAway.de; Seite 128: MOHI_Travel/KidsAway.de; Seite 129: Moana/KidsAway.de; Seite 134: Moana/KidsAway.de; Seite 142: aroundtheworld/KidsAway.de

Urlaubsideen

Seite 160: butterfly/KidsAway.de; Seite 163: MOHI_Travel/KidsAway.de; Seite 164: MOHI_Travel/KidsAway.de; Seite 164: MOHI_Travel/KidsAway.de; Seite 172 oben: badkleinkirchheim/Flickr.com; Seite 172 unten: gluecklicheMami/KidsAway.de; Seite 174: Fiona/KidsAway.de; Seite 183: Fiona/KidsAway.de; Seite 195 oben: gluecklicheMami/KidsAway.de; Seite 200: MOHI_Travel/KidsAway.de; Seite 204: aroundtheworld/KidsAway.de; Seite 211: Waldemar Piontek/www.weltreise-statt-kindergarten.de; Seite 214: Iuliia_Sokolovska/Fotolia.com

Reiseverkehrsmittel

Seite 222: mareike.meise/KidsAway.de; Seite 225 oben: gluecklicheMami/KidsAway.de;
Seite 225 unten: missbubi/KidsAway.de; Seite 231: Elssa/KidsAway.de; Seite 244: andrechinn/Flickr.com;
Seite 245: Adam-Walker-Cleaveland/Flickr.com; Seite 253: elke76/KidsAway.de; Seite 255: Moana/KidsAway.de;
Seite 276: Fullemarie/KidsAway.de; Seite 277 unten: Wolfgang Stromberg/KidsAway.de; Seite 283: diddl30/KidsAway.de;
Seite 290 unten: chriischdl/KidsAway.de

Unterkünfte

Seite 296: aroundtheworld/KidsAway.de; Seite 306: Margret-Hillebrand/KidsAway.de;
Seite 308 unten: butterfly/KidsAway.de; Seite 316 oben: aroundtheworld/KidsAway.de;
Seite 320: aroundtheworld/KidsAway.de; Seite 326: ChiccoDodiFC/Fotolia.com; Seite 335: Juhan_Sonin/Flickr.com

Unterwegs

Seite 346: gluecklicheMami/KidsAway.de; Seite 349: MOHI_Travel/KidsAway.de; Seite 355: einblatt/KidsAway.de;
Seite 357 oben: aroundtheworld/KidsAway.de; Seite 357 unten: Fiona/KidsAway.de;
Seite 361: letsgooutbournemouth/Flickr.com; Seite 362: Frauke Manninga/weltreisemitkind.de;
Seite 363: Ahornblatt/KidsAway.de; Seite 365: larsdani/KidsAway.de; Seite 369 oben: aroundtheworld/KidsAway.de;
Seite 369 unten: Herby/KidsAway.de; Seite 370: MOHI_Travel/KidsAway.de; Seite 384 unten: Lars Lilienthal/www.4reisen.net;
Seite 389: fairfax_county/Flickr.com; Seite 395: m.prinke/Flickr.com; Seite 397: Lars Lilienthal/www.4reisen.net

Schwanger reisen

Seite 400: christian_Córdova/Flickr.com; Seite 402: Robert_Scoble/Flickr.com; Seite 403: pixydust8605/Flickr.com;
Seite 405: Montse/Flickr.com; Seite 406: elke76/KidsAway.de; Seite 413: Daniel_Lobo/Flickr.com;
Seite 414: John_Ashley/Flickr.com

Anhang

Seite 430: chriischdl/KidsAway.de

Symbole

Anführungszeichen, Ball, Buchtipp, Checkliste, Daumen hoch, Geldschein, Kreisel, Packliste, Sparschwein, Stecker, Tropfen, Weblink: designed by freepik/flaticon.com; Polaroid: sidmay/Fotolia.com

Die Bildrechte liegen, soweit nicht anders erwähnt, bei Kerstin Führer oder Jenny Menzel. Das Werk und seine Teile sind urheberrechtlich geschützt. Abdruck (auch von Teilen) oder digitale Veröffentlichung nur mit schriftlicher Genehmigung von KidsAway.de.

Einige Inhalte dieses Handbuchs sind bereits in anderen Medien und Publikationen erschienen, unter anderem auf www.kidsaway.de. Die Autorinnen halten an allen Texten das Urheberrecht.

Die enthaltenen Informationen, Tipps, Adressen und sonstige Fakten wurden nach bestem Wissen erstellt und sorgfältig geprüft. Sie ersetzen aber nicht eine persönliche Information vor der Buchung einer Reise. Insbesondere die Bestimmungen von Fluggesellschaften und Kreuzfahrtreedereien ändern sich ständig. Der Verlag sowie die Autorinnen übernehmen keine Haftung für eventuelle Schäden, die auf hier angegebene oder fehlende Informationen zurückgeführt werden.

Wir freuen uns über Vorschläge und Verbesserungen oder Korrekturen, falls sich der Fehlerteufel eingeschlichen hat. Dann senden Sie uns bitte eine E-Mail an info@kidsaway.de

Werbung:
Bei Interesse an einer Anzeigenschaltung im Reisehandbuch kontaktieren Sie bitte den Verlag.
KidsAway Verlag
Friedrich-Naumann-Str. 39
34131 Kassel
E-Mail: info@kidsaway.de